Windows Server 2003
Os melhores procedimentos para o desenvolvimento em empresas

Tradução
Eveline Vieira Machado

Revisão técnica
(edição em português)
Deborah Rüdiger

Danielle Ruest
Nelson Ruest

EDITORA
CIÊNCIA MODERNA

Do original
Windows Server 2003: Best Practices for Enterprise Deployments
Original edition copyright© 2003 by The McGraw-Hill Companies. All rights reserved.
Portuguese language edition copyright© 2003 by Editora Ciência Moderna. All rights reserved.
Copyright© Editora Ciência Moderna Ltda. 2003
Todos os direitos para a língua portuguesa reservados pela EDITORA CIÊNCIA MODERNA LTDA.

Nenhuma parte deste livro poderá ser reproduzida, transmitida e gravada, por qualquer meio eletrônico, mecânico, por fotocópia e outros, sem a prévia autorização, por escrito, da Editora.

Editor: Paulo André P. Marques
Produção Editorial: Carlos Augusto L. Almeida
Capa: Marcia Lips
Diagramação: Abreu's System
Tradução: Eveline Vieira Machado
Revisão: Luiz Carlos de Paiva Josephson
Revisão Técnica (edição em português): Deborah Rüdiger
Assistente Editorial: Daniele M. Oliveira

Várias **Marcas Registradas** aparecem no decorrer deste livro. Mais do que simplesmente listar esses nomes e informar quem possui seus direitos de exploração, ou ainda imprimir os logotipos das mesmas, o editor declara estar utilizando tais nomes apenas para fins editoriais, em benefício exclusivo do dono da Marca Registrada, sem intenção de infringir as regras de sua utilização.

FICHA CATALOGRÁFICA

Ruest, Danielle & Ruest, Nelson
Windows Server 2003: Os melhores procedimentos para o desenvolvimento em empresas
Rio de Janeiro: Editora Ciência Moderna Ltda., 2003.

Sistema operacional para computadores
I — Título

ISBN: 85-7393-300-3   CDD 001642

Editora Ciência Moderna Ltda.
Rua Alice Figueiredo, 46
CEP: 20950-150, Riachuelo – Rio de Janeiro – Brasil
Tel: (21) 2201-6662/2201-6492/2201-6511/2201-6998
Fax: (21) 2201-6896/2281-5778
E-mail: lcm@lcm.com.br

Se há algo que aprendemos em nossos 22 anos de experiência é que, mesmo que a tecnologia esteja mudando constantemente, uma coisa permanece igual: temos sempre que reservar um tempo para dominar uma tecnologia antes de implementá-la. Mas, mesmo antes disso, temos que compreender completamente nossas necessidades. A melhor maneira de conseguir isso é trabalhar como uma equipe. Incluir pessoal de todas as áreas da empresa pode simplesmente tornar um produto melhor no final.

Assim, dedicamos este livro a você, leitor, na esperança de que ele irá ajudá-lo a conseguir seu objetivo.

Os autores

Danielle Ruest é arquiteta do fluxo de trabalho e consultora de processos concentrada nas questões organizacionais para grandes projetos de desenvolvimentos IT. Durante sua carreira de 22 anos, ela orientou processos de gerenciamento de alterações, desenvolveu e forneceu treinamento, e gerenciou programas de comunicações durante os projetos de implementação de processo. Danielle é co-autora de vários artigos e apresentações, bem como de *Preparing for .NET Enterprise Technologies*, um livro sobre como dominar a mudança na empresa.

Nelson Ruest é arquiteto de empresas especializado em projetos de infra-estrutura. Possui o Microsoft Certified Systems Engineer e o Microsoft Certified Trainer. O objetivo de sua carreira de 22 anos tem sido auxiliar as organizações a dominar as tecnologias das quais elas dependem. Também é um convidado freqüente como orador na Comdex e em outras conferências na América do Norte. Nelson é co-autor de vários artigos, assim como de *Preparing for .NET Enterprise Technologies*.

Ambos trabalham para a Resolutions Enterprises (http://www.Reso-Net.com/), uma firma de consultoria canadense que fornece serviços nos campos de arquitetura e de gerenciamento de projetos.

O revisor técnico (edição em inglês)

Stephane Asselin tem estado envolvido com tecnologia de informações nos últimos 11 anos, com grande parte de seu tempo concentrada nas configurações do hardware e de rede. Ele vem fazendo avaliação da infra-estrutura e estabilização do host nas tecnologias Microsoft há cinco anos. Possui o Certified Information Systems Security Professional (CISSP) e o Microsoft Certified Systems Engineer (MCSE). Mais recentemente, esteve envolvido nas revisões de suporte para agências do governo a fim de ajudá-los a preparar sua migração para o Windows Server 2003. É atualmente o gerente de contas técnico sênior da Microsoft Corporation.

Sumário

Introdução XIII

Capítulo 1 – Como planejar o Windows Server 2003 1
   Windows Server 2003 4
   Como construir a base da rede 5
   Um novo modelo para a construção e o gerenciamento do servidor 9
   Uma abordagem estruturada: como como usar procedimentos
     operacionais padrões 13
   Arquiteturas de rede da empresa 15
   Como construir sobre o Windows 2000: o modelo WS03 16
   Arquitetura da empresa do servidor Windows 19
   Como construir a arquitetura de rede da empresa 20
   Continuação 32
   Resumo das melhores práticas 32
   Mapa do capítulo 33

Capítulo 2 – Como preparar as instalações pesadas do Windows Server 2003 35
   Como escolher a abordagem da migração 38
   Como instalar e configurar os servidores 47
   Como usar a documentação da instalação 54
   Processos da instalação pesada 56
   Como escolher o método de instalação pesada 65
   Como colocar o servidor no lugar correto 74
   Resumo das melhores práticas 74
   Mapa do capítulo 75

Capítulo 3 – Como construir o Active Directory 77
   Apresentação do Active Directory 80
   Como construir a solução: como usar o plano Active Directory 86
   Como colocar o plano em ação 89
   Estratégia da floresta/árvore/domínio 91
   Como construir a estratégia de nomenclatura 100
   Como construir a estrutura OU do domínio de produção 103
   AD e outros diretórios 111

Posicionamento do serviço 115
Topologia do site 124
Estratégia de modificação do esquema 129
Plano da implementação AD 132
Processo de construção AD contínuo 134
Resumo das melhores práticas 134
Mapa do capítulo 134

Capítulo 4 – Como construir a infra-estrutura Enterprise Network IP 137
TCP/IP no Windows Server 2003 140
Como implementar uma nova rede da empresa 145
Atividades de organização da floresta 151
Como conectar a rede da empresa 173
Como atualizar o Active Directory do Windows 2000 para o WS03 186
Resumo das melhores práticas 191
Mapa do capítulo 193

Capítulo 5 – Como construir a infra-estrutura da unidade organizacional do PC 195
Como gerenciar objetos com o Active Directory 197
Como criar um projeto OU para as finalidades de gerenciamento do PC 211
Como construir a delegação 218
Gerenciamento do PC da empresa 223
Como completar a estratégia OU 232
Como usar o Group Policy Management Console 237
Resumo das melhores práticas 238
Mapa do capítulo 239

Capítulo 6 – Como preparar a infra-estrutura da unidade organizacional do usuário ... 241
Como gerenciar os objetos User com o Active Directory 243
Como gerenciar e administrar os grupos 255
Como criar um projeto OU para as finalidades de gerenciamento do usuário 263
Como completar a estrutura People OU 276
Resumo das melhores práticas 279
Mapa do capítulo 280

Capítulo 7 – Como construir a infra-estrutura dos serviços da rede 283
Como preparar os File and Print Servers 287
Como compartilhar arquivos e pastas 287
Como criar o File Server 295
Como gerenciar a disponibilidade da pasta 303
Como compartilhar os serviços de impressão 310
Como compartilhar arquivos e impressoras para clientes não-Windows 322
Como preparar os Application Servers 323
Como preparar os Terminal Servers 327
Collaboration Servers 335
Funções adicionais do Network Infrastructure Server 335
Exigências do sistema do servidor pelo papel 337
Como construir a estrutura Services OU 338
Considerações para a migração dos serviços para a rede paralela 341

Agradecimentos

Gostaríamos de agradecer às pessoas que ajudaram a tornar este livro uma realidade, especialmente Stephane Asselin da Microsoft Premier Support, nosso revisor técnico. Obrigado por todas as suas idéias construtivas. Também gostaríamos de agradecer a Charles Gratton da Hewlett-Packard Canada por dar muito de seu tempo pessoal e dedicação a fim de nos permitir testar o Windows Server 2003 em várias configurações de hardware.

Obrigado também à equipe de desenvolvimento e marketing da Microsoft do Windows Server 2003 por toda a sua ajuda para encontrar a solução certa quando surgiam problemas. Especificamente, gostaríamos de agradecer a Jan Shanahan, Jill Zoeller, Jenna Miller, Jackson Shaw, Kamal Janardhan e B.J. Whale.

Obrigado à VMware Corporation por nos fornecer o software requerido para criar nosso laboratório técnico inteiro. Obrigado também a todos os outros fabricantes que forneceram as ferramentas de software de pré-lançamento para que pudéssemos cobrir as necessidades empresariais o máximo possível. Vocês se encontrarão neste livro.

Finalmente, obrigado à McGraw-Hill/Osborne por toda sua paciência e dedicação ao nos ajudar a tornar este um livro melhor. Franny, foi divertido fazer parte de sua equipe.

Prefácio

O Windows Server 2003 é um ambiente gráfico. Como tal, muitas de suas operações são baseadas em assistentes. Recomendamos que você use a interface do assistente mesmo que possa haver equivalentes na linha de comandos. A razão para isso é que um assistente aplica as melhores práticas e procedimentos padrões de operação automaticamente. O assistente sempre usa as mesmas etapas e sempre fornece a capacidade de revisar suas ações antes de elas serem implementadas.

Isso não significa que precisará perder tempo com as telas que fornecem apenas informações. Leia-as pelos menos uma vez e, quando estiver familiarizado com seu conteúdo, vá para as telas onde precisará executar as ações.

Não podemos enfatizar o suficiente os procedimentos padrões da operação. Uma rede da empresa simplesmente não pode ser construída com procedimentos específicos. Essa é uma das razões para este livro. Ele fornece as melhores práticas e procedimentos padrões para construir uma rede da empresa com o Windows Server 2003. Esperamos que você o considere útil.

Comentários podem ser enviados para **WindowsServer@Reso-Net.com**.

Resumo das melhores práticas 341
Mapa do capítulo 343

Capítulo 8 – Como gerenciar a segurança da empresa 345
   O básico da segurança 348
   Como construir uma estratégia de segurança 349
   Castle Defense System 349
   Como aplicar o Castle Defense System 357
   Nível 1: informações críticas 357
   Nível 2: proteção física 359
   Nível 3: fortalecimento do sistema operacional 360
   Nível 4: acesso das informações 383
   Nível 5: acesso externo 395
   Como gerenciar a estratégia de segurança 396
   Resumo das melhores práticas 398
   Mapa do capítulo 400

Capítulo 9 – Como criar uma infra-estrutura que se recupere prontamente 403
   Como planejar a redundância do sistema 406
   Como se preparar para desastres em potencial 408
   Como usar os serviços de cluster do WS03 408
   Consolidação do servidor 422
   Como planejar a recuperação do sistema 425
   Como finalizar sua estratégia de rápida recuperação 437
   Resumo das melhores práticas 438
   Mapa do capítulo 440

Capítulo 10 – Como colocar a rede da empresa em produção 443
   Como migrar os dados, usuários e PCs para a rede paralela 445
   Como revisar a estrutura de papéis IT 455
   Recomendações finais 462
   Resumo das melhores práticas 463
   Mapa do capítulo 464

Índice 467

Introdução

Construir uma rede de empresa não é uma tarefa pequena. Pior, parece que você tem que recomeçar sempre cada vez que o sistema operacional do servidor muda. Este livro fornece uma abordagem estruturada que permite criar uma rede de empresa nova baseada nos melhores recursos do novo sistema operacional (OS) da Microsoft: o Windows Server 2003. Essa rede é construída em um ambiente paralelo que não afeta sua rede de produção atual. Então, quando você estiver pronto para fazer a migração, ele descreverá como executar os pontos fundamentais da segurança, documentos, dados, aplicações e movê-los de sua rede original para o novo ambiente paralelo.

Para conseguir esse objetivo, o livro é dividido em dez capítulos, cada um baseando-se nos conceitos dos capítulos anteriores para finalmente cobrir todos os elementos requeridos para construir sua nova rede. O conceito central deste livro é seu foco nos recursos da empresa – apenas os que são relevantes para um ambiente de empresa. A Microsoft usou uma abordagem parecida quando decidiu remover recursos como o Universal Plug and Play e os drivers de scanner do OS porque eles não são recursos do servidor e não são relevantes em uma empresa. Do mesmo modo, este livro descarta os recursos que não são para a empresa entre os mais de 400 recursos novos e melhorias do Windows Server 2003.

Cada capítulo inclui pontos de análise e implementações passo a passo. Cada capítulo está repleto das melhores práticas, listas de verificação e processos. Além disso, cada capítulo termina com um Mapa – uma ilustração gráfica dos elementos tratados no capítulo, figuras relevantes e ferramentas encontradas no site Web complementar em inglês (http://www.Reso-Net.com/WindowsServer/). Os capítulos são divididos nos seguintes tópicos:

- **Capítulo 1: Como planejar o Windows Server 2003** fornece uma visão geral dos processos necessários para preparar sua migração para o novo OS. Ele analisa os vários elementos que você precisa ter em mãos antes de prosseguir.

- **Capítulo 2: Como preparar as instalações pesadas do Windows Server 2003** identifica os quatro métodos de instalação suportados pelo Windows Server 2003 e ajuda a escolher o método de instalação pesada mais apropriado para sua organização.

- **Capítulo 3: Como construir o Active Directory** revisa todas as exigências de um Active Directory e descreve as etapas requeridas para construí-lo. Usa situações diferentes para ajudar a compreender os conceitos mais complexos deste recurso poderoso de rede de empresa.

- **Capítulo 4: Como construir a infra-estrutura Enterprise Network IP** concentra-se no TCP/IP, o protocolo de comunicação central da rede da empresa. Começa então a instalação da rede paralela.

- **Capítulo 5: Como construir a infra-estrutura da unidade organizacional do PC** observa os elementos necessários para gerenciar os PCs com o Active Directory. Começa a análise sobre o Group Policy, uma análise que não terminará até o Capítulo 8.

- **Capítulo 6: Como preparar a infra-estrutura da unidade organizacional do usuário** examina como gerenciar os objetos do usuário através do Active Directory. Inclui uma análise extensa do uso de grupos em uma rede de empresa.

- **Capítulo 7: Como construir a infra-estrutura dos serviços da rede** cobre os serviços que a rede deve enviar aos usuários. Descreve como devem ser construídos e identifica como devem ser implementados.

- **Capítulo 8: Como gerenciar a segurança da empresa** concentra-se em um só elemento: a segurança. Apresenta um novo sistema, o Castle Defense System, que pode ser usado para simplificar a construção e a implementação da estratégia de segurança.

- **Capítulo 9: Como criar uma infra-estrutura que se recupere prontamente** está concentrado em assegurar que seus serviços estejam sempre disponíveis. Como tal, cobre a redundância e a recuperação de acidentes.

- **Capítulo 10: Como colocar a rede da empresa em produção** informa como migrar os usuários de sua rede original para o novo ambiente paralelo criado. Além disso, começa uma análise dos papéis IT novos e reformulados que você irá requerer agora que está executando uma rede através do Active Directory.

Migrar para um novo OS de servidor não é uma tarefa que deve ser executada de modo superficial. É por isso que você deve se assegurar de que sua equipe de projeto inclua todos os participantes certos. Eles devem se concentrar em pelo menos dois grupos: o primeiro trabalhará na elaboração da arquitetura da rede, e o segundo se concentrará na preparação dos procedimentos da instalação e executará a instalação em si. A equipe de projeto técnica deve incluir arquitetos, administradores de sistemas, instaladores, representantes do usuário, pessoal de suporte, desenvolvedores e gerente de projetos. Você deve assegurar que envolverá sua equipe administrativa e operacional atual nesse projeto. Isso ajudará a recuperar o melhor da rede existente e a aprender mais sobre o novo sistema operacional que logo estará usando.

Além disso, precisará assegurar-se de que envolverá os participantes certos em seu projeto. Não ter os participantes certos poderá ser tão desastroso quanto não tomar as decisões técnicas corretas.

Finalmente, gerenciar um projeto dessa magnitude pode ser complexo e pode dar a impressão de que nunca terminará a menos que você o estruture devidamente. Assim, cada capítulo foi construído para ajudá-lo a estruturar as atividades técnicas necessárias para executar a migração. Isso não significa que todo capítulo precisa ser endereçado em uma ordem seqüencial. Embora isso seja possível e ainda apropriado, em alguns casos, em organizações muito grandes estenderia indevidamente o tempo de duração do projeto. Alguns capítulos requerem a participação de sua equipe de projeto técnica inteira, mas outros não, porque estão concentrados em áreas específicas da especialização técnica. A Figura 1 mostra uma distribuição da linha do tempo de amostra para as atividades encontradas em cada capítulo. Ela permite que você divida a equipe de suporte técnico nos devidos subgrupos para encurtar o tempo geral do projeto, enquanto ainda consegue seu objetivo: fazer a melhor implementação que puder para que todos possam aproveitar um ambiente de rede melhorado.

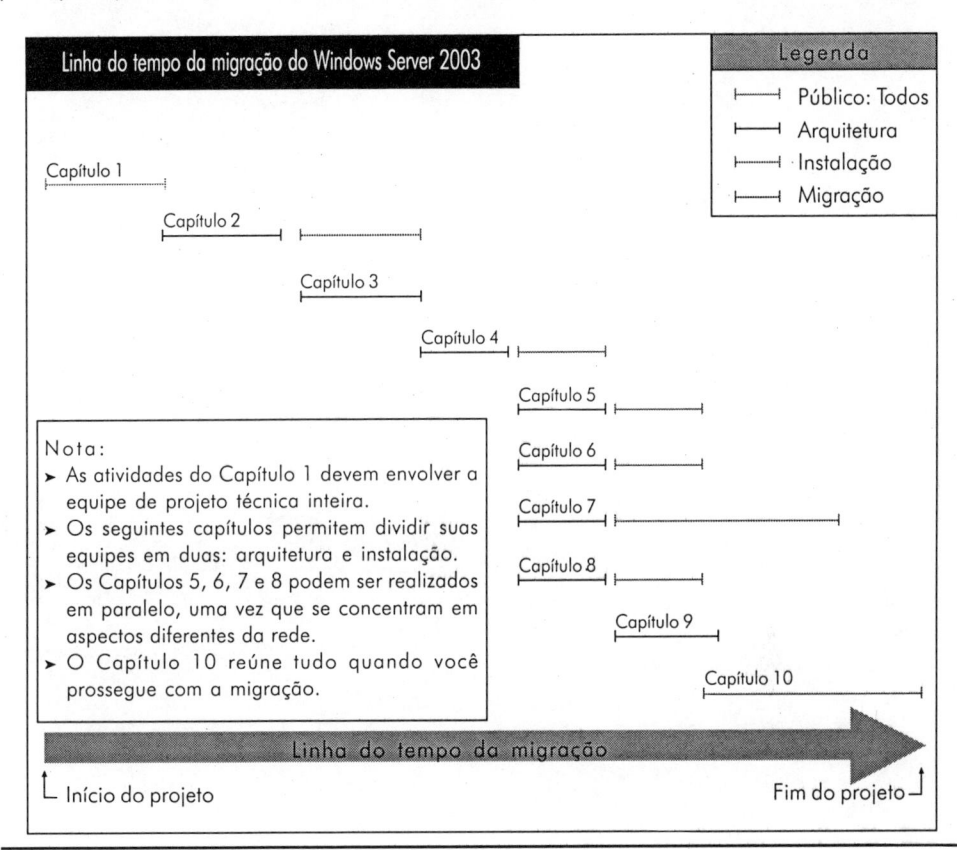

Figura 1 – *A linha do tempo da migração do Windows Server 2003.*

Site Web complementar

Este livro possui um site Web complementar (em inglês): **http://www.Reso-Net.com/ WindowsServer/**. Ele lista dezenas de ajudas de serviços, formulários, listas de verificação, projetos, planilhas e outras ferramentas projetadas para ajudar na migração de sua rede. Tudo está prontamente disponível para todos. Essas ferramentas são listadas por capítulo para ajudá-lo a localizá-las mais facilmente. Certifique-se de acessar e fazer o download desses itens; eles simplificarão definitivamente seu projeto de migração.

Capítulo 1

Como planejar o Windows Server 2003

NESTE CAPÍTULO

- ❖ Windows Server 2003 — 4
- ❖ Como construir a base da rede — 5
- ❖ Um novo modelo para a construção e o gerenciamento do servidor — 9
- ❖ Uma abordagem estruturada: como como usar procedimentos operacionais padrões — 13
- ❖ Arquiteturas de rede da empresa — 15
- ❖ Como construir sobre o Windows 2000: o modelo WS03 — 16
- ❖ Arquitetura da empresa do servidor Windows — 19
- ❖ Como construir a arquitetura de rede da empresa — 20
- ❖ Continuação — 32
- ❖ Resumo das melhores práticas — 32
- ❖ Mapa do capítulo — 33

Preparar a rede da empresa é um processo complexo, mais ainda agora que o Windows está em sua segunda edição pós-NT. Com o Windows NT, as decisões eram relativamente simples porque as opções eram limitadas. Mas com o Windows Server 2003 (WS03), este não é mais o caso.

Não é uma surpresa desde que a rede desenvolveu-se atualmente de ser uma série vagamente acoplada de servidores e computadores para ser uma infra-estrutura integrada fornecendo e suportando a missão da organização. Esse processo de evolução não é diferente do telefone. No início, os sistemas de telefone eram acoplados vagamente. Hoje, os sistemas de telecomunicações mundiais são muito mais complexos e completos.

Do mesmo modo, as redes agora têm uma missão crítica. A rede da empresa, de fato, tornou-se uma infra-estrutura segura, estável e redundante que é completamente orientada para o envio dos serviços de tecnologia de informações para a empresa. Esses serviços podem variar desde os sistemas de arquivo e impressão simples até sistemas de autenticação complexos, redes da área de armazenamento ou serviços de aplicação. E mais, esses serviços podem ficar disponíveis para duas comunidades de usuários – os usuários internos sobre os quais você tem controle completo do PC e os usuários externos sobre os quais tem pouco ou nenhum controle.

É por isso que ir ou migrar para o Windows Server 2003 é muito mais um projeto de construção da infra-estrutura da rede do que um que lide simplesmente com a atualização para uma nova tecnologia. Sempre que você altera uma tecnologia que é tão crítica quanto o sistema operacional (OS) de sua rede, é importante, se não essencial, revisar as necessidades e as exigências da empresa, revisar os recursos e as capacidades do novo OS, construir uma arquitetura completa e plano de implementação, então prosseguir para a implementação real. E mais, alinhar um projeto dessa magnitude com as estratégias comerciais da organização tornará a transição mais facilmente aceita e mais vantajosa para a empresa. Muitas organizações não podem aproveitar complemente as vantagens de uma rede da empresa porque nunca reservaram tempo para executar cada uma dessas etapas. Como resultado, não aproveitam o potencial ou o desempenho máximo de sua rede.

Na verdade, planejar e preparar a implementação do Windows Server 2003 deve ser 80% de planejamento, preparação e teste e 20% de implementação. Isso aplica-se caso sua empresa tenha um ou um milhão de usuários. É apenas uma questão de grau de importância. Se sua empresa for uma com um, você ainda desejará reservar um tempo para se preparar devidamente, mas provavelmente não reservará tempo para investir em procedimentos automatizados. Você ainda desejará procedimentos operacionais padrões, mas provavelmente não envolverá uma série de técnicos e arquitetos para validá-los. Ainda desejará construir com base em modelos arquiteturais, mas não reservará tempo para construí-los você mesmo.

Construir uma rede da empresa com o Windows Server 2003 consiste em construir a arquitetura da rede e seu procedimento de implementação enquanto identifica as oportunidades e usa procedimentos operacionais padrões. A infra-estrutura da rede da empresa é assim dividida nas árvores de envio do serviço que têm que ser suportadas por uma estrutura para a administração e o gerenciamento da rede. Para cada aspecto dessa infra-estrutura, é essencial ter uma compreensão completa dos recursos que o Windows Server 2003 oferece nessa área. Também é importante identificar quais desses recursos oferecem a melhor situação custo/benefício para a empresa.

Por exemplo, muito poucas empresas que usam o Windows atualmente podem viver sem o Active Directory. Para as organizações de todos os tamanhos, sempre é melhor reservar tempo para centralizar todos os serviços de autenticação e de autorização do que os manter distribuídos usando grupos de trabalho porque, se uma alteração for requerida, você terá apenas que fazê-la em um lugar central. Assim, a organização que requer uma infra-estrutura da rede no nível da empresa não investirá em grupos de trabalho, eles investirão diretamente no Active Directory, evitando os grupos de trabalho. Essa abordagem no nível da empresa é a que será usada na elaboração da Arquitetura da empresa para o Windows Server 2003.

Windows Server 2003

Tal como a 22ª edição do Windows, esta versão é designada especificamente para os servidores. É uma sucessora do Windows 2000 Server e usa o mesmo código básico que sua antecessora. Neste caso, a Microsoft não fez uma reescrita completa do código do Windows 2000 (como fez com o código do Windows NT quando o Windows 2000 foi construído). Isso significa que o WS03 é uma evolução natural do Windows 2000. Vários recursos novos do WS03 são simplesmente melhorias de seus correspondentes no Windows 2000.

Se você tiver experiência com o Windows 2000, achará mais fácil ir para o WS03. Se estiver vindo de outro sistema operacional ou mesmo do Windows NT, terá que começar dominando os conceitos dessa nova plataforma Windows. Há quatro versões do Windows Server 2003:

- **Windows Server 2003, Standard Edition (WSS)** Suporta um multiprocessamento simétrico de quatro modos e até 4 gigabytes (GB) de memória. Destinado para o compartilhamento de arquivos e impressoras, a conectividade da Internet, a preparação de aplicações de pequena escala e a colaboração.

- **Windows Server 2003, Enterprise Edition (WSE)** Suporta um processamento com 32 ou 64 bits – oferece suporte nativo para o processador Intel Itanium, até oito processadores e 32 GB de memória no modo 32 bits e 64 GB de memória no modo 64 bits. Também suporta um cluster com oito nós. Destinado para o suporte da infra-estrutura, assim como o suporte da aplicação e dos serviços Web.

- **Windows Server 2003, Datacenter Edition (WSD)** Suporta um processamento com 32 ou 64 bits até um multiprocessamento simétrico com 64 modos no hardware personalizado. Suporta 64 GB de memória no modo 32 bits e 512 GB de memória no modo 64 bits. Também pode suportar clusters com 8 nós. O WSD está disponível apenas com a compra de um sistema compatível com o WSD em um fabricante de equipamento original. Destinado para aplicações críticas comerciais e com missão crítica que demandam o nível mais alto de dimensionamento e disponibilidade. A lista dos fabricantes aprovados está disponível em http://www.microsoft.com/windows2000/datacernter/howtobuy/purchasing/ oems.asp.

- **Windows Server 2003, Web Edition (WSW)** Uma nova edição do sistema operacional do servidor Windows. O WSW concentra-se em fornecer um servidor Web seguro e elegante que suporta o ASP.Net e o .NET Framework para os serviços Web. Suporta o multiprocessamento com dois modos e até 2 GB de memória no modo de processamento com 32 bits apenas.

Embora o Windows 2000 tenha oferecido mais de 200 recursos novos em relação ao Windows NT, o WS03 oferece mais de 400 melhorias sobre Windows 2000. As melhorias foram feitas em uma grande faixa de categorias, inclusive na segurança, gerenciamento, armazenamento de arquivo, impressão, tamanho do servidor, administração e ainda no Active Directory. Uma das maiores vantagens do WS03 será a consolidação do servidor. É designado para ajudar as organizações a fazerem mais com menos. Por exemplo, a Microsoft testou os clusters do WS03 que suportam mais de 3.000 filas de impressora e a Enterprise Edition e o Datacenter Server provaram que a plataforma Windows pode ser executada com o melhor no mercado em termos de capacidade de processamento (veja http://www.tpc.org para obter mais informações).

O .NET Framework é uma parte central do WS03. A preparação dos serviços XML Web da empresa no Windows Server 2003 inclui a configuração e a administração do .NET Framework subjacente assim como a instalação, a configuração e a administração dos serviços UDDI de suporte.

> 🏍 **Dica rápida** – *Se você for novo no .NET, um artigo que desmistifica a iniciativa .NET da Microsoft pode ser encontrado em http://www.Reso-Net.com/WindowsServer/.*

Como construir a base da rede

O sistema operacional do servidor é o centro da rede da empresa. Ao tentar substituir esse sistema operacional, é importante assegurar-se que cada aspecto dos serviços fornecidos pela rede tenha sido coberto. A melhor maneira de fazer isso é usar a abordagem do "ciclo de vida". Dois ciclos de vida são importantes aqui:

- **Ciclo de vida do servidor** O ciclo pelo qual o servidor individual passa quando é introduzido na rede.

- **Ciclo de vida do serviço** O ciclo pelo qual os serviços têm de passar a partir do momento em que são introduzidos pela primeira vez na rede até a sua aposentadoria.

O ciclo de vida do servidor, especialmente, permitirá construir a estrutura básica de todos os servidores. Isso formará a base para o modelo de construção do servidor. O ciclo de vida do serviço ajudará a identificar os diferentes serviços requeridos em sua rede. Uma vez que sejam identificados e preparados, então você poderá se concentrar na estabilidade da rede. Como muitas operações na rede são executadas por várias pessoas, a estabilidade da rede é muito melhorada quando usados os procedimentos operacionais padrões (SOPs). Isso assegura que as melhores práticas serão sempre usadas para executar as operações.

Ciclo de vida do servidor

Como mencionado anteriormente, construir uma rede são 80% de planejamento e preparação e 20% de implementação. O processo de construir servidores é igual. Os servidores são designados para satisfazerem exigências específicas em sua rede. Mais será analisado sobre esse tópico posteriormente, mas, no momento, é suficiente dizer que, como todos os componentes da rede, os servidores têm um ciclo de vida na rede da empresa. Ele começa com o Processo de compra, então vai para o Processo de gerenciamento IT até terminar com sua Aposentadoria do serviço.

O Processo de compra cobre o planejamento da compra, a requisição e obtenção. Nesse processo, a empresa deve se concentrar em vários fatores como a compra de volume dos servidores, solicitações para propostas, exigências mínimas do hardware do servidor, complementos do provedor do hardware e a estratégia de crescimento. Esses processos podem ser suportados pela funcionalidade e o teste de confiança do hardware e pelas aplicações no ambiente da rede. Para esse processo ser um sucesso, o departamento de compras e o IT têm de cooperar e trabalhar juntos.

Um dos fatores motrizes desse processo é a abordagem da compra de volume. Os servidores, como os PCs, devem sempre ser comprados aos lotes. Eles nunca devem ser comprados aos poucos. O principal objetivo desse processo em uma rede da empresa é reduzir a diversidade o máximo possível. Quando os servidores são comprados em lotes, você pode esperar que o fabricante envie máquinas que estão configuradas de modo mais idêntico possível. Assim, pode simplificar e padronizar a construção do servidor e o processo de manutenção. Cada vez mais organizações estão fazendo parcerias com fabricantes do servidor para diminuir mais a diversidade em suas famílias de hardware do servidor.

Assim que o Processo de compra estiver completo, o ciclo de vida do servidor irá para o Processo de gerenciamento IT. Aqui, o pessoal IT torna-se responsável e assume a propriedade do servidor até sua aposentadoria. O processo começa com a recepção do servidor e sua entrada no banco de dados de inventário da empresa. Isso deve incluir informações como a data da compra, a data de recebimento, o lote de compra, garantia e contratos de serviços, entre outros itens. Em seguida, começa a construção do servidor. Aqui os servidores passam pelo processo de organização. Neste ponto, apenas os elementos genéricos do software são carregados no servidor. Eles incluiriam o sistema operacional, o software antivírus, o software de gerenciamento, as ferramentas do kit de recursos – tudo que é completamente genérico ou inclui uma licença da empresa e assim não requer custos adicionais.

Em seguida, o servidor é configurado. Essa fase cobre a aplicação do software do servidor – o software que suportará o papel específico do servidor na empresa.

A fase de preparação final é o teste do servidor. Isso deve incluir um teste exaustivo, como o teste de aceitação da configuração. Assim que a fase de teste estiver completa, o servidor estará pronto para a produção.

Colocar o servidor em produção geralmente significa recuperar informações como as Security Settings (Definições de Segurança) de outro servidor e migrá-las para a nova máquina. Assim que isso for executado, o servidor entrará oficialmente em seu ciclo de produção. O gerenciamento IT para o servidor torna-se concentrado nas tarefas administrativas de rotina, nas atualizações do software e na aplicação do pacote de serviço, no desempenho e controle da capacidade. Tudo é executado de modo programado. Essa fase também incluirá os reparos do servidor se forem requeridos. Embora grande parte de cada tarefa irá se concentrar nas operações remotas, alguns reparos podem requerer a finalização e o acesso físico para o servidor. É, na verdade, muito difícil atualizar a memória do servidor de modo remoto. É uma área que mudou com o Windows Server 2003; agora todas as finalizações podem ser documentadas e justificadas através de uma caixa de diálogos de finalização explicativa chamada Shutdown Event Tracker (Controlador do Evento de Finalização).

Finalmente, depois de seu ciclo de vida completar-se, o servidor ficará obsoleto e terá que ser aposentado da rede. Então será substituído por novos servidores que começaram um novo ciclo de vida na rede da empresa.

Ciclo de vida do serviço

Os modelos do ciclo de vida do serviço IT são abundantes na indústria. A Microsoft publicou pela primeira vez um modelo de gerenciamento do ciclo de vida do serviço IT em um documento chamado "Planning, Deploying and Managing Highly Available Solutions", lançado em maio de 1999 (pesquise o nome do documento em http://search.microsoft. com/).

Esse modelo identificou quatro fases do gerenciamento do ciclo de vida do serviço:

- **Planejamento**   Identificar e preparar soluções para a preparação
- **Preparação**   Adquirir, montar, configurar, instalar e testar estratégias de preparação
- **Produção**   Problema, alteração, otimização e gerenciamento da administração na rede de produção
- **Aposentadoria**   Planejamento da substituição/atualização e remoção das tecnologias obsoletas e processos

Embora o modelo original da Microsoft tenha fornecido um ponto de partida eficiente para o gerenciamento do ciclo de vida do serviço IT, o tempo provou que ele requeria algumas modificações menores para mostrar completamente o ciclo de vida de um serviço em uma rede da empresa. Esse novo modelo é mostrado na Figura 1-1.

Esse modelo do ciclo de vida do serviço ainda é baseado nas mesmas quatro fases com melhorias no planejamento e nas fases Preparação e Organização. Cada uma dessas duas fases foi aumentada para melhor refletir sua importância para o processo uma vez que o planejamento e a preparação empregam cada vez mais importância nas arquiteturas da rede de hoje.

> **Nota** – *A Microsoft fez seu modelo se desenvolver também. Ele agora é totalmente incorporado ao Microsoft Operations Framework. Mais informações sobre essa estrutura estão disponíveis em http://www.microsoft.com/business/services/ mcsmof.asp.*

E mais, vários processos e procedimentos foram adicionados a cada uma dessas duas fases. A racionalização – um processo concentrado na diminuição do número de servidores e aplicações na empresa – foi adicionada no processo de planejamento inicial para reduzir a diversidade. A racionalização afeta não apenas o hardware do servidor através das práticas de consolidação do serviço, mas também as aplicações e os utilitários executados nesses servidores. O último concentra-se na redução através da seleção de uma e apenas uma aplicação para fornecer uma dada função na rede. Uma das ótimas oportunidades para a racionalização é quando as organizações vão do Windows NT para o Windows Server 2003. No NT, muitos produtos de software de terceiros precisam ter uma rede eficiente e efetiva. No WS03, embora os produtos de terceiros ainda sejam requeridos, um grande número desses utilitários não é mais necessário uma vez que o sistema operacional inclui muitos recursos novos.

O teste funcional agora se concentra no teste de prova do conceito – isto é, testar os conceitos surgidos da atividade anterior, que é a Arquitetura da empresa. Também envolve o teste de compatibilidade da aplicação – testar as aplicações atuais para ver se elas irão operar com o novo serviço. O resultado desse estágio deve ser um relatório de impacto completo sobre os produtos existentes que serão requeridos na nova rede. Esse relatório deve incluir procedimentos de atualização ou recomendações de substituição caso o produto não seja compatível como novo OS.

A construção da Arquitetura da empresa envolve principalmente a análise das necessidades e exigências da organização, os recursos do novo serviço e a elaboração dos princípios, regras e

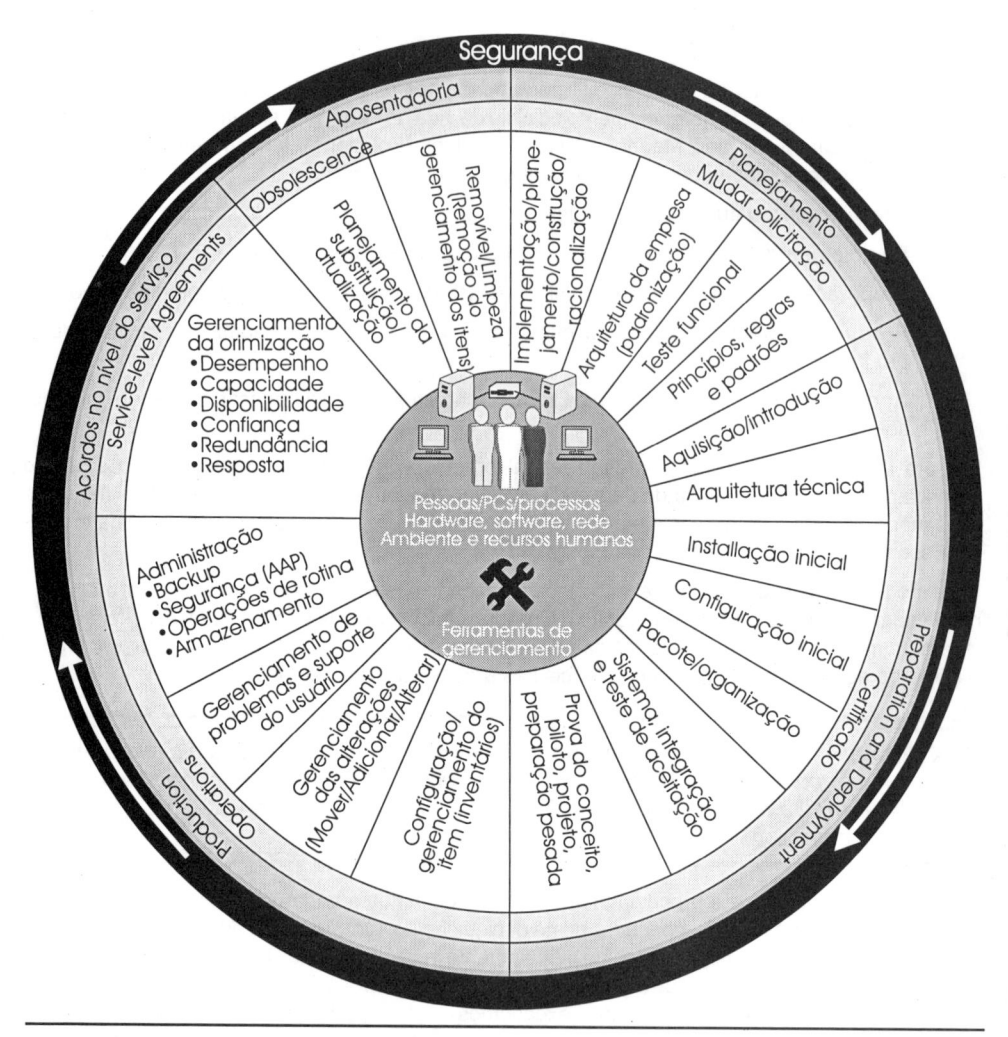

Figura 1-1 – *O ciclo de vida do serviço é dividido em quatro fases: Planejamento, Preparação e organização, Produção e Aposentadoria.*

padrões que serão aplicados em seu uso na empresa. Esse estágio também se concentra na Padronização, outro processo que se concentra na redução da diversidade, mas desta vez especificamente no serviço que será enviado.

A preparação e a organização também foram melhoradas com o acréscimo do Processo de arquitetura técnico, que segue ou pode ocorrer ao mesmo tempo que o Processo de aquisição. A Arquitetura técnica fornece os parâmetros técnicos que serão aplicados no serviço durante sua instalação e durante o resto de seu ciclo de vida na rede. É baseada nas orientações descritas na Arquitetura da empresa e simplesmente detalha as particularidades da implementação.

Então o ciclo de vida vai para a instalação e a configuração inicial, o pacote/organização. O pacote será usado caso o serviço conte com um produto de software ou um acréscimo para a rede atual.

A organização será usada caso o serviço conte com um novo sistema operacional. No processo de implementação do Windows Server 2003, você usará o pacote e a organização assim que começar com a instalação inicial ou a organização de seus servidores, então seguirá com a aplicação da função ou o papel que o servidor irá desempenhar em sua rede. O pacote é geralmente usado para automatizar o processo de instalação do software ou do serviço.

O teste é o próximo estágio, que envolve vários níveis diferentes. O teste do sistema valida se o serviço opera em ambiente independente. O teste de integração valida a coexistência do serviço com outros serviços na mesma máquina ou na mesma rede. O teste de aceitação fornece os direitos de aprovação do usuário final para o serviço quando ele é embalado e preparado.

Finalmente, o serviço está pronto para a preparação. Isso pode ser feito em vários estágios. Outra prova do conceito (POC) poderá ser feita para executar uma validação final do serviço em uso. O público-alvo para esse POC geralmente consiste na equipe do projeto e em alguns de seus associados mais próximos. Isso é seguido de um projeto-piloto que testa todos os aspectos da metodologia da preparação. A preparação pesada segue um projeto-piloto bem-sucedido.

Nem todos os serviços têm que passar pelo estágio de prova do conceito. Esse estágio será aplicado apenas se a população de destino para o serviço for extremamente grande (1.000 ou mais usuários). Se as populações de destino forem menores, você poderá prosseguir com apenas um projeto-piloto antes da preparação. Porém, há muito poucos casos em que você deva prosseguir diretamente para o desenvolvimento sem um POC ou um projeto-piloto. Um exemplo seria se precisasse preparar uma correção de segurança em uma emergência. Mesmo assim, precisará fazer uma quantidade mínima de teste antes de prosseguir para a preparação.

Assim que o serviço é preparado, ele entra na Fase de produção de seu ciclo de vida. Aqui, você tem que gerenciar e manter um inventário completo do serviço, gerenciar as alterações do serviço, gerenciar problemas e suportar os usuários do serviço e, geralmente, administrar o serviço. Tem também que gerenciar os acordos no nível do serviço para esse serviço. Isso envolve a análise do desempenho e da capacidade, o planejamento da redundância (backup, cluster, segurança contra falhas e procedimentos de recuperação), disponibilidade, confiança e análise da resposta do serviço.

A fase final do ciclo de vida do serviço IT é a Aposentadoria. Quando o serviço atinge um certo grau de desuso, ele tem de ser aposentado na rede porque os custos de sua operação geralmente se sobrepõem às vantagens que ele traz para a rede.

De nota especial é o elemento de segurança, que envolve o ciclo de vida do serviço inteiro. A segurança tem uma posição especial nesse ciclo de vida porque engloba muito mais do que apenas o software e o hardware. A segurança é um processo em si mesmo, como você descobrirá no Capítulo 8.

Os ciclos de vida do servidor e do serviço serão usados neste livro. O ciclo de vida do servidor ajudará na construção e no envio dos servidores que você constrói com o WS03. O ciclo de vida do serviço se aplicará mais especificamente aos papéis ou às configurações dadas aos seus servidores quando os prepara para a preparação. Para simplificar esse processo, você precisará de outro modelo, a Construção do servidor e do Modelo de gerenciamento.

Um novo modelo para a construção e o gerenciamento do servidor

O uso de um modelo arquitetural pode simplificar muito o processo de construção arquitetural para a construção e o gerenciamento dos servidores (e PCs) na rede de sua empresa. Tal modelo deve descrever os serviços requeridos na rede e deve agrupar esses serviços nas devidas categorias ou camadas. E mais, para refletir devidamente a natureza do serviço e da segurança desses agrupamentos e para descrever que eles estão designados a fornecer acesso para os recursos na rede, o nome do modelo deve descrever sua finalidade. Esse modelo proposto aqui é chamado de modelo Point of Access to Secure Services (PASS ou Ponto de Acesso para os Serviços Seguros).

> **Nota** – *Este modelo foi descrito pela primeira vez no Preparing for.NET Enterprise Technologies, de Ruest and Ruest (Addison-Wesley, 2001) e foi originalmente chamado de "Service Point of Access or SPA Object Model". Foi renomeado como modelo PASS aqui para melhor refletir sua finalidade pretendida.*

O modelo é baseado em um modelo de serviço existente e bem conhecido: o modelo OSI Networking Reference da International Standards Organization. O modelo OSI foi modificado para melhor se adequar às necessidades dos ambientes distribuídos. É um bom modelo de origem porque é bem conhecido na indústria. Ele descreve a rede entre os clientes e os servidores através de uma série de camadas, cada uma tendo seu próprio conjunto de serviços funcionais. As interações entre as camadas são baseadas no uso de serviços comuns e elas são limitadas às camadas imediatamente adjacentes a qualquer camada dada.

No modelo PASS, cada camada oferece um conjunto de serviços para as outras. Cada camada interage com a outra e cada camada tem uma função específica. Esse modelo em camadas pode ser aplicado nos elementos básicos de um ambiente distribuído, PCs ou servidores. O conteúdo do modelo PASS é dividido em dez camadas, parecido com as do modelo OSI:

- Física
- Sistema operacional básico
- Rede
- Armazenamento
- Segurança
- Comunicações
- Ferramentas de produtividade comuns
- Apresentação
- Software comercial baseado em papéis e/ou aplicações da empresa
- Software comercial específico e/ou aplicações da empresa

O modelo PASS representa uma construção que é muito parecida com o modelo OSI, com o acréscimo de três camadas extras. Esse modelo começa demonstrando como você pode construir e apresentar as tecnologias IT de maneiras compreensíveis. Mesmo que todas as camadas estejam relacionadas entre si de maneiras específicas, algumas têm uma relação mais forte com outras. Examinando o conteúdo de cada camada, você pode ver que algumas precisam ser implementadas em todo servidor ao passo que outras se destinam a servidores específicos (veja as dez camadas do modelo PASS em http://www.Reso-Net.com/WindowsServer/). Essa abordagem de componentes "comuns" *versus* "específicos" tem influência no modelo de dez camadas. Para fornecer um modelo de construção claro, as dez camadas têm de ser reagrupadas nas seções que servem para todo servidor e nas seções que são para grupos específicos de servidores.

Por isso, o modelo tem que ser reestruturado em quatro seções básicas. Esse diagrama pode servir como um mapa para a construção e a preparação do servidor. Esse é o modelo PASS. Suas quatro seções são:

- **Física**   Os componentes físicos padrões.

- **Kernel do sistema** Todos os componentes que são comuns a todos os servidores.

- **Aplicações baseadas em papéis e software** Os componentes instalados em um servidor baseado em papéis – ou seja, o papel que o servidor desempenha na rede. Os papéis podem ser baseados no software comercial, por exemplo, nos produtos Microsoft.NET Enterprise Server ou podem ser baseados nas aplicações da empresa. A diferença entre os dois está geralmente relacionada com os níveis de segurança. O software comercial está geralmente disponível para todos os usuários e aplicações da empresa que estão limitados a usuários específicos.

- **Aplicações e software específicos** Em algumas instâncias, há exigências IT altamente especializadas para um servidor que não estão necessariamente relacionadas como seu papel na empresa. Elas são incluídas na camada específica.

A camada final do Kernel do sistema PASS, a camada de apresentação, fornece as exigências da interface para o servidor no nível do usuário e administrativo. No centro deste modelo está o conceito da padronização, especificamente nas camadas Física e Kernel do sistema. A padronização não significa redução; apenas significa fazer tudo de uma maneira unificada. Essa exclusividade pode reduzir muito os custos na empresa IT. O modelo PASS exibe claramente os mecanismos que podem ser usados para construir servidores desde que os padrões estejam disponíveis para suportar todos os processos que ele identifica.

Este modelo é mostrado na Figura 1-2. Como se pode ver, sua construção é intimamente ligada ao ciclo de vida do servidor apresentado anteriormente.

Vantagens do modelo PASS

Usar um único modelo para descrever os serviços técnicos fornecidos pelos PCs e servidores tem diversas vantagens maiores. Primeiro, usando camadas e incluindo especificamente uma camada de apresentação, ele forma a estrutura para as interações do usuário e da tecnologia em um ambiente distribuído Windows. Segundo, descreve que não deve haver nenhuma diferença nas abordagens usadas para gerenciar e manter os objetos PASS (PCs ou servidores). Terceiro, descreve como construir os servidores e os PCs. Quarto, descreve uma estrutura que permitirá aos sistemas evoluírem com o tempo através de abordagens de gerenciamento estruturado. E mais, cada uma das quatro camadas maiores desse modelo fornece vantagens distintas.

A padronização da camada física assegura que a organização tenha ferramentas modernas para executar suas tarefas IT. Também assegura o controle do desuso na organização. E mais, reduzir a diversidade do hardware na organização diminuirá os custos uma vez que menos drivers de dispositivo precisarão ser mantidos para cada tipo de periférico. Com o Windows Server 2003, você desejará ainda objetivar a inclusão de periféricos que possam ter certificados – isto é, aqueles que incluem drivers de dispositivo assinados digitalmente pelo fabricante assegurando sua estabilidade. Quando a estabilidade tem a máxima prioridade, reduzir o número de fontes de problemas em potencial é crítico. A camada física deve sempre ser baseada nos padrões da indústria como os descritos pela Desktop Management Task Force (DMTF). Mais informações sobre a DMTF e os padrões que eles promovem poderão ser encontradas em http://www.dmtf.org/. A Microsoft também fornece especificações detalhadas do hardware para os produtos Windows em http://www.microsoft.com/hwdq/hcl/.

O Kernel do sistema é a camada que trará economia à empresa porque fornece a estrutura para a integração dos serviços PASS comuns em uma única unidade. Isso significa que a organização tem de começar planejando o conteúdo técnico de cada uma das subcamadas do kernel, as regras e as normas que o governam e sua personalização ou interação com as outras subcamadas. Essas informações poderão então ser usadas para criar interativamente sistemas de modelo que servirão

Kernel do sistema PASS

- Camada do sistema operacional básico
- Camada de rede
- Camada de armazenamento
- Camada de segurança
- Camada da comunicação
- Camada da ferramenta de produtividade comum
- Camada da apresentação

Software comercial específico
Software comercial baseado em papéis
Aplicações da empresa baseadas em papéis
Aplicações da empresa específica

Camada física (Hardware)

Figura 1-2 – *O modelo PASS.*

como fontes para a instalação automatizada de todos os servidores na rede da empresa. Usando uma nova imagem de disco ou tecnologias de instalação remotas, o Kernel completo poderá ser capturado em uma única fase de instalação. Essa imagem poderá então ser preparada para todo servidor na rede e fornecer um único padrão unificado. Mais sobre essa abordagem será analisado no Capítulo 2.

Mas a automação não é a única exigência. O planejamento é essencial uma vez que o novo sistema ficará disponível para todos os usuários. Aqui, a empresa precisará identificar o conteúdo de cada subcamada usando normas estruturadas (veja a seção "Como usar o modelo PASS" posteriormente neste capítulo). Apenas os componentes de software de toda empresa serão incluídos no Kernel do sistema. Nesse estágio, também será vital pré-configurar devidamente a camada de apresentação para o sistema de modelo que serve como o dispositivo de origem antes da reprodução. Se o IT for um serviço, então será a camada mais importante do modelo inteiro. É o único aspecto do sistema com o qual os usuários irão interagir diariamente. A apresentação não pára na área de trabalho. Todo elemento que os usuários podem ver em um sistema deve ser padronizado. A empresa economizará através da redução definitiva no novo treinamento. Se todos os discos rígidos, todas as áreas de trabalho, todos os menus e todos os recursos de exibição forem padronizados em todos os servidores, os usuários da empresa, até os administradores e técnicos sempre serão capazes de executar rapidamente o trabalho em qualquer servidor dado na rede. Já os novatos, a empresa poderá treiná-los para usar os sistemas da empresa, não como usar o Windows básico.

A camada de aplicação e do software baseado em papéis tem duas partes: software comercial e/ou aplicações da empresa. A parte do software comercial contém tudo que não tem um papel com missão crítica. Ela aproveita o processo de racionalização e assim fornece aplicações simples para qualquer tarefa IT dada. Essa camada pode economizar tempo e dinheiro uma vez que o software e as aplicações são agrupados como famílias funcionais de produtos e ferramentas que fornecem serviços especializados. Assim a preparação dessas aplicações poderá ser executada pela atribuição da família de aplicações a grupos de servidores na corporação.

A seção da aplicação da empresa dessa camada concentra-se nos papéis comerciais com missão crítica. Mais uma vez, são as normas da seção de apresentação que ligam essa seção da aplicação ao sistema inteiro. Aqui, os custos da preparação da aplicação são reduzidos consideravelmente porque, novamente, as famílias de aplicações podem ser preparadas para grupos de servidores na rede. A maior diferença entre essa seção e a seção do software comercial baseado em papéis é o acesso restrito. Os usuários das aplicações da empresa têm de ser autorizados uma vez que podem ter acesso às informações confidenciais através dessas aplicações.

Todas as abordagens de estágio e de administração para o Windows Server 2003 devem usar o modelo PASS.

Uma abordagem estruturada: como como usar procedimentos operacionais padrões

Para reduzir os custos e melhorar a estabilidade da rede, a empresa tem que implementar procedimentos operacionais padrões (SOPs). Os SOPs não asseguram apenas a estabilidade em uma rede, mas também podem reduzir muito os custos. Ter SOPs documentados, mesmo para procedimentos interativos ou manuais, poderá reduzir muito a margem de erro ao executar o procedimento. Um SOP bem construído também fornecerá um ponto de contato para consulta se algo der errado durante sua operação.

Mas a equipe técnica geralmente não tem tempo ou o orçamento requerido para documentar e padronizar os procedimentos e operações. Por isso, as pessoas acham mais fácil simplesmente lembrar tudo e saber quem consultar caso surja um problema. Embora essa abordagem funcione e tenha dado bons resultados, sua maior desvantagem está na disponibilidade do pessoal principal — quando esse pessoal não está disponível (ou não mais), o conhecimento desaparece da empresa. Por outro lado, é geralmente difícil para as organizações fazer um orçamento para a documentação SOP. É um processo demorado cujas vantagens nem sempre são aparentes imediatamente para os gerentes.

Os SOPs na forma de listas de verificação e etapas procedurais detalhadas serão usados aqui ao máximo possível. Assim, você poderá economizar um tempo e esforço consideráveis simplesmente incorporando essas listas de verificação e procedimentos nos procedimentos operacionais padrões preparados para sua situação em particular.

Um procedimento operacional padrão é um conjunto documentado de instruções a serem seguidas para completar um determinado procedimento. Concentra-se em maximizar a eficiência durante as exigências operacionais e de produção. Assim que implementados, os SOPs poderão ajudar a fornecer níveis de serviços garantidos e se tornar a base para a elaboração de contratos no nível do serviço.

Quando bem definidos, os SOPs permitem que uma organização meça o tempo que leva para executar uma certa tarefa. Os SOPs também são usados para simplificar a resolução de problemas uma vez que todo processo é igual em todo lugar. Finalmente, os SOPs fornecem redundância e custos reduzidos na administração, uma vez que todos os técnicos da rede e administradores usam os mesmos processos onde quer que estejam localizados e nenhum novo treinamento é requerido. Assim, os SOPs escritos também se tornarão o centro de qualquer programa de treinamento técnico que você fornece para a equipe de sua empresa.

Melhores práticas SOP

Eis alguns conceitos a lembrar ao escrever ou adaptar os SOPs:

- Todos os SOPs têm que satisfazer a definição de um SOP: um conjunto documentado de instruções a serem seguidas para completar um determinado procedimento.
- Incorpore variáveis de segurança e de ambiente nas etapas de exercício.
- Mantenha os SOP o mais curtos possível. Isso irá assegurar que eles serão seguidos. O SOP real deve incluir não mais que seis a 12 etapas para ser eficiente. Se um SOP for além de dez etapas, considere estas soluções:
    - Divida o SOP longo em vários SOPs com subserviços lógicos.
    - Prepare o treinamento SOP mais longo e completo primeiro para ter uma idéia de qual treinamento é requerido. Então decida como dividi-lo em SOPs de subserviços mais curtos.
    - Torne um SOP longo um documento de treinamento ou manual para complementar os SOPs de subserviços mais curtos.
    - Se você escrever SOPs de atalho, explique a razão sob certas etapas para fornecer uma compreensão da importância de seguir todas as etapas na devida ordem.
- Escreva SOPs para pessoas que trabalham em circunstâncias interpessoais diferentes:
    - Para pessoas que trabalham sozinhas
    - Para duas ou mais pessoas que trabalham como uma equipe
    - Para pessoas que irão supervisionar outras que fazem um serviço
    - Para pessoas que não estão familiarizadas com as regras geralmente compreendidas por seus funcionários
- Considere a idade, educação, conhecimento, habilidade, experiência, treinamento e cultura de trabalho dos indivíduos que estarão executando as etapas SOP.
- Planeje os futuros efeitos e etapas em certos pontos no SOP para informar aos leitores coisas que eles devem saber de antemão (etapas futuras que requerem cuidado, precisão, sincronização e atenção pessoal).
- Assim que o SOP estiver completo, faça com que vários trabalhadores o testem e forneçam um retorno.
- Revise a eficiência dos SOPs depois de algumas semanas e faça as alterações necessárias caso a prática do campo sugira que as descrições devem ser melhoradas.

- Revise e atualize os SOPs quando os processos e o equipamento forem alterados.
- Quando um novo equipamento for instalado, aproveite a oportunidade para escrever um novo SOP, incorporando o produto a partir do antigo e acrescentando o que é necessário para satisfazer o novo equipamento.
- Conte com o especialista de sua equipe para criar e testar os SOPs. Você poderá, claro, complementar essa especialização com ajuda externa.
- Certifique-se de que todos os SOPs tenham um proprietário e operador designados.
- Mostre as etapas em um SOP o máximo possível. É sempre mais fácil seguir um diagrama do que instruções escritas.

Dica rápida – *Um procedimento operacional padrão de amostra e um modelo SOP estão disponíveis em http://www.Reso-Net.com/WindowsServer/. Você também encontrará SOPs específicos do WS03 de amostra. Eles são designados para ajudar em seu processo de preparação do SOP.*

Arquiteturas de rede da empresa

Isto completa a estrutura arquitetural básica da construção da rede da empresa. Incluiu o exame de vários modelos – o ciclo de vida do servidor, o ciclo de vida do serviço, o modelo PASS – e a descrição da estratégia de procedimento operacional padrão a ser usada. Todo processo arquitetural começa com a necessidade de alteração. O advento do Windows Server 2003 é o estímulo para a alteração na infra-estrutura da rede de sua empresa. Mas a tecnologia sozinha não é o único objeto de alteração. Ao construir as Arquiteturas da empresa, as organizações têm que levar em conta vários processos adicionais. Um exame completo da rede existente, seus problemas atuais, os objetivos comerciais da organização e as melhores práticas da indústria têm que ser combinados com uma compressão completa do conjunto de recursos da nova tecnologia para formar as decisões que irão compor a arquitetura planejada. Esse processo é mostrado na Figura 1-3. Assim, a próxima etapa será examinar a família Windows Server 2003 em profundidade para identificar as oportunidades para a alteração.

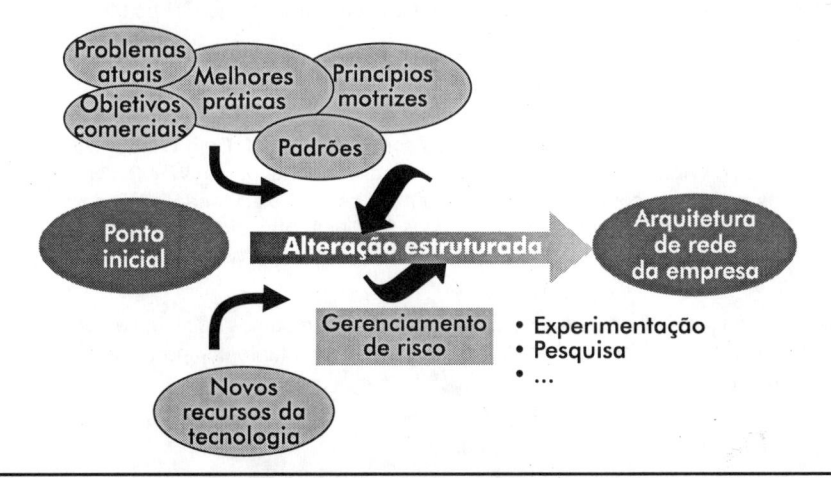

Figura 1-3 – *Construir uma arquitetura de rede da empresa envolve a entrada de várias fontes.*

Como construir sobre o Windows 2000: o modelo WS03

Desde o Windows NT, a Microsoft tem dividido sua família de servidores de sistemas operacionais em vários produtos diferentes. Este é o caso da família Windows Server 2003. Como mencionado anteriormente, a família WS03 inclui quatro edições diferentes. Além de oferecer recursos padrões que tornaram o Windows famoso – um sistema operacional de rede completo e poderoso, uma plataforma para a execução de aplicações de 16 a 64 bits, serviços de autenticação poderosos e mais – a família WS03 oferece melhorias maiores sobre o Windows 2000 e o Windows NT. A família Windows Server 2003 está no mesmo nível da família de clientes Windows XP.

Apesar de seu modelo de programação com 32 bits e sua construção básica que protege o kernel do sistema operacional contra o acesso das aplicações, o Windows NT nunca teve a reputação de estabilidade que deveria ter. Para as duas últimas gerações dos sistemas operacionais do servidor Windows, a Microsoft procurou assegurar que essa estabilidade fique no centro do sistema operacional. Esse objetivo foi conseguido até um certo grau com o Windows 2000 e foi muito melhorado com o Windows Server 2003.

O WS03 também inclui uma nova estrutura para os oferecimentos de serviço: o acréscimo do WS03. Esses pacotes de recursos são lançados depois do sistema básico e em grande parte são gratuitos para os usuários do WS03. Eles incluem ferramentas que suportam a comunicação, a colaboração, a integração da aplicação e mais. Por exemplo, o servidor Real-Time Communications pode ser adicionado ao WS03 para criar uma nova infra-estrutura de comunicações. Os SharePoint Team Services podem ajudar a criar a colaboração das equipes. O Active Directory no modo Application (Aplicação) pode ser usado para a integração das aplicações. Mais serviços virão com o tempo.

O sistema WS03 básico também suporta comunicações de dados móveis e um envio de meio com fluxo melhorado. É mais estável e confiável que o Windows 2000. Com a devida construção do servidor, você poderá assegurar que o único tempo de inatividade seja a inatividade programada. O WS03 também inclui uma integração completa com outros componentes da família da tecnologia .NET da Microsoft:

- Integração entre o Microsoft.NET Passport e o Active Directory, permitindo que as organizações integrem os serviços Passport em sua estratégia de comércio eletrônico.

- Suporte nativo para a análise das mensagens baseadas no SAOP no Microsoft Message Queuing (MSMQ).

- Integração do modelo de programação COM+ na .NET Framework.

São apenas alguns dos recursos novos disponíveis no WS03, mas para compreendê-los devidamente, você precisará ser capaz de compará-los com o Windows NT e o Windows 2000. Se você não implementou o Windows 2000 ainda, desejará ir diretamente para o WS03 e aproveitar imediatamente suas melhorias sobre o Windows 2000. Se estiver executando o Windows 2000 hoje, poderá decidir que alguns recursos principais do WS03 justificam a ida. Seja qual for o caso, será importante revisar a lista completa de recursos novos para o WS03 antes de começar sua implementação.

Como verá, há muitas melhorias em todas as categorias de recursos do sistema operacional. Mas como há quatro versões diferentes do WS03, também é importante compreender qual versão suporta qual recurso.

🔊 **Nota** – *A Microsoft fornece um classificador de recursos em http://www.microsoft/com/ windowsserver2003/evaluation/features/featuresorder.aspx. Mas se você preferir uma versão Microsoft Word da lista de recursos, poderá encontrar uma em http:// www.Reso-Net.com/WindowsServer/. Essa tabela lista os novos recursos e melhorias do WS03 comparados com o Windows NT4 e o Windows 2000. A Microsoft também fornece um recurso por tabela de edição em http://www.microsoft.com/ windowsserver2003/evaluation/ features/compareeditions.mspx.*

Como aprenderá, nem todos os recursos são suportados por todas as versões do WS03. Na verdade, surgem distinções claras quando você compara as edições Web, Standard e Enterprise do WS03. A Datacenter Edition fica em sua própria categoria uma vez que conta com um hardware personalizado, algo que nem todas irão requerer.

Escolher uma edição Windows para instalar foi mais simples no Windows NT. Com freqüência, você instalava o próprio Windows NT Server. As outras edições eram usadas apenas quando necessidades ou exigências específicas as demandavam. Com o WS03, você desejará definitivamente aplicar a devida edição ao instalar um servidor uma vez que isso afeta a segurança, o número de serviços defaults instalados e o custo do sistema operacional.

Em sua descoberta desse novo OS, também achará que as áreas maiores para a melhoria na família WS03 são a segurança, a confiança, o desempenho, o gerenciamento e os serviços Web integrados. Eles serão mais analisados no processo de desenvolvimento da Arquitetura de rede da empresa.

As informações encontradas no site Web da Microsoft fornecem muitos detalhes, mas servem mais como um ponto de partida do que qualquer outra coisa. Se você estiver trabalhando na fase de arquitetura de seu projeto de implementação WS03, desejará ter mais informações disponíveis em um formato prontamente disponível. Uma das melhores maneiras de fazer isso é instalar a ajuda de outro sistema operacional em seu PC. Essa opção está disponível apenas no Windows XP e na família WS03 porque usa o novo motor Help and Support (Ajuda e Suporte) do Windows XP.

A ajuda WS03 pode ser instalada a partir de qualquer CD de instalação do WS03 usando o botão Options (Opções) de Help and Support e selecionando a devida opção no menu apresentado (veja Figura 1-4).

Você poderá instalar o conteúdo Help de todas as versões da família WS03 para que possa pesquisar as informações em cada um diretamente a partir de seu PC. Um procedimento de instalação completo pode ser encontrado em http://www.Reso-Net.com/WindowsServer/.

Ativação do produto

A ativação do produto é um componente básico da família WS03 de produtos. Se você comprar uma versão avulsa de qualquer versão do WS03 ou um novo servidor que inclui o sistema operacional, terá que ativar o produto. Embora haja muitas análises sobre os prós e os contras da ativação do produto, uma coisa é certa: a Microsoft precisa implementar tecnologias antipiratas para proteger seus direitos autorais. A ativação não será um problema para qualquer pessoa que adquira o WS03 através dos programas de licença do volume como a Open License ou a Select License porque as cópias do WS03 adquiridas por esses meios não requerem a ativação. Mas qualquer outra pessoa terá que lidar com a ativação em algum momento.

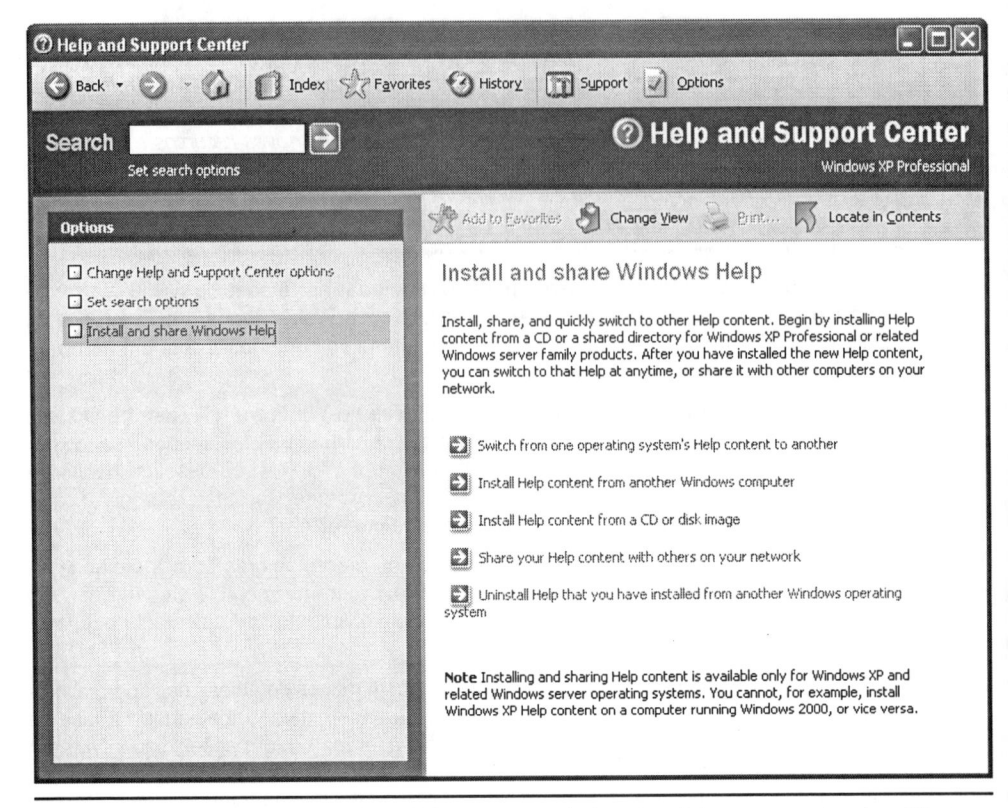

Figura 1-4 – *Como instalar o Help and Support a partir de outro sistema operacional no Windows XP.*

A ativação torna-se um problema apenas em algumas situações:

- Se você particionar o disco rígido de seu servidor e instalar diversas instâncias do WS03 no mesmo servidor, precisará ativar cada uma. Na verdade, a Microsoft irá detectá-las como uma única instalação uma vez que os componentes de hardware não mudam entre as instalações, mas como cada instalação tem que operar independentemente uma da outra, cada uma terá de ser ativada.

- Se você particionar seu disco e instalar instâncias diferentes do WS03 em cada partição, terá de ativar cada uma delas. Por exemplo, se instalar o WSE no drive C, o WSW no drive D e o WSS no drive E, cada uma terá que ser ativada e cada uma irá requerer uma licença independente.

- Se você tiver uma paralisação total do servidor e nenhum backup e tiver que reconstruir o servidor a partir do zero, a ativação usará a mesma licença, mas terá que ativar o produto novamente. Pior, nessa situação, muito provavelmente terá que chamar o número de ativação uma vez que a ativação da Internet poderá não funcionar.

E se você simplesmente quiser testar o sistema operacional e realmente não quiser ativá-lo? Cada cópia avulsa do WS03 inclui um período de cortesia de 30 dias antes da ativação. Muito teste poderá ser feito em 30 dias. Se você realmente precisar de um período maior que 30 dias, deverá usar uma licença com diversas instalações como as fornecidas através das assinaturas MSDN (http://msdn.microsoft.com/subscriptions/) ou do Direct Action Pack (http://members.microsoft.com/partner/salesmarketing/PartnerMarket/ActionPack/).

Arquitetura da empresa do servidor Windows

Ir para o Windows Server 2003 é um empreendimento tecnológico maior. O escopo do projeto irá variar dependendo do tamanho de sua rede, do número de servidores mantidos e do número de usuários atendidos. Mas em todos os casos, é um projeto importante com custos importantes. Essa é uma das principais razões para que não seja feito de modo leviano. Naturalmente, todos os envolvidos em um projeto de atualização do sistema operacional farão o máximo para enviar um ótimo produto (a nova rede), mas nem todos estarão automaticamente prontos para investir a si mesmos totalmente no novo sistema operacional.

É por isso que a primeira atividade antes de tudo que você deve executar ao preparar o processo de implementação do Windows Server 2003 é definir sua visão do projeto. Uma visão ajudará a definir seus próprios objetivos para a implementação. Ajudará a definir o escopo da alteração que deseja implementar e a direção que precisa tomar. A Microsoft, através do Microsoft Solutions Framework, usa a abordagem SMART para a definição da visão. SMART é um acrônimo para Specific, Measurable, Attainable, Result-oriented and Timed (Orientado à Especificidade, Medida, Realização, Resultados e Sincronizado). A afirmativa de visão que você define deve incluir todos esses elementos – deve especificar o que deseja fazer nas etapas de medida e realização, ser orientado a resultados e especificar o tempo que levará para fazer a alteração. Também deve incluir informações sobre o envio do serviço, geralmente para os usuários. Por exemplo, uma afirmativa de visão para uma implementação do Windows Server 2003 poderia ser:

"Construa e prepare uma rede de empresa estruturada e padronizada com base nas capacidades inerentes do Windows Server 2003 para melhorar nossa capacidade em satisfazer as necessidades comerciais e do usuário e complete o projeto no próximo ano".

Essa visão inclui todos os elementos descritos acima. E mais, é curta, fácil de entender e de lembrar.

A afirmativa de visão ajuda a assegurar que o projeto de implementação destina-se a objetivos certos. Uma das maiores falhas dos projetos tecnológicos é que eles nem sempre aproveitam totalmente as capacidades da tecnologia. Por exemplo, com o advento do Internet Explorer 4 da Microsoft, todos tinham o Active Desktop à sua disposição. Mas a maioria das organizações nunca usou essa tecnologia, mesmo quando o Active Desktop fornecia a melhor solução possível. Nas situações de pouca largura de banda da rede, usar o Active Desktop ao invés de um perfil indefinido fazia muito sentido, apesar da resistência da indústria à tecnologia.

Considerando isso, é claro que para a empresa o Windows XP Professional é o cliente escolhido para o WS03. Naturalmente, o WS03 funciona com clientes de baixo nível, mas se você quiser aproveitar totalmente as capacidades do WS03 em sua rede da empresa, deverá assegurar-se de que irá preparar ou usar o Windows XP Professional nos PCs de seus clientes.

Resumindo, a visão existe para assegurar que você não esquecerá que está implementando uma tecnologia *nova* – uma tecnologia que superou a que está substituindo e que geralmente fornece muitas maneiras novas de fazer as coisas. O pior que pode acontecer é que não se lembrará disso e continuará a usar os antigos métodos quando mais novos e mais eficientes estão disponíveis, simplesmente porque não sabe ou não quer saber que eles existem. Não deixe que isso aconteça com seu projeto! Não adapte a nova tecnologia aos seus antigos projetos; adapte seus antigos métodos à nova tecnologia.

> **🔊 Nota** – *Não é o único aspecto relacionado com o projeto de uma nova implementação da rede, mas uma vez que o gerenciamento do projeto não é o foco deste livro, você poderá querer consultar o Preparing for.NET Enterprise Technologies, de Ruest and Ruest (Addison-Wesley, 2001) para obter mais informações.*

Como construir a arquitetura de rede da empresa

Todo projeto de infra-estrutura da rede tem que começar com a construção da arquitetura para esse projeto. É onde você toma as decisões arquiteturais que afetarão a forma como usará a tecnologia para a qual está indo. Antes de trabalhar com o Windows Server 2003, terá que construir a arquitetura de sua rede. Há muitos elementos a considerar e decisões que precisará tomar antes de executar sua primeira instalação de produção do WS03.

A construção da Arquitetura de rede da empresa (ENA) tem que começar vendo a empresa em si mesma para identificar as necessidades comerciais que controlam o tipo de serviços que sua rede terá que enviar. Na verdade, você terá que seguir as etapas básicas desse processo de construção antes de estar pronto para preparar o WS03. Todo aspecto da rede terá que ser designado e toda necessidade terá que ser levada em consideração. O plano na Figura 1-5 descreve o processo para usar para a construção de uma Arquitetura de rede da empresa. Está concentrado nas três etapas básicas:

- Identifique as exigências comerciais
- Identifique as exigências técnicas
- Construa a solução

Também é importante lembrar que a ENA é um produto e deve ser tratado como tal. Isso significa que tem de ser iterativo. Como em qualquer projeto de desenvolvimento, é uma boa idéia usar as técnicas de versão ao construir a ENA. Assim, você poderá objetivar etapas melhores quando construir e preparar seu ambiente. Por exemplo, comece com a implementação do Active Directory e os recursos mais básicos WS03 na versão um, então introduza as comunicações em tempo real na versão dois etc. Não tente fazer tudo de uma vez!

Como pode ver, a construção da solução (etapa 3) tem que cobrir dez elementos. Esses elementos formam a estrutura deste livro. Usando os ciclos de vida do servidor e do serviço (Figura 1-1), este livro se concentrará em duas das quatro fases do ciclo de vida: Planejamento e preparação e Organização. No final deste livro, sua rede deverá estar pronta para a produção.

O plano ENA é baseado na estrutura do Exam 70-219 no guia de exame Microsoft Certification. Esse exame, "Designing a Microsoft Windows 2000 Directory Services Infrastructure", concentra-se em construir o Active Directory para as organizações de todos os tamanhos. Para tanto, os construtores têm de saber e entender totalmente a natureza do ambiente comercial e técnico no qual o Active Directory será instalado. O que também se aplica à rede da empresa. Esse plano foi usado em vários projetos diferentes de implementação de rede da empresa com excelentes resultados. As duas primeiras fases desse plano, os componentes da análise, aplicam-se igualmente bem à construção da rede e à construção AD, como verá no Capítulo 3.

O plano mostra que a construção da solução começa com a atividade de planejamento. Essa atividade leva à arquitetura inicial. Como a arquitetura é fundamental para o projeto (não há nada a implementar se você não tiver uma arquitetura), ela se torna valiosa para a organização usar e escrever um procedimento operacional padrão para esse processo.

Processo de construção arquitetural

O Processo de construção arquitetural suporta a introdução de um novo serviço na rede da empresa. É executado por arquitetos, planejadores e administradores do sistema. Dois tipos de arquitetura são requeridos ao implementar uma nova tecnologia: a Arquitetura da empresa (que está concentrada nas orientações, regras e padrões para o serviço) e a Arquitetura técnica (que está concentrara nos detalhes técnicos da implementação do serviço). Ambas usam procedimentos parecidos com pequenas variações.

Comece com a revisão da situação existente e uma revisão ou criação dos inventários completos. Se os inventários estiverem atualizados, esse processo será muito facilitado uma vez que poderão se concentrar em seu objetivo ao invés de se afastar executando realmente a coleção de inventários. A revisão da situação também deve listar os problemas existentes e questões que podem ser endereçadas pelo novo serviço introduzido. Certifique-se de que a revisão também se concentre nos elementos positivos da situação existente. Isso assegura que o que está sendo bem feito continuará assim.

O processo de construção arquitetural é suportado por uma série de ferramentas, como as informações Help and Support mencionadas anteriormente, mas sua ferramenta mais importante é o laboratório técnico. É onde você irá reproduzir os ambientes existentes e testará todos os procedimentos de migração. Também será importante revisar a documentação do produto e talvez ainda assistir a aulas de treinamento. Não se esqueça do objetivo da arquitetura durante o processo: é para resolver problemas, melhorar os níveis do serviço e ficar dentro do orçamento. Envolva outros grupos, especialmente os grupos destinados pela solução, em seu processo de construção de soluções.

> **Dica rápida** – *Um SOP de amostra para esse processo está disponível em http://www.Reso-Net.com/WindowsServer/.*

Como executar uma revisão da situação e a análise das necessidades

Como pode ver, o ponto de partida de qualquer alteração é a situação atual e o melhor lugar para começar uma revisão da situação real é com inventários. Você precisará criar listas extensas dos itens que o inventário tem que cobrir. Como o plano na Figura 1-5, deve começar com a identificação das informações comerciais e então ir para os detalhes do ambiente técnico para o qual você precisará construir a solução.

Para a Arquitetura de rede da empresa do Windows Server 2003, sua análise precisará se concentrar em duas áreas adicionais:

- Se você pretende executar uma migração a partir de um ambiente existente, precisará executar um inventário do servidor extenso para identificar quais servidores podem ser racionalizados, quais podem ser aposentados e substituídos, e quais serviços irão requerer servidores inteiramente novos. Você também precisará de um inventário detalhado dos serviços e funções que cada servidor existente executa. Isso significa lidar com usuários reais em cada servidor, as informações armazenadas no servidor, os parâmetros da segurança para essas informações etc.

- Se estiver implementando uma rede nova, precisará identificar claramente as exigências comerciais para dimensionar devidamente os servidores que irá preparar.

Não precisa se deter nessa atividade, pois é a força motriz para a solução construída.

Análise

① Exigências comerciais

1 - Modelo comercial
- Modelo de organização
- Objetivos da organização
- Produtos e serviços
- Escopo geográfico
- Processos da organização

2 - Estrutura da organização
- Modelo de gerenciamento
- Estrutura da organização
- Relações dos vendedores/ parceiro cliente
- Planos de aquisição (comercial)

3 - Estratégias da organização
- Prioridades comerciais
- Crescimento projetado e estratégia
- Implicações legais
- Tolerância a risco
- Objetivos TCO

4 - Gerenciamento IT
- Gerenciamento centralizado/descentralizado
- Modelo de fundos
- Fonte externa/interna?
- Processo de tomada de decisões
- Processo de gerenciamento de alterações

② Exigências técnicas

1- Ambiente existente/do IT planejado
- Tamanho da organização
- Número de usuários
- Local dos recursos
- Distribuição geográfica da rede e ligações
- Largura de banda disponível
- Exigências do desempenho H/S
- Padrões dos dados
- Papéis da rede e responsabilidades
- Questões de segurança

2 - Impacto da rede da empresa
- Sistemas e aplicações existentes
- Atualizações/fichas planejadas
- Infra-estrutura IP
- Estrutura de suporte da tecnologia
- Rede planejada atual e gerenciamento do sistema
- Serviços de autenticação

3 - Gerenciamento da área de trabalho do cliente/PC
- Exigências do usuário final
- Suporte de tecnologia para os usuários finais
- Ambiente do cliente requerido
- Base do cliente interna/ externa

Construção da solução

③ Arquitetura de rede da empresa

1- Planejamento
- Revise as exigências
- Revise novos produtos e recursos
- Crie a arquitetura inicial
- Prepare a instalação

2 - Instalação
- Preparação
- Instalação inicial
- Automatizar instalações
- Organização do servidor

3 - Infra-estrutura AD
- Construção AD
- Instalação AD
- Gerenciamento AD

4 - Infra-estrutura IP
- Configurações da rede
- Gerenciamento da conexão
- Endereçamento IP
- Resolução do nome

5 - Estratégia de gerenciamento PC
- Gerenciar objetos com a estratégia do grupo
- Instalação do software
- Gerenciamento do ambiente

6 - Infra-estrutura de suporte do usuário
- Gerenciamento do usuário (Contas, grupos, autenticação)
- Gerenciamento do ambiente do usuário

7 - Recursos compartilhados e rede da Internet
- Compartilhar pastas
- Compartilhar impressoras
- Compartilhar aplicações
- Fazer auditoria em recursos
- Servidor de informações da Internet
- Roteamento IP
- Acesso remoto

8 - Infra-estrutura da segurança
- Construção da estratégia de segurança
- Recursos da segurança
- Infra-estrutura da chave pública (PKI)

9 - Gerenciamento de rápida recuperação
- Recuperação de desastres
- Estratégia de solução de problemas
- Planejamento da redundância

10 - Administração da rede
- Construção da administração
- Administração remota
- Tarefas de rotina
- Gerenciamento do desempenho
- Gerenciamento de diretórios

Figura 1-5 – *O plano para a construção da Arquitetura de rede da empresa.*

> 🏍 **Dica rápida** – *Você poderá encontrar uma lista de inventário detalhada em http://www.Reso-Net.com/WindowsServer.*

O papel variável dos servidores

Um dos maiores objetivos de cada versão nova das versões Windows Microsoft é suportar um novo hardware e os avanços na tecnologia do hardware. Em termos de servidores, esses avanços são consideráveis. Hoje, o desempenho básico do hardware para um servidor não é mais um limite ou um problema. A maioria dos servidores atualmente são servidores de multiprocessamento – os servidores que podem ser dimensionados pelo acréscimo de mais CPUs. Hoje em dia os servidores também suportam recursos "adicionais a quente" como a memória de acesso aleatório e discos rígidos sem ter que parar o servidor. E mais, as tecnologias de armazenamento desenvolveram-se em redes da área de armazenamento (SAN) ou em armazenamento de acesso da rede (NAS) muito fáceis de dimensionar de modo transparente.

A Microsoft ajudou consideravelmente com o lançamento do Windows 2000 e especificamente com o Windows Server 2003. O Windows 2000 removeu 75 situações de reinicialização em comparação com o Windows NT. O WS03 é ainda mais estável. As modificações da rede não requerem mais reinicializações e o acréscimo de um motor plug and play muito poderoso que significa adicionar mais hardware também não requer uma reinicialização.

Quando as organizações forem para o WS03, elas serão capazes de aproveitar os últimos avanços no hardware do servidor como, por exemplo, o microchip Itanium da Intel (http://www.intel.com/itanium/). O WSE e o WSD oferecem um suporte nativo para os novos servidores baseados no Itanium que operam com um processamento de 64 bits. Todas as versões do WS03 suportam o novo conceito do servidor "sem chefe" – os servidores sem ligações físicas diretas para monitores ou dispositivos de entrada. Há também o conceito do servidor "esperto", que usa um número grande de processadores com desempenho médio em um sistema de multiprocessamento que fornece a redundância, o dimensionamento e o processamento de carga máxima. Novamente, o WS03 é designado para aproveitar essas novas capacidades uma vez que todas as versões do Windows Server 2003 têm capacidades de multiprocessamento até um certo grau. Na verdade, a Microsoft e a Intel trabalham sem parar, lado a lado, para desenvolver as normas para a criação do servidor com cada nova geração do Windows. Antes de você tomar suas decisões do servidor, deverá ler definitivamente as últimas informações sobre esse esforço de colaboração. A Microsoft publica essas informações em seu site Web em http://www.microsoft.com/hwdev/.

Como consolidar os servidores com o Windows Server 2003

Um servidor atualmente fornece uma função. Ele não é um produto. Muitas organizações adotaram servidores de instância simples ao trabalhar com o Windows NT. A abordagem foi razoável. Embora o próprio NT tenha sido um produto sólido, muitas operações, que as organizações executavam com ele, tornaram-no instável. Em geral, a melhor maneira de lidar com essa instabilidade era dedicar o servidor a um papel específico. Infelizmente essa abordagem serve para aumentar o número de servidores na organização. Muitos servidores Windows NT nunca são usados em sua capacidade total. Em muitos casos, o servidor raramente excede os 15% da utilização! O advento do Windows 2000 e especialmente do Windows Server 2003 permite que as organizações revisem as abordagens tradicionais do servidor e objetivem uma consolidação aumentada do servidor.

A consolidação envolve servidores mais rápidos e clientes menores porque os servidores atuais são mais gerenciáveis e mais dimensionáveis. A consolidação também oferece ótimas vantagens.

Você tem menos servidores para gerenciar. Pode melhorar os níveis do serviço porque é mais fácil manter a operação para alguns servidores centralizados do que para vários servidores distribuídos. Há menos tempo de inatividade uma vez que os servidores tendem a estar centralizados e fornecem um acesso físico mais fácil. As aplicações podem ser preparadas mais rapidamente porque grande parte do código reside no próprio servidor. E é mais fácil padronizar porque menos elementos físicos estão envolvidos.

Há quatro justificativas para a consolidação:

- **Centralização** Relocalizar os servidores existentes para menos sites.
- **Consolidação física** Muitos servidores menores são substituídos por menos servidores e mais poderosos.
- **Integração dos dados** Vários bancos de dados distribuídos são consolidados em um único depósito de dados.
- **Integração da aplicação** Diversas aplicações são integradas em menos servidores e mais poderosos. As aplicações precisam ter um certo grau de afinidade antes que essa integração possa ocorrer.

E mais, a consolidação pode assumir a forma da implementação de várias "máquinas virtuais" em um único servidor. Apesar de seus muitos avanços, o Windows Server 2003 ainda não suporta a operação simultânea de diversas instâncias da mesma aplicação em um único servidor. Mas usando tecnologias como o VMware Workstation da VMware Corporation ou o software Server, você poderá aproveitar mais o hardware de um único servidor instalando diversas instâncias do Windows Server 2003 ou ainda sistemas operacionais mais antigos dentro das máquinas virtuais. Essas máquinas agem e operam exatamente da mesma maneira que uma máquina física e podem ser visíveis para a rede inteira. Isso significa que podem fornecer serviços extras para os usuários a partir de um único servidor físico. Por exemplo, se você precisar executar o SQL Server 2000 em seu Windows Server 2003, mas ainda tiver aplicações de herança que não foram atualizadas a partir do SQL Server versão 7, poderá instalar o SQL 2000 na instalação física do WSS ou WSE, criar uma máquina virtual no mesmo servidor e instalar uma instância do SQL 7 dentro dessa máquina. Então poderá ter as duas instâncias do SQL Server sendo executadas e enviando serviços para os usuários a partir da mesma máquina física. O que também serve às aplicações que são executadas no NT, mas não no WS03. Se você não tiver tempo para convertê-las, execute-as nas máquinas virtuais NT.

Se estiver entre aqueles que têm servidores que são executados em não mais do que 15% de sua capacidade, o VMware será definitivamente uma ótima ferramenta para fornecer mais serviço a partir do mesmo hardware. Os produtos VMware podem ser encontrados em http://www.vmware.com/.

Finalmente, as edições Enterprise e Datacenter do Microsoft Windows Server 2003 oferecem uma funcionalidade de cluster melhorada sobre o Windows NT e o Windows 2000. Os serviços de cluster são agora carregados por default durante a instalação e são dinâmicos. Isso significa que, quando você ativar ou modificar os serviços de cluster com o WSE ou o WSD, não precisará mais reiniciar o cluster. E mais, os servidores do cluster WS03 têm o reconhecimento do Active Directory – isto é, eles são publicados no Active Directory e ficam disponíveis para todos os usuários da mesma maneira que os serviços sem o cluster. No Windows 2000, isso trazia um problema uma vez que as impressoras instaladas em um cluster não podiam ser publicadas no diretório.

Assim, a consolidação do cluster e do servidor deve ser um dos objetivos a lembrar quando construir sua Arquitetura de rede da empresa do WS03. Para tanto, você precisará agrupar os servidores pela função para ver quais grupamentos lógicos estão disponíveis para a consolidação. É onde o modelo PASS mostrado anteriormente na Figura 1-2 se torna mais útil.

Como usar o modelo PASS

Como mencionado antes, o modelo PASS facilita conceber e gerenciar os servidores. Para tanto, você precisará se concentrar em dois elementos:

- O Kernel do servidor ou todos os elementos que serão comuns a todos os servidores.
- As configurações do servidor baseadas em papéis – todas as aplicações ou funções que podem ser consolidadas em servidores parecidos.

Como designar o Kernel do servidor

O Kernel do servidor é designado para enviar todos os serviços que são comuns a todos os servidores. A decisão de incluir um componente é baseada na necessidade da empresa assim como no modo de licença para o componente. Se sua organização possui uma licença da empresa para um componente do servidor, deverá ser incluída no kernel. Se sua empresa requerer uma função específica em todos os servidores, a tecnologia que a suporta deverá ser incluída no kernel. O conteúdo do kernel também inclui a configuração default do servidor. Finalizar os elementos da configuração do servidor e capturá-los em uma "imagem" do Kernel do servidor poderá simplificar muito o processo de desenvolvimento dos novos servidores. Essa configuração também deve incluir a preparação da seção de apresentação do servidor. Assegurar que todos os ambientes novos do usuário criados no servidor tenham um acesso imediato às ferramentas de gerenciamento do servidor e aos utilitários do servidor simplificará o processo de gerenciamento do servidor também.

A Tabela 1-1 descreve o conteúdo sugerido do Kernel do servidor.

Tabela 1-1 – O Conteúdo em Potencial do Kernel do Servidor

Subcamada	Conteúdo sugerido
Sistema operacional (fornece os serviços básicos do sistema)	Windows Server 2003, Enterprise Edition (edição mais versátil) Service Packs e/ou correções a quente, se aplicável Drivers específicos (vídeo, gerenciamento sofisticado, impressão etc.) Fontes Open/True Type
Rede (para aplicar os padrões da rede)	Protocolo exclusivo Identificação do servidor (nome de host, nome, NetBios, nome da máquina) Membro do domínio Scripts de inicialização, finalização, entrada e saída da rede Roteamento e ferramentas de acesso remoto
Armazenamento (para padronizar o modo como as informações são apresentadas)	Drives físicos idênticos Discos lógicos idênticos (inclusive a árvore local para o software e a árvore local para os dados) Árvore da rede (baseada no Distributed File System ou DFS)
Segurança (para padronizar o controle de acesso)	Proprietário do sistema Perfis do usuário e estratégias de grupo defaults Direitos e permissões locais (NTFS) e de acesso à rede Gerenciamento do controle de acesso central Gerenciamento da estratégia do grupo Software antivírus Ferramentas de detecção de invasão e de auditoria

Tabela 1-1 – O Conteúdo em Potencial do Kernel do Servidor (*continuação*)

Subcamada	Conteúdo sugerido
Comunicações (para padronizar o modo como os usuários interagem entre si)	Cliente de e-mail Paginadores (home page, favoritos da empresa internos, controles substitutos/de proteção) Ferramentas de comunicação para os usuários (mensagem do gerenciamento, do IT etc.) Ferramentas da coleção de dados
Ferramentas de produtividade comuns (para padronizar as ferramentas comuns)	Automação do escritório (versão atual do Office gerenciada através de grupos e perfis) Gráficos genéricos e ferramentas de captura de imagem Pacotes de serviço apropriados Ferramentas de suporte Ferramentas do kit de recursos
Apresentação (para padronizar o modo como os usuários interagem com o sistema)	Componentes do Active Desktop Área de menus e inicialização rápida, atalhos Perfil e apresentação do usuário default Ferramentas do kit de recursos

Como configurar os papéis do servidor

Em seguida, você precisará identificar os papéis do servidor ou funções. Isso é feito agrupando os tipos de serviço pela afinidade do serviço. Certos tipos de serviços ou funções não ficam juntos, ao passo que outras tendem a ficar naturalmente na mesma categoria. Para os servidores, você terá papéis que são definidos pelo tipo de software que eles executam e assim o tipo de serviço que enviam. Surgem sete categorias principais:

- **Servidores do gerenciamento da identidade** Estes servidores são os gerenciadores de identidade básicos para a rede. Eles contêm e mantêm o banco de dados inteiro de identidade da empresa para todos os usuários e acesso do usuário. Para o WS03, seriam os servidores que executam os serviços Active Directory. Essa função não deve ser compartilhada com nenhuma outra, a menos que seja uma função da rede básica como a resolução do nome; embora em alguns casos possa ser encontrada em um servidor com diversas finalidades.

- **Servidores da aplicação** Estes servidores fornecem os serviços da aplicação para a comunidade de usuários. Os exemplos do Windows Server 2003 seriam o SQL Server, Commerce Server etc. Eles também incluirão, claro, as aplicações de sua empresa.

- **Servidores de arquivo e impressão** Estes servidores se concentram no fornecimento de armazenamento e serviços de documento estruturados para a rede. Como verá, essas funções são muito expandidas no Windows Server 2003 e formam a base do compartilhamento de informações nessa tecnologia.

- **Servidores Web dedicados** Estes servidores se concentram no fornecimento de serviços Web para as comunidades do usuário. Na verdade, o Windows Server 2003 Web Edition é especificamente designado para satisfazer essas necessidades.

- **Servidores de colaboração** Estes servidores fornecem a infra-estrutura para a colaboração na empresa. Seus serviços podem incluir os SharePoint Team Services, o Streaming Media Services e o Real Time Communications.

- **Servidores de infra-estrutura da rede** Estes servidores fornecem as funções básicas da rede como o endereçamento IP ou a resolução do nome, inclusive o suporte para os sistemas de herança. Também fornecem os serviços de roteamento e de acesso remoto.
- **Servidores de terminal** Estes servidores fornecem um ambiente de execução da aplicação central para os usuários. Os usuários precisam apenas ter uma infra-estrutura mínima para acessar esses servidores porque seu ambiente de execução inteiro reside no próprio servidor.

E mais, a colocação do servidor entra em cena. A colocação refere-se à proximidade ou à posição arquitetural do servidor em um sistema distribuído de ponta a ponta. Três posições são possíveis:

- Dentro da intranet.
- No perímetro de segurança, geralmente referido como zona desmilitarizada (DMZ), embora o perímetro normalmente inclua mais do que apenas a DMZ.
- Fora da empresa.

Finalmente, você poderá adicionar uma última categoria do servidor, o servidor Failsafe (Contra falhas). Esse tipo de servidor é, na verdade, uma cópia exata de cada uma das categorias acima, mas é composto por servidores inativos que acordam sempre que há uma falha na rede. A natureza de seu negócio e o nível do serviço que você precisa fornecer para os usuários e clientes determinará se essa última categoria é requerida na rede de sua empresa.

Cada um desses elementos terá que ser levado em consideração durante a elaboração da solução designada com o Windows Server 2003.

Considerações da migração

É importante identificar o caminho de migração que você usará para ir de sua rede existente para a rede da empresa WS03. Há várias técnicas que poderão ser usadas para migrar de um sistema operacional da rede para outro. Naturalmente, se estiver implementando uma nova rede baseada no WS03, as considerações da migração não serão sua preocupação primária.

Migrar de um sistema operacional existente seria muito fácil se você pudesse fazê-lo enquanto todos estão de férias ou durante uma parada anual das operações. Infelizmente, muito provavelmente estará executando as migrações durante as operações comerciais normais. E mais, terá que tornar o processo de migração transparente para os usuários e para o processo comercial. Que desafio!

As migrações, em oposição às novas instalações, têm alguns fatores que são levados em consideração. Primeiro, você tem de assegurar que fornecerá, pelo menos, exatamente os mesmos níveis de serviço que os usuários estão experimentando atualmente em sua rede. Naturalmente, seu objetivo maior será melhorar a experiência de rede do usuário, mas deverá assegurar que o que quer que aconteça não reduzirá os níveis do serviço. Essa é uma das razões pelas quais tem que incluir usuários representativos em seu projeto de construção da rede. Eles ajudarão a mantê-lo concentrado. Afinal, a rede existe como um serviço para eles.

Segundo, tem de assegurar que fornecerá programas de treinamento completos em todos os níveis de sua organização. Se estiver indo do Windows NT para o WS03, achará que a tarefa de treinamento maior é técnica, não orientada a usuários. Embora os usuários tenham experiência com novos recursos como as melhorias da interface, as melhorias do WS03 estão em grande parte no gerenciamento e na configuração. A equipe técnica terá que passar por um treinamento extenso. Eles terão que estar bem preparados antes de você implementar a nova rede. E mais, provavelmente você desejará assegurar que o programa de treinamento do usuário enviado ocorra no momento em que migrar. Os melhores resultados da migração ocorrem quando o treinamento do usuário é sincronizado com o programa de migração. Se estiver executando o Windows 2000, o treinamento será reduzido uma vez que a principal diferença para os usuários está na interface.

Terceiro, desejará assegurar que todas as suas aplicações sejam executadas devidamente no WS03. Se estiver executando o Windows NT, precisará testar a aplicações completamente parar garantir que elas irão operar devidamente no novo sistema. Uma das maiores razões para isso é o novo modelo de segurança no Windows 2000 e no WS03. Os usuários estão muito mais limitados no WS03 do que estavam no NT, assim as aplicações, que são executadas no NT, não são executadas necessariamente no WS03. Mais sobre esse assunto será tratado no Capítulo 7. Mas há outras vantagens em usar o WS03. Ele oferece um modo de compatibilidade da aplicação que é igual ao oferecido pelo Windows XP. É algo que não estava disponível no Windows 2000. As aplicações devem ser executadas melhor no WS03 do que no Windows 2000, mas, entretanto, você irá descobrir que várias de suas aplicações precisarão ser atualizadas ou modificadas para serem executadas devidamente. A racionalização é uma ótima ajuda aqui porque significa menos atualizações. A racionalização e o teste extenso de compatibilidade da aplicação devem fazer parte de seu projeto.

Quarto, desejará determinar se atualizará seus sistemas ou se executará instalações completas. A decisão dependerá de muitos fatores, mas a abordagem mais valiosa é a nova instalação. As novas instalações simplesmente oferecem uma melhor estabilidade e confiança uma vez que dão a oportunidade de limpar seus sistemas existentes.

Finalmente, precisará considerar como migrar seu diretório e serviços de autenticação. O WS03 inclui uma Active Directory Migration Tool (DMT) melhorada. A versão 2 dessa ferramenta permite a migração das contas do usuário e senhas a partir do Windows NT e do Windows 2000. É uma boa ferramenta para a consolidação e a migração do domínio. Mais sobre esse assunto será analisado no Capítulo 10.

Essas não são as únicas considerações que você terá que levar em conta ao migrar, mas serão um bom ponto de partida. Mais sobre esse tópico será analisado neste livro.

Instalação de atualização *versus* completa

Como mencionado anteriormente, há alguns impactos a considerar ao decidir atualizar ou executar uma nova instalação. A maioria depende do status de sua rede atual. A Tabela 1-2 descreve os caminhos de atualização em potencial para todas as versões do WS03.

> **Nota** – *Não há nenhum caminho de atualização para o Windows Server 2003, Web Edition.*

Embora a atualização seja muito mais fácil de executar do que uma instalação completa, quando você atualizar do Windows NT para o WS03, perderá alguma funcionalidade. O Windows Server 2003 não usa mais a pasta WINNT. Finalmente ele se moveu para uma pasta Windows. E mais, como o Windows 2000, o WS03 usa a pasta Documents and Settings (Documentos e Definições) para armazenar os perfis do usuário. Se você atualizar a partir do NT, os perfis serão mantidos na pasta WINNT/Profiles. Isso tem um propósito na devida aplicação das definições Group Policy (Estratégia do Grupo). Mais sobre esse assunto será analisado nos devidos capítulos, mas a recomendação é forte: se estiver migrando do Windows NT para o WS03, prepare-se para executar instalações completas.

Tabela 1-2 – Os Caminhos de Atualização para o WS03	
Das seguintes versões do Windows...	**para uma versão Windows Server 2003**
Windows NET Server versão 4.0 com o Service Pack 5 ou posterior Nota: Qualquer versão Windows NT anterior a 4.0 terá primeiro que ser atualizada para o Windows NT versão 4.0 com o Service Pack 5	Standard Edition Enterprise Edition
Windows NT Server versão 4.0, Terminal Server Edition, com Service Pack 5 ou posterior Nota: Se você precisar da funcionalidade Terminal Server completa, terá que atualizar para o Windows 2003, Enterprise Edition	Standard Edition Enterprise Edition
Windows 2000 Server	Standard Edition Enterprise Edition
Windows NT Server versão 4.0, Enterprise Edition, Service Pack 5 ou posterior Windows 2000 Advanced Server	Enterprise Edition
Windows 2000 Datacenter Server	Datacenter Edition
Windows 9x, Me, 2000 Professional, XP Home ou Professional	Nenhum caminho de atualização São os sistemas operacionais da estação de trabalho As atualizações têm que ser executadas como instalações completas

O impacto não será igual se você atualizar a partir do Windows 2000. O WS03 e o Windows 2000 compartilham a mesma base de código, portanto uma atualização é na verdade bem possível, mas *não* se você executou uma atualização para o Windows 2000 a partir do Windows NT. No último caso, terá os mesmos problemas que teria se tivesse atualizado diretamente do NT para o WS03. Claro, neste caso, provavelmente já sabe todas as coisas que não poderá fazer com sua rede Windows 2000.

Atualizar a partir de uma rede Windows 2000, que foi implementada como uma instalação completa, é bem aceitável, até recomendado. Na verdade, é o caminho de atualização mais fácil uma vez que o WS03 suporta uma atualização no lugar e o processo pode ficar bem transparente para os usuários.

Não há nenhum caminho de atualização a partir de qualquer versão da estação de trabalho ou da área de trabalho do Windows para o WS03. O WS03 é um servidor e sistema operacional da rede. O Windows 9x, Me, 2000 Professional e ambas as edições do XP não são designadas para executar o mesmo tipo de trabalho que o WS03 é.

Como usar o laboratório tecnológico como um campo de provas

A atividade de preparação final para seu projeto de rede da empresa WS03 é a preparação e a implementação de um laboratório tecnológico. Como o teste de compatibilidade da aplicação e as provas dos conceitos são uma parte integral do processo de construção e de preparação, o laboratório tecnológico é crucial.

O laboratório deve conter tecnologias suficientes para ser capaz de reproduzir devidamente a infra-estrutura IT existente da organização. Deve incluir tecnologias as mais recentes possível. Com muita freqüência, as organizações usam um equipamento recuperado que não é o mais recente e melhor. Isso limita apenas as vantagens em potencial desse laboratório porque sua finalidade é trabalhar com tecnologias novas. As tecnologias novas sempre requerem um hardware mais poderoso. Se você pretende comprar um equipamento novo para seu projeto de implementação, será uma boa idéia comprar previamente alguns sistemas e usá-los para o teste do laboratório.

O laboratório tem também que incluir estratégias rápidas de configuração e recuperação. Por exemplo, se os técnicos estiverem trabalhando em um estudo do caso que requer a organização de um Active Directory e da infra-estrutura Windows Server 2003, você não desejará que eles tenham que reconstruí-lo a partir do zero sempre que retornarem para o laboratório. Uma das melhores maneiras de fornecer essa capacidade é usar drives de disco de modo alternado. Isso permitirá que cada grupo técnico prepare e armazene seu próprio ambiente de trabalho, o que economizará um tempo considerável.

Outro método é usar as tecnologias de imagem do disco. Isso requer um servidor de armazenamento poderoso porque cada ambiente tem que ser armazenado independentemente na duração dos testes.

Se o acesso para o hardware for um problema, você poderá considerar o uso de máquinas virtuais com o VMware. Tudo que é requerido para construir um sistema de rede complexo baseado em máquinas virtuais são alguns servidores muito poderosos. Por exemplo, com um único servidor Pentium, com processador duplo e um gigabyte de RAM, será possível construir uma floresta distribuída Active Directory inteira. Não é muito rápido, mas para o teste, funcionará extremamente bem.

E mais, o laboratório irá requerer uma estação especial ou estações que estão desconectadas da rede do laboratório e conectadas à rede interna e à Internet. Essas estações servem para a documentação, pesquisa e carregamentos de software. Como ideal, essas estações são posicionadas no laboratório para um pronto acesso feito pelos técnicos.

O aspecto mais importante do laboratório será sua coordenação das atividades e o compartilhamento de recursos. A maioria das organizações não pode investir tanto quanto gostaria em um laboratório, portanto a maioria tem de usar estratégias de compartilhamento do tempo para assegurar que a equipe técnica tenha um pronto acesso aos recursos necessários para o teste. Bons métodos de coordenação e teste estruturado poderão apenas garantir resultados de teste melhores.

A Figura 1-6 mostra um laboratório de teste de amostra. Esse laboratório reproduz uma rede interna típica com um mínimo de equipamento. Os endereços TCP/IP internos podem ser usados uma vez que não conectam o mundo externo. Mais servidores poderão ser adicionados para testar a estratégia de migração que você planejará, mas poderão ser sistemas mais antigos e obsoletos uma vez que você não estará fazendo um teste de desempenho com eles.

> 🐞 **Dica rápida** – *Uma planilha do laboratório de amostra que pode ser usada para a parte de teste da fase de preparação para seu projeto pode ser encontrada em http://www.Reso-Net.com/WindowsServer/.*

Como usar uma estratégia de teste

Como criar uma rede da empresa é 80% de planejamento e preparação e 20% de implementação, o laboratório será um dos principais elementos de sua futura rede. Para assegurar que sua fase de preparação será boa, você deverá usar estratégias de teste muito restritas. A maioria das estratégias de teste inclui vários estágios, cada um concentrado em um tipo específico de teste. Ao construir e preparar a rede da empresa, deverá usar os seguintes tipos de teste:

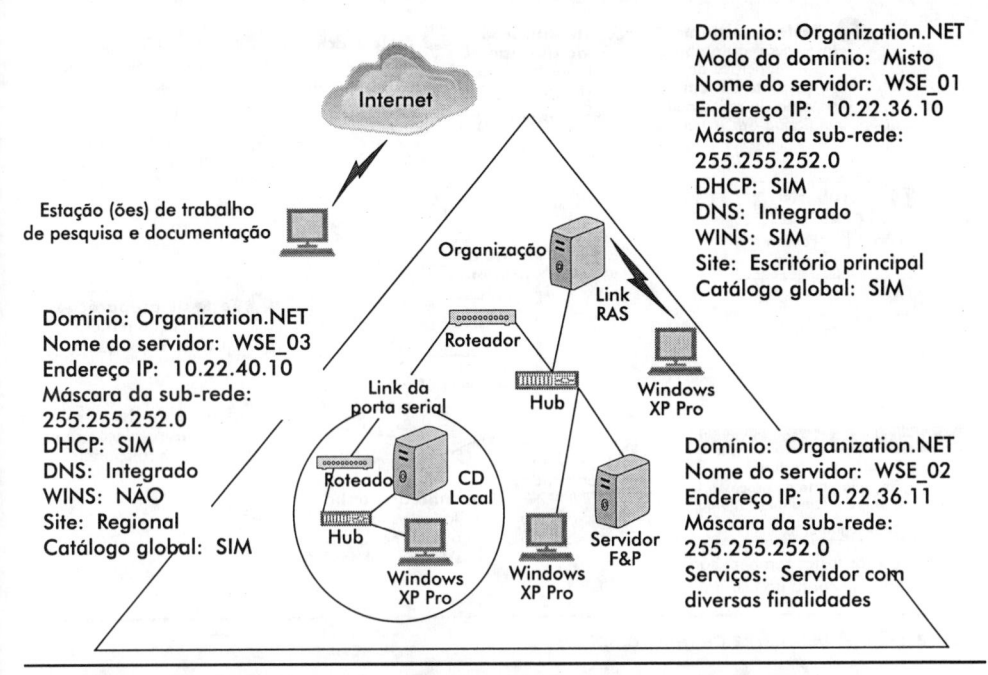

Capítulo 1: Como planejar o Windows Server 2003 ▶ **31**

```
                                              Domínio: Organization.NET
                                              Modo do domínio: Misto
                    Internet                  Nome do servidor: WSE_01
                                              Endereço IP: 10.22.36.10
                                              Máscara da sub-rede:
                                              255.255.252.0
                                              DHCP: SIM
Estação (ões) de trabalho                     DNS: Integrado
de pesquisa e documentação                    WINS: SIM
                            Organização       Site: Escritório principal
                                              Catálogo global: SIM
Domínio: Organization.NET              Link
Nome do servidor: WSE_03    Roteador   RAS
Endereço IP: 10.22.40.10
Máscara da sub-rede:      Link da
255.255.252.0             porta serial   Hub     Windows
DHCP: SIM                                        XP Pro
DNS: Integrado                                   Domínio: Organization.NET
WINS: NÃO                  Roteador   CD         Nome do servidor: WSE_02
Site: Regional                        Local      Endereço IP: 10.22.36.11
Catálogo global: SIM                             Máscara da sub-rede:
                            Hub              Servidor  255.255.252.0
                                 Windows    F&P       Serviços: Servidor com
                                 XP Pro  Windows     diversas finalidades
                                         XP Pro
```

Figura 1-6 – *Um laboratório de teste deve ser o mais completo possível.*

- **Descoberta** O primeiro teste é sempre uma descoberta interativa de uma nova tecnologia. Essa fase permite identificar os elementos da Arquitetura técnica para o produto.

- **Teste do sistema** Assim que os primeiros estágios da descoberta tiverem sido executados, você irá para a automação de um processo de instalação. Esse teste concentra-se na avaliação do procedimento automatizado em si.

- **Identificação da questão de segurança** Há algum problema de segurança com o produto quando instalado durante os testes do sistema? Se houver, ele terá que ser levado em consideração.

- **Teste funcional** O produto opera como o esperado? Se não, você terá que voltar ao início.

- **Teste de integração** Como o produto se comporta quando mesclado com outros produtos com os quais pode ter que coexistir? Há modificações requeridas para a instalação?

- **Teste de aceitação** O cliente final ou o usuário aprova o produto com o designado e instalado? Se não, você terá que modificar a instalação e a configuração.

- **Teste de preparação** A preparação remota deste produto é requerida? Se for, um teste de preparação terá de ser feito para assegurar que ele se comportará como o esperado durante a instalação remota.

- **Teste de desinstalação** Se uma desinstalação for eventualmente requerida, ela deve ser testada de modo interativo e remoto.

- **Garantia da qualidade** Assim que todos os testes tiverem sido executados, um teste de garantia da qualidade final deverá ser executado. Toda a documentação está correta e

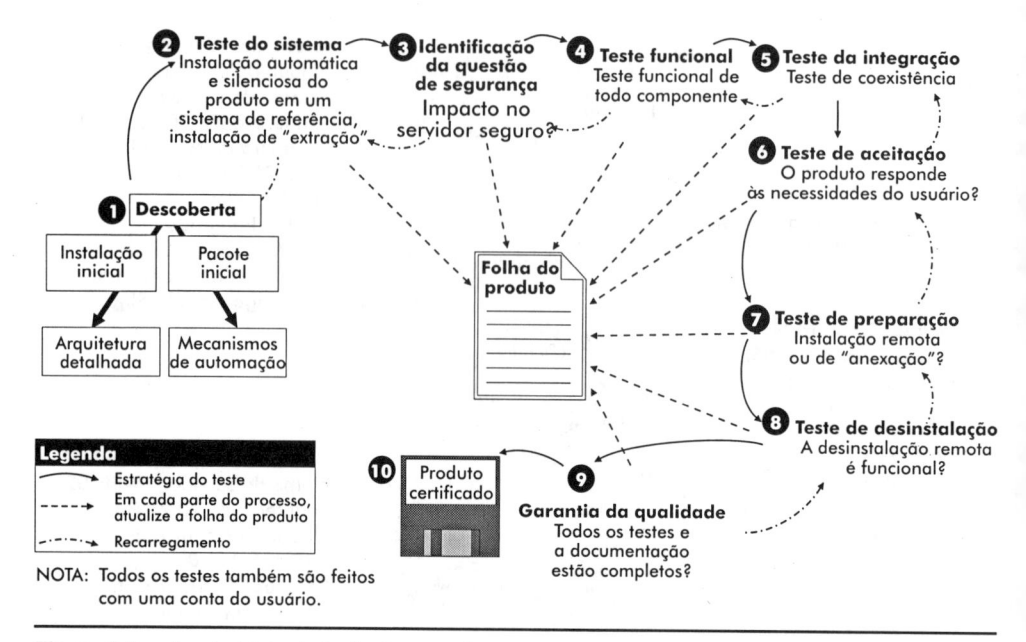

Figura 1-7 – *A estratégia de teste do produto.*

completa? Todos os procedimentos de teste foram seguidos corretamente? Estas são algumas das perguntas que têm que ser respondidas durante essa fase antes da liberação final do produto para a empresa.

Cada fase do teste é importante. Se, por qualquer razão, seu produto falhar em qualquer estágio do teste, ele terá que ser recarregado no estágio anterior e as correções terão que ser aplicadas. Esse processo é mostrado na Figura 1-7. Seguir normas estritas e procedimentos de teste rigorosos tornará simplesmente seu produto final melhor. É uma das definições da rede pronta para a empresa.

Continuação

Suas apresentações estão completas agora. Você começou a trabalhar na construção arquitetural da rede de sua empresa WS03. Identificou que uma abordagem do ciclo de vida é o melhor método a usar para preparar a migração para o WS03. Agora está pronto para ir para o primeiro estágio da implementação, a análise dos métodos de instalação usados para o Windows Server 2003. É o que trata o próximo capítulo.

Resumo das melhores práticas

Este capítulo recomenda as seguintes melhores práticas:

- Use o Ciclo de vida do servidor para preparar e planejar os servidores em sua Arquitetura de rede da empresa.
- Use o Ciclo de vida do serviço para preparar e planejar os serviços na rede de sua empresa.
- Use o modelo PASS para identificar os componentes comuns e específicos para a construção e o gerenciamento do servidor.

- Use os procedimentos operacionais padrões para documentar ou automatizar todos os procedimentos em sua rede. Assim, você poderá assegurar o resultado da operação.
- Aprenda sobre o produto que está para preparar. Identifique as diferenças dos produtos existentes e veja como se aplicam ao seu ambiente.
- Construa a Arquitetura de rede da empresa *antes* de instalar seus novos sistemas.
- Use o SOP do Processo de construção arquitetural para construir sua Arquitetura de rede da empresa.
- Escreva uma visão do projeto para si mesmo para que você e seu público possam saber para onde irá e o que está fazendo.
- Não se esqueça de ver as novas maneiras de fazer as coisas ao ir para uma nova tecnologia.
- Use uma instalação completa se estiver indo do Windows NT para o Windows Server 2003 ou se atualizou do Windows NT para o Windows 2000.
- Prepare e use um laboratório tecnológico no projeto para executar as provas dos conceitos e testar as soluções construídas.
- Se precisar executar um novo inventário para esse projeto, não se esqueça de mantê-lo atualizado de agora em diante.

Mapa do capítulo

Use a Figura 1-8 para revisar o conteúdo deste capítulo.

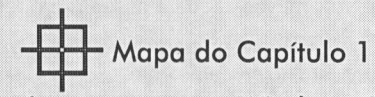

Mapa do Capítulo 1
Planejamento para o Windows Server 2003

Família Windows Server 2003
Como construir a base da rede
Abordagem do ciclo de vida:
- O ciclo de vida do servidor
- O ciclo de vida do servidor **(Figura 1-1)**

Um novo modelo para a construção e o gerenciamento do servidor
- As vantagens do modelo PASS **(Figura 1-2)**

Abordagem estruturada – Como usar os SOPs
- Melhores práticas dos SOPs

Arquitetura de rede da empresa **(Figura 1-3)**
Como construir sobre o Windows 2000:
Modelo Windows Server 2003
- Como encontrar mais informações – Instale o Help and Support **(Figure 1-4)**
- Ativação do produto

Ferramentas no site Web complementar
- Versão do Microsoft Word das melhorias do WS03 e novos recursos
- Procedimento do Help and Support
- um procedimento operacional padrão de amostra (SOP)
- Plano dos SOPs
- As dez camadas do modelo PASS

Arquitetura de rede da empresa Windows
Como construir a arquitetura de rede da empresa **(Figura 1-5)**
- Processo de construção arquitetural
- Como executar uma revisão da situação e análise das necessidades
- O papel variável dos servidores
- Como consolidar os servidores com o Windows Server 2003
- Como usar o modelo PASS
    - Como construir o Kernel do servidor
    - Como configurar os papéis do servidor
- Considerações da migração
- Instalação de atualização *versus* completa
- Como usar o laboratório tecnológico como um campo de provas **(Figura 1-6)**
    - Estratégia de teste **(Figura 1-7)**

Ferramentas no site Web complementar
- Plano de construção da rede da empresa
- SOP: Processo de construção arquitetural
- Tabela de inventário do conteúdo para a revisão da situação
- Folha de dados do laboratório de amostra

Continuação

Resumo das melhores

Figura 1-8 – *O mapa do capítulo.*

Capítulo 2

Como preparar as instalações pesadas do Windows Server 2003

Neste capítulo

Como escolher a abordagem da migração	*38*
Como instalar e configurar os servidores	*47*
Como usar a documentação da instalação	*54*
Processos da instalação pesada	*56*
Como escolher o método de instalação pesada	*65*
Como colocar o servidor no lugar correto	*74*
Resumo das melhores práticas	*74*
Mapa do capítulo	*75*

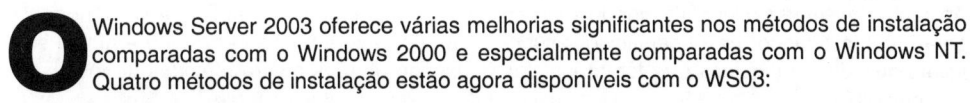

O Windows Server 2003 oferece várias melhorias significantes nos métodos de instalação comparadas com o Windows 2000 e especialmente comparadas com o Windows NT. Quatro métodos de instalação estão agora disponíveis com o WS03:

- Instalação manual ou interativa
- Instalação não assistida através de um arquivo de resposta
- Imagem do disco com a System Preparation Tool
- Instalação remota através do Remote Installation Service

Duas dessas, a instalação de imagem e do servidor remoto, são novas para o Windows Server 2003. E mais, o WS03 traz novos recursos para o método de instalação não assistida.

Cada método é adequado para situações específicas; alguns podem ainda ser combinados para se obter uma eficácia e eficiência melhoradas. Mas antes de você selecionar o método de instalação, precisará considerar o método que usará se estiver migrando de uma rede existente. Novamente, precisará tomar decisões arquiteturais antes de ir para a instalação em si.

Quando você for para a rede da empresa WS03, precisará trabalhar com três categorias maiores de sistemas:

- **Servidores de gerenciamento da identidade** Incluem os controladores do domínio ou os sistemas que contêm e mantêm o banco de dados de identidade da empresa para os usuários e outros objetos da rede.
- **Member Servers** Todos os outros servidores na rede ficam nessa categoria. Incluem as outras seis categorias de servidores mencionadas no Capítulo 1, como os servidores da aplicação, os servidores do arquivo e impressão, os servidores Web etc.
- **Computadores pessoais** Incluem todas as suas estações de trabalho, inclusive os dispositivos móveis.

No caso do Windows Server 2003, você estará mais preocupado com as duas primeiras categorias, mas apesar do fato de que o WS03 é um sistema operacional do servidor, implementá-lo em sua rede também envolverá algumas operações em seus PCs. Tudo depende da estratégia de migração escolhida. Na verdade, você precisará tomar algumas decisões críticas *antes* de começar a instalar os servidores.

Como escolher a abordagem da migração

Primeiro, precisará decidir *como* deseja migrar: executará novas instalações ou atualizações? O Capítulo 1 analisou essa questão em detalhes. Se você estiver indo do Windows NT para o Windows Server 2003 ou se estiver indo de uma rede Windows 2000, que foi atualizada a partir do Windows NT, deverá aproveitar essa oportunidade para executar novas instalações em todo lugar. Se já tiver executado novas instalações quando migrou do Windows NT para o Windows 2000, poderá simplesmente executar as atualizações de seus sistemas Windows 2000.

A resposta para essa primeira pergunta irá influenciar muito as escolhas feitas durante sua migração. Se você precisar executar novas instalações, não poderá simplesmente atualizar os servidores existentes, pois será difícil construir uma abordagem de migração que não danifique as operações normais. Há métodos que poderiam simplificar o processo de migração. Por exemplo, você poderia organizar um novo servidor usando uma rede separada, fornecer-lhe o nome de um servidor existente em sua rede e substituir o antigo pelo novo. Mas essa abordagem tem alguns problemas. Mesmo que o novo servidor tenha o mesmo nome, não será visto como a mesma máquina em sua rede porque o WS03 não usa o nome da máquina para se comunicar e identificar um servidor. Ao contrário, ele usa o identificador de segurança (SID), um número de identidade aleatório que é gerado na instalação. Esse identificador nunca será duplicado em uma certa rede e nunca será igual entre duas máquinas que foram instaladas usando um dos quatro métodos de instalação suportados.

Se você quiser aproveitar o WS03 para implementar uma nova rede, usando novos princípios e uma nova arquitetura, deverá considerar a abordagem da rede paralela. É a abordagem mais segura porque envolve o menor risco. Ela se concentra na implementação de uma nova rede paralela que não toca ou afeta o ambiente existente. As operações contínuas não serão afetadas porque a rede existente não é removida ou modificada. A abordagem da rede paralela é baseada na aquisição de novas máquinas que são usadas para criar um pool de migração. Esse pool de migração irá se tornar o centro da nova rede. Então, quando você colocar novos sistemas para substituir os serviços existentes, poderá recuperar as máquinas a partir da rede existente ou de herança e reconstruí-las antes de adicioná-las à nova rede. Esse processo é mostrado na Figura 2-1.

A rede paralela tem diversas vantagens. Primeiro, fornece um ambiente de recarregamento contínuo. Se por alguma razão, a nova rede não funcionar devidamente, você poderá retornar rapidamente para o ambiente de herança porque ele ainda estará ativado e sendo executado. Em seguida, poderá migrar os grupos de usuários e as máquinas de acordo com seu próprio horário. Como a rede existente ainda está em execução, poderá se destinar a grupos específicos sem ter que afetar os outros. Finalmente, como a rede existente ainda está em execução, poderá reservar um tempo para dominar completamente as novas tecnologias e serviços antes de colocá-los no lugar certo.

Contudo, tem algumas desvantagens. Custa mais do que fazer uma atualização no local. Mas se você quiser um retorno melhor no investimento (ROI) no final de seu projeto, desejará reservar um tempo para reconstruir sua rede para aproveitar completamente os novos recursos do WS03. Também levará mais tempo uma vez que o processo de colocar uma segunda rede no lugar certo é complexo. Por outro lado, dará a oportunidade de reservar um tempo para construir adequadamente. A rede paralela é uma venda mais difícil em um projeto de migração, mas suas vantagens

Rede NT existente

❸ Quando os serviços básicos ficam on-line servidores específicos são desautorizados

❼ A rede NT é desautorizada quando todos os PCs, todos os usuários e todos os serviços da rede são migrados para o Ws03

Organização do servidor

❹ Os servidores são reconstruídos com uma nova infra-estrutura

Pool de migração

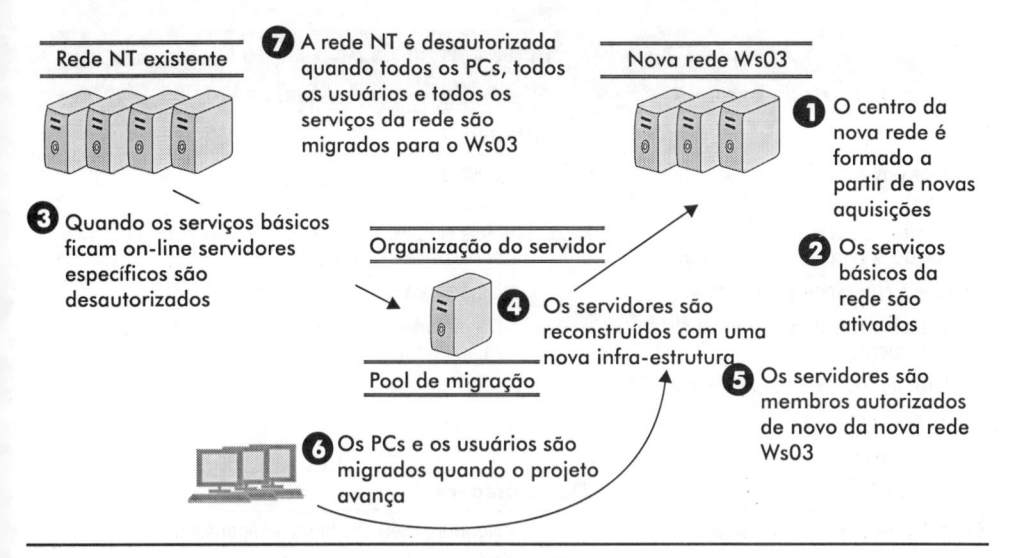

❻ Os PCs e os usuários são migrados quando o projeto avança

Nova rede Ws03

❶ O centro da nova rede é formado a partir de novas aquisições

❷ Os serviços básicos da rede são ativados

❺ Os servidores são membros autorizados de novo da nova rede Ws03

Figura 2-1 – *A abordagem de migração da rede paralela.*

superam de longe suas desvantagens na maioria das situações. No caso de uma migração do Windows NT para o WS03, suas vantagens são claras. A Tabela 2-1 compara a atualização para a rede paralela. O processo de implementação da rede paralela é descrito no Capítulo 4.

Como escolher o que migrar primeiro

Naturalmente, se sua rede existente for baseada no Windows 2000 e você reservou tempo para executar uma migração adequada para esse sistema operacional, seu caminho de migração para o WS03 será muito mais simples. O que desejará determinar é quais sistemas migrarão primeiro: os servidores de identidade, os servidores do membro ou os PCs? Para uma categoria de sistemas, os PCs, a resposta é fácil. Se você já estiver usando o Windows XP Professional, não terá de tocar nos PCs até que tenham migrado os servidores aos quais os PCs estão ligados. Mas a pergunta ainda permanece entre os servidores de identidade e do membro: qual fazer primeiro? Como o Windows Server 2003 suporta diversos modos operacionais e é compatível com o Windows NT versão 4 assim como com o Windows 2000, você poderá escolher migrar cada categoria do servidor em qualquer ordem. A Figura 2-2 mostra a migração do tipo "régua de cálculo". Esse conceito mostra que os servidores de identidade, os servidores do membro e os PCs podem ser migrados em qualquer ordem. Também exibe as linhas do tempo relativas da migração para cada tipo de sistema, demonstrando graficamente a duração de cada processo de migração comparado entre si. A régua de cálculo é usada para demonstrar que cada processo de migração pode ser movido de um lugar para outro na escala de tempo do projeto permitindo que você comece com o processo mais adequado para sua organização.

Servidores de identidade primeiro

No Windows Server 2003, migrar os servidores de identidade significa trabalhar com o Active Directory, como no Windows 2000. Se você já estiver executando o Windows 2000, essa etapa deverá ser relativamente fácil de executar uma vez que poderá atualizar um controlador de domínio Windows 2000 e executar um ambiente "misto" de controles de domínio Windows 2000 e Windows

Tabela 2-1 – A Rede Paralela *versus* a Atualização	
Rede paralela	**Atualização**
Vantagens	
Fornece um ambiente de recarregamento contínuo	Custos mais baixos
Migra grupos e usuários "quando necessário", até grupos de suporte e administrativos	Mais simples de construir uma vez que todos os serviços já existem
Migra em sua própria velocidade	Uma única rede para gerenciar
Aproveita os novos recursos do sistema imediatamente	Os métodos duplos de suporte desaparecem mais rapidamente
Implementa os recursos no modo "nativo"	
Pode lidar com os problemas existentes	
ROI mais rápido	
Desvantagens	
Custos mais altos primeiramente	Nenhum método de recarregamento "simples"
A construção é mais complexa porque é uma rede completamente nova	Tem que migrar os usuários todos de uma vez ao atualizar o PDC
Duas redes para gerenciar	Obtém apenas os recursos novos que funcionam no modo "misto"
Os métodos duplos de suporte permanecem por mais tempo	Traz os problemas existentes para a nova rede
	ROI mais lento

Server. Então quando todos os seus servidores forem migrados para o WS03, poderá ativar o modo do diretório "nativo" para essa versão do Windows. Embora o Windows 2000 possa operar em um modo NT e 2000 misto ou em um modo 2000 nativo, o WS03 agora tem dois modos Active Directory novos. Mais será analisado sobre esse tópico no Capítulo 3, mas é suficiente dizer, no momento, que o WS03 tem quatro modos Active Directory:

- Modo misto com NT, 2000 e WS03
- Modo misto com 2000 e WS03, que é o modo nativo do Windows 2000
- Modo do domínio WS03 nativo
- Modo de floresta WS03 nativo

Trocar para o modo nativo não é algo que possa ser executado rapidamente. Você poderá fazer isso apenas quando tiver verificado se os controles de domínio de herança estão atualizados ou desautorizados e se todas as outras condições são satisfeitas.

Se estiver executando atualmente uma rede Windows NT, migrar os servidores de identidade primeiro significará implementar o Active Directory. Terá de assegurar-se de que está pronto antes de executar essa etapa. O Active Directory é para um Windows NT SAM o que um computador de mão é para um notebook desenvolvido. Você poderá fazer muitas coisas com o de mão, mas há muito mais que poderá fazer com um computado real. E, se sua experiência for com um computador de mão, precisará de um pouco de treinamento antes de descobrir tudo o que pode fazer com o notebook.

O mesmo aplica-se ao Active Directory. Se estiver indo do NT para o WS03, precisará fazer um treinamento significativo e compreender totalmente suas necessidades antes de poder implementar o AD. Mas, em qualquer caso, haverá vantagens significativas em fazer os servidores de identidade primeiro:

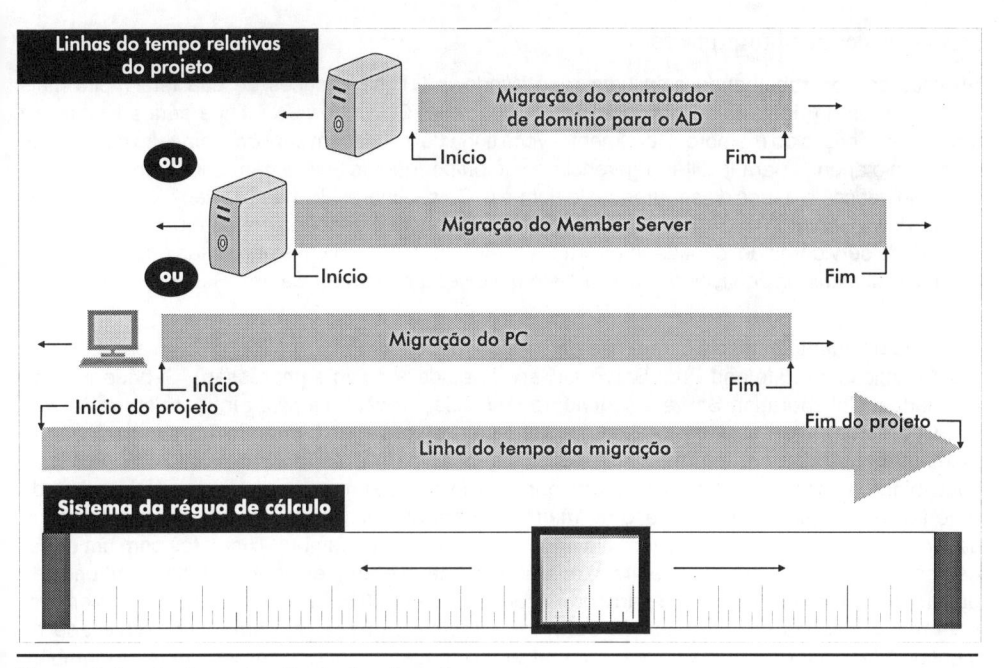

Figura 2-2 – *A régua de cálculo da migração.*

- Toda versão do Windows desde 98 pode participar em um Active Directory, embora as versões mais antigas requeiram a instalação de um pacote do cliente.

> **Cuidado** – *O Windows 95 e o Windows NT 4 Pack 3 ou anterior não podem participar em um domínio WS03 porque não suportam seus protocolos de segurança.*

- Os servidores do membro que executam o Windows NT e o Windows 2000 também funcionam em uma estrutura Active Directory do WS03.
- O número de máquinas requeridas para operar o ambiente de identidade é geralmente muito menor do que para as outras finalidades.
- Toda máquina desde o Windows NT 4 tem que se *reunir* a uma rede Windows. Esse processo de reunião tem de ser executado sempre que os servidores do membro ou os PCs forem instalados. Esse processo também é exclusivo para cada ambiente de identidade. Assim, se você migrar o ambiente de identidade primeiro, precisará apenas reunir as máquinas ao novo ambiente de diretório uma vez.
- O Active Directory é a base de uma rede WS03. Faz sentido colocá-lo no lugar correto antes de qualquer outra coisa. Assim, poderá assegurar-se de que haverá pouco ou nenhum "lixo" em seu Directory Database (Banco de Dados do Diretório).

A abordagem de migração completa para Active Directory é tratada nos capítulos 3 e 4.

Servidores do membro primeiro

Se você estiver trabalhando com uma rede Windows NT, há chances de que terá muito mais controladores do domínio do que precisa em sua rede. O Windows NT tinha sérios limites em termos de serviços do membro. Geralmente, você tinha de instalar um servidor como um controlador do domínio apenas para facilitar o gerenciamento ou por que as aplicações requeriam um acesso direto ao banco de dados de segurança do domínio. Os servidores do membro são muito diferentes no Windows Server 2003. Agora você pode usar totalmente o papel do membro e reduzir muito o número de servidores de identidade em sua rede. Na verdade, uma das perguntas que terá que se fazer ao substituir os serviços da rede é: "Isto deve ser um Member Server (Servidor do Membro) apenas?"

O Capítulo 1 identificou seis categorias de servidores do membro: Application Servers (Servidores da Aplicação), File and Print Servers (Servidores de Arquivo e Impressão), Servidores Web dedicados, Collaboration Servers (Servidores de Colaboração), Network Infrastructure Servers (Servidores da Infra-estrutura da Rede) e Terminal Servers (Servidores do Terminal). Cada um deles tem que fazer seu próprio caminho de migração para o Windows Server 2003. Por isso, você migraria apenas os Member Servers primeiro se tivesse uma infra-estrutura mínima da rede e se já tivesse iniciado o processo de migração para as aplicações da empresa baseada em servidores. Se, por exemplo, tiver muito poucos servidores do membro existentes com um carregamento mínimo, poderá ser adequado migrá-los primeiro e simplesmente obter as melhorias do desempenho e da estabilidade a partir do Windows Server 2003. Se as aplicações de sua empresa forem baseadas em produtos de software comerciais que já têm uma compatibilidade do logotipo "designado para o Windows Server 2003", poderá decidir fazer isso primeiro também (veja http://www.microsoft.com/winlogo/ para obter mais informações). Ou se iniciou um esforço de novo desenvolvimento de uma aplicação da empresa para adaptá-los ao Windows Server 2003 e agora está pronto, poderá considerar migrar os servidores da aplicação primeiro. Mas essas são as únicas condições nas quais desejará migrar os servidores do membro primeiro. E mais, precisará assegurar-se de que cada servidor migrado suportará o WS03. Poderá ainda querer aproveitar essa oportunidade para atualizar a RAM do servidor, adicionar processadores extras ou aumentar o espaço do disco.

Mesmo que não tenha a escala de um projeto de implementação Active Directory, a migração dos servidores do membro também irá requerer tempo para reflexão e consideração. Por exemplo, os servidores de arquivo e impressão são mais fáceis que os servidores da aplicação, mas ainda requerem uma preparação significativa. Como os serviços de arquivo e de impressão são controlados pelos direitos de acesso, você precisará ter um inventário completo de todos os direitos de acesso se estiver substituindo um servidor existente por um novo. Poderá ainda decidir que deseja reservar um tempo para redefinir os direitos de acesso para seus serviços de arquivo e de impressão – executar uma limpeza – para garantir que seus níveis de segurança serão adequados, especialmente nas informações confidenciais.

Se você estiver usando ferramentas de gerenciamento de cotas de terceiros no Windows NT, também precisará atualizá-las para que funcionem com o Windows Server 2003 uma vez que o NT e o WS03 não usam os mesmos drivers do sistema de arquivo. Mais sobre isso será tratado no Capítulo 7, mas pode ser um bom lugar a considerar usando produtos de migração de terceiros como o Server Consolidator da NetIQ ou o Server Consolidation Wizard da Aelita. Ambas as ferramentas permitem organizar um novo File and Print Server, escolher as informações e os dados entre um servidor existente e o novo servidor e então migrar os usuários e PCs para o novo servidor remotamente para que possa desautorizar o antigo sistema. A Microsoft oferece informações sobre os produtos de terceiros para os sistemas Windows em http://www.microsoft.com/windows2000/partners/ serversolutions.asp.

Em seguida, você desejará considerar as abordagens de migração para os serviços da aplicação. Elas ficam em duas categorias maiores: serviços de aplicação comercial e da empresa. Para o software comercial, você precisará identificar se as atualizações do produto são requeridas e estão disponíveis. Para as aplicações da empresa, precisará identificar quais partes precisam ser modificadas para operar devidamente na plataforma WS03. Para melhorar a estabilidade, a Microsoft modificou a infra-estrutura de execução da aplicação do Windows. O Windows NT tinha vários problemas de estabilidade: um dos mais importantes era que o ambiente de execução da aplicação do Windows NT permitia que as aplicações gravassem as partes críticas do disco do sistema. No NT, as aplicações tinham permissão para gravar no WINNT e no WINNT\System32 e, claro, nas pastas Program Files (Arquivos de Programa). O que é pior, os usuários recebiam algum acesso para a pasta WINNT uma vez que seus perfis eram armazenados nela.

A Microsoft mudou essa infra-estrutura inteira com o Windows 2000. O Windows Server 2003 continua a se basear nessa nova infra-estrutura. As aplicações não gravam em nenhuma dessas pastas. Todo arquivo que precisa ser modificado enquanto um usuário está usando uma aplicação é agora armazenado no User Profile (Perfil do Usuário). Esse perfil agora está localizado na pasta Documents and Settings (Documentos e Definições). Assim, qualquer pessoa que danificar seu perfil não afetará ninguém mais que usa o sistema. As pastas Windows (o WS03 é instalado na pasta Windows e não na pasta WINNT) e Program Files estão bloqueadas e no modo de leitura apenas para as aplicações. Essa nova arquitetura é mostrada na Figura 2-3. As mesmas alterações foram incluídas no registro. Apenas as seções User (Usuário) são modificadas durante a operação da aplicação.

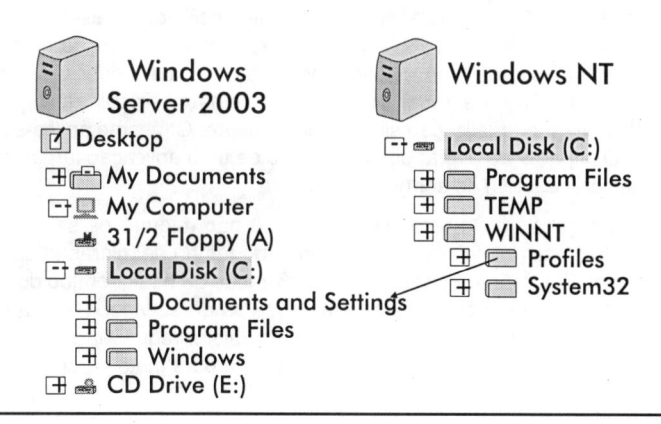

```
    Windows                      Windows NT
    Server 2003
    ☑ Desktop                    ⊡ ▭ Local Disk (C:)
    ⊞ 🗀 My Documents              ⊞ 🗀 Program Files
    ⊡ 🖳 My Computer               ⊞ 🗀 TEMP
       💾 31/2 Floppy (A)          ⊞ 🗀 WINNT
    ⊡ ▭ Local Disk (C:)              ⊞ 🗀 Profiles
       ⊞ 🗀 Documents and Settings   ⊞ 🗀 System32
       ⊞ 🗀 Program Files
       ⊞ 🗀 Windows
    ⊞ 💿 CD Drive (E:)
```

Figura 2-3 – *A nova estrutura da pasta de execução da aplicação Windows Server 2003.*

As aplicações comerciais modificadas para usar essa nova arquitetura são geralmente também modificadas para suportar todo aspecto do programa Microsoft Designed for Windows Server 2003 Logo. Isso significa que eles fornecerão um mecanismo de instalação integrado baseado no serviço Windows Installer e que se cuidarão. As aplicações do usuário que não foram modificadas para trabalhar com essa estrutura simplesmente não irão operar devidamente no Windows Server 2003 a menos que todos recebam uma conta com privilégios elevados, algo que nenhuma rede da empresa permitiria.

Se você tiver que executar aplicações de herança no Windows Server 2003, precisará desbloquear as pastas básicas do sistema e o registro. Embora isso possa ser aceitável para as aplicações destinadas aos usuários, é totalmente inaceitável para as aplicações que são designadas para suportar seu ambiente de rede. Produtos como os gerenciadores de cotas de terceiros, antivírus, backup e o software de controle deverão também ter o certificado Logo.

Se você tiver muitas aplicações que precisam ser executadas no modo de herança, poderá querer executar uma operação de desbloqueio geral. Isso significa redefinir a segurança WS03 para ser compatível com o Windows NT. O WS03 inclui um Security Template, COMPATWS.SDB, que pode ser aplicado de uma maneira automatizada em todos os sistemas. Se você tiver apenas algumas aplicações de herança ou se preferir manter uma segurança mais forte (isso é altamente recomendado), poderá trabalhar para identificar quais arquivos e pastas precisam ser desbloqueados para a aplicação funcionar e criar um pequeno script de definições da segurança que possa ser aplicado depois da instalação, desbloqueando apenas os arquivos reais necessários.

A melhor abordagem é fazer com que as aplicações do usuário sejam compatíveis com a estratégia de segurança WS03, para que você não precise comprometer a segurança. O que quer que faça, precisará sentar e testar cada uma de suas aplicações para garantir que elas funcionem corretamente no ambiente WS03. Também terá de assegurar-se de que cada e toda aplicação seja testada usando uma conta com apenas os privilégios do usuário (veja a Figura 1-7). Isso evitará qualquer surpresa desagradável durante a preparação.

Uma vez que você precisa testar toda aplicação, considere montar de novo sua instalação para que seja compatível com o serviço Windows Installer. Essa operação fornece automaticamente uma capacidade de autocuidado para toda aplicação, sem mencionar que qualquer aplicação, que usa o serviço Windows Installer, poderá também ser preparada por meio do Active Directory. Mais sobre isso será tratado no Capítulo 5. As aplicações comerciais e da empresa precisarão ser tratadas como subprojetos durante sua migração. Novamente, você poderá usar a rede paralela para instalar os novos servidores da aplicação e então migrar seus serviços do membro para esses novos servidores. Precisará planejar com cuidado cada migração do servidor. O Microsoft Exchange, por exemplo, fornece um serviço de e-mail centralizado que não é simples de migrar e que é difícil de endereçar através de uma atualização simples do software. O mesmo aplica-se à linha de aplicações comerciais. O impacto de migrar de uma versão de uma aplicação largamente usada para outra é sempre significativo e tem de ser gerenciado.

Dadas essas considerações, muito provavelmente você não migrará os servidores do membro primeiro. Mas, quando o fizer, desejará usar uma linha do tempo de migração do Member Server como a apresentada na Figura 2-4. Poderá iniciar a migração de qualquer tipo do servidor sempre que quiser, mas precisará de um subprojeto para cada tipo do servidor. Poderá decidir começar com as aplicações da empresa uma vez que, como pode ver, irá requerer tempo para converter as aplicações existentes antes que a migração possa ocorrer e para tanto precisará colocar os servidores de desenvolvimento no lugar correto.

Inventários detalhados

O que quer que você migre primeiro, servidores de identidade ou servidores do membro, a primeira coisa de que precisará é de um inventário detalhado de tudo que está em cada servidor. O Capítulo 1 detalhou os inventários gerais dos quais precisará para construir uma rede da empresa. Um desses inventários relaciona-se com os próprios servidores. Cada um inclui listas de controle do acesso, arquivos e pastas, aplicações instaladas, serviços instalados e qual deles será requerido na nova configuração. O inventário deve ser executado em duas fases. A primeira deve ser no início do projeto. Esse primeiro inventário é menos detalhado. É usado para fornecer uma imagem geral dos serviços e pontos de serviço requeridos na nova rede.

A segunda é muito mais precisa e deve ocorrer o mais próximo possível do momento em que migrará o servidor. Os servidores são ambientes complexos que estão mudando constantemente,

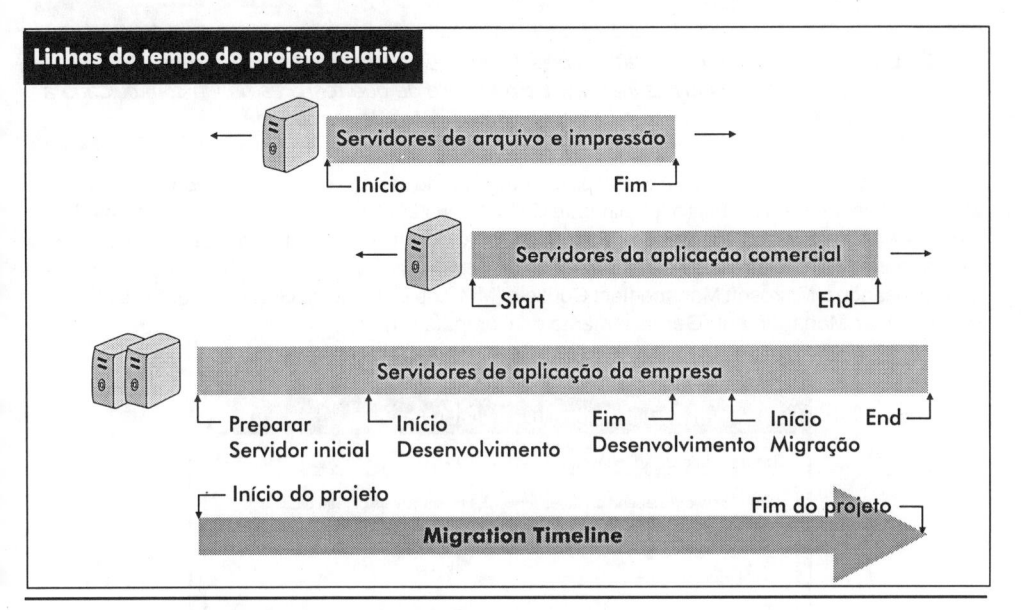

Figura 2-4 – *A linha do tempo da migração do Member Server.*

especialmente se usuários forem atribuídos a eles. Um bom lugar para começar é com a documentação do servidor. Se você já estiver usando procedimentos da documentação para cada de seus servidores, provavelmente desejará atualizá-los para levar em conta as modificações trazidas pelo Windows Server 2003. Se não estiver usando as abordagens de documentação do servidor padrão, agora será uma boa hora para começar.

Também precisará revisar outros inventários durante seu projeto, especialmente o inventário de serviços da rede. Esse último inventário será essencial para a construção de uma rede paralela. Agora você começará a ver o valor de manter inventários contínuos, porque executar todos eles a partir do zero no início de um projeto de migração realmente reduzirá sua velocidade. É surpreendente quantas empresas estão exatamente nessa situação sempre que começam um projeto.

> **Dica rápida** – *Uma Windows Server Data Sheet completa está disponível em http://www.Reso-Net.com/ WindowsServer/. Você poderá usá-la para documentar a construção do servidor da rede de herança e paralela.*

Considerações da segurança

A Server Data Sheet (disponível em http://www.Reso-Net.com/WindowsServer/) também será útil no suporte de seus esforços para construir uma rede segura. Um dos primeiros princípios da implementação de segurança é "Conhecer seus servidores!". Muitas pessoas têm servidores que não são seguros simplesmente porque não sabem o que está instalado neles. E mais, certifique-se de que tenha instalado apenas exatamente o que precisa no servidor. Se um serviço não for requerido pela função do servidor, então mantenha-o fora dele. Um serviço que não está instalado é muito mais seguro do que um serviço que está simplesmente desativado.

> ⚠ **Cuidado** – *Tenha um cuidado especial aqui. Remover serviços indesejados poderá levar facilmente a máquinas inativas. Certifique-se de que tenha estudado com cuidado a função de cada serviço e as dependências antes de removê-lo.*

Mais uma vez, use a Server Data Sheet para detalhar todo serviço e sua função. O Windows Server 2003 oferece um recurso útil (originalmente do Windows 2000) na capacidade de exibir as dependências de um serviço. Você poderá identificar quando um servidor for requerido simplesmente para suportar outro. Para exibir as informações de dependência, exiba as propriedades de qualquer serviço usando o Microsoft Management Console (MMC ou Console de Gerenciamento da Microsoft) do Computer Management (Gerenciamento do Computador).

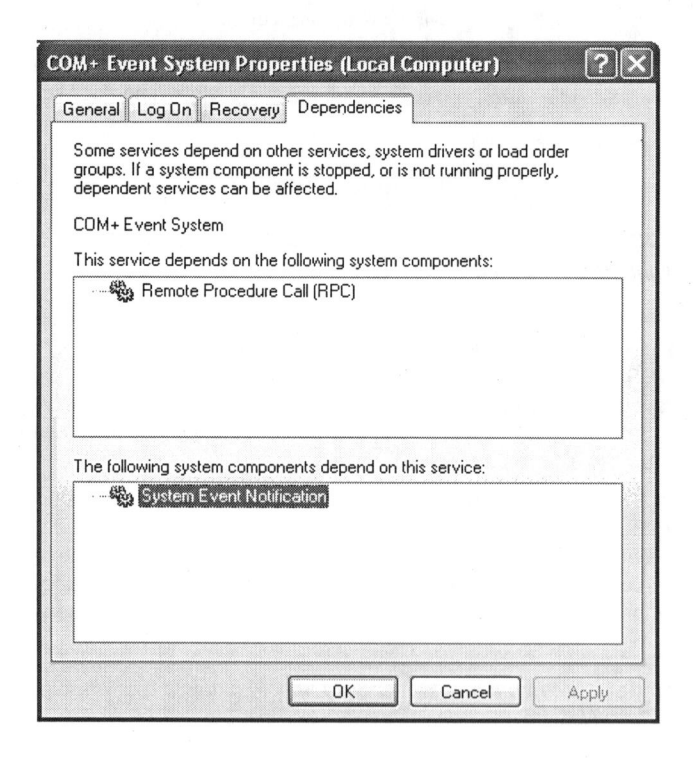

E mais, poderá exportar a lista de serviços para completar sua documentação. Essa lista é exportada em um formato delimitado por vírgulas ou tabulações e pode ser exibida e manipulada com ferramentas como o Microsoft Excel. É uma excelente idéia completar sua documentação na Server Data Sheet com a lista de serviços exportados.

Considerações da licença

Como o Windows NT e o Windows 2000, o Windows Server 2003 suporta dois modos de licença:

- **Por servidor** Este modo configura o número de licenças com base no número máximo de usuários ou computadores que irão conectar o servidor em um determinado momento. Poderá ser menos caro se gerenciado devidamente uma vez que apenas as pessoas que usam o sistema continuamente precisam de uma licença.

- **Por dispositivo ou por usuário** Este modo configura o número de licenças com base no número de PCs e usuários em sua organização. Como cada PC e/ou usuário têm uma licença, eles poderão usar qualquer sistema do servidor.

A licença por servidor pode ser menos cara do que a por dispositivo ou usuário. Mas tem muito mais overhead para gerenciar e fornece resultados menos satisfatórios para os usuários. A por servidor pode ser comparada aos grupos de trabalho no sentido de que é um modo de licença distribuído. Cada servidor tem suas próprias licenças que são independentes dos outros servidores. Portanto para o Servidor A, você poderá ter dez licenças e para o Servidor B, ter 50. O problema com isso é que assim que a 11ª pessoa quiser usar o Servidor A ou a 51ª pessoa quiser usar o Servidor B, elas verão uma mensagem de erro e poderá aguardar que uma licença seja liberada ou pedir ao administrador dos sistemas para adicionar mais licenças. O administrador dos sistemas precisa verificar constantemente se cada servidor tem o devido número de licenças.

A licença por dispositivo ou por usuário é o modo de licença recomendado para a rede da empresa porque não dá preocupação. Como cada PC ou usuário têm uma licença, não haverá nenhuma necessidade de lidar com os servidores para ajustar suas exigências da licença. Um único servidor de licença central irá gerar o número de licenças requeridas para a rede inteira.

Como instalar e configurar os servidores

Como mencionado anteriormente, o Windows Server 2003 suporta quatro métodos de instalação. Não é necessário dizer que, apesar de todas as melhorias que a Microsoft fez nesses métodos de instalação, o primeiro método que você usará é a instalação interativa. É porque a primeira coisa que precisará fazer é descobrir o que acontece quando você instala o WS03. Também precisará descobrir o que está instalado por default, o que deseja adicionar ou remover da instalação e quais elementos deseja configurar.

Como preparar as instalações pesadas

Qualquer pessoa que tenha instalado qualquer versão do Windows desde o Windows NT está familiarizada com os vários elementos que têm de ser identificados antes de começar o processo de instalação. Primeiro, o Windows Server 2003 requer um nível de hardware mínimo. As exigências de hardware mínimas para cada versão do WS03 são identificadas na Tabela 2-2.

Tabela 2-2 – As Exigências de Hardware Mínimas e Recomendadas da Microsoft para o WS03

Exigências	Edição Web	Edição Standard	Edição Enterprise X86	Edição Enterprise Itanium	Edição Datacenter x86	Edição Datacenter Itanium
Velocidade mínima da CPU	133MHz	133MHz	133MHz	733MHz	400MHz	733MHz
Velocidade recomendada da CPU	550MHz	550MHz	733MHz	733MHz	733MHz	733MHz
RAM mínima	128MB	128MB	128MB	128MB	512MB	512MB
RAM mínima recomendada	256MB	256MB	256MB	256MB	1GB	1GB
RAM máxima	2GB	4GB	32GB	64GB	64GB	512GB
Número mínimo de processadores	1	1	1	1	8	8

Tabela 2-2 – As Exigências de Hardware Mínimas e Recomendadas da Microsoft para o WS03 (continuação)						
Exigências	Edição Web	Edição Standard	Edição Enterprise X86	Edição Enterprise Itanium	Edição Datacenter x86	Edição Datacenter Itanium
Suporte com diversos processadores	Até 2	Até 4	Até 8	Até 8	Até 64	Até 64
Espaço em disco para a configuração	1.5GB	1.5GB	1.5GB	2.0GB	1.5GB	2.0GB
Espaço em disco para a configuração baseada em rede	1.7GB	1.7GB	1.7GB	2.2GB	1.7GB	2.2GB
Espaço em disco aproximado depois da configuração	1.3GB	1.3GB	1.3GB	1.7GB	1.3GB	1.7GB
Modo de vídeo mínimo	VGA	VGA	VGA	VGA	VGA	VGA
Modo de vídeo mínimo recomendado	SVGA	SVGA	SVGA	SVGA	SVGA	SVGA

Nota – *O espaço em disco requerido depois da configuração depende, claro, da quantidade de RAM no sistema e, assim, do tamanho do arquivo de paginação.*

Não é preciso dizer que você não instalará os servidores que satisfazem apenas as exigências mínimas. Na verdade, se estiver planejando montar uma rede da empresa, elas não estarão nos níveis recomendados da Microsoft também. Se você for inteligente, simplesmente dobrará as recomendações da Microsoft e usará isso como um ponto de partida ou executar um Server Sizing Exercise (Exercício de Dimensionamento do Servidor) formal. Esse exercício ajudará a determinar a configuração do hardware e do software para cada um de seus servidores. Ele informará qual tamanho de servidor você precisa, onde é necessário e o que deve enviar em termos de serviços. Ao configurar os servidores, não se esqueça de levar os seguintes itens em consideração:

- **Identifique as bases do servidor** Identifique onde estão seus grupos de clientes. Você precisará posicionar seus servidores onde tiver uma concentração de clientes ou usuários.

- **Número de usuários por servidor** Identifique um número máximo de usuários por servidor. Para fornecer um certo nível de serviço, precisará assegurar-se de que nunca haverá mais do que o número especificado de usuários, dependendo dos serviços desse servidor. Em média, as organizações configuram um servidor por 250 usuários, mas isso depende da função do servidor porque, com o WS03, os servidores podem suportar centenas de usuários.

- **Carregamento máximo aceitável do servidor** Determine a velocidade de resposta que deseja de um servidor ao fornecer um certo serviço. Esse carregamento tem que levar em consideração o número máximo de usuários também.

- **Variação do servidor** O local do servidor também é importante considerar porque geralmente serve para determinar sua natureza. A maioria dos servidores localizados em sedes ou em grandes escritórios regionais tenderá a ser servidores com uma finalidade – eles executam um papel ou outro. Os servidores nos escritórios regionais menores, por outro lado, são geralmente servidores com diversas finalidades. Se um escritório regional tiver menos usuários que o número mínimo de usuários por servidor que você determinou anteriormente, mais de um servidor seria caro demais e raramente teria um orçamento. Portanto se você tiver apenas um servidor e tiver uma série de serviços diferentes que têm de ser enviados, precisará configurar um servidor com diversas finalidades. As configurações do servidor com diversas finalidades irão diferir dos servidores com uma finalidade porque eles são isolados. Como tais, geralmente precisarão ser recuperáveis de modo independente.

- **Capacidade mínima do servidor** Determine a capacidade mínima do hardware que deseja para seus servidores. Lembre-se de que você não deseja mudá-los por algum tempo. A finalidade de sua rede é enviar serviços para a base de seu usuário. Como a maioria das pessoas, desejará fornecer um serviço de qualidade. Leve isso em consideração quando determinar a capacidade mínima do servidor. O planejamento da capacidade deve identificar itens como o número e o tamanho dos processadores, a quantidade de RAM e o tamanho do disco. Cada item é influenciado pelas decisões tomadas antes: Quantos usuários o servidor cobrirá? Onde estará localizado o servidor? Terá uma finalidade ou diversas?

- **Multiprocessamento** Na maioria dos casos, você usará os servidores de multiprocessamento, os servidores que têm mais de um único processador. Precisará de cuidado aqui, uma vez que há uma demarcação clara entre os sistemas com diversos processadores. A Standard Edition suporta apenas quatro processadores. Todos os sistemas com cinco a oito processadores requerem a Enterprise Edition. Isso terá um impacto no orçamento de seu servidor.

- **Tamanho da RAM** A regra é simples: quanto mais RAM você tiver, melhor seu servidor será executado. Assim, a RAM não é um item que você deva economizar. Tudo depende da função de determinado servidor, mas é uma boa regra dobrar as exigências mínimas recomendadas da Microsoft e iniciar todos os servidores com 512 MB de RAM, então aumentar a partir daí. Use a tecnologia RAMBUS uma vez que é muito mais rápida do que a EDO, DDR e a SDRAM e está ficando mais compatível no preço.

  Algumas funções do servidor exigem muita RAM, como os Terminal Services ou os Servidores da aplicação. Eles irão requerer mais do que o mínimo definido. E mais, o tamanho da RAM afeta o arquivo de paginação. A melhor prática aqui é iniciar o arquivo de paginação com o dobro do tamanho de sua RAM e definir seu tamanho máximo para quatro vezes o tamanho da RAM. Essa regra muda quando você está lidando com quantidades pesadas de RAM como as configurações com 4 GB, mas, em primeiro lugar, significa que precisará reservar um mínimo de 2 GB de espaço em disco para o arquivo de paginação.

- **Tamanho do disco** O tamanho e o número de discos colocados em cada servidor dependerão de vários fatores. Quantas partições deseja criar? Quanto espaço deseja reservar para o sistema operacional, programas e elementos especiais como o arquivo de paginação? Quanto espaço para o armazenamento de dados? A maioria dos servidores acabará com três partições: uma para os utilitários do servidor, outra para o sistema operacional e os programas e uma terceira para os dados. O Windows Server 2003 usa apenas as duas últimas partições. A partição do sistema operacional também deve armazenar o arquivo de paginação. Lembre-se de que o WS03 oferece um desempenho melhor quando lê e grava em diversos discos, portanto você poderá querer reproduzir o arquivo de paginação em outras unidades de disco. Se esse for o caso, cada unidade precisará reservar a mesma quantidade de espaço para esse arquivo. Os drives do sistema devem ter um mínimo de 4 GB e deverão ter mais se você pretende ter muita RAM em seu servidor, pois afetará o tamanho do arquivo de paginação.

  As partições de dados sempre devem ser separadas das partições do sistema e são geralmente muito maiores. Lembre que, se estiver preparando um servidor de arquivo para armazenar os dados do usuário, terá de oferecer um tamanho de armazenamento válido por usuário. Muitas organizações não têm uma estratégia de armazenamento consistente. Elas oferecem 50 MB de armazenamento por usuário, algo com o qual quase ninguém pode conviver atualmente e insistem em que qualquer dado armazenado no PC local do usuário não seja protegido pela organização. Se você pretende armazenar os dados do usuário, terá de considerar alocar pelo menos 200 MB por usuário e esperar que possa crescer bem até 1 GB por pessoa. Tudo depende do tipo de atividade que eles executam. Mas não se preocupe, o espaço em disco é muito mais barato hoje e está sempre ficando mais.

- **Proteção do hardware** Todos esses dados precisam de algum nível de proteção. Os drives de disco locais devem ser protegidos por um array aleatório de discos baratos (RAID). Muitas pessoas optam por um sistema de espelhamento do disco (RAID 1) para os drives do sistema e os conjuntos de faixas com paridade (RAID 5) para as partições de dados. Há diferentes opiniões, mas com os avanços rápidos de hoje na tecnologia do disco, é bem aceitável optar por um sistema RAID 5 e particioná-lo em dois para o sistema e os drives de dados. Não se esqueça do overhead do RAID: 50% mais de espaço em disco é requerido para o RAID 1 e um mínimo de 20% para o RAID 5. Isso será 33% se você tiver o número mínimo de drives para suportar o RAID 5 (três drives).

  Também poderá usar o array aleatório de placas de rede (RAIN) baratas. São parecidos com um sistema de disco RAID no sentido de que são compostos por duas placas de rede usando os mesmos recursos. Quando uma falha, a outra assume automaticamente usando o mesmo endereço MAC.

- **Estratégia de armazenamento** O sistema de proteção do hardware escolhido também dependerá de sua estratégia de armazenamento. Se você estiver construindo um servidor regional com diversas finalidades, provavelmente desejará se concentrar no armazenamento local. Assim, construirá uma solução RAID local adequada. Mas se decidir centralizar o armazenamento para os servidores com uma finalidade, desejará implementar uma rede da área de armazenamento (SAN). Nesse caso, precisará considerar as exigências de armazenamento para todos os servidores de uma só vez e mudar sua estratégia para o armazenamento do sistema operacional. Na verdade, os servidores WS03 podem ainda inicializar a partir de uma SAN, permitindo que você crie configurações do servidor sem disco.

- **Local físico** O local físico, o espaço físico real que o servidor ocupará, ajudará a determinar se você escolherá uma configuração do servidor montado sobre rack ou em torre. Na maioria dos casos, os servidores com diversas finalidades são em torre e os servidores com uma só finalidade são montados sobre rack porque estão concentrados em um único espaço físico. Esse local físico deve ser trancado, oferecer controles de temperatura e todo o acesso físico para os servidores deve ter uma auditoria.

- **Método de backup** Mais uma vez, o local físico do servidor ajudará a determinar o método de backup selecionado. Os servidores regionais geralmente usam unidades de fita para o backup, mas isso depende da velocidade e da largura de banda disponível de sua conexão remota. Os servidores centrais usam soluções de backup remotas como a fita ou robôs DVD de gravação. Essa solução poderá atender os servidores regionais também se a devida largura de banda da rede estiver disponível.

  O tempo também será um fator nessa decisão. Se você escolher uma tecnologia que não pode fazer o backup do sistema na quantidade de tempo disponível, estará criando um problema, não resolvendo. O Windows Server 2003 ajuda aqui uma vez que tem a capacidade de fazer cópias instantâneas de backup – imagens baseadas no tempo das unidades de disco rígido que são então usadas para criar o backup, permitindo que o servidor continue com outras operações. Mais sobre esse tópico será tratado no Capítulo 9.

- **Sistema operacional** Há alguma exigência especial para o sistema operacional que esse servidor manterá? Para o Windows Server 2003, é fácil. Tudo – hardware e software – precisa ter um certificado. A Microsoft fez ótimos avanços na estabilidade com seus sistemas operacionais, mas esses avanços dependem dos produtos que seguem normas rígidas. Em uma rede da empresa, apenas os produtos com certificado são permitidos. Se você tiver um hardware existente que não tem certificado, terá que pesar o risco de usá-lo em um componente crítico como um servidor com o custo de comprar partes substitutas. Se estiver comprando um novo hardware ou software, assegure-se de que tenha certificado para o Windows Server 2003.

- **Potencial de crescimento** Finalmente, você não desejará estar substituindo esse sistema seis meses depois de tê-lo colocado, portanto certifique-se de que tenha muita capacidade de crescimento. Todos os sistemas devem ter a capacidade de adicionar mais processadores, mais memória e mais espaço em disco. Assim, precisará considerar a expectativa de vida do servidor – quando o servidor foi introduzido pelo fabricante, quando será aposentado, seu potencial projetado de crescimento feito pelo fabricante etc. Se planejar com cuidado, será capaz de implementar servidores que terão um ciclo de vida rico que satisfará suas expectativas. Em algumas condições, esse ciclo de vida pode permanecer por até cinco anos.

Este exercício ajuda a identificar o tamanho genérico de cada servidor. Funções especiais como os controles do domínio e os servidores de troca Microsoft irão requerer parâmetros com tamanho diferente. A Microsoft oferece ferramentas de dimensionamento para grande parte de sua família .NET Enterprise Servers. Todas estão disponíveis no site Web Microsoft Server em http://www.microsoft.com/servers/. E mais, a Dell, Hewlett-Packard e IBM oferecem ferramentas de dimensionamento para seus servidores nos devidos sites Web.

Como atualizar os sistemas existentes

Se você já tiver uma rede no lugar correto e quiser atualizar para o WS03, primeiro desejará verificar se seus sistemas serão compatíveis com o WS03. Como o Windows 2000, a configuração Windows Server inclui um recurso especial que verificará se o sistema existente pode ser atualizado para o WS03. Lembre-se de que as atualizações funcionarão apenas com as edições Standard, Enterprise e Datacenter do Windows Server 2003.

Para executar uma verificação, insira o devido CD Windows Server 2003 e selecione Check system compatibility (Verificar compatibilidade do sistema) no menu Startup (Inicializar). Em seguida, clique em Check my system automatically (Verificar meu sistema automaticamente). O Windows Setup se oferecerá para carregar os últimos drivers e atualizações do site Windows Update. Se seu sistema estiver conectado à Internet, será uma boa idéia selecionar essa opção. Para tanto, selecione Yes (Sim). Carregue os arquivos Setup atualizados. Se não tiver uma conexão Internet, clique em No (Não), pule essa etapa e continue instalando o Windows.

> **Nota** – *O carregamento dos arquivos Setup atualizados pode levar algum tempo. Dependerá de quando você decide migrar porque a Microsoft continuará a adicionar novos componentes depois do WS03 ser lançado. E mais, apesar da mensagem que é exibida nesse processo, você não está instalando o Windows; está apenas verificando a compatibilidade de seu sistema.*

Depois de alguns minutos, o Setup exibirá uma caixa de diálogo sobre a compatibilidade de seu sistema. Cada item inclui informações adicionais. Para exibir os detalhes de cada item, selecione-o e clique em Details (Detalhes). O Setup documentará o problema. Os ícones na caixa de diálogo Report System Compatibility (Relatar Compatibilidade do Sistema) informarão se o problema é significante e a caixa de diálogo Details informará como resolvê-lo.

Windows Server 2003

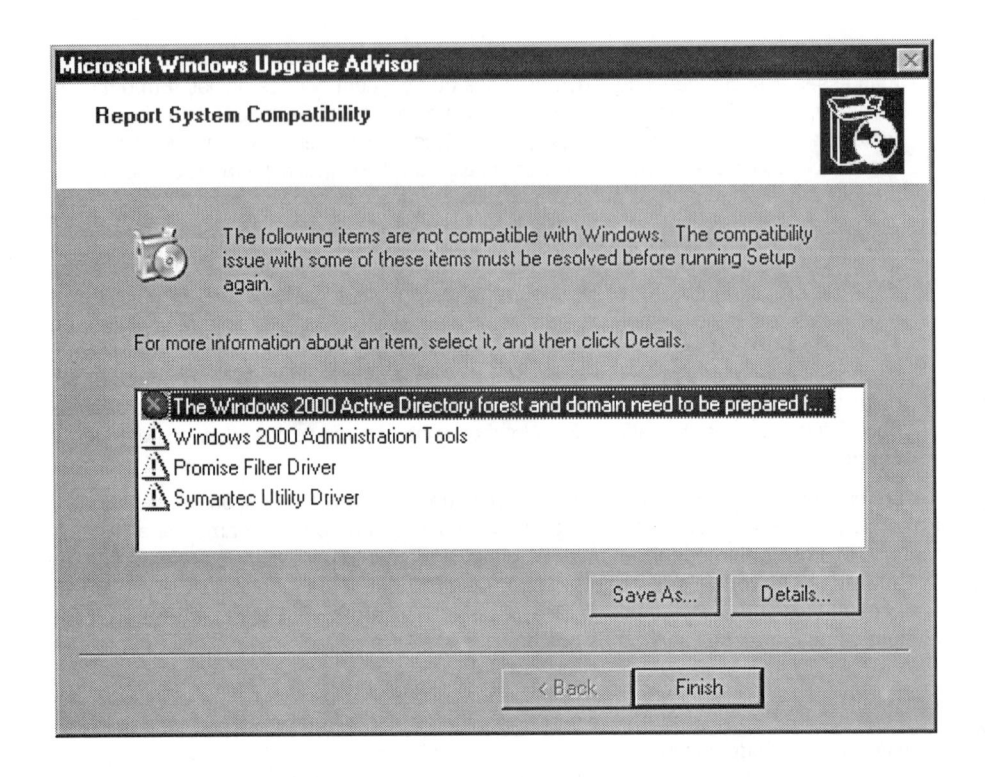

```
┌─────────────────────────────────────────────────────────────┐
│ Microsoft Windows Upgrade Advisor                      [X]  │
│                                                             │
│  Report System Compatibility                     [icon]     │
│                                                             │
│      [icon]  The following items are not compatible with    │
│              Windows. The compatibility issue with some of  │
│              these items must be resolved before running    │
│              Setup again.                                   │
│                                                             │
│  For more information about an item, select it, and then    │
│  click Details.                                             │
│                                                             │
│  ┌───────────────────────────────────────────────────────┐ │
│  │ ⊗ The Windows 2000 Active Directory forest and domain │ │
│  │   need to be prepared f...                            │ │
│  │ ⚠ Windows 2000 Administration Tools                   │ │
│  │ ⚠ Promise Filter Driver                               │ │
│  │ ⚠ Symantec Utility Driver                             │ │
│  │                                                       │ │
│  │                                                       │ │
│  └───────────────────────────────────────────────────────┘ │
│                                                             │
│                              [ Save As... ]  [ Details... ] │
│                                                             │
│                              [  < Back  ]  [    Finish   ]  │
└─────────────────────────────────────────────────────────────┘
```

O relatório de compatibilidade pode ser gravado como um arquivo de texto para mais consulta. E mais, você poderá automatizar esse processo executando o comando WINNT32 com os argumentos checkupgradeonly e unattend. O relatório de compatibilidade será gravado automaticamente como UPGRADE.TXT na pasta %SYSTEMROOT%. Use a seguinte sintaxe para tanto:

    WINNT32 /CHECKUPGRADEONLY /UNATTEND

Você poderá escrever um script simples que irá automatizar esse processo, renomear o arquivo com o nome do computador do sistema e reuni-lo para depositá-lo em um compartilhamento central. Assim, poderá verificar rapida e facilmente a compatibilidade de todos os seus servidores.

Provavelmente, também desejará verificar as informações de compatibilidade no site Web Microsoft Compatibility. A maneira mais simples de fazer isso é selecionar a segunda opção na tela de inicialização da compatibilidade do CD WS03, "Visit the compatibility Web site" (Visitar o site Web de compatibilidade) (http://www.microsoft.com/hcl/).

Configurações da inicialização dupla

Muitas organizações têm a tendência de criar diversas partições de inicialização em um servidor. Isso cria apenas um overhead da instalação adicional com pouca vantagem. Alguns argumentam que você pode usar uma segunda partição de inicialização em um sistema para a recuperação: se seus drives usarem apenas o formato de arquivo NTFS, como deveriam em uma rede da empresa, você poderá precisar de uma segunda partição de inicialização no caso do drive de seu sistema paralisar.

Embora tenha sido uma boa prática com o Windows NT, não é necessário com o Windows Server 2003. Ao contrário, as organizações devem instalar o Recovery Console (Console de Recuperação). Esse console da linha de comandos é especificamente designado para suportar a recuperação ou a correção de um sistema. E mais, esse console é mais seguro que uma segunda partição de inicialização porque não permite a cópia dos arquivos *do* sistema para uma fonte externa, mas permite apenas copiar as informações de uma fonte externa *para* o sistema. Assim, você poderá usá-lo para corrigir os drives do sistema, iniciar e parar os servidores e, geralmente, verificar o estado de seu sistema, mas não pode ser usado para roubar os dados.

Uma segunda partição de inicialização, por outro lado, será difícil de gerenciar porque está inativa quando não está em execução. Isso significa que, para executar qualquer atualização ou modificação nessa partição, você terá de finalizar seu sistema de produção para reiniciar nessa segunda partição. Como a maioria das organizações que implementaram essa solução não tem tempo para fazer isso – os servidores afinal são designados para serem executados 24/7 – elas acabam tendo senhas desatualizadas e sistemas sem correção nessas partições. É possível que essas partições eventualmente possam danificar os dados, caso não sejam atualizadas enquanto o sistema principal se desenvolve. Pelo menos, criam uma falha de segurança.

A melhor prática é separar os drives do sistema e de dados. Assim, se o drive de seu sistema paralisar apesar de todos os cuidados tomados, você poderá reinstalá-lo sem afetar a partição dos dados.

Como usar máquinas virtuais

Se um sistema com dupla inicialização for requerido porque um servidor tem de executar um software incompatível, a questão será diferente. Se, por exemplo, você precisar construir um sistema com dupla inicialização para executar o Microsoft SQL Server versão 7 em uma partição e a versão 2000 em outra, então poderá considerar o uso das máquinas virtuais. Como sabe, os sistemas com dupla inicialização podem executar apenas uma partição por vez. Assim, um sistema está sempre indisponível. Ao contrário, use uma tecnologia como a VMware (veja o Capítulo 1) para fazer isso.

⚠ Cuidado – *Se pretende usar máquinas virtuais em seu ambiente operacional, deverá fazer isso com a colaboração do fabricante do produto no qual a máquina virtual será executada. Isso irá assegurar que você será totalmente suportado.*

Planejamento da rede

Por default, os produtos Windows Server 2003 são instalados com um único protocolo da rede, o protocolo TCP/IP. A maioria das organizações atuais usa esse protocolo e a maioria usa *apenas* esse protocolo. O WS03 instala o protocolo com uma configuração atualizada dinamicamente. Embora haja algumas considerações para usar as configurações dinâmicas do protocolo TCP/IP nos servidores, é imperativo que os sistemas não mudem os nomes da rede por causa de todas as conexões ligadas a um servidor. Na verdade, todos os nomes do computador, o NetBIOS das aplicações de herança e o nome de host devem ser idênticos.

Se você quiser o melhor – ou seja, gerenciar os endereços de seu servidor de modo central e assegurar-se de que eles nunca mudarão o endereço – poderá usar as reservas de endereço para cada sistema. Então poderá coincidir um endereço com um servidor específico com o Dynamic Host Configuration Protocol (DHCP). Para tanto, precisará anotar o endereço MAC de cada placa de interface da rede em cada servidor. Usar os endereços da rede atribuídos dinamicamente é recomendado apenas quando você usa placas de rede RAIN. Do contrário, use endereços estáticos. Mais sobre isso será analisado no Capítulo 4.

Mas seja o que quer que escolha – reservas do endereço com o DHCP ou a configuração de endereço manual – precisará planejar o pool de endereços de seu servidor *antes* de começar a instalar os sistemas. Adicione antes a folha de planejamento ao Server Sizing Exercise. Assim poderá mapear os endereços IP do servidor para locais planejados do servidor. Forneça um mapa completo para os instaladores antes de começarem as instalações pesadas do servidor.

Atualizações BIOS

O Windows Server 2003 usa muito as capacidades do sistema de um computador. Como o Windows 2000, ele reconhece a ACPI. Na verdade, ele usa a Advanced Configuration and Power Interface (http://www.acpi.info/) para ativar vários recursos novos como o gerenciamento da energia e o gerenciamento remoto. Assim, é muito importante que o BIOS em todos os seus sistemas esteja o mais atualizado possível. Verifique com seu fabricante e obtenha todas as últimas edições do BIOS para todos os sistemas que atualizará. E, ao comprar novos sistemas, certifique-se de que estejam atualizados em termos de BIOS.

Como usar a documentação da instalação

Em uma rede da empresa, você desejará garantir que todos executem as mesmas operações. Assim, precisará preparar listas de verificação de uma documentação para os operadores a seguir. Para as instalações, essa documentação tem de cobrir três processos:

- Preparação da instalação
- Instalação do servidor
- Verificação pós-instalação

Cada um requer um tipo específico de lista de verificação.

Lista de verificação da preparação da instalação

A Figura 2.5 descreve as etapas recomendadas para a preparação da instalação. Lembre-se de que não é recomendado executar uma atualização a partir de qualquer versão do Windows NT para o Windows Server 2003. As atualizações são recomendadas apenas a partir do Windows 2000 se uma nova instalação foi executada nesse sistema. A lista de verificação leva em conta essas considerações.

Como documentar as instalações do servidor

E mais, você precisará documentar toda instalação do servidor. A melhor maneira de fazer isso é usar uma Server Data Sheet padrão. Como mencionado anteriormente, poderá obter a Server Data Sheet no site Web complementar. Ela poderá ser usada no papel ou no formato eletrônico. Poderá também ser adaptada ao formato do banco de dados. No suporte da Server Data Sheet, precisará de uma Kernel Data Sheet descrevendo o conteúdo do Kernel do servidor para essa determinada versão do kernel. Cada folha deve fornecer informações detalhadas e atualizações.

Dica rápida – *Uma Kernel Data Sheet pode ser encontrada em http://www.Reso-Net.com/Windows Server/.*

Atualização do Windows 2000	Nova instalação
☐ Selecione a devida edição da família Windows Server 2003 　› 1 a 4 CPUs　Standard Edition 　› 5 a 8 CPUs　Enterprise Edition ☐ Verifique a compatibilidade da atualização ☐ Verifique as exigências do sistema/Aceite as atualizações do sistema ☐ Leia o Relnotes.htm e as informações sobre a compatibilidade do hardware ☐ Revise as recomendações do fabricante do hardware do servidor para a atualização ☐ Execute o Server Sizing Exercise ☐ Revise a ordem das atualizações do servidor: 　› Controladores do domínio primeiro: 　　› Fornece todos os recursos novos do AD 　　› Requer executar uma ferramenta para atualizar o esquema: 　　　› adprep/forestpep 　　　› adprep/domainprep 　› Servidores do membro primeiro: 　　› Fornece suporte do protocolo e outros recursos 　　› Não fornece novos recursos do AD ☐ Garante que todas as partições usem o NTFS ☐ Verifique o registro do sistema para obter erros ☐ Faça backup ☐ Instale o sistema ☐ Execute a revisão pós-instalação	☐ Selecione a devida edição da família Windows Server 2003 　› 1 a 4 CPUs　Standard Edition 　› 5 a 8 CPUs　Enterprise Edition ☐ Verifique as exigências do sistema/Aceite as atualizações do sistema ☐ Leia o Relnotes.htm e as informações sobre a compatibilidade do hardware ☐ Revise as recomendações do fabricante do hardware do servidor para a atualização ☐ Execute o Server Sizing Exercise ☐ Decida o modo da licença: 　› Por servidor ✓ **Recomendado** 　› Por dispositivo ou por usuário ☐ Um ou diversos OS ✓ **Um OS recomendado** ☐ Use o NTFS para todos os volumes ☐ Decida sobre a partição: 　› Sistema　Mínimo de 4 GB 　› Dados　O resto ☐ Decida sobre a rede: 　› Endereços IP 　› Resolução do nome TCP/IP ☐ Decida sobre a criação/junção: 　› Domínios ✓ **Recomendado** 　› Grupos de trabalho ☐ Se você já tem um OS em um servidor: 　› Faça backup dos arquivos de dados 　› Verifique o registro do sistema para obter erros ☐ Desconecte os dispositivos UPS ☐ Instale o sistema ☐ Execute a revisão pós-instalação

Figura 2-5 – *A lista de verificação da preparação da instalação.*

Lista de verificação pós-instalação

Finalmente, quando a instalação for executada, você desejará executar uma personalização e verificação pós-instalação. A Figura 2-6 mostra as atividades que incluiria aqui. Use esta lista de verificação pós-instalação para personalizar seu sistema e executar uma verificação de garantia da qualidade de todos os sistemas. As atividades descritas nessa lista de verificação serão detalhadas em "Como personalizar seu servidor" posteriormente neste capítulo.

Lista de verificação pós-instalação

- Use o MMC de gerenciamento do computador para exibir/corrigir as configurações do dispositivo

- Exiba o ícone da placa do adaptador da rede na barra de tarefas
- Revise a ativação (Licenças da empresa – Nenhuma ativação)
- Ative o Theme Service (Serviço de Tema) e configure a interface Windows XP
- Configure as opções do Windows Explorer
- Crie atalhos na área Quick Launch (Inicialização Rápida) da barra de tarefas
- Configure o tamanho do arquivo Event Viewer Log
- Renomeie a conta Local Administrator (Administrador Local)
- Crie uma conta Backup Administrator (Administrador do Backup)
- Estreite as permissões do arquivo e da pasta com o Secedit
- Configure o Time Service (Serviço de Hora)
- Defina o tempo de exibição do menu OS para 5 segundos
- Defina o tamanho do Paging File (Arquivo de Paginação)
- Configure o Driver Signing (Assinatura do Driver)
- Defina as opções de lixo da memória e da reinicialização
- Personalize a janela Command (Comando)
- Configure a Remote Administration (Administração Remota)
- Instale as ferramentas de suporte e o kit de recursos
- Instale o Recovery Console
- Instale os Emergency Management Services (Serviços de Gerenciamento da Emergência) (se suportados pelo hardware adequado)
- Instale as funções adicionais do servidor
- Aplique as devidas Security Hot Fixes e os Service Packs (se requerido)
- Atualize o perfil Default User (Usuário Default)
- Desfragmente o disco rígido

Processos da instalação pesada

Agora que você revisou os pré-requisitos da instalação, está pronto para o processo de preparação da instalação pesada. Aqui, executará sua instalação inicial, revisará o processo de instalação, revisará a configuração default do servidor e irá determinar o método que usará para automatizar o processo da instalação pesada. Esse último estágio é essencial uma vez que está concentrado não apenas em como você executará a instalação inicial de todos os seus servidores, mas, também, como irá recuperar as instalações do servidor caso qualquer evento inconveniente ocorra durante a operação do servidor.

É um bom lugar para um procedimento de operação padrão uma vez que sempre é igual não importando qual versão do Windows você deseja instalar. É basicamente descrito como a seguir:

1. Comece escolhendo a versão do Windows a instalar.
2. Execute a instalação inicial.
3. Descubra o novo ambiente.
4. Documente todas as exigências da configuração (especificamente).
5. Escolha o método de instalação pesada.
6. Automatize a instalação.
7. Prepare a nova versão do Windows.

Lista de verificação pós-instalação

- ☐ Use o MMC de gerenciamento do computador para exibir/corrigir as configurações do dispositivo
- ☐ Exiba o ícone da placa do adaptador da rede na barra de tarefas
- ☐ Revise a ativação (Licenças da empresa Nenhuma ativação)
- ☐ Ative o Theme Service (Serviço de Tema) e configure a interface Windows XP
- ☐ Configure as opções do Windows Explorer
- ☐ Crie atalhos na área Quick Launch (Inicialização Rápida) da barra de tarefas
- ☐ Configure o tamanho do arquivo Event Viewer Log
- ☐ Renomeie a conta Local Administrator (Administrador Local)
- ☐ Crie uma conta Backup Administrator (Administrador do Backup)
- ☐ Estreite as permissões do arquivo e da pasta com o Secedit
- ☐ Configure o Time Service (Serviço de Hora)
- ☐ Defina o tempo de exibição do menu OS para 5 segundos
- ☐ Defina o tamanho do Paging File (Arquivo de Paginação)
- ☐ Configure o Driver Signing (Assinatura do Driver)
- ☐ Defina as opções de lixo da memória e da reinicialização
- ☐ Personalize a janela Command (Comando)
- ☐ Configure a Remote Administration (Administração Remota)
- ☐ Instale as ferramentas de suporte e o kit de recursos
- ☐ Instale o Recovery Console
- ☐ Instale os Emergency Management Services (Serviços de Gerenciamento da Emergência) (se suportados pelo hardware adequado)
- ☐ Instale as funções adicionais do servidor
- ☐ Aplique as devidas Security Hot Fixes e os Service Packs (se requerido)
- ☐ Atualize o perfil Default User (Usuário Default)
- ☐ Desfragmente o disco rígido

Figura 2-6 – *A lista de verificação pós-instalação.*

Como mencionado no início deste capítulo, o Windows Server 2003 oferece quatro procedimentos de instalação: interativa, não assistida com um arquivo de resposta, imagem do disco com a System Preparation Tool e os Remote Installation Services. Apenas os três últimos devem ser usados para a preparação pesada em uma rede da empresa. Cada um tem suas vantagens e desvantagens. Todos são baseados nas ferramentas de preparação do Windows.

🏍 **Dica rápida** – *Um procedimento operacional padrão de amostra para esse processo está disponível em http://www.Reso-Net.com/WindowsServer/.*

A Figura 2-7 mostra o Processo de seleção do método da instalação pesada. Tudo começa com a instalação inicial e a descoberta do produto.

Instalação inicial

O processo de instalação é importante porque é onde você descobrirá o que faz o Windows Server 2003 funcionar. Também aprenderá como o programa de configuração funciona para essa nova versão do Windows. Comece escolhendo a versão do Windows a instalar; lembre-se dos pré-requisitos de instalação do Windows. Em seguida, execute a instalação inicial. Se estiver usando sistemas novos, insira o CD WS03 em um drive de CD-ROM ou DVD e inicialize o servidor. O processo de instalação começará imediatamente.

Se você estiver atualizando a partir do Windows 2000, insira o CD WS03 e selecione Install Windows Server 2003 (Instalar Windows Server 2003) a partir da tela de auto-execução de exibição. O Windows Server 2003 (Standard ou Enterprise) recomendará imediatamente uma atualização. Como é o modo com o qual estará trabalhando, prossiga com a atualização.

Descoberta e referência
Configuração do computador

Instalar

❶ Crie uma pasta chamada **Display**
❷ Abra **\Support\Tools\display.cab** (local no CD) no Explorer
❸ Copie os arquivos para a **pasta Deploy**

❶ Escolha a versão do Windows
❷ Inicialize a instalação (manual)
❸ Descoberta
❹ Documente as exigências da configuração
❺ Instale as ferramentas de preparação
❻ Revise os métodos de preparação
❼ Escolha o método de instalação

Use

❶ Na pasta **Deploy**, clique duas vezes em **Setupmgr**
❷ No Welcome Setup Manager Wizard, clique em **Next**
❸ Clique no **tipo** do arquivo de resposta que deseja criar
❹ As **opções são:**
  - Crie um novo arquivo de resposta ou
  - Modifique um arquivo de resposta existente
❺ Clique em **Create a new answer file**, então **clique** em **Next**

Atualizações | Novas Instalações

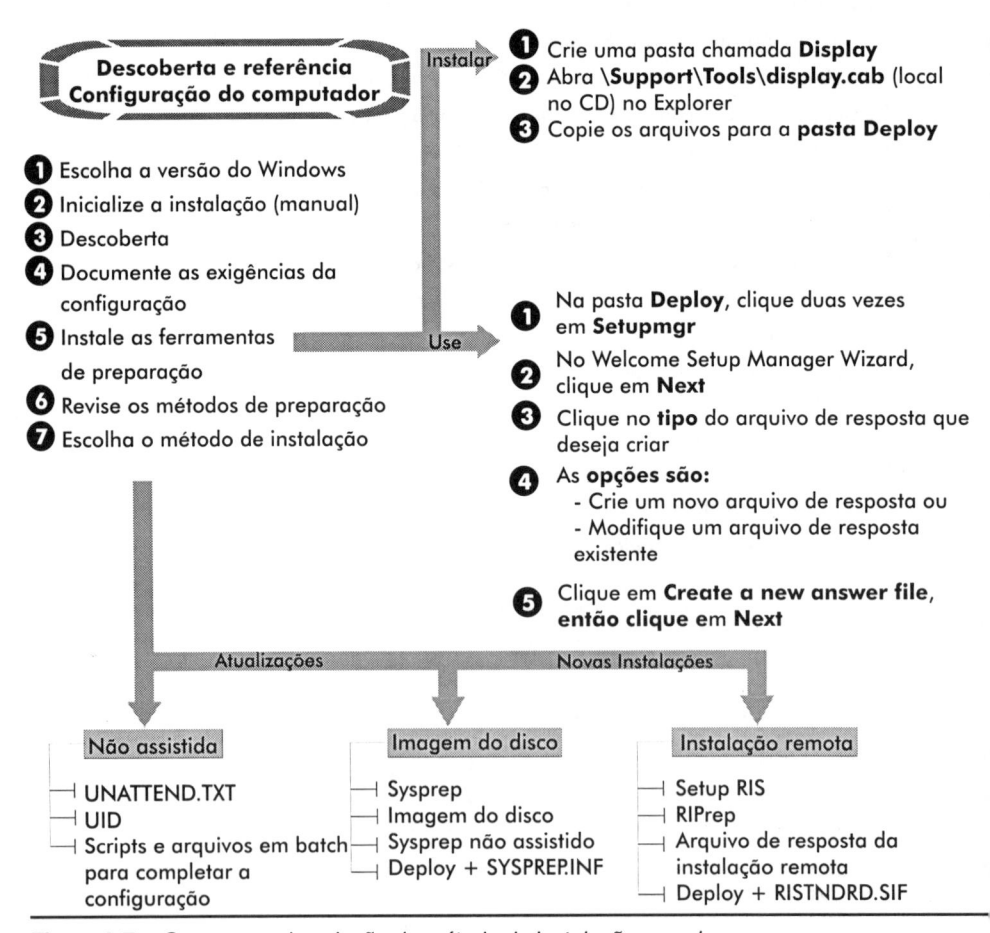

Não assistida
⊣ UNATTEND.TXT
⊣ UID
⊣ Scripts e arquivos em batch para completar a configuração

Imagem do disco
⊣ Sysprep
⊣ Imagem do disco
⊣ Sysprep não assistido
⊣ Deploy + SYSPREP.INF

Instalação remota
⊣ Setup RIS
⊣ RIPrep
⊣ Arquivo de resposta da instalação remota
⊣ Deploy + RISTNDRD.SIF

Figura 2-7 – *O processo de seleção do método de instalação pesada.*

Capítulo 2: Como preparar as instalações pesadas do Windows Server 2003 ▸ **59**

> 🏍 **Dica rápida** – *É um excelente lugar para usar o VMware Workstation uma vez que permite criar uma máquina virtual MS03 diretamente em sua área de trabalho sem afetar nenhuma aplicação. Isso significa que você pode executar o processo de descoberta a partir de seu próprio PC.*

O processo de configuração WS03 inclui várias etapas, que podem ser divididas em duas categorias maiores:

- **Configuração do modo de caractere** Este modo é usado apenas em uma instalação nova. Permite definir as partições do disco e introduzir componentes especiais como um driver da camada de abstração do hardware (HAL) especial ou um driver de dispositivo com armazenamento pesado. Você precisará de cuidado aqui uma vez que terá de pressionar F5 ou F6, respectivamente, para instalar esses componentes. Se esquecer essas teclas, necessitará começar de novo. Esse modo também é usado para copiar os arquivos de configuração para o disco rígido. A configuração executará sua primeira reinicialização no final desta fase de instalação.

- **Configuração do modo gráfico** É onde você define como o WS03 será instalado. Permite escolher os parâmetros da configuração como o nome do computador, as definições da rede, as definições regionais etc. Este processo usa um assistente de instalação para que você possa voltar a modificar as seções caso ache que tenha cometido um erro.

A Microsoft exibe informações recentes, mas são necessárias apenas nos sistemas mais rápidos. Uma estimativa de 39 minutos pode facilmente se tornar 59, ou mais, se seu sistema não estiver totalmente informado. O processo de instalação cobre cinco etapas maiores:

- **Reunião das informações** Identificar o ambiente de destino do hardware.
- **Atualização dinâmica** Determinar se atualizações relevantes estão disponíveis no site Windows Update Web.
- **Preparação da instalação** Copiar os devidos arquivos para o disco rígido.
- **Instalação do Windows** Executar a instalação real.
- **Finalização da instalação** Gravar as definições do registro, remover arquivos temporários e reiniciar o Windows.

O WS03 inclui um módulo plug and play muito poderoso que detecta e instala os dispositivos de hardware para você. Como o Windows 2000, isso simplifica muito o processo de instalação. A parte dinâmica da atualização da configuração também é bem útil neste sentido porque carregará automaticamente novos drivers antes de a instalação começar, evitando que você tenha que atualizar os drivers depois.

Por default, o WS03 usa o modo de aviso para os drivers não certificados. Os drivers não certificados não são assinados digitalmente e não fornecem nenhuma garantia de que funcionarão devidamente em seu hardware. Se qualquer driver não certificado for usado, o Windows exibirá um aviso. Aceitar a instalação dos drivers não certificados poderá desestabilizar sua instalação. Recusá-los poderá também fazer com que sua instalação paralise, uma vez que eles podem ser fundamentais para seu sistema de hardware. Se estiver usando um hardware existente, poderá ter de fazer uma concessão e usar os drivers não assinados. Todo hardware novo deve incluir drivers assinados para o Windows Server 2003. Também é uma boa idéia redefinir a opção Signed Drivers (Drivers Assinados) para recusar os drivers não assinados quando os servidores forem enviados para o campo, especialmente se eles estiverem indo para escritórios regionais. Assim, você poderá garantir que ninguém instalará os drivers não assinados e irá desestabilizar o sistema.

Durante a instalação, a configuração irá requerer a senha da conta Administrator. Essa senha deve incluir pelo menos oito caracteres (15 é preferível) e incluir caracteres complexos, como números, letras maiúsculas e minúsculas e caracteres especiais. Se você tiver dificuldade de lembrar as senhas, poderá substituir a letras por caracteres especiais. Por exemplo, substitua um *a* por *@*, substitua um *o* por ¤ etc. Isso tornará as senhas mais difíceis de decifrar. Mesmo assim, se um invasor tiver acesso ao sistema, poderá usar ferramentas de invasão de senha para exibir seu texto (se ela tiver 14 caracteres ou menos). Se isso for um problema, poderá usar uma combinação de ALT mais um código de tecla com quatro números para fornecer caracteres em sua senha (por exemplo, ALT 0149). A vantagem desse método é que esses caracteres geralmente são exibidos como um quadrado ou retângulo em branco quando exibidos como texto pelo software de invasão de senha. Todos os servidores devem requerer senhas complexas. Mais sobre esse tópico será tratado no Capítulo 8.

Assim que a instalação estiver completa, o Windows Server 2003 irá reinicializar o sistema.

Como personalizar seu servidor

Assim que a tela de logotipo for exibida, abra uma sessão e inicie a descoberta do Windows Server 2003. O WS03 começa com a tela Manage Your Server (Gerenciar Seu Servidor). Você deve reservar um tempo para examinar completamente o conteúdo dessa tela antes de ir para uma instalação pesada.

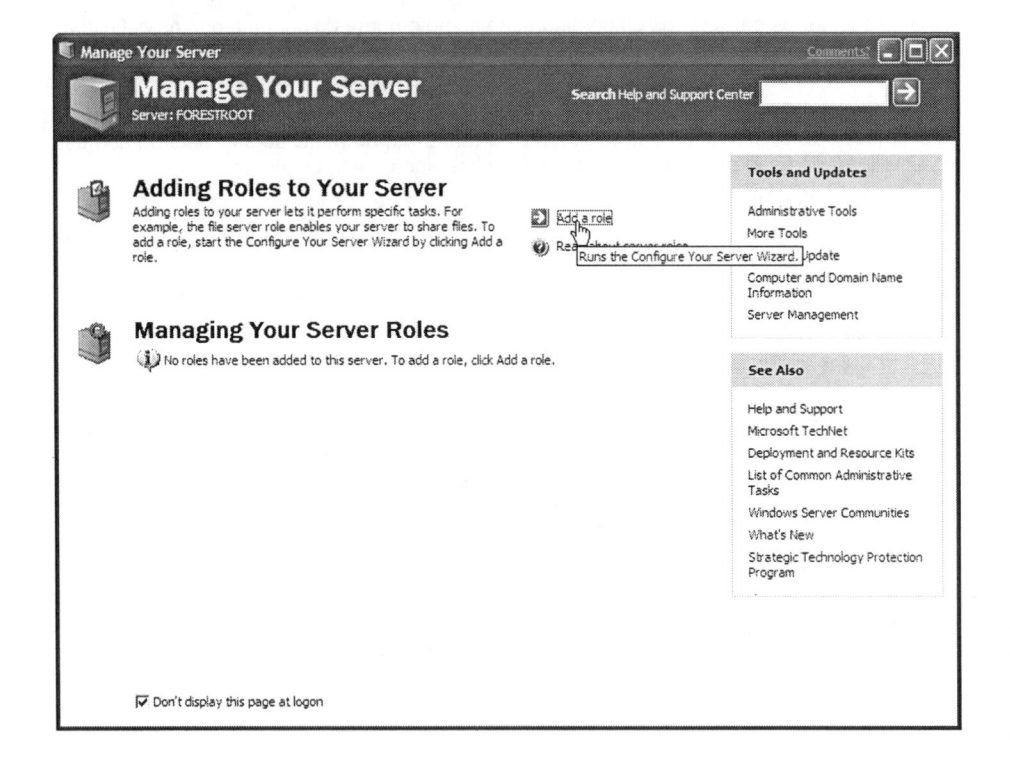

Em seguida, o WS03 pedirá a ativação, mas apenas se você não estiver usando uma versão de empresa do sistema operacional. Se este for o caso e você estiver apenas descobrindo o sistema, não o ative – terá 30 dias para fazer isso. Poderá fazer muitas descobertas em 30 dias e cada ativação requer uma licença.

Consulte a Figura 2-5 para ver as atividades que precisará executar durante a descoberta. Documente todas as modificações de configuração mantidas. Isso será importante para quando preparar seu Reference Server (Servidor de Referência) para o processo de organização da preparação pesada. Essa documentação também forma o centro do kernel para cada servidor. Você poderá usar a Kernel Data Sheet para documentar o conteúdo do kernel. Essa documentação tem que detalhar as etapas executadas para modificar a configuração do sistema. Deve cobrir todas as atividades listadas na Figura 2-6, mas uma atenção especial deve ser dada ao seguinte:

- Como configurar os dispositivos com o console Computer Management
- Como configurar as opções do Windows Explorer
- Como ativar o serviço Theme e configurar a interface Windows XP
- Como configurar o registro de eventos
- Como copiar e nomear a conta Administrator
- Como usar um Security Template (Gabarito de Segurança) para bloquear o sistema
- Como configurar o arquivo de paginação, a assinatura do driver e as definições da recuperação
- Como instalar as ferramentas Support e Resource Kit
- Como instalar os serviços Recovery Console e Emergency Management
- Como atualizar as definições Default User

Todas as operações na Figura 2-6 são importantes, mas as listas aqui são muito diferentes das versões anteriores do Windows.

O primeiro lugar para começar é com o console Computer Management. Esse console é o único Microsoft Management Console que pode dar acesso a grande parte de tudo configurável no sistema. Comece colocando o atalho do console na área Quick Launch da barra de tarefas. Encontrará o atalho sob as Administration Tools (Ferramentas da Administração) no menu Start (Iniciar). Para colocar o atalho na barra de tarefas, clique com o botão direito do mouse e arraste o ícone do menu Start para a área Quick Launch. Solte-o quando vir uma barra de inserção preta. Escolha Copy Here (Copiar Aqui) no menu contextual. Deverá fazer isso com todo ícone que precisar para operar o servidor. Poderá também achar o atalho do Windows Explorer útil nessa barra de tarefas (ele está localizado sob Accessories ou Acessórios). Uma barra de tarefas bem preparada deve incluir todos os atalhos mais usados. Você poderá ainda precisar estendê-la para duas linhas de altura.

Então use o console Computer Management para navegar para Devices (Dispositivos) para exibir qualquer problema do hardware em potencial ou conflito. Revise qualquer item que tenha um ponto de exclamação ou sinal de parada. Poderá ter de instalar novos drivers ou atualizar os existentes. É onde as notas adquiridas no site Web do fabricante de seu hardware serão úteis. Continue até que não haja nenhum conflito ou conflito crítico esquecido. Um sistema onde todos os itens estão justos é o que você está querendo.

> 🐾 **Dica rápida** – *Como o Windows 2000, o WS03 suporta os volumes básico e dinâmico. Você pode decidir converter seus volumes em discos dinâmicos neste momento, mas faça isso apenas se sentir que irá requerer os recursos que os discos dinâmicos oferecem. Se estiver usando o RAID do hardware (como deveria em uma rede da empresa), continue a usar os discos básicos. Veja o artigo de suporte Microsoft número Q329707 em http://support.microsoft.com/ para obter mais informações.*

Vá para a configuração das opções Windows Explorer. Os administradores e os operadores precisam ser capazes de ver o que está disponível no sistema de arquivos. Para tanto, use o seguinte procedimento:

1. Inicie o Explorer e selecione o modo de exibição preferido – Details é uma boa exibição para os administradores.
2. No menu View (Exibir), ative a barra de status. Também ative as barras de ferramentas que achar úteis. Agora está pronto para definir suas opções da pasta.
3. Use o menu Tools (Ferramentas) para exibir as Folder Options (Opções da Pasta).
4. Selecione a aba View, então ative Show hidden files and folders (Exibir arquivos e pastas ocultos), mas não desative Hide protected operating system files (Ocultar arquivos do sistema operacional protegidos).
5. Clique em Apply to All Folders (Aplicar em Todas as Pastas). Feche a caixa de diálogo.

Volte para o console Computer Management para ativar o Theme Service. Esse serviço está desativado por default porque usa os recursos do sistema. Se você estiver atualizado e já usando o Windows XP em seus computadores, desejará esse serviço ativado. Do contrário, sempre estará indo de uma interface para outra (e também seus usuários). Na verdade, todo servidor deve ter esse serviço ativado por default, especialmente se estiverem destinados a fornecer os Terminal Services (Serviços do Terminal) (para a administração ou para as aplicações). Isso irá assegurar que os usuários e os administradores terão uma interface consistente nas áreas de trabalho e servidores. Também é a única maneira de poder configurar a interface Windows XP em um servidor. As etapas para ativar esse serviço são as seguintes:

1. Localize o Theme Service na lista de serviços, defina suas propriedades de inicialização para Automatic (Automático) e inicie o serviço agora.
2. Minimize o console, clique com o botão direito do mouse na área de trabalho e escolha Properties (Propriedades).
3. Escolha o tema Windows XP e clique em OK. Sua interface será definida.

Volte para ao console Computer Management para configurar os registros de eventos. Defina o tamanho do arquivo para cada registro de eventos e determine seu mecanismo de loop. Não esqueça de que eles têm um backup todo dia, portanto você precisará apenas do tamanho que será conveniente sem ter que recorrer a um backup. E mais, renomeie a conta Administrator, como a seguir:

1. Novamente no console, selecione Local Users and Groups (Usuários e Grupos Locais).
2. Em Users, clique com o botão direito do mouse na conta Administrator e escolha Rename (Renomear).
3. Em seguida, crie uma nova conta de backup do administrador.
4. Torne-a um membro do grupo Administrator.

O WS03 não permite que você copie a conta Administrator. Qualquer backup tem de ser criado a partir do zero. Lembre-se de definir senhas complexas para essas contas.

É uma boa hora de usar o Security Configuration Manager (Gerenciador de Configuração da Segurança) para aplicar um Security Template no servidor. Esse procedimento é explicado em detalhes no Capítulo 8.

Em seguida, defina as opções de inicialização e de recuperação:

1. Abra o Explorer. Clique com o botão direito do mouse em My Computer (Meu Computador) e selecione Properties.
2. Selecione a aba Advanced (Avançado) para definir as definições Startup And Recovery (Inicialização e Recuperação) e Performance. Os servidores devem executar uma descar-

ga da memória mínima ao paralisar. Como é uma descarga de RAM, pode ter um tamanho considerável. Usar uma definição mínima reduzirá a quantidade de espaço requerido. Então, se você tiver problemas poderá redefini-la para Complete Memory Dump (Descarga Completa da Memória) e usar ferramentas especiais para analisar o problema. Defina o sistema para que reinicialize automaticamente.

3. Os arquivos de paginação devem ser configurados como analisado anteriormente: dobre o tamanho da memória para o mínimo e quatro vezes para o máximo. Embora possa achar que o arquivo de paginação tem que ter o mesmo tamanho mínimo e máximo para que nunca seja fragmentado, isso não é necessário. Qualquer alocação temporária para o arquivo de paginação, que possa ser feita durante a operação e que possa falhar no espaço fragmentado, será removida automaticamente quando o sistema reiniciar. Portanto, no final, o arquivo de paginação será raramente muito fragmentado.

4. Vá para a aba Hardware e clique em Driver Signing. Defina-a para Block – never install unsigned driver software (Bloquear – nunca instalar software do driver não assinado). Isso protegerá a estabilidade do servidor.

5. Poderá aproveitar essa oportunidade para modificar as definições Remote Administration. Para tanto, selecione a aba Remote para ativar a Remote Desktop (Área de Trabalho Remota). O Windows avisará que, se você usar uma conta com uma senha em branco por qualquer razão, não estará disponível para a conexão remota. Na verdade, nenhuma conexão poderá ser executada na rede no WS03 se a conta usada não tiver uma senha. As contas com senha em branco são úteis apenas para as conexões locais. Você não deve usar uma conta com senha em branco em qualquer caso. Também desejará identificar os grupos administrativos que têm a permissão de conectar uma área de trabalho remota neste estágio. Crie um grupo Domain Local (Domínio Local) especial (veja o Capítulo 6) e adicione-o a essas definições. Poderá decidir quem estará neste grupo em um estágio posterior.

Use o CD WS03 para instalar as ferramentas Support e Resource Kit. Para as ferramentas de suporte, vá para a pasta Support\Tools para encontrar SUPTOOLS.MSI. Clique duas vezes nela para iniciar a instalação. Use o CD Resource Kit para instalar as outras ferramentas necessárias.

Poderá também usar o CD WS03 para instalar os serviços Recovery Console e Emergency Management. Use o programa de configuração Windows, WINNT32, para instalar ambos os componentes. Para adicionar o Recovery Console, use o argumento cmdcons. Esse argumento é válido apenas para os servidores com 32 bits. Execute o seguinte comando:

```
WINNT32 /CMDCONS
```

Em seguida, se seu hardware suportar, ative os serviços Emergency Management usando o argumento emsport. Com os serviços Emergency Management, poderá gerenciar remotamente um servidor nas situações de emergência que geralmente iriam requerer um teclado, mouse e monitor locais, como quando a rede está indisponível ou o servidor não está funcionando devidamente. Os serviços Emergency Management têm exigências específicas de hardware e estão disponíveis apenas para os produtos na família Windows Server 2003. Execute o seguinte comando:

```
WINNT32 /EMSPORT:usebiossettings
```

O usebiossettings é a definição default. Usa a definição especificada na tabela BIOS Serial Port Console Redirection (SPCR) ou nos sistemas baseados no Itanium, através do caminho de dispositivo do console Extensible Firmware Interface (EFI). Se você especificar o usebiossettings e não houver nenhuma tabela SPCR ou o devido caminho do dispositivo do console EFI, os serviços Emergency Management não serão ativados.

Poderá também usar a caixa de diálogo System (Sistema) para atualizar as definições Default User, mas precisará executar outras operações primeiro. O Windows Server 2003 não permite que você copie um perfil do usuário aberto para outro, porque muitos recursos abertos são voláteis. Portanto, para atualizar seu Default User, terá que usar a segunda conta administrativa criada anteriormente, como a seguir:

1. Desconecte-se de Administrator.
2. Conecte à sua conta de backup do administrador. O WS03 criará um novo perfil baseado nas antigas definições.
3. Abra o Explorer e defina as Folder Options para exibir os arquivos ocultos.
4. Clique com o botão direito do mouse em My Computer e selecione Properties.
5. Escolha User Profile Settings (Definições do Perfil do Usuário) na aba Advanced.
6. Copie o perfil Administrator para Default User.

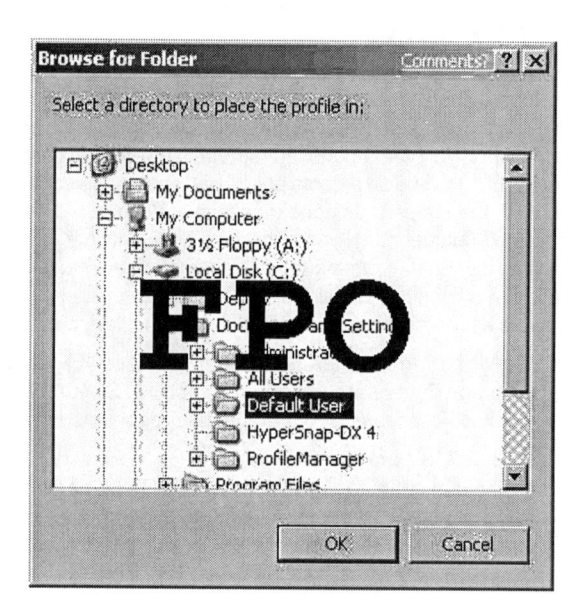

7. Pagine para a pasta Documents and Settings e encontre o perfil Default User.
8. Clique em OK para substituir os arquivos existentes.
9. Feche todas as caixas de diálogo e desconecte-se da conta de backup do administrador.
10. Conecte-se novamente a Administrator.
11. Abra o Explorer e volte para a caixa de diálogo User Profile.
12. Apague o perfil do administrador de backup.
13. Feche todas as caixas de diálogo e desconecte-se da conta Administrator.
14. Conecte-se de novo à conta do administrador de backup para testar o Default User. Note que você agora tem uma cópia do perfil Administrator.
15. Volte para o perfil Administrator.

⚠ Cuidado – *Você terá que ter cuidado com essa operação ao lidar com os servidores que executam os Terminal Services porque o Default User será usado para criar os perfis do usuário e do administrador. Obviamente, os perfis do usuário irão requerer diferentes definições dos administrativos.*

Você documentou cada uma dessas etapas porque elas precisarão ser repetidas sempre que criar um Reference Server. Esse servidor será o modelo usado para seu método de instalação pesada.

🏍 Dica rápida – *Revise com cuidado as etapas usadas para criar os servidores de referência. Você não desejará distribuir as máquinas criadas a partir de um Reference Server preparado indevidamente. É por isso que um procedimento operacional padrão para o processo está disponível em http://www.Reso-Net.com/WindowsServer/.*

Como escolher o método de instalação pesada

O método de instalação pesada escolhido dependerá de seu método de migração. Se você estiver migrando do Windows 2000 para o Windows Server 2003, poderá usar uma instalação de script para as atualizações no lugar correto. Novamente, apenas se executou novas instalações com o Windows 2000. Se estiver migrando a partir do Windows NT, deverá decidir se é para usar a imagem do disco ou a instalação OS remota. A instalação remota é o método recomendado. É nova, mais rápida que a instalação de script e embora requeira algum custo, esse custo está limitado à aquisição das placas de rede baseadas na execução da pré-inicialização (PXE). Embora não sejam o componente mais barato em sua rede, adicionarão muito às suas opções de suporte a longo prazo porque também podem ser usadas para reconstruir os servidores durante as operações recorrentes.

A imagem do disco, por outro lado, requer o uso do software de terceiros, que é um custo específico separado da aquisição do hardware do servidor e do novo sistema operacional. O Remote Installation Service (RIS) não está sujeito a custos adicionais do software, é bem completo e pode ser usado para reconstruir os sistemas no modo recorrente. Também é verdade para os outros dois métodos de configuração automatizados, mas o RIS é de longe o mais fácil de usar e gerenciar.

Para preparar a automação da preparação de seu Windows, você precisará instalar as ferramentas de preparação. Assim que isso for feito, poderá inicializar o Setup Manager Wizard (Assistente do Gerenciador de Configuração) para criar arquivos de resposta de instalação automatizados.

Como fazer o script das atualizações

No caso do Windows Server 2003, a instalação não assistida que usa um arquivo de resposta é melhor para a atualização de um sistema do Windows 2000 para o WS03. Na verdade, as instalações não assistidas são a única maneira de executar uma atualização automatizada porque os dois outros métodos substituem o sistema operacional. Usando o Setup Manager Wizard, você poderá criar os arquivos UNATTEND.TXT para configurações com diferentes definições. O ruim é que a nova versão do Setup Manager Wizard não criará mais automaticamente um arquivo de resposta a partir de um sistema existente. Os arquivos de resposta terão sempre que ser criados a partir do zero. É lamentável porque a finalidade de um Reference Server é preparar tais itens. Entretanto, você poderá criar o novo. Simplesmente responda a cada uma das perguntas feitas pelo assistente. Isso criará um arquivo de resposta genérico que poderá personalizar através de vários comandos. Esses comandos são raramente requeridos ao executar uma atualização.

> 🏍 **Dica rápida** – *Como o Windows 2000, o WS03 suporta os pacotes de serviço rápidos. Isso significa que você pode aplicar o pacote de serviços em seus arquivos de instalação originais e usá-lo como a fonte para as instalações do servidor. Isso evitará que tenha que aplicar o pacote de serviço depois de uma instalação.*

A vantagem da atualização é que não há nenhuma reinstalação requerida para o software existente e compatível. Isso significa que seu servidor deverá estar atualizado e sendo executado assim que tiver terminado a instalação. Porém, muito provavelmente precisará criar alguns scripts e/ou arquivos em lote para completar o processo de instalação. Eles poderão ser inseridos nas seções RunOnce, OEM Preinstall ou Additional Commands de seu arquivo de resposta. As instalações não assistidas apresentam alguns desafios porque não reproduzem uma imagem do que está localizado no disco rígido do Reference Server. Assim, você precisará fazer o script em várias opções como aplicar os Security Templates, adicionar correções quentes na segurança ou instalar o Recovery Console. Teste totalmente a configuração antes de prepará-la.

A preparação pode ser executada de várias maneiras. Afinal, a única coisa que você precisa para preparar é um script de comando executando o comando WINNT32. Essas atualizações podem ser enviadas através do System Management Server (Servidor de Gerenciamento do Sistema) da Microsoft ou através dos scripts da máquina que são executados remotamente. Use o laboratório para assegurar que todos os métodos de instalação e de preparação funcionem em todas as situações. Não desejará encontrar um servidor desativado segunda-feira de manhã quando 250 usuários estiverem se conectando.

Se insistir em usar uma instalação não assistida para preparar as novas máquinas, compre-as aos lotes. Assim, poderá pedir ao seu revendedor para fornecer um arquivo UNATTEND.TXT funcional e bem documentado que inclua todas as particularidades que são específicas de seu sistema. Isso evitará muito trabalho pesado e tornará o processo de instalação não assistida muito mais proveitoso. Tudo que terá de fazer é personalizar o arquivo de resposta não assistido fornecido.

Resumindo, as instalações não assistidas são muito trabalhosas. Embora possam ser aceitáveis para pequenas organizações onde menos servidores são requeridos, não tendem a fornecer um retorno adequado no investimento para organizações médias a grandes.

> 🏍 **Dica rápida** – *Você pode e deve usar instalações não assistidas para a instalação inicial dos servidores de referência. Isso economizará muito tempo e irá ajudá-lo a se familiarizar com o conteúdo do arquivo UNATTEND.TXT.*

> 🔊 **Nota** – *Se você estiver usando uma versão do Windows 2000 em um idioma diferente do inglês, poderá agora transformar em uma instalação em inglês e usar a Multilingual User Interface (MUI) para aplicar um pacote do idioma e exibir os comandos em sua própria língua. Isso será útil para as organizações mundiais que têm operadores do sistema com diversos idiomas ou para os Terminal Services que são usados pelos usuários de várias nacionalidades. Outra vantagem é que você pode instalar os pacotes de serviço e correções quentes assim que ficarem disponíveis porque estão disponíveis em inglês em primeiro lugar. Para tanto, precisará mudar a instalação localizada para suportar uma atualização para inglês e então aplicar o devido pacote do idioma MUI.*

Imagem do disco

As tecnologias de imagem do disco foram em grande parte concentradas nos PCs no passado. Uma vez que vêm do Windows 2000, os departamentos IT podem se concentrar na criação de uma imagem de disco simples para todos os PCs porque o Windows 2000 suporta o plug and play. O System Preparation Tool do Windows 2000 para a imagem do disco pode fazer com que todo sistema novo detecte automaticamente um novo hardware na primeira vez em que inicia. Assim, uma única imagem de disco de um sistema baseado no Windows 2000 pode alimentar todo modelo do PC na empresa (contanto que o hardware do PC satisfaça as exigências da camada física e use a mesma camada de abstração do hardware).

E mais, as imagens de disco podem capturar muito mais do que apenas a instalação do sistema operacional. Qualquer processo de imagem não só inclui o sistema operacional como também a personalização, as instalações de software adicionais e muito mais. Tudo, na verdade, que você fizer para o sistema de referência, será capturado. Isso mesmo, tudo. É por isso que os sistemas de referência têm de ser preparados com cuidado.

O Windows Server 2003 agora suporta oficialmente a imagem de disco dos sistemas do servidor contanto que eles sejam preparados primeiro com o System Preparation Tools. O primeiro obstáculo para a imagem do disco é o fato de que você precisa adquirir um software de terceiros. Se não tiver a liberdade para fazer isso ou se já não tiver licenças da empresa de tal software, então vá imediatamente para as instalações remotas. Se estiver querendo trabalhar com a imagem de disco, também terá que obter o Windows PE (Pre-execution Environment).

O Windows PE é uma versão sem recursos especiais do Windows XP Professional. Cabe em um único CD e/ou disquete LS-120. Requer 120 MB para os sistemas Pentium e 220 MB para os sistemas Itanium (64 bits). É uma versão do Windows executada exclusivamente fora de seu próprio meio, significando que não requer um disco rígido. É executada no modo protegido e fornece um console de 32 bits que oferece os seguintes recursos:

- É independente do hardware no qual é executado e requer uma RAM mínima.
- Detecta automaticamente as placas da rede e fornece a conectividade TCP/IP.
- Pode funcionar com todos os drivers de armazenamento pesado permitidos para o Windows XP, 2000 ou Windows Server 2003.
- Pode criar, modificar e destruir as partições NTFS.
- Inclui ferramentas de diagnóstico.
- Suporta o PXE.

Entretanto, tem limites. Será executado apenas por um período de 24 horas, requerendo reinicializações se for executado em períodos mais longos. Suportará apenas um máximo de quatro conexões da rede. Conectará outros servidores em sua rede, mas você não poderá conectar remotamente um computador que executa o Windows PE. É designado para trabalhar principalmente com o protocolo TCP/IP. E suporta apenas o gráfico VGA padrão.

O Windows PE é designado para substituir o DOS. Para a imagem de disco, especialmente a imagem de disco com servidores, é um achado porque permite inicializar um servidor com absolutamente nada nele e carregar uma imagem do servidor para instalá-lo. Sem o Windows PE, usar imagens de disco para os servidores era muito difícil, se não impossível. A PowerQuest Corporation (http://www.powerquest.com) foi o primeiro fabricante a criar uma versão Windows PE de seu software de imagem de disco: o Power Deploy Suite. Essa versão é estritamente um programa da linha de comandos que não tem uma interface gráfica, assim pode ter um script para criar e restaurar as imagens de disco. Quando o Windows PE se tornar mais popular, outros fabricantes criarão definitivamente as versões com 32 bits de seu software de imagem do disco.

> 🏍 **Dica rápida** – *Decidindo ou não usar a imagem de disco para a preparação, recomenda-se usá-la com o software de imagem de disco para criar um backup de imagem de disco de seu Reference Server ou servidores. O Windows PE é uma ótima ferramenta para isso. Mas lembre-se: você precisará de uma versão de 32 bits de seu software de imagem de disco porque o Windows PE não suporta as aplicações DOS.*

O processo de preparação do sistema é mostrado na Figura 2-8. Ele começa, claro, com a Preparação do Reference Server. Então você precisará preparar e executar o System Preparation Wizard. A pasta Sysprep criada terá que estar no drive do seu sistema. Ela contém cinco arquivos: quatro executáveis a partir do DEPLOY.CAB e o arquivo SYSPREP.INF preparado com o Setup Manager. Então, use o SYSPREP.EXE para preparar o servidor. Feche a caixa de diálogo de aviso e use as definições defaults antes de clicar o botão Reseal (Aprovar Novamente). O Sysprep avisará novamente e então modificará o identificador de segurança (SID). O servidor estará pronto para a imagem assim que for finalizado. Teste a imagem do servidor antes da preparação.

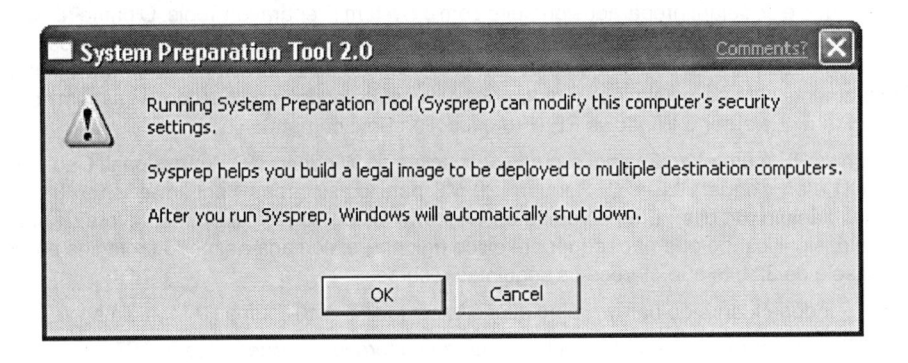

> 🏍 **Dica rápida** – *Se puder, deverá criar uma imagem de disco do Reference Server logo antes de executar o comando Sysprep porque ele destruirá o SID do servidor. Essa imagem será útil se você descobrir que algo estava faltando e precisar começar do início. Essa imagem evita que tenha de reinstalar o Reference Server a partir do zero.*

O System Preparation Tool poderá ser usado para simplesmente gerar uma imagem reutilizável ou preparar os sistemas para a reprodução pesada. Como muitos fabricantes do sistema usam o Sysprep para preparar os sistemas que revendem, a Microsoft o melhorou para incluir a capacidade de fazer uma auditoria no sistema ou adicionar drivers extras. Use o seguinte comando para saber mais sobre os argumentos para o comando SYSPREP.EXE:

```
C:\DEPLOY\SYSPREP.EXE /?
```

Você deverá executar o Sysprep no modo interativo para se familiarizar com seus recursos. Se foi muito rigoroso na preparação de seu Reference Server, não precisará executar a auditoria do sistema. Ao contrário, poderá executar um teste de garantia da qualidade pós-preparação no laboratório para testar um sistema preparado. Neste caso, a linha de comandos que precisará usar para preparar seu sistema para a imagem será a seguinte:

```
Sysprep -quiet -reseal -pnp -reboot
```

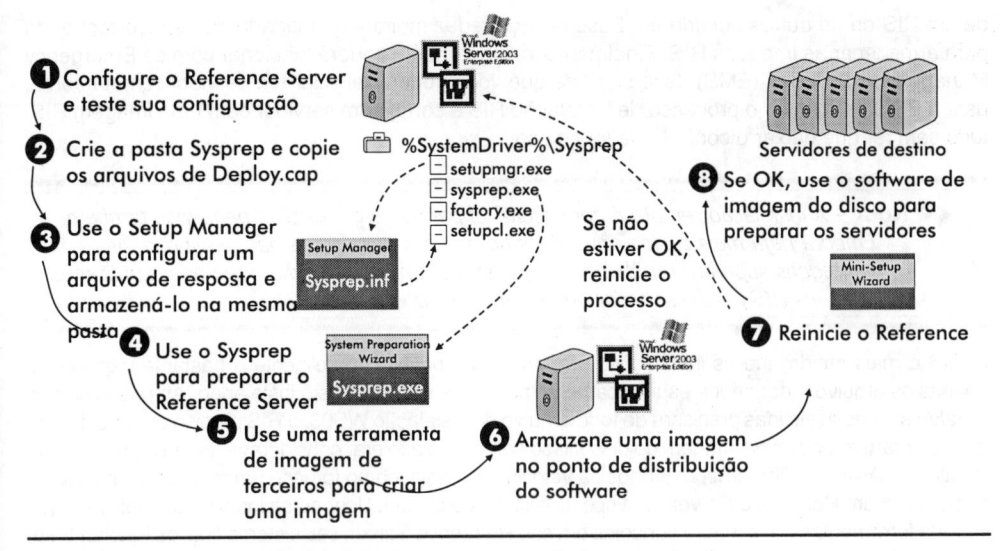

Figura 2-8 – *A preparação do sistema e o processo de imagem do disco.*

Isso irá gerar automaticamente uma imagem do disco que irá se reinicializar e preparar assim que tiver sido instalada em um sistema de destino.

Uma ótima vantagem da imagem de disco é que a maioria dos produtos suporta a multidifusão da imagem. Isso significa que você poderá usar uma multidifusão para enviar uma única cópia da imagem na rede para diversos sistemas de destino. A multidifusão reduz muito a quantidade de tráfego da rede ao executar o servidor e a organização do PC.

> 🏍 **Dica rápida** – *Alguns softwares de imagem de disco fornecem um driver RIS especial que ajuda a combinar o RIS e o Sysprep. Permite usar o RIS para enviar uma imagem de disco para um servidor ou PC que agiliza a instalação. É parecido com os Microsoft Automated Deployment Services (lançado logo antes da versão final do WS03), um sistema que combina a imagem do disco e as capacidades de preparação do RIS. Veja http://www.microsoft.com/windowsserver2003/techinfo/overview/ads.mspx para obter mais informações.*

Instalação remota

A instalação remota é o método de instalação automático mais promissor para as organizações médias a grandes porque fornece a capacidade de corrigir um sistema assim como instalá-lo e captura uma imagem de disco da instalação. Diferente porém da imagem de disco de preparação do sistema. Não armazena a imagem em um arquivo com formato especial, simplesmente copia os arquivos requeridos para uma pasta compartilhada especial localizada em um servidor de instalação remoto. Como o Windows Server 2003 suporta não apenas o host do Serviço de instalação remoto (RIS), mas também a instalação dos servidores através do RIS, recomenda-se que, se você tiver placas de rede com o PXE ativado, deva se concentrar quase exclusivamente no RIS. E mais, o WS03 inclui um serviço Single Instance Store (SIS) que eliminará os arquivos duplicados de um RIS ou de outros servidores. Esse serviço reduz muito a quantidade de espaço requerido para armazenar as imagens RIS. Finalmente, o RIS também poderá funcionar com os Emergency Management Services (EMS). Isso significa que você poderá reiniciar um servidor remotamente, usar o EMS para ativar o processo de instalação RIS e corrigir um servidor com uma imagem RIS, tudo sem ter que deixar o conforto de sua mesa.

> **Nota** – *A instalação remota é bem aceitável para as organizações pequenas também. Embora haja mais custos envolvidos do que nas instalações não assistidas. As vantagens superam rapidamente os custos quando você acha que pode reutilizar as imagens RIS para o servidor ou as correções do PC.*

O RIS é mais rápido que as instalações não assistidas porque é inteligente o bastante para copiar apenas os arquivos requeridos especificamente para o servidor que está instalando. Ao passo que as instalações não assistidas precisam de todo arquivo de instalação WS03, o RIS precisa apenas daqueles que foram mantidos na imagem do disco. Isso serve para acelerar consideravelmente o processo de instalação. Assim, o RIS fornece ganhos na velocidade, assim como fornece um método de instalação que duplica um Reference Server. Se você atualizou seu Default User ou se instalou um software que suporta ferramentas ou recupera consoles em seu Reference Server, seu sistema final os terá também. Isso significa que há muito menos script requerido para instalar os sistemas usando o RIS.

As instalações OS remotas requerem a implementação do Active Directory, do servidor DHCP e do Remote Installation Service. O DHCP é tratado no Capítulo 4, o Active Directory nos capítulos 3 e 4 e a Instalação remota no Capítulo 7. Assim que essa infra-estrutura for colocada corretamente, você poderá preparar seus servidores usando RIS.

O processo RIS é composto por quatro estágios maiores:

- Preparar o uso do RIS (veja o Capítulo 7)
- Preparar a imagem no servidor RIS usando o devido CD WS03
- Capturar a imagem de um Reference Server
- Preparar a imagem RIS

Assim que o RIS for colocado corretamente, você poderá começar a trabalhar com as imagens RIS. Na verdade, iniciar é usar o Remote Installation Preparation Wizard para criar as imagens de instalação em seu servidor RIS. O RIS primeiro irá requerer os arquivos de preparação para o Windows Server 2003 para ser capaz de preparar as instalações do servidor. Assim que esses arquivos forem copiados para o servidor, as imagens personalizadas poderão ser geradas a partir de seu Reference Server. Se você pretende instalar mais de uma versão do WS03, precisará gerar uma imagem do servidor para cada uma.

Preparação da imagem no servidor RIS

1. Para adicionar uma nova imagem baseada no servidor, abra Users and Computers (Usuários e Computadores) do Active Directory.
2. Localize seu RIS Server (pode estar em uma unidade organizacional especial).
3. Clique com o botão direito do mouse no nome do servidor e selecione Properties.
4. Escolha a aba Remote Install (Instalação Remota). Isso exibirá as propriedades RIS gerais para esse servidor.
5. Clique o botão Advanced Settings (Definições Avançadas) para exibir as propriedades RIS desse servidor.

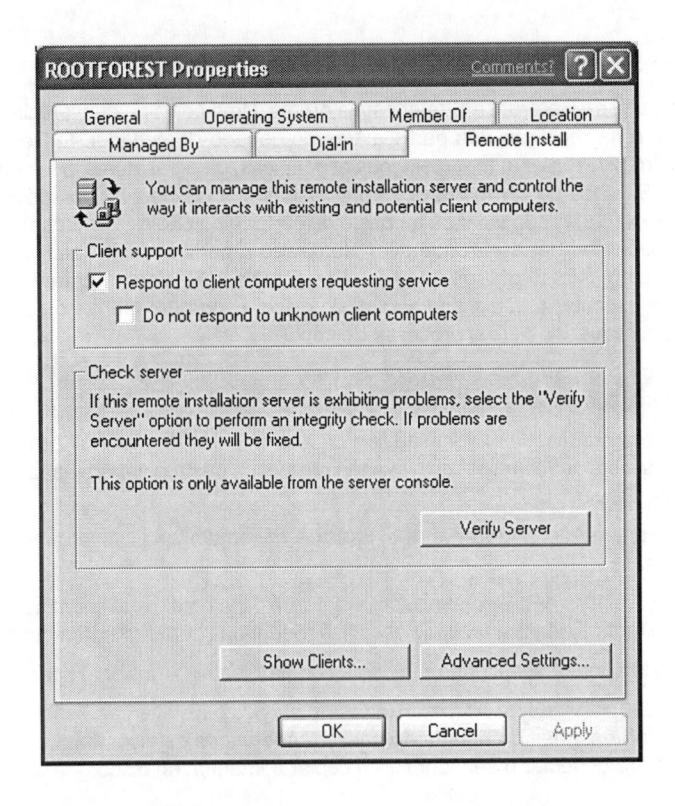

6. Selecione a aba Images (Imagens) e clique em Add (Adicionar). Isso iniciará o Remote Installation Preparation Wizard (Assistente de Preparação da Instalação Remota).
7. Siga os prompts fornecidos pelo assistente. Assim que receber um nome para sua imagem e tiver indicado a fonte e o destino para os arquivos de distribuição, o assistente iniciará a instalação. Ele executará cinco tarefas:
   - Copiará os arquivos de instalação do Windows
   - Atualizará os arquivos da tela Client Installation Wizard (Assistente de Instalação do Cliente)
   - Criará os arquivos de resposta Unattended Setup (Configuração Não Assistida)
   - Iniciará os Remote Installation Services requeridos
   - Autorizará o servidor RIS no DHCP
8. As permissões poderão ser definidas em cada imagem. Por exemplo, os instaladores regionais podem ter a permissão de acessar apenas as imagens regionais. Para aplicar as permissões, use o botão Permissions (Permissões) na caixa de diálogo Image Properties (Propriedades da Imagem)

Finalmente, terá que determinar como nomear os servidores quando os preparar. Várias opções estão disponíveis. Poderá usar variáveis para gerar automaticamente os nomes, mas poderá também organizar previamente os nomes do servidor no Active Directory. Então os nomes serão atribuídos automaticamente quando os servidores forem construídos e preparados. Essa estratégia de nomenclatura faz parte do Processo de preparação do servidor RIS.

Agora você está pronto para ir para a próxima etapa: capturar a imagem de um Reference Server.

Preparação da imagem no Reference Server

Certifique-se de que seu Reference Server esteja pronto. Uma coisa na qual precisará prestar uma atenção especial é na remoção dos perfis extras do usuário do servidor. O Remote Installation Preparation Wizard (RIPrep.exe) tem restrições específicas, uma das quais, a falta de suporte para migrar os perfis. Se você quiser manter os perfis extras criados no servidor, deverá usar a User State Migration Tool (USMT), localizada na pasta de suporte do CD WS03. Quando for usar o RIS, deverá assegurar-se de que, assim que tiver atualizado o perfil Default User em seu Reference Server, destruirá tudo, exceto o perfil Administrator. E mais, o RIPrep irá parar vários serviços do servidor antes de executar a cópia da imagem do disco. É porque apenas o conjunto básico de serviços da rede é requerido para o processo de cópia.

Para criar a imagem a partir do Reference Server, você precisará usar o Remote Installation Preparation Wizard, como a seguir:

1. Quando você criou seu servidor RIS, ele criou uma pasta de distribuição para armazenar e publicar as instalações remotas. Navegue para essa pasta compartilhada agora a partir do Reference Server.
2. Localize a pasta Admin\I386 e abra-a. Essa pasta contém todas as ferramentas de preparação do cliente.
3. Localize e inicialize o RIPrep.exe. Isso inicializará o Remote Installation Preparation Wizard. Esse assistente ajudará a fazer as escolhas requeridas para a preparação de sua imagem.
4. Nomeie a imagem e selecione uma pasta compartilhada para armazenar.
5. Em seguida, o assistente irá parar todos os serviços irrelevantes. Isso tornará mais fácil copiar as informações do estado do serviço. Apenas os serviços básicos da rede são requeridos para conectar o servidor RIS e copiar a imagem do disco.

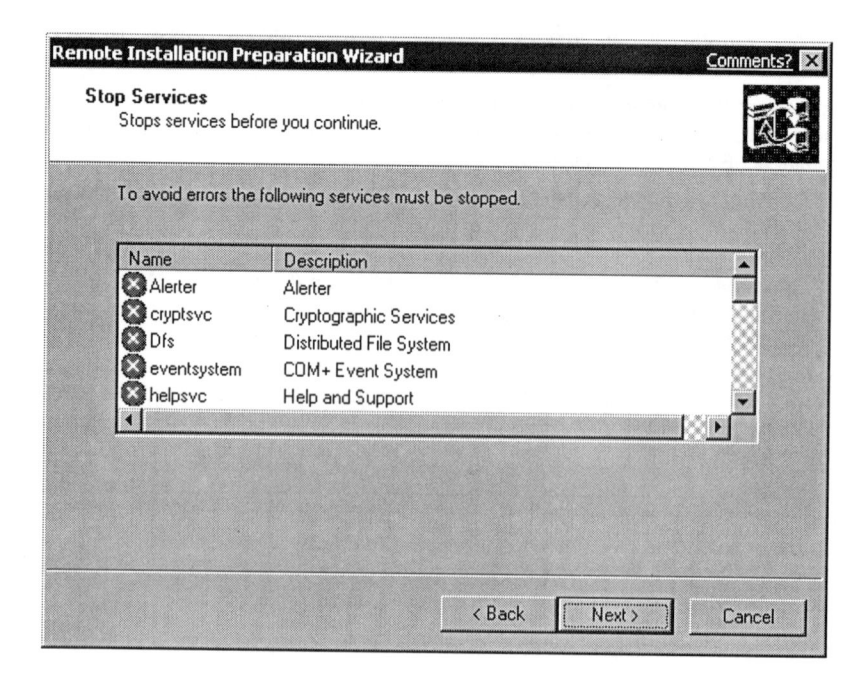

6. Assim que tiver respondido a todas as suas perguntas, o assistente:
   - Verificará a versão Windows
   - Analisará as partições do disco
   - Copiará as informações da partição para o servidor
   - Copiará os arquivos do sistema para o servidor
   - Copiará e atualizará as informações do registro
   - Finalizará o sistema

Uma das ótimas vantagens desse método é que não é destrutivo para o Reference Server. Diferente do procedimento de Preparação do sistema, você não terá que despersonalizar o Reference Server, pois o processo RIS é parecido com o processo não assistido. Ele de fato executa uma nova instalação com base nas definições do Reference Server. Assim, gera um novo identificador de segurança do computador sempre que usado. É o melhor porque oferece uma personalização completa do sistema e a distribuição da imagem.

Também precisará editar e personalizar o arquivo de configuração não assistido usado para a instalação. Esse arquivo está localizado na pasta I386 de sua imagem no servidor RIS. Ele termina em .sif (para arquivo de informação da configuração). O arquivo de resposta default RIS não assistido é denominado RISTNDRD.SIF.

Agora você está pronto para preparar as imagens criadas.

Nota – *O RIS pode agora ser usado para os PCs ou para os servidores. Qualquer um requer exatamente as mesmas etapas descritas aqui.*

Como preparar uma imagem RIS

Como mencionado anteriormente, a melhor maneira de usar o RIS é com uma placa de rede PXE. Ele funcionará para as placas não PXE, mas para tanto, irá requerer um disquete de inicialização. Isso significa que alguém precisará estar presente fisicamente no servidor para executar sua instalação ou reconstrução. O disquete de inicialização suporta as placas da rede listadas na Tabela 2-3. Mas você deverá sempre verificar os adaptadores suportados clicando o botão Adapters (Adaptadores) no Remote Boot Floppy Generator (RBFG.exe). A Microsoft atualiza continuamente essa lista quando placas novas ficam disponíveis. O RBFG é simplesmente uma fonte de informações nessa lista suportada de NICs.

Teste completamente as imagens em toda situação possível. Execute verificações completas de garantia da qualidade em todas as imagens. Então, para executar uma instalação pesada de seus servidores, precisará configurar um centro de organização onde os servidores serão preparados "em massa". Dependendo da infra-estrutura da organização usada – a velocidade da rede e a capacidade do servidor RIS – você poderá organizar pelo menos 20 servidores por instalador ao dia.

As instalações são inicializadas pela tecla F12 na inicialização da placa PXE para ativar o processo de instalação remota nos servidores de destino. Os instaladores escolherão a devida instalação e permitirão que o servidor RIS execute seu trabalho.

Dica rápida – *Você pode encontrar um procedimento operacional padrão para o processo de preparação da instalação remota em http://www.Reso-Net.com/WindowsServer/. Poderá personalizá-lo para adequar ao seu próprio ambiente.*

Tabela 2-3 – Os Discos de Inicialização dos Serviços de Instalação Remota: NICs Suportados

Fabricante	Modelos da placa
3Com	Família 3c90x Família 3c90xB Placa FE575C PC Placa FEM656C PC
AMD	Adaptadores AMD PCNet
Compaq	Placas Netflex
Digital Equipment Corporation (DBC)	DE 450 DE 500
Intel	Família Intel Pro
Genérico	NE2000 PCI
RealTek	RealTek 8139
SMC	1211 TX EZCard 10/100 8432 EtherPower 10 9332 EtherPower 10/100 9432 EtherPower II 10/100

Como colocar o servidor no lugar correto

Um cuidado e atenção especiais serão necessários ao colocar os servidores organizados no lugar correto. Se você estiver colocando um novo servidor no lugar, poderá ter tempo porque nenhum usuário está usando-o atualmente. Mas, se estiver substituindo um servidor existente, precisará assegurar-se de que terá um inventário completo de todos os serviços relacionados com a rede e dependências nesse servidor. Substituir cada uma dessas dependências é o centro do processo para colocar um servidor no lugar. Os capítulos 7 e 10 tratarão desse elemento em detalhes quando analisarem a substituição dos servidores de arquivo e impressão.

E mais, agora que você tem um Kernel do servidor no lugar correto, precisará começar a atribuir papéis e funções aos seus servidores. Essas atribuições e os processos que têm que ser associados a eles começam no Capítulo 4.

Resumo das melhores práticas

Este capítulo recomenda as seguintes melhores práticas:
- Execute a nova instalação para aproveitar totalmente as funcionalidades do WS03.
- Use a abordagem de migração da rede paralela.
- Migre os servidores de identidade primeiro, em vez dos servidores do membro.
- Determine as linhas do tempo de seu Member Server, então aplique-as.
- Execute inventários detalhados nas duas fases: no início do projeto e quando migrar o servidor.
- Conheça seus servidores!
- Não instale servidores que satisfaçam apenas as exigências mínimas do hardware.

- Dobre as recomendações da Microsoft e execute um Server Sizing Exercise formal.
- Verifique a compatibilidade do sistema antes da instalação.
- Verifique o número de processadores antes de escolher a versão WS03 a instalar.
- Use máquinas virtuais para testar as novas tecnologias e na substituição da inicialização dupla.
- Planeje os endereços de sua rede e nomes da rede antes de instalar novos servidores.
- Documente cada instalação do servidor.
- Execute uma personalização e verificação pós-instalação.
- Use arquivos de resposta não assistidos para atualizar do Windows 2000 para o Windows Server 2003, mas apenas se executou as novas instalações do Windows 2000.
- Use a instalação remota nas organizações médias a grandes.
- Documente, documente, documente... e teste, teste, teste... tudo! Para usar um provérbio bem conhecido: "Um bom carpinteiro mede duas vezes e corta uma". Ter de tentar novamente porque um teste falhou é uma medida de sua disciplina, não uma falha.

Mapa do capítulo

Use a ilustração na Figura 2-9 para revisar o conteúdo deste capítulo.

Mapa do Capítulo 2

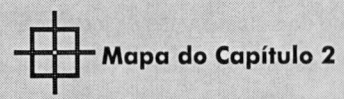

Como preparar as instalações pesadas do Windows Server 2003

Decisões a tomar antes de instalar
Como escolher a abordagem da migração
> A abordagem da migração da rede paralela **(Figura 2-1)**
  Como escolher o que migrar primeiro **(Figura 2-2, 2-3)**
> Servidores de identidade
> Servidores do membro **(Figura 2-4)**
> Inventários detalhados
Considerações da segurança
Considerações da licença

Como instalar e configurar os servidores
Com preparar as instalações pesadas
> Server Sizing Exercise
> Como atualizar os sistemas existentes
> Considerações da inicialização dupla
> Como usar máquinas virtuais
> Planejamento da rede
> Atualizações do BIOS
Como usar a documentação da instalação
> Lista de verificação de preparação da instalação **(Figura 2-5)**
> Como documentar as instalações do servidor
> Lista de verificação de pós-instalação **(Figura 2-6)**

Ferramentas no site Web complementar
☐ Server Sizing Exercise
☐ Servidor Windows e Kernel Data Sheet
☐ Lista de verificação de preparação da instalação
☐ Lista de verificação de pós-instalação
☐ SOP: Como se preparar para a automação da instalação

Processos de instalação pesada (Figura 2-7)
Instalação inicial
> Personalize seu servidor
> O processo de preparação do

Ferramentas no site Web complementar
☐ Processo de seleção do método de instalação pesada

Como escolher o método de instalação pesada Como fazer o script das atualizações
Imagem do disco
Instalação remota
> Preparação da imagem no servidor RIS
> Preparação da imagem no Reference Server
> Como preparar uma imagem RIS

Ferramentas no site Web complementar
☐ SOP: Como se preparar para a instalação remota

Como colocar o servidor no lugar correto

Resumo das melhores práticas

Figura 2-9 – *Mapa do capítulo*

Capítulo 3

Como construir o Active Directory

NESTE CAPÍTULO

- ❖ Apresentação do Active Directory **80**
- ❖ Como construir a solução: como usar o plano Active Directory **86**
- ❖ Como colocar o plano em ação **89**
- ❖ Estratégia da floresta/árvore/domínio **91**
- ❖ Como construir a estratégia de nomenclatura **100**
- ❖ Como construir a estrutura OU do domínio de produção **103**
- ❖ AD e outros diretórios **111**
- ❖ Posicionamento do serviço **115**
- ❖ Topologia do site **124**
- ❖ Estratégia de modificação do esquema **129**
- ❖ Plano da implementação AD **132**
- ❖ Processo de construção AD contínuo **134**
- ❖ Resumo das melhores práticas **134**
- ❖ Mapa do capítulo **134**

Active Directory é o centro da rede Windows Server 2003. É o componente central que não apenas serve para fornecer a autenticação e a autorização, mas também a administração, o compartilhamento de informações e a disponibilidade das informações. Ele pode ser definido assim:

"Um ambiente virtual seguro onde os usuários podem interagir entre si e com os componentes da rede, tudo de acordo com as regras comerciais da empresa."

Que mudança do Windows NT, não é? Não é de surpreender que as pessoas não tenham aceitado o Active Directory (AD) em um ritmo arriscado. É uma mudança de paradigma que é ainda mais complexo do que ir da computação baseada em caracteres para a interface gráfica. Compreender a amplitude de possibilidades que o Active Directory traz é o maior desafio da rede da empresa com o WS03.

A primeira regra que você tem que estabelecer para si mesmo ao trabalhar para construir seu Active Directory é: "Use as melhores práticas em todo lugar!" Não tente mudar o modo como o Active Directory está designado a funcionar não importando o que possa pensar em primeiro lugar. O Active Directory fornece muitas oportunidades que você descobrirá quando o implementar, usar e operar. As mudanças que podem fazer sentido de acordo com os conceitos IT hoje poderão ter um impacto negativo na operação de seu Active Directory amanhã.

A primeira etapa na implementação da rede da empresa – você poderia dizer a maior etapa nessa implementação – é a construção e a implementação de seu Active Directory. Mesmo que já tenha implementado o Active Directory e o esteja usando com o Windows 2000, uma revisão rápida de como constrói e pretende usar os serviços de diretório em sua rede não irá prejudicar, a menos que esteja completamente satisfeito com o modo como seu diretório envia o serviço. Nesse caso, poderá ir para o Capítulo 4 para revisar sua infra-estrutura de comunicações e começar a instalar a rede da empresa. *Se, por outro lado, estiver usando o Windows NT e quiser ir para o WS03, a seção seguinte será uma necessidade e não poderá ser ignorada sob qualquer circunstância.*

Apresentação do Active Directory

Livros, artigos e apresentações incontáveis foram escritos sobre o assunto Active Directory e não é a intenção deste livro repeti-los. Porém, é importante revisar alguns termos básicos e conceitos inerentes ao Active Directory. A Figura 3-1 mostra os conceitos que compõem um Active Directory.

O Active Directory é primeiramente um banco de dados. Como tal, contém um *esquema* – uma estrutura do banco de dados. Esse esquema aplica-se a toda instância do Active Directory. Uma

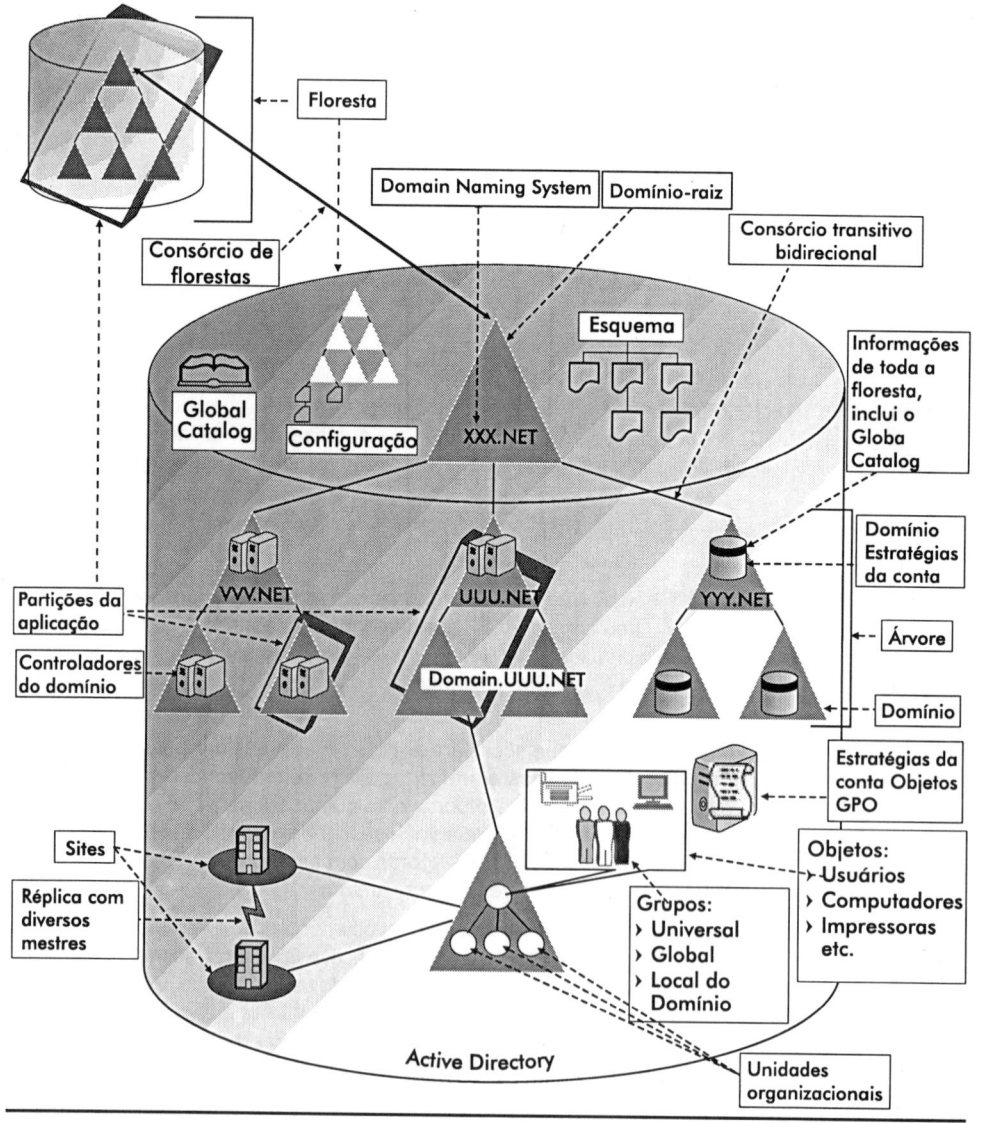

Figura 3-1 – *O banco de dados Active Directory.*

instância é definida como uma *floresta* Active Directory. A floresta é a maior partição simples para qualquer estrutura do banco de dados fornecida. Toda pessoa e todo dispositivo que participa da floresta irá compartilhar um certo conjunto de atributos e tipos de objeto. Não quer dizer que o compartilhamento de informações no Active Directory esteja limitado a uma floresta. As florestas podem ser ligadas para trocar certas informações, especialmente com o Windows Server 2003. O WS03 introduz o conceito de *consórcio de florestas* que permite às florestas compartilhar partes de seu banco de dados Active Directory inteiro com outras e vice-versa.

Se você comparar a floresta WS03 com o Windows NT, poderá ver facilmente que, embora o NT também tenha incluído um banco de dados de gerenciamento da identidade – o domínio –, seu escopo era seriamente limitado em comparação com o Active Directory. O NT podia basicamente armazenar o nome do usuário ou do computador junto com as senhas e algumas regras que afetavam todos os objetos. O banco de dados WS03 AD básico inclui mais de 200 tipos de objeto e mais de 1.000 atributos por default. Você poderá, claro, adicionar mais tipos de objeto ou atributos a esse banco de dados. Os produtos de software que aproveitam as informações armazenadas no Active Directory também estenderão o esquema AD. O Microsoft Exchange, por exemplo, praticamente dobra o número de objetos e atributos em uma floresta porque está integrado no diretório.

Como qualquer banco de dados, o AD coloca em categorias os objetos que ele contém, mas, diferentemente dos bancos de dados relacionais, a estrutura do banco de dados do Active Directory é hierárquica. É por isso que é baseada na estrutura do Domain Naming System (DNS), usado na World Wide Web. Na Web, tudo é hierárquico. Por exemplo, a raiz do site Web da Microsoft é www.microsoft.com. Tudo se estende a partir dessa página. Dirigir-se para qualquer outra seção, como a TechNet ou MSDN, irá enviá-lo para as páginas cujos nomes estão baseados na raiz microsoft.com.

As florestas agem do mesmo modo exceto que, em uma floresta, o ponto-raiz (análogo à home page) é o domínio-raiz. Toda floresta AD precisa ter pelo menos um domínio. Os domínios agem como contêineres de objetos separados. Os domínios podem ser reagrupados em *árvores*. As árvores são separadas umas das outras através de seu nome DNS. Por exemplo, a Microsoft tem uma floresta com diversas árvores. Seu espaço do nome, o elemento DNS que define os limites da floresta, é microsoft.com. Assim, todos os domínios nessa árvore têm nomes parecidos com domain.microsoft.com. A Microsoft criou uma segunda árvore quando incorporou o MSN.com em sua floresta. O espaço do nome MSN.com criou automaticamente uma árvore e todos os domínios sob ela são denominados domain.MSN.com.

Toda floresta incluirá pelo menos uma árvore e um domínio. O domínio é uma estratégia de segurança e um limite da administração. É requerido para conter objetos como usuários, computadores, servidores, controladores de domínio, impressoras, compartilhamentos de arquivos, aplicações e muito mais. Se você tiver mais de um domínio na floresta, ele será ligado automaticamente a todos os outros por meio de consórcios bidirecionais transitivos automáticos. O domínio é definido como um limite da estratégia de segurança porque contém as regras que se aplicam aos objetos armazenados nele. Essas regras podem estar na forma de estratégias de segurança ou de Group Policy Objects (GPOs ou Objetos de Estratégia do Grupo). As estratégias de segurança são as regras globais do domínio. Os GPOs tendem a ser mais separados e são aplicados em objetos de contêiner específicos. Embora os domínios sejam limites da estratégia de segurança separados, o limite de segurança máximo será sempre a floresta.

O conteúdo do domínio pode ser colocado mais em categoria agrupando os tipos de objeto como *Unidades Organizacionais* (OUs) ou *grupos*. As unidades organizacionais fornecem agrupamentos que podem ser usados para finalidades administrativas ou de delegação. Os grupos são usados principalmente para a aplicação dos direitos da segurança. Os grupos WS03 incluem Universal, que podem se estender a uma floresta inteira, Global, que podem se estender aos domínios ou

Domínio Local, que estão contidos em um único domínio. As OUs são geralmente usadas para separar os objetos na vertical. Os objetos como usuários e computadores podem residir apenas dentro de uma única OU, mas os grupos podem estender as OUs. Assim, tendem a conter coleções horizontais de objetos. Um objeto como um usuário pode ser incluído em vários grupos, mas apenas em uma única OU.

Os usuários também têm mais facilidade com o Active Directory. Trabalhar em uma floresta distribuída por árvores diferentes e subdomínios pode ficar muito confuso para o usuário. O AD suporta a noção do nome principal do usuário (UPN). O UPN é geralmente composto pelo nome do usuário junto com o nome-raiz da floresta global. Esse nome-raiz pode ser o nome da floresta ou um alias especial atribuído. Por exemplo, em uma floresta interna, denominada TandT.net, você poderia usar nome.sobrenome@tandt.com como o UPN, simplificando para seus usuários usando seu nome DNS *externo* para o UPN. Os usuários poderão se conectar a qualquer domínio ou floresta para os quais tenham permissão usando seu UPN. Em seu domínio local, poderão apenas usar seu nome de usuário se preferirem.

As florestas, árvores, domínios, unidades organizacionais, grupos, usuários e computadores são todos objetos armazenados no banco de dados Active Directory. Assim, podem ser manipulados global ou separadamente. A diferença maior entre o Active Directory e um banco de dados padrão é que, além de ser hierárquico, é completamente descentralizado. Grande parte dos bancos de dados Active Directory também é distribuída geograficamente porque representa a verdadeira natureza de uma empresa ou organização.

Gerenciar um banco de dados completamente distribuído é consideravelmente mais desafiador do que gerenciar um banco de dados localizado em uma única área. Para simplificar os problemas do banco de dados distribuído, o Active Directory introduz o conceito de *réplica com diversos mestres*. Isso significa que mesmo que o banco de dados da floresta inteira seja composto por depósitos distribuídos – depósitos que, dependendo de seu local na hierarquia lógica da floresta, poderão ou não conter as mesmas informações que os outros – a consistência do banco de dados será mantida. Através da estrutura com diversos mestres, o AD pode aceitar alterações locais e assegurar a consistência retransmitindo as informações ou as alterações para todos os outros depósitos no domínio ou na floresta. É uma das funções do objeto Domain Controller no diretório.

Os únicos depósitos que têm exatamente as mesmas informações no banco de dados AD são os dois controladores de domínio no mesmo domínio. Cada um desses depósitos de dados contém informações sobre seu próprio domínio assim como qualquer informação que tenha sido determinada para ser de interesse de toda a floresta pelos administradores da floresta. No nível da floresta, você pode determinar as informações que ficarão disponíveis para a floresta inteira selecionando os objetos e os atributos no esquema do banco de dados cujas propriedades deseja compartilhar entre todas as árvores e domínios. E mais, as outras informações de toda a floresta incluem o esquema do banco de dados e a configuração da floresta ou o local de todos os serviços da floresta. As informações publicadas são armazenadas no Global Catalog (Catálogo Global). O AD publica alguns itens por default, como o conteúdo dos grupos Universal, mas você poderá também adicionar ou subtrair os itens publicados como desejar. Por exemplo, poderá decidir incluir as fotos de seus funcionários no diretório e torná-las disponíveis para toda a floresta.

◁⁾⁾ **Nota** – *Nem todos os itens não podem ser publicados, alguns são pré-requisitos para a devida operação dos serviços Active Directory.*

O que quer que seja publicado no Global Catalog será compartilhado por todos os controladores do domínio que desempenham esse papel na floresta. O que quer que não seja publicado permanecerá no domínio. Essa separação dos dados controla a individualidade dos domínios. O que quer que não seja publicado poderá conter informações separadas que podem ter a mesma natureza, até usar os mesmos valores, do que está contido no outro domínio. As propriedades que são publicadas no Global Catalog de uma floresta têm que ser exclusivas exatamente como em qualquer outro banco de dados. Por exemplo, você pode ter dois John Smiths em uma floresta contanto que eles estejam em domínios diferentes. Como o nome do objeto inclui o nome de seu contêiner (neste caso, o domínio), o Active Directory verá cada John Smith como um objeto separado.

A Figura 3-2 mostra o conteúdo do armazenamento do diretório ou o banco de dados NTDS.DIT, que está localizado em todo controlador de domínio na floresta. Três itens estão em todo armazenamento do diretório – o esquema, a configuração e os dados do domínio – e dois são opcionais – o Global Catalog e a partição da aplicação (definida posteriormente).

O Global Catalog, o esquema e a configuração são informações que são repetidas na floresta. Os dados do domínio são informações que são repetidas apenas no domínio. A réplica nas redes local e distante é controlada pelas partições regionais do banco de dados. As organizações podem criar essas partições com base em vários fatores. Como o domínio é um limite da estratégia de segurança, as organizações autorizadas – as organizações que se estendem a vários locais geográficos que controlam – poderão criar um único domínio que estende esses locais. Para separar cada região e controlar quantidade e a sincronização da réplica do banco de dados entre as regiões, o domínio seria dividido em *sites*. Os sites são partições físicas que controlam a réplica criando limites baseados no endereçamento Internet Protocol (IP).

As organizações, que não são autorizadas, têm administrações independentes, não controlam seus locais regionais ou têm links lentos entre cada local, poderão controlar mais a réplica através da criação de domínios regionais. Os domínios regionais reduzem muito a réplica uma vez que apenas as informações de toda a floresta são repetidas de local para local. As informações de toda a floresta raramente excedem 20% de seus dados globais. E mais, as organizações que têm apenas o controle de uma parte do espaço do nome da floresta serão as proprietárias das árvores na floresta. As organizações que não podem garantir um nível mínimo de consenso ou autoridade entre os grupos sempre criarão florestas separadas.

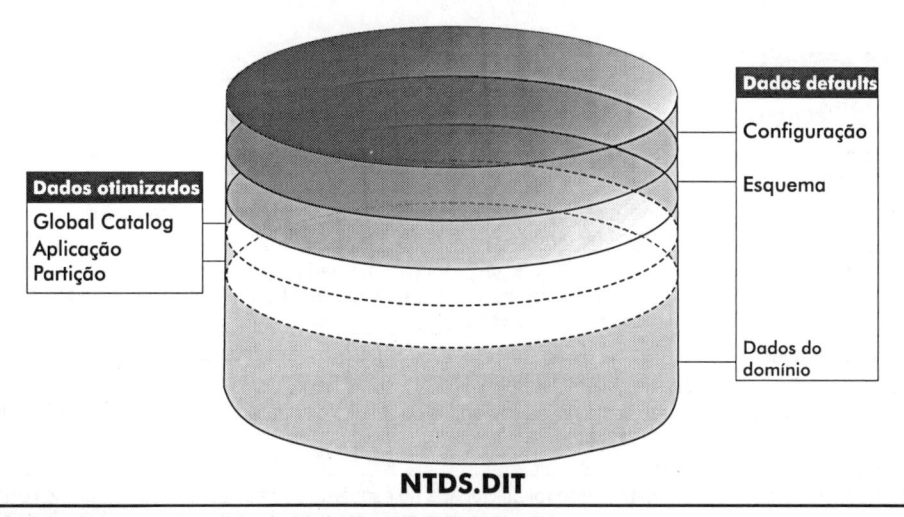

NTDS.DIT

Figura 3-2 – *A estrutura do armazenamento do diretório.*

Há mais uma partição de réplica no Active Directory. Essa partição é nova para o Windows Server 2003. É a *partição da aplicação*. Essa partição tem vários recursos como a capacidade de manter várias instâncias da mesma aplicação e componentes COM+ na mesma máquina física, mas para a réplica, essa partição pode ser definida como um grupo específico de endereços Controller IP do domínio ou nomes DNS. Por exemplo, o WS03 cria automaticamente uma partição da aplicação de toda a floresta para os dados DNS de toda a floresta, portanto essas informações estarão disponíveis em todos os controladores de domínio com o papel DNS na floresta.

É tudo. Isso é a base do Active Directory. O que é realmente impressionante sobre esse banco de dados é que, assim que estiver no lugar correto, poderá permitir que você faça coisas surpreendentes. Poderá gerenciar uma rede inteira a partir de um local central. Todas as interfaces de gerenciamento são iguais na floresta, mesmo além das florestas. Como tudo é hierárquico, você poderá implementar padrões de toda a floresta para as convenções de nomenclatura, operações, estrutura do banco de dados e, especialmente, as implementações da estratégia de segurança. Se fizer corretamente, poderá implementar esses padrões automaticamente. Isso terá que ser feito antes de criar qualquer coisa abaixo do domínio-raiz. Embora seja simples de entender, o Active Directory é na verdade bem poderoso.

Novos recursos do Active Directory

O Windows Server 2003 se orgulha das várias melhorias em relação ao Active Directory. Embora essa tecnologia tenha sido introduzida no Windows 2000, foi aprimorada e melhorada no WS.03 A Tabela 3-1 lista os novos recursos encontrados no WS03 para o Active Directory desde o Windows 2000. Essa tabela identifica primeiro os novos recursos que podem operar em uma floresta Windows 2000 e WS03 mista e então identifica os recursos que podem operar apenas em uma floresta WS03 nativa.

> **Dica rápida** – *Um glossário completo dos termos Active Directory está disponível em http://www.Reso-Net.com/WindowsServer/.*

Tabela 3-1 – Os Novos Recursos do Active Directory

Recurso	Descrição
Diversas seleções dos objetos do diretório	Modifica os atributos comuns dos diversos usuários de uma só vez.
Funcionalidade de arrastar e soltar	Move os objetos do diretório entre os contêiners na hierarquia de domínios. Adiciona objetos às listas de membros do grupo.
Capacidades de pesquisa melhoradas	A funcionalidade da pesquisa é baseada em objetos e fornece uma pesquisa sem paginador eficiente que minimiza o tráfego associado a paginar os objetos porque se concentra no armazenamento do diretório local.
Consultas gravadas	Grava os parâmetros da pesquisa comumente usados para reutilizar nos usuários e computadores Active Directory.
Ferramentas da linha de comandos Active Directory	Executa novos comandos do serviço de diretórios para as situações de administração.
Classe InetOrgPerson	Esta classe foi adicionada ao esquema de base como uma segurança principal e pode ser usada da mesma maneira que a classe do usuário. O atributo userPassword também pode ser usado para definir a senha da conta.

Tabela 3-1 – Os Novos Recursos do Active Directory (*continuação*)

Recurso	Descrição
Partições do diretório da aplicação	Configura o escopo da réplica para os dados específicos da aplicação entre os controladores do domínio que executam o WS03S, WS03E e o WS03D. A Web Edition não suporta o papel Domain Controller.
Adiciona controladores do domínio extras aos domínios existentes usando um meio de backup	Reduz o tempo que leva para adicionar um DC extra em um domínio existente usando um meio de backup em vez de uma réplica.
Universal Group Membership Caching (Cache do Membro do Grupo Universal)	Evita a necessidade de localizar um Global Catalog em uma WAN durante a conexão armazenando em cache os membros do grupo Universal do usuário em um controlador do domínio de autenticação.
Novos recursos Active Directory de todo o domínio e floresta (em um domínio nativo Windows Server 2003 ou modo floresta)	
Renomeação do controlador do domínio	Renomeia os controladores do domínio sem primeiro rebaixá-los.
Renomeação do domínio	Renomeia qualquer domínio que executa os controladores do domínio Windows Server 2003. Isso aplica-se aos nomes NetBIOS ou DNS de qualquer domínio-raiz filho, pai, de árvore ou de floresta.
Consórcios de floresta	Cria um consórcio de florestas para estender a transição bidirecional além do escopo de uma única floresta para uma segunda floresta.
Reestruturação da floresta	Move os domínios existentes para outros locais na hierarquia de domínios.
Objetos do esquema extintos	Desativa as classes ou atributos desnecessários do esquema.
Criação da classe seletiva	Cria instâncias das classes especificadas no esquema de base da floresta Windows Server 2003, como country, person, organizationalPerson, groupOfNames, device e certificationAuthority.
Classes auxiliares dinâmicas	Fornece suporte para ligar dinamicamente as classes auxiliares a objetos individuais e não apenas a classes inteiras de objetos. As classes auxiliares que foram anexadas a uma instância do objeto podem ser removidas depois da instância.
Ajuste da réplica Global Catalog	Preserva o estado de sincronização do Global Catalog repetindo apenas o que foi alterado.
Melhorias da réplica	A réplica do valor ligado permite que os membros do grupo individual sejam repetidos na rede em vez de tratar o membro do grupo inteiro como uma única unidade de réplica.
Armazenamento do diretório reduzido	No modo floresta WS03 nativo, o armazenamento do diretório é 60% menor que no Windows 2000 porque pode aproveitar o recurso Single Instance Store, que não duplica as informações redundantes em um disco.
Gerenciamento do site ilimitado	Em uma floresta WS03 nativa, o Knowledge Consistency Checker (KCC) – o serviço que gerencia automaticamente a topologia da réplica – pode gerenciar a topologia para um número ilimitado de sites. No Windows 2000, esse serviço tinha que ser desativado caso seu diretório tivesse mais de 200 sites.

Você pode ver na Tabela 3-1 que o WS03 suporta vários modos funcionais para o Active Directory. Poderá executar os domínios AD no modo misto do Windows NT, que limita a funcionalidade do AD às capacidades do Windows NT; poderá executar os domínios no modo nativo Windows 2000, que limita a funcionalidade do WS03 às capacidades AD do Windows 2000; ou poderá executá-los no modo nativo do WS03. Esse último modo impede a inclusão de qualquer controlador do domínio diferente do WS03 em um domínio. O WS03 inclui um segundo modo nativo: o modo de floresta nativo do WS03. Embora uma floresta WS03 possa ainda incluir os domínios que operam em qualquer um dos três modos, uma floresta WS03 nativa pode incluir apenas os domínios WS03 nativos. A Tabela 3-2 identifica as diferenças entre os modos do domínio: o modo misto do Windows NT, o modo nativo do Windows 2000 e o modo nativo do WS03. Serve para identificar os limites do Windows NT e os modos do domínio do Windows 2000. Também inclui os recursos de uma floresta WS03 nativa.

As tabelas 3-1 e 3-2 serão úteis para a próxima etapa, designando o Active Directory de sua empresa.

A natureza do Active Directory

Um elemento-chave final a compreender antes de ir para a criação de sua construção Active Directory é a natureza do diretório. Você entende que um diretório é um banco de dados distribuído e, como tal, tem de ser exibido como depósitos de dados distribuídos. Mas os bancos de dados e os depósitos de dados incluem dois componentes básicos:

- **O serviço do banco de dados** O motor que permite ao banco de dados operar
- **Dados** Os dados contidos no banco de dados

O diretório WS03 é igual a qualquer outro banco de dados. O gerenciamento Active Directory é dividido em duas atividades: gerenciamento do serviço e gerenciamento dos dados. O gerenciamento AD é comparável ao gerenciamento do site Web da intranet. Os técnicos e a equipe técnica precisam gerenciar o serviço sob o AD exatamente como o serviço Web para o site da intranet, mas os usuários e os departamentos de usuários têm que ser responsáveis e administrar os dados contidos no AD como fariam para as informações contidas nas páginas da intranet.

Para o AD, o gerenciamento dos dados contidos no banco de dados pode e deve ser delegado. Os usuários devem ser responsáveis por suas próprias informações – número de telefone, local e outras informações pessoais – e os departamentos devem ser responsáveis pelas informações de todo o departamento – a estrutura da organização, a estrutura da autorização etc. Naturalmente, as informações do usuário e do departamento devem ser validadas antes de serem armazenadas no diretório. Em geral, a melhor maneira de gerenciar e delegar essas informações é usando um formulário Web localizado na intranet. Isso permitirá a concentração de todos os dados delegados em um único lugar. E mais, o formulário Web pode suportar um processo de aprovação do conteúdo antes de ser colocado no diretório. Por exemplo, esse processo de aprovação do conteúdo poderia ser delegado ao departamento de Recursos Humanos.

O gerenciamento dos serviços – o gerenciamento dos domínios, os Operation Masters (Mestres da Operação), os controladores do domínio, a configuração do diretório e as operações de réplica – tem de ser mantido e operado pelo IT. Delegar as tarefas de gerenciamento dos dados tira a pressão sobre a equipe IT e permite que ela se concentre nas operações relacionadas com o IT no diretório como, por exemplo, o gerenciamento dos serviços do banco de dados.

Como construir a solução: como usar o plano Active Directory

Como o Plano da arquitetura de rede da empresa apresentado no Capítulo 1 (consulte a Figura 1-5), o Plano da construção do Active Directory surge da estrutura do Microsoft Certification Exam número 70-219, "Designing a Microsoft Windows 2000 Directory Services Infrastructure". Também

Tabela 3-2 – Os Domínios do Windows NT Misto, Windows 2000 Nativo e o WS03 Nativo

Recurso	Windows 2000 misto	Windows 2000 nativo	Windows Server 2003 nativo
Recursos de todo o domínio			
Número de objetos no domínio	40.000	1.000.000	Igual ao Win2K
Renomeação do controlador do domínio	Desativada	Desativada	Ativada
Atualizar timbre da hora da conexão	Desativado	Desativado	Ativado
Números da versão da chave Kerberos KDC	Desativados	Desativados	Ativados
Senha do usuário no objeto InetOrgPerson	Desativada	Desativada	Ativada
Grupos Universal	Desativados (grupos de segurança). Permite grupos de distribuição	Ativados. Permite grupos de segurança e de distribuição	Igual ao Win2K
Aninhamento do grupo	Desativado (para grupos de segurança, apenas o aninhamento do grupo para os grupos com o escopo local do domínio que têm grupos com o escopo global "Regra Windows NT 4.0" como membros). Para os grupos de distribuição, permite um aninhamento do grupo total.	Ativado. Permite aninhamento do grupo total.	Igual ao Win2K
Converter grupos	Desativado. Nenhuma conversão do grupo é permitida.	Ativado. Permite a conversão entre os grupos de segurança e de distribuição.	Igual ao Win2K
Histórico SID	Desativado (grupos de segurança). Permite o escopo universal para os grupos de distribuição.	Ativado. Permite o escopo universal para os grupos de segurança e de distribuição.	Igual ao Win2K
Recursos de toda a floresta			
Ajuste da réplica do Global Catalog	N/A	Desativado	Ativado
Objetos do esquema extinto	N/A	Desativados	Ativados
Consórcio de florestas	N/A	Desativado	Ativado
Réplica do valor ligado	N/A	Desativada	Ativada
Renomeação do domínio	N/A	Desativada	Ativada
Réplica melhorada	N/A	Desativada	Ativada
Classes auxiliares dinâmicas	N/A	Desativadas	Ativadas
Classe do objeto InetOrgPerson	N/A	Desativada	Ativada
Tamanho NTDS. DIT reduzido	N/A	Desativado	Ativado
Gerenciamento do site ilimitado	N/A	Desativado	Ativado

inclui os mesmos pré-requisitos: as análises das exigências comerciais e técnicas. A vantagem de usar a mesma estrutura do plano para ambas as operações é que você já deve ter a maioria das informações em mãos. Se não, agora é a hora de completá-las. Sem essas informações, não poderá prosseguir. Simplesmente não poderá conseguir uma construção Active Directory idônea sem compreender completamente sua organização, finalidade, objetivos, mercado, potencial de crescimento, desafios futuros e sem envolver os interessados certos.

Sua construção Active Directory tem de ser flexível e adaptável. Tem de estar pronta para responder às situações organizacionais que você nem mesmo antecipou ainda. Lembre-se: o Active Directory cria um "espaço virtual" onde você irá executar e gerenciar as operações da rede. Sendo virtual, sempre será adaptável posteriormente, mas se a adaptação for o que está procurando, precisará levá-la em conta no início da construção.

Assim que tiver as informações necessárias, poderá prosseguir para a construção real. Isso irá se concentrar em três fases: particionamento, posicionamento dos serviços e plano da implementação.

> **Dica rápida** – *Para ajudar a simplificar o Processo de construção AD, ferramentas de trabalho de amostra estão disponíveis em http://www.Reso-Net.com/WindowsServer/. A primeira é um glossário dos termos Active Directory. Você poderá usá-lo junto com a Figura 3-1 para garantir que todos tenham uma compreensão comum de cada recurso. Há também uma Lista de verificação de suporte do plano de construção AD que segue as etapas descritas na Figura 3-3. É um formulário de controle do processo de trabalho que permite seguir o Processo de construção AD estágio a estágio e verificar as tarefas completadas. E mais, há uma tabela de documentação OU que suportará seu processo de criação OU. Essas ferramentas ajudarão a construir o AD que melhor se adapte às exigências de sua organização.*

Particionamento AD

O particionamento é a arte de determinar o número de bancos de dados Active Directory que você deseja gerenciar e separar os objetos em cada um. Isso significa que precisará determinar o número de florestas que sua organização criará, relembrando que cada uma é um banco de dados separado que irá requerer recursos de manutenção e de gerenciamento. Em cada floresta, precisará identificar o número de árvores, o número de domínios em cada árvore e a estrutura da unidade organizacional em cada domínio. No geral, precisará identificar se seu banco de dados Active Directory irá compartilhar suas informações com outros bancos de dados não AD. Isso será feito através da integração das duas estruturas do banco de dados (se o outro banco de dados for compatível com o formato Active Directory) ou da troca de informações. Neste caso, precisará identificar a estratégia da troca de informações.

Para controlar a réplica dos dados, você irá identificar e estruturar os sites, construirá as regras da réplica e identificará a metodologia da réplica. Essa é a Construção da *topologia do site*. A Microsoft fornece uma excelente ferramenta para ajudá-lo nesse processo, o Active Directory Sizer. É encontrado em http://www.microsoft.com/windows2000/ downloads/tools/sizer/.

Como você pretende explorar totalmente o banco de dados AD (afinal, por que passar por tudo isso se não irá usá-lo?), terá que colocar uma Estratégia de modificação do esquema. Como toda modificação do esquema é repetida em todo controlador de domínio na floresta, você desejará assegurar-se de que manterá um controle firme sobre isso. Poderá ainda decidir separar a aplicação das modificações do esquema baseado na rede. Naturalmente, todas as modificações do esquema passarão pelo teste do laboratório antes de criá-lo para a rede de produção.

Posicionamento do serviço AD

A construção da topologia do site está intimamente relacionada com o Posicionamento do serviço. Cada controlador do domínio Active Directory executa operações importantes que suportam o devido funcionamento do banco de dados. Na verdade, o objetivo da Construção da topologia do site é determinar como cada um desses contêiners do banco de dados será ligado aos outros. Como o AD é um banco de dados distribuído, os controladores do domínio deverão ser posicionados o mais próximo possível do usuário. Esses pontos de serviço devem ser convenientes sem ficarem abundantes em excesso.

Os Operation Masters são controladores de domínio especiais que gerenciam a floresta global ou as operações globais do domínio. Os servidores Global Catalog (GC) são controladores do domínio que mantêm cópias das informações publicadas na floresta. Mas como os controladores do domínio WS03 podem armazenar em cache as informações globais solicitadas com freqüência, os servidores GC não precisam ser espalhados tão amplamente quanto os controladores do domínio. Finalmente, os servidores DNS são uma necessidade uma vez que fornecem a funcionalidade do gerenciamento do espaço do nome para o diretório. Eles devem ser vistos como funções subsidiárias para o suporte do diretório e para todo controlador do domínio. O devido posicionamento de cada um desses serviços poderá melhorar muito o desempenho do diretório.

Plano da implementação

A última etapa do plano é o Plano da implementação AD – o procedimento real que você usará para colocar corretamente sua construção Active Directory. Na verdade, é onde a Estratégia da rede paralela se torna útil. Fornece a liberdade de implementar um Active Directory novo sem nenhum limite. Esse diretório pode operar imediatamente no modo nativo uma vez que não tem que compartilhar o espaço do banco de dados com as tecnologias anteriores. Os limites do Windows NT podem estar contidos em domínios específicos ou podem ainda ser excluídos inteiramente de sua floresta da empresa Windows Server 2003. Assim, poderá obter vantagens imediatas das funcionalidades Active Directory no modo nativo. O plano para a construção AD é apresentado na Figura 3-3.

Como colocar o plano em ação

Embora as informações reunidas para as exigências comerciais sejam iguais às informações reunidas para o Plano da arquitetura de rede da empresa, sua visão das informações reunidas para as exigências técnicas será ligeiramente diferente. Em particular, a segunda seção, "Impacto da rede da empresa" é mudada para "Impacto do Active Directory". Aqui, você precisará ver como os sistemas existentes e as aplicações serão afetados pela chegada de um banco de dados central contendo informações primárias, como os nomes de usuário e a identidade do usuário. Também precisará ver como esses sistemas e aplicações podem ser integrados com esse novo depósito central de dados.

Você precisará revisar as atualizações planejadas e as introduções do produto para assegurar-se de que serão compatíveis com o Active Directory e que esses projetos não afetarão negativamente a introdução de um AD da empresa. Em termos de infra-estrutura IP, seu foco precisará ser o Domain Naming System da rede uma vez que essa função se integra com o próprio diretório. Você precisará identificar como a estrutura de suporte tecnológico funciona em sua organização para determinar quem tem autoridade sobre o quê. Isso permitirá determinar onde ficarão seus limites AD de autorização (florestas, árvores e domínios) e onde será capaz de executar a delegação (através de Unidades Organizacionais). Precisará também revisar sua estrutura de gerenciamento do sistema (atual e planejada) para ver quais funções desejará delegar ou integrar no Active Directory. Finalmente, precisará revisar seus depósitos do gerenciamento da identidade atuais, os domínios Windows NT ou Windows 2000 ou outros depósitos como os Novell Directory Services ou mesmo os sistemas UNIX para ver como eles serão integrados ou como irão interagir com o diretório WS03.

Assim que estiver completo, poderá prosseguir para a terceira etapa do plano, a construção do particionamento. O exercício de particionamento do diretório permite determinar o escopo, a estratégia de nomenclatura, a estratégia da Unidade Organizacional, o modelo de integração, a posição dos serviços básicos, a topologia e a Estratégia de modificação do esquema para cada floresta em sua empresa.

Análise		Construção da solução	
① Exigências comerciais	**② Exigências técnicas**	**③ Particionamento**	**④ Plano da implementação AD**

1- Modelo comercial
▸ Modelo da organização
▸ Objetivos da organização
▸ Produtos e serviços
▸ Escopo geográfico
▸ Processos da organização
2- Estrutura da organização
▸ Modelo de gerenciamento
▸ Estrutura da organização
▸ Relações entre revendedor/sócio/cliente
▸ Planos de aquisição (Comercial)
3- Estratégias da organização
▸ Prioridades comerciais
▸ Crescimento projetado e estratégia
▸ Implicações legais
▸ Tolerância a riscos
▸ Objetivos TCO
4- Gerenciamento IT
▸ Gerenciamento centralizado/descentralizado
▸ Modelo de fundos
▸ Externo/interno
▸ Processo de tomada de decisão
▸ Processo de gerenciamento de alterações
	1- Ambiente existente/planejado
	▸ Tamanho da organização
	▸ Número de usuários
	▸ Local dos recursos
	▸ Distribuição geográfica da rede e links
	▸ Largura de banda disponível
	▸ H/S (Exigências do desempenho)
	▸ Padrões dos dados
	▸ Papéis da rede e responsabilidades
	▸ Questões de segurança
	2- Impacto do AD
	▸ Sistemas e aplicações existentes
	▸ Atualizações/introduções planejadas
	▸ DNS
	▸ Estrutura de suporte da tecnologia
	▸ Rede planejada atual e gerenciamento do sistema
	▸ Domínios Windows NT/W2K e outros depósitos de dados da identidade
	3- Gerenciamento do cliente/Área de trabalho do PC
	▸ Exigências do usuário final
	▸ Suporte da tecnologia para os usuários finais
	▸ Ambiente do cliente requerido
		1- Estratégia da floresta/domínio
		▸ Floresta/Esquema
		▸ Domínio
		▸ Consórcios
		2- Estratégia de nomenclatura
		▸ Escopo do AD
		▸ Construção do espaço do nome
		▸ DNS
		3- Estrutura OU
		▸ Plano de delegação
		▸ Plano da administração
		▸ Gerenciamento dos objetos Group Policy
		▸ Definição da conta e do grupo
		▸ Gerenciamento da estratégia dos PCs
		4- AD e outros diretórios
		▸ Exigências de sincronização?
		5- Posicionamento do serviço
		6- Topologia do site
		▸ Estratégia da réplica
		▸ Limites do site
		7- Modificações do esquema
		▸ Estratégia
		▸ Estratégia do gerenciamento
			1- Plano da implementação AD
			▸ Ir para o plano da implementação
			
			1- Local dos Masters
			▸ Mestres de toda a floresta
			   ▸ Schema
			   ▸ Domain Naming Master
			▸ Mestres centrados no domínio
			   ▸ Relative ID
			   ▸ Infrastructure
			   ▸ Emulador PDC
			2- Servidores Global Catalog
			3- Controladores do domínio
			4- Servidores DNS

Figura 3-3 – *O plano de construção do Active Directory.*

🔊 **Nota** – *A Microsoft produziu um guia de particionamento excelente, "Best Practice Active Directory Design for Managing Windows Networks". Ele pode ser encontrado em www.microsoft.com/windows2000/techinfo/planning/activedirectory/hpaddsgn.asp.*

Estratégia da floresta/árvore/domínio

A primeira etapa no exercício de particionamento é determinar o número de florestas, a natureza das árvores em cada floresta e a natureza dos domínios em cada árvore que sua empresa irá requerer. As florestas são partições que contêm:

- **Esquema do banco de dados**   Apenas uma estrutura do banco de dados pode ser armazenada em uma única floresta. Se alguém em sua organização precisar modificar o esquema e não quiser compartilhar essa modificação com as outras na organização, elas deverão ser colocadas em sua própria floresta. Obviamente, isso não seria os departamentos que compartilham os locais físicos, mas poderia ser um subsidiário ou uma organização associada. As aplicações comerciais e/ou da empresa também irão personalizar o esquema. Com o advento dos consórcios de florestas, você poderá decidir usar uma *floresta da aplicação* para armazenar uma aplicação com seu próprio esquema dentro de uma floresta diferente e ligá-la à rede de sua empresa Active Directory através de um consórcio. Essa estratégia manterá dois esquemas completamente separados.

🏍 **Dica rápida** – *Você poderá também usar o Active Directory no modo Application (AD/AM) para essa finalidade. O AD/AM é um serviço de diretório especial que é um complemento para o WS03 e designado para ser executado como um diretório de protocolo da aplicação leve puro (LDAP). Porém, seu esquema é muito menor que o do AD – contém 30 objetos e 160 atributos. Mais informações estão disponíveis em http://www.microsoft.com/ windowsserver2003/techinfo/overview/adam.mspx.*

- **Dados de configuração**   A estrutura da floresta, o número de árvores contidas e os domínios em cada árvore assim como a estrutura dos sites de réplica que compõem aos dados de configuração para a floresta.
- **Global Catalog**   O Global Catalog inclui todos os objetos pesquisáveis para a floresta. Contém os valores e as propriedades para todos os objetos que você julga serem importantes para os usuários na floresta inteira.
- **Relações do consórcio**   As relações do consórcio entre os domínios em uma floresta também são informações de toda a floresta. É por causa da natureza transitiva dos consórcios entre os domínios ou dentro das florestas do Windows Server 2003. Todo domínio em uma floresta será ligado automaticamente ao seu domínio-pai. O domínio-pai será ligado ao seu pai etc. Como todos os domínios de uma floresta incluem consórcios transitivos bidirecionais, todos os domínios confiam em todos os outros domínios da floresta.

No Windows NT, você precisava criar consórcios específicos entre cada domínio se quisesse que os domínios em um grupo confiassem uns nos outros. Os consórcios não eram transitivos. Isso significa que o Domínio A não confiaria no Domínio C mesmo que eles confiassem no Domínio B. Para o Domínio A confiar no Domínio C, você tinha que criar um consórcio explícito. Você não precisa criar consórcios diretos entres os domínios em uma floresta. Se o Domínio A e o Domínio C confiarem no Domínio B em uma floresta, o domínio A confiará automaticamente no Domínio C sem um consórcio explícito. Poderá criar consórcios de atalho se o caminho hierárquico entre os dois domínios, que compartilham muitas informações, for longo demais ou complexo demais. Isso é mostrado na Figura 3-4.

As florestas podem conter milhões de objetos, portanto a maioria das organizações pequenas, médias e mesmo grandes geralmente irá requerer uma única floresta de produção. A principal razão para a criação de florestas separadas na mesma organização é para proteger o esquema do banco de dados. As modificações do esquema são complexas e terão que ser firmemente controladas se você quiser minimizar seu impacto nos ambientes de produção. Se precisar executar ou experimentar o esquema, precisará criar uma floresta que seja separada de sua floresta de produção. A maioria das organizações médias a grandes tem florestas de desenvolvimento e de teste assim como pelo menos uma floresta de produção.

Uma segunda razão para a separação das florestas está no nível de autoridade da organização central. Você pode incluir apenas as organizações, divisões ou departamentos sobre os quais tem controle político e econômico em sua floresta. É por causa da natureza hierárquica da floresta e do modelo de herança que é derivado dela. A organização na raiz da floresta tem influência e ainda controle de autorização sobre todas as organizações ou departamentos que estão agrupados em suas árvores e subdomínios. Por exemplo, a Ford Motor Company e a Volvo teriam sido florestas separadas antes da aquisição da Volvo pela Ford. Mas assim que a Ford comprou a Volvo, estabeleceu uma autoridade financeira sobre ela. Em um Active Directory, a Volvo poderia então se tornar uma árvore sob a floresta de produção da Ford. Muito depende de como o pessoal IT da Volvo e a Ford se relacionam e se a Ford irá impor a junção mesmo que o pessoal da Volvo não concorde.

Como pode ver, não importa o tamanho de sua floresta de produção – seja ela uma empresa pequena localizada em um único site ou uma multinacional que se estende pelo mundo todo, o papel do proprietário da floresta é importante. Os proprietários da floresta gerenciam os serviços de toda a floresta. Isso significa que eles são:

- **Administradores mestres da operação de toda a floresta**   O proprietário da floresta é o administrador dos controladores do domínio que executam os serviços Schema Master (Mestre do Esquema) e Domain Naming Master (Mestre de Nomenclatura do Domínio) e assim pode ter um impacto na floresta inteira.

- **Administradores do domínio-raiz**   Toda floresta, mesmo que tenha apenas uma única árvore e um único domínio, inclui um domínio-raiz. O primeiro domínio é o domínio-raiz porque todos os outros domínios na floresta são criados como subdomínios do domínio-raiz. A operação do domínio-raiz será crítica se a floresta for executada devidamente.

- **Proprietário dos dados do domínio-raiz**   Como o domínio-raiz é a base da floresta, o proprietário da floresta também é o proprietário dos dados do domínio.

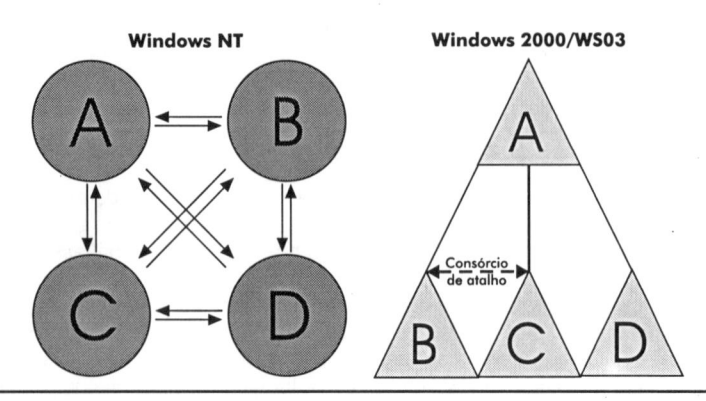

Figura 3-4 – *Os consórcios Windows NT versus os consórcios Active Directory.*

- **Propriedade do esquema e da configuração**   Como a operação da floresta é baseada na estrutura de seus contêiners de esquema e da configuração, o proprietário da floresta é responsável por sua integridade.
- **Propriedade do grupo de segurança de toda a floresta**   O proprietário da floresta é também responsável pelos grupos de segurança da floresta toda. Esses grupos residem no domínio-raiz. O Active Directory cria dois grupos de gerenciamento de toda a floresta: os Enterprise Administrators e os Schema Administrators. O membro nesses grupos é limitado porque eles podem afetar a operação da floresta inteira.
- **Proprietário do grupo de segurança do domínio-raiz**   Além dos dois grupos de administração universal, o domínio-raiz contém seu próprio grupo administrativo, os Domain Administrators. O proprietário da floresta também é o proprietário desse grupo de segurança.

Se houver mais de um domínio na floresta, o proprietário da floresta terá que se comunicar com freqüência com os proprietários dos subdomínios para coordenar os esforços de toda a floresta.

Na verdade, a determinação do número de florestas em sua organização pode ser resumida como a identificação de todos os proprietários da floresta. Isso será o nível mais alto da administração IT na organização de qualquer rede dada. Uma vez feito, você será capaz de prosseguir para a identificação do conteúdo da floresta.

As florestas compartilham muitos elementos. Muitos são elementos requeridos, outros são elementos recomendados com base no sentido comum. As florestas requerem o compartilhamento de:

- **Segurança**   Inclui apenas as pessoas que confiam em uma floresta. Isso incluiria os funcionários, assim como a equipe administrativa. Como a floresta é composta por contêiners distribuídos do banco de dados, os controladores do domínio, você precisará confiar nas pessoas que serão responsáveis por todos os controladores do domínio que serão colocados fora do site de seu escritório.

> ⚠ **Cuidado** – *Este ponto é extremamente importante. Mesmo que você possa garantir os controladores de domínio bloqueando o sistema e colocando os servidores em salas trancadas, deverá assegurar-se absolutamente de que qualquer DC em locais distribuídos fique sob responsabilidade de pessoas nas quais tem absoluta confiança. Por causa do modelo de réplica com diversos mestres do Active Directory, um administrador do domínio brincalhão, com acesso físico a um DC, poderá causar muito dano na floresta. Por exemplo, poderá deixar o DC off-line e editar o armazenamento do diretório no modo de depuração, adicionando direitos de acesso especiais para si mesmo. Há maneiras de controlar isso remotamente e serão tratadas no Capítulo 8. No momento, inclua os escritórios remotos em sua floresta apenas se puder confiar no fato de que seus DCs estarão seguros contra a alteração.*

- **Administração**   Todos que participam em uma floresta estão querendo usar o mesmo esquema e configuração.
- **Resolução do nome**   Todos que participam em uma floresta usarão o mesmo Domain Name System (Sistema de Nomes do Domínio) para determinar os nomes na floresta.

Além dos elementos requeridos, você poderá decidir compartilhar o seguinte:

- **Rede**   Se todas as organizações em uma floresta confiarem umas nas outras, elas poderão colocar uma rede privada corretamente. Embora não seja impossível separar os sites da floresta com proteções, recomenda-se minimizar a exposição de suas informações Active Directory para o mundo externo. Se os membros da floresta tiverem de usar links da rede pública para transportar um tráfego de réplica, poderão optar por florestas separadas.

- **Colaboração** Se você trabalhar com outras organizações e tiver implementado consórcios de domínio com elas, elas poderão ser boas candidatas para se reunirem na sua nova floresta AD.
- **Grupos IT** Se as organizações compartilharem grupos IT, será uma boa idéia criar florestas simples para simplificar a administração da rede.

Você também precisa lembrar que criar mais de uma floresta terá um impacto administrativo:

- As florestas não compartilham consórcios transitivos. No WS03, esses consórcios têm que ser criados manualmente, mas assim que criados permitirão que duas florestas inteiras confiem uma na outra. Se as florestas precisarem interagir em um nível específico do domínio, você poderá ainda usar consórcios explícitos do domínio entre os dois domínios específicos limitando a relação de confiança entre as florestas. Os consórcios de floresta e de domínio podem ser consórcios unidirecionais ou bidirecionais.
- O protocolo de segurança Kerberos (o protocolo de autorização nativo do Windows Server 2003) funcionará apenas entre as florestas que implementaram os consórcios de floresta.
- Usar um nome de conexão do tipo e-mail (*nome@domínio*), o UPN, também funcionará apenas se um consórcio de floresta for colocado corretamente.
- A réplica Global Catalog está limitada a uma única floresta a menos que haja um consórcio de floresta colocado corretamente.

Exemplo de construção da floresta

Agora que você está confortável com o conceito de floresta, poderá identificar a quantidade de florestas necessárias. Use os seguintes exemplos para revisar o processo de criação das florestas.

O primeiro exemplo de construção concentra-se na identificação do número de florestas para uma organização média com 5.000 usuários. Ela está distribuída geograficamente em dez regiões, mas cada região é administrada a partir de um local central. A organização opera com um nome público e envia os mesmos serviços em cada região. Como a organização tem uma estratégia "compre, não construa", ela tenta usar o software comercial sempre que possível, mas mesmo com essa estratégia, ainda precisa criar um código personalizado ou adaptar as aplicações existentes. Assim, requer um ambiente de desenvolvimento separado.

E mais, teve muitos problemas de crescimento no passado por causa do atrito entre o IT e o IS. Na verdade, o IS ficou seriamente desapontado quando o IT criou uma rede de domínio-mestre com o Windows NT.

Em sua construção da floresta, essa organização criaria pelo menos duas, possivelmente três ou mais, florestas permanentes:

- Uma floresta de produção que substitui o único domínio-mestre Windows NT.
- Uma floresta de organização para testar, analisar e preparar os novos produtos para a integração, especialmente os que podem integrar-se ao Active Directory e modificar seu esquema básico do banco de dados.
- Uma floresta de desenvolvimento para permitir o teste e o desenvolvimento das aplicações da empresa que aproveitam as personalizações do esquema.
- Uma floresta separada também será criada para a rede externa. Como essa floresta é exposta através do perímetro de segurança da rede, é separada da floresta de produção.

Nenhum consórcio seria estabelecido entre três dessas florestas: produção, organização e desenvolvimento. Em um modelo ilustrado, isso é representado por linhas sólidas separando cada banco de dados Active Directory. Porém, pode haver um consórcio estabelecido entre a floresta do perímetro e a floresta de produção, mas como a natureza desse consórcio (unidirecional, explícito, domínio a domínio) não é completamente precisa neste momento, seu limite com a floresta de produção é exibido como uma linha pontilhada.

Construção da floresta de produção

Na construção da floresta de produção, você determinará a estrutura da floresta que usará para executar sua rede. Mais uma vez, os limites de autoridade determinarão a estrutura criada. Aqui, você precisará determinar o número de árvores e o número de domínios que sua floresta conterá.

Comece com as árvores. Sua organização opera com um único nome público? Se não, será uma boa candidata para árvores diferentes. Mesmo que a estrutura da árvore seja totalmente interna e raramente seja exposta ao mundo externo, sua estrutura deve refletir os nomes que sua organização usa publicamente. As boas candidatas para as árvores são as organizações que contam com outras para o término do serviço; as organizações que formam uma parceria e desejam colaborar intimamente; as empresas que se mesclam a outras; e as organizações que compartilham os recursos do gerenciamento IT.

O segundo exemplo de construção cobre uma construção da árvore para uma organização mundial que tem quatro subsidiárias. A organização é uma empresa simples, mas cada uma de suas unidades comerciais é conhecida com um nome público diferente. Ela compreende a complexidade da administração intercomercial, mas deseja implementar padrões operacionais e de segurança na empresa. Os orçamentos IT são controlados centralmente, mas grande parte do trabalho administrativo é feita por grupos IT grandes a partir de cada uma das unidades comerciais.

Depois de uma série de análises, os diferentes grupos IT decidiram por uma floresta de produção simples com diversas árvores. O proprietário da floresta identificou e iniciou análises contínuas com cada proprietário de árvore. Como um grupo, eles determinaram o nível de integração para cada árvore e o nível de autoridade que o domínio da raiz teria permissão.

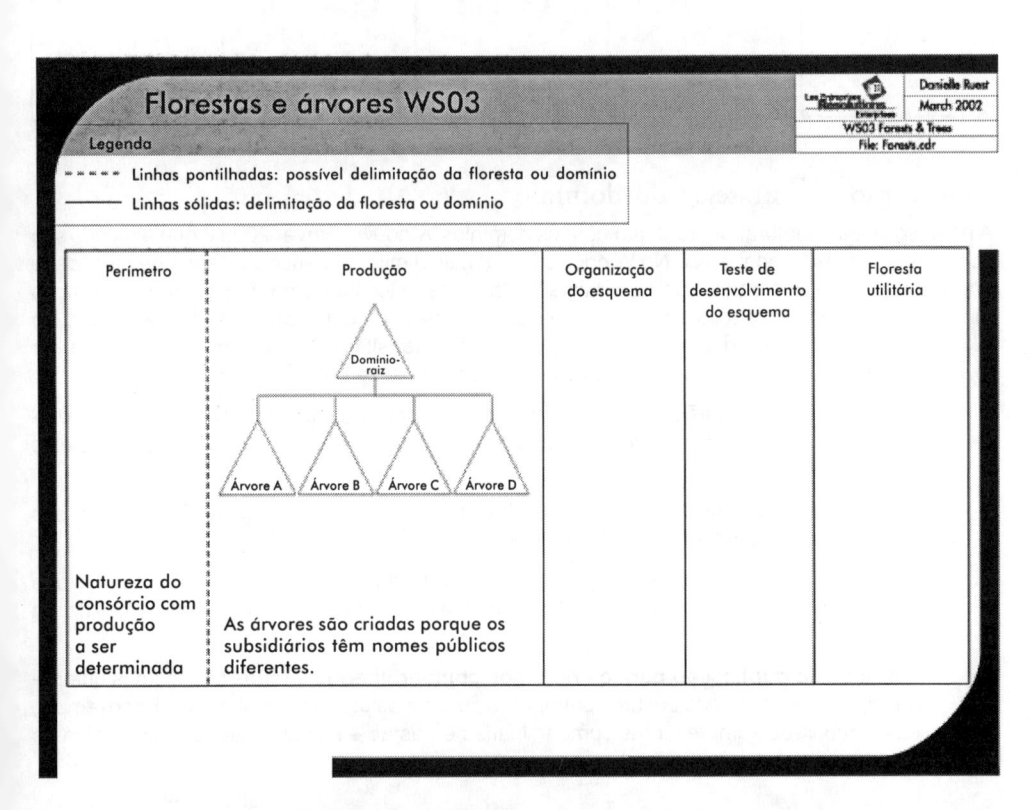

Florestas e árvores WS03

Legenda
- - - - - Linhas pontilhadas: possível delimitação da floresta ou domínio
———— Linhas sólidas: delimitação da floresta ou domínio

WS03 Forests & Trees
File: Forests.cdr
Danielle Ruest
March 2002

Perímetro	Produção	Organização do esquema	Teste de desenvolvimento do esquema	Floresta utilitária
Natureza do consórcio com produção a ser determinada	As árvores são criadas porque os subsidiários têm nomes públicos diferentes. (Domínio-raiz; Árvore A, Árvore B, Árvore C, Árvore D)			

Esse modelo usa o mesmo número de florestas que antes, mas agora as árvores são criadas na floresta de produção. Permite que a organização defina padrões enquanto suporta a diversidade regional.

Caso os grupos IT diferentes não tenham conseguido acordar, eles teriam criado diversas florestas de produção. Neste caso, a organização não teria satisfeito seus objetivos para a padronização porque não há nenhuma maneira técnica de assegurar que as florestas usarão os mesmos padrões. Esses objetivos poderiam apenas ter sido obtidos por meio de medidas de aplicação política e não através da infra-estrutura operacional do Active Directory.

Usando os consórcios de floresta, uma organização pode interagir através de diversas florestas e assim ter vantagens como pesquisas entre as florestas globais e com uma assinatura, mas não pode aplicar os padrões através do AD.

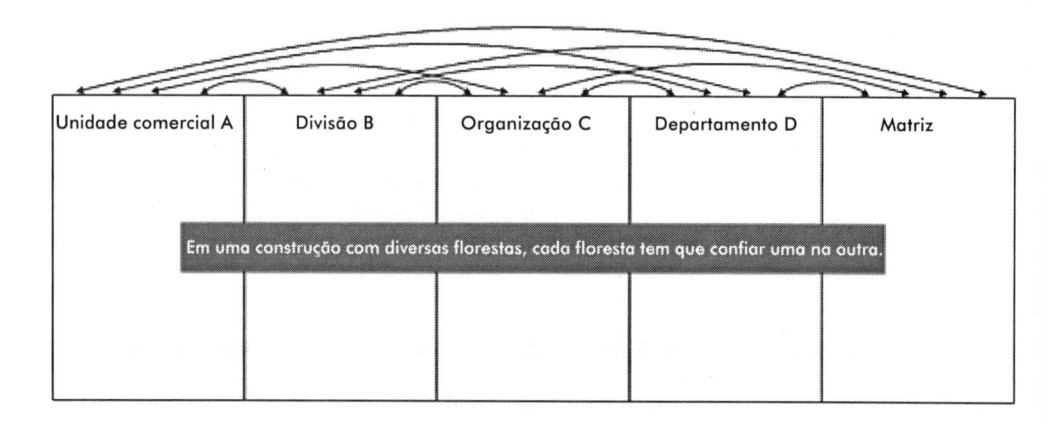

Unidade comercial A	Divisão B	Organização C	Departamento D	Matriz
		Em uma construção com diversas florestas, cada floresta tem que confiar uma na outra.		

Construção da estratégia do domínio

A primeira coisa a lembrar ao trabalhar com os domínios Windows Server 2003 é que eles *não* são como os domínios Windows NT. No Windows NT, o maior limite do banco de dados de identidade era o domínio. Se você quisesse que diversos domínios funcionassem entre si em uma relação mestre/mestre ou mestre/recurso, tinha de ativar os consórcios entre cada um dos domínios. No WS03, os consórcios do domínio em uma floresta são transitivos. Aqui, o domínio tem de ser exibido como é – um limite da estratégia de segurança que pode conter:

- **Regras da autenticação**   Os domínios formam o limite para as regras usadas para autenticar os usuários e computadores uma vez que eles são o contêiner no qual esses objetos são criados.

- **Estratégias do grupo**   As estratégias são limitadas pelos limites do domínio porque são objetos que residem no contêiner do domínio.

- **Estratégias de segurança para as contas do usuário**   As estratégias de segurança que se aplicam às contas do usuário são armazenadas no domínio. Podem ser diferentes de um domínio para outro.

- **Serviços de publicação para os recursos compartilhados**   Todos os recursos que podem ser compartilhados em um domínio são publicados pelo Active Directory. Por exemplo, esses recursos – impressoras compartilhadas e pastas – são publicados apenas para os membros do domínio.

A construção de seu domínio dependerá de vários fatores: por exemplo, o número de usuários em uma floresta e a largura de banda disponível para a réplica dos sites remotos. Mesmo que os domínios possam conter um milhão de objetos cada, não significa que você precisará preenchê-los. Poderá decidir criar diversos domínios para reagrupar os objetos em partes menores. Se achar que está aplicando as mesmas estratégias em dois domínios diferentes e não é para o controle da réplica, você teve um demais. Na verdade, poderá atualizar os links da rede remota para eliminar a necessidade de diversos domínios.

E mais, poderá usar vários modelos do domínio como no Windows NT. As florestas WS03 suportam o modelo de domínio exclusivo, o modelo com diversos domínios e o modelo misto. Por causa da natureza hierárquica da floresta, esses modelos não são como seus antecessores do Windows NT. Poucas organizações hoje optam pelo modelo de domínio exclusivo. Os pequenos negócios com menos de 500 funcionários poderão decidir por esse modelo, mas é muito raro nas organizações maiores.

A maioria das grandes organizações decidirá criar um *Protected Forest Root Domain* (PFRD ou Domínio-Raiz da Floresta Protegida). Há diversas vantagens nessa abordagem. Um Protected Forest Root Domain é geralmente muito menor que os domínios de produção porque contém apenas os grupos de gerenciamento da floresta e usuários. Assim, tem um grupo pequeno de administradores de toda a floresta, que reduz a possibilidade de erros que podem afetar a floresta inteira. Nunca é aposentado uma vez que não contém dados de produção. Como os domínios são criados abaixo do domínio-raiz da floresta, a restruturação organizacional é mais fácil de conseguir. Como é pequeno e compacto, é mais fácil de assegurar. E caso a transferência da propriedade seja requerida, será mais fácil transferir um domínio vazio do que transferir seu domínio de produção inteiro que contém todos as suas centenas de usuários.

> **Cuidado** – *O Protected Forest Root Domain é o recurso mais comumente ignorado de uma construção AD. Se sua organização tiver mais do que algumas centenas de usuários e você puder conseguir os controladores do domínio que o PFRD requer, recomenda-se que implemente um PFRD em sua construção AD, pois fornecerá a maior flexibilidade no AD.*

Os domínios de produção são criados sob o Protected Forest Root Domain. Qualquer organização média a grande que tenha um único domínio-mestre no Windows NT deve criar um Single Global Child Domain (Domínio-Filho Global Simples). Esse Single Global Child Domain (SGCD) tem a mesma finalidade do domínio NT simples: reagrupa todos os usuários de sua rede em um único ambiente de produção. Os únicos usuários que não estão nesse domínio-filho são os usuários do domínio-raiz da floresta.

Agora que você tem uma estrutura de domínio pai e filho, poderá expandir o conteúdo da floresta para incluir outros limites da estratégia de segurança. A principal exigência de um Single Global Child Domain é que os usuários sejam identificados e que suas ações sejam rastreadas na rede. Assim, você desejará definitivamente excluir as contas genéricas do usuário do domínio de produção. As contas genéricas – as contas que são nomeadas de acordo com a função em vez do indivíduo – são mais usadas para três atividades: teste, desenvolvimento e treinamento. Você poderá usar os limites da estratégia de segurança – os domínios – para separar essas contas do domínio de produção. Assim, poderá criar outros contêiners do domínio onde as regras poderão ser mais ou menos rigorosas do que no domínio de produção para englobar o teste, o desenvolvimento e o treinamento. Na verdade, nem todos os testes ou desenvolvimento irão requerer a modificação do esquema. Na maioria das organizações, 95% de todos os testes e/ou desenvolvimento *não* irão requerer modificações do esquema. A criação de subdomínios de teste (ou organização) e de desenvolvimento torna-se bem fácil uma vez que a estrutura mãe/filha já está no lugar corretamente. O mesmo aplica-se a um domínio de treinamento. Este é o modelo de construção do *domínio funcional*. Esse modelo não inclui diversas árvores, mas ao contrário, diversos domínios-filhos.

Os domínios podem ser requeridos em outras situações também. Por exemplo, uma organização cujas operações se estendem por vários países geralmente irá requerer diversos subdomínios por causa das restrições legais em alguns desses países. Se houver exigências legais que diferem de país para país e que podem ainda requerer definições de segurança especiais, você precisará criar limites do domínio adicionais.

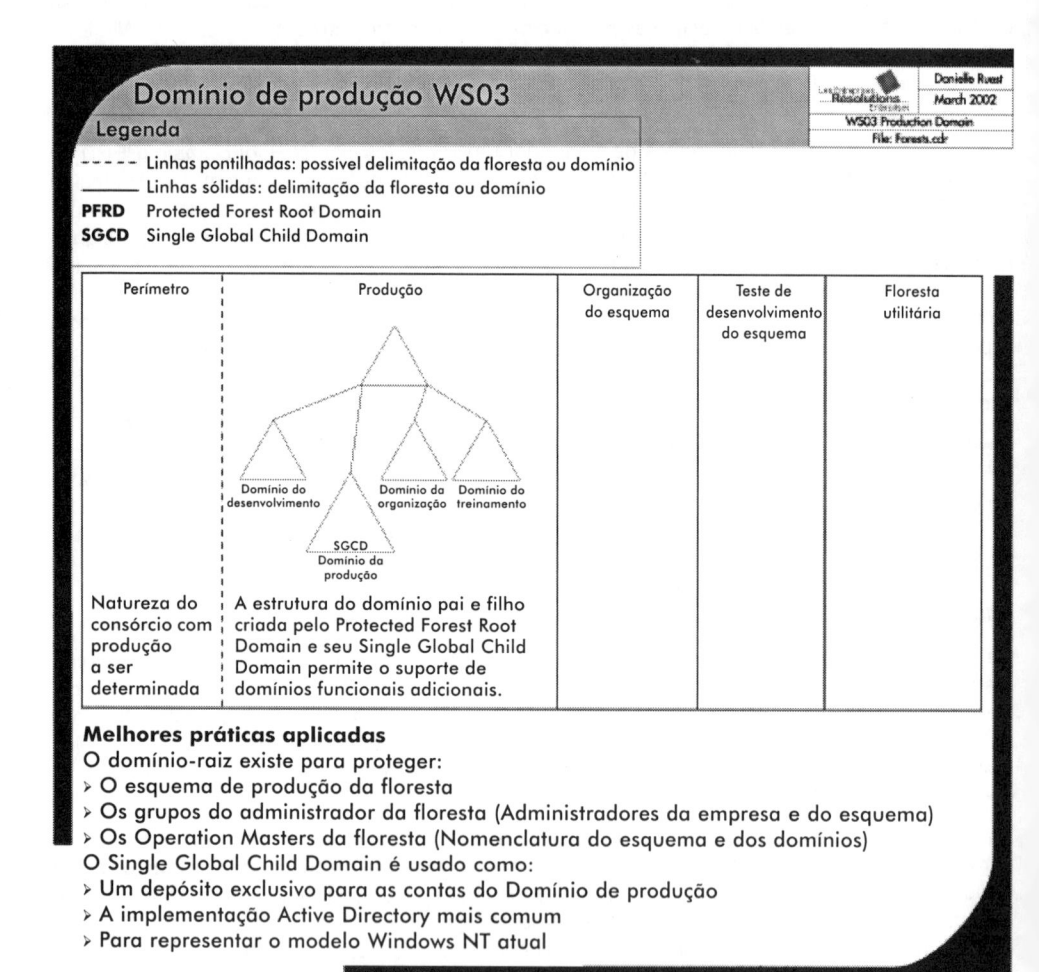

Domínio de produção WS03

Legenda

- - - - Linhas pontilhadas: possível delimitação da floresta ou domínio
———— Linhas sólidas: delimitação da floresta ou domínio
PFRD Protected Forest Root Domain
SGCD Single Global Child Domain

Perímetro	Produção	Organização do esquema	Teste de desenvolvimento do esquema	Floresta utilitária
Natureza do consórcio com produção a ser determinada	A estrutura do domínio pai e filho criada pelo Protected Forest Root Domain e seu Single Global Child Domain permite o suporte de domínios funcionais adicionais.			

Melhores práticas aplicadas

O domínio-raiz existe para proteger:
> O esquema de produção da floresta
> Os grupos do administrador da floresta (Administradores da empresa e do esquema)
> Os Operation Masters da floresta (Nomenclatura do esquema e dos domínios)

O Single Global Child Domain é usado como:
> Um depósito exclusivo para as contas do Domínio de produção
> A implementação Active Directory mais comum
> Para representar o modelo Windows NT atual

A razão final para a separação do domínio é a largura de banda WAN. Se sua largura de banda *disponível* for inadequada para suportar a réplica entre os domínios, você precisará criar domínios regionais. As informações específicas sobre as exigências da largura de banda serão detalhadas posteriormente neste capítulo, na seção "Construção da topologia do site".

Lembre-se de que todo domínio criado irá requerer uma equipe de administração. E mais, cada novo domínio requer pelo menos dois Controladores do domínio para a redundância e a confiança. Os custos do hardware poderão ser um impedimento se domínios demais forem criados. Além disso, cada novo domínio significa novas relações de confiança. Embora sejam transitivas e automáticos, ainda precisarão ser controlados. Finalmente, quanto mais domínios você criar, mais provavelmente precisará mover recursos e objetos entre eles.

Outras construções do domínio da floresta

Agora que você determinou a estrutura do domínio para implementar em sua floresta de produção, poderá usá-la para derivar a estrutura para as outras florestas criadas. A floresta de organização é simples. Ela deve representar a mesma estrutura da floresta de produção. Assim, requer um domínio pai e um filho. Como é designada para representar apenas o ambiente de produção, não requer domínios adicionais para o treinamento, o desenvolvimento ou outras finalidades.

As florestas de desenvolvimento e utilitárias requerem um único domínio-raiz combinado e de produção, uma vez que o teste de desenvolvimento do esquema não é dependente da estrutura de nomenclatura pai/filho encontrada na floresta de produção. Finalmente, a floresta de perímetro (rede externa) é composta por um domínio porque essa estrutura reduz a complexidade de seu gerenciamento. Como é exposta para o mundo externo (através de uma proteção, claro), sua estrutura também é mantida o mais simples possível.

Consegui! A construção de sua floresta está completa. Ela deve lembrar a ilustração na Figura 3-7.

> **Dica rápida** – *As florestas de desenvolvimento são criadas quando as organizações desejam integrar suas aplicações com o Active Directory que usarão para gerenciar sua rede. Como têm que mudar o esquema para integrar as aplicações, os desenvolvedores que trabalham nesses projetos têm de estar localizados em uma floresta separada. Há custos, claro, associados a essa abordagem. Você poderá decidir que sua floresta de produção AD será usada apenas para o gerenciamento da rede (lembre-se da Figura 3-1 – um diretório do sistema operacional da rede pode ser complexo). Se decidir, poderá usar o AD/AM para executar a integração da aplicação com o Active Directory. Usar o AD/AM eliminará a necessidade de uma floresta de desenvolvimento porque é um serviço que pode residir em um servidor do membro ou mesmo em uma estação de trabalho Windows XP. Isso poderá reduzir muito seus custos do desenvolvimento AD. Mais sobre essa estratégia será analisado posteriormente quando você preparar sua Estratégia de modificação do esquema.*

Melhores práticas de construção da floresta

O processo de construção da floresta inclui as seguintes melhores práticas:

- Identifique o número de florestas e escreva uma justificativa para cada uma.
- Identifique o número de árvores e escreva uma justificativa para cada uma.
- Sempre que possível, crie um Protected Forest Root Domain.
- Sempre que possível, crie um Single Global Child Domain para a produção em cada árvore.
- Identifique o número de domínios extras requeridos em cada árvore.
- Identifique o escopo e o conteúdo de cada domínio.
- Justifique cada domínio.

- Escolha um nome genérico para cada domínio.
- Assim que a estrutura do domínio para a floresta de produção estiver completa, construa a estrutura do domínio para as outras florestas criadas.

Como construir a estratégia de nomenclatura

A próxima etapa é definir o espaço do nome Active Directory. O espaço do nome define o escopo do Active Directory. É baseado na natureza hierárquica do Domain Naming System. Não só define os limites da nomenclatura do banco de dados Active Directory, como também define a estrutura do banco de dados e as relações entre seus objetos. A convenção de nomenclatura do objeto real para o Active Directory não é o DNS. Ela é baseada em um esquema de nomenclatura X.500 que identifica os contêineres ao nomear os objetos. Isso permite a criação de objetos duplicados contanto que estejam localizados em contêineres diferentes. Por exemplo, cd=com/cd=root/ou=IT/cn=User/cn=Mike Smith significa que a conta do usuário de Mike Smith está contida na unidade organizacional IT no domínio root.com.

Como pode ver, o esquema de nomenclatura X.500 não é prático para o uso diário. Mas a maioria das pessoas está familiarizada hoje com o Domain Naming System, portanto é o esquema de nomenclatura apresentado para os usuários e os administradores. Como é hierárquico, o DNS pode ser usado para subdividir a floresta em árvores. Isso é feito através da modificação do nome-raiz DNS. Por exemplo, MSN.com é uma alteração do nome-raiz de Microsoft.com, assim é uma segunda árvore criada na floresta Microsoft.com.

Como o nome do domínio de sua floresta é um nome DNS, deverá usar apenas nomes DNS registrados. Quando você registra um nome, assegura-se de que tem uma propriedade completa sobe ele. Por exemplo, se usar Microsoft.com como seu nome externo, poderá usar Microsoft.net como o nome de sua rede interna. Comprar os direitos do nome Microsoft.net, irá assegurar que nenhum evento externo afetará sua rede interna. Também estará separando seu espaço do nome interno de seu espaço do nome externo. Isso permitirá identificar a fonte de todo tráfego mais facilmente e controlar os invasores de modo mais eficiente. Os nomes do domínio podem ser registrados com o Internic. Uma lista completa de registros do nome do domínio pelo local pode ser encontrada em http:// www.internic.net/origin.html.

Se por alguma razão, você escolher usar um nome que não possui, verifique se ele não existe na Internet antes de criar seu primeiro controlador do domínio. As organizações que não executam essa etapa geralmente se pegam utilizando um nome interno que é usado externamente por uma organização diferente. Isso causará problemas que variam desde ter que renomear sua floresta até ser incapaz de alcançar o domínio externo de dentro da rede. Mesmo que renomear uma floresta inteira seja possível com o Windows Server 2003, não significa que você achará agradável ter de mudar seu nome interno porque alguém fora de sua organização o obrigue a fazer isso. Use um nome DNS real com as convenções de nomenclatura DNS padrões; com a extensão do nome .gov, .com, .org, .net, .edu, .biz, .info, .name, .cc, .tv, .ws ou .museum e registre-o. Assim, controlará seu espaço do nome.

Nunca use o mesmo nome da floresta duas vezes mesmo que as redes não estejam interconectadas. Se souber que sua organização irmã nomeou sua floresta de teste de desenvolvimento como DEVTEST, nomeie a sua com algum outro nome. Também terá que se preocupar com os nomes NetBIOS. Os nomes NetBIOS são compostos por 15 caracteres com um 16º caractere reservado. Eles têm de ser exclusivos em um domínio. A primeira parte dos nomes DNS escolhidos deve ser igual ao nome NetBIOS. Como os nomes DNS podem conter 255 caracteres por nome do domínio totalmente qualificado (FQDN), você terá de limitar o tamanho dos nomes DNS usados (na verdade, tem 254 caracteres para escolher; o DNS coloca um ponto final no nome, o 255º caractere). Use nomes curtos, distintos e significativos e diferencie os nomes do domínio e da máquina.

Deve também identificar seu esquema de nomenclatura do objeto neste estágio. Todos os objetos, como, por exemplo, os servidores e os PCs, terão um nome DNS distinto (ou nome de host). Esse nome, como o nome principal universal para os usuários, terá uma estrutura DNS e usará os nomes-raízes do domínio e da floresta para se completarem. Você poderá usar o esquema de nomenclatura mostrado na Figura 3-5. Nesse esquema, todo objeto usa TandT.net, um nome DNS registrado, como a raiz da floresta. Em seguida, usa um esquema de nomenclatura geográfico para os domínios-filhos (o código de uma letra para a região e um código com três números para cada região) ou um esquema funcional (nome da função como Intranet.TandT.net). Finalmente, os servidores e os PCs podem usar cinco letras para o código da função junto com três dígitos para identificar o número de máquinas que oferecem essa função. Um exemplo seria ADDC001.Intranet.TandT.net para um DC Active Directory no domínio-filho Intranet da floresta TandT.net.

Os nomes da floresta, da árvore e do domínio devem ser considerados estáticos. Você deve tentar encontrar um nome que não precise mudar, mesmo que saiba que poderá fazê-lo mais tarde. O processo de renomear o domínio e o controlador do domínio no Windows Server 2003 são complexos e podem causar perda de serviços. Os nomes geográficos são geralmente os melhores. Na maioria dos casos, é preciso muito impulso para mudar um nome geográfico, portanto eles são considerados bem estáveis. Não use a estrutura organizacional para nomear os domínios a menos que esteja confiante de que ele é e permanecerá estável.

A Tabela 3-3 lista o tipo de objetos que você poderia colocar nos domínios e o domínio que mantém cada objeto. Cada objeto irá requerer a nomenclatura.

Melhores práticas da nomenclatura

Use as seguintes melhores práticas para nomear suas florestas AD:
- Use caracteres Internet padrões. Se eles funcionarem na Internet, funcionarão definitivamente em sua rede. Evite acentos e nomes unicamente numéricos.
- Use 15 caracteres ou menos para cada nome.
- Para o nome-raiz, use um nome simples e curto que seja representativo da identidade da organização.
- Siga todos os padrões DNS e certifique-se de que o nome DNS interno seja diferente de seu nome externo.
- Finalmente, antes de prosseguir, compre o nome.

O DNS é um marco do Active Directory. Como é designado para gerenciar o espaço do nome AD, a Microsoft melhorou muito o serviço DNS do Windows. Agora ele pode ser integrado completamente com o Active Directory. Na verdade, deve ser porque a devida operação AD depende do

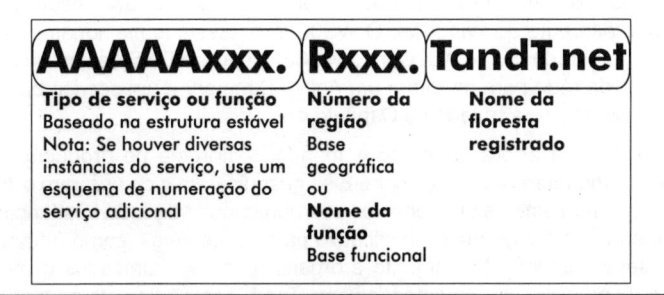

AAAAxxx.	Rxxx.	TandT.net
Tipo de serviço ou função Baseado na estrutura estável Nota: Se houver diversas instâncias do serviço, use um esquema de numeração do serviço adicional	Número da região Base geográfica ou Nome da função Base funcional	Nome da floresta registrado

Figura 3-5 – *Um esquema de nomenclatura do objeto.*

Tabela 3-3 – Objetos do Domínio

Objetos	Produção	Desenvolvimento	Treinamento
PCs internos normais	✓	✓	
Portáteis internos	✓	✓	
PCs externos para desenvolvimento		✓	
PCs externos gerenciados	✓	✓	
PCs externos não gerenciados	✓	✓	
PCs multimídia	✓	✓	
Member Servers (Serviços: HIS, SMS, SQL etc.)	✓	✓	
Controladores do domínio	✓	✓	✓
Cotas (pastas compartilhadas)	✓	✓	
Impressoras e filas de impressora	✓	✓	✓
Salas de bate-papo	✓		
Projetores, PCs compartilhados	✓		
Contas do serviço	✓	✓	✓
Usuários	✓	✓	
Administradores	✓	✓	✓
Técnicos/instaladores		✓	✓
Grupos	✓	✓	✓
Contas genéricas		✓	✓
Unidades organizacionais	✓	✓	✓
Objetos Group Policy	✓	✓	✓
Administradores do domínio	✓	✓	✓
Aplicações	✓	✓	✓

DNS, uma vez que o DNS é usado para localizar os controladores do domínio na conexão. Por isso, você deve evitar usar os servidores DNS de terceiros com o Windows, especialmente se forem baseados em algo diferente do Windows. O WS03 trará diversas melhorias para o serviço DNS contanto que seja integrado com o AD. Com o WS03, o serviço DNS deixou de ser simplesmente uma infra-estrutura da rede para se tornar um Active Directory e um serviço básico do Windows. Mais sobre esse assunto será tratado no Capítulo 4.

A construção da floresta agora pode ser nomeada. A floresta de produção pertence à T&T Corporation. Seu nome Internet é TandT.com. Eles pesquisaram e compraram o TandT.net. Será o nome da raiz de sua floresta. Os subdomínios são nomeados segundo sua função. O domínio de produção é nomeado com algo mais significativo para os usuários, como Intranet.TandT.net. Os domínios de desenvolvimento, treinamento e organização são nomeados como tais. A floresta externa encontrada no perímetro é nomeada como TandT.com. A floresta de organização é nomeada como TandTLab. Essa floresta não requer um nome DNS registrado uma vez que não é um ambiente de produção. O impacto de recriar ou renomear uma floresta de organização é sempre muito menor do que para a floresta de produção. As florestas voláteis ou utilitárias podem ser nomeadas quando necessário. A floresta de desenvolvimento não será mantida porque a T&T Corporation decidiu usar o AD/AM para a integração da aplicação e reservará seu Active Directory de produção para as operações NOS apenas. Esse modelo é apresentado na Figura 3-7.

Como construir a estrutura OU do domínio de produção

O que é realmente surpreendente no Active Directory é como um banco de dados simples pode ser usado para gerenciar os objetos e os eventos no mundo real. Tudo bem, o objetivo do Active Directory é gerenciar os elementos armazenados dentro de seu banco de dados. Mas para gerenciar os objetos, você terá primeiro que os estruturar. As florestas, as árvores e os domínios começam a fornecer uma estrutura fornecendo um posicionamento grosseiro dos objetos no banco de dados Active Directory. Esse posicionamento grosseiro precisa ser muito aprimorado, especialmente quando você sabe que um único domínio pode conter mais de um milhão de objetos.

A ferramenta que você usará para aprimorar a estrutura dos objetos é a unidade organizacional (OU). Uma OU é um contêiner que, como o domínio, é designado como um depósito de objetos. Porém, as OUs têm de estar contidas em um domínio. Mas como podem agir como depósitos de objetos, podem e devem ser usadas para identificar a estrutura de administração de sua rede. Lembre-se também de que as OUs podem armazenar outras OUs, portanto, você pode criar uma estrutura administrativa que reflita essa realidade.

Uma segunda vantagem de uma OU é a capacidade de delegar seu gerenciamento para outra pessoa. Isso significa que, quando você constrói a estrutura das Unidades Organizacionais nos domínios de seu Active Directory, designa a maneira como os objetos em sua rede serão gerenciados. E mais, identificará quem irá gerenciar quais componentes de sua rede.

Por exemplo, poderá decidir que os usuários em uma certa unidade comercial são de responsabilidade da unidade comercial, delegando o gerenciamento e a administração desse grupo de usuários a um administrador da unidade comercial local. Assim, a OU no Active Directory é comparável ao domínio no Windows NT. Enquanto, no Windows NT, você precisará fornecer ao "Administrador do domínio" os direitos para qualquer pessoa responsável pelos grupos de usuário; no Active Directory, irá delegar a propriedade de uma unidade organizacional, assim limitando os direitos de acesso para o conteúdo da OU e nada mais.

Resumindo, a OU é designada para ajudar no suporte do conceito de dados/serviço do Active Directory. Como as OUs contêm objetos AD e suas propriedades contêm dados. Controlando o acesso às OUs, através das definições de segurança, de modo muito parecido como faria para uma pasta em um volume NTFS, você poderá dar a alguém a propriedade dos dados contidos nela. Isso libera os administradores do domínio do gerenciamento dos serviços AD. Assegurar que todos os serviços AD sejam saudáveis e estejam operando devidamente é o novo papel do administrador do domínio. Em um Active Directory bem estruturado, você tem uma série de novos papéis de interação como, por exemplo, o administrador OU, o operador do domínio, o administrador do serviço – os papéis que têm uma autoridade muito menor em um domínio do que seus correspondentes Windows NT. Agora você pode limitar o grupo Domain Administrator (Administrador do Domínio) a um pequeno grupo seleto de pessoas.

Processo de construção OU

Neste processo de construção, os administradores têm de criar uma estrutura OU personalizada que reflita as necessidades de sua organização e prosseguir para a delegação de seu conteúdo onde for apropriado. O melhor lugar para iniciar o processo de construção é com o Single Global

Child Domain. Como é o domínio de produção, será o domínio com a estrutura OU mais complexa. Assim que a estrutura desse domínio estiver completa, será simples construir a estrutura dos outros domínios dentro e fora da floresta de produção, uma vez que são todos derivados das exigências da floresta de produção.

Há quatro razões para criar uma unidade organizacional:

- É requerida para reagrupar os tipos de objeto AD.
- É requerida para administrar os objetos AD.
- É requerida para delegar a administração dos objetos AD.
- Pode ser requerida para ocultar os objetos.

Como as OUs podem incluir objetos, você deve primeiro usá-las para reagrupar os diferentes tipos de objetos que sua rede contém. Há três tipos básicos de objeto: pessoas, PCs e serviços. Eles devem criar seu primeiro nível de OUs personalizadas.

Segundo, os objetos são reagrupados para finalidades administrativas. Você gerencia os objetos no AD através da aplicação de objetos Group Policy (GPOs). Mais sobre isso será tratado nos capítulos 5, 6 e 7, mas o que é importante entender aqui é que o modo como você constrói a estrutura de sua unidade organizacional afetará diretamente o modo como aplica os objetos Group Policy.

O WS03 aplica duas estratégias por default em cada domínio: a Estratégia default do domínio e a Estratégia default do controlador do domínio. Você deve revisar o conteúdo dessas estratégias para garantir que estão de acordo com suas exigências de segurança. Mais sobre a segurança será analisado no Capítulo 8. O WS03 também cria vários contêineres defaults como Users, Computers e Domain Controllers. O único dos três que é uma OU são os Domain Controllers. Os outros dois *não* são OUs e não podem conter GPOs ou outras OUs. Se você quiser controlar os usuários e os computadores, precisará criar uma estrutura OU personalizada para reagrupar esses tipos de objetos.

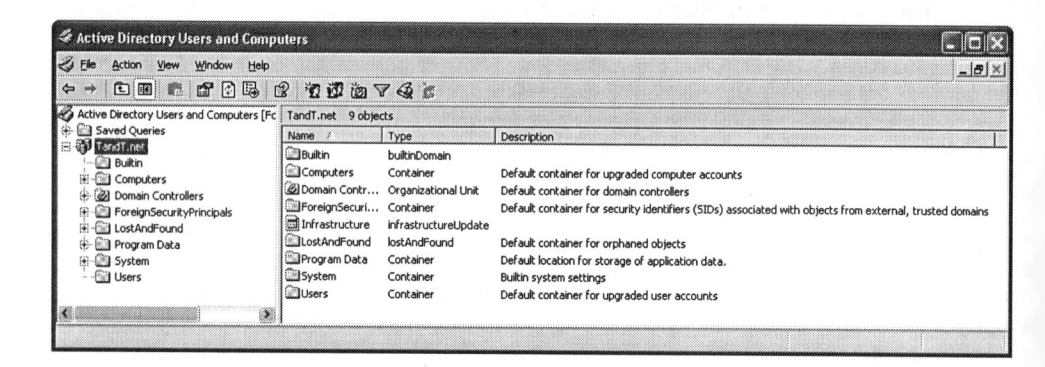

A terceira razão para a criação OU é a delegação. A delegação deve ser considerada lado a lado com a administração para criar a estrutura de subcamada das OUs. Para cada tipo de OU, você tem de identificar os subtipos potenciais de objetos e determinar se eles são muito diferentes. Cada objeto muito diferente, no nível administrativo ou da delegação, irá requerer uma OU separada. O WS03 suportará uma hierarquia de mais de dez níveis de OUs, mas você deve tentar uma estrutura OU o mais plana que puder. Os objetos escondidos em diversas camadas de unidades organizacionais irão demandar muito índice e localização quando você precisar encontrá-los no diretório. Tente uma estrutura OU com cinco camadas o máximo possível.

Lembre-se de que, se você controlar apenas as camadas superiores da estrutura e precisar delegar sua finalização, deverá deixar pelo menos duas camadas não lidadas para os departamentos locais usarem.

A razão final é ocultar os objetos. Como as OUs contêm listas de controle do acesso, é possível ocultar objetos diferenciados no diretório. Esses objetos são colocados em OUs especiais que têm listas de controle do acesso muito monitoradas. Assim, os objetos ficam "invisíveis" para os usuários não administrativos do diretório.

O processo de construção da administração começa quando você cria três OUs do tipo objetos diferentes – pessoas, PCs e serviços – e reagrupa os objetos sob elas. Para tanto, precisará identificar todo objeto gerenciável em sua rede e usar um processo de pergunta para cada um. Como exemplo, a Tabela 3-4 lista uma série de objetos que requerem o gerenciamento no diretório. E

Tabela 3-4 – Os Objetos Gerenciáveis no AD

Objetos	Classificação	Conteúdo	Delegação?	GPO?
Estações de trabalho	OU de recurso	Usuários com direitos elevados Usuários genéricos PCs multimídia		✓
Portáveis	OU de recurso	Usuários com direitos elevados Usuários genéricos		✓
PCs externos	OU de recurso	PCs para projetos de desenvolvimento (gerenciados)		✓
PCs externos	OU de recurso	PCs de consulta		✓
PCs externos e portáveis	OU de recurso	PCs de consulta (não gerenciados)		
Servidores do membro	OU de recurso	Serviços: HIS, SMS, SQL Exchange	✓	✓
Controladores do domínio	OU de serviço	Serviços: Autenticação, gerenciamento da identidade	segurança	
Cotas (pastas compartilhadas)	OU de recurso	Compartilhamento de informações		✓
Impressoras	OU de serviço	Delegar filas da impressora	✓	✓
Salas de bate-papo	OU de recurso	Sistema de reserva	✓	
Projetores, PCs compartilhados	OU de recurso	Sistema de reserva	✓	
Contas do serviço	OU de serviço	Controle de processos do sistema		✓
Usuários	OU de dados	(Parecida com a estrutura organizacional)	✓	✓
Administradores	OU de dados	OU principal em uma OU delegada		✓
Administradores do domínio	OU de serviço	Localizada na OU default		✓
Técnicos/instaladores	OU de serviço	Objetos globais, mas com direitos de delegação limitados	✓	✓
Grupos	OU de serviço	Universal, global, local do domínio	✓	✓
Contas genéricas	OU de dados	Domínios diferentes da produção	✓	✓
Aplicações	OU de serviço	Objetos COM+, MSMQ	✓	✓

mais, define uma classificação e conteúdo esperado para cada objeto. Essas perguntas precisam ser respondidas para cada objeto. Duas perguntas precisam ser respondidas para cada objeto: Irei delegar este objeto? Preciso gerenciar este objeto através dos objetos Group Policy? Cada resposta "Sim" significa que uma OU personalizada precisa ser criada.

Embora o processo de construção OU comece com a categoria dos objetos, não estará completo até que você também tenha designado os seguintes planos:

- Estratégia de gerenciamento de objetos Group Policy (Capítulo 5)
- Estratégia de gerenciamento do PC (Capítulo 5)
- Definição da conta e do grupo (Capítulo 6)
- Estratégia de gerenciamento dos serviços (Capítulo 7)
- Construção da segurança (Capítulo 8)
- Plano da delegação (capítulos 5, 6, 7 e 8)
- Plano de rápida recuperação do serviço (Capítulo 9)
- Plano da administração (Capítulo 10)

Embora você inicie a construção OU aqui, ela não estará completa até que considere cada um dos elementos nos capítulos restantes deste livro. Cada desses itens tem algum impacto na construção de sua OU.

Construção da estrutura OU do objeto PCs

Você começará colocando em categoria os PCs. A Tabela 3-4 identificou seis possíveis tipos de PCs na organização. Organização tem seus próprios PCs e inclui os PCs de fontes externas também. São divididos primeiro em duas categorias: os PCs possuídos internamente e os externos. Os primeiros são PCs gerenciados, mas têm algumas diferenças. Os computadores móveis têm estratégias diferentes dos de mesa. Entre os computadores de mesa estão os PCs básicos assim como as estações de trabalho multimídia e compartilhadas. Entre os PCs externos estão os sistemas gerenciados e não gerenciados. OS PCs externos, que estão no site para o desenvolvimento do código, têm de ser muito controladores e têm que ser a imagem da construção interna do PC para assegurar a qualidade do código. Outros PCs de consultoria podem ser para a produtividade apenas. Os PCs que são usados apenas para produzir a documentação não devem ser de responsabilidade da organização. Portanto, precisam ser separados na estrutura OU. Naturalmente, essa estrutura supõe que os PCs são gerenciados de modo central. Se não, a estrutura OU dos PCs poderá lembrar a estrutura OU People (Pessoas) descrita posteriormente.

Construção da estrutura OU do objeto Services

Em seguida, organize os serviços em sua rede. Isso significa criar OUs para delegar os servidores da aplicação como aqueles da família Microsoft .NET Enterprise: SQL Server, Exchange, Systems Management Server e Host Integration Server. Colocando os objetos do servidor nessas OUs, você poderá delegar seu gerenciamento e administração sem ter que fornecer direitos administrativos globais. Cada um desses servidores deve ser um servidor-membro. O Windows Server 2003 não requer mais que os serviços sejam instalados em controladores de domínio. Mesmo os serviços Microsoft Message Queuing, que requeriam controladores de domínio no Windows 2000, agora operam nos Member Servers (Servidores do Membro). Você deve sempre ter cuidado no WS03 quando alguém quiser instalar uma aplicação em um controlador do domínio. Cada um desses serviços deverá ser criado sob a OU raiz Services. Assim, se precisar aplicar uma estratégia em todos os objetos do servidor-membro, como a estratégia de segurança, precisará apenas aplicá-la na OU raiz.

Além dos servidores da aplicação, essa OU deve incluir serviços como os servidores de arquivo e impressão. Na verdade, todo tipo de servidor identificado no Capítulo 1 e revisto no Capítulo 2 (exceto os servidores de gerenciamento da identidade) deve ser colocado em uma OU nessa estrutura. Essa OU deve também incluir todas as contas do serviço – contas administrativas especiais usadas para executar serviços em uma rede Windows Server 2003. Essas contas são objetos de dados do mesmo tipo, portanto podem ser gerenciadas por meio de um único contêiner. Finalmente, os grupos operacionais como os técnicos de suporte ou os instaladores do sistema podem ser localizados em uma OU Installer/Technician (Instalador/Técnico), facilitando fornecer-lhes direitos para outros objetos no domínio. A vantagem adicional da OU Services é que é muito mais fácil localizar os objetos da categoria do serviço.

Construção da estrutura OU do objeto People

A última estrutura OU a preencher é a OU People. Essas OUs conterão as contas do usuário e/ou grupos. Também é a estrutura OU que mais lembrará o gráfico organizacional. Na verdade, o gráfico organizacional é uma boa fonte de informações para reagrupar as pessoas em sua empresa no diretório. Algumas pessoas conhecem a estrutura da organização assim como o grupo Human Resources (Recursos Humanos). É um bom lugar para angariar sua assistência.

Como o gráfico organizacional, a estrutura OU People define uma hierarquia de distinção. A diferença é que os dois são invertidos. O gráfico organizacional define uma hierarquia de autoridade (quem controla quem), ao passo que a estrutura OU People vai do mais comum para o mais distinto. No gráfico organizacional, a massa de funcionários está na parte inferior. Na estrutura OU People, está na parte superior.

Quando você quiser gerenciar todos os tipos de objeto People, poderá fazer isso aplicando um Group Policy na OU raiz. O segundo nível dessa estrutura OU deve refletir a estrutura da unidade comercial da organização. Embora o gráfico organizacional seja uma fonte de informações, não deve ser usado em sua forma exata porque os gráficos da organização tendem a mudar com muita freqüência. Você precisará criar uma estrutura OU o mais estável possível para minimizar a alteração no diretório. Por isso, muitas organizações usam apenas linhas de negócio (LOB) no segundo nível das OUs para o objeto People.

Esse nível OU também pode incluir agrupamentos de equipes especiais – unidades comerciais cuja finalidade é suportar todas as outras unidades comerciais na empresa em uma base administrativa. Neste caso, os agrupamentos regionais serão essenciais uma vez que você terá que delegar a propriedade dos objetos regionais para os representantes administrativos regionais.

Na maioria dos casos, irá gerar três níveis gerais de OU nessa estrutura OU:

- **Nível da raiz**   Usado para gerenciar todos os objetos People (contas do usuário e grupos). Esse nível contém apenas as outras OUs e os grupos administrativos para a estrutura.
- **Nível da linha de negócio**   Usado para gerenciar todas as contas do usuário que estão nos segmentos definidos ou as linhas de negócio na empresa e localizadas em matrizes ou escritórios centrais, assim como todos os grupos da linha inteira do negócio. Os grupos para quem esse nível é delegado estão localizados na OU da raiz.
- **Nível regional**   Usado para gerenciar os escritórios regionais. Inclui as contas do usuário para toda linha de negócio localizada no escritório regional assim como os grupos regionais. A OU mãe das OUs regionais contém todo grupo administrativo regional.

O terceiro nível OU pode também representar os grupos ou os serviços administrativos no nível da linha de negócio. Por exemplo, o IT e o IS serão encontrados na linha administrativa de negócio da organização, mas você poderá garantir que eles não terão as mesmas estratégias e direitos, portanto serão separados no terceiro nível OU. O IT, em especial, muito provavelmente será separado em mais subníveis também, mas isso será feito muito provavelmente por um processo interno para o departamento IT. A estrutura final para o IT será delegada ao grupo IT.

A estrutura OU completa é mostrada na Figura 3-6. Aqui, a forma OU identifica a finalidade e o conteúdo de cada OU.

Como repetir a estrutura OU para outros domínios

Agora que você tem uma estrutura OU sólida e completa, poderá repeti-la para os outros domínios. A Tabela 3-5 identifica a estrutura OU nos outros domínios.

A estrutura Floresta, Árvore, Domínio e OU completa está na Figura 3-7.

Melhores práticas da construção OU de produção

Lembre-se das seguintes regras ao criar as estruturas OU:

- Pense em termos de equipamento e objetos no diretório.
- Determine como implementará o processo de delegação administrativa.
- Identifique os padrões para todas as categorias administrativas na organização.
- Use o serviço administrativo, a função ou a linha de negócio para nomear as OUs. Isso tende a ser mais estável do que a estrutura organizacional.
- Limite sua estrutura a cinco níveis, três se não for responsável pela finalização da estrutura. Recomende um máximo de cinco níveis mesmo que dez sejam possíveis. Isso fornecerá algum espaço para respirar.
- Lembre-se das quatro razões para criar as OUs: categoria, administração, delegação e separação.
- Cada OU criada tem que adicionar valor ao sistema.
- Nunca crie uma OU que não contenha nenhum objeto.
- Nunca crie uma OU que não tenha uma finalidade específica.
- Se uma OU atingir um estado vazio, considere sua remoção. Isso poderá não ser necessário porque pode estar vazia temporariamente. Se não, remova-a.
- Identifique um proprietário da OU para cada uma criada. Se nenhum proprietário puder ser identificado, remova a OU.
- Justifique todas as OUs criadas.
- Se achar que duas OUs têm a mesma finalidade, mescle-as. Isso significa que a combinação do proprietário mais o GPO, mais a estratégia de delegação, será igual para ambas as OUs.
- Use OUs defaults para administrar o domínio inteiro. Os controladores de domínio devem ser mantidos na OU DC. As contas do Administrador do domínio e os grupos devem ser mantidos na OU Users. Os PCs do Administrador do domínio devem ser mantidos na OU Computers (Computadores).

Capítulo 3: Como construir o Active Directory ▶ **109**

OUs defaults: **OUs personalizadas criadas**
                OUs de recurso
                OUs de serviço
                OUs de dados
                OUs com finalidade mista

Domínio

Serviços — Recursos — Dados — Recursos

Nível da raiz

Usuários | Computadores | Controladores do domínio (DCs) | PCs | Serviços | Pessoas

Computador de mesa | Sistemas móveis | Externos

Direitos elevados | Usuários genéricos | PCs públicos | Direitos elevados | Usuários genéricos | Gerenciados | Não gerenciados

Member Servers

Web | HIS | SMS | Exchange | SQL | Instaladores | Contas do serviço

Apenas 3 níveis são usados neste estágio. Os **grupos especiais** têm liberdade de usar mais níveis para separar mais os objetos pelos quais são responsáveis

Grupos do projeto | Grupo de trabalho especial | Admin. comercial | Unidade 1 | Unidade XX comercial

Nível da linha de negócio

Grupo 1 ... Grupo XX | RH | Fin. | Região 1 ... Região XX

Nível regional ou administrativo

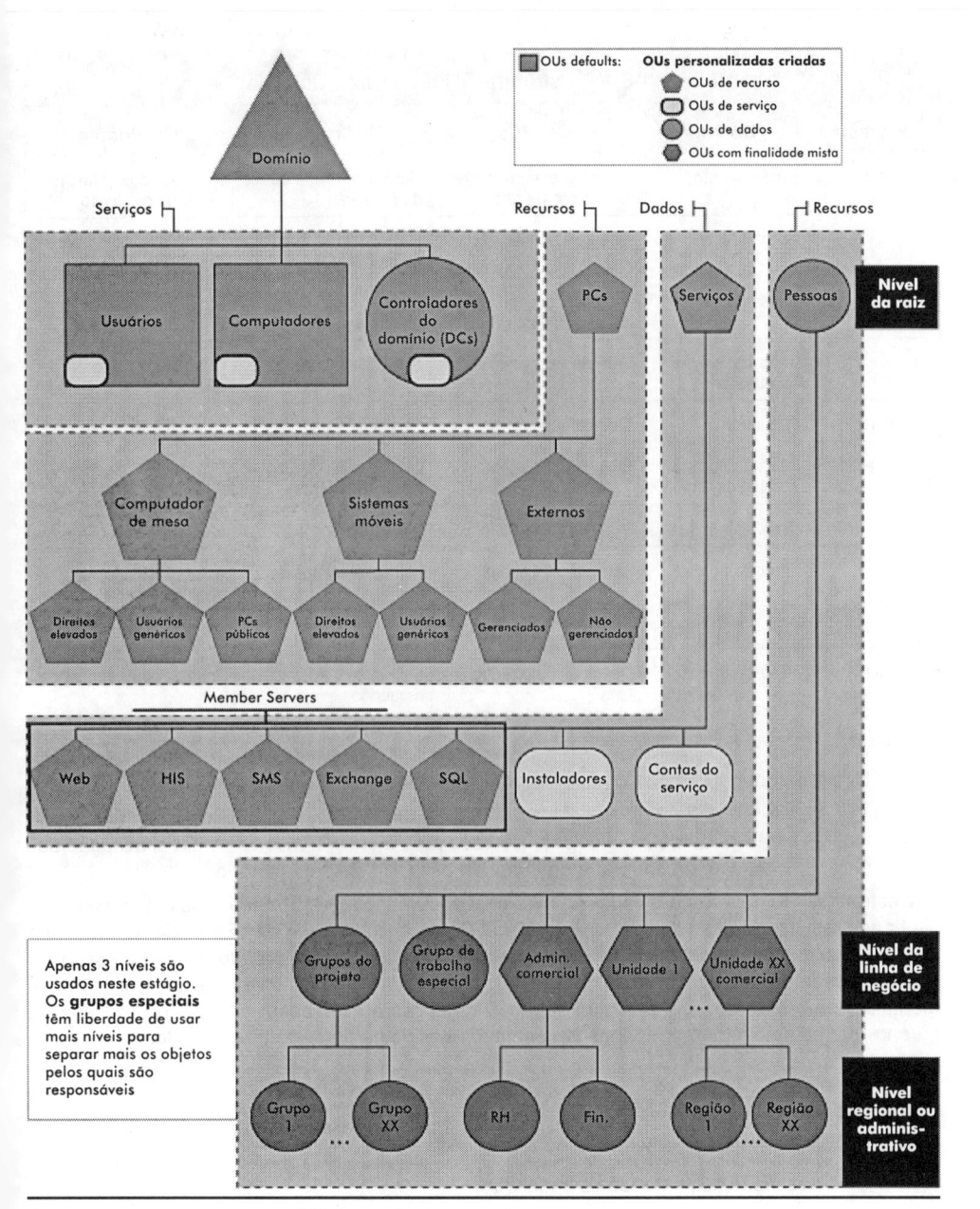

Figura 3-6 – *Uma estrutura OU de produção completa.*

Tabela 3-5 – A Estrutura OU em Outros Domínios

Floresta	Domínio	OU PCs	OU Services	OU People
Produção	Treinamento	Um nível apenas, todos os objetos na raiz	Mesma estrutura básica da produção	Igual aos dois primeiros níveis na produção
	Organização	Um nível apenas, todos os objetos na raiz	Mesma estrutura básica da produção	Um nível apenas, todos os objetos na raiz
	Desenvolvimento	Igual aos dois primeiros níveis como na produção	Igual aos dois primeiros níveis na produção	Igual aos dois primeiros níveis na produção
	Raiz da floresta protegida	OUs defaults apenas	OUs defaults apenas	OUs defaults apenas
Perímetro	Perímetro	OUs defaults apenas	OUs defaults apenas	OUs defaults apenas
Organização	Raiz da floresta protegida	OUs defaults apenas	OUs defaults apenas	OUs defaults apenas
	Produção	Igual à produção	Igual à produção	Igual à produção
Teste de desenvolvimento (se requerido)	Raiz da floresta	OUs defaults apenas	OUs defaults apenas	OUs defaults apenas ou pode requerer a mesma OU de produção para o teste
Florestas utilitárias	Raiz da floresta	Definida como requerido	Definida como requerido	Definida como requerido

- Use a estratégia OU do domínio de produção para definir a estratégia OU para os outros domínios e florestas.
- Não se esqueça de definir e colocar padrões para a criação recorrente e a eliminação das OUs. Isso ajudará a controlar a proliferação das OUs em seu diretório.

Sua estratégia OU deve ser baseada nas informações na Tabela 3-4. Embora essa categoria possa diferir nos resultados finais de seu próprio Object Categorization Exercise (Exercício de Categoria dos Objetos), essas diferenças serão menores. Elas irão variar devido a fatores como a situação política, a estratégia comercial e a abordagem do gerenciamento IT, ao invés das diferenças fundamentais. Lembre-se de que sua construção OU não será a resposta para todo processo de gerenciamento no diretório. É apenas um primeiro nível de gerenciamento do objeto.

O processo de construção OU deve resultar nos seguintes envios:

- Um diagrama da hierarquia OU
- Uma lista de todas as OUs
- Uma descrição do conteúdo de cada OU
- A finalidade de cada OU
- A identificação do proprietário de cada OU
- Uma lista dos grupos que têm controle sobre cada OU.
- Uma lista dos tipos de objeto que cada grupo pode controlar em cada OU.
- As regras para a criação e a eliminação das OUs nas operações normais.

Uma estratégia da floresta WS03 completa

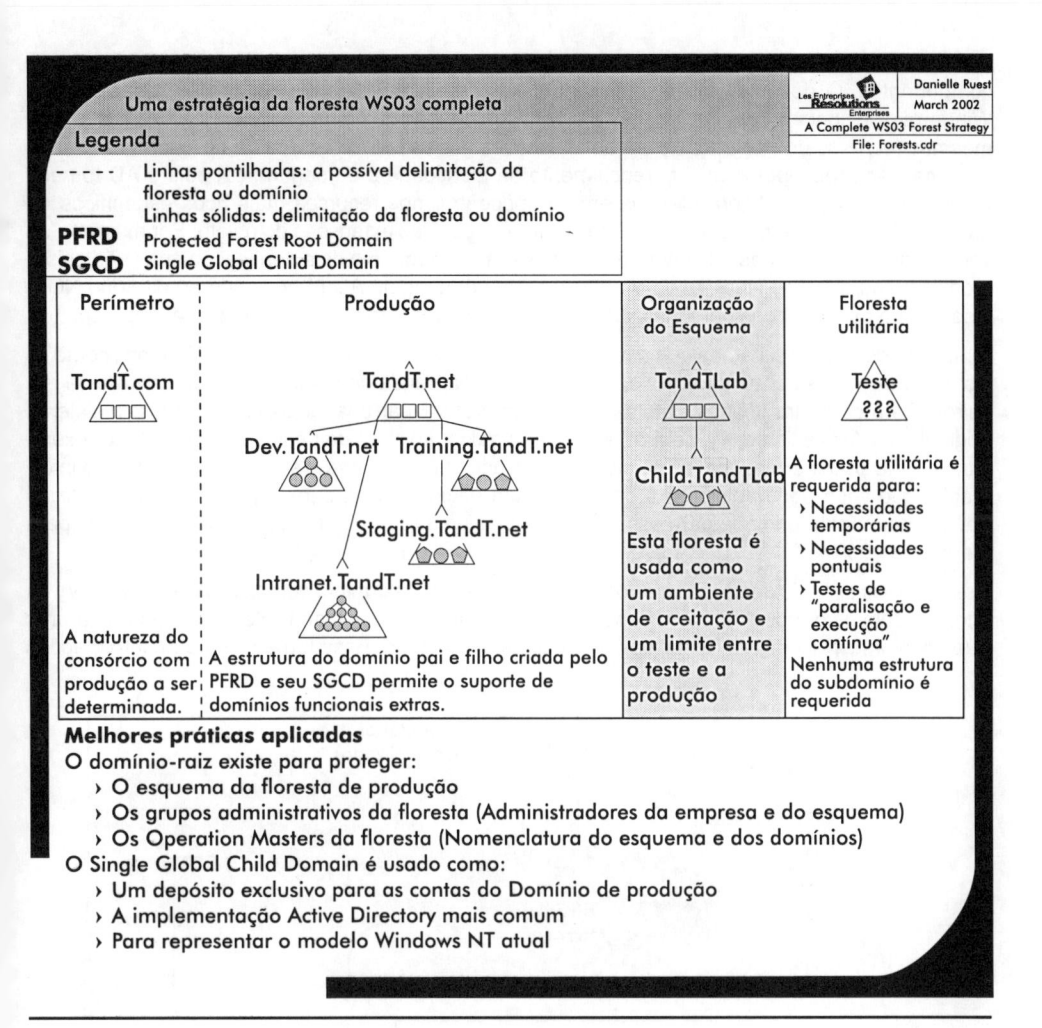

Danielle Ruest
Les Entreprises Resolutions Enterprises
March 2002
A Complete WS03 Forest Strategy
File: Forests.cdr

Legenda
- - - - - Linhas pontilhadas: a possível delimitação da floresta ou domínio
───── Linhas sólidas: delimitação da floresta ou domínio
PFRD Protected Forest Root Domain
SGCD Single Global Child Domain

Perímetro	Produção	Organização do Esquema	Floresta utilitária
TandT.com	TandT.net	TandTLab	Teste ???
	Dev.TandT.net Training.TandT.net	Child.TandTLab	A floresta utilitária é requerida para:
	Staging.TandT.net	Esta floresta é usada como um ambiente de aceitação e um limite entre o teste e a produção	› Necessidades temporárias › Necessidades pontuais › Testes de "paralisação e execução contínua" Nenhuma estrutura do subdomínio é requerida
	Intranet.TandT.net		
A natureza do consórcio com produção a ser determinada.	A estrutura do domínio pai e filho criada pelo PFRD e seu SGCD permite o suporte de domínios funcionais extras.		

Melhores práticas aplicadas
O domínio-raiz existe para proteger:
› O esquema da floresta de produção
› Os grupos administrativos da floresta (Administradores da empresa e do esquema)
› Os Operation Masters da floresta (Nomenclatura do esquema e dos domínios)
O Single Global Child Domain é usado como:
› Um depósito exclusivo para as contas do Domínio de produção
› A implementação Active Directory mais comum
› Para representar o modelo Windows NT atual

Figura 3-7 – A construção da floresta, árvore, domínio e OU completa para a T&T Corporation.

AD e outros diretórios

Como você viu até então, o Active Directory é muito mais do que um sistema simples de autenticação e autorização. É um sistema de gerenciamento de identidade central. Como tal, irá interagir com os outros sistemas em sua rede, alguns dos quais poderá já manter dados de identidade. Como o AD é um sistema de gerenciamento da identidade central, os novos sistemas desenvolvidos poderão interagir com o AD e não deverão requerer os componentes de gerenciamento da identidade. O Microsoft Exchange é um excelente exemplo de integração. Na versão 5.5, o Exchange requeria sua própria infra-estrutura de gerenciamento da identidade completa. Nas versões atuais, integra-se completamente ao Active Directory e usa as funções do AD para gerenciar todos os componentes de identidade.

Assim, o Active Directory é comparável ao próprio Windows. Quando os programadores preparam o software para o Windows, eles não precisam se preocupar com o modo como a aplicação será impressa ou como irá interagir com um dispositivo de vídeo; o Windows gerencia todos esses componentes. O desenvolvedor precisa apenas garantir que o novo código funcionará com o Windows e se concentrará nas funções a serem construídas na própria aplicação. O AD fornece os mesmos recursos de integração para as aplicações. Os desenvolvedores da aplicação não precisam mais se preocupar com o gerenciamento da identidade e da segurança, pois o AD fornece todas essas funções. Agora eles podem se concentrar nos recursos mais ricos específicos do produto. E mais, podem usar o AD/AM para a integração das extensões do objeto. Por exemplo, se você quiser incluir um hash de impressão digital em seu esquema de autenticação, mas não quiser modificar seu diretório NOS, poderá adicioná-lo a um diretório AD/AM e ligá-lo ao diretório NOS. Isso evitará as extensões personalizadas do esquema que têm de ser repetidas na empresa.

E mais, poderá já ter sistemas que não podem se integrar diretamente ao Active Directory, como os sistemas de recursos humanos, as aplicações personalizadas da empresa ou um software de terceiros. Para cada um desses sistemas, precisará determinar qual depósito de dados, o sistema original ou o Active Directory, será a fonte primária dos registros de dados específicos. Por exemplo, se o AD puder armazenar a estrutura organizacional inteira através das propriedades de informação que você pode adicionar à conta de cada usuário (local, papel, gerente etc.), o AD não deveria ser a fonte primária para essas informações uma vez que também é a fonte primária para a autenticação?

Esses são os tipos de decisões que você precisa tomar ao determinar como seu Active Directory irá interagir com os outros diretórios. Será a fonte de informações primária? Se for, precisará garantir que as informações sejam fornecidas e mantidas no diretório. Esse fornecimento de informações

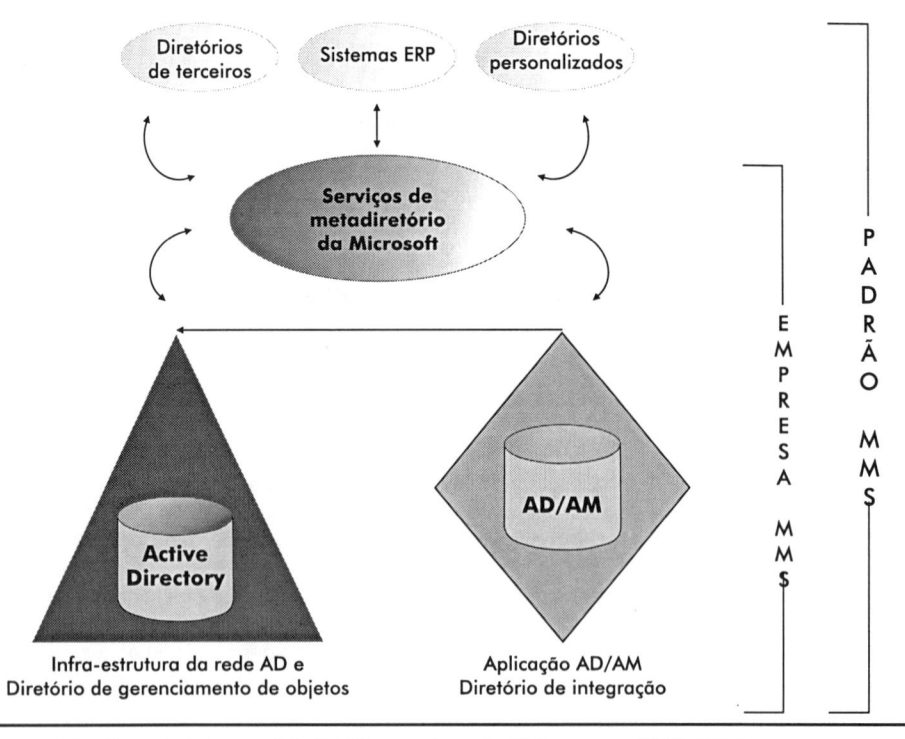

Figura 3-8 – *Como integrar o AD, AD/AM e outros diretórios com o MMS 2003.*

tem que fazer parte de seu processo de distribuição AD inicial. Também precisará considerar as alterações que terá de fazer em seus sistemas da empresa para que eles obtenham os dados primários do AD, do contrário precisará manter várias fontes autorizadas para os mesmos dados. Se este for o caso, considere usar o Microsoft MetaDirectory Services 2003 (MMS).

Microsoft MetaDirectory Services

O MMS é uma aplicação especial designada para examinar diversos serviços do diretório. O MMS gerencia as operações de vários diretórios para assegurar a integridade dos dados. Se você instalar o MMS sobre o AD e identificar o AD como a fonte primária das informações, o MMS modificará automaticamente os valores nos outros serviços de diretório quando você modificar os valores no AD.

A Standard Edition do MMS está disponível gratuitamente (http://www.microsoft.com/ mms/) e é designada para suportar a integração dos dados entre o AD, AD/AM e o Exchange. A Enterprise Edition é designada para integrar fontes de dados heterogêneas. Ambas são executadas como serviços nos Member Servers e incluem preparações simplificadas. É importante lembrar que as implementações MMS são adicionais e separadas das implementações AD. Mas as vantagens são claras. Se você precisar integrar diversos diretórios como banco de dados pessoais, aplicações do software de terceiros e mesmo outras florestas, ou se precisar integrar o AD e o AD/AM, o MMS será a melhor maneira de assegurar que os dados serão preenchidos de uma fonte de informações para todos as outras ou sincronizar os dados automaticamente em diversos depósitos. Também ajudará a gerenciar o processo de movimento, acréscimo e alteração do funcionário uma vez que fornece uma única exibição integrada de todos os dados do funcionário. A operação integrada do MMS, AD e o AD/AM é apresentada na Figura 3-8.

Nota – *Para obter mais informações sobre a integração dos serviços de diretório do WS03, pesquise "A New Roadmap to Directory Services" em http:// www.thedotnetmag.com.*

Aplicações integradas para os diretórios NOS

A Microsoft descreveu um novo programa de certificado da aplicação com o Windows 2000, o programa Windows Logo. Esse programa continua com o Windows Server 2003. As aplicações aprovadas com o Logo irão se integrar ao Active Directory para usar suas capacidades de gerenciamento da identidade e de autenticação. Hoje, várias aplicações ficam nessa categoria. Para obter uma lista completa e atualizada das aplicações com certificado Logo para o Windows Server 2003, vá para http://www.veritest.com/certified/ win2000server/.

Integrar algumas aplicações no diretório é inevitável, especialmente as aplicações de extensão do gerenciamento ou do diretório. Um bom exemplo é a família .NET Enterprise Server. Várias delas se incluem diretamente no Active Directory e através dessa integração trazem modificações ou extensões para o esquema do banco de dados AD. Essas extensões são necessárias porque cada uma adiciona a funcionalidade que não é geralmente requerida em um Active Directory de base. Entre essas aplicações, você encontrará:

- **Exchange Server** O Exchange na verdade dobra o tamanho do esquema AD, adicionando duas vezes as classes do objeto e duas vezes as propriedades.

- **Internet Security and Acceleration Server** O ISA modifica o esquema para adicionar objetos ISA especiais. Essa integração aperfeiçoa os processos de segurança, autenticação e de gerenciamento para o ISA.

- **Host Integration Server** Se você requerer um acesso integrado entre um ambiente de herança e o Windows Server 2003, irá solicitar o HIS. O HIS também estende o esquema AD para aperfeiçoar o gerenciamento e a autenticação HIS.

- **Systems Management Server** A versão 2003 da ferramenta de gerenciamento da empresa da Microsoft, o SMS integra-se ao AD para estender as capacidades de gerenciamento de sua rede e infra-estrutura

A razão pela qual é importante identificar como seu Active Directory irá se integrar às outras aplicações ou fontes de informação é por causa das extensões do esquema. Se essa for sua primeira implementação de um Active Directory, deverá instalar todas as modificações do esquema quando instalar o domínio-raiz de sua floresta. Assim, limitará a quantidade de réplica em sua rede de produção. Tudo bem, sempre que você fizer uma modificação do esquema, ela será repetida para todo controlador do domínio na floresta. Se você tiver controladores do domínio regionais que se repetem nas linhas WAN, modificações pesadas poderão trazer falhas de serviço. Estender o esquema no domínio-raiz da floresta, antes de instalar os domínios-filhos, conterá uma réplica e irá limitá-la ao processo de instalação de cada servidor.

Na verdade, o WS03 suporta o preenchimento de um controlador do domínio a partir de um meio de backup na instalação. Isso significa que em vez de você ter que construir todos os controladores do domínio, enquanto eles eram conectados a uma rede de alta velocidade com o Windows 2000, no WS03, será capaz de reconstruir e corrigir os DCs remotamente contanto que tenha criado uma cópia off-line do diretório com a ferramenta Backup do Windows (ou outra). Os controladores do domínio deverão ainda ser construídos em uma área de organização usando uma rede de alta velocidade durante a preparação AD se possível.

Melhores práticas da integração AD

Cinco atividades precisam ser executadas no estágio da integração AD:

- Posicione o Active Directory como o serviço de diretório básico na organização.
- Posicione o papel do AD no modo Application, se requerido, em sua organização.
- Posicione a relação que os outros diretórios da empresa terão com o AD.
- Identifique o modelo de interação entre os serviços de diretório e a posição que o papel dos Microsoft MetaDirectory Services irá desempenhar em sua organização.
- Determine quais aplicações operacionais serão integradas em seu diretório.

Use as seguintes melhores práticas durante esse processo:

- O Active Directory deve ser o serviço de diretório básico. O AD pode ser modificado através de uma interface gráfica. Também pode usar scripts para executar modificações pesadas com o AD. O AD também suporta um modelo de delegação poderoso. Finalmente, suporta o gerenciamento PC, algo que alguns serviços de diretório podem executar.
- Use o AD como seu único ponto de interação. O AD fornece um único ponto de interação porque é um banco de dados distribuído que usa um processo de réplica com diversos mestres. Os usuários podem modificar os dados em qualquer escritório regional e ele será atualizado automaticamente através do diretório.
- Se precisar manter a integridade dos dados entre diversos diretórios, use os Microsoft MetaDirectory Services com o Active Directory como sua fonte de dados primária.
- Se você precisar instalar aplicações relacionadas ao NOS que modificam o esquema, adicione-as ao domínio-raiz da floresta *antes* de criar os domínios-filhos.

Capítulo 3: Como construir o Active Directory ▶ **115**

- Se precisar integrar suas aplicações pessoais no diretório, use o AD no modo Application. Isso não terá nenhum impacto em seu diretório NOS.
- Integre as aplicações relacionadas com o NOS e outras no AD apenas se for absolutamente requerido. As modificações do esquema podem ser aposentadas e reutilizadas, mas apenas através de um processo complexo que envolverá a réplica em seu diretório NOS distribuído.
- Mantenha seu Active Directory como um diretório NOS primeiramente. Isso limitará a quantidade de réplica na floresta e facilitará atualizar para as futuras versões dos sistemas operacionais do servidor Windows.

Posicionamento do serviço

Agora que você identificou o número de florestas, árvores e domínios em seu Active Directory, construiu sua estrutura OU, e identificou como o serviço de diretório agirá em sua organização, poderá ir para o Posicionamento do serviço. O Posicionamento do serviço relaciona-se à posição e ao papel que os controladores do domínio terão em cada floresta e cada domínio. Os controladores do domínio são o provedor básico do serviço para o Active Directory. Eles fornecem uma réplica com diversos mestres na floresta inteira. Alguns tipos de informações não podem ser mantidas em um formato com diversos mestres. Para armazenar e gerenciar essas informações, alguns controladores do domínio têm um papel especial, o Operation Master. Outro papel especial é o Global Catalog; esse servidor suporta a pesquisa e a indexação das informações de toda a floresta. Os serviços básicos do Active Directory ficam em três categorias: Operation Masters, Global Catalogs e controladores genéricos do domínio. Uma quarta categoria também terá de ser considerada se o Active Directory tiver que ser sadio: o servidor DNS.

Posicionamento dos Operation Masters

Os Operation Masters são os serviços AD que gerenciam as solicitações para as alterações específicas das informações no nível da floresta ou do domínio. Sem esses serviços, o AD não pode operar. Eles ficam em dois grupos: papéis do Operation Master de toda a floresta e centrados no domínio. Os papéis do Operation Master são algumas vezes chamados de mestre simples flexível de operações (FSMO) porque mesmo que apenas uma instância na floresta ou domínio possa existir, essa instância não terá uma raiz em um certo servidor; ela pode ser transferida de um controlador do domínio para outro. Assim, é flexível e é única porque tem de ser exclusiva em seu escopo de influência.

Os papéis do Operation Master de toda a floresta são:

- **Schema Master** O serviço principal que mantém a estrutura do banco de dados e autoriza as alterações do esquema.
- **Domain Naming Master** O serviço principal que controla e autoriza a nomenclatura do domínio na floresta.

Apenas uma única instância desses serviços pode existir na floresta em um determinado momento. Ambos os serviços podem estar localizados no mesmo controlador do domínio, se requerido. Nas florestas grandes, esses serviços são distribuídos em dois controladores do domínio separados.

Além dos papéis de Operation Master de toda a floresta, há os papéis de Operation Master centrados no domínio. Se você tiver apenas um domínio em sua floresta, terá uma única instância de cada um desses papéis, mas se tiver mais de um domínio, todo domínio terá uma instância cada. Eles incluem:

- **Relative ID (RID) Master** O serviço principal que é responsável pela atribuição dos IDs relativos para outros controladores de domínio no domínio. Sempre que um novo objeto –

usuário, computador, servidor, grupo – for criado em um domínio, o controlador do domínio, que está executando a criação, atribuirá um número ID exclusivo. Esse número ID consiste no número de identificação do domínio seguido de um número de identificação relativo que é atribuído na criação do objeto. Quando um controlador do domínio sai de seu pool de IDs relativos, solicita um pool extra ao RID Master (Mestre RID). O papel do ID relativo também é ser o recipiente do domínio. Se você precisar mover os objetos entre os domínios na mesma floresta, precisará iniciar o movimento a partir do RID Master.

- **Emulador Primary Domain Controller (PDC)**   O serviço principal que fornece compatibilidade para Windows NT. Se houver controladores do domínio Windows NT ou clientes da rede Windows NT no domínio, esse servidor agirá como o Primary Domain Controller para o domínio. Ele gerencia toda a réplica para os Backup Domain Controllers (no NT, claro).

  Se não houver nenhum cliente não Windows 2000 ou XP ou CDs do Windows NT, a floresta poderá operar no modo nativo. Neste caso, o emulador PDC se concentrará em seus dois outros papéis: Time Synchronization em todos os DCs e Preferential Account Modification Replication para outros os DCs Todos os controladores do domínio no domínio definirão seu clock de acordo com o emulador PDC. E mais, qualquer modificação da conta que for crítica, como a modificação da senha ou a desativação da conta, será repetida imediatamente para o emulador PDC a partir do servidor de origem. Se uma tentativa de conexão falhar em um certo DC, ele verificará com o emulador PDC antes de rejeitar a tentativa porque pode não ter recebido as alterações recentes da senha. O emulador PDC suporta dois protocolos de autenticação: Kerberos V5 (Windows 2000 e superior) e NTLM (Windows NT).

- **Infrastructure Master**   O serviço principal que gerencia duas tarefas críticas:
  - A atualização das referências dos objetos em seu domínio para os objetos em outros domínios. É como a floresta sabe a qual domínio um objeto pertence. O Infrastructure Master (Mestre de Infra-estrutura) tem uma relação íntima com o Global Catalog. Se achar que alguns de seus objetos estão desatualizados em comparação com o GC, solicitará uma atualização ao GC e enviará as informações atualizadas para outros CDs no domínio.

> **Cuidado** – *O serviço Global Catalog e o serviço Infrastructure Master não devem ser armazenados no mesmo DC a menos que haja apenas um servidor na floresta ou o domínio seja muito pequeno (por exemplo, o domínio-raiz da floresta). Poderão surgir problemas se estiverem no mesmo computador porque o Infrastructure Master irá compartilhar o mesmo banco de dados do Global Catalog. Ele não será capaz de dizer se está desatualizado ou não. Nunca solicitará atualizações. Em uma floresta grande, isso poderá fazer com que outros DCs fiquem fora de sincronia com o conteúdo GC.*

- A atualização e a modificação dos membros do grupo no domínio. Se um grupo incluir objetos de outro domínio e esses objetos forem renomeados ou movidos, o Infrastructure Master manterá a consistência do grupo e irá repeti-lo para todos os outros controladores do domínio. Isso assegura que os usuários manterão direitos de acesso mesmo que você execute operações de manutenção em suas contas.

Esses papéis do mestre centrados no domínio devem ser separados se possível. Isso depende do tamanho de cada domínio. Seja qual for seu tamanho, cada domínio deve ter pelo menos dois controladores do domínio para a redundância, o equilíbrio do carregamento e a disponibilidade.

Posicionamento do servidor Global Catalog

O servidor Global Catalog é também um papel do controlador do domínio especial. Qualquer controlador do domínio pode operar como um servidor Global Catalog. O GC é o servidor que mantém uma cópia do banco de dados de toda a floresta em cada domínio. Por default, inclui cerca de 20% dos dados da floresta; tudo que foi marcado no esquema do banco de dados da floresta como sendo de interesse de toda a floresta é publicado no GC. Uma floresta com um único DC incluirá automaticamente o papel do servidor Global Catalog.

O GC tem três funções:

- **Localizar objetos**   O GC mantém informações sobre os usuários e os outros objetos em seu domínio. As consultas do usuário sobre os objetos são enviadas automaticamente para o número da porta TCP 3268 e roteadas para o servidor GC.

- **Permite conexões UPN**   Os usuários podem se conectar a outros domínios na floresta usando seu nome principal do usuário (UPN). Se o controlador do domínio que valida o usuário não conhecer o usuário, consultará o servidor Global Catalog. Como o GC mantém informações sobre todo usuário na floresta, ele completará o processo de conexão se for permitido pelos direitos do usuário. As conexões UPN são também suportadas nas florestas quando um consórcio de florestas existe.

- **Suporta grupos Universal**   Todos os grupos Universal são armazenados no Global Catalog para que possam estar disponíveis para toda a floresta.

As florestas WS03 nativas melhoraram a funcionalidade GC. Por exemplo, elas podem repetir apenas as modificações do grupo Universal ao invés do grupo Universal inteiro quando as alterações são feitas. E mais, os CDs WS03 podem armazenar em cache os dados do membro do usuário, remover a necessidade de consultar constantemente o GC, de modo que o serviço GC não precise ser tão estendido quanto nas redes Windows 2000.

Porém, o serviço GC deve estar amplamente disponível. Se sua rede se estender em várias regiões, você deverá colocar pelo menos um servidor GC por região. E mais, deverá ativar o cache Universal Group Membership (UGM) para todos os DCs na região. Colocar o servidor GC na região irá assegurar que as solicitações de conexão do grupo Universal não serão enviadas na WAN. A WAN será requerida para a primeira tentativa de conexão se nenhum GC estiver presente na região mesmo que o cache UGM esteja ativado porque o CD de conexão tem que localizar um servidor GC a partir do qual armazenar em cache os dados. Os servidores GC locais também são úteis para as aplicações que usam a porta 3268 para as solicitações de autenticação. Considere as conexões nos domínios em potencial ao determinar onde colocar os servidores GC.

Posicionamento do controlador do domínio

Posicionar os papéis do Operation Master e os servidores Global Catalog é posicionar os controladores do domínio porque cada um desses serviços irá operar apenas em um controlador do domínio. Como mencionado anteriormente, em uma única floresta do domínio, todos os papéis FSMO e o GC poderiam ser executados em um único DC. Mas em uma rede média a grande, esses papéis são geralmente distribuídos entre vários controladores do domínio. Além de executar esses papéis, os controladores do domínio suportam a autenticação e a réplica com diversos mestres. Isso significa que, quanto mais usuários você tiver, mais DCs precisará se quiser manter seu tempo de conexão curto. Os servidores grandes com diversos processamentos que executam o serviço DC podem lidar com milhões de solicitações por dia. Os servidores regionais tendem a ter várias funções extras. Os servidores regionais são geralmente servidores com diversas finalidades e tendem a ser melhores em capacidade que os servidores centralizados. Se forem servidores com diversas finalidades também, considere adicionar DCs extras sempre que o carregamento do usuário exceder os 50 usuários por servidor.

Se alguns de seus sites regionais tiverem menos de dez usuários, não coloque um controlador do domínio no site. Use os Serviços do terminal para criar sessões do terminal para os usuários no site mais próximo que contém um DC. Todas as conexões serão executadas no site remoto. Mas se puder, coloque um DC em cada site que tenha mais de dez usuários.

A melhor maneira de determinar quantos DCs posicionar em sua rede é avaliar o desempenho da rede. Em muitos casos, é uma questão de julgamento. Defina uma regra baseada no desempenho de sua rede e fique com ela. Também poderá prever o número de DCs durante o exercício de topologia do site.

Posicionamento do servidor DNS

O desempenho da rede é exatamente a razão pela qual o serviço DNS é o quarto serviço Active Directory que precisa do posicionamento para as operações otimizadas do diretório. Como parte da estrutura AD é baseada no Domain Naming System e como todas as conexões têm de determinar o nome e o local de um controlador do domínio antes de serem validadas, o serviço DNS se tornou um serviço Active Directory básico. Ao posicionar os serviços para o AD, você aprenderá rapidamente que deve casar o serviço DNS com o serviço do controlador do domínio.

No Windows Server 2003, como no Windows 2000, todo controlador do domínio em cada domínio em cada floresta deve também ser um Domain Name Server porque o AD usa o DNS para localizar os objetos na rede e porque os dados DNS podem ser integrados no diretório. Se o DNS for configurado para se integrar ao AD, poderá também ficar completamente seguro. Você poderá assegurar-se de que apenas os objetos da rede de confiança e as fontes atualizarão as informações na partição DNS do Active Directory. Finalmente, a integração do diretório significa uma réplica segura. Como os dados DNS são integrados no diretório, eles são repetidos com as outras informações do diretório.

Os dados DNS podem também ser armazenados nas partições da aplicação, as partições do diretório que podem designar quais controladores do domínio irão armazenar as informações. Por exemplo, em uma floresta com diversos domínios, o WS03 cria automaticamente uma partição da aplicação dos dados DNS que se estende pela floresta inteira. Isso significa que, como os dados são repetidos para cada controlador do domínio na floresta, a resolução do nome da floresta global sempre funcionará em todo lugar.

O Windows 2000 e o Windows Server 2003 trazem muitos conceitos novos para o Domain Naming System. É por isso que muda de um serviço IP simples para se tornar um serviço AD integrado.

Melhores práticas de posicionamento do serviço

Use as seguintes regras para designar sua situação de Posicionamento do serviço:

- Nas grandes estruturas AD, coloque os Operation Masters de toda a floresta em um Protect Forest Root Domain.
- Se sua floresta se estender em diversos sites, coloque o Schema Master em um site e o Domain Naming Master em outro.
- Proteja com cuidado o acesso para o papel do Schema Master.
- Coloque os papéis do RID Master e do Emulador PDC no mesmo DC.
- Crie um papel do Emulador PDC dedicado nos domínios que têm mais de 50.000 usuários.

- Separar os Global Catalogs e os Infrastructure Masters se puder.
- Coloque pelo menos dois controladores de domínio por domínio.
- Se um pequeno domínio se estender em dois sites, use pelo menos dois controladores do domínio, um para cada site.
- Coloque um servidor Global Catalog em cada site geográfico que contenha pelo menos um controlador do domínio.
- Ative o Universal Group Membership Caching em cada site geográfico.
- Coloque um controlador do domínio onde houver mais de dez usuários, a menos que a velocidade de link WAN suporte adequadamente as tentativas de conexão remota.
- Adicione um controlador do domínio regional sempre que houver mais de 50 usuários por DC, especialmente se for um servidor com diversas finalidades.
- Instale o Domain Naming Service em cada controlador do domínio.
- Use as partições da aplicação para designar os escopos de réplica DNS.

Situação do posicionamento do servidor

A melhor maneira de aprender a executar o posicionamento do servidor é usar situações. Nesta situação, a T&T Corporation procura criar e preencher seu Active Directory. Tem mais de 10.000 usuários. Ela decidiu usar uma floresta de produção com diversos domínios como exibido na Figura 3-7. Suas matrizes estão em uma única cidade, mas em prédios separados. Ambos os prédios estão ligados por uma rede da área metropolitana que opera em alta velocidade. E mais, tem quinze escritórios regionais, alguns em outras áreas metropolitanas com um tamanho considerável. Nessas áreas metropolitanas, os escritórios de satélite usam links locais para "atravessarem" a rede remota.

A T&T precisa posicionar os papéis dos controladores do domínio, Global Catalogs, o DNS e do Operation Master. A Tabela 3-6 descreve a posição de cada domínio em cada região. A distribuição regional dos escritórios da organização está na Figura 3-9.

◄)) **Nota** — *Na Tabela 3-6, nos usuários de desenvolvimento se incluem os próprios desenvolvedores assim como as contas de teste, embora os usuários no domínio de treinamento representem apenas as contas genéricas.*

Como pode ver, a primeira etapa para a T&T nessa fase é identificar o layout geográfico de seus escritórios. Assim que isso é identificado, a T&T pode prosseguir para o posicionamento do servidor. Usando as regras descritas anteriormente, a T&T começará o processo de posicionamento. Ela precisa prosseguir sistematicamente, assim colocará os servidores na seguinte ordem:

1. Os primeiros servidores a posicionar serão os papéis de Operation Master de toda a floresta. Eles estão no Protected Forest Root Domain (PFRD): o Schema Master e o Domain Naming Master.

2. Em seguida, serão os papéis Operation Master centrado no domínio do PFRD: RID Master, Emulador PDC e Infrastructure Master. Devem ser posicionados de acordo com as melhores práticas descritas anteriormente.

3. O tamanho (número de usuários) e o local do PFRD ajudarão a determinar o número de controladores do domínio requeridos para operar o PFRD.

Tabela 3-6 – As Informações da Situação de Posicionamento do Servidor da Floresta de Produção

	Região	Domínio	Número de usuários
1	Matriz principal	Raiz dedicada	7
2	Matriz principal	Produção	3000
3	Matriz principal	Desenvolvimento	200
4	Matriz principal	Treinamento	300
5	Matriz principal	Organização	20
6	Site da matriz 2	Produção	2200
7	Site da matriz 2	Desenvolvimento	250
8	Site da matriz 2	Treinamento	200
9	Região 1	Produção	250
10	Região 2	Produção	300
11	Região 3	Produção	100
12	Região 4	Produção	125
13	Região 5	Produção	2100
14	Região 6	Produção	75
15	Região 7	Produção	80
16	Região 8	Produção	140
17	Região 9	Produção	80
18	Região 10	Produção	150
19	Região 11	Produção	575
20	Região 12	Produção	250
21	Região 13	Produção	90
22	Região 14	Produção	110
23	Região 15	Produção	40
24	Satélite 1 (Região 2)	Produção	10
25	Satélite 2 (Região 5)	Produção	5
26	Satélite 3 (Região 5)	Produção	8
27	Satélite 4 (Região 11)	Produção	50
28	Satélite 5 (Região 12)	Produção	35
Total			**10750**

4. Os DCs do PFRD são separados fisicamente, o serviço Global Catalog deve ser adicionado em cada local que inclui pelo menos um DC.

5. Em seguida são os DCs do domínio-filho. Comece com o domínio de produção porque é o mais complexo. Os primeiros serviços a posicionar são os papéis do Operation Master centrados no domínio: o RID Master, o Emulador PDC e o Infrastructure Master.

6. Agora que os papéis básicos estão colocados, posicione os controladores do domínio. Um DC deve ser posicionado em cada região com pelo menos 50 usuários. As regiões com

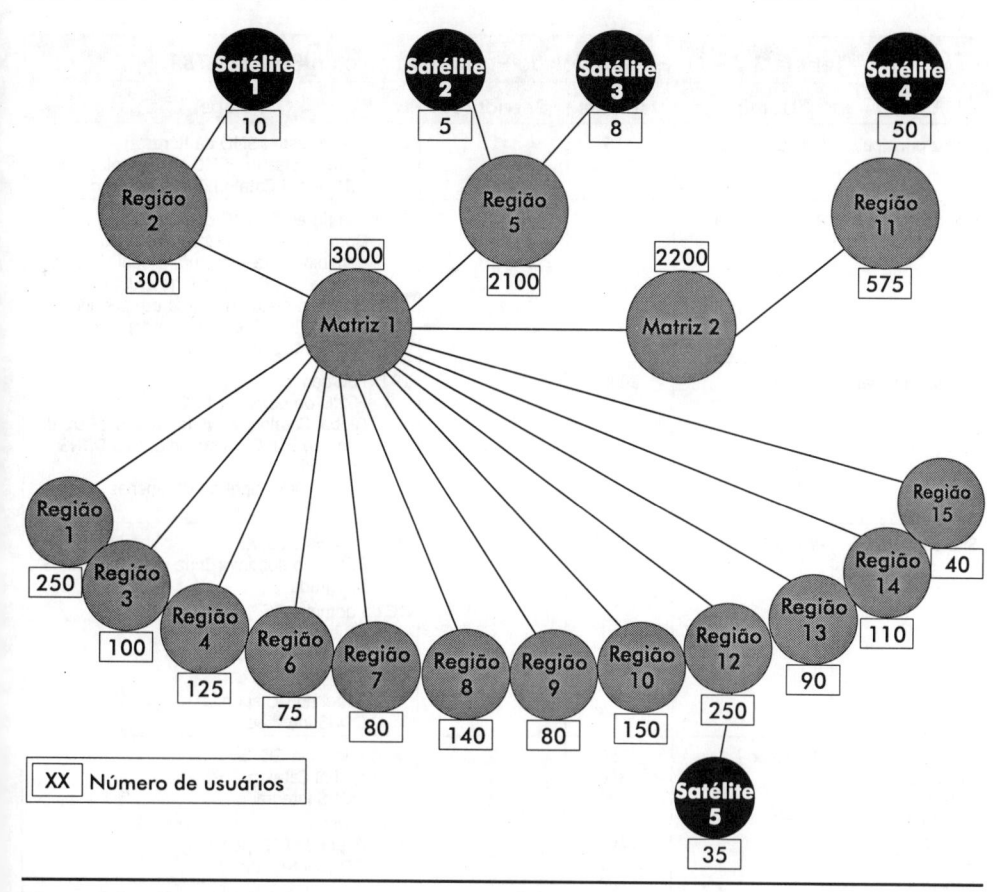

Capítulo 3: Como construir o Active Directory ▸ **121**

Figura 3-9 – *O mapa dos locais dos escritórios T&T.*

mais de 50 usuários devem ter mais de um DC. As regiões com menos de 50 usuários devem ser avaliadas segundo a necessidade. Também defina uma regra para o posicionamento do DC nos sites grandes: um DC por 1.000 usuários (lembre-se de que os DCs centrais tendem a ser servidores mais poderosos que os DCs regionais).

🔊 **Nota** – *O AD Sizer informará que você pode gerenciar mais de 40.000 usuários por DC. Isso pode ser otimizado porque os DCs têm outros papéis do que simplesmente gerenciar as conexões do usuário. Teste o desempenho e determine se 1.000 usuários por DC é adequado ou não em sua rede.*

7. Cada região que tem pelo menos um DC também mantém pelo menos um serviço Global Catalog.

8. Em seguida, posicione os papéis do Operation Master, GCs e DCs para os outros três domínios: desenvolvimento, treinamento e organização. A organização é fácil uma vez que está localizada em um único site geográfico; dois servidores são mais do que o adequado.

Tabela 3-7 – Os Resultados do Posicionamento do Servidor T&T

Região	Domínio	Usuários	Servidores	Papel
Matriz principal	Raiz dedicada	7	1	1º DC na floresta FSMO da floresta: Schema Master FSMO do domínio: PDC e RID Global Catalog DDNS integrado
Site da matriz 2	Raiz dedicada	7	1	2º DC na floresta FSMO da floresta: Domain Naming Master FSMO do domínio: Infra-estrutura Global Catalog (colocar o GC com o Infrastructure Master é certo por causa do pequeno número de objetos nesse domínio) DDNS integrado
Matriz principal	Produção	3000	3	1º DC do domínio FSMO do domínio: PDC Global Catalog DDNS integrado 2º DC do domínio FSMO do domínio: RID DDNS integrado Outros DCs Papel do DC apenas DDNS integrado
Site da matriz 2	Produção	2200	3	DC do domínio FSMO FSMO do domínio: Infra-estrutura DDNS integrado DC do domínio GC Global Catalog DDNS integrado Outros Dcs Papel do DC apenas DDNS integrado
Região 1 Região 2 Região 3 Região 4 Região 5 Região 6 Região 7 Região 8 Região 9 Região 10 Região 11 Região 12 Região 13 Região 14 Região 15	Produção	250 300 100 125 2100 75 80 140 80 150 575 250 90 110 40	2 3 2 2 2 2 2 2 2 2 1 2 2 2 1	DC do domínio GC Global Catalog DDNS integrado Outros Dcs Papel do DC apenas DDNS integrado
Satélite 1 (Região 2) Satélite 2 (Região 5) Satélite 3 (Região 5)	Produção	10 5 8	0	N/A
Satélite 4 (Região 11) Satélite 5 (Região 12)	Produção	50 35	1 1	DC do domínio GC Global Catalog DDNS integrado
Matriz principal	Desenvolvimento	200	1	1º DC do domínio FSMO do domínio: PDC e RID Global Catalog DDNS integrado

Tabela 3-7 – Os Resultados do Posicionamento do Servidor T&T (continuação)

Região	Domínio	Usuários	Servidores	Papel
Site da matriz 2	Desenvolvimento	250	1	2º DC do domínio FSMO do domínio: Infra-estrutura Global Catalog DDNS integrado
Matriz principal	Treinamento	300	1	1º DC do domínio FSMO do domínio: PDC e RID Global Catalog DDNS integrado
Site da matriz 2	Treinamento	200	1	2º DC do domínio FSMO do domínio: Infra-estrutura Global Catalog DDNS integrado
Matriz principal	Organização	20	2	1º DC do domínio FSMO do domínio: PDC e RID Global Catalog DDNS integrado 2º DC do domínio FSMO do domínio: Infra-estrutura Global Catalog DDNS integrado
Total		10750	54	

O treinamento também pode ser executado com dois DCs, um em cada escritório da matriz. O posicionamento dos DCs de desenvolvimento dependerá de seu nível de atividade. É comum que os DCs de desenvolvimento sejam usados para uma análise de teste exaustivo. Em tais situações, o DC de desenvolvimento precisa manter tantos usuários quanto o domínio de produção inteiro.

9. O mais fácil ficou para o final. Posicione o serviço DNS onde houver um DC.
10. Use as partições da aplicação para determinar como as informações DNS devem ser compartilhadas entre os domínios. O resultado está descrito na Tabela 3-7. Lembre-se de que a estratégia DNS é descrita com mais detalhes no Capítulo 4.

Como pode ver, o estágio de posicionamento do servido requer a aplicação de um conjunto de regras nos dados reunidos em sua organização para produzir um resultado funcional. A T&T Corporation, por exemplo, implementará os servidores e os papéis identificados na Tabela 3-7. Eles terão dois modelos do servidor, um para as regiões (diversas finalidades) e um para os escritórios grandes (DC dedicado). Mas precisarão também controlar o desempenho nesses servidores para garantir que os tempos de resposta do serviço sejam executados como o esperado. Se não, precisarão aprimorar seu modelo. Se este for o caso, será necessário atualizar sua própria versão da Tabela 3-7 para assegurar que sempre refletirá a realidade. A Estratégia de posicionamento do servidor para a T&T Corporation é mostrada na Figura 3-10. Para simplificar, essa figura inclui apenas os domínios-raiz e de produção.

Outro fator que afetará essa avaliação é a velocidade da rede na qual cada escritório está ligado aos outros. Analisar as velocidades da rede e ajustar a réplica do diretório será o próximo estágio, a Construção da topologia do site.

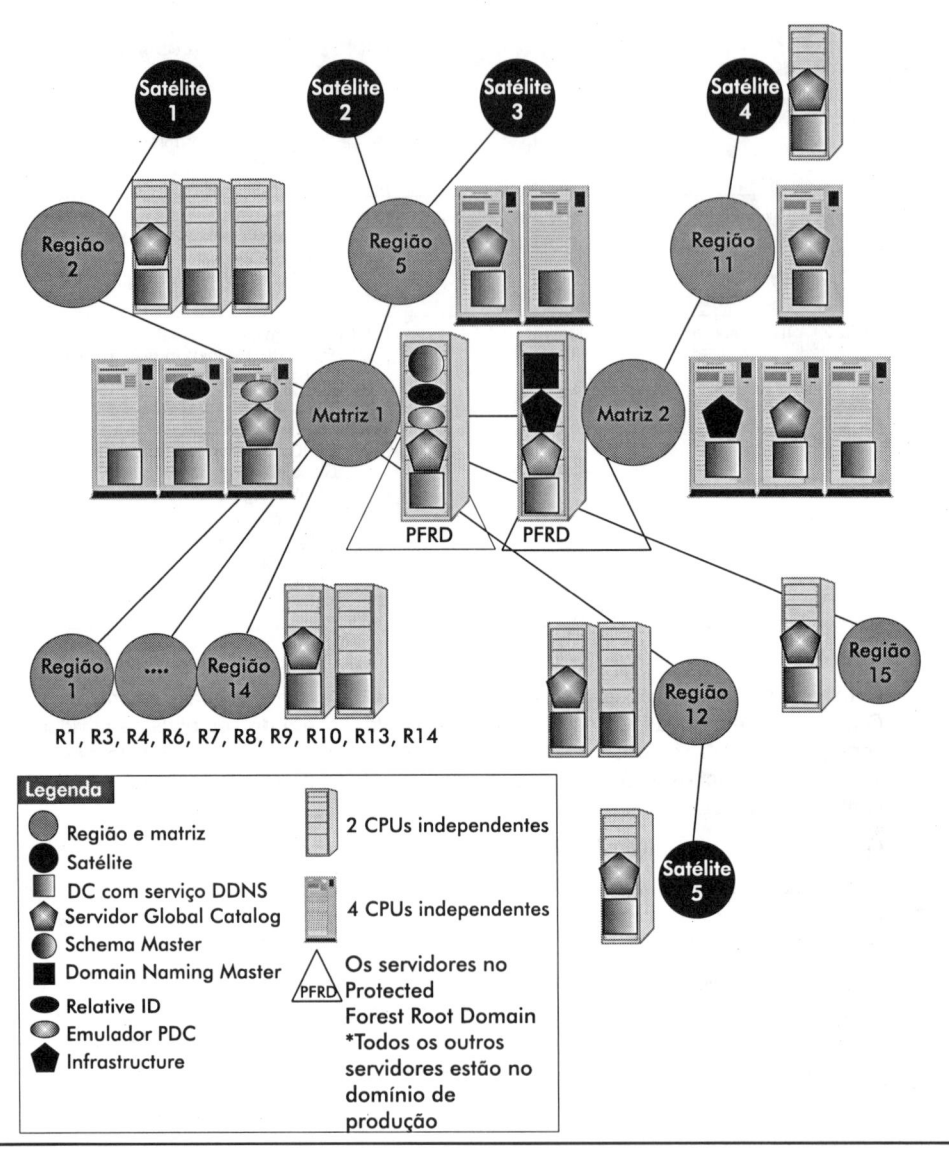

Figura 3-10 – *A situação do posicionamento do servidor para a T&T.*

Topologia do site

A construção do Active Directory está quase completa; apenas mais dois estágios são requeridos: construção da topologia do site e Estratégia de modificação do esquema. A construção da topologia do site diz respeito à análise da velocidade de todas os links WAN que vinculem a floresta e a identificação da estratégia de réplica da floresta. Um site é uma partição de réplica física. A réplica é a chave para a devida operação AD.

Os DCs do Windows Server 2003 repetem as informações continuamente porque são autorizados para certas partes das informações da floresta. Esse ambiente com diversos mestres irá requerer uma réplica constante se os DCs da floresta distribuídos forem ficar atualizados. O WS03 pode executar dois tipos de réplica: dentro do site e entre os sites. A réplica dentro do site é em velocidade alta porque usa a rede local. Os servidores locais também estão freqüentemente em links de velocidade muito alta para assegurar a transferência mais rápida das informações entre eles. A réplica dentro do site ocorre constantemente porque a velocidade do link pode suportá-la. Como é constante e como a velocidade do link pode suportá-la, nenhuma réplica dentro do site é compactada.

A réplica entre os sites é em velocidades inferiores porque tem que cruzar um link WAN para os outros escritórios. A réplica entre os sites tem que ser programada e compactada, do contrário usará mais da largura de banda disponível. O processo de criar sites Active Directory é baseado na identificação do modo de réplica entre os servidores. A réplica é dentro ou entre os sites? Um site também é um reagrupamento físico dos servidores. Um site é geralmente definido como uma sub-rede TCP/IP. Ele pode ser uma rede local virtual (VLAN) – um conjunto de nós da rede que são agrupados em uma única sub-rede em um local geográfico – ou uma sub-rede. A réplica entre os sites pode ocorrer em intervalos de 15 minutos (se for definida em 180 minutos por default). Dois modos de transporte são suportados: Internet Protocol (IP) e o Simple Mail Transfer Protocol (SMTP). *Nunca* considere o SMTP para a réplica entre os sites! É mais complicado de configurar que o IP e é um método de réplica assíncrono porque as alterações são enviadas em mensagens separadas. É possível que as alterações cheguem fora de ordem. Quem não enviou uma mensagem de e-mail para alguém simplesmente recebendo-a de volta uma semana depois informando que a pessoa nunca a recebeu? Você não pode arriscar que isso aconteça com os dados de réplica do diretório.

O IP usa o Remote Procedure Call (RPC) para enviar as alterações para os outros DCs. Ele usa o serviço Knowledge Consistency Checker (KCC) para determinar as rotas automáticas entre os parceiros da réplica. Para isso ocorrer entre os sites, um link do site terá de ser criado entre cada site que contenha um controlador do domínio. O link do site inclui as informações do custo. O KCC pode usar essas informações ao determinar quando repetir, como repetir e o número de servidores para repetir. Os valores especiais com as alterações da senha ou as desativações da conta são repetidos imediatamente para o emulador PDC no domínio apesar dos planejamentos específicos do site. Os dados de réplica entre os sites também são compactados. O AD compacta os dados de réplica através de um algoritmo de compressão. Os dados são compactados automaticamente sempre que atingem um certo início. Geralmente, qualquer coisa maior do que 50 KB será compactada automaticamente quando repetida entre os sites.

Em uma floresta WS03 nativa, você deve ativar a réplica dos valores ligados. Essa opção reduz muito a réplica enviando apenas os valores que mudaram para qualquer atributo com diversos valores como, por exemplo, os grupos. Sempre que uma alteração é feita em um membro do grupo como um novo acréscimo do membro, apenas o valor alterado (o novo membro) é repetido ao invés do atributo inteiro.

Construção da topologia do site

Para executar a Construção da topologia do site, você precisará dos seguintes elementos:

- Um mapa de todos os locais do site.
- A topologia WAN e as velocidades de link para cada local. A configuração do roteador também é importante. As portas TCP/IP requeridas para a réplica são geralmente fechadas por default. Essas portas são identificadas no Capítulo 4.
- O número de DCs em cada site.

A construção do site é simples: deve seguir a construção da rede TCP/IP da empresa. Os sites são sub-redes IP, assim são iguais às estruturas que você já tem para o TCP/IP. Quando prosseguir com a construção, ela resultará na criação de:

- Limites do site para cada local geográfico
- Links de réplica do site
- Links de réplica de backup
- Esquema de custo para cada link

Os sites são independentes da estrutura do domínio. Isso significa que você pode ter diversos domínios em um site, diversos sites em um domínio, assim como diversos sites e diversos domínios em uma rede remota.

A réplica da floresta é dividida em três categorias: réplica de toda a floresta, de partição da aplicação e centrada no domínio. A réplica de toda a floresta e de partição da aplicação estende-se aos domínios. Felizmente, os dados repetidos nessas partições são relativamente pequenos. Não é igual para os domínios. Os domínios de produção contêm especialmente quantidades enormes de informações. É a razão básica para a Construção da topologia do site: a disponibilidade dos dados entre os sites do domínio separados.

Os domínios de produção devem ser divididos caso tenha que se repetir em velocidades do link de 56 kilobits por segundo ou inferior. Os domínios de produção muito grandes requerem links WAN de alta velocidade caso forem se estender para escritórios regionais mesmo que os dados sejam compactados e a réplica, planejada. Se quantidades enormes de dados tiverem de ser enviadas, o "canal" que as envia terá que ser grande o bastante para o tempo permitido. Nos sites muito grandes com links de baixa velocidade, é possível ter uma situação na qual a réplica nunca se completa porque a janela de réplica se abre em intervalos que são mais curtos que o tempo que leva para repetir todos os dados alterados. É uma boa oportunidade para usar o AD Sizer.

As rotas de link do site devem lembrar a estrutura IP básica de sua WAN. O custo de cada link deve refletir a velocidade do link; quanto menor for o custo, mais alta será a velocidade. Os custos mais baixos também significam uma réplica mais rápida. A Tabela 3-8 identifica os custos do link de amostra para certas larguras de banda.

Como criar pontes de link do site

Em alguns casos, é necessário fazer uma ponte na réplica. Se você criar links do site que se sobrepõem, deverá criar uma Ponte de link do site. Isso permitirá que a réplica use o site de ponte para criar uma conexão direta para o site de destino. Se você quiser controlar mais a réplica entre eles em certos sites, poderá designar os Servidores Preferred Bridgehead no site. O servidor Bridgehead gerencia toda a réplica entre os sites em um site. Todas as atualizações são recebidas e enviadas através do Servidor Bridgehead. Assim nenhum outro DC no site precisará dedicar recursos para a réplica entre os sites. Por outro lado, se você designar os Servidores Bridgehead, o Knowledge Consistency Checker não será mais capaz de calcular as rotas de réplica automaticamente. Você terá de controlar de perto a réplica para assegurar-se de que todos os sites estejam atualizados.

É uma boa idéia calcular a latência da réplica – o tempo entre uma modificação em um DC e o recebimento da modificação em todos os outros DCs – na topologia do site. Isso permitirá identificar qual pode ser o retardo da réplica mais longo possível em sua rede. A latência da réplica é calculada com o intervalo da réplica, o tempo que pode levar para repetir os dados e o número de saltos requeridos para executar a réplica. Por exemplo, se a topologia de seu site incluir dois saltos, o intervalo de sua réplica será definido em 180 minutos e levará 30 minutos para completar uma

Tabela 3-8 – O Custo do Link Recomendado para a Largura de Banda Disponível

Largura de banda disponível	Custo sugerido para o primeiro link	Custo sugerido para o link BU
56	Domínio separado	N/A
64	750	1000
128	500	750
256	400	500
512	300	400
1024	150	300
T1	100	150

alteração de réplica, a latência de sua réplica será de 420 minutos (180 vezes 2, mais 30 minutos vezes 2). E mais, lembre-se de basear todos os cálculos de sua réplica na largura de banda disponível, não na largura de banda global. Se apenas 10% da largura de banda estiver disponível para a réplica AD, ela afetará seus cálculos.

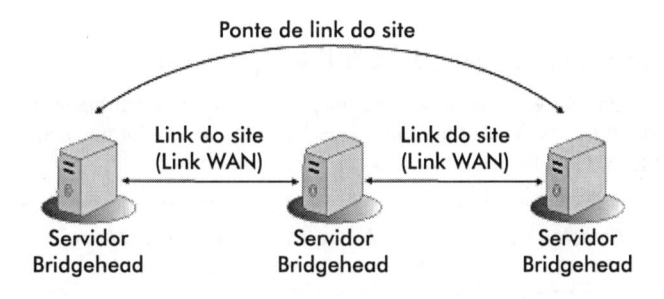

Finalmente, como mencionado antes, a opção Universal Group Membership Chaching é atribuída aos sites em uma floresta AD WS03 nativa. Essa opção deve ser definida para todos os sites. Os DCs serão capazes de armazenar em cache os membros do grupo universal dos usuários que solicitam, reduzindo a quantidade de comunicações com os servidores Global Catalog.

Melhores práticas para a construção da topologia do site

Use as seguintes melhores práticas para construir a topologia de seu site:
- Use a configuração default para a réplica entre os sites.
- Não desative o Knowledge Consistency Checker.
- Não desative os consórcios transitivos.
- Não especifique os Servidores Bridgehead.
- Calcule a latência da réplica entre os sites.
- Crie sites de acordo com a topologia da rede. Os links do site e os links WAN devem corresponder.

- Certifique-se de que nenhum site simples esteja conectado a mais de 20 outros sites.
- Cada site tem que manter pelo menos um DC.
- Não use o SMTP para a réplica centrada no domínio.
- Não use a réplica SMTP se possível.
- Use 128 Kbps como o circuito WAN mínimo para um link do site.
- Associe todo site a pelo menos uma sub-rede e um link do site, do contrário será inútil.
- Crie links do site de backup para cada site. Atribua custos mais altos aos links do site de backup.
- Crie pontes de link do site sempre que houver dois saltos entre os sites para reduzir a latência da réplica.
- Se a largura de banda disponível de sua rede puder, ignore os planejamentos da réplica em todos os sites. A réplica será executada quando requerida com essa opção, mas exigirá mais largura de banda WAN.
- Ative o Universal Group Membership Caching em todos os sites.
- Use os Servidores Preferred Bridgehead apenas se a réplica tiver que cruzar uma proteção.
- Dimensione seus DCs de acordo.
- Controle a réplica assim que sua floresta for colocada para determinar o impacto em seus links WAN.

Situação da topologia do site da T&T Corporation

A topologia da site da T&T é baseada nas informações exibidas anteriormente na Figura 3-9 assim como na velocidade do link WAN para cada site. Usando essas informações, a T&T produziu a grade descrita na Tabela 3-9.

> **Nota** – *A floresta de perímetro também é identificada na Tabela 3-9 e na Figura 3-11 para demonstrar o uso potencial dos servidores Bridgehead.*

A T&T usou algumas definições globais em sua construção da topologia do site. Elas incluem:
- Planejamentos abertos para todos os sites.
- KCC ativado por default em todos os sites.
- Todos os custos do link do site diminuem quando ficam mais próximos da Matriz1, portanto a réplica da Matriz1 é priorizada.
- A réplica é executada apenas com o RPC através do IP.
- Os planejamentos defaults são ativados em todos os sites (réplica a cada 180 minutos).
- A réplica de alta prioridade pode ocorrer imediatamente.
- Todo site tem uma rota da réplica de backup com um custo alto.
- Tudo é baseado na largura de banda disponível calculada.
- Todo site é definido para armazenar em cache os membros do grupo universal.
- A réplica da proteção é controlada por meio dos Servidores Preferred Bridgehead.

Tabela 3-9 – A Topologia do site T&T

Nome do link do site	Velocidade do link na matriz	Tipo de link	Custo do link do site	Opções do site
Matriz principal	LAN	VLAN	1	Link do site disponível (VLAN para conexões do servidor) KCC ativado (definir para todos os sites) Links do site com todos os sites Ponte de link do site com S5 e R11
Matriz principal para o perímetro de segurança Perímetro de segurança para matriz principal	LAN com proteção	VLAN	50	Servidor Preferred Bridgehead
Site da matriz 2 Região 5	T1	VLAN	100	Links do site com a Matriz1 e R11 Links do site BU com todos os sites Ponte de link do site com S4
Região 1 Região 3 Região 4 Região 6 Região 7 Região 8 Região 9 Região 10 Região 13 Região 14	256	Regional	400	Link do site com a Matriz1 Link do site BU com a Matriz2
Região 2 Região 12	512	Regional	300	Link do site com a Matriz1 Link do site BU com a Matriz1
Região 11	T1	VLAN	150	Link do site com a Matriz2 Ponte de link do site com a Matriz1 Link do site BU com a Matriz1
Região 15	128	Regional	500	Link do site com a Matriz1 Link do site BU com a Matriz2
Satélite 1 (Região 2) Satélite 2 (Região 5) Satélite 3 (Região 5)	64	N/A	N/A	N/A
Satélite 4 (Região 11) Satélite 5 (Região 12)	128	Regional	500	Link do site com R11 Ponte de link do site com a Matriz2 Link do site BU com a Matriz2

Naturalmente, a T&T precisará controlar o desempenho da réplica AD durante a operação do diretório para garantir que os valores nessa tabela sejam adequados para satisfazer os níveis do serviço. Se não, a tabela e os links do site precisarão ser atualizados. Essa Construção da topologia do site para a T&T Corporation é apresentada na Figura 3-11.

Estratégia de modificação do esquema

Agora que a construção de sua floresta está pronta, você irá colocá-la no lugar correto. O processo final, que precisará completar, é a descrição de sua Estratégia de modificação do esquema. Operar um Active Directory é gerenciar um banco de dados distribuído. Modificar a estrutura desse banco de dados tem um impacto em todo provedor do serviço na floresta. O acréscimo das classes de objeto ou atributos da classe de objetos tem de ser feito com cuidado e de uma maneira controlada. O acréscimo de componentes sempre implica a réplica adicionada no momento da modificação. Pode também significar uma réplica adicionada de modo recorrente. A aposentadoria dos componentes também implica a réplica adicionada no momento da modificação, embora possa também significar uma réplica reduzida contínua. As florestas nativas do Windows Server 2003 suportam a reutilização de certos tipos de classes ou atributos do objeto desativados.

Espere que o esquema de seu banco de dados AD seja modificado. Mesmo as ferramentas simples como o software de backup da empresa modificarão o esquema para criar objetos de backup no diretório. Sem dúvida, algumas ferramentas do servidor comerciais adquiridas – sejam elas apenas o Microsoft Exchange – modificarão seu esquema AD de produção.

E mais, você poderá também querer aproveitar as extensões do esquema para suas próprias finalidades. Encurtará definitivamente as linhas de tempo de desenvolvimento da aplicação se esco-

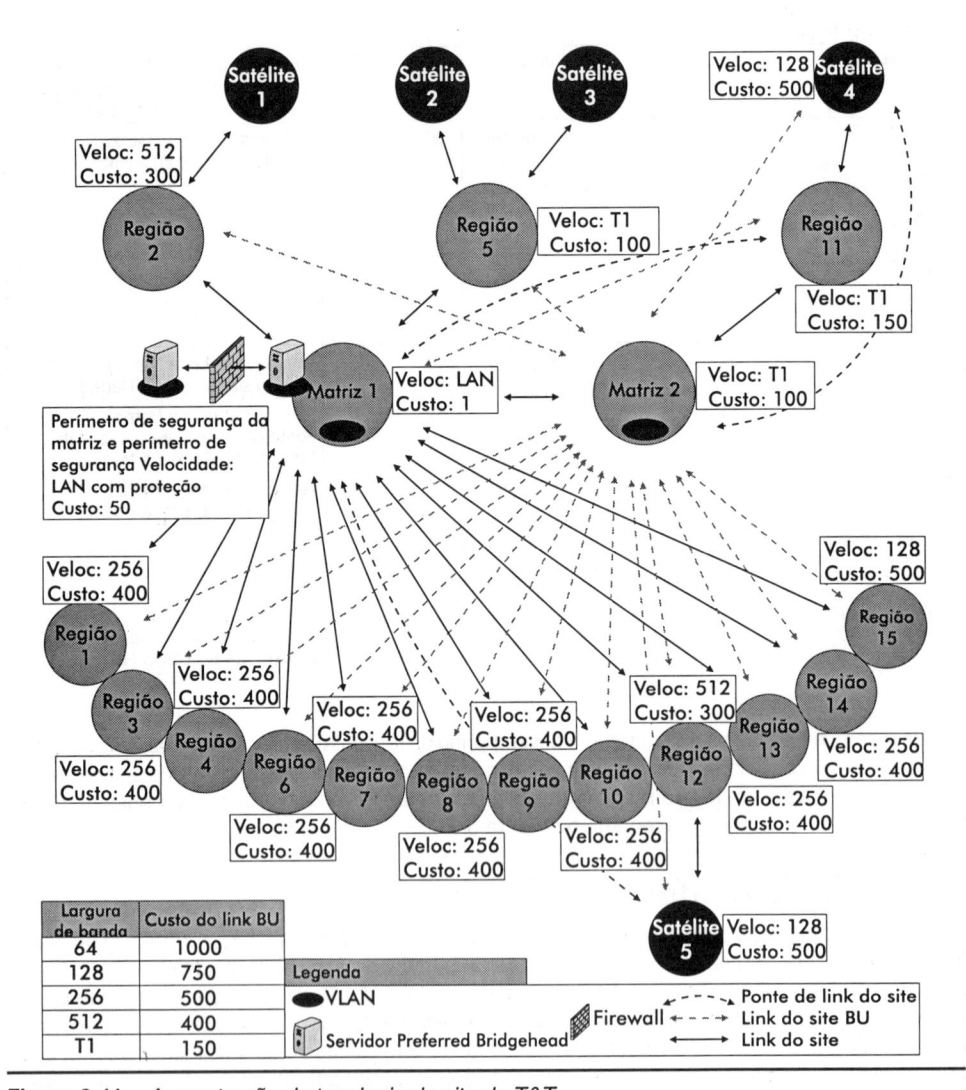

Largura de banda	Custo do link BU
64	1000
128	750
256	500
512	400
T1	150

Figura 3-11 – *A construção da topologia do site da T&T.*

lher usar o diretório para armazenar as informações solicitadas com freqüência. O AD irá repetir automaticamente as informações em sua empresa se fizer parte do diretório. Tenha cuidado com quais informações você inclui no diretório. Por causa de seus modelos com diversos mestres e hierárquico, o AD não é designado para fornecer uma consistência imediata dos dados. Há sempre uma latência da réplica quando mais de um único DC está envolvido. Use o diretório para armazenar as informações estáticas que são requeridas em todo site, mas que provavelmente não mudarão com muita freqüência. Poderá também decidir que não deseja modificar o esquema para suas próprias finalidades. A chegada do AD/AM com o WS03 significa que o AD pode agora ser usado unicamente como um diretório NOS. É a abordagem recomendada. Tornará mais simples atualizar seu diretório quando a próxima versão do Windows surgir.

Porém, você decide usar seu diretório; uma coisa é certa, terá sempre que ter cuidado com as modificações do esquema no diretório de produção. A melhor maneira de fazer isso é formar uma Estratégia de modificação do esquema. Essa estratégia é sustentada por um Schema Change Policy Holder (SCPH) para quem todas as alterações do esquema são apresentadas para a aprovação. A estratégia descreverá não apenas quem mantém o papel SCPH, mas também como as modificações do esquema serão testadas, preparadas e desenvolvidas. Atribuir o papel SCPH para gerenciar o esquema irá assegurar que as modificações não serão executadas de modo específico pelos grupos que não se comunicam entre si.

E mais, a estrutura X.500 do banco de dados AD é baseada em um esquema de numeração do objeto que é exclusivo globalmente. Uma autoridade central, a International Standards Organization (ISO), tem a capacidade de gerar identificadores do objeto para os novos objetos X.500. Os números também podem ser obtidos no American National Standards Institute (ANSI). A numeração X.500 pode ser conseguida em http://www.iso.org/ ou em http://www.ansi.org/. A Microsoft também oferece a numeração X.500 em uma árvore de classe do objeto adquirida para suportar o Active Directory. Você poderá receber os IDs do objeto da Microsoft enviando um e-mail para oids@microsoft.com. Em seu e-mail, inclua o prefixo de nomenclatura de sua organização e o nome, endereço e número de telefone de contato. Para obter o prefixo de nomenclatura de sua organização, leia a parte Active Directory dos padrões Logo em http://www.microsoft.com/winlogo/ downloads/software. asp.

Os identificadores de objeto são strings em uma notação de ponto parecida com os endereços IP. Enviar autoridades poderá fornecer um identificador de objeto com um subnível para outras autoridades. A ISO é a autoridade principal. A ISO tem um número 1. Quando ela atribuir um número a outra organização, esse número será usado para identificar essa organização. Se for atribuído à T&T o número 488077 e a T&T enviar 1 para um desenvolvedor e esse desenvolver tiver atribuído 10 a uma aplicação, o número da aplicação seria 1.488077.1.10.

Para criar sua Estratégia de modificação do esquema, você precisará executar três etapas:
- Identifique os elementos da Estratégia de modificação do esquema.
- Identifique o proprietário e a licença para o papel Schema Change Policy Holder.
- Identifique o Processo de gerenciamento de troca do esquema.

A estratégia de modificação do esquema inclui vários elementos:
- A lista dos membros no grupo Universal Enterprise Administrators.
- A estratégia de segurança e de gerenciamento para o grupo Universal Enterprise Administrator. Esse grupo deve ser mantido vazio até que as modificações sejam requeridas. Os membros são removidos assim que a modificação é completada.
- A criação do papel SCPH.
- A documentação da Estratégia de gerenciamento da alteração inclui:

- A preparação da documentação de suporte da solicitação de alteração com uma descrição da modificação e justificativa.
- A análise de impacto para a alteração. Os impactos de curto e longo prazos da réplica. Os custos para a alteração solicitada. As vantagens de curto e longo prazos para a alteração.
- O identificador do objeto exclusivo globalmente para a nova classe ou atributo, obtido em uma fonte válida.
- A descrição da classe oficial inclusive o tipo de classe e o local na hierarquia.
- Os resultados do teste de estabilidade do sistema e de segurança. Construa o conjunto padrão de teste para todas as modificações.
- O método de recuperação da modificação. Certifique-se de que toda proposta de modificação inclua uma estratégia de recarregamento.
- O processo com gravação do esquema permitida. Por default, o esquema é de leitura apenas e deve ficar assim durante os ciclos de produção contínuos. Deve ser redefinido para leitura apenas depois de toda modificação.
- Processo de autorização da modificação; satisfazer a estrutura segundo a recomendação da modificação.
- Processo de implementação da modificação descrevendo quando a alteração deve ser feita (fora das horas de produção), como deve ser executada e por quem.
- Documentação do relatório de modificação. A modificação atingiu todos os DCs? A réplica está de volta aos níveis esperados?

Esse processo deve ser documentado bem no início de sua implementação para assegurar a integridade contínua de seu esquema de produção. Se isso for bem feito, você raramente precisará ter sua equipe executando restaurações de meia-noite do esquema que tinha em produção ontem.

Melhores práticas da estratégia de modificação do esquema

Use as seguintes melhores práticas de modificação do esquema:

- Não faça suas próprias modificações no esquema a menos que sejam absolutamente necessárias.
- Use o AD primariamente como um diretório NOS.
- Use o AD/AM para integrar as aplicações.
- Use o MMS 2003, Standard Edition para sincronizar o AD e os diretórios AD/AM.
- Certifique-se de que todos os produtos comerciais que modificarão o esquema sejam aprovados pelo Windows Server 2003 Logo.
- Limite suas modificações iniciais às modificações feitas pelo software comercial.
- Crie um papel Schema Change Policy Holder no início do Processo de implementação AD.
- Documente a Estratégia de modificação do esquema e o processo.

Plano da implementação AD

O primeiro estágio da preparação AD está completo. Você designou sua estratégia AD. Agora precisará implementar a construção. Para tanto, irá requerer um Plano da implementação AD. Esse plano descreve o processo de migração AD. Basicamente, esse plano identifica as mesmas etapas do processo de construção, mas está concentrado apenas naquelas que lidam com a implementação. É reduzido a quatro etapas maiores:

Capítulo 3: Como construir o Active Directory ▶ **133**

- Instalação da floresta, árvore e domínio
- Construção de OU e do grupo
- Posicionamento do serviço
- Implementação da topologia do site

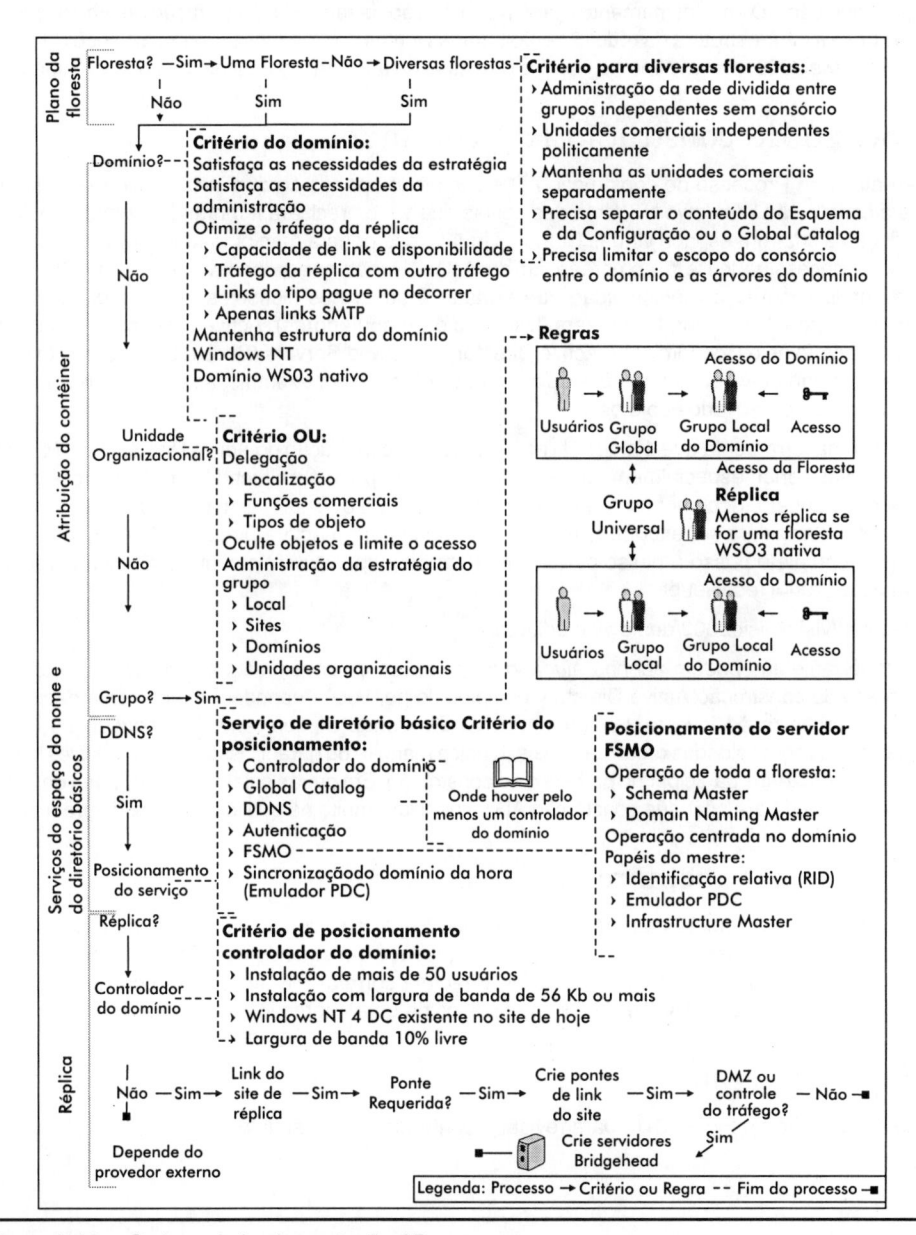

Figura 3-12 – *O plano da implementação AD.*

Assim que essas quatro etapas estiverem completas, seu AD estará no lugar correto. Essas quatro etapas são descritas na Figura 3-12 através do Plano da implementação AD. Esse plano é designado para cobrir todas as etapas maiores em uma nova implementação AD. Usa um conceito de rede paralela descrito no Capítulo 2 para criar uma nova rede separada que pode aceitar usuários quando eles são migrados da rede de produção existente. Como o Processo de implementação AD está intimamente ligado à construção da rede IP, a preparação de um novo Active Directory e a infra-estrutura da rede IP serão tratadas juntas no Capítulo 4. Porém, se você já tiver um AD Windows 2000, provavelmente usará o processo de atualização descrito no final do Capítulo 4.

Processo de construção AD contínuo

Resumindo, o Processo de construção AD é complexo apenas porque inclui muito mais estágios que a construção Windows NT. Uma das coisas que você precisará lembrar é que criar um AD de produção é criar um espaço virtual. Como é virtual, você poderá manipulá-lo e reformulá-lo segundo suas necessidades e a compreensão do Active Directory se desenvolverá. O WS03 facilita ainda mais suportar a funcionalidade de arrastar e soltar nos Consoles de gerenciamento AD: Active Directory Users and Computers (Usuários e Computadores), Active Directory Domains and Trusts (Domínios e Consórcios) e Active Directory Sites and Servers (Sites e Servidores). O WS03 também suporta diversas alterações do atributo do objeto – por exemplo, se você precisar mudar o mesmo atributo em vários objetos.

E mais, uma ferramenta que é muito útil no Processo de construção do Active Directory é o Microsoft Visio Professional, especialmente a versão para o Enterprise Architect. Na verdade, você poderá de fato desenhar e documentar sua floresta inteira usando o Visio. Assim que a construção estiver completa, ela poderá ser exportada e então importada para o Active Directory. A Microsoft oferece um guia completo passo a passo para essa tarefa em http://www.microsoft.com/technet/treeview/default.asp?url=/TechNet/pr

odtechnol/visio/ visio2002/deploy/vsaddiag.asp.

Essas ferramentas podem apenas *ajudá-lo* no processo de construção. O sucesso ou a falha do Processo de construção Active Directory completado por você dependerá inteiramente daquilo em que sua organização investe. Lembre-se: o AD é o centro de sua rede. Sua construção tem de responder às necessidades organizacionais. A única maneira de garantir isso é reunir todos os interessados AD e fazê-los participar no processo de construção. Em outras palavras, a qualidade da equipe que você reúne para criar sua construção AD influenciará muito na qualidade da saída produzida.

Resumo das melhores práticas

Este capítulo está repleto das melhores práticas. Seria inútil repeti-las aqui. Uma prática final e melhor é a seguinte recomendação: o que quer que faça em sua migração Windows Server 2003, certifique-se de que obtenha a parte Active Directory correta! Ela terá de ser construída devidamente se você quiser satisfazer todos os objetivos de uma migração para o WS03.

Mapa do capítulo

Use a ilustração na Figura 3-13 para revisar o conteúdo deste capítulo.

Mapa do Capítulo 3
Como construir o Active Directory

Apresentação do Active Directory
Termos básicos e conceitos inerentes no Active Directory **(Figura 3-1, 3-2)**
Novos recursos para o Active Directory
A natureza do Active Directory

> **Ferramentas no site Web complementar**
> ▫ Glossário dos termos AD

Como construir a solução Como usar o plano Active Directory (Figura 3-3)
Particionamento do Active Directory
Posicionamento do serviço Active Directory
Plano de implementação

> **Ferramentas no site Web complementar**
> ▫ Plano da construção AD

Como colocar o plano em ação
Estratégia da floresta/árvore/domínio **(Figura 3-4)**
› Uma construção da floresta completa **(Figura 3-7)**
› Melhores práticas de construção da floresta
Estratégia de nomenclatura **(Figura 3-5)**
› Melhores práticas
Processo de construção da unidade organizacional
› Uma estrutura OU completa **(Figura 3-6)**
› Melhores práticas
AD, AD/AM, MMS 2003 **(Figura 3-8)**
› Melhores práticas da integração AD
Posicionamento do serviço
› Melhores práticas
› Mapa do local do escritório **(Figura 3-9)**
› Situação de posicionamento do servidor **(Figura 3-10)**
Construção da topologia do site
› Melhores práticas
› Situação da construção da topologia do site AD **(Figura 3-11)**
Estratégia de modificação do esquema
› Melhores práticas
Plano da implementação AD **(Figura 3-12)**
› Instalação da floresta, árvore, domínio
› Construção OU e do grupo
› Posicionamento do serviço
› Implementação da topologia do site

> **Ferramentas do site Web complementar**
> ▫ Exemplo de construção da floresta
> ▫ Exemplo de construção OU
> ▫ Plano da implementação AD
> ▫ Lista de verificação de suporte do plano de construção AD

Processo de construção AD contínuo Process

Resumo das melhores práticas

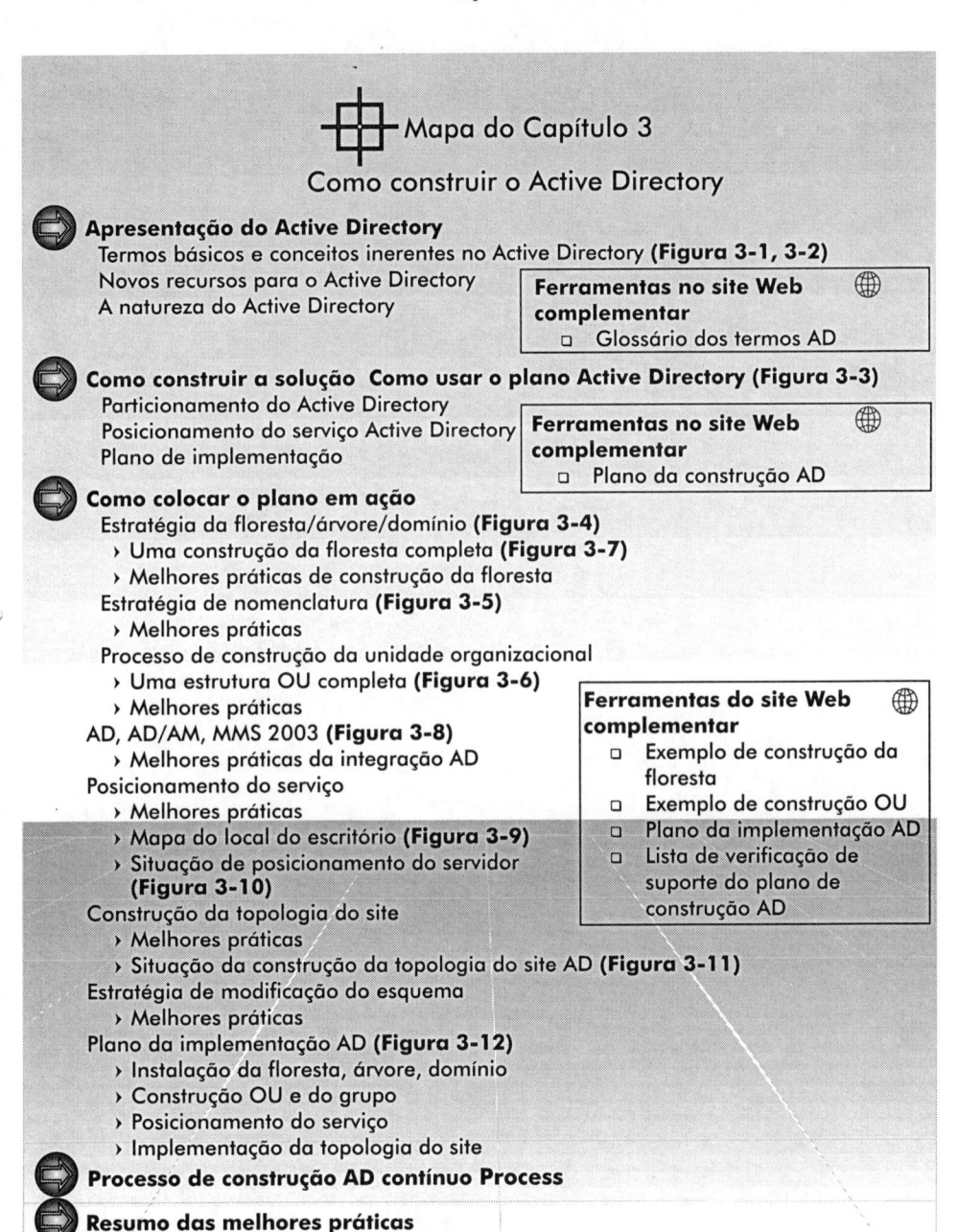

Figura 3-13 – *Mapa do capítulo.*

Capítulo 4

Como construir a infra-estrutura Enterprise Network IP

Neste capítulo

- ❖ TCP/IP no Windows Server 2003 — *140*
- ❖ Como implementar uma nova rede da empresa — *145*
- ❖ Atividades de organização da floresta — *151*
- ❖ Como conectar a rede da empresa — *173*
- ❖ Como atualizar o Active Directory do Windows 2000 para o WS03 — *186*
- ❖ Resumo das melhores práticas — *191*
- ❖ Mapa do capítulo — *193*

A base de uma rede da empresa é o conceito da comunicação. A vantagem competitiva que uma rede de tecnologia da informação fornece a uma organização é uma que nenhuma organização hoje pode ficar sem. Poucas organizações não usam o protocolo TCP/IP para as comunicações da rede. Menos ainda não padronizou esse protocolo e apenas esse.

O princípio sob esse protocolo é simples: cada componente da rede recebe um identificador específico. Na versão 4 das implementações do protocolo TCP/IP (IPv4), esse identificador é um número com 32 bits com quatro seções de oito valores binários cada. Esse esquema de endereçamento gera um total de mais de quatro bilhões de endereços IP. Dado o número de endereços, você pensaria que o IPv4 estaria pronto para atender às exigências da Internet do mundo inteiro, mas não é o caso. Isso é devido à estrutura do endereçamento IPv4. Como todo endereço é subdividido em uma classe e as organizações têm a oportunidade de adquirir as classes para um uso privado mesmo que não requeiram de fato todos os endereços nessa classe, o mundo em rede teve que propor maneiras novadoras de usar o IPv4 para satisfazer as necessidades da rede e as exigências do mundo conectado.

Uma dessas soluções é o uso do Network Address Translation (NAT). O NAT é uma ótima ferramenta uma vez que permite a uma organização usar um esquema de endereço interno diferente do esquema do endereço externo que exibe para o mundo. Assim, três faixas de endereços foram reservadas para o uso interno:

- **Classe A**   10.0.0.0 a 10.255.255.255 (Máscara 255.0.0.0)
- **Classe B**   172.16.0.0 a 172.31.255.255 (Máscara 255.255.0.0)
- **Classe C**   192.168.0.0 a 192.168.255.255 (Máscara 255.255.255.0)

As organizações escolhem a classe que melhor se adapta às suas necessidades com base no número de hosts requeridos dentro da rede interna. A classe A suporta mais de 16 milhões de hosts por sub-rede, a classe B mais de 65.000 e a classe C apenas 254. Ao se comunicar na Internet, o NAT converte o endereço interno em um endereço externo, um que é geralmente fornecido por um provedor do serviço Internet (ISP). O NAT usa as portas TCP quando mais de um endereço interno precisa de conversão, multiplicando muito o número de endereços que as organizações podem usar mesmo com os limites do IPv4.

> 🔊 **Nota** – *Com o Windows 2000, a Microsoft começou a usar uma notação de roteamento entre os domínios sem classe (CIDR). É mais compacto e fácil de expressar porque apenas indica o número de bits ocultos pela máscara da sub-rede. Por exemplo 255.0.0.0 é /8, 255.255.0.0 é /16, 255.255.255 é /24 etc.*

E mais, o IPv4 não pode atribuir automaticamente os endereços da rede sem ajuda externa. Se sua rede interna incluir vários milhares de hosts, você definitivamente poderá aproveitar os mecanismos de endereçamento automático. No IPv4, isso é feito por meio do Dynamic Host Configuration Protocol (DHCP). Finalmente, mesmo que todos os hosts em sua rede tenham um endereço específico, usar esse número com 32 bits para se comunicar entre os hosts não será prático para os seres humanos. Assim, precisamos determinar esses números para os nomes que podemos lembrar mais facilmente. O Domain Naming System (DNS) é o processo que usamos para determinar um endereço Internet para um nome mais gerenciável. Mas se você usar tecnologias de herança em sua rede Windows, também irá requerer uma resolução do nome de herança. Isso é feito através do Windows Internet Naming System (WINS).

Apesar dessas soluções temporárias, o uso do IPv4 está se tornando cada vez mais difícil, especialmente em termos de roteamento. Os roteadores Internet que usam a versão 4 do TCP/IP estão tendo cada vez mais problemas ao armazenar as tabelas de roteamento, o caminho que um host tem de usar para atingir um certo destino. Finalmente, uma solução permanente será requerida se o mundo inteiro tiver acesso à Internet, sobretudo as nações emergentes.

A Internet Engineering Task Force (IETF) vem trabalhando por algum tempo em uma solução completa para a situação IPv4. Essa solução está incorporada na versão 6 do protocolo TCP/IP: o IPv6. A versão 6 usa um esquema de endereçamento com 128 bits. Esse esquema de endereçamento resulta em 340.282.366.920.938.463.463.374.607.431.768.211.456 entidades exclusivas na Internet, o bastante para a existência. Isso significa que, quando totalmente implementado, o IPv6 suportará comunicações de ponto a ponto verdadeiras entre os hosts e os destinos sem o uso de esquemas como a conversão do endereço. E mais, o IPv6 inclui várias outras melhorias. Por exemplo, um host IPv6 não requer o DHCP uma vez que irá gerar seu próprio endereço a partir do número exclusivo atribuído à placa de interface da rede, o número Media Access Control (MAC). Se o host precisar se comunicar externamente, seu endereço IPv6 será gerado a partir do endereço MAC e do endereço ao qual o roteador está conectado, simplificando muito o endereçamento e as comunicações uma vez que o endereço do roteador torna-se parte do endereço do host.

Porém, há problemas com o uso do IPv6. Por exemplo, os roteadores precisarão suportar o IPv6 para o protocolo funcionar. A maioria dos fabricantes do roteador implementou soluções de software para o suporte IPv6 para os roteadores existentes. A Cisco Systems e outras têm revisões do software carregáveis para seus sistemas operacionais que incluem o suporte IPv6. Os futuros produtos do roteador terão soluções de hardware para o suporte IPv6. Mas o suporte do roteador não é a única exigência. As aplicações, que são baseadas no IPv4 hoje, não funcionarão automaticamente com o IPv6 já que a operação básica do protocolo TCP/IP é diferente. As organizações que desejem ir para o IPv6 terão de planejar com cuidado sua implementação antes de prosseguirem.

TCP/IP no Windows Server 2003

O Windows Server 2003 suporta o IPv4 e o IPv6, embora o IPv4 seja instalado por default e não possa ser removido mesmo em uma rede IPv6 pura. Assim, a rede IPv4 ainda é requerida.

A maioria das organizações que usam as redes Windows já tem um esquema de endereçamento da rede complexo colocado para suportar o uso do IPv4 em suas redes internas. Essas organizações continuarão a usar esse esquema com o Windows Server 2003. Esse esquema de endereçamento inclui os seguintes elementos:

- Endereçamento IP centralizado, inclusive o planejamento da LAN virtual e física
- Resolução do nome, Internet e de herança
- Gerenciamento de alerta
- Equilíbrio do carregamento do serviço
- Multidifusão

Quando prontas para uma implementação IPv6 completa, as organizações aproveitarão um esquema de endereçamento simplificado que removerá a necessidade do gerenciamento do endereçamento IP centralizado através de tecnologias como o DHCP, uma vez que todos os endereços IPv6 são gerados automaticamente.

Novos recursos IP no WS03

O Windows Server 2003 é completamente baseado no protocolo TCP/IP. Na verdade, o funcionamento inteiro do Active Directory do WS03, o centro da rede WS03, é baseado no endereçamento TCP/IP e na resolução do nome. Assim, o protocolo TCP/IP no WS03 torna-se um componente básico da rede da empresa WS03.

Como o WS03 conta muito com o TCP/IP, a Microsoft aperfeiçoou o protocolo e o aprimorou além das muitas melhorias incluídas no Windows 2000. Os melhoramentos incluem:

- Configuração alternativa
- Determinação automática da métrica da interface
- Suporte do Internet Group Management Protocol (IGMP) versão 3
- Suporte do IPv6

E mais, a versão WS03 do TCP/IP inclui recursos especiais de configuração como janelas TCP grandes, melhor estimativa do tempo de ida e volta e cache DNS.

Configuração alternativa

O Windows 2000 introduziu o conceito do Automatic Private IP Addressing (APIPA). Esse processo atribui automaticamente um endereço IP privado na faixa não roteável de 169.254.0.1 até 169.254.255.254 quando um servidor DHCP não pode ser localizado por um host. Isso garante que o protocolo TCP/IP continuará a funcionar mesmo no caso de uma falha do servidor DHCP. O APIPA começa atribuindo um endereço privado e então tenta se comunicar com um servidor DHCP para restabelecer o endereço dinâmico devidamente. O APIPA tentará alcançar o servidor DHCP dez vezes a cada cinco minutos antes de desistir.

Mas em um ambiente do servidor, você simplesmente não pode ter uma configuração IP dinâmica. Ela pode ser gerenciada dinamicamente, mas não pode ser alocada dinamicamente porque os servidores devem sempre manter o mesmo endereço. Se você decidir usar o DHCP para gerenciar de modo central a alocação do endereço do servidor através de reservas de endereço em seu sistema DHCP, deverá também aproveitar o recurso Alternate Configuration (Configuração Alternativa) do WS03.

Essa Alternate Configuration permite definir estaticamente o endereço do servidor como um backup no caso do servidor DHCP não ser alcançado. Você deverá usar essa função para todos os servidores mesmo que use placas de interface da rede (NIC) RAIN como analisado no Capítulo 2.

Determinação automática da métrica da interface

O WS03 tem a capacidade de determinar automaticamente a melhor rota para um certo ponto. Por exemplo, se você tiver diversas placas de interface da rede em um sistema, o WS03 determinará automaticamente a métrica da interface para cada placa. Esse cálculo é baseado na velocidade da interface, assim como na ordem de vínculo. Se as interfaces tiverem velocidades variáveis, o WS03 selecionará a interface com a velocidade mais alta e irá atribuir-lhe a métrica mais baixa, assegurando que seja sempre a primeira a ser usada para se comunicar com um certo ponto. Porém, se as placas da interface tiverem a mesma velocidade, o WS03 atribuirá a métrica de acordo com a ordem do vínculo. Por default, a ordem de vínculo da interface é determinada pelo processo de detecção da placa da rede durante a instalação do sistema operacional. Assim, a primeira placa detectada durante a instalação será atribuída à menor métrica.

A ordem de vínculo pode ser controlada por meio da opção Advanced Settings (Configurações Avançadas) no menu Advanced (Avançado) em Network Connections (Conexões da Rede). Mas mesmo assim, será sempre melhor garantir que a primeira placa colocada em um sistema será a placa com a conexão mais rápida por causa do mecanismo de vínculo do Windows.

A determinação automática da métrica do roteamento é ativada por default e pode ser anulada cancelando a seleção do quadro de seleção na aba IP Settings (Definições IP) da caixa de diálogo Advanced TCP/IP Settings (Definições TCP/IP Avançadas) para qualquer conexão da rede.

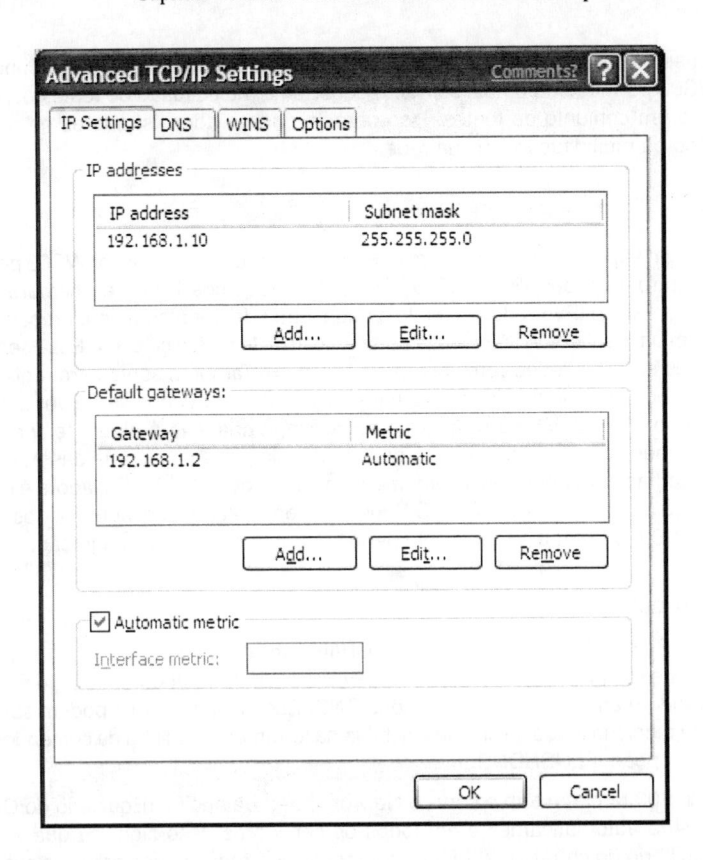

Capítulo 4: Como construir a infra-estrutura Enterprise Network IP ▶ 143

[Screenshot: Advanced TCP/IP Settings dialog showing IP address 192.168.1.10 with Subnet mask 255.255.255.0, and Default gateway 192.168.1.2 with Automatic metric.]

🏍 Dica rápida – *A ordem de vínculo NIC é extremamente importante no Windows mesmo que possa ser controlada e modificada depois da instalação do sistema. Se, por exemplo, você tentar configurar um controlador do domínio com duas placas de rede, uma para as comunicações internas e outra para as externas (como no caso de um escritório regional ou uma pequena instalação do escritório/escritório pessoal), certifique-se de que o NIC interno seja o primeiro detectado na instalação. Por default, o Active Directory vincula todos os serviços à primeira placa na ordem do vínculo ou em outras palavras, a primeira placa detectada na instalação. Isso evitará muitas dores de cabeça no gerenciamento do vínculo.*

A melhor maneira de fazer isso, embora requeira mais trabalho na instalação, é executar a instalação com apenas um NIC no servidor, então adicionar o segundo NIC assim que o sistema operacional for instalado. (Isso não se aplica às placas RAIN uma vez que elas aparecem como o mesmo NIC para o sistema operacional.)

Suporte do IGMP versão 3

Como o Windows 2000, o WS03 pode usar muito a multidifusão do IP. A multidifusão do IP consiste nas informações enviadas para um único endereço, mas processadas por diversos hosts. Na versão 1 e 2 do IGMP, era possível que uma multidifusão fosse enviada para uma rede sem hosts de atendimento, assim enviando as informações de nada para essa rede. Com o suporte do IGMP versão 3, o WS03 permite que o host solicite receber uma multidifusão de fontes especificadas ou de tudo, exceto um conjunto de fontes. Isso permite que os administradores da rede controlem melhor o tráfego da multidifusão em sua rede.

Suporte IPv6

O WS03 possui um suporte melhorado para o IPv6. Na verdade, um servidor WS03 pode agir como um conversor entre as redes IPv4 e IPv6. Como os endereços IPV6 são sempre configurados automaticamente, usar o IPv6 reduzirá muito a quantidade de trabalho do endereçamento. E mais, aplicar o IPv6 em um servidor WS03 instala automaticamente o serviço 6To4. Esse serviço gerencia as comunicações entre as redes com versão 4 e versão 6. Também serve para registrar automaticamente o endereço IPv6 no serviço Domain Naming Server do Windows Server 2003. Embora a implementação do IPv6 no WS03 seja muito poderosa, ainda levará algum tempo antes que as organizações comecem a usar largamente esse protocolo já que a maioria das aplicações irá requerer novas escritas para operarem devidamente nesse protocolo. Porém, agora é hora de começar o processo de migração para o IPv6. O Windows Server 2003, com seus modos de compatibilidade entre o IPv6 e o IPv4, é a ferramenta perfeita para suportar essa migração.

Outros recursos novos

Finalmente, o WS03 inclui várias melhorias TCP/IP sobre o Windows 2000 e especialmente o Windows NT. Por exemplo, todos os clientes TCP/IP do Windows 2000 em diante podem armazenar automaticamente em cache as informações DNS. Essas informações podem ser gerenciadas por meio de uma funcionalidade adicionada incluída na ferramenta da linha de comandos IPCONFIG, especialmente a opção /FLUSHDNS.

Os servidores WS03 também têm o serviço Network Load Balancing (Equilíbrio do Carregamento da Rede) instalado automaticamente em todos os servidores. Isso significa que é bem simples configurar o equilíbrio do carregamento para os serviços da rede críticos como os servidores Web, de proteção, substituto e Virtual Private Networking (VPN).

O NetBIOS sobre o TCP/IP (NetBT) também pode ser desativado mais facilmente nas placas de interface da rede, reduzindo o nível de risco envolvido nos servidores que conectam as redes que não requerem mais a resolução do nome NetBIOS. As conexões da Internet, por exemplo, são conexões onde esse serviço deve ser desativado todas as vezes. As redes internas ainda irão requerer esse serviço em muitos casos. A própria Microsoft é uma provedora de muitas tecnologias que requerem o uso da resolução do nome NetBIOS.

O WS03 também inclui definições de segurança Simple Network Management Protocol (SNMP) melhoradas. Como um SNMP, é uma excelente ferramenta para o gerenciamento de sistemas e eventos, esses recursos de segurança melhorados são uma dádiva para seu uso. Por default, o SNMP é definido para se comunicar com a comunidade *pública* e aceitar os pacotes SNMP de qualquer host. Se você pretende usar o SNMP, deve mudar o nome da comunidade para um que seja privado e específico para sua organização (use um nome complexo que seja difícil de adivinhar) e deve identificar os hosts específicos em sua rede a partir dos quais os sistemas podem aceitar os pacotes SNMP.

Todos esses recursos ajudarão a construir e a elaborar uma configuração IP da rede da empresa segura.

Como implementar uma nova rede da empresa

O Capítulo 3 apresentou o conceito de uma rede paralela para a implementação Active Directory. As oportunidades apresentadas pela rede paralela são abundantes e benéficas. Para uma coisa, você terá de recriar sua rede de produção a partir do zero usando uma construção que aproveite os recursos básicos do novo sistema operacional. É uma oportunidade ideal para revisar todo o conceito da rede e detalhe para ver como ela pode ser melhorada para satisfazer mais seu objetivo básico, o envio do serviço de informações e o suporte de comunicações dentro da organização.

Naturalmente, toda parte do Processo de implementação da rede paralela tem que ser totalmente testada em um laboratório antes ser implementada de fato. A rede paralela também dará a oportunidade de reestruturar os domínios se você sentir que a estrutura de domínio do seu Windows NT ou 2000 precisa ser modificada, especialmente para as informações fornecidas no Capítulo 3 e no Plano de implementação do Active Directory descrito na Figura 3-12. A restruturação pode ser feita de três maneiras:

- Tudo pode ser criado a partir do zero. Isso significa que não há nada a ser recuperado na rede existente.

- A rede de produção existente pode ser usada como uma fonte de informação para a nova rede. Durante esse processo de transferência, os administradores podem executar uma filtragem adicional dos dados para limpar as informações como, por exemplo, o banco de dados de identidade para a organização. Se o domínio existente for um domínio Windows NT, duas opções estarão disponíveis para recuperar as informações. A primeira opção envolve integrar o(s) domínio(s) Windows NT existente(s) em uma floresta Windows Server 2003 como um subdomínio, criando um novo domínio de produção no modo WS03 nativo e então executar uma transferência dentro da floresta. O comando movetree é usado para executar essa transferência de informações de domínio para domínio. O movetree também pode ser usado neste momento para filtrar as informações de um domínio para outro. Quando esvaziado, o domínio Windows NT será desautorizado e removido da floresta.

- A segunda opção é executar uma transferência entre as florestas. Isso significa que uma nova floresta WS03 é criada na rede paralela enquanto a estrutura do domínio Windows NT permanece como está. As ferramentas de migração dos dados entre as florestas são usadas para executar a transferência. Isso pode ser feito com a Active Directory Migration Tool (ADMT) versão 2. A ADMT v2 pode transferir objetos de dados como as contas do usuário do domínio Windows NT para a floresta WS03, inclusive as senhas. As ferramentas de migração de dados comerciais também estão disponíveis, como o Domain Migration Administrator (DMA) da NetIQ. Embora a ADMT ofereça capacidades limitadas de filtragem, o DMA oferece ferramentas de filtragem e relatório muito sofisticadas assim como capacidades de recarregamento completas. A ADMT é bem executada para as migrações de algumas centenas de objetos ou menos. Mas se você tiver dezenas de milhares de objetos e dezenas de domínios Windows NT para consolidar, deverá ser avisado para obter uma cópia do Domain Migration Suite da NetIQ (ou qualquer outra ferramenta de migração comercial). Esse conjunto inclui os seguintes produtos:

    - Domain Migration Administrator para a consolidação do domínio e a migração dos dados. O DMA pode executar as migrações dentro da floresta e entre as florestas.
    - Server Consolidator para a consolidação e a migração dos serviços de arquivo e impressão.
    - Configuration Assessor para relatar as informações de todas as fontes antes, durante e depois de uma migração.
    - Exchange Migrator para a migração dos objetos específicos do Microsoft Exchange.
    - NetIP NetWare Migrator para migrar os objetos dos diretórios NetWare para os diretórios Windows.

Das três opções de reestruturação, algumas provavelmente são para executar a primeira, uma vez que é extremamente raro encontrar uma rede a partir da qual não há nada para recuperar. A segunda limita o crescimento da rede Windows Server 2003 na duração da migração. Lembre-se: uma floresta WS03 não pode operar no modo de floresta nativa até que todos os domínios estejam no modo de domínio nativo. Incluir um domínio Windows NT atualizado na floresta limitará seu crescimento em potencial até que a migração esteja completa. A migração leva tempo, tempo que é avaliado de uma maneira proporcional com base no número de usuários na rede e na estratégia de preparação, sejam preparações paralelas (várias preparações em diversas regiões ao mesmo tempo) ou preparações seqüenciais (uma depois da outra).

A estratégia de migração recomendada é a terceira. Aplica-se caso você esteja migrando do Windows NT ou do Windows 2000 (para integrar um domínio Windows 2000 em uma floresta WS03, você terá que atualizar a floresta Windows 2000 inteira) e precise reestruturar a floresta. Sua grande vantagem é que a floresta pode operar imediatamente no modo nativo, aproveitando a funcionalidade total da floresta WS03 a partir do primeiro dia. Você poderá também filtrar toda a entrada dos dados na nova floresta. Isso significa que poderá iniciar sua nova rede WS03 com um ambiente muito limpo. E manter a rede existente separada fornecerá uma estratégia de recarregamento completa no caso de precisar.

A implementação de uma rede paralela e a construção de uma nova floresta são baseadas no Plano de implementação Active Directory (Figura 3-12), mas implementar esse plano é um processo complexo que tem de executar uma etapa de cada vez. Os primeiros estágios dessa implementação são iniciados aqui, mas a implementação não estará completa até que o Processo de migração dos dados esteja completo. Isso será feito nos futuros capítulos.

Para implementar a rede paralela e executar o exercício de reestruturação, você precisará começar com as seguintes atividades:

- Prepare a rede paralela
- Crie o Active Directory de produção
- Conecte a rede paralela da empresa

Os detalhes de cada procedimento são apresentados neste capítulo. Eles seguem as etapas descritas no Plano da rede paralela mostrado na Figura 4-1. Se por outro lado, você simplesmente precisar atualizar sua floresta Windows 2000 existente para o WS03, poderá usar o procedimento no final deste capítulo. Porém, ainda será uma boa idéia revisar o conteúdo do Processo de criação da rede paralela para garantir que sua floresta atualizada use os últimos conceitos e recursos WS03.

Como preparar a rede paralela

O Capítulo 1 descreveu oito papéis diferentes do servidor da rede da empresa (inclusive o servidor Failsafe). Esses papéis são mostrados na Figura 4-2. Dois deles são requeridos para a implementação inicial da rede paralela: Network Infrastructure Servers (Servidores de Infra-estrutura da Rede) e de gerenciamento da identidade. Você precisará assegurar-se de que tenha bastantes servidores novos para criar a infra-estrutura básica da rede. Isso incluirá pelo menos dois Network Infrastructure Servers e pelo menos quatro servidores de gerenciamento da identidade, dois para o Protected Forest Root Domain (Domínio-Raiz da Floresta Protegida) e dois para a criação do Global Child Production Domain (GCPD ou Domínio-Filho de Produção Global). Dois servidores são requeridos para cada papel na rede paralela inicial para fornecer uma redundância completa do serviço logo no início.

Capítulo 4: Como construir a infra-estrutura Enterprise Network IP ▶ 147

Rede paralela

Network Infrastructure Server
Dois servidores
› os serviços DHCP e WINS

Infra-estrutura da rede

Servidor do gerenciamento da identidade
Quatro servidores
› Controladores do domínio com serviços DNS
  › Dois para PFRD
  › Dois para GCPD

Servidores do gerenciamento da identidade

Todos os servidores:
› Organização com um kernel do servidor atualizado
› Satisfaça as exigências de dimensionamento do servidor
› Tenha verificações rígidas do controle da qualidade
› Atenção especial na resolução de conflitos antes de prosseguir

Materiais:
› Prepare a documentação antes de prosseguir para a implementação da rede
› Use o plano Active Directory
› Se a infra-estrutura IP estiver em uso, altere todos os endereços IP
› Use a planilha de instalação do servidor

Exigências do Active Directory de produção

Critério dos serviços DNS
O DNS existente tem que suportar
› Software BIND DNS versão 8 1.2 ou posterior
› A zona DNS permite uma atualização dinâmica (RFC 2136) e os registros SRV (RFC 2782)

DNS WS03 mais DNS existente
› O WS03 DNS para a floresta AD e todos os seus objetos
› O DNS existente para manter os serviços DNS tradicionais
› Os emissores WS03 DNS para o DNS existente

WS03 DNS Only
› For all name resolution on all DCs

Papéis do servidor
− Schema Master
− Domain Naming Master
− Emulador PDC
− Relative ID Master
− Infrastructure Master
− Serviço Global Catalog

Criação da floresta de produção

Instalação do primeiro servidor
› Instalação do servidor e configuração
› Promoção do DC
› Finalização da configuração DNS
› Modo de licença da floresta
› Configuração do serviço da hora floresta (Tabela 4-1)
› Configuração do gerenciamento de alerta
› Personalização do grupo de estratégia default

PFRD

Primeiro DC na instalação GCPD
› Delegação do DNS provisório
› Promoção DC
› Finalização da configuração DNS

GCPD

Instalação do segundo servidor
› Instalação e configuração do servidor
› Instalação DNS
› Configuração do gerenciamento de alerta
› Transferência do papel Operation Master
› Configuração da réplica do domínio

Segundo DC na instalação
› Promoção DC
› Instalação DNS
› Transferência do papel Operation Master

Network Infrastructure Servers

Primeiro Network Infrastructure Server
› Instalação e configuração do servidor
› Configuração do valor DHCP
› Definição da classe do usuário
› Configuração das definições WINS

Segundo Network Infrastructure Server
› Instalação e configuração do servidor
› Configuração do valor DHCP
› Definição da classe do usuário
› Configuração das definições WINS

Figura 4-1 – *O plano da rede paralela.*

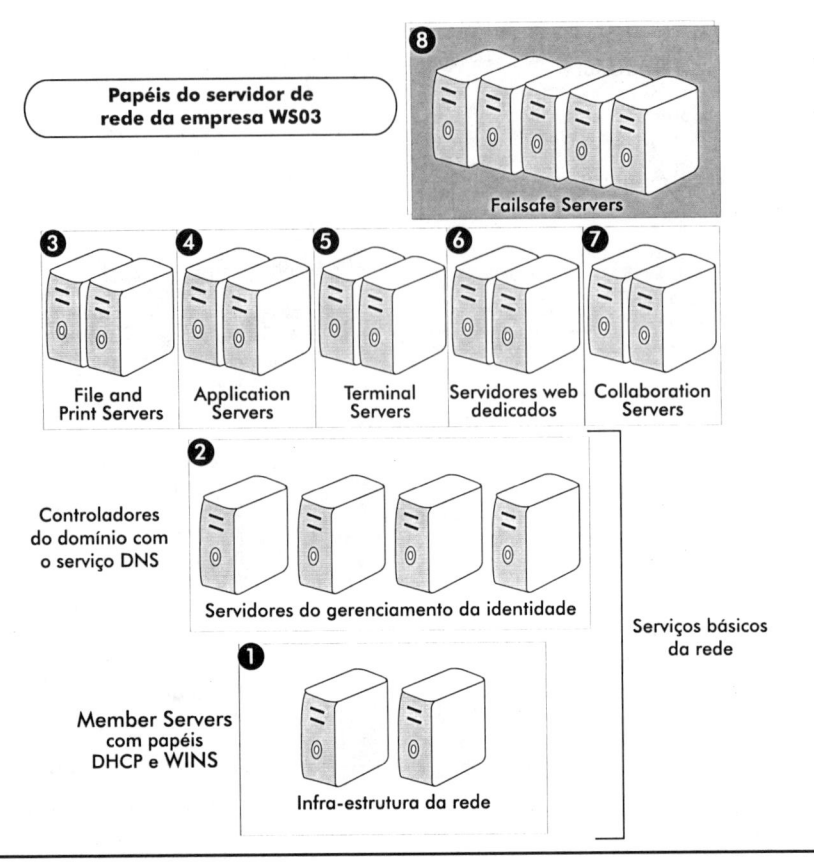

Figura 4-2 – *Os papéis do servidor da rede da empresa WS03.*

Os Network Infrastructure Servers executarão serviços como o DHCP e o WINS, embora os Servidores de gerenciamento da identidade sejam os controladores do domínio com um serviço DNS integrado. Não há absolutamente nenhuma exigência para os Network Infrastructure Servers serem os controladores do domínio; eles devem ser Member Servers (Servidores do Membro) apenas. Para economizar, você poderá combinar os papéis de controlador do domínio-raiz com os papéis da infra-estrutura da rede. Isso é aceitável nas redes menores, mas não é recomendado nos ambientes maiores mesmo que o carregamento do servidor nos DCs da floresta-raiz seja bem leve. Surgem vários problemas quando você tenta integrar o serviço DHCP para o domínio de produção com os controladores do domínio para o domínio-raiz. Incluem problemas de segurança assim como de configuração. Se for possível, mantenha esses papéis em servidores físicos diferentes.

Todas os servidores da rede paralela devem ser organizados com um Kernel do servidor atualizado de acordo com as práticas de organização descritas no Capítulo 2. Cada servidor deve satisfazer as exigências de dimensionamento do servidor descritas no mesmo capítulo. E mais, cada servidor deve ter verificações rígidas do controle de qualidade para assegurar que esteja pronto para a produção. Essas verificações devem garantir que tudo no servidor esteja sendo executado suavemente. Como vários desses servidores serão os controladores do domínio, uma atenção especial deve ser dada à resolução de conflitos do hardware antes de prosseguir.

Se você tiver vários sites grandes em sua organização, muito provavelmente desejará separar cada papel duplo do servidor colocando fisicamente um servidor para cada papel em cada um dos dois sites físicos. Isso fornece uma redundância da rede e cria um backup automático do serviço no caso de desastres.

Também precisará de uma documentação preparada antes de prosseguir com a implementação da rede. A construção da infra-estrutura de seu IP existente muito provavelmente será adequada para a implementação da rede paralela. Porém, você precisará mudar todos os endereços IP uma vez que a nova rede e a antiga precisarão coexistir por algum tempo. Deverá ter essas informações em mãos antes de prosseguir com a criação da rede.

E mais, também irá requerer seu plano Active Directory. Para isso, terá que ter executado o exercício de planejamento descrito no Capítulo 3. Esse plano servirá como um mapa do diretório a seguir durante a implementação do WS03 Active Directory. Com esses documentos em mãos, você poderá preparar a rede paralela. Lembre-se: tudo é feito em um laboratório primeiro. Aqui, você poderá documentar especificamente toda etapa que é requerida para a criação real da rede da empresa de produção. Quanto mais documentação tiver, provavelmente cometerá menos erros ao criar a nova rede. Esta não é hora de cometer erros.

Assim que sua rede paralela estiver ativa e em execução, você será capaz de criar uma relação de confiança entre o novo domínio de produção e seu(s) domínio(s) Windows NT de herança. Essa relação de confiança permanecerá durante a migração para fornecer serviços de florestas cruzadas para todos os usuários. Então, poderá migrar os usuários, os computadores e os serviços à vontade usando o ADMT versão 2 ou uma ferramenta de migração comercial.

Agora você está pronto para prosseguir para o primeiro estágio, implementar o Active Directory de produção.

Como criar o Active Directory de produção

Criar um Active Directory novo é um processo muito simples. Envolve a criação de pelo menos quatro controladores de domínio diferentes de acordo com a Estratégia de posicionamento do servidor identificada na Figura 3-10, no Capítulo 3. Dois desses controladores de domínio perten-

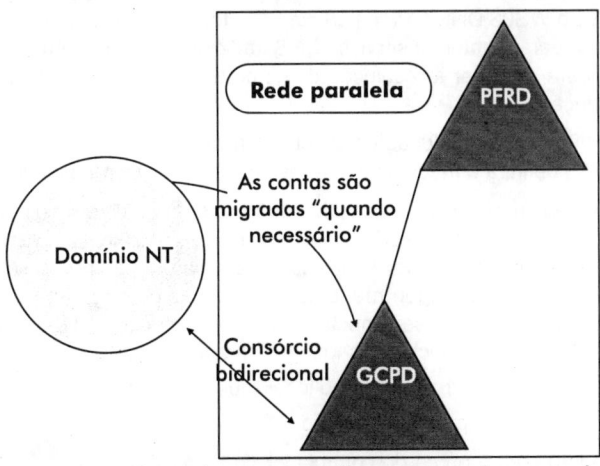

Figura 4-3 – *Como usar uma rede paralela para migrar os dados entre as florestas.*

cem ao Protected Forest Root Domain. Cada um manterá um papel de Operation Master (Mestre de Operação) de toda a floresta: Schema ou Domain Naming Master. Esses dois DCs também manterão os papéis de Operation Master centrados no domínio: Emulador PDC, Relative ID e Infrastructure Masters. E mais, esses DCs manterão o serviço Global Catalog (Catálogo Global).

Há tarefas adicionais que têm de ser executadas durante a criação desses servidores. Uma vez que o primeiro DC é o primeiro servidor na rede da empresa, ele tem que manter algumas funções extras. Essas funções incluem:

- **Time Service Hosting** Você pode requerer que sua rede inteira seja sincronizada com uma fonte de hora externa como um relógio atômico. Fazendo isso ou não, terá de assegurar que a sincronização da hora seja implementada em sua rede. A sincronização da hora é essencial, uma vez que o Kerberos, o protocolo de autenticação preferido no Windows Server 2003, leva em conta a hora.

- **Licensing Mode Hosting** A rede da empresa WS03 tem de usar um modo de licença consistente. Assim, o primeiro servidor na rede é o melhor servidor para configurar e controlar a licença.

- **Alert Management** A comunidade de gerenciamento de alerta inicial tem de ser configurada neste servidor também.

A resolução do nome também será requerida. O primeiro DC em uma rede requer um servidor Domain Naming System para funcionar devidamente. Você poderá usar um servidor DNS existente para essa finalidade, mas o Windows Server 2003 tem exigências particulares para o serviço DNS. Se você escolher usar um servidor DNS diferente do servidor DNS WS03, esse servidor DNS terá que suportar os seguintes critérios:

- Os servidores BIND DNS precisam ter a versão 8.1.2 ou posterior do software BIND para satisfazer as exigências DNS para o suporte Active Directory.

- A zona DNS tem de permitir atualizações dinâmicas (RFC 2136).

- O servidor DNS que mantém essa zona tem que suportar os registros do recurso SRV (RFC 2782) para informar o serviço de diretório.

Se houver problemas e você não puder mover os serviços DNS existentes para o WS03, então entre em um acordo. Use o WS03 DNS para a floresta AD e todos os seus objetos e use o serviço DNS (UNIX, por exemplo) para manter os serviços DNS tradicionais. Inclua fornecedores em seus servidores WS03 DNS para executar a resolução do nome dos objetos não AD através de seus servidores DNS de herança.

Também precisará identificar se a resolução do cliente será executada por meio de sugestões da raiz ou de emissores. Isso definirá o mecanismo de resolução do nome para os clientes.

Se não houver nenhum problema, use o serviço DNS de WS03 para toda a resolução do nome. O WS03 usa o DNS para a operação do diretório. Uma das operações críticas suportadas pelo DNS é o processo de conexão. Quando uma conexão do usuário é iniciada a partir de um cliente Windows 2000 ou Windows XP, o serviço Net Logon reúne as informações de conexão requeridas para o domínio ao qual o usuário está tentando se conectar e envia uma consulta DNS para seus servidores DNS configurados. Essa consulta inclui as seguintes características:

- Tipo de consulta: SRV (Registro do recurso localizador de serviços)
- Nome da consulta: _ldap._tcp.nome_domínio

O servidor DNS responderá com o nome do controlador do domínio que estiver mais próximo do cliente. A solicitação de conexão é enviada para o DC e se o nome de usuário e senha forem válidos para esse domínio, o usuário será conectado ao domínio. Esse processo é mostrado na Figura 4-4.

```
┌─────────────────────┐
│ Processo de conexão │
│        WS03         │
└─────────────────────┘
```

❸ O servidor DNS retorna o nome do DC mais próximo (deve ser ele mesmo)

❺ O DC verifica as credenciais do usuário e autenticará o usuário se elas forem corretas

❹ O cliente Windows envia a solicitação de autenticação

❷ O Windows envia o nome do domínio e o local do cliente para um servidor DNS

❶ Os usuários iniciam uma conexão digitando seu nome de usuário e senha

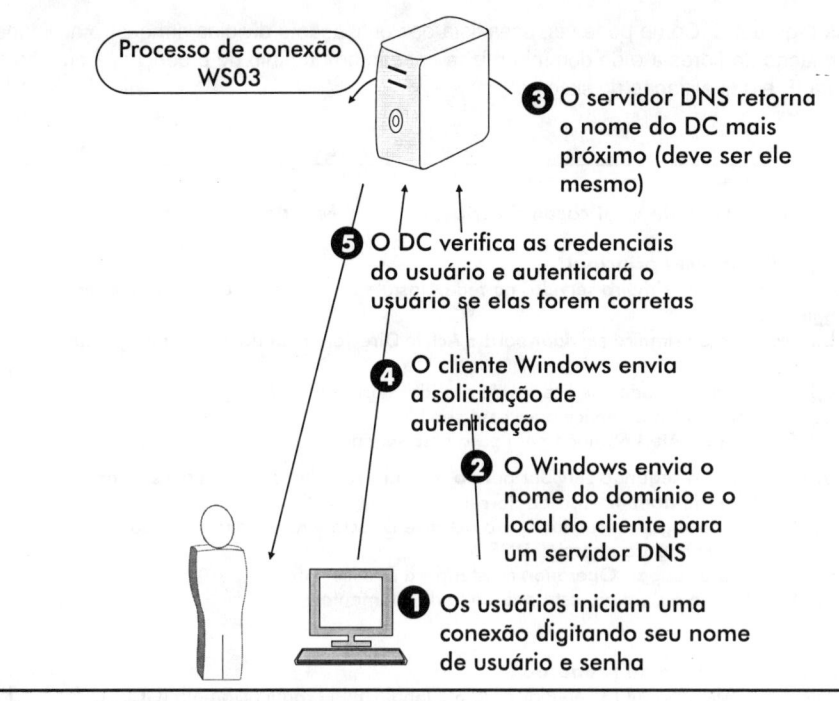

Figura 4-4 – *O processo de conexão do WS03.*

E mais, o WS03 pode armazenar as zonas DNS no Active Directory, simplificando a réplica e garantindo a segurança desses registros. A segurança é importante aqui uma vez que os clientes Windows 2000 e Windows XP, que usam o DHCP, também usarão o recurso dinâmico do serviço DNS para atualizar seus próprios registros no serviço DNS. Se sua rede incluir objetos não Windows que requeiram a resolução do nome, você precisará fornecer nomes estáticos aceitos para esses objetos em seu servidor WS03 DNS, a menos, claro, que os endereços IP sejam atribuídos pelo servidor Windows DHCP. Finalmente, quando o serviço DNS for integrado ao diretório, o WS03 não irá requerer mais o uso de zonas secundárias para fornecer as informações de um domínio DNS para outro. Agora o WS03 inclui o conceito das partições de dados da aplicação. Essas partições de réplica podem se estender em vários domínios para assegurar que os dados estarão disponíveis para todos na floresta. Essas partições são criadas automaticamente quando você integra o DNS no Active Directory.

O serviço DNS de WS03 deve assim ser casado com o serviço DC no Windows Server 2003. Isso irá garantir que o serviço de nome esteja sempre disponível no mesmo lugar do controlador de domínio e do serviço de conexão. Também irá assegurar que todas as zonas DNS estarão seguras e serão repetidas por meio do mecanismo de réplica do diretório. Essa é a abordagem recomendada e usada neste livro.

Atividades de organização da floresta

A organização da nova floresta requer um certo conjunto de atividades, cada uma incluindo várias etapas. Essas atividades são listadas na Lista de verificação da criação da floresta de produção mostrada na Figura 4-5. Como pode ver, essa lista de verificação é dividida em quatro atividades maiores: a criação da floresta e do domínio-raiz, a criação do domínio de produção, a criação da infra-estrutura IP e a finalização do sistema.

Lista de verificação da criação da floresta de produção

❶ Criação da floresta principal
Instale e nomeie o primeiro servidor na rede. Instale esse servidor em um grupo de trabalho primeiro.
☐ Promova o primeiro servidor para o Active Directory criando o domínio-raiz da floresta
☐ Configure os modos de licença do servidor para a floresta
☐ Configure o Time Service para esse servidor
☐ Configure o Alert Management para esse servidor

Instale e nomeie o segundo servidor para o domínio-raiz da floresta. Esse servidor pode ser um membro do domínio-raiz da floresta.
☐ Promova o segundo servidor para o Active Directory no domínio-raiz da floresta
☐ Instale e configure o serviço DNS
☐ Transfira os papéis Operation Master para esse servidor
☐ Verifique se o domínio está operando devidamente

❷ Criação do domínio de produção
Instale e nomeie o primeiro servidor para o Global Child Product Domain (GCPD). Instale esse servidor em um grupo de trabalho primeiro.
☐ Crie uma delegação DNS provisória
☐ Promova esse servidor para o AD criando o Global Child Product Domain
☐ Inclua o serviço DNS durante essa promoção
☐ Finalize a configuração do serviço DNS

Instale e nomeie os três outros servidores para a operação básica da rede paralela. Instale cada servidor como um membro do domínio de produção.
☐ Promova um dos servidores para o AD no domínio de produção
☐ Instale e configure o serviço DNS
☐ Transfira os papéis Operation Master para esse servidor
☐ Atualize a delegação DNS

❸ Criação da infra-estrutura IP
Prossiga para a configuração dos Network Infrastructure Servers.

❹ Finalização do sistema
Mova os servidores para seu site final e então configure a réplica do domínio.
☐ Verifique se todos os domínios estão operando devidamente

Figura 4-5 – *A lista de verificação da criação da floresta de produção.*

🔊 **Nota** – *Todos os servidores instalados aqui devem usar pelo menos a Enterprise Edition do WS03 porque estarão localizados em grandes escritórios e poderão precisar se dimensionar com o tempo. Usar uma edição inferior poderá fazer com que você tenha que reinstalar o servidor. O tamanho da máquina deve também ser designado com o dimensionamento em mente. Lembre-se do exercício de dimensionamento do servidor do Capítulo 2.*

🏍 **Dica rápida** – *A lista de atividades para a preparação do servidor é completa. Para simplificar o Processo de criação do servidor da rede paralela, Planilhas de preparação do servidor para cada papel do servidor requerido estão disponíveis em http://www.Reso-Net.com/ WindowsServer/. Essas planilhas incluem espaço para escrever a senha da administração do servidor. É uma prática melhor criptografar essa senha, para proteger as planilhas eletronicamente ou localizar as senhas em outro lugar para assegurar-se de que elas não serão vazadas para pessoas erradas.*

Como instalar o primeiro servidor em uma floresta

O lugar para começar é com o primeiro servidor na floresta. Esse servidor terá várias características: será um DC com o serviço DNS integrado, será o Schema Master (Mestre do Esquema) para a floresta, também será o Emulador PDC e o RID Master (Mestre RID) para o domínio-raiz da floresta, manterá o serviço Global Catalog, irá sincronizar a hora para a floresta e será o License Manager (Gerenciador de Licenças) da floresta.

Instalação e configuração do servidor

Comece com a instalação do Kernel do servidor segundo os procedimentos descritos no Capítulo 2. Essa instalação, uma vez que é exclusiva, poderá ser executada interativamente, mas, caso você se lembre da complexidade do processo de criação para o Reference Server (Servidor de Referência), poderá preferir usar uma instalação automatizada do kernel. Se não, execute todas as etapas requeridas para um computador de referência ao criar esse servidor.

Em seguida, configure o cliente TCP/IP para esse servidor. Como não há nenhum servidor DHCP nessa rede ainda, você não poderá esperar que o DHCP atribua um endereço a esse servidor. Mas como o WS03 inclui a capacidade de atribuir um endereço alternativo, poderá configurar o servidor para usar um endereço DHCP, contanto que não haja nenhum servidor DHCP perigoso na rede que poderia atribuir um endereço incorreto ao servidor e contanto que você tenha fornecido corretamente os parâmetros do servidor na aba Alternate Configuration das propriedades TCP/IP do servidor.

🔊 **Nota** – *Se você tiver que usar o endereçamento dinâmico para seus servidores, precisará tomar algumas precauções neste estágio. Os endereços dinâmicos do servidor têm de ser baseados em uma reserva de endereço uma vez que os endereços DC e do servidor DNS nunca devem mudar. Também é importante assegurar-se de que não haverá nenhum servidor DHCP perigoso na rede porque eles atribuirão um endereço IP inadequado para o servidor (uma vez que a reserva não existe ainda). Se isso acontecer, você precisará começar novamente.*

Para a configuração DNS do cliente para esse servidor, você deverá definir o servidor para o primeiro ponto para si mesmo. O endereço do segundo servidor DNS deve ser um dos servidores que você pretende usar como um emissor, caso os emissores sejam o que você pretende usar. Se não usar e escolher instalar o serviço DNS durante a promoção do controlador do domínio, o WS03 irá instalar *automaticamente* o servidor DNS para usar os emissores e irá inserir automaticamente esse endereço DNS como seu primeiro emissor.

Finalmente, esse servidor deve pertencer a um grupo de trabalho que usa o mesmo nome NetBIOS que você usará para sua floresta. Por exemplo, se pretende usar TandT.net como o nome de sua floresta-raiz, o nome de seu grupo de trabalho deverá ser TANDT. Isso simplificará o processo de comunicação entre esse servidor e o próximo que você criará.

Como executar a promoção do DC

A melhor maneira de executar essa primeira promoção DC é através da página Manage Your Server Web (Gerenciar Seu Servidor Web). Essa página é inicializada automaticamente na inicialização do sistema. Se não, você poderá iniciar essa página com o atalho Manage Your Server, localizado em Administrative Tools (Ferramentas Administrativas) do menu Start (Iniciar). Assim que essa página Web for ativada, use o seguinte procedimento para criar seu primeiro controlador do domínio da floresta.

1. Clique em Add (Adicionar) ou remova um papel. Isso inicializará o Configure Your Server Wizard (Assistente para Configurar Seu Servidor).
2. Revise as exigências da configuração e então clique em Next (Próximo).

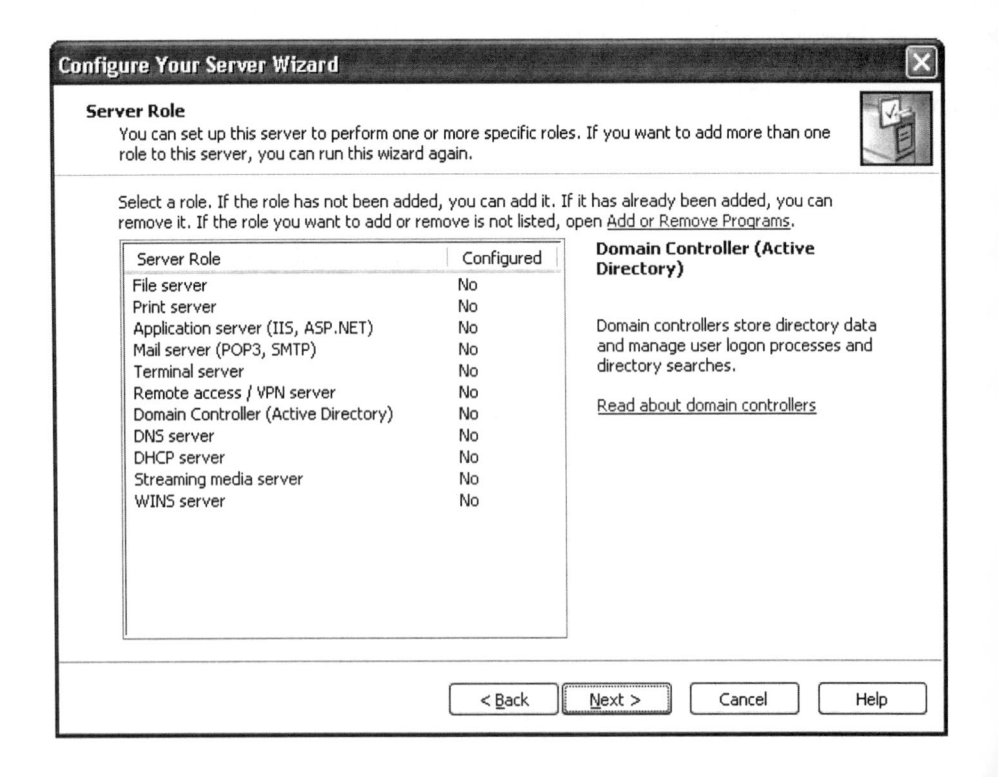

Configure Your Server Wizard

Server Role
You can set up this server to perform one or more specific roles. If you want to add more than one role to this server, you can run this wizard again.

Select a role. If the role has not been added, you can add it. If it has already been added, you can remove it. If the role you want to add or remove is not listed, open Add or Remove Programs.

Server Role	Configured
File server	No
Print server	No
Application server (IIS, ASP.NET)	No
Mail server (POP3, SMTP)	No
Terminal server	No
Remote access / VPN server	No
Domain Controller (Active Directory)	No
DNS server	No
DHCP server	No
Streaming media server	No
WINS server	No

Domain Controller (Active Directory)

Domain controllers store directory data and manage user logon processes and directory searches.

Read about domain controllers

[< Back] [Next >] [Cancel] [Help]

Capítulo 4: Como construir a infra-estrutura Enterprise Network IP ▶ **155**

3. O Windows Server 2003 verificará os papéis existentes no servidor e produzirá uma seleção de opções da instalação.
4. Selecione Domain Controller (Controlador do Domínio) (Active Directory) e então clique em Next.
5. Confirme sua seleção clicando em Next. Isso inicializará o Active Directory Installation Wizard (Assistente de Instalação do Active Directory). Clique em Next.
6. Selecione Domain Controller For A New Domain (Controlador do Domínio para Um Novo Domínio) e então clique em Next.
7. Selecione Domain (Domínio) em uma nova floresta e então clique em Next.
8. Nomeie sua floresta e então clique em Next.
9. Selecione o nome NetBIOS para a floresta e então clique em Next.
10. Selecione o local do banco de dados e das pastas de registro e então clique em Next.. Como esse domínio não conterá muitos dados, o banco de dados e os registros poderão residir no mesmo disco.
11. Selecione o local da pasta SYSVOL (pasta de réplica) e então clique em Next. Novamente, os valores defaults são aceitáveis para essa pasta.

◀⅛⁾ **Nota** – *Lembre-se: todo servidor da empresa WS03 é construído usando partições NTFS apenas. É importante porque todo recurso avançado requer esse tipo de formato de disco para operar.*

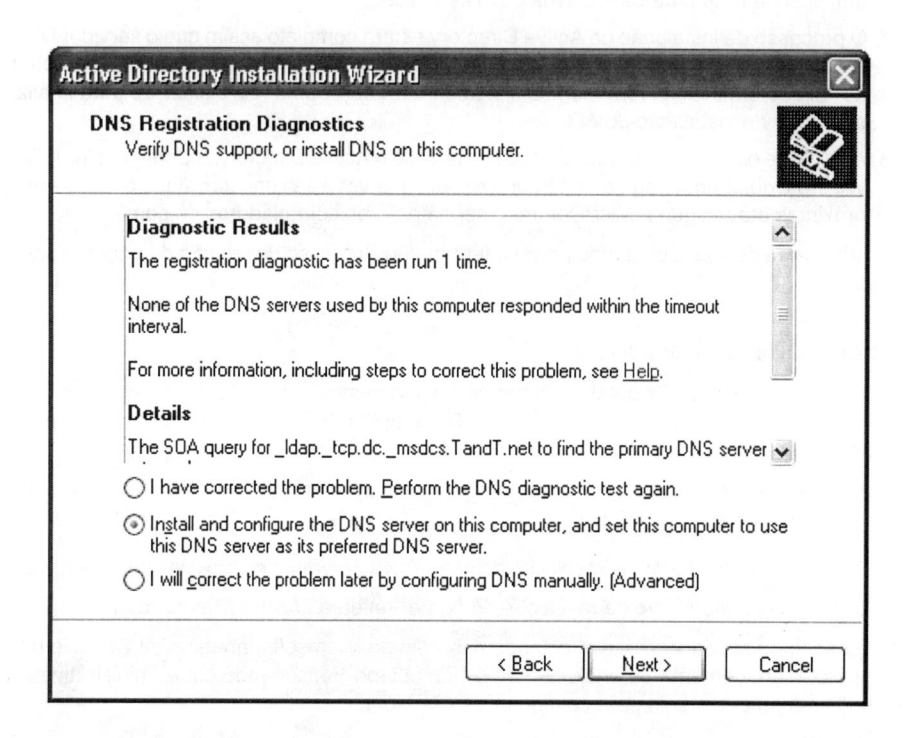

Active Directory Installation Wizard

DNS Registration Diagnostics
Verify DNS support, or install DNS on this computer.

Diagnostic Results
The registration diagnostic has been run 1 time.

None of the DNS servers used by this computer responded within the timeout interval.

For more information, including steps to correct this problem, see Help.

Details
The SOA query for _ldap._tcp.dc._msdcs.TandT.net to find the primary DNS server

○ I have corrected the problem. Perform the DNS diagnostic test again.

⦿ Install and configure the DNS server on this computer, and set this computer to use this DNS server as its preferred DNS server.

○ I will correct the problem later by configuring DNS manually. (Advanced)

< Back   Next >   Cancel

12. Em seguida, o serviço DC Promotion (Promoção do DC) tentará encontrar um registro DNS para o domínio que você está criando. Como não existe nenhum registro em lugar algum, retornará um código de erro. Selecione Install (Instalar), configure o servidor DNS e então clique em Next. Isso inicializará o processo de instalação DNS.

13. A próxima questão relaciona-se ao nível de permissão default para os usuários e grupos. Se você pretende executar sistemas operacionais pré-Windows 2000 nessa rede, precisará definir essas permissões agora. Como é uma rede paralela, que conterá apenas os servidores WS03 e Windows XP e computadores (pode haver máquinas Windows 2000 também, embora não sejam recomendadas), selecione a segunda opção (Permissions compatible with only Windows 2000 or Windows Server 2003 operating systems ou Permissões compatíveis com apenas os sistemas operacionais Windows 2000 ou Windows Server 2003) e então clique em Next.

14. Defina a opção Directory Service Restore Mode Administrator Password (Senha do Administrador do Modo de Restauração do Serviço de Diretório) e então clique em Next. Essa senha é extremamente importante uma vez que é usada para executar restaurações autorizadas ou restaurações que sobrescrevem as informações existentes do diretório durante a recuperação do sistema. Guarde-a com cuidado.

15. O serviço DC Promotion descreverá suas opções. Revise-as com cuidado e, quando estiver pronto para prosseguir, clique em Next. Se vir erros em suas escolhas, use o botão Back (Voltar) para retornar e corrigi-los. Clicar em Next inicializará o Active Directory Installation Wizard. Ele executará uma série de tarefas, inclusive a réplica dos parâmetros de segurança nos discos do servidor e inicializará a instalação do serviço DNS.

16. Os arquivos de instalação WSE serão requeridos neste estágio. Insira o CD ou identifique um local da rede para os arquivos de instalação.

17. O processo de instalação do Active Directory estará completo assim que o servidor DNS for instalado. Quando estiver completo, o AD Installation Wizard exibirá um relatório do término. Clique em Finish (Terminar). O sistema irá requerer uma reinicialização para finalizar a operação de instalação do AD.

18. Assim que o sistema tiver reiniciado e inicializado o Active Directory, o Configure Your Server Wizard exibirá uma página de término depois que você se conectar. Aqui, poderá exibir as próximas etapas que a Microsoft recomenda para os controladores do domínio.

Na verdade, você desejará prosseguir para o término do Processo de criação do primeiro servidor como a seguir.

Finalização da configuração DNS

A instalação do serviço DNS do Active Directory prepara o servidor DNS para operar com o Active Directory, mas não completa uma configuração DNS total. Vários elementos são requeridos para completar a configuração:

- Defina a opção Aging/Scavenging (Idade/Acesso sem Autorização) para todas as zonas.
- Verifique as partições da aplicação para a réplica DNS.
- Finalize a configuração da resolução do nome DNS Forward Lookup (Pesquisa Direta DNS).
- Finalize a configuração da resolução do nome Reverse Lookup (Pesquisa Inversa).

A configuração do servidor DNS é executada por meio do Microsoft Management Console (MMC) do Computer Management (Gerenciamento do Computador) encontrado em Administrative Tools. Use o seguinte procedimento para configurar seu servidor.

Capítulo 4: Como construir a infra-estrutura Enterprise Network IP ▶ **157**

1. Localize e expanda o item Services and Applications (Serviços e Aplicações) no painel esquerdo do console.
2. Localize e expanda o item DNS no painel esquerdo.
3. Comece com as definições Aging and Scavenging. Para tanto, clique com o botão direito do mouse no nome do servidor e selecione Set Aging/Scavenging (Definir Idade/Acesso sem Autorização) para todas as zonas no menu contextual.
4. Clique em Scavenge stale resource records (Acessar sem autorização registros do recurso antigo) para ativar o recurso. Aceite os intervalos de renovação defaults (sete dias) e clique em OK. Isso irá garantir que seu banco de dados DNS não conterá registros desatualizados.
5. Isso também dará a oportunidade de definir o modo de acesso sem autorização para todas as futuras zonas novas integradas do Active Directory. Defina Apply these settings to the existing Active Directory-integrated zones (Aplicar estas definições nas zonas integradas do Active Directory existente) e então clique em OK.

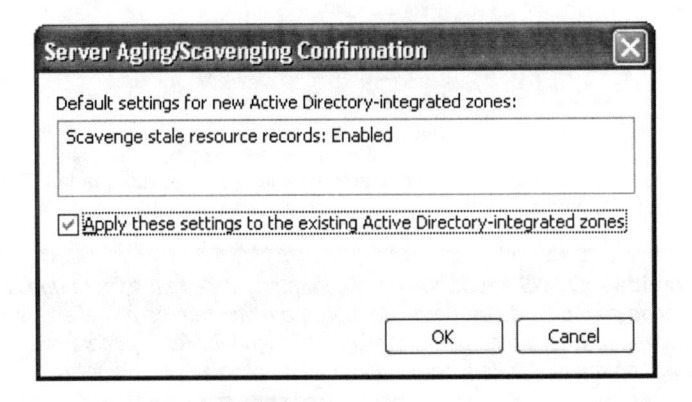

6. Verifique as partições da aplicação para a floresta e as informações DNS do domínio-raiz. O Windows Server 2003 separa as informações DNS da floresta das informações DNS do domínio-raiz. Ele define automaticamente o escopo da partição da aplicação para cada conjunto de dados DNS. As partições da aplicação são partições especiais da réplica que podem armazenar qualquer informação que não esteja relacionada aos princípios de segurança. Essas partições são compostas por um conjunto de endereços IP ou nomes DNS que definem o escopo da partição da aplicação. Usar uma partição da aplicação para armazenar as informações DNS evitará que você tenha de criar cópias das zonas DNS nos domínios-filhos como zonas DNS secundárias de leitura apenas. Garante que toda a réplica DNS estará assegurada e será controlada por meio do Active Directory.
7. Para verificar se as devidas partições da aplicação foram criadas para os dados DNS, clique com o botão direito do mouse no nome da zona de pesquisa direta e selecione Properties (Propriedades) no menu contextual. O WS03 inclui uma nova seção Replication (Réplica) sob a seção Zone Type (Tipo de Zona) da aba General (Geral) em Zone Properties (Propriedades da Zona). Essa seção de réplica controla o escopo da partição da aplicação. O WS03 definirá automaticamente os dados DNS da floresta (_msdcs.*nomefloresta*) para usar uma partição da aplicação de toda a floresta. Ele definirá dados específicos do domínio para usar uma partição da aplicação do domínio apenas. Clique em OK ou Cancel (Cancelar) quando terminado.

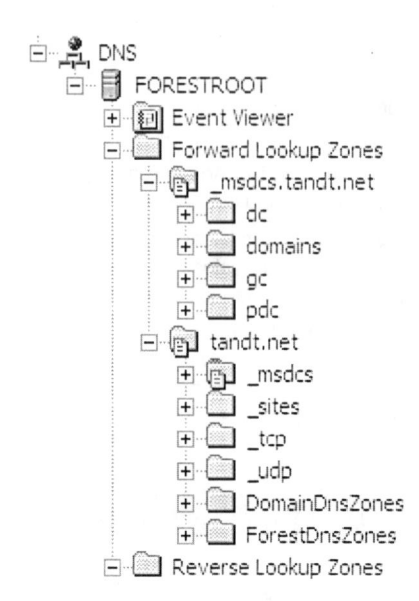

```
□-♣ DNS
   □-目 FORESTROOT
      ⊞-▦ Event Viewer
      □-◌ Forward Lookup Zones
         □-◌ _msdcs.tandt.net
            ⊞-◌ dc
            ⊞-◌ domains
            ⊞-◌ gc
            ⊞-◌ pdc
         □-◌ tandt.net
            ⊞-◌ _msdcs
            ⊞-◌ _sites
            ⊞-◌ _tcp
            ⊞-◌ _udp
            ⊞-◌ DomainDnsZones
            ⊞-◌ ForestDnsZones
      □-◌ Reverse Lookup Zones
```

8. Verifique se suas definições da resolução do nome direta são adequadas. Para tanto, clique com o botão direito do mouse no nome do servidor e selecione Properties.

Dica rápida – *O DNS é estranho no AD. Primeiro, você tem sempre que começar clicando com o botão esquerdo do mouse em um item no painel esquerdo. Isso atualizará a exibição no painel direito. Assim que for feito, poderá clicar com o botão direito do mouse no item para exibir o menu contextual do objeto.*

9. Use Root Hints (Sugestões da Raiz) ou Forwarders (Emissores). Se usar Forwarders e configurou devidamente as definições DNS do cliente anteriormente, verá que pelo menos um endereço do emissor foi fornecido pelo processo de configuração DNS. Adicione servidores DNS extras como requerido e então clique em OK para fechar a caixa de diálogo.

10. Para configurar sua zona de pesquisa inversa, clique com o botão direito do mouse no item Reverse Lookup Zone (Zona da Pesquisa Inversa) no painel esquerdo e selecione New Zone (Zona Nova). Isso inicializará o New Zone Wizard (Assistente da Zona Nova). Clique em Next para iniciar o processo de criação da zona.

11. Selecione o tipo de zona, neste caso uma Primary Zone (Zona Primária) e selecione armazenar a zona no Active Directory. Clique em Next.

12. Defina a partição da aplicação para a réplica dos dados da zona. Como são informações específicas do domínio, selecione To all DNS servers in the Active Directory domain *nomedomínio* (Para todos os servidores DNS no domínio Active Directory *nomedomínio*). Selecionar essa opção é o mesmo que selecionar a opção To all domain controllers in the Active Directory domain *nomedomínio* (Para todos os controladores do domínio no domínio Active Directory *nomedomínio*) uma vez que todos os controladores do domínio nesta floresta manterão o serviço DNS. Clique em Next.

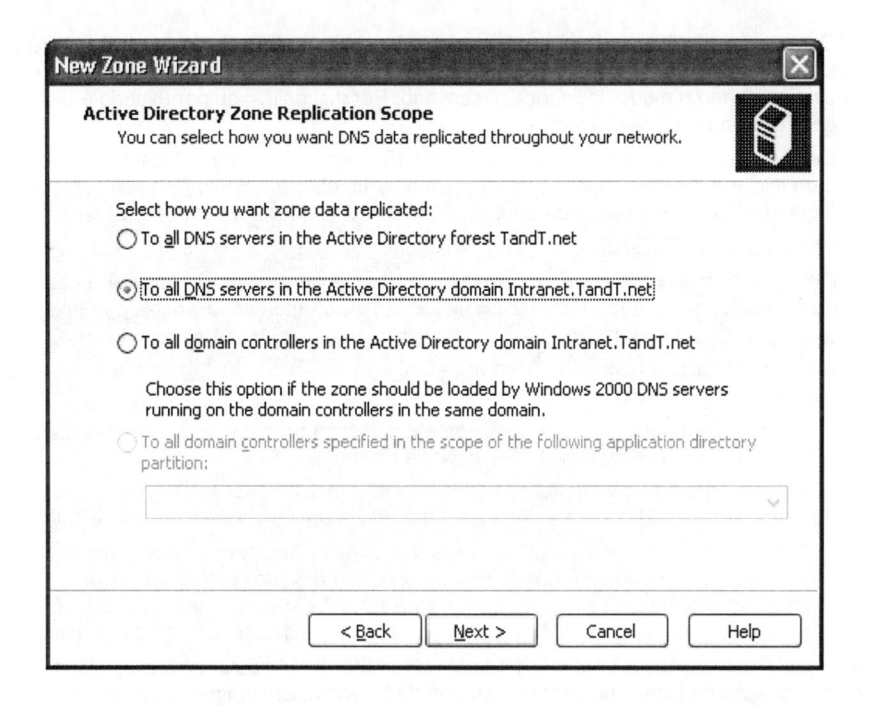

Capítulo 4: Como construir a infra-estrutura Enterprise Network IP ▶ **159**

New Zone Wizard

Active Directory Zone Replication Scope
You can select how you want DNS data replicated throughout your network.

Select how you want zone data replicated:

○ To all DNS servers in the Active Directory forest TandT.net

⦿ To all DNS servers in the Active Directory domain Intranet.TandT.net

○ To all domain controllers in the Active Directory domain Intranet.TandT.net

Choose this option if the zone should be loaded by Windows 2000 DNS servers running on the domain controllers in the same domain.

○ To all domain controllers specified in the scope of the following application directory partition:

[< Back] [Next >] [Cancel] [Help]

🏍 **Dica rápida** – *Para fazer com que o New Zone Wizard insira automaticamente o nome da Reserve Zone, selecione Network ID (ID da Rede) e digite o endereço da rede para a zona, por exemplo, 192.168.1. O New Zone Wizard irá inserir automaticamente o valor para Reverse Lookup Zone mesmo que não seja selecionado. Para limpar a caixa Network ID, selecione o botão de rádio Reverse Lookup Zone Name (Nome da Zona da Pesquisa Inversa).*

13. Identifique os parâmetros para Reverse Lookup Zone que deseja criar e então clique em Next.
14. Selecione Allow only secure dynamic updates (Permitir apenas atualizações dinâmicas seguras) e então clique em Next.
15. Clique em Finish para criar a zona.

É tudo; seu servidor DNS está pronto. Você poderá ir para o próximo estágio.

🏍 **Dica rápida** – *Para obter mais informações sobre o DNS de WS03, vá para http:// www.microsoft.com/ windows2000/techinfo/howitworks/communications/name adr mgmt/w2kdns.asp e http:// www.microsoft.com/windows2000/en/server/help/default. asp?url=/windows2000/en/server/ help/sag_DNS_imp_BestPractices.htm?id=1847.*

Modos de licença da floresta

Em seguida, você precisará configurar o License Mode (Modo de Licença) para a floresta. Configurando isso, devidamente, agora, não precisará voltar para essa configuração durante a criação da floresta paralela.

1. Comece verificando se está usando o devido modo de licença neste servidor. Vá para o Control Panel (Painel de Controle) e abra o ícone Licensing (Licença). Certifique-se de que esteja usando o modo de licença necessário. Por dispositivo ou por usuário é recomendado. Feche a caixa de diálogo.
2. Certifique-se de que License Logging Service (Serviço de Registro da Licença) esteja definido para iniciar automaticamente e inicie-o. Para tanto, abra o console Computer Management, expanda o item Services and Applications no painel esquerdo e selecione Services.
3. Encontre o serviço License Logging na lista de serviços e clique-os duas vezes.
4. Defina o serviço para iniciar automaticamente. Clique em Apply (Aplicar), então inicie o serviço usando o botão Start (Iniciar) na caixa de diálogo. Feche a caixa de diálogo.
5. Abra o License Manager (Gerenciador de Licenças) clicando no ícone Licensing na seção Administrative Tools do menu Start (as Administrative Tools também podem ser encontradas no Control Panel).
6. O License Manager abrirá automaticamente a licença para o servidor que você está configurando. Clique o botão New License (Nova Licença).
7. Selecione o produto que requer as licenças (neste caso o Windows Server), digite o número de licenças requeridas para a floresta inteira, digite um comentário e então clique em OK.
8. O WS03 criará as licenças e irá repeti-las na floresta. Você notará que, como está usando a licença por dispositivo ou por usuário, a caixa de diálogo New License não fornecerá a escolha do modo de licença, mas você terá de selecionar o quadro de seleção I agree (Concordo), então clicar em OK para fechar a caixa de diálogo de acordo da licença.

No caso das organizações que têm um número diferente de computadores e usuários, o WS03 suportará a criação de Licensing Groups (Grupos de Licença). Em um modo de licença por dispositivo ou por usuário, cada computador do cliente irá requerer uma licença de acesso do cliente, mas o WS03 controlará as licenças por usuário. Portanto, se você tiver mais usuários que computadores, precisará criar grupos de licença que identifiquem os usuários que podem usar o número mais limitado de licenças de acesso do cliente do computador. Isso irá garantir que não precisará comprar mais licenças do que o requerido e que estará sempre atualizado legalmente.

Configuração do Time Service

As redes da empresa são muito sensíveis à sincronização da hora. É por isso que o WS03 inclui um sistema de sincronização da hora predefinido. Em uma floresta WS03, o Windows Time Service configura a si mesmo automaticamente, aproveitando o serviço da hora que está disponível nos controladores do domínio. Um controlador do domínio especial, o Emulador PDC, serve como a fonte autorizada para a hora em um domínio. Em uma floresta, os Emuladores PDC são sincronizados com as fontes da hora nos domínios-pais. Finalmente, apenas um servidor precisa da sincronização manual da hora. É geralmente o primeiro controlador do domínio na floresta.

Você precisará decidir se irá sincronizar sua floresta AD com uma fonte de hora externa, usará uma fonte de hora interna ou permitirá que a floresta seja sincronizada nesse servidor mesmo que sua definição da hora possa não ser precisa. Cada escolha tem seus próprios problemas. A Tabela 4-1 lista uma série de fontes de hora precisas fornecidas pelo U.S. Naval Observatory Master Clocks em Washington D.C. e Colorado Springs, Colorado. Use a devida definição de acordo com o fuso horário ao qual pertence seu servidor da fonte. Não definir a fonte da hora criará 12 eventos do ID no System Event Log (Registro de Eventos do Sistema).

Para definir um servidor de fonte da hora, use a ferramenta da linha de comandos w32tm. Por exemplo, o comando a usar para definir um relógio do fuso horário Ocidental com três servidores da hora seria:

```
w32tm /config /syncfromflags:manual/manualpeerlist:"ntp2.usno.navy.mil,
tock.usno.navy.mil, tick.usno.navy.mil"
```

Capítulo 4: Como construir a infra-estrutura Enterprise Network IP ▶ **161**

> **Event Properties**
>
> **Event**
>
> Date: 3/31/2002 Source: W32Time
> Time: 10:04:03 AM Category: None
> Type: Warning Event ID: 12
> User: N/A
> Computer: FORESTROOT
>
> Description:
>
> Time Provider NtpClient: This machine is configured to use the domain hierarchy to determine its time source, but it is the PDC emulator for the domain at the root of the forest, so there is no machine above it in the domain hierarchy to use as a time source. It is recommended that you either configure a reliable time service in the root domain, or manually configure the PDC to synchronize with an external time source. Otherwise, this machine will function as the authoritative time source in the domain hierarchy. If an external time source is not configured or used for this computer, you may choose to disable the NtpClient.
>
> Data: ● Bytes ○ Words

Tabela 4-1 – Os Servidores da Hora do U.S Naval Observatory Master	
Fuso horário EUA	**Endereços disponíveis**
Ocidente	ntp2.usno.navy.mil tock.usno.navy.mil tick.usno.navy.mil ntp-s1.cise.ufl.edu ntp.colby.edu navoobs1.oar.net gnomon.cc.columbia.edu tick.gatech.edu navos1.mit.edu
Central	ntp0mcs.an1.gov navobs1.wustl.edu tick.uh.edu
Montanha	navobs1.usnogps.navy.mil navobs2.usnogps.navy.mil
Pacífico	montpelier.caltech.edu bigben.cac.washington.edu tick.ucla.edu usno.pa-x.dec.com
Alasca	utp.alaska.edu
Havaí	tick.mhpcc.edu
Nota: Mais informações poderão ser obtidas em http://tycho.usno.navy.mil/ntp.html.	

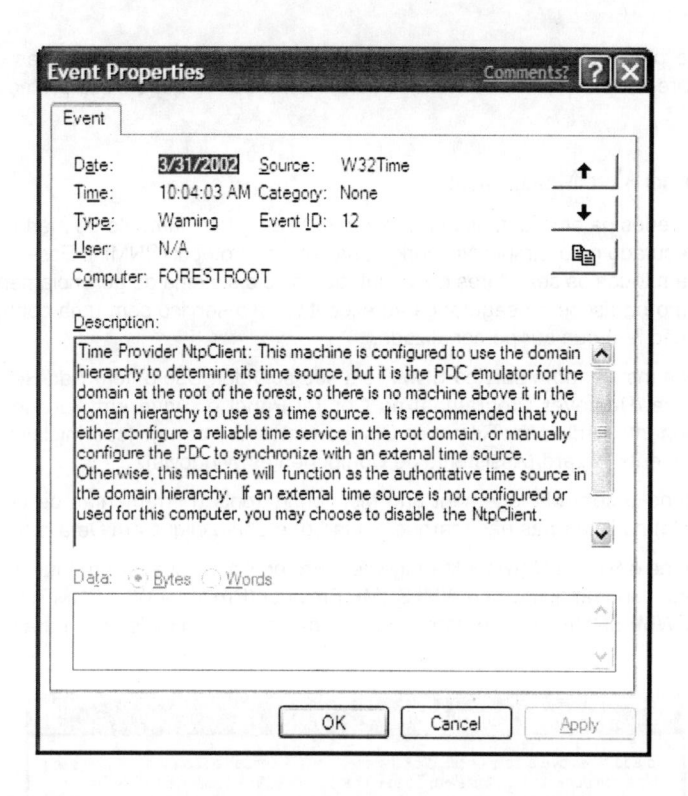

Isso definirá o primeiro DC para sincronizar a hora com um dos três sistemas de computador listados. Lembre-se: para tanto você terá de abrir a porta UDP (123) em sua proteção para permitir o tráfego SNTP.

Configuração do Alert Management

A maioria das redes da empresa usa uma ferramenta de gerenciamento do alerta de todo o sistema. Isso é executado pelo Simple Network Management Protocol (SNMP). Esse protocolo tem de ser instalado em todos os servidores e computadores se o sistema de gerenciamento do alerta for funcionar. Como há riscos de segurança ao executar esse serviço sem uma configuração rígida, sua configuração terá que ser personalizada.

1. Comece instalando o serviço SNMP em seu servidor. Use o item Add/Remove Programs (Adicionar/Remover Programas) no Control Panel e clique em Add/Remove Windows Components (Adicionar/Remover Componentes Windows). Isso inicializará o Windows Components Wizard (Assistente de Componentes Windows).

2. Selecione o item Management and Monitoring Tools (Ferramentas de Gerenciamento e Controle) na lista (mas não marque o quadro) e então clique em Details (Detalhes).

3. Selecione o Simple Network Management Protocol e, se sua ferramenta de gerenciamento do alerta suportar, selecione WMI SNMP Provider (Provedor WMI SNMP) e então clique em OK. O WMI SNMP Provider fornecerá informações muito mais ricas para o agente SNMP.

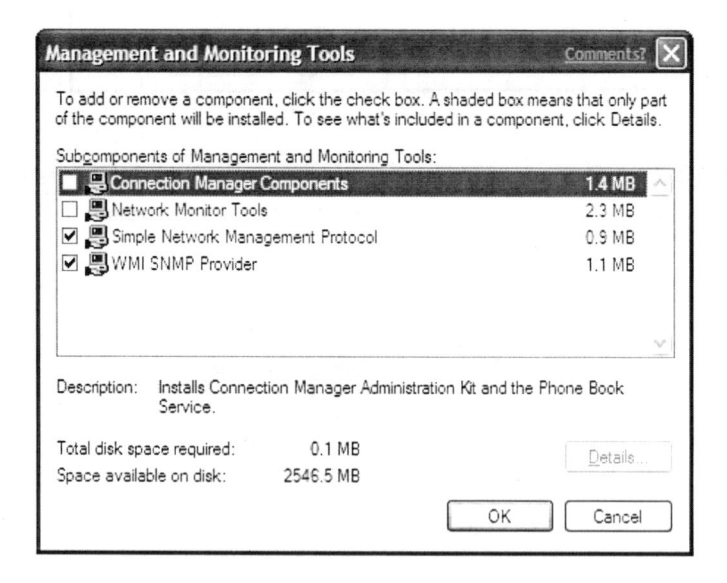

4. Clique em Next assim que estiver de volta ao Windows Component Wizard. O processo de instalação começará. Você irá requerer o CD de instalação ou o acesso para um compartilhamento da rede que contém os arquivos da instalação WSE.

5. Assim que o SNMP for instalado, prossiga para sua configuração de segurança. Para tanto precisará encontrar o SNMP Service (Serviço SNMP) no Computer Management Console Clique duas vezes nele quando o localizar.

Capítulo 4: Como construir a infra-estrutura Enterprise Network IP ► **163**

6. Três itens precisam de configuração aqui: Agent Information (Informações do Agente), Trap Destinations (Destinos da Interrupção) e SNMP Security Properties (Propriedades de Segurança SNMP). Selecione a aba Agent e digite o nome do operador e o local físico.
7. Selecione a aba Trap e identifique o nome da comunidade e os destinos da interrupção válidos.
8. Selecione a aba Security e defina os Accepted Community Names (Nomes da Comunidade Aceitos). Apague a comunidade pública e digite a comunidade de sua organização. O nome de sua comunidade deve ser complexo e difícil de adivinhar. Selecione Accept SNMP Packets (Aceitar Pacotes SNMP) nesses hosts e adicione nomes de host válidos. Clique em OK quando terminar.

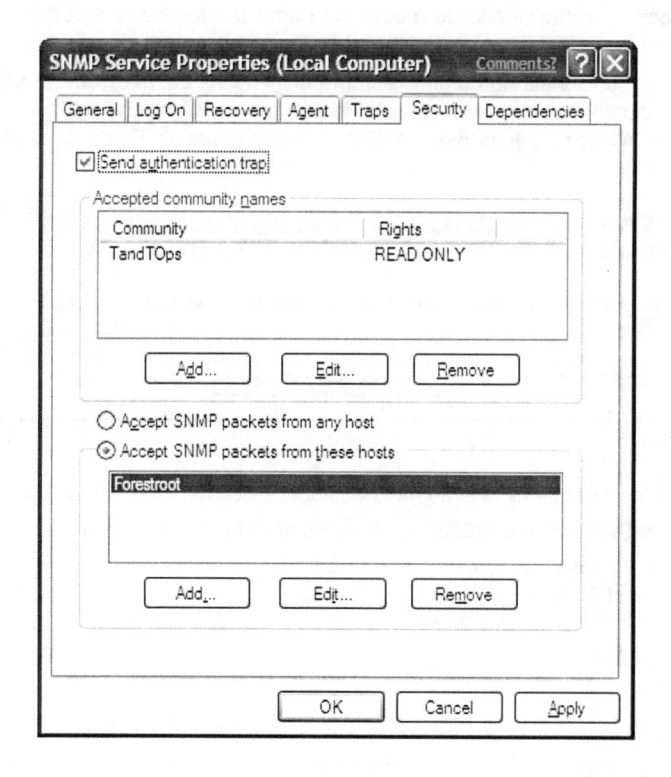

Pronto. O primeiro servidor em sua rede está quase pronto. Uma operação final precisa ser executada.

Group Policy default e personalização da segurança

O primeiro DC em uma floresta inclui dois objetos Group Policy (GPO) defaults: o Default Domain Policy e o Default Domain Controller Policy. Embora não haja tal coisa como uma herança da estratégia do grupo recorrente entre os domínios em uma floresta, há um processo de herança GPO antigo durante a instalação do controlador do domínio. Isso significa que todo controlador do domínio subseqüente criado em qualquer parte da floresta herdará as definições desses dois GPOs. É uma excelente oportunidade de garantir que um certo conjunto de padrões será implementado em sua floresta. Para tanto, você terá que personalizar ambos os GPOs defaults.

Poderá mudar definições como aplicar a renomeação da conta do administrador, aplicar senhas fortes na floresta, fortalecendo as definições de segurança do controlador do domínio, e muito mais. Os parâmetros sugeridos para ambas as estratégias são descritos no Capítulo 8, que cobre a segurança da empresa. Revise essas definições e modifique as que julgar adequadas para seu ambiente.

E mais, é hora de elevar os níveis funcionais do domínio e da floresta. Como há apenas um controlador do domínio, você não terá que esperar a réplica completar enquanto executa essa tarefa. A réplica ocorrerá, porém, quando você instalar controladores do domínio adicionais. Lembre-se: precisará elevar o nível funcional do domínio primeiro, então da floresta.

1. Para elevar o nível funcional, abra Active Directory Domains and Trusts (Domínios e Consórcios Active Directory) em Administrative Tools no menu Start.
2. Clique com o botão direito do mouse no nome do domínio e selecione Raise Domain Functional Level (Elevar Nível Funcional do Domínio) no menu contextual.
3. Dois níveis funcionais do domínio estarão disponíveis uma vez que o WS03 é instalado automaticamente no modo Windows NT Mixed: os níveis funcionais Windows 2000 e WS03. Selecione Windows Server (versão 2003) e então clique em Raise (Elevar).

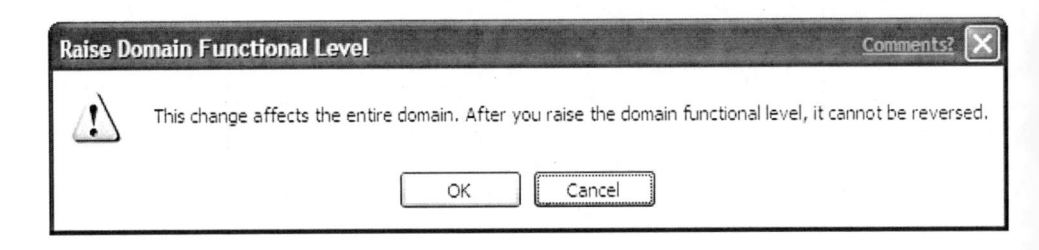

4. O WS03 avisará que essa ação não pode ser desfeita. Clique em OK para continuar.
5. Clique em OK quando o WS03 indicar que o nível funcional do domínio foi elevado.
6. Para elevar o nível da floresta, clique com o botão direito do mouse em Active Directory Domains and Trusts logo acima do nome do domínio e selecione Raise Forest Functional Level (Elevar Nível Funcional da Floresta) no menu contextual.
7. Um único nível funcional está disponível para as florestas. Clique em Raise.
8. O WS03 avisará que essa ação não pode ser desfeita. Clique em OK para continuar.
9. Clique em OK quando o WS03 indicar que o nível funcional da floresta foi elevado.
10. Agora você poderá exibir as propriedades do domínio para ver se ambos os níveis funcionais estão elevados.

Em seguida, deverá prosseguir para a criação e a personalização de suas contas. A primeira coisa a fazer é renomear a conta do administrador:

1. Inicialize o Active Directory Users and Computers (Usuários e Computadores Active Directory) em Administrative Tools no menu Start.
2. Para exibir todos os objetos nesse console, abra o menu View (Exibir) e selecione Advanced Features (Recursos Avançados). O WS03 exibirá todos os objetos ocultos nesse console.
3. Vá para o contêiner Users e clique com o botão direito do mouse na conta Administrator (Administrador) para selecionar Rename (Renomear).
4. Renomeie a conta Administrator com um nome complexo difícil de adivinhar.

5. Crie uma conta do administrador de backup clicando com o botão direito do mouse na conta Administrator e escolhendo Copy (Copiar).
6. Nomeie a nova conta e atribua uma senha a ela. Clique em OK quando terminar.
7. Você poderá preencher as propriedades de ambas as contas administrativas clicando com o botão direito do mouse na conta e selecionando Properties.

Assim que estiver completo, seu primeiro servidor estará pronto. Verifique cada aspecto da configuração desse servidor antes de prosseguir. Então estará pronto para ir para a criação do segundo controlador do domínio para o domínio-raiz da floresta.

Criação do segundo DC no domínio-raiz da floresta

O segundo controlador do domínio no domínio-raiz da floresta é muito mais simples de criar que o primeiro. Você precisará executar a instalação do servidor, instalar o Active Directory com o DNS, revisar a configuração do Servidor DNS, instalar o SNMP e migrar dois papéis do Operation Master. Assim que isso estiver completo, precisará configurar e verificar a operação devida do sistema de réplica AD. Então estará pronto para ir para a criação do Global Child Production Domain.

Instalação e configuração do servidor

Prossiga com o Processo de instalação do servidor padrão. Certifique-se de que o Kernel do servidor esteja atualizado e execute um controle de qualidade no servidor. Esse servidor poderá ser configurado para ser um Member Server do domínio TandT.net uma vez que é destinado para se tornar um controlador do domínio para esse domínio. Se você decidir instalá-lo em um grupo de trabalho, certifique-se pelo menos de que faça parte do grupo de trabalho TANDT. Isso facilitará o processo de comunicação com o domínio TandT.net porque ele usa o mesmo nome NetBIOS.

E mais, lembre-se de configurar as propriedades do cliente TCP/IP da mesma maneira que configurou o primeiro servidor na rede. Porém, há uma variação aqui: você pode configurar os endereços DNS para ser ele mesmo como o primeiro endereço e o primeiro DC como o segundo endereço.

Promoção do DC

Em seguida, promova esse servidor para um controlador do domínio. Use o mesmo procedimento do primeiro controlador do domínio no domínio-raiz da floresta com as seguintes variações:

1. Na primeira tela do Active Directory Installation Wizard, selecione Additional Domain Controller (Controlador do Domínio Adicional) em um domínio existente.
2. Digite as devidas credenciais para criar o DC no domínio existente. Essa conta tem de ser um membro do grupo Domain Administrators.
3. Digite o nome do domínio ao qual se reunirá.
4. Localize Database and Logs (Banco de Dados e Registros) assim como System Volume (Volume do Sistema) nos mesmos lugares do primeiro DC.

Use os consoles AD para verificar a devida operação do DC depois da reinicialização.

Instalação e configuração do DNS

O DC Promotion Wizard (Assistente de Promoção do DC) interativo não instala automaticamente o serviço DNS no controlador do domínio quando executa a instalação do Active Directory. Porém, essa instalação pode ter um script ao montar grandes quantidades de controladores do domínio.

Para instalar o serviço DNS, volte para a página Web Manage Your Server.

1. Clique em Add ou remova um papel. Isso inicializará o Configure Your Server Wizard.
2. Revise as exigências da configuração e então clique em Next.
3. O Windows Server 2003 verificará os papéis existentes no servidor e produzirá uma seleção de opções da instalação.
4. Selecione DNS Server (Servidor DNS) e então clique em Next.
5. Confirme sua seleção clicando em Next. Isso inicializará o DNS Installation Wizard (Assistente de Instalação do DNS). Clique em Next.
6. Como você deseja instalar apenas o serviço DNS (todas as zonas já foram criadas), não precisará configurar nenhuma zona de pesquisa direta ou inversa. Mas, como o assistente está designado para configurar as zonas durante a instalação do serviço, você precisará selecionar Create a forward and reverse lookup zone (Criar uma zona de pesquisa direta e inversa) na próxima tela. Quando perguntar se deseja configurar uma zona, selecione No (Não), não crie uma zona de pesquisa direta agora.
7. Termine a instalação DNS. A réplica Active Directory irá repetir automaticamente as informações a partir do primeiro DC criado anteriormente.

Verifique a devida operação do serviço DNS inicializando o console Computer Management e paginando para o serviço DNS. Os parâmetros DNS devem ser iguais aos do primeiro DC para a floresta. E mais, nenhuma zona de pesquisa inversa precisará ser criada aqui uma vez que foi criada antes no primeiro DC. Todas as zonas devem ter sido repetidas pelo Active Directory.

Configuração do Alert Management

Execute as mesmas operações neste servidor como foram feitas no primeiro DC para instalar e configurar o serviço SNMP. Certifique-se de que os devidos nomes da comunidade tenham sido fornecidos, que o nome da comunidade Public (Público) tenha sido removido e que as mensagens sejam recebidas e enviadas para as devidas fontes. Isso irá assegurar uma instalação SNMP segura e uma configuração Alert Management.

Transferências de papéis do Operation Master

Em seguida, transfira os devidos papéis do Operation Master para esse servidor. Transferir os papéis do Operation Master é um procedimento muito delicado. Alguns papéis são extremamente sensíveis. O Schema Master em particular tem de ser transferido com cuidado, pois apenas um pode existir por floresta e o esquema da floresta pode ser danificado pela existência simultânea de dois Schema Masters. As transferências do papel do Operation Master ocorrem em duas situações: durante a instalação de uma floresta ou domínio e durante as falhas do serviço. Você terá de ser extremamente cuidadoso em ambos os casos.

Veja a seguinte situação, por exemplo. O servidor Schema Master falha. Ele é desligado para reparos. Um administrador pega o papel Schema Master e aplica-o em outro DC na floresta. O servidor original é corrigido e reinserido na rede sem remover seu papel Schema Master. A conseqüência: dois Schema Masters na floresta e um esquema danificado. O banco de dados AD terá de ser recarregado a partir de backups. Com pode ver, você tem que ser tão cuidadoso com o papel Schema Master quanto com o esquema em si. Apenas processos e procedimentos rígidos podem ajudar a assegurar a devida operação da rede da empresa.

Várias ferramentas diferentes são requeridas para migrar os papéis do Operation Master:

- **Schema Master**   Use o Schema MMC do Active Directory
- **Domain Naming Master**   Use os Domains and Trusts MMC do Active Directory
- **Emulador PDC, RID Master, Infrastructure Master**   Use os Users and Computers MMC do Active Directory.

Como você precisará transferir os Domain Naming Master e o Infrastructure Master, necessitará usar dois consoles AD para executar a tarefa. A operação também pode ser executada a partir da linha de comandos usando o comando NTDSUtil. Mas como tem apenas que ser feito uma vez, use os consoles. É mais fácil e irá familiarizá-lo com o conteúdo do AD.

Comece com o Domain Naming Master.

1. Abra o console Active Directory Domains and Trusts no DC de destino.
2. Clique com o botão direito do mouse em Active Directory Domains and Trusts, logo acima do nome do domínio, e selecione Operation Master no menu contextual.
3. Clique em Change (Alterar) para selecionar o nome do DC para o qual deseja transferir o papel.
4. Clique em Close (Fechar) quando terminar.

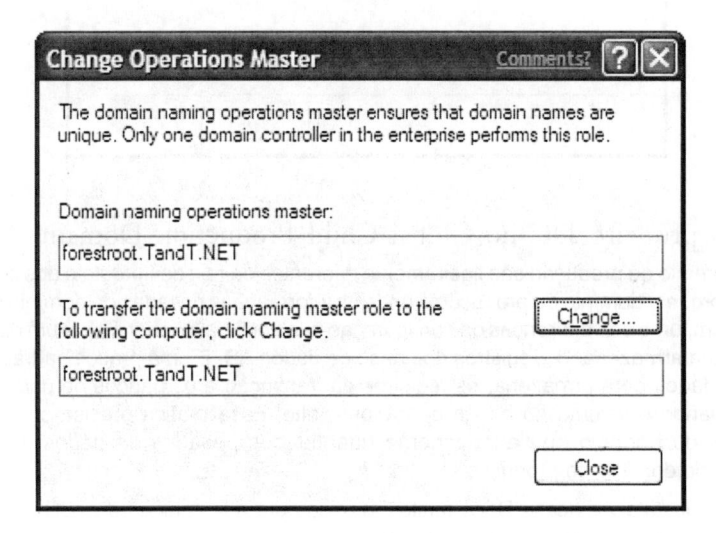

5. Vá para o Active Directory Users and Computers.
6. Clique com o botão direito do mouse no nome do domínio e selecione Operation Master no menu contextual.
7. Selecione a aba Infrastructure (Infra-estrutura) e clique em Change para selecionar o DC de destino.
8. Clique em Close quando terminar.

A operação está completa. Seu segundo DC agora foi criado e configurado. Execute uma verificação de qualidade para certificar-se de que tudo esteja operando normalmente em ambos os DCs. Assim que tudo tiver passado no controle de qualidade, vá para a criação do Global Child Production Domain.

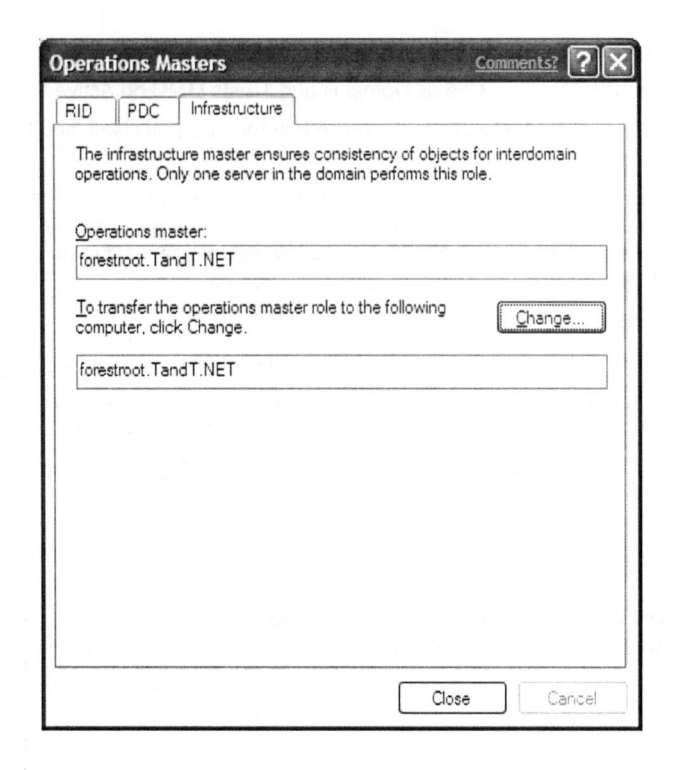

Criação do primeiro DC no Global Child Production Domain

Os DCs do domínio de produção são ligeiramente diferentes da raiz da floresta e dos controladores do domínio porque o domínio de produção é onde as informações pesadas do domínio serão armazenadas. Assim, uma das diferenças da configuração que você deve fazer é criar um disco especial no servidor para armazenar os registros do banco de dados AD. É uma prática padrão do servidor do banco de dados para armazenar os registros da transação e os bancos de dados em discos separados quando o volume do banco de dados é alto. Essa prática precisa ser aplicada nos controladores do domínio que armazenarão quantidades pesadas de dados. É o caso dos controladores do domínio de produção.

Do contrário, a instalação desse DC é muito parecida com a instalação dos DCs anteriores. Na verdade, cada operação é igual exceto pelo seguinte:

- **Estrutura do disco do servidor**   Um drive com 2GB extra deve ser criado na partição RAID (drive E).
- **Configuração TCP/IP do cliente**   Os servidores DNS devem ser definidos para esse servidor, então um dos servidores do domínio-raiz.
- **Criação da delegação DNS provisória**   Você precisa delegar o nome desse domínio no servidor DNS principal da floresta. É uma delegação "provisória" porque o servidor para o qual deseja delegá-lo não existe ainda.
- **Promoção do DC**   Será o primeiro DC em um novo domínio. Também instalará o serviço DNS.
- **Finalização da configuração DNS**   A configuração do serviço DNS precisa ser finalizada.

- **Criação da conta** A conta Administrator precisa ser renomeada e uma conta de backup deve ser criada. Você também necessitará de uma conta especial para o serviço DHCP ser instalado mais tarde.

Os seguintes procedimentos destacarão essas diferenças. Ainda será necessário aplicar todas as modificações descritas na planilha de configuração do servidor.

> 🔊 **Nota** – *Pode ser possível que sua rede paralela precise manter dois domínios-filhos assim que estiver pronta. Se as aplicações de sua empresa não forem executadas no Windows Server 2003 e precisarem ser convertidas, você poderá ter de criar o domínio Development (Desenvolvimento) assim que possível para suportar o processo de novo desenvolvimento. Se este for o caso, simplesmente use exatamente o mesmo procedimento de criação para o domínio Development descrito para o domínio Production. Porém, lembre-se de que pode conter menos dados.*

Como criar a delegação DNS provisória

Volte para o servidor-raiz da floresta e use o console Computer Management para criar uma delegação DNS. Use o seguinte procedimento:

1. Clique com o botão direito do mouse em TandT.net Forward Lookup Zone (Zona de Pesquisa Direta TandT.net). Isso inicializará o New Delegation Wizard (Assistente de Delegação Nova). Clique em Next.
2. Digite o nome do domínio que deseja delegar, neste caso, Intranet. Clique em Next.
3. Clique em Add. Digite o nome do domínio totalmente qualificado do primeiro controlador do domínio no domínio-filho (por exemplo, ChildDomainOne.Intranet.TandT. net) e digite seu endereço IP. Clique em Add e então clique em OK. O servidor será adicionado à lista de delegação. Clique em Next. Clique em Finish para completar a delegação.

Essa delegação é requerida para fazer com que o processo de promoção do DC instale o serviço DNS e crie a devida partição da aplicação.

> 🔊 **Nota** – *Você terá de digitar o nome do primeiro controlador do domínio do domínio-filho e seu endereço IP mesmo que não exista ainda. Isso faz com que o DC Promo pense que o serviço DNS para essa zona não funciona corretamente e faz com que ele inicialize a instalação do serviço DNS.*

Como executar a promoção do DC

No primeiro DC para o domínio-filho, use o mesmo procedimento do primeiro DC na floresta com as seguintes modificações:

1. Na primeira tela do Active Directory Installation Wizard, selecione Domain Controller para um novo domínio.
2. Na próxima tela, selecione Child domain (Domínio-filho) em uma árvore do domínio existente.
3. Digite as devidas credenciais para criar o DC na floresta existente. Essa conta tem que ser um membro do grupo Enterprise Administrators (Administradores da Empresa).
4. Digite o nome da floresta à qual se reunirá e o nome do novo domínio.

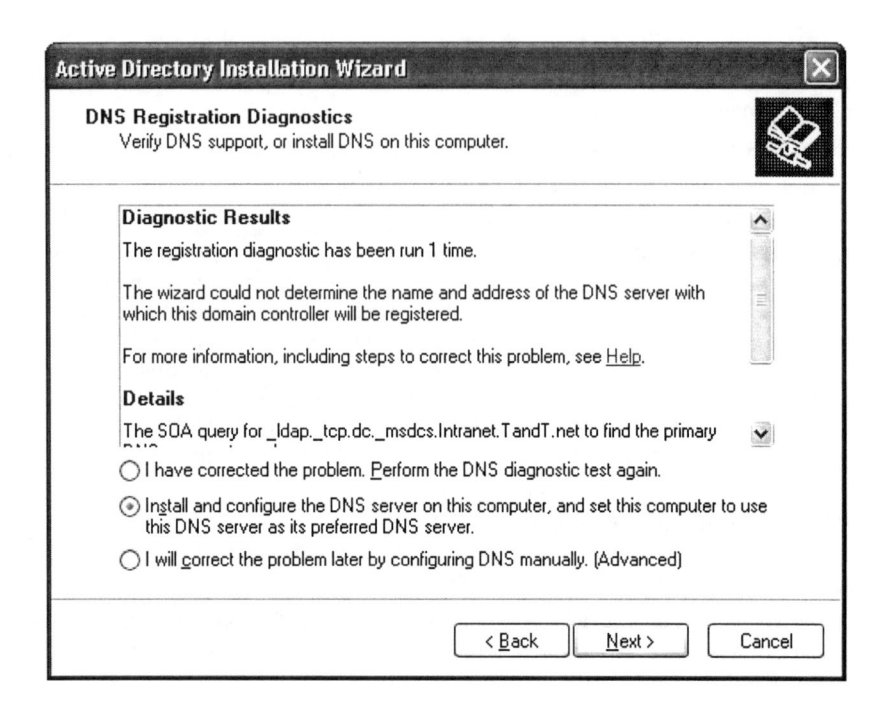

5. Localize Database and Logs assim como System Volume. Note que os registros do banco de dados AD devem estar localizados no drive E.
6. O assistente tentará colocar um devido registro DNS para o domínio. Ele falhará por causa da delegação do DNS provisória criada anteriormente. Instale e configure o DNS da mesma maneira como fez para o primeiro DC na floresta.

Use os consoles AD para verificar a devida operação DC depois que ele reinicializar. Você poderá ir para a próxima operação, finalizando a configuração DNS.

Como finalizar a configuração DNS

Como o serviço DNS está instalado, tudo que você precisará fazer aqui é finalizar sua configuração. Execute as mesmas etapas apresentadas na seção de finalização da configuração DNS descrita anteriormente durante a criação do primeiro DC na floresta. Assim que a configuração do serviço DNS estiver completa, você poderá ir para a modificação da conta Administrator e a criação de uma conta administrativa de backup para esse domínio. Você irá requerer uma conta adicional nesse domínio. Essa conta será usada como as credenciais para a interação DHCP/DNS. Deve ser uma conta de serviço com privilégios da administração do domínio. Use um nome e senha complexos; assegure-se de que o usuário não poderá mudar as senhas e que elas nunca irão expirar. Tome nota dessa conta porque será requerida ao configurar o serviço DHCP nos Member Servers.

Você não precisará elevar o nível de funcionalidade desse domínio uma vez que executou essa ação para a floresta durante a criação do primeiro DC. As florestas WS03 nativas permitirão apenas que os domínios-filhos WS03 nativos sejam criados. Agora está pronto para completar a preparação do domínio-filho.

Como criar o segundo DC no Global Child Production Domain

Esta instalação será muito parecida com a instalação do segundo DC no domínio-raiz da floresta. A maior diferença é a migração dos papéis Operation Master do domínio. Como é um domínio-filho, não inclui nenhum papel Operation Master de toda a floresta.

E mais, os três servidores restantes, esse DC e os dois Network Infrastructure Servers pertencerão ao domínio de produção; portanto, todos os três poderão ser organizados ao mesmo tempo e instalados como Member Servers para esse domínio. Assim que esses servidores forem organizados, defina dois Network Infrastructure Servers lado a lado durante o tempo em que completar a configuração do segundo DC para esse domínio. Esse DC será igual ao primeiro nesse domínio, com as seguintes diferenças:

- **Configuração TCP/IP do cliente** Os servidores DNS devem ser definidos para esse servidor, então o outro DC para esse domínio.
- **Promoção do DC** Será um DC adicional em um domínio existente.
- **Instalação e configuração DNS** Novamente, apenas o serviço DNS é requerido. O AD irá repetir as informações da zona.
- **Transferência do papel Operation Master** Migre o papel Infrastructure Master para o servidor.

Como executar a promoção do DC

Promova este servidor a um controlador do domínio. Use o mesmo procedimento com o primeiro controlador do domínio no domínio-filho com as seguintes variações:

1. Na primeira tela do Active Directory Installation Wizard, selecione Additional Domain Controller em um domínio existente.
2. Digite as devidas credenciais para criar o DC no domínio-filho. Essa conta tem de ser um membro do grupo Domain Administrators.
3. Digite o nome do domínio ao qual se reunirá.
4. Localize Database and Logs assim como System Volume nos mesmos lugares do primeiro DC.

Use os consoles AD para verificar a devida operação do DC depois da reinicialização.

Vá para a instalação do serviço DNS usando exatamente o mesmo procedimento do segundo DC para o domínio-raiz da floresta (instale o serviço apenas).

Transferências do papel Operation Master

Use o console Active Directory Users and Computers para entender o papel Infrastructure Master para esse servidor. É o mesmo procedimento do segundo DC no domínio-raiz da floresta.

Você não precisará mover nenhum outro papel Operation Master neste momento, mas poderá se o domínio crescer para seu tamanho pretendido. Caso espere ter mais de 50.000 usuários em seu domínio de produção, precisará criar um Emulador PDC dedicado. Mas isso não é necessário neste momento pois os objetos do diretório não foram criados ainda. E, como está executando uma migração de objetos dos domínios Windows NT ou Windows 2000 para a nova floresta WS03, não irá requerer isso até que bastantes objetos tenham sido migrados.

Duas estratégias podem ser usadas para a migração dos dados:

- **Crie todos os DCs primeiro.** Prepare os DCs assim que a rede paralela estiver ativada e sendo executada, então migre os usuários e os outros objetos. Para essa estratégia funcionar, você precisará de muitos computadores novos para criar todos os DCs.

- **Migre os usuários e crie os DCs quando prosseguir.** Neste caso, use seu julgamento, mas poderá decidir adicionar novos DCs a cada 500 usuários migrados (dependendo de ser um DC central ou regional). Naturalmente, precisará adicionar pelo menos um DC em cada região remota que tenha mais de um certo número de usuários (10 ou mais se você puder conseguir o hardware do servidor).

E mais, o segundo DC não precisa ser um servidor Global Catalog, uma vez que você estará adicionando mais DCs a esse domínio quando ele crescer. Assim, poderá ter certeza de que o site mantenedor desse DC terá pelo menos mais um que poderá agir como o servidor Global Catalog para o site. Desta maneira, não terá os problemas em potencial que podem ocorrer a partir da coexistência de um GC e do Infrastructure Master.

Finalmente, quando criar quantidades pesadas de controladores do domínio, muito provavelmente desejará automatizar o processo. Como a configuração do sistema operacional, a promoção do DC pode ter um script com os arquivos de texto não assistidos. Essa instalação com script também poderá incluir automaticamente o serviço DNS. Use o seguinte comando para executar a promoção automatizada do DC:

```
dcpromo /answer:nomedoarquivo
```

onde *nomedoarquivo* é o nome e o local do arquivo de texto da instalação não assistida.

E mais, você poderá corrigir os DCs e evitar a réplica da rede com o WS03. Para tanto, irá requerer um backup do AD. Isso pode ser feito no CD, fita ou mesmo em um compartilhamento da rede. Então, se precisar reconstruir um DC remoto, poderá usar o seguinte comando:

```
dcpromo /adv
```

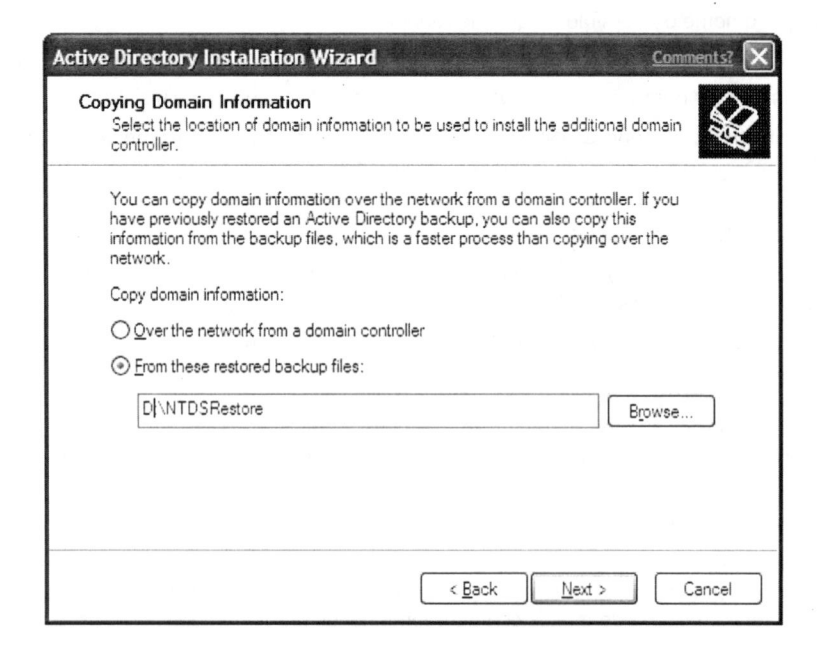

Isso exibirá uma tela da fonte de dados adicional que permite fornecer dados AD a partir da cópia de backup, reduzindo a quantidade de réplica requerida. Assim que o DC for reconstruído, a réplica com diversos mestres AD normal assumirá o controle e atualizará o conteúdo desse DC. Mesmo que você escolha um local da rede para os dados de backup, poderá descartar as informações extras e limitar a transferência de dados para o novo DC durante sua criação. Esse método não é prático para a organização do DC porque a maioria dos DCs será organizada em uma área central com conexões com alta velocidade.

Como para o DC que está instalando atualmente, prossiga com todas as operações descritas na segunda planilha DC do domínio-filho. Assim que tiver terminado, estará pronto para ir para a preparação dos dois Network Infrastructure Servers.

> **Dica rápida** – *Não se esqueça de voltar para o serviço DNS do domínio-raiz e adicionar esse DC aos registros na delegação DNS para a zona DNS Intranet.TandT.net. Você precisará adicionar registros a essa delegação sempre que adicionar um DC no domínio Intranet.*

Como conectar a rede da empresa

Sua rede paralela está quase pronta. Mais dois serviços precisam ser preparados para a rede paralela ser capaz de aceitar os computadores e os usuários do cliente. Esses dois serviços fazem parte do papel Network Infrastructure Server:

- Endereçamento IP centralizado
- Resolução do nome de herança, uma vez que a resolução do nome Internet é executada pelo serviço de diretório

Ambos os papéis serão desempenhados por um mínimo de dois servidores localizados em sites diferentes se possível. A configuração dos servidores será quase idêntica, mas, claro, cada um terá algumas pequenas modificações porque estão em locais físicos diferentes.

Atividades de organização da infra-estrutura da rede

As atividades que têm de ser executadas para instalar os Network Infrastructure Servers são detalhadas na Lista de verificação da configuração do Network Infrastructure Server na Figura 4-6. Elas incluem quatro atividades: a preparação do servidor, a configuração DHCP, a configuração WINS e a verificação do sistema. As três primeiras atividades são repetidas para cada um dos dois servidores.

Instalação e configuração do servidor

Ambos os Network Infrastructure Servers devem ser Member Servers apenas. Devem pertencer ao domínio de produção, pois é onde seus serviços serão mais necessários. Algumas operações de herança ocorrerão no domínio-raiz da floresta, portanto, a resolução do nome de herança é raramente requerida. O domínio-raiz da floresta também terá muito poucos objetos como usuários e computadores, portanto não será necessário atribuir dinamicamente endereços IP a esses objetos.

Ambos os servidores usam o Kernel do servidor e podem ter sido organizados ao mesmo tempo que o último controlador do domínio anteriormente. Se não, execute uma operação de organização básica para cada um desses servidores e os reúna no domínio de produção. Também execute uma verificação de controle da qualidade nos próprios servidores antes de ir para a próxima etapa.

> **Lista de verificação da configuração do Network Infrastructure Server**
>
> **Preparação do servidor**
> ☐ Instale e nomeie os dois servidores como Member Servers do domínio de produção
> ☐ Instale e configure os serviços DHCP e WINS no primeiro Member Server
> **Configuração DHCP**
> ☐ Configure as opções globais do DHCP
> ☐ Configure os escopos DHCP e as opções do escopo
> ☐ Configure os IDs da classe do usuário se requeridos
> ☐ Configure as reservas de endereço para cada escopo neste servidor
> ☐ Ative os escopos DHCP e autorize o servidor DHCP
> **Configuração WINS**
> ☐ Configure o serviço WINS
> ☐ Ative os backups WINS
> ☐ Configure a réplica WINS
> **Preparação do servidor**
> ☐ Instale e configure os serviços DHCP e WINS no segundo Member Server
> **Configuração DHCP**
> ☐ Configure as opções globais do DHCP
> ☐ Configure os escopos DHCP e as opções do escopo
> ☐ Configure os IDs da classe do usuário se requeridos
> ☐ Configure as reservas de endereço para cada escopo neste servidor
> ☐ Ative os escopos DHCP e autorize o servidor DHCP
> **Configuração WINS**
> ☐ Configure o serviço WINS
> ☐ Ative os backups WINS
> ☐ Configure a réplica WINS
> **Verificação do sistema**
> ☐ Verifique a operação dos serviços DHCP e WINS na rede

Figura 4-6 – *Lista de verificação da configuração do Network Infrastructure Server.*

Como configurar o primeiro Network Infrastructure Server

Assim que seus servidores estiverem prontos, você poderá ir para a instalação do serviço. Os dois serviços requeridos para executar o gerenciamento da infra-estrutura da rede são o DHCP e o WINS. Ambos irão coexistir nas mesmas máquinas.

O WS03 não inclui muitas melhorias ou recursos novos para o DHCP. A maioria dos recursos que foram enviados com o Windows 2000 não exigiu aperfeiçoamentos maiores. A mudança mais significante é a Alternate Client Configuration (Configuração Alternativa do Cliente) para os clientes que usam o DHCP e um Backup melhorado e a função Restore (Restaurar) para o banco de dados DHCP. Agora você poderá fazer um backup e restaurar um banco de dados DHCP diretamente a partir do console DHCP.

Desde o Windows 2000, o serviço DHCP é muito integrado ao serviço DNS. O serviço DHCP pode permitir atualizações dinâmicas para o espaço do nome DNS para qualquer cliente que suporte essas atualizações. Para os clientes que não suportam as atualizações, o DHCP pode executar a atualização para eles. E mais, o servidor DHCP tem agora que ser autorizado no Active Directory, assegurando que apenas os servidores DHCP oficiais possam operar em qualquer rede da empresa dada.

Capítulo 4: Como construir a infra-estrutura Enterprise Network IP ▶ **175**

Se você já tiver uma estratégia DHCP e WINS no lugar correto, não haverá provavelmente nenhuma precisão de modificá-la, a menos que sinta necessidade. Lembre-se: um servidor DHCP do WS03 pode gerenciar facilmente 1.000 escopos e 10.000 clientes, dadas as devidas capacidades do hardware. E mais, embora o WINS ainda seja requerido nas redes WS03, seu uso foi muito reduzido. Portanto, dependendo do tamanho de sua rede, você poderá determinar que dois servidores WINS para a redundância são mais do que suficientes para sua rede de produção.

🔊 **Nota** – *O DHCP exige muito do disco. Os servidores DHCP devem ter discos rígidos de alto desempenho e muita RAM. Os arquivos de paginação também devem ser definidos para valores máximos (veja o Capítulo 2).*

Instalação e configuração do serviço

Mais uma vez, você usará a página Web Manage Your Server para adicionar dois serviços, o DHCP e o WINS, ao seu servidor:

1. Inicialize o Configure Your Server Wizard clicando em Add Or Remove A Role (Adicionar Ou Remover Um Papel). Clique em Next para continuar.

2. Na página Server Role (Papel do Servidor), selecione DHCP Server (Servidor DHCP) e então clique em Next.

3. Revise suas seleções e então clique em Next. O WS03 iniciará o processo de instalação do serviço DHCP. Esse processo irá

   requerer acesso para os arquivos de instalação WSE.

4. Assim que o processo de instalação estiver completo, o Configure Your Server Wizard inicializará o Create New Scope Wizard (Assistente para Criar Novo Escopo). Cancele essa operação. Ela não é requerida neste momento uma vez que você irá requerer mais de um escopo para a rede da empresa. Clique em Finish no Configure Your Server Wizard.

5. Mais uma vez, clique em Add Or Remove A Role no Manage Your Server. Clique em Next para prosseguir.

6. Selecione WINS Server (Servidor WINS) na página Server Role e clique em Next. O WS03 iniciará o processo de instalação do serviço WINS. Esse processo também irá requerer acesso para os arquivos de instalação WSE.

7. Clique em Finish para fechar o Configure Your Server Wizard quando terminar.

A página Web Manage Your Server agora deve incluir os dois papéis novos do servidor. Você poderá usar essa página para exibir as próximas etapas para cada serviço ou começar a usar o serviço imediatamente.

Como configurar os valores DHCP

Há várias etapas requeridas para configurar o DHCP devidamente. Primeiro, como no Windows NT, você começará configurando as opções do escopo global. Elas incluem as mesmas do Windows NT, mas as opções do escopo local agora incluirão o servidor DNS uma vez que o DNS agora está integrado ao Active Directory e cada cliente muito provavelmente encontrará um servidor DNS local para sua rede (especialmente em regiões).

Também desejará configurar as opções de classe do usuário, se precisar usá-las. Um exemplo de classe do usuário útil é uma classe especial para os usuários móveis. Isso permite diferenciar os usuários móveis e definir a duração de seu aluguel para um período mais curto de tempo do que aqueles nas estações de trabalho do PC em sua rede. Assim, quando um usuário móvel for de um site para outro, os endereços serão liberados automaticamente quando saírem do site.

Em seguida, irá configurar os escopos DHCP e as opções específicas do escopo. Se você usar a regra 80/20 para a redundância do escopo (criar um escopo em dois servidores, ativar 80% do escopo em um e 20% em outro), precisará criar cada escopo e excluir a devida faixa em cada servidor. Assim que todos os escopos forem criados, terá que reuni-los em um superescopo. Os superescopos são agrupamentos de escopo que permitem ao servidor DHCP atender mais de uma sub-rede. Eles são requeridos sempre que diversas redes são usadas, assim são requeridos em uma rede da empresa. Use o superescopo para incluir todos os escopos em um conjunto de faixas do servidor. Os superescopos devem ser iguais em ambos os servidores criados.

Cada um dos dois servidores configurados deve incluir as mesmas reservas de endereço, especialmente se essas reservas forem para servidores como os controladores de domínio. Assim, a reserva permanecerá não importando qual servidor DHCP responda à solicitação DHCP. Os servidores, que usam a alocação dinâmica do endereço, devem também ter sua Alternate Configuration definida para os mesmos valores da reserva.

No Windows Server 2003, os serviços DHCP têm de ser autorizados e os escopos têm de ser ativados. É bem útil, uma vez que você pode configurar seu servidor, revisar todos os escopos e corrigir erros em potencial antes de colocar o servidor em serviço. E mais, a ativação do escopo pode agir como um mecanismo contra falhas em que escopos sobressalentes são preparados antes de serem de fato requeridos e ativados apenas quando necessário.

> **Dica rápida** – *É muito importante documentar completamente suas informações DHCP. Uma excelente planilha de endereços DHCP está disponível no site Web TechRepublic em http://www. techrepublic.com/download_item.jhtml?id=r00220020409van01. htm&src=search. Você tem que ser membro para acessar essa planilha.*

O melhor lugar para trabalhar com os serviços DHCP e WINS é o console Computer Management. Todos os serviços do sistema são listados sob Services and Applications.

1. Para começar a configurar o servidor DHCP, inicialize o console Computer Management.
2. Localize o serviço DHCP e comece definindo as Server Properties (Propriedades do Servidor). Isso é feito clicando com o botão direito do mouse em DHCP e selecionando Properties. Vá para a aba DNS e estabeleça as definições de atualização DNS requeridas. Como é uma rede paralela, que deve manter apenas os sistemas Windows 2000, XP ou WS03, as definições defaults são boas. Se você tiver que permitir clientes de baixo nível, escolha fazer com que o servidor DHCP atualize os registros A e PTR para eles. Em seguida, vá para a aba Advanced e clique em Credentials (Credenciais). Isso permitirá fornecer a conta que você criou anteriormente para assegurar-se de que poderá sempre controlar as operações DHCP nos servidores DNS. Clique em OK quando terminar.
3. É o momento ideal para configurar as classes do usuário, caso você queira usá-las. Então, elas poderão ser atribuídas como opções do servidor. O procedimento para criar e usar classes definidas pelo usuário será descrito na próxima seção.
4. Para fornecer suas opções do servidor, clique com o botão direito do mouse em Server Options (Opções do Servidor) e escolha Configure Options (Configurar Opções) no menu contextual.
5. Configure as seguintes opções como um mínimo: Router (Roteador), DNS Servers, DNS Domain Name, WINS/NBNS Name Servers (Servidores do Nome WINS/NBNS) e WINS/NBT Node Type (Tipo do Nó WINS/BNT). Clique em OK quando terminar. Isso definirá as

DHCP Properties

General | DNS | Advanced

Specify the number of times the DHCP server should attempt conflict detection for an IP address before the server leases the address to a client.

- Conflict detection attempts: `0`
- Audit log file path: `C:\WINDOWS\System32\dhcp` [Browse...]
- Database path: `C:\WINDOWS\System32\dhcp` [Browse...]
- Backup path: `C:\WINDOWS\System32\dhcp\ba` [Browse...]
- Change server connections bindings: [Bindings...]
- DNS dynamic updates registration credentials: [Credentials...]

[OK] [Cancel] [Apply]

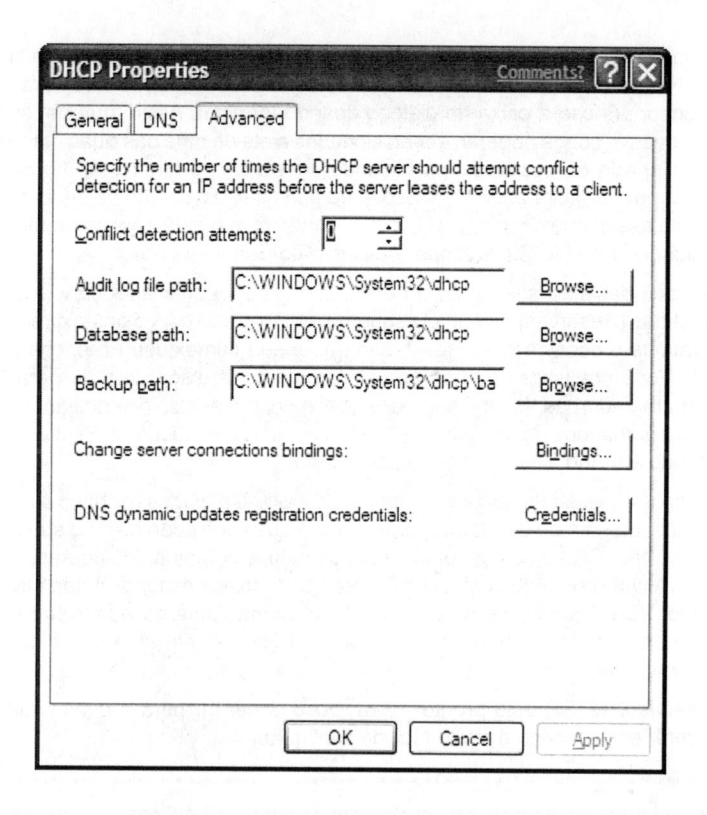

opções globais para todos os escopos neste servidor. Os servidores DNS são definidos globalmente mesmo que sejam anulados pelos valores do escopo local. Assim, um servidor DNS está sempre disponível para todos os clientes. A opção WINS/NBT Node Type deve ser definida para H-node (Nó H). A resolução H-node é melhor mesmo nas redes remotas porque reduz muito a quantidade de transmissão em cada rede.

6. Para criar seu primeiro escopo DHCP, clique com o botão direito do mouse no item DHCP e selecione New Scope no menu contextual. O DHCP inicializará o New Scope Wizard. Este assistente permite fornecer todos os valores para o escopo: endereço inicial, endereço final, exclusões e até as opções específicas do escopo. Mesmo que o assistente exiba as opções que não são requeridas localmente, como os servidores WINS, simplesmente pule essas telas clicando em Next. Poderá escolher ativar o escopo ou não no final. É melhor pular a ativação nesse estágio. Isso permitirá revisar todas as suas definições antes da ativação.

7. Repita esse procedimento para cada escopo requerido. Lembre-se de excluir 80 ou 20% do escopo dependendo de onde deseja que a parte principal do escopo seja mantida.

🔊 **Nota** – *Os superescopos não podem ser criados até que pelo menos um escopo tenha sido criado em um servidor DHCP.*

---

8. Assim que todos os escopos tiverem sido criados, clique com o botão direito do mouse em DHCP novamente e selecione New Superscope (Novo Superescopo). Isso inicializará o

New Superscope Wizard (Assistente para Novo Superescopo). Clique em Next para prosseguir. Nomeie o superescopo, então selecione os escopos que farão parte desse superescopo. Feche a caixa de diálogo quando terminar. Assim que um superescopo for criado, novos escopos poderão ser adicionados a ele de uma das duas maneiras: o escopo pode ser criado no superescopo clicando com o botão direito do mouse no nome do superescopo e selecionando New Scope ou pode ser criado fora do superescopo e adicionado a ele assim que criado. Isso é feito clicando com o botão direito do mouse no escopo e selecionando Add to Superscope (Adicionar ao Superescopo).

9. Agora, você desejará selecionar o devido escopo para criar as reservas nele. Clique em Reservations (Reservas) no painel esquerdo, então clique com o botão direito do mouse em Reservations e escolha New Reservation no menu contextual. Preencha os detalhes da reserva. Você precisará do endereço MAC para cada placa de rede para a qual deseja reservar um endereço IP. Os endereços MAC podem ser exibidos digitando ipconfig /all no prompt de comandos do sistema para o qual a reserva é requerida. Feche a caixa de diálogo clicando em Add. Repita quando necessário.

10. Depois de ter revisado suas definições DHCP, poderá ativar os escopos e autorizar o servidor. Uma vantagem de usar os superescopos é que você pode ativar o superescopo inteiro de uma só vez. Clique com o botão direito do mouse no nome do superescopo e selecione Activate (Ativar) no menu contextual. Agora que todos os escopos estão ativados, autorize o servidor. Certifique-se de que esteja usando uma conta do administrador do domínio, então clique com o botão direito do mouse em DHCP e selecione Authorize (Autorizar) no menu contextual.

Seu primeiro servidor DHCP está pronto agora. Você poderá ir para a configuração do serviço WINS. Como verá, esse serviço é muito fácil de configurar.

◄⁾⁾ **Nota** *– Lembre-se de incluir os endereços do servidor DNS regional quando configurar os escopos DHCP regionais. Os endereços específicos adicionados ao escopo regional anularão os endereços genéricos fornecidos pelos defaults DHCP globais, garantindo que os usuários regionais usarão seu servidor DNS local em vez dos servidores DNS centrais.*

Como definir as classes do usuário

Como mencionado anteriormente, as classes do usuário são muito úteis quando você deseja designar atribuições DHCP especiais para classes específicas de máquinas em sua rede. Por exemplo, poderá usar uma classe do usuário para definir os computadores móveis e assim que definidos, assegurar que a duração de seu aluguel seja mais curta que a das estações de trabalho. Poderá também garantir que sempre que o computador móvel for finalizado, irá liberar o aluguel do endereço IP ao qual foi concedido. Isso torna mais eficiente para os usuários que se movem com freqüência entre os sites.

As classes do usuário são definidas no DHCP.

1. Clique com o botão direito do mouse em DHCP no console Computer Management e selecione Define User Classes (Definir Classes do Usuário).

2. Clique em Add na caixa de diálogo User Class.

3. Na caixa de diálogo New Class, digite a classe Display Name (Exibir Nome) e Description (Descrição) e então coloque seu cursor diretamente abaixo da palavra ASCII. Digite o nome

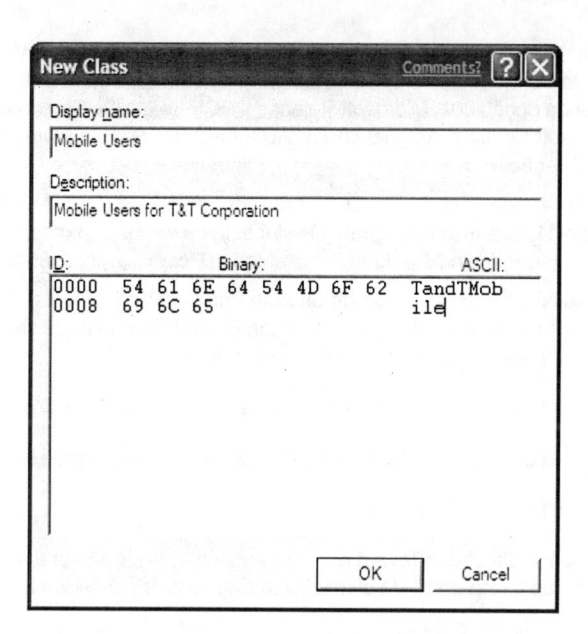

Capítulo 4: Como construir a infra-estrutura Enterprise Network IP ▸ **179**

```
New Class                              Comments?  [?][X]

Display name:
Mobile Users

Description:
Mobile Users for T&T Corporation

ID:              Binary:                        ASCII:
0000    54 61 6E 64 54 4D 6F 62      TandTMob
0008    69 6C 65                     ile


                                    OK        Cancel
```

da classe. Notará que a caixa de diálogo New Class fornece os valores ASCII quando você digita os caracteres. Não modifique esses caracteres! Lembre-se de que os nomes da classe levam em conta as letras maiúsculas e minúsculas. Você precisará tomar nota de como escreveu o nome da classe. Repita o processo para cada classe que precise adicionar.

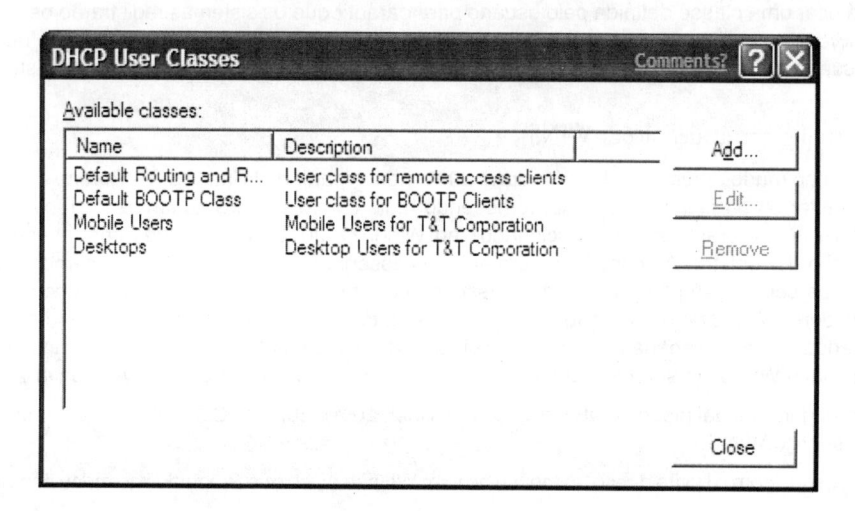

```
DHCP User Classes                          Comments?  [?][X]

Available classes:

Name                  Description                              Add...
Default Routing and R... User class for remote access clients
Default BOOTP Class   User class for BOOTP Clients             Edit...
Mobile Users          Mobile Users for T&T Corporation
Desktops              Desktop Users for T&T Corporation        Remove




                                                               Close
```

4. Certifique-se de que suas classes tenham sido adicionadas, então clique o botão Close para fechar a caixa de diálogo User Class.

5. Volte para o console Computer Management, clique com o botão direito do mouse no item Server Options e selecione Configure Options. Vá para a aba Advanced e selecione Microsoft

Windows 2000 Options (Opções do Microsoft Windows 2000) como Vendor Class (Classe do Revendedor) e Mobile Users (Usuários Móveis) como a User Class (Classe do Usuário). Defina o valor da opção 002, Microsoft Release DHCP Lease On Shutdown Operation System (002, A Microsoft Libera o Aluguel DHCP Ao Finalizar o Sistema Operacional) clicando na caixa de verificação.

6. Altere a opção Vendor Class para DHCP Standard Options (Opções Padrões DHCP) para definir a opção 51, Lease (51, Aluguel). O valor está na forma de 0x*segundos*, onde *segundos* é o número de segundos para a duração do aluguel. Por exemplo, 0x86400 significa 24 horas.

7. Você precisará definir essa classe do usuário nos sistemas móveis. Para tanto, precisará usar o comando ipconfig em cada computador. Essa definição pode ser executada na organização do PC. A estrutura do comando é a seguinte:

```
ipconfig /setclassid adapter_name class_id
```

Por exemplo, se o ID de sua classe for TandTMobile, seu comando seria:

```
ipconfig /setclassid Local Area Connection TandTMobile
```

Lembre-se: os IDs da classe levam em conta as letras maiúsculas e minúsculas. Você terá de digitar a grafia exata do ID da classe para que funcione devidamente.

As opções da classe definida pelo usuário podem ser atribuídas às opções do servidor ou do escopo dependendo de se aplicarem aos sistemas em todos os escopos ou apenas aos sistemas em escopos específicos.

As classes definidas pelo usuário também são úteis para a atribuição de nomes do domínio para os sistemas que estão localizados nos mesmos locais físicos. Por exemplo, se você tiver usuários no mesmo local físico, que usam domínios diferentes, como os domínios Intranet e Development, poderá usar uma classe definida pelo usuário para garantir que os sistemas registrarão os valores DNS no devido controlador do domínio DNS. Certifique-se de que tenha usado a classe definida pelo usuário para o menor número de sistemas. Isso facilitará organizar e gerenciar os sistemas.

Como configurar as definições WINS

O WINS não mudou muito desde o Windows 2000, nem a partir do Windows NT. Porém, agora, ele pode aceitar os parceiros da réplica, fornecendo mais controle sobre as fontes da réplica. Dois ótimos recursos foram também adicionados ao Windows 2000: as conexões permanentes e a verificação do registro. As conexões permanentes asseguram que um link esteja sempre aberto entre os parceiros da réplica de anexação. Isso fornece capacidades de réplica em tempo real para os servidores WINS. A verificação do registro executa uma verificação consistente nos nomes registrados, repetindo apenas os registros válidos do banco de dados. Do contrário, a configuração usada com o WINS em sua rede atual deverá funcionar com o WINS no Windows Server 2003.

Para configurar as definições DNS para esse servidor, abra o console Computer Management e vá para o serviço WINS.

1. Clique com o botão direito do mouse no item WINS e selecione Properties no menu contextual.

2. Revise as propriedades do servidor WINS e assegure-se de que sejam modificadas se requerido.

3. Para definir os Backups WINS automáticos, simplesmente digite o local do arquivo de backup. Poderá também verificar o banco de dados de backup durante a opção de finalização do servidor. Clique em OK para fechar a caixa de diálogo quando terminar.

Capítulo 4: Como construir a infra-estrutura Enterprise Network IP ▶ **181**

4. Agora, adicione um parceiro de réplica. Esse parceiro é o segundo servidor que você irá preparar depois. Clique com o botão direito do mouse em Replication Partners (Parceiros de Réplica) e selecione New Replication Partner (Novo Parceiro da Réplica). Digite o nome do outro servidor. Se não estiver disponível, verá outra caixa de diálogo informando que o nome do servidor não pode ser validado. Se vir, digite o endereço IP do servidor e clique em OK.

5. Clique com o botão direito do mouse em Replication Partners para definir as propriedades da réplica. Certifique-se de que a opção para Replicate only with partners (Repetir apenas com parceiros) esteja definida na aba General (Geral), então vá para a aba Push Replication (Réplica de Anexação). Selecione todas as opções nessa aba. Isso ativará a réplica de tempo real.

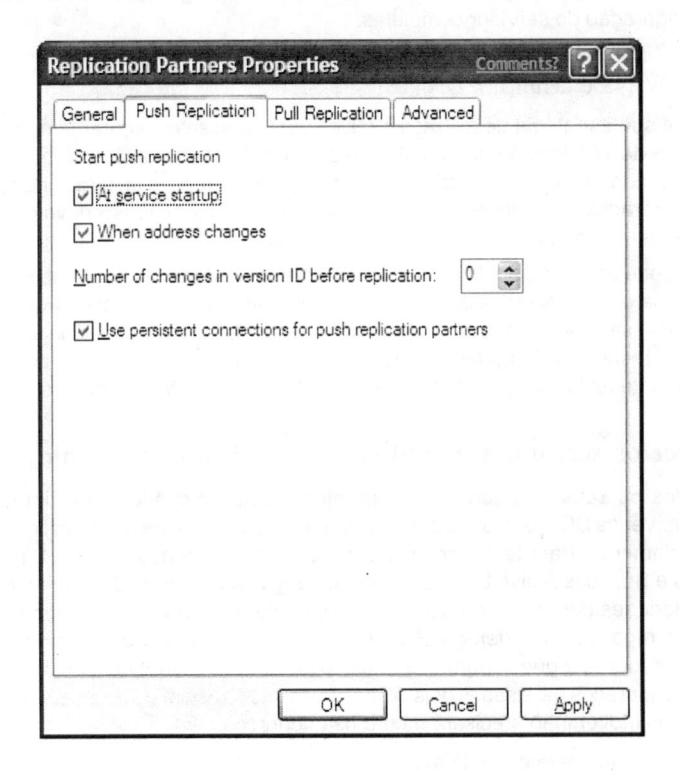

6. Configure as definições Pull Replication (Réplica de Extração) na devida aba e então ative a opção Enable automatic partner configuration (Ativar configuração automática do parceiro) na aba Advanced. O WINS usa a multidifusão para fornecer os parâmetros da configuração para seus parceiros de réplica. Isso determina uma configuração consistente.

7. Clique em OK para fechar a caixa de diálogo.

É isso; sua primeira configuração Network Infrastructure Server está completa.

🔊 **Nota** — *Mais informações sobre o WINS está disponível em http://www.microsoft.com/ technet/ treeview/default.asp?url=/TechNet/prodtechnol/windows2000serv/evaluate/ featfunc/ nt5wins.asp e nos artigos TechNet Q185786 e Q239750.*

Como configurar o segundo Network Infrastructure Server

A configuração do segundo Network Infrastructure Server é igual a do primeiro, mas ao inverso. Você precisará instalar e configurar o DHCP e o WINS. Crie todos os escopos DHCP no servidor DHCP, certifique-se de que esses escopos sejam o inverso da configuração 80/20 executada no primeiro servidor, ative todos os escopos e autorize o servidor DHCP. Não se esqueça de definir as credenciais do servidor DHCP para assegurar-se de atualizações DNS seguras.

Quando tiver terminado com o DHCP, configure as propriedades WINS e crie o parceiro de réplica WINS. Agora que o primeiro servidor existe, você não deverá encontrar nenhuma mensagem de erro durante essa configuração. Consulte as planilhas de configuração do servidor para obter as etapas da configuração do servidor completas.

Conectividade WINS e definições DNS

Dependendo de sua estratégia de migração, talvez você precise configurar temporariamente seus servidores WINS de Windows Server 2003 para compartilhar informações com a rede de herança que está substituindo. Se for o caso, crie apenas parcerias de réplica unidirecionais: da rede WS03 para a rede de herança. Não desejará que seus bancos de dados WINS novos fiquem cheios de objetos que não têm nenhuma relação com sua rede nova.

E mais, o DNS pode ser ligado ao WINS para o suporte adicional da resolução do nome. Se você fez seu dever de casa e convenceu as organizações a mudarem para uma rede Windows 2000, XP ou WS03 completa, essa conexão não deverá ser necessária. Mesmo que a maioria das redes Microsoft ainda requeira a resolução do nome NetBIOS até certo ponto, as falhas das resoluções do nome DNS, especialmente as falhas que poderiam ser resolvidas com o WINS, deverão ser muito raras.

Como mover os servidores e configurar a réplica do domínio

Agora que todos os seus servidores estão prontos, poderá movê-los para um novo site físico. Quando você mover os DCs para outro site, precisará assegurar-se de que a réplica Active Directory irá operar devidamente. Para tanto, precisará trabalhar com o console Active Directory Sites and Services (Sites e Serviços Active Directory). As mudanças são que você também terá de modificar algumas propriedades dos DCs e do Network Infrastructure Server quando se mover. Como sabe, é preferível não modificar o endereço IP de um DC. Assim, seu centro de organização incluiria, como o ideal, um roteador que suporte a atribuição de diversas sub-redes. Assim, poderá, de fato, dar os devidos endereços para esses dois DCs logo no início (assim como o servidor DHCP/WINS). Então, quando os mover, não precisará mudar os endereços.

Porém, se precisar, não será o fim do mundo. Simplesmente, certifique-se de que tudo continua a operar devidamente, assim que tiver mudado os endereços. Agora que você tem os DCs localizados em um local físico diferente, precisará configurar a réplica do domínio. As atividades, que necessitará executar, incluem as seguintes:

1. Crie um novo site e ative o Universal Group Membership Caching.
2. Adicione sub-rede(s) ao site.
3. Crie um Site Link (Link do Site) para o site.
4. Crie um Site Link de backup para esse site.
5. Modifique as propriedades de cada Site Link.
6. Instale ou mova os DCs para o site.
7. Selecione o computador de licença para o site.

Como pode ver, as cinco primeiras etapas são preparatórias. Apenas, quando atingir a sexta etapa, colocando o DC no site, a réplica de fato começará. Para configurar a réplica, você irá querer o relatório da topologia do site do exercício de planejamento da topologia do site executado durante seu exercício de construção do Active Directory. Um exemplo do conteúdo desse relatório pode ser encontrado na Tabela 3-9 do Capítulo 3. Poderá configurar a réplica do site antes de mover os DCs fisicamente para o local do site, mas, se fizer isso, o serviço Knowledge Consistency Checker (KCC) irá gerar erros na parte Directory Service do Event Log (Registro de Eventos). É melhor mover os servidores primeiro e então configurar a réplica.

A configuração da réplica é feita por meio do console Sites and Services.

1. Abra o Active Directory Sites and Services.
2. Clique com o botão direito do mouse em Sites e selecione New Site (Novo Site) no menu contextual.
3. Nomeie o site e selecione o mecanismo de transporte, neste caso IP.
4. Clique em OK para fechar a caixa de diálogo e criar o site.

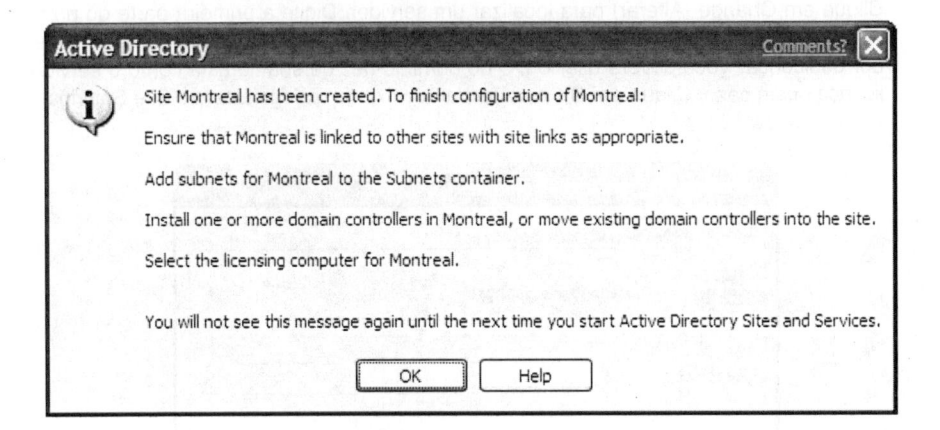

5. Exiba as Properties do site e marque Enable Universal Group Membership Caching (Ativar Cache do Membro do Grupo Universal). Clique em OK para fechar a caixa de diálogo.
6. Adicione uma sub-rede ao site clicando com o botão direito do mouse em Subnets (Sub-redes) e selecionando New Subnet (Nova Sub-rede) no menu contextual.
7. Digite o endereço IP e a máscara da sub-rede a usar. Selecione o site para associar a essa sub-rede. Clique em OK para criá-la.
8. Agora você desejará criar o link do site para esse site. Um link do site sempre inclui pelo menos dois sites. Vá para Inter-site Transports (Transportes Entre Sites) e clique com o botão direito do mouse no transporte IP. Selecione New Site Link (Novo Link do Site) no menu contextual.
9. Nomeie o link do site e identifique os dois sites no link. Clique em OK para criar o link do site.
10. Repita o procedimento para criar o link do site de backup.
11. Como pode ver, o WS03 atribui automaticamente um custo e um intervalo de réplica a cada link do site. O custo default é de 100 (um valor adequado para os links T1). O intervalo de

réplica default é de 180 minutos. Se seu link físico for T1, não precisará mudar o custo do link do site para seu link de réplica principal. Se não, veja a Tabela 3-8 para obter os valores recomendados para os custos do link do site. Como se lembrará, não desejará modificar o intervalo de réplica do site ou a programação do link do site para permitir que o KCC faça seu trabalho de maneira otimizada.

12. Porém, desejará adicionar uma descrição para o link do site principal que acabou de criar. Para tanto, clique com o botão direito do mouse no link do site e selecione Properties. Digite a descrição e mude o custo do link do site se precisar. Clique em OK quando terminar.

13. Digite uma descrição e mude o custo do site para o link de backup também.

14. Agora precisará mover os DCs para o novo site. Vá para Default-First-Site-Name (Primeiro Nome Default do Site) e clique com o botão direito do mouse no servidor que deseja mover. Selecione Move no menu contextual.

15. Selecione o site de destino e clique em OK.

16. A etapa final é identificar o servidor de licença para o novo site. Clique no nome do site e clique duas vezes em Licensing Site Settings (Definições do Site de Licença) no painel direito. Clique em Change (Alterar) para localizar um servidor. Digite a primeira parte do nome do servidor e clique em Locate (Localizar). Clique em OK para usar esse servidor como o servidor de licença. Você deverá usar o DC do domínio-raiz de sua floresta como o servidor de licença neste caso. Clique em OK para fechar a caixa de diálogo License Site Settings.

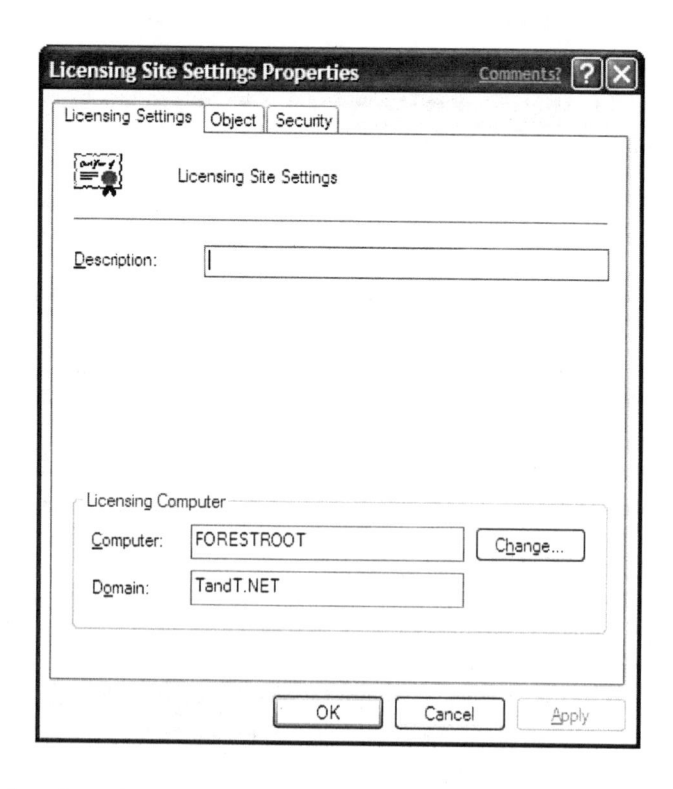

Sua réplica está configurada agora.

Restam duas atividades: designar um servidor Global Catalog no novo site e ativar o site para o cache Global Catalog. A primeira é uma função das definições NTDS para o servidor que você deseja usar como um GC, e a segunda é uma função das definições NTDS para o próprio site.

1. Expanda as informações do site no painel esquerdo até que veja os nomes do servidor no site. Selecione o servidor que deseja tornar um GC, neste caso, o servidor do domínio-raiz da floresta.
2. Clique duas vezes nas definições NTDS no painel direito.
3. Selecione a caixa de verificação Global Catalog Server (Servidor do Catálogo Global) e clique em OK.
4. Para ativar o site GC, selecione o nome do site no painel esquerdo. No painel direito, clique duas vezes em NTDS Site Settings (Definições do Site NTDS).
5. Selecione a caixa de verificação Enable Universal Group Membership Caching. Clique em OK para fechar a caixa de diálogo. Faça isso para cada site criado.

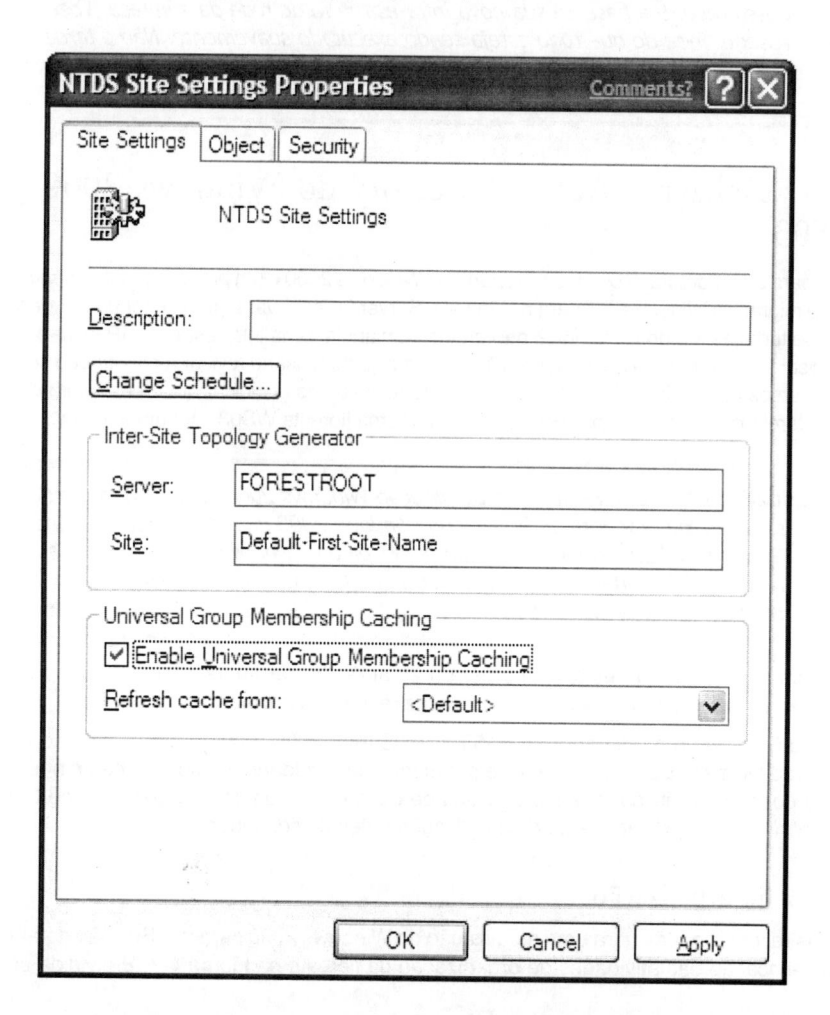

> 🏍 **Dica rápida** – *Você pode considerar configurar a opção Printer Location Tracking (Controle do Local da Impressora) neste momento uma vez que é feito neste console e tem que ser preparado nos DCs. Para tanto, vá para a seção "Integração com o Active Directory" no Capítulo 7 e revise as etapas requeridas para configurar essa opção.*

Você terminou. Agora precisará verificar se a réplica funciona devidamente. Para testar a réplica entre os sites, execute algumas modificações AD no console AD Users and Computers e teste-as a partir do DC remoto. Poderá usar os Terminal Services no modo Administrative para tanto. Também verifique a parte Directory Server do Event Log para assegurar-se de que não há erro.

> ⚠ **Cuidado** – *Sua rede paralela, agora, está pronta pela primeira vez. Os capítulos restantes mostrarão como preencher essa rede e garantir sua rápida recuperação. Antes de continuar, porém, certifique-se de que tenha testado totalmente cada parte dessa rede. É a base de sua nova infra-estrutura de rede da empresa. Você desejará assegurar-se de que tudo esteja sendo executado suavemente. Não é tarde demais neste estágio para começar e repetir o Processo de criação da rede paralela. Será tarde demais assim que tiver começado a preencher essa rede.*

Como atualizar o Active Directory do Windows 2000 para o WS03

Atualizar para uma floresta WS03 nativa a partir do Windows 2000 é um processo muito menos complexo do que migrar do Windows NT para o Windows Server 2003. A vantagem de ter uma rede Windows 2000 é que tudo já está no lugar. Você não precisará planejar uma infra-estrutura IP nova ou paralela. Não precisará executar uma construção AD, embora seja necessário revisar a construção sob a luz de alguns recursos novos do WS03. Mesmo que essa revisão possa indicar uma reestrutura da floresta, será uma tarefa muito menos complexa do que criar uma floresta WS03 inteiramente nova.

> ⚠ **Cuidado** – *Apenas execute uma atualização Windows 2000 para o Windows Server 2003 se executou uma instalação total do Windows 2000 quando migrou do Windows NT. Se você executou uma atualização do NT para o Windows 2000, este poderá ser o momento certo para revisar suas necessidades e usar a rede paralela para ir para uma rede da empresa WS03 nativa.*

Mesmo que você sinta que está pronto para a atualização, revise as informações apresentadas anteriormente neste capítulo para ativar os novos recursos WS03 em sua floresta.

Atualizar uma rede de produção para o Windows Server 2003 é um empreendimento maior que afetará a rede inteira. É por isso que deve prosseguir com cuidado. É especialmente neste estágio que você descobre a utilidade dos processos de teste e de organização descritos no Capítulo 1. Teste totalmente seu procedimento de atualização antes de continuar.

Processo de atualização

As etapas recomendadas para uma atualização do Windows 2000 para o WS03 são detalhadas na lista de verificação das atividades de organização da floresta na Figura 4-7. É dividida em quatro

✏️ Lista de verificação das atividades de organização da floresta

❶ Preparação da atualização
- ☐ Executar uma verificação da consistência da floresta
- ☐ Executar a verificação de compatibilidade do DC
- ☐ Preparar a lista de tarefas da atualização
- ☐ Obter a autorização das modificações Schema

❷ Execução da atualização
- ☐ Preparar a floresta
- ☐ Preparar os domínios
- ☐ Atualizar os DCs
- ☐ Automatizar a atualização

❸ Tarefas de pós-atualização
- ☐ Verificar a compatibilidade WS03 nativa
- ☐ Migrar os domínios para o modo WS03 nativo
- ☐ Migrar a floresta para o modo WS03 nativo
- ☐ Atualizar os papéis do servidor da floresta
  - ☐ Modifique o papel do DC (Adicionar/remover do Global Catalog)
  - ☐ Modifique os papéis do Operation Master
- ☐ Revisão da estratégia DNS
  - ☐ Adicione o serviço DNS em todos os DCs
  - ☐ Crie/modifique as partições da aplicação
- ☐ Revisar a réplica Active Directory
  - ☐ Réplica nos sites
  - ☐ Réplica entre os sites
  - ☐ Crie/modifique o site AD
  - ☐ Crie/modifique as regras da réplica entre os DCs
- ☐ Reestruturar os domínios (se requerido)
  - ☐ Atualizar a estrutura do domínio (comando movetree)
  - ☐ Crie/modifique as OUs
  - ☐ Crie/modifique a estrutura da OU
- ☐ Implemente os consórcios de floresta
  - ☐ Crie/modifique o consórcio

❹ Gerenciamento contínuo da floresta
- ☐ Controle da cobertura do site
- ☐ Réplica do diretório
- ☐ Modificações do Schema
- ☐ Acompanhamento das operações do AD e manutenção

Figura 4-7 – *A lista de verificação da atualização Windows 2000.*

estágios: preparação da atualização, execução da atualização, tarefas de pós-atualização e gerenciamento contínuo da floresta. Várias subtarefas são derivadas de cada estágio. Certifique-se de que tudo seja testado e documentado antes de prosseguir em sua rede de produção.

Como preparar a atualização

A primeira coisa a fazer para preparar a atualização é executar uma *verificação da consistência da floresta*. Essa atividade envolve basicamente uma revisão das opções que foram executadas ao planejar seu Active Directory Windows 2000. Ainda são válidas com o que aprendeu a partir do Active Directory e os novos recursos do Windows Server 2003? Não faça pouco caso dessa etapa. Nunca há um momento melhor do que um projeto de infra-estrutura para implementar as alterações estruturais. Como você estará executando uma atualização de todo o sistema, poderá também reservar um tempo para verificar como as coisas estão sendo executadas e ver se há qualquer possível melhoria que poderia fazer.

A segunda etapa é executar o Windows Server 2003 Setup com o argumento /checkupgradeonly para verificar a compatibilidade de todo controlador do domínio. Esse processo foi descrito no Capítulo 2. Recupere todos os arquivos de saída e verifique o status de cada um dos controladores de domínio.

Três etapas precisam ser executadas antes de você poder ir para a atualização WS03:

- Executar uma preparação do Active Directory para a floresta
- Executar uma preparação do Active Directory para todo domínio
- E mais, se você usou um conceito de Kernel do servidor, como descrito no Capítulo 2, e instalou as Windows 2000 Administration Tools em todo DC, precisará removê-los antes de prosseguir.

Isso deve trazer seus DCs para os níveis de compatibilidade do WS03. Uma última coisa a verificar é o espaço livre. Dependendo do tamanho de seu diretório, você irá querer um mínimo de 1,5GB de espaço livre em cada DC para executar a atualização.

Em seguida, prepare uma *lista de tarefas da atualização*. Esta lista deve detalhar, passo a passo, toda atividade que você precisará executar para atualizar seu Active Directory do Windows 2000 para o Windows Server 2003. Configure-a como uma lista de verificação e examine cada item quando prosseguir com sua atualização. A lista deve incluir todas as etapas identificadas na Figura 4-7.

A última etapa para a preparação é obter a *autorização da modificação do esquema*. Como você está usando o Windows 2000, reservou tempo para colocar um comitê de gerenciamento de alteração do esquema no lugar correto. Deverá obter essa autorização para executar uma preparação da floresta e do domínio. Essa autorização deve incluir uma janela da hora descrevendo quando a atualização será possível.

Como atualizar para o WS03

Você está pronto para prosseguir. Lembre-se: teste e teste de novo em um laboratório primeiro. Preparar a floresta significa ir para o Schema Operation Master e executar o comando adprep /forestprep. O executável adprep pode ser encontrado na pasta I386 dos CDs WS03. Certifique-se de que esteja usando a devida versão do WS03 (consulte a Tabela 1-2 no Capítulo 1 para obter os caminhos da atualização) e execute o seguinte comando:

```
D:\i386\>adprep /forestprep
```

onde *D* representa sua letra do drive de CD/DVD. Assim que consentir em atualizar digitando C e pressionando ENTER, iniciará o processo de preparação da floresta. Na verdade, esse processo consiste em importar vários comandos diferentes para estender o esquema da floresta. Esse processo é bem rápido, mas, por default, não fornece muito retorno durante a execução. Tenha paciência. Não pare no meio porque ele parece congelado. Assim que a preparação estiver completa, você precisará aguardar até que as alterações tenham sido repetidas para a floresta inteira. Se executou um cálculo de latência da réplica da floresta durante sua migração para o Windows 2000, saberá exatamente quanto tempo precisará aguardar porque a latência da réplica é o tempo mais longo possível do término para um processo de réplica da floresta.

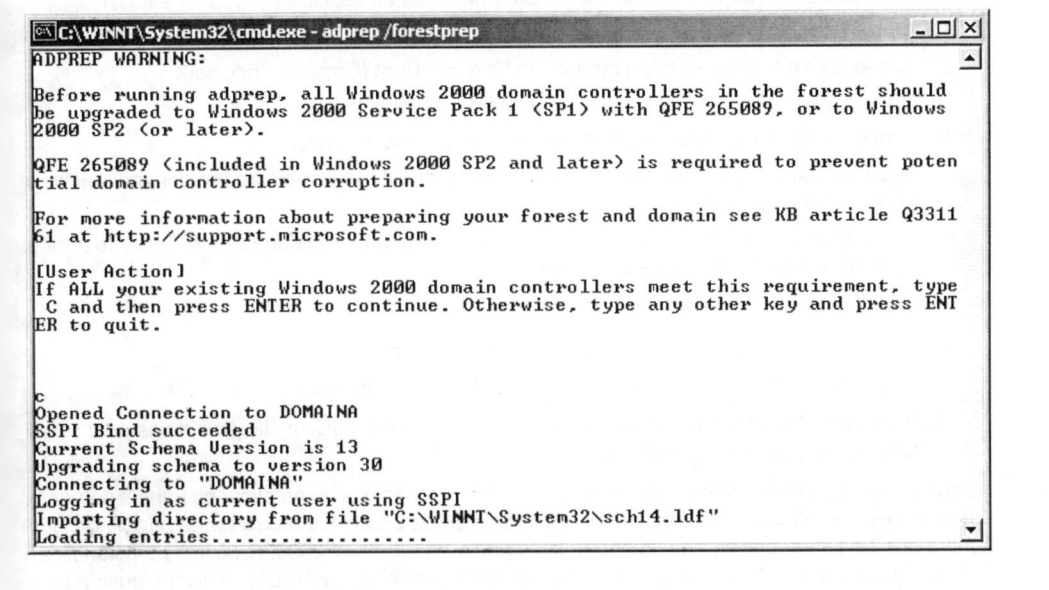

```
C:\WINNT\System32\cmd.exe - adprep /forestprep                    _ □ ×
ADPREP WARNING:
Before running adprep, all Windows 2000 domain controllers in the forest should
be upgraded to Windows 2000 Service Pack 1 (SP1) with QFE 265089, or to Windows
2000 SP2 (or later).

QFE 265089 (included in Windows 2000 SP2 and later) is required to prevent poten
tial domain controller corruption.

For more information about preparing your forest and domain see KB article Q3311
61 at http://support.microsoft.com.

[User Action]
If ALL your existing Windows 2000 domain controllers meet this requirement, type
 C and then press ENTER to continue. Otherwise, type any other key and press ENT
ER to quit.

c
Opened Connection to DOMAINA
SSPI Bind succeeded
Current Schema Version is 13
Upgrading schema to version 30
Connecting to "DOMAINA"
Logging in as current user using SSPI
Importing directory from file "C:\WINNT\System32\sch14.ldf"
Loading entries.....................
```

Assim que a alteração da floresta estiver completa, você poderá executar a preparação do domínio em cada domínio da floresta. Este comando precisa ser executado no Infrastructure Master para cada domínio. Execute o seguinte comando:

```
D:\i386\>adprep /domainprep
```

onde *D* representa sua letra do drive de CD/DVD. Se apenas quiser testar o processo de atualização para a floresta e o domínio, adicione o argumento /analyze a qualquer comando. Como antes, precisará esperar que a réplica do domínio esteja completa.

Agora poderá atualizar cada DC para o WS03. É sempre inteligente executar outra verificação de compatibilidade da atualização para certificar-se de que tudo esteja bem. Então prossiga com a instalação do Windows Server 2003. O WS03 irá propor automaticamente uma atualização.

O processo de atualização é muito simples. Nenhuma resposta precisa ser dada durante a atualização, a menos que você necessite fornecer drivers especiais do sistema de armazenamento pesado. O processo inteiro pode ser automatizado como descrito no Capítulo 2. Simplesmente crie um compartilhamento da rede para armazenar os arquivos-fonte da instalação, compartilhe-o e use scripts para executar a preparação do DC, a preparação do domínio e a atualização do Windows Server 2003. Esses scripts podem ser executados automaticamente através do modo Administrative dos Terminal Services.

Tarefas de pós-atualização

Assim que todos os DCs tiverem sido atualizados, você poderá migrar sua floresta para o modo WS03 nativo. Mas antes de fazer isso, precisará verificar se todo domínio da floresta suporta a compatibilidade WS03 nativa. O Windows Server 2003 oferece dois modos nativos: domínio e floresta. O modo nativo do domínio requer que todos os serviços no domínio sejam compatíveis com o WS03. O modo de floresta requer que todo domínio na floresta execute aplicações compatíveis. Os domínios nativos não podem ter os DCs de Windows NT ou de Windows 2000 e as florestas nativas podem ter apenas os DCs de WS03.

Para migrar seus domínios e floresta para o modo nativo WS03, primeiro certifique-se de que eles satisfaçam todas as condições de pré-requisito e então use os seguintes procedimentos:

1. Abra o console Active Directory Domains and Trusts.
2. Clique com o botão direito do mouse em Console Root (Console Principal).
3. No menu contextual, selecione Raise domain functional level.
4. Clique em Raise. Concorde com todas as mensagens de aviso.
5. Aguarde que a réplica do domínio ocorra. Se a floresta tiver mais de um domínio, eleve o nível funcional de cada domínio por vez.
6. Assim que todos os domínios forem elevados para a funcionalidade de WS03, volte para o console Active Directory Domains and Trusts.
7. Clique com o botão direito do mouse em Console Root.
8. No menu contextual, selecione Raise forest functional level.
9. Clique em Raise. Concorde com todas as mensagens de aviso.
10. Você precisará aguardar que a réplica ocorra em todos os DCs na floresta antes de usar as funções da floresta nativa do WS03.

As outras operações, que você poderá considerar neste estágio, são: atualizar os papéis do servidor da floresta e executar uma revisão da estratégia DNS. Se decidir modificar os papéis do DC, achará que as operações são muito parecidas com as do Windows 2000. Há ótimas funcionalidades novas como a edição de arrastar e soltar nos consoles MMC de AD que facilitam muito a vida com o AD. As operações que você pode executar neste estágio são:

- Modificar o papel do DC (serviço Add/Remove Global Catalog ou Adicionar/Remover Catálogo Global)
- Modificar o papel do DC (Enable Universal Group Membership Caching)
- Modificar os papéis do Operation Master

O DNS deve estar em todo DC e, se não estiver, você deverá adicioná-lo. Ele não gera muito overhead e torna o local do DC muito mais fácil. Em seguida, você poderá criar ou modificar as partições da aplicação para manter os dados DNS. O DNS Wizard (Assistente DNS) criará automaticamente essas partições. Elas podem ser de toda a floresta ou centradas no domínio. A vantagem das partições da aplicação, neste caso, é que você não precisará mais criar zonas DNS secundárias em nenhum lugar em sua rede. O processo de infra-estrutura DNS foi descrito em uma seção anterior, denominada "Finalização da configuração DNS" para o primeiro servidor na rede paralela.

As tarefas finais de sua migração devem cobrir uma revisão da réplica Active Directory. Assegure-se de que toda réplica esteja funcionando devidamente. Isso deve incluir a réplica em um site e a réplica entre os sites. Você poderá precisar criar ou modificar os sites AD ou modificar suas regras da réplica para coincidir com as melhores práticas do WS03.

Poderá também estar interessado em reestruturar os domínios. Se achar que sua floresta Windows 2000 original e a estrutura do domínio não satisfazem todas as suas necessidades, poderá reestruturar os domínios. O WS03 oferece várias ferramentas para essa etapa. O comando movetree permite mover computadores e usuários entre os domínios. Esse comando tem de ser executado no Infrastructure Master. O WS03 também oferece a Active Directory Migration Tool. A versão 2 dessa ferramenta é mais avançada do que sua antecessora. Ela pode migrar os usuários e as senhas de um domínio ou floresta para outra. Você poderá também usar ferramentas de migração de terceiros. Lembre-se de que, para reestruturar os domínios, primeiro precisará atualizar a estrutura de seu domínio, então criar ou modificar sua estrutura OU, depois migrar os usuários e computadores.

A operação de atualização final é a implementação dos consórcios de floresta. Agora que você tem as florestas WS03, poderá decidir implementar os consórcios globais de floresta. Eles ligarão diversas florestas. Porém, tenha cuidado! Você poderá encontrar facilmente as mesmas dificuldades nos consórcios de floresta que teve nos domínios Windows NT. As florestas são designadas para proteger os esquemas. A menos que haja exigências significativas para as implementações de consórcios de floresta, evite criá-los.

Gerenciamento contínuo da floresta

O gerenciamento contínuo da floresta não será muito diferente com o WS03 como foi com o Windows 2000. Você ainda usará as mesmas ferramentas utilizadas antes: o Active Directory Sites and Services, o Active Directory Domains and Trusts e o Active Directory Users and Computers. Mas todas aumentaram a funcionalidade. Cada uma será executada por vez quando você avançar na implementação WS03 descrita no Plano da arquitetura da rede da empresa na Figura 1-5 do Capítulo 1.

Resumo das melhores práticas

Este capítulo recomenda as seguintes melhores práticas:

- Use uma rede paralela para implementar a nova rede da empresa (a menos que já tenha o Windows 2000 e ele qualifique uma atualização).
- Teste o processo de implementação em um laboratório.
- Prepare a documentação antes de prosseguir com a implementação da rede.
- Em um ambiente grande, não combine os papéis do controlador do domínio-raiz com os papéis de infra-estrutura da rede.
- Organize todos os servidores da rede paralela com um Kernel do servidor atualizado (veja o Capítulo 2).
- Cada servidor deve satisfazer as exigências de dimensionamento do servidor.
- Se você não usar uma instalação do kernel automatizada, execute todas as etapas requeridas para um computador de referência.
- Cada servidor deve ter um controle de qualidade rígido depois da organização.
- Para os DCs, preste uma atenção especial na resolução de conflitos do hardware antes de prosseguir com a promoção do DC.
- Se você tiver vários sites grandes, separar cada papel do servidor duplo fisicamente.
- Se usar sua infra-estrutura IP existente na rede paralela, mude todos os endereços IP.
- Use o plano Active Directory (veja o Capítulo 3).

- Eleve a funcionalidade do domínio e da floresta quando criar o primeiro DC na floresta. Isso irá garantir que todos os outros domínios serão criados no modo nativo.
- Crie grupos de licença para gerenciar os diferentes números de usuários e computadores.
- Use as devidas definições de acordo com o fuso horário (veja a Tabela 4-1) para a sincronização da hora.
- Se o sistema de gerenciamento de alerta for funcionar, instale o SNMP em todos os servidores e computadores (se requerido). Assegure o serviço SNMP.
- Verifique cada aspecto da configuração do servidor antes de configurar outro servidor.
- Se precisar, transfira o Schema Master com cuidado.
- Para ter um desempenho melhor, crie um disco especial nos DCs no GCPD para armazenar os registros do banco de dados AD.
- Crie um Emulador PDC dedicado se esperar ter mais de 50.000 usuários no domínio de produção.
- Crie uma partição de dados da aplicação antes de criar a partição da zona DNS do domínio-filho.
- Recomenda-se criar partições da aplicação do domínio e de toda a floresta para os dados DNS do domínio de produção porque os usuários de outro domínio irão requerer o acesso para os recursos da intranet.
- Os servidores DHCP devem ter discos rígidos de alto desempenho, muita RAM e definir os arquivos de paginação para os valores máximos.
- Use superescopos para incluir todos os escopos em um conjunto de faixas do servidor.
- Use as classes do usuário para distribuir valores DHCP especiais para classes específicas de máquinas na rede.
- Defina as credenciais do servidor DHCP para garantir atualizações DNS seguras.
- Para a conta do serviço DHCP, use um nome complexo e senha, certifique-se de que o usuário não pode mudar a senha e que a senha nunca expire.
- Se você precisar interagir com a rede de herança em termos de resolução do nome WINS, crie apenas réplica unidirecional nela.
- Se você usar o DHCP para os endereços do servidor, especialmente os DCs, utilize a aba Alternate Configuration como um backup.
- Defina pelo menos um DC em cada site como um servidor Global Catalog e ative o Universal Group Membership Caching em todos os sites.

Mapa do capítulo

Use a ilustração na Figura 4-8 para revisar o conteúdo deste capítulo.

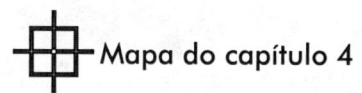

Mapa do capítulo 4
Como construir a infra-estrutura IP da rede da empresa

- **TCP/IP no Windows Server 2003**
  Os novos recursos IP no WS03

- **Como implementar uma nova rede da empresa**
  Como preparar a rede paralela (**Figura 4-1**)
  › Papéis do servidor da rede da empresa (**Figuras 4-2, 4-3**)
  Como criar o Active Directory de produção (**Figura 4-4**)

  Ferramentas no site Web complementar:
  ▫ Mapeamentos comuns da porta TCP/IP para as redes Windows networks

  Ferramentas no site Web complementar:
  ▫ Plano da rede paralela
  ▫ Lista de verificação da criação da floresta de produção
  ▫ Atividades de organização da floresta

- **Atividades de organização da floresta (Figura 4-5)**
  Etapas da instalação:
  › Instalação e configuração do servidor
  › Promoção do DC
  › Finalização da instalação do DNS
  › Modos de licença da floresta
  › Configuração do serviço da hora
  › Configuração do gerenciamento de alerta
  › Policy Group default e personalização Security
  › Transferência do papel do Operation Master
  Instalações do servidor:
  › O primeiro DC no PFRD
  › O segundo DC no PFRD
  › O primeiro DC no GCPD

  Ferramentas no site Web complementar:
  ▫ Lista de verificação da configuração do servidor de identidade

- **Como conectar a rede da empresa**
  Atividades de organização da infra-estrutura da rede (**Figura 4-6**)
  Como configurar o primeiro e segundo servidores de infra-estrutura da rede
  Etapas da instalação:
  › Instalação e configuração do servidor
  › Como configurar os valores DHCP
  › Como definir as classes de usuário
  › Como configurar as definições WINS
  › Conectividade WINS e definições DNS
  Como mover os servidores e configurar a réplica do domínio

  Ferramentas no site Web complementar:
  ▫ Lista de verificação da configuração do Network Infrastructure Server

- **Como atualizar o AD do Windows 2000 para o WS03**
  O processo de atualização (**Figura 4-7**)
  Gerenciamento contínuo da floresta

  Ferramentas no site Web complementar:
  ▫ Listas de verificação da atualização do Windows 2000

- **Resumo das melhores práticas**

Figura 4-8 – *Mapa do capítulo.*

Capítulo 5

Como construir a infra-estrutura da unidade organizacional do PC

NESTE CAPÍTULO

- ❖ Como gerenciar objetos com o Active Directory — *197*
- ❖ Como criar um projeto OU para as finalidades de gerenciamento do PC — *211*
- ❖ Como construir a delegação — *218*
- ❖ Gerenciamento do PC da empresa — *223*
- ❖ Como completar a estratégia OU — *232*
- ❖ Como usar o Group Policy Management Console — *237*
- ❖ Resumo das melhores práticas — *238*
- ❖ Mapa do capítulo — *239*

O Capítulo 4 descreveu como colocar a rede paralela no lugar certo. Finalmente, essa rede oferecerá serviços da empresa completos quando você migrar os usuários de sua rede existente para a nova infra-estrutura. Mas, antes de poder começar essa migração, precisará finalizar a infra-estrutura da rede que iniciou. Várias atividades diferentes têm de ser completadas antes de poder dizer que sua nova rede está pronta para aceitar os usuários. Uma delas é a finalização da infra-estrutura de sua unidade organizacional (OU).

O Capítulo 3 identificou que havia três tipos de objetos que devem ser gerenciados através da infra-estrutura OU: PCs, People (Pessoas) e Services (Serviços). Este capítulo começa com a finalização da infra-estrutura OU com o contêiner PC. Para tanto, você terá que finalizar três elementos principais relacionados com o PC:

- A estratégia Group Policy Management do PC
- A estratégia de delegação do PC
- A estratégia de gerenciamento do PC da empresa

A primeira dessas atividades é a construção de uma infra-estrutura de gerenciamento do PC na nova rede. Começa com a construção de sua infra-estrutura de gerenciamento geral para todo objeto contido no diretório. Essa construção deve estar completa no final do Capítulo 8 com a construção de sua estratégia Enterprise Security (Segurança da Empresa). A rede de sua empresa então estará pronta para manter novos objetos de todo tipo e oferecer um conjunto completo de serviços.

Como gerenciar objetos com o Active Directory

Uma das principais finalidades do Active Directory é gerenciar os objetos. Como mencionado antes, o AD fornece uma infra-estrutura simples para a integração dos objetos com os quais as pessoas interagem ao usar uma infra-estrutura IT. E mais, o AD fornece uma infra-estrutura centralizada para o gerenciamento desses objetos. Essa infra-estrutura é baseada nos objetos Group Policy (GPO ou Estratégia do Grupo). Um GPO é um objeto de diretório designado a definir o modo como o ambiente de computação de um usuário fica e se comporta. Inclui itens como o conteúdo do menu Start (Iniciar), os ícones na área de trabalho, a capacidade de modificar a área de trabalho, a capacidade de executar vários produtos de software e mais. Os GPOs podem ser usados para gerenciar PCs, servidores e usuários.

Conceitos do Group Policy

Os GPOs foram introduzidos pela primeira vez com o Windows 2000 e eram designados a substituir as estratégias complicadas do sistema usadas no Windows NT. Um GPO pode gerenciar os seguintes elementos:

- **Definições do usuário e do computador**   O Windows Server 2003 inclui gabaritos administrativos que permitem aos GPOs escreverem definições específicas para grandes quantidades de registro do usuário (HKEY_CURRENT_USER – HKCU) e do computador (HKEY_LOCAL_ MACHINE – HKLM)

- **Scripts**   O Windows 2000, XP e Server 2003 podem executar scripts de inicialização e de finalização assim como scripts de conexão e desconexão. São normalmente gerenciados através de GPOs.

- **Gerenciamento dos dados**   O WS03 pode redirecionar as pastas do usuário da área de trabalho para um local central do servidor permitindo uma total disponibilidade dessas pastas a partir de qualquer PC, assim como um backup centralizado das informações do usuário.

- **Ciclos de vida do software**   O WS03 pode preparar o software para as áreas de trabalho e servidores contanto que o produto do software esteja integrado ao serviço Windows Installer.

- **Definições da segurança**   O WS03 pode gerenciar de modo central as Security Settings (Definições da Segurança) para os PCs, servidores e usuários através dos GPOs. O WS03 pode também limitar o acesso às aplicações de software através de Software Restriction Policies (Estratégias de Restrição do Software).

Todo computador que executa o Windows 2000, XP ou Windows Server 2003 inclui um GPO local por default. As definições nesse arquivo são aplicadas sempre que o computador é inicializado. Uma organização que deseja padronizar certos elementos da área de trabalho e outro comportamento do computador deve configurar esse objeto de estratégia com definições defaults organizacionais e assegurar que esse arquivo faça parte da instalação definida para cada computador. Como esses GPOs são locais, podem ser diferentes em cada computador. Para tirar o máximo dos GPOs locais, você deve definir um conjunto de parâmetros para cada tipo de computador (PCs, servidores e controladores do domínio) e alterá-los o menos possível.

O GPO local está localizado na pasta %Systemroot%\System32\Group Policy. Para exibir essa pasta, terá que ativar duas definições nas opções de exibição Folder (Pasta) (Windows Explorer, menu Tools ou Ferramentas, Folder Options ou Opções da Pasta, aba View ou Exibir):

- Exiba os arquivos e pastas ocultos

- Oculte os arquivos protegidos do sistema operacional (Recomendado).

Desativar o último irá gerar uma caixa de diálogo de aviso. A melhor prática neste sentido é ativar a definição para capturar uma cópia do GPO local que você deseja preparar, então desativar a definição depois.

Os computadores que executam o Windows NT, versões Me ou 9x do Windows não contêm GPOs locais e não serão afetados pelos GPOs Global preparados pelo Active Directory. A rede paralela deve incluir apenas as versões atualizadas do Windows para todos os computadores do cliente.

> **Nota** – *Para tirar o máximo de sua rede paralela, prepare apenas os PCs Windows 2000 ou Windows XP e os servidores Windows 2000 ou 2003. Como ideal, você preparará apenas o Windows XP e o Windows Server 2003 em sua nova infra-estrutura. Isso irá assegurar que tirará o máximo dessa nova rede e fornecerá o melhor retorno no investimento porque todo recurso WS03 estará disponível em sua rede.*

Além dos objetos Group Policy locais, as redes que executam o Active Directory terão GPOs centralizados. Comparados com os GPOs locais, os GPOs centralizados são *GPOs de gerenciamento* porque você pode modificá-los em um local central e fazer com que afetem qualquer grupo de objetos. Toda rede Active Directory inclui duas estratégias defaults:

- Estratégia do domínio default
- Estratégia do controlador do domínio default

Uma estratégia do domínio default específica é aplicada em todo domínio em uma rede Windows Server 2003 da empresa. No exemplo usado nos capítulos 3 e 4, a rede da empresa T&T terá várias estratégias do domínio defaults porque tem diversos domínios. No caso de sua rede paralela, terá duas versões diferentes da estratégia uma vez que apenas os domínios-raiz e de produção foram criados neste ponto. O mesmo aplica-se à estratégia DC default, exceto que, ao invés de ser aplicada no nível do domínio, ela é aplicada especificamente na unidade organizacional Domain Controllers (Controladores do Domínio).

As estratégias não permitem o caminho hierárquico de sua floresta AD. Se você construir uma nova estratégia no domínio-raiz da floresta, ela não se aplicará automaticamente aos domínios-filhos que estão abaixo do domínio-raiz na hierarquia. É porque as estratégias são específicas do domínio. Se você definir uma estratégia personalizada que deseje aplicar em todo domínio em sua floresta, terá de copiá-la de domínio para domínio. Também poderá ligar as estratégias de domínio a domínio, mas não é uma abordagem recomendada porque o cliente tem que percorrer o consórcio entre os domínios para lê-la. Há uma exceção que foi mencionada no Capítulo 4: na criação de qualquer domínio-filho ele copia automaticamente o conteúdo das duas estratégias defaults a partir do domínio-pai. Portanto, da mesma maneira que você ajustaria o GPO local antes de preparar os sistemas, deverá ajustar os GPOs defaults no domínio-raiz da floresta antes de criar qualquer domínio-filho. Isso irá assegurar que um conjunto básico de padrões será aplicado nos domínios e nos DCs assim que forem criados. As modificações recomendadas para essas duas estratégias defaults são tratadas no Capítulo 8.

Processamento da estratégia do grupo

As estratégias do grupo são aplicadas na seguinte ordem:

1. As definições do computador são aplicadas primeiro.
2. As definições do usuário são aplicadas em segundo lugar.

Faz sentido uma vez que o computador começa antes de um usuário poder se conectar. Em uma rede WS03, o computador tem sua própria conta Active Directory e tem que negociar uma conexão com o diretório antes de permitir que os usuários se conectem e abram uma sessão.

E mais, os GPOs locais e centrais têm uma ordem específica da aplicação:

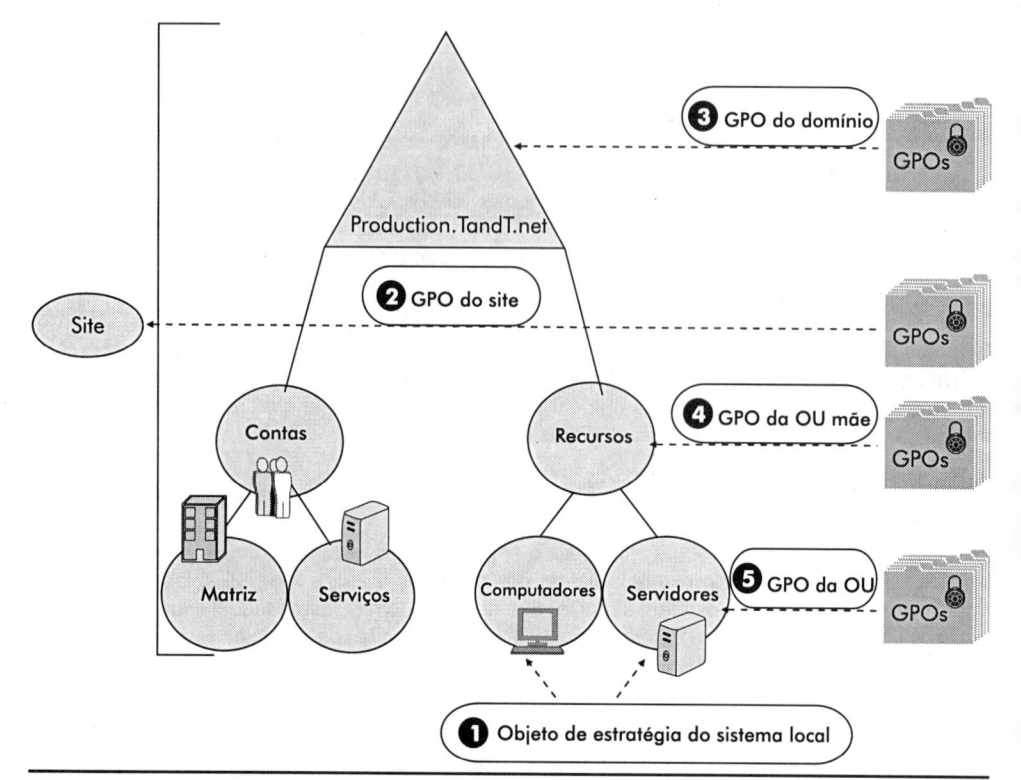

Figura 5-1 – *A ordem da aplicação GPO.*

1. O GPO local é aplicado na inicialização do computador.
2. Se disponíveis, os GPOs do site são aplicados em seguida.
3. Os GPOs do domínio são aplicados depois dos GPOs do site.
4. Os GPOs da unidade organizacional são aplicados por último. Se o objeto (computador ou usuário) estiver localizado em uma OU filha e ela contiver um GPO extra, esse GPO será aplicado por último.

Este processo é então chamado de processo *L-S-D-OU* para a ordem da aplicação local-site-domínio-OU. A Figura 5-1 mostra a ordem da aplicação GPO. Se houver conflitos entre as estratégias, a última estratégia fornecerá a definição aplicada. Por exemplo, se você negar acesso a um item no menu Start na estratégia do domínio, mas ele tiver permissão em uma estratégia OU, o resultado será que o acesso será permitido.

Herança GPO (e bloqueio)

Além da ordem da aplicação, você poderá controlar as definições da herança para os GPOs. Isso significa que, se atribuir uma definição no nível do domínio ou qualquer outro nível mais alto, poderá assegurar que sua definição será a propagada para o objeto havendo ou não definições de conflito abaixo na hierarquia da aplicação. Isso é feito aplicando a herança GPO.

Normalmente, os GPOs são herdados automaticamente na ordem da aplicação GPO. Se uma definição for ativada no nível do domínio e não estiver configurada no nível OU, a definição do domínio será aplicada. Se uma definição estiver desativada na OU mãe e desativada na OU filha, ela não será aplicada. Para aplicar a herança GPO, você poderá atribuir o atributo No Override (Sem Anulação) ao GPO. Isso significa que, mesmo que as definições estejam em conflito na extremidade inferior da hierarquia, a definição com o atributo No Override será aplicada.

Os GPOs são gerenciados por AD Users and Computers (Usuários e Computadores AD) ou por AD Sites and Services (Sites e Serviços AD). Como os domínios e as unidades organizacionais são gerenciados no primeiro dos dois consoles, você tenderá a usar esse console com mais freqüência para trabalhar com os GPOs. Para definir um GPO para No Override, selecione as propriedades do objeto ao qual o GPO está anexado. Isso pode ser um domínio, um site (em AD Sites and Services) ou uma OU. Na caixa de diálogo Properties (Propriedades), selecione a aba Group Policy. Selecione o GPO que deseja definir para No Override e clique o botão Options (Opções) na parte inferior da caixa de diálogo.

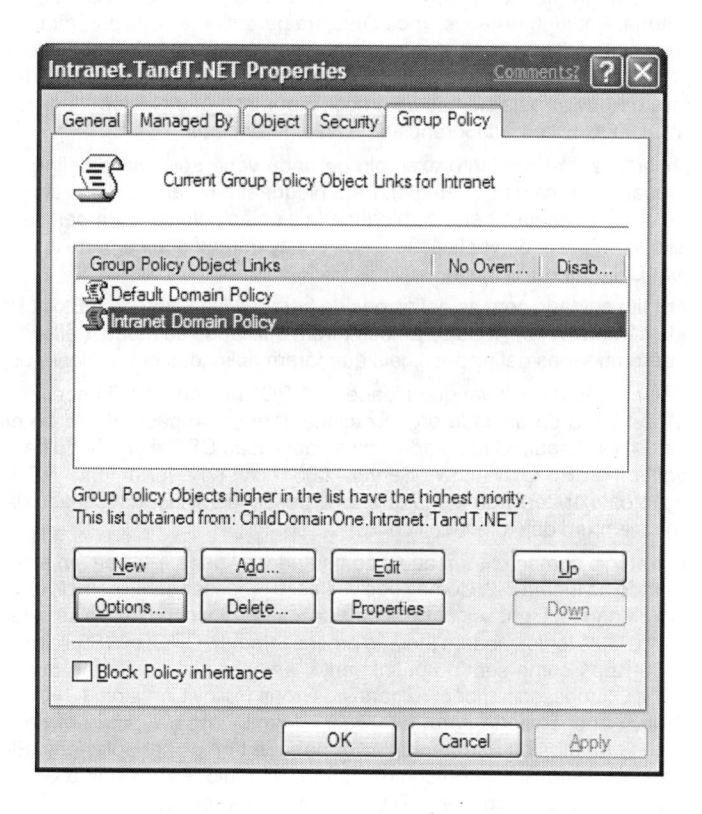

Uma segunda caixa de diálogo aparecerá. Nela, você poderá definir o GPO para No Override ou desativá-lo completamente. Desativar os GPOs será útil também uma vez que significa que poderá configurar um GPO em um modo desativado e aguardar até que esteja pronto para ativá-lo antes de fazer isso. Selecione a opção requerida e clique em OK quando terminar.

> 🏍 **Dica rápida** – *Você também pode editar os GPOs com o console Group Policy Management. Esse console gratuito está disponível para o carregamento no site Web WS03 da Microsoft e fornece uma interface simples para o gerenciamento GPO. É tratado no final deste capítulo. Há também ferramentas comerciais como a FAZAM 2000 da Full Armor Corporation (http://www.fullarmor.com/) ou a Group Policy Administrator da NetIQ (http://www.netiq.com/) que pode fornecer capacidades de gerenciamento GPO muito mais completas, como o relatório completo e uma depuração GPO complexa.*

Além de aplicar a herança, os administradores OU podem determinar quando desejam bloqueá-la. Bloquear a herança é útil quando você deseja armazenar os objetos em seu diretório e fornecer-lhes definições diferentes daquelas que estão definidas globalmente. Por exemplo, no projeto OU de PCs mostrada na Figura 3-6, no Capítulo 3, há um contêiner externo no segundo nível. Esse contêiner é designado a armazenar os computadores que não pertencem à sua organização, como os PCs de consultoria. Em alguns casos, você desejará gerenciar alguns parâmetros nos sistemas de consultoria, especialmente no caso dos desenvolvedores que estão trabalhando em projetos de longo prazo e que estarão criando o código que será distribuído em sua rede. Mas há outros casos onde não desejará gerenciar os sistemas externos. É por isso que existem duas OUs no terceiro nível da External OU (OU Externa): Gerenciada e Não gerenciada.

A OU Não gerenciada é um excelente exemplo de onde você aplicaria a definição Block Policy Inheritance (Bloquear Herança da Estratégia). Para bloquear a herança, clique com o botão direito do mouse no objeto onde deseja a herança bloqueada e então selecione Properties. Vá para a aba Group Policy e clique na caixa de verificação Block Policy Inheritance na parte inferior da caixa de diálogo. Clique em OK quando terminar.

Você terá de ter muito cuidado com as definições de herança No Override e Block Policy. Entre as duas, No Override sempre vence, mas se ambas forem aplicadas de modo irrefletido, você achará realmente difícil determinar as definições finais que foram aplicadas em qualquer objeto dado.

É facilmente possível aplicar qualquer quantidade de GPOs nos objetos. Também é fácil ficar confuso com eles. A estrutura da unidade organizacional tem um impacto direto no modo como os GPOs são aplicados por default. O resultado final da aplicação GPO é chamado de *conjunto resultante de estratégias* (RSoP). O Windows Server 2003 inclui uma ferramenta RSoP que permite depurar a aplicação da estratégia de modo que você possa identificar o resultado da aplicação de diversas estratégias em um objeto específico.

A aplicação da estratégia começa assim que o computador é ligado. Ele usa um processo com dez etapas que é mostrado na Figura 5-2. Como pode ver, esse processo conta com diversas tecnologias: DNS, transmissão de dados, Lightweight Directory Access Protocol (LDAP) e as extensões no lado do cliente. E mais, os links lentos podem afetar o processamento GPO; o WS03 considera qualquer coisa inferior a 500 Kbps como sendo um link lento, embora essa definição possa ser mudada através de um GPO. O processo também é ligado ao Group Policy Container (GPC ou Contêiner da Estratégia do Grupo) que é usado para identificar o caminho para cada um dos Group Policy Templates (GPT ou Gabaritos da Estratégia do Grupo) que têm de ser aplicados. Eles estão localizados no compartilhamento Sysvol do controlador do domínio. Para exibir o GPC, você terá de ativar os recursos avançados do console AD Users and Computers.

O processo da aplicação GPO conta com o arquivo GPT.INI localizado na pasta GPT para cada GPO. Esse arquivo lista o número da versão atual do GPT. Esse número é aumentado sempre que você faz uma alteração em um GPO. Por default, essa alteração do número faz com que os objetos apliquem novamente as definições mudadas do GPO. Se o número for igual ao que era na última vez em que foi aplicado, o objeto não aplicará de novo o GPO, embora esse comportamento possa ser mudado por meio de uma definição Group Policy. Assim que os GPOs forem aplicados, todos os scripts de inicialização aplicáveis serão executados. Como esses scripts são executados sem

Capítulo 5: Como construir a infra-estrutura da unidade organizacional do PC ▶ **203**

uma interface do usuário, eles são definidos para serem executados em uma quantidade máxima de tempo – 600 segundos por default – no caso do script paralisar durante a execução. Depois dos scripts serem executados, o computador permitirá as conexões e exibirá a tela de conexão. Tudo das etapas 4 a 10 é aplicado de novo durante a conexão do usuário.

O Windows XP usa um processo de aplicação da estratégia assíncrono. Ao passo que o Windows Server 2003 e o Windows 2000 usam um processo síncrono. Isso significa que para os servidores e os sistemas Windows 2000, a sessão do computador não será aberta até que a lista inteira de GPOs seja processada, inclusive qualquer script que seja referido no GPO. Porém, nos sistemas Windows XP, o processamento GPO é adiado para agilizar o processo de abertura da sessão. Isso é chamado de otimização da conexão rápida. Esse retardo terá um impacto no modo como as estratégias são aplicadas nos sistemas XP. Mais sobre este assunto será tratado posteriormente.

❶ O PC envia uma consulta DNS para localizar o DC mais próximo.

❷ O DC é identificado. O PC cria um link seguro.

Servidor DNS

Controlador do domínio

❸ O PC transmite dados para o DC. Se o link for lento, apenas as definições GPO críticas serão aplicadas por default.

GPOs críticos

❹ O PC conecta o AD através do LDAP.

Active Directory

❺ O PC consulta todos os GPOs ligados à sua OU e à OU mãe

OU mãe
OU

❻ O PC consulta todos os GPOs ligados ao seu domínio

Domínio

❼ O PC consulta todos os GPOs ligados ao seu site.

Site

❽ O PC consulta o GPC para identificar o caminho que cada um dos GPTs que tem de aplicar.

Estratégias:
(31B2F340-0160-11D2-945F-00C04FB984F9)
(366FBB12-EF05-470C-8D64-885088E96761)
(6AC1796C-016F-11D2-945F-00C04FB984F9)
Machine
User

❾ O PC lê o arquivo GPT.INI localizado na pasta GPT que cada GPO tem de aplicar.

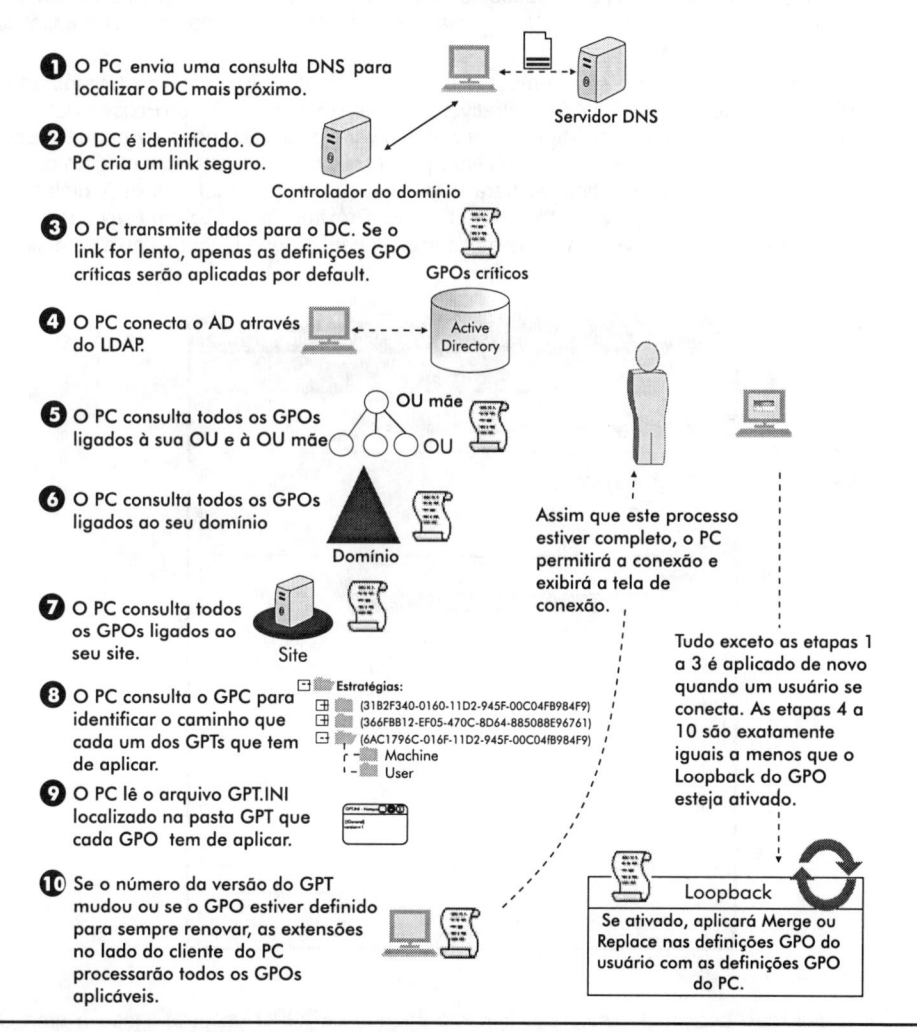

❿ Se o número da versão do GPT mudou ou se o GPO estiver definido para sempre renovar, as extensões no lado do cliente do PC processarão todos os GPOs aplicáveis.

Assim que este processo estiver completo, o PC permitirá a conexão e exibirá a tela de conexão.

Tudo exceto as etapas 1 a 3 é aplicado de novo quando um usuário se conecta. As etapas 4 a 10 são exatamente iguais a menos que o Loopback do GPO esteja ativado.

Loopback
Se ativado, aplicará Merge ou Replace nas definições GPO do usuário com as definições GPO do PC.

Figura 5-2 – *O processo da aplicação GPO em Computer and User.*

Loopback da estratégia

Há mais uma operação para a aplicação GPO. O loopback é uma operação que pode ser usada nas situações especiais do computador como máquinas públicas, escolas, áreas de recepção ou outras zonas onde é importante que não importa quem se conecta, as definições do computador sempre permanecerão no mesmo estado seguro. Como as definições do usuário são aplicadas depois das definições do computador na ordem da aplicação, os GPOs permitem que você ative a definição Loopback para assegurar que as definições do computador serão reaplicadas ou com as definições do usuário.

O loopback pode ser definido de dois modos:

- **Merge** (Mesclar) Esta opção anexa as definições do computador às definições do usuário durante a aplicação dos GPOs na conexão do usuário. Elas são agregadas. Neste processo, as definições do computador anulam as definições do usuário em conflito.
- **Replace** (Substituir) Esta opção substitui de fato as definições de um usuário em um GPO pelas definições do computador. Na conexão, as definições do computador são aplicadas ao invés das do usuário.

O loopback é definido no GPO em Computer Configuration (Configuração do Computador | Administrative Templates (Gabaritos Administrativos) | System (Sistema) | Group Policy. Clicar duas vezes na definição da estratégia permitirá configurá-la. Ativar a definição Loopback permitirá escolher entre as opções Merge e Replace. Clique em Apply (Aplicar) ou em OK. A vantagem de usar Apply é que, se você tiver muitas definições para mudar, não precisará fechar a caixa de diálogo até que tenha acabado. Poderá usar os botões Next Setting (Próxima Definição) ou Previous Setting (Definição Anterior) para se mover em todas as definições sem ter que fechar a caixa de diálogo.

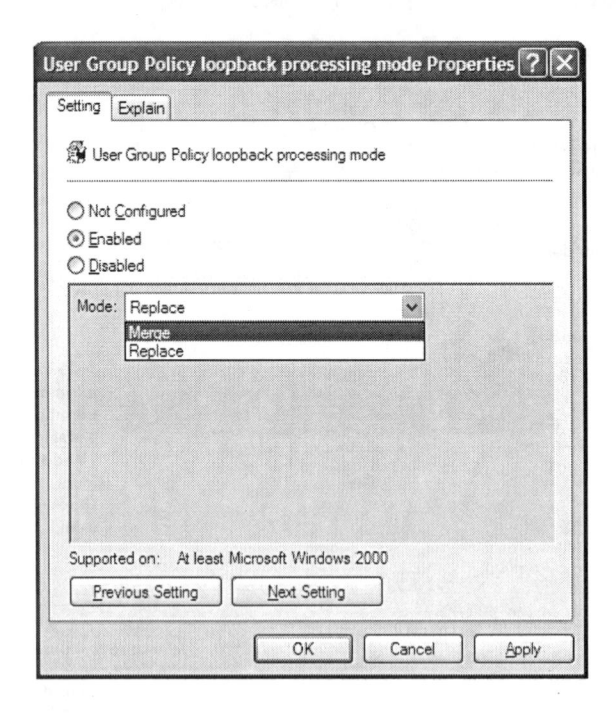

Se usar a definição Loopback, limite seu impacto criando um GPO especial ligado a uma OU especial que será usada para conter os computadores nos quais esse GPO será aplicado.

Filtragem da estratégia

Como mencionado antes, a construção OU está intimamente ligada à estratégia GPO que você pretende usar. Um dos fatores que você tem de lembrar todas as vezes durante esse estágio de construção é que os objetos podem ser colocados apenas dentro de uma única OU. E mais, desejará assegurar que manterá seu projeto OU o mais simples possível. Portanto, poderá se encontrar em uma situação em que deseja escolher criar um projeto OU complexo com muitas OUs somente porque deseja atribuir GPOs diferentes a objetos específicos.

Não. Você não terá de fazer isso porque o Windows Server 2003 também inclui o conceito de filtragem da estratégia. A filtragem da estratégia significa aplicar direitos de leitura e execução básicos na própria estratégia. Usando a filtragem, você poderá aplicar qualquer quantidade de estratégias em um contêiner específico e assegurar que apenas a devida estratégia afetará os objetos para os quais está designada a gerenciar. O WS03 suporta dois tipos de filtragem da estratégia: filtragem Security Policy e filtragem Windows Management Instrumentation (WMI).

Filtragem Security Policy

A filtragem através das Security Settings é feita atribuindo direitos de acesso ou permissões a um objeto Group Policy. Para tanto, você precisará criar grupos de segurança e atribuir os objetos que cada estratégia irá gerenciar a esses grupos. Então atribuirá o objeto de estratégia aos devidos grupos.

Por exemplo, digamos que você tenha dois grupos de usuários no mesmo contêiner – usuários comuns e usuários sofisticados – e precisa aplicar diferentes objetos de estratégia a cada grupo. Simplesmente criará dois objetos de estratégia e definirá um para a leitura e aplicará para os usuários comuns, enquanto o definirá para negar a leitura e aplicará no grupo de usuários sofisticados. Inverterá as definições no GPO que deseja aplicar nos usuários sofisticados.

Aplicar a filtragem GPO de segurança é bem simples. Em Active Directory Users and Computers, clique com o botão direito do mouse no contêiner no qual o GPO será aplicado e selecione Properties. Vá para a aba Group Policy, selecione o GPO que deseja filtrar e clique o botão Properties. Vá para a aba Security e clique em Add (Adicionar) para encontrar os grupos que deseja usar para filtrar a estratégia. Poderá encontrar ambos os grupos ao mesmo tempo se quiser. Em seguida, selecione o grupo no qual deseja aplicar o GPO. Clique nas caixas de verificação Allow Read (Permitir Leitura) e Allow Apply Group Policy (Permitir Aplicar Estratégia do Grupo). Clique em Apply. Em seguida, selecione o grupo para o qual deseja negar as permissões. Clique nas caixas de verificação Deny Read (Negar Leitura) e Deny Apply Group Policy (Negar Aplicar Estratégia do Grupo).

Clique em Apply ou OK se tiver terminado. Você notará que o WS03 apresentará uma caixa de diálogo de aviso. Como você decidiu negar as permissões para o objeto GPO, o WS03 avisará que o resultado cumulativo para qualquer pessoa, que pertença a vários grupos será negado, uma vez que as negações sempre têm precedência sobre as permissões. Clique em OK para fechar a caixa de diálogo de aviso. Feche a caixa de diálogo da propriedade do contêiner quando terminar.

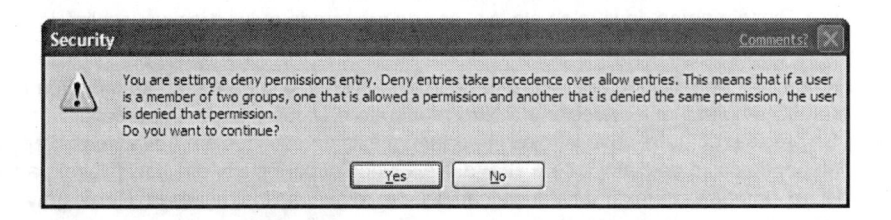

Tenha cuidado com o modo como usa a filtragem Security Policy. Lembre-se de que as negações sempre têm precedência.

Filtragem WMI

O Windows Management Instrumentation é uma infra-estrutura de gerenciamento no Windows que permite o controle dos recursos do sistema através de um conjunto comum de interfaces e fornece um modelo consistente e organizado logicamente da operação, configuração e status do Windows. O WMI é a resposta da Microsoft para a Desktop Management Interface (DMI) da Desktop Management Task Force (http://www.dtmf.org/). A DMTF projetou o DMI para permitir que as organizações gerenciem de modo remoto aspectos do sistema de computador como, por exemplo, as definições do sistema no BIOS, a substituição ou atualizações BIOS e o ligar e desligar do sistema. Mas como nenhuma ferramenta de gerenciamento padrão está disponível para todas as marcas de computador (cada fabricante tende a criar suas próprias ferramentas para gerenciar seus próprios sistemas), uma interface genérica foi requerida. A Microsoft tentou fornecer essa interface genérica através do WMI.

No caso da filtragem GPO, o WMI pode ser usado para identificar aspectos específicos da máquina antes de aplicar um GPO. Várias aplicações de exemplo estão disponíveis nos arquivos de ajuda de WS03. Veja o exemplo de uma estratégia de controle do sistema que deve ser aplicada apenas nos sistemas que executam o Windows Server 2003, Enterprise Edition. Para tanto, você poderá criar o seguinte filtro:

```
Root\CimV2; Select * from Win32_OperatingSystem where Caption =
"Microsoft
Windows Server 2003 Enterprise Edition"
```

Então, poderá aplicar esse filtro no objeto Group Policy criado para a estratégia de controle.

Outro exemplo é quando você precisa aplicar uma estratégia em um conjunto específico de sistemas de computador. Se tiver uma série de sistemas de computador que não têm a capacidade de manter estratégias específicas, poderá criar um filtro WMI que as identifica e nega a aplicação da estratégia para esse grupo de máquinas. Por exemplo, se as máquinas forem Toshiba Satellite Pros, tal filtro incluiria as seguintes instruções:

```
Root\CimV2; Select * from Win32_ComputerSystem where manufacturer =
"Toshiba" and Model = "Satellite Pro 4200" OR Model = "Satellite Pro 4100"
```

Os filtros WMI podem também ser gravados em arquivos especiais, tornando-os mais fáceis de gerenciar. Os filtros WMI são basicamente arquivos de texto que têm uma estrutura especial e usam a extensão de arquivo .mof.

A aplicação dos filtros WMI é feita de modo muito parecido com os filtros de segurança. Em Active Directory Users and Computers, clique com o botão direito do mouse no contêiner no qual o GPO será aplicado e selecione Properties. Vá para a aba Group Policy, selecione o GPO que deseja filtrar e clique o botão Properties. Vá para a aba WMI Filter (Filtro WMI) e clique o botão This Filter (Este Filtro). Digite o nome do filtro se ele já tiver sido preparado ou se precisar localizá-lo ou criá-lo, clique em Browse/Manage (Navegar/Gerenciar).

Uma segunda caixa de diálogo aparecerá. Se o filtro já tiver sido importado para o diretório, ele já estará listado. Simplesmente selecione o filtro requerido e clique em OK para fechar a caixa de diálogo. Se precisar criar um novo filtro ou importar um existente, clique em Advanced (Avançado). A parte inferior da caixa de diálogo será aberta. Nela, você poderá clicar em New (Novo) para criar um novo filtro, nomeá-lo, anexar uma descrição do filtro, digitar as instruções do filtro e gravá-lo ou poderá importar um filtro existente. Se criar um novo filtro, será uma boa idéia exportá-lo e gravá-lo em uma pasta de gerenciamento com todos os outros arquivos de instrução .mof. Clique em OK quando tiver terminado. Você voltará para a aba WMI Filter. Clique em OK quando terminar.

Capítulo 5: Como construir a infra-estrutura da unidade organizacional do PC ▶ **207**

> ⚠ **Cuidado** – *Tenha cuidado com o modo como usa a filtragem da estratégia WMI e tenha um cuidado em especial quando apagar os filtros WMI. Apagar um filtro não irá desassociá-lo de todos os GPOs para os quais ele foi atribuído. Você terá que desassociar o filtro de cada uma das estratégias às quais ele foi aplicado. Do contrário, as estratégias não serão processadas uma vez que o filtro não existe, mas é uma condição para a aplicação.*

Documente totalmente todos os GPOs e todas as suas propriedades todas as vezes.

Otimização da conexão rápida

Como mencionado anteriormente, o Windows XP fornece a Fast Logon Optimization (Otimização da Conexão Rápida) para agilizar o processo de abrir uma sessão do usuário em um PC da empresa. A Fast Logon Optimization refere-se a um recurso no XP que suporta a aplicação assíncrona de algumas definições da estratégia. Essas definições estão relacionadas com as três categorias específicas da estratégia:

- Instalação do software
- Redireção da pasta
- Percurso dos perfis do usuário

Todas as outras definições da estratégia são aplicadas de modo síncrono. Lembre-se também de que os GPOs serão aplicados apenas se tiverem mudado, a menos que especificado ao contrário em suas definições da aplicação Group Policy. Isso também agiliza o processo de conexão.

Instalação do software

Como é impossível instalar ou desinstalar o software de uma maneira assíncrona porque o usuário pode estar usando a aplicação quando a desinstalação começa, levará até duas conexões antes do software que é enviado através do diretório seja instalado nas máquinas XP usando a Fast Logon Optimization. Na primeira vez em que o usuário se conectar, a máquina identificará que um pacote do software está pronto para o envio. Então definirá uma flag (sinalização) para a instalação do software na próxima conexão. Isso significa que, quando o usuário se conectar uma segunda vez, os GPOs serão aplicados de uma maneira síncrona para permitir que a instalação do software prossiga. Assim que o produto do software for instalado, os GPOs serão redefinidos para a aplicação assíncrona.

Redireção da pasta

A redireção da pasta refere-se à redireção das pastas do usuário como My Documents (Meus Documentos), My Pictures (Minhas Imagens), Application Data (Dados da Aplicação), menu Start e Desktop (Área de Trabalho) para as pastas compartilhadas da rede. Isso substitui as antigas definições Home Directory (Diretório Pessoal) encontradas no Windows NT. A redireção da pasta suporta dois modos: Basic (Básico) e Advanced. A redireção básica envia as pastas de todos para o mesmo local e cria subpastas especiais para cada usuário. A avançada permite que você defina os caminhos de redireção da pasta para grupos específicos de segurança.

É óbvio que, se você redirecionar a pasta My Documents de um usuário, não poderá fazer isso enquanto to ele estiver usando-a. Assim, se usar a redireção da pasta avançada, poderá ocupar até três conexões antes de a estratégia ser aplicada porque a redireção avançada é baseada na filtragem da estratégia. A primeira conexão é requerida para atualizar os membros do grupo de segurança do usuário. A segunda detecta a alteração na estratégia e define a flag para a aplicação GPO síncrona na próxima conexão. A terceira aplica a alteração e redefine o modo de processamento GPO para assíncrono.

Percurso dos perfis do usuário

A Fast Logon Optimization agiliza o processo de conexão armazenando em cache todas as conexões do usuário. Isso significa que, se você fizer uma alteração nas propriedades de um usuário como mudar seu perfil de local para percurso, ela não será aplicada até depois de duas conexões. A primeira é requerida para atualizar o objeto do usuário armazenado em cache e a segunda é requerida para aplicar a alteração. Se um usuário tiver um perfil de percurso, a Fast Logon Optimization será desativada automaticamente para ele.

Como desativar a Fast Logon Optimization

Alguns administradores podem decidir desativar a Fast Logon Optimization (FLO) porque eles estão preocupados que os GPOs não sejam aplicados devidamente ou que possam levar algumas conexões para que as definições GPO específicas sejam aplicadas. *Não é recomendado desativar esse recurso.* Desativar esse recurso fará com que todas as conexões levem mais tempo em todas as máquinas XP quando, na verdade, apenas dois ou três aspectos da Group Policy são afetados por ele. Siga estas recomendações da FLO:

- Se você não usar as instalações do software permitidas para o diretório, não desative a FLO.
- Se pretende redirecionar as pastas, faça com que seus usuários executem uma conexão tripla antes de começar a trabalhar com seus sistemas. Isso pode ser incluído em seu programa de treinamento ou em sua folha de atividades da migração.
- Se usar perfis de percurso, a FLO será desativada automaticamente.

Como pode ver, há pouca justificativa para mudar o comportamento default do Windows XP.

Construção da estratégia

O processo de aplicação da estratégia descreve uma divisão clara entre as definições do computador e do usuário. É por projeto. As estratégias também são divididas em duas partes: configuração do computador e configuração do usuário. Como ambas as partes são projetadas para endereçar as definições específicas para uma máquina ou um usuário, você pode e deve desativar as partes não usadas dos GPOs. Poderá abrir as propriedades do GPO e desativar a parte do computador ou do usuário. Desativar as definições do computador e do usuário terá o efeito de desativar o GPO inteiro.

Como as estratégias têm uma separação natural entre as configurações do usuário e do computador, você poderá usá-las para definir como irá gerenciar ambos os tipos de objetos. Porém, há certas definições GPO que são aplicadas no nível do domínio e que não podem ser anuladas pelos GPOs de nível inferior como os encontrados nas unidades organizacionais. As estratégias que podem ser definidas apenas no nível do domínio concentram-se nas *Estratégias da Conta* e incluem:

- **Estratégia da senha**   Incluindo definições como o histórico da senha, idades máxima e mínima da senha, comprimento mínimo da senha e as exigências da complexidade da senha assim como a criptografia reversível para as senhas.
- **Estratégia de bloqueio da conta**   Incluindo a duração do bloqueio, o início do bloqueio (o número de tentativas de conexão falhas antes de bloquear) e o temporizador de redefinição do bloqueio.

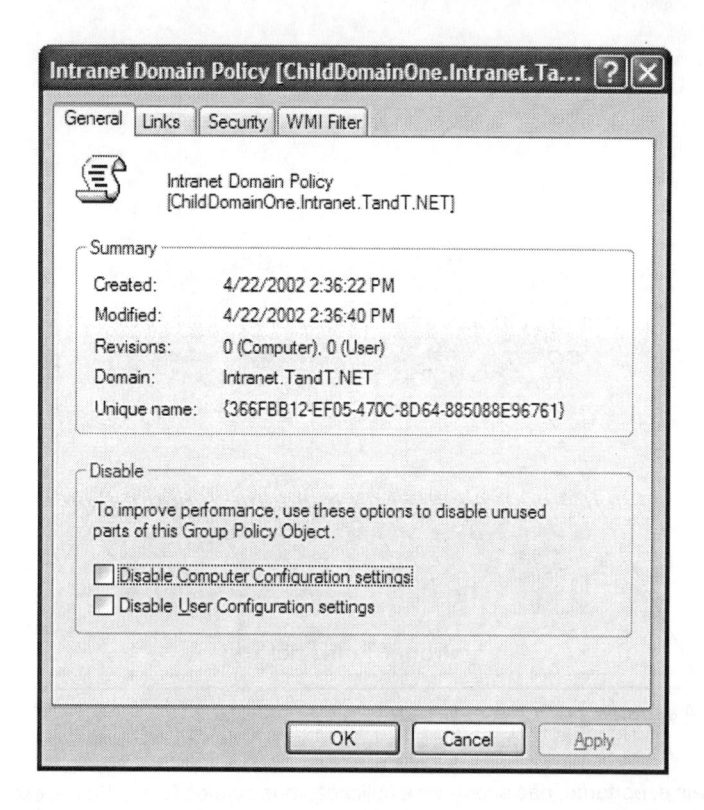

[Captura de tela: Intranet Domain Policy [ChildDomainOne.Intranet.Ta... — General / Links / Security / WMI Filter. Intranet Domain Policy [ChildDomainOne.Intranet.TandT.NET]. Summary: Created: 4/22/2002 2:36:22 PM; Modified: 4/22/2002 2:36:40 PM; Revisions: 0 (Computer), 0 (User); Domain: Intranet.TandT.NET; Unique name: {366FBB12-EF05-470C-8D64-885088E96761}. Disable: To improve performance, use these options to disable unused parts of this Group Policy Object. ☐ Disable Computer Configuration settings; ☐ Disable User Configuration settings. OK / Cancel / Apply.]

- **Estratégia Kerberos** Incluindo aplicar as restrições de conexão do usuário como o bloqueio da conta, a duração máxima para o serviço e bilhetes do usuário, duração máxima para a renovação do bilhete do usuário e a tolerância máxima para a sincronização do clock do computador. A autenticação Kerberos funciona através do envio de bilhetes de acesso para os serviços e usuários. Esses bilhetes são baseados na hora, portanto a sincronização do clock é importante em um domínio.

Há outras estratégias que você pode decidir definir no nível do domínio para assegurar que serão aplicadas globalmente, mas as três mencionadas acima podem ser definidas apenas no nível do domínio. É impossível ter diversas versões dessas estratégias no mesmo domínio. As definições que você deve usar para sua Estratégia do domínio default são descritas no Capítulo 8.

Como construir uma estratégia GPO

Você pode ver que a estrutura de gerenciamento da estratégia que deseja aplicar em seu domínio de produção afetará o modo como constrói sua estrutura OU. Mesmo que possa desativar as definições do computador ou do usuário em um GPO, ainda desejará que um objeto usuário leia os GPOs relacionados com o computador enquanto se conecta para agilizar o processo de conexão e da aplicação GPO. É uma razão para a estratégia OU descrita no Capítulo 3.

Os GPOs relacionados com o computador serão aplicados nos PCs e nas Services OUs assim como na OU default Domain Controllers, e os GPOs relacionados com o usuário serão aplicados na People OU. (Lembre-se: os contêineres defaults User and Computer no AD não são unidades

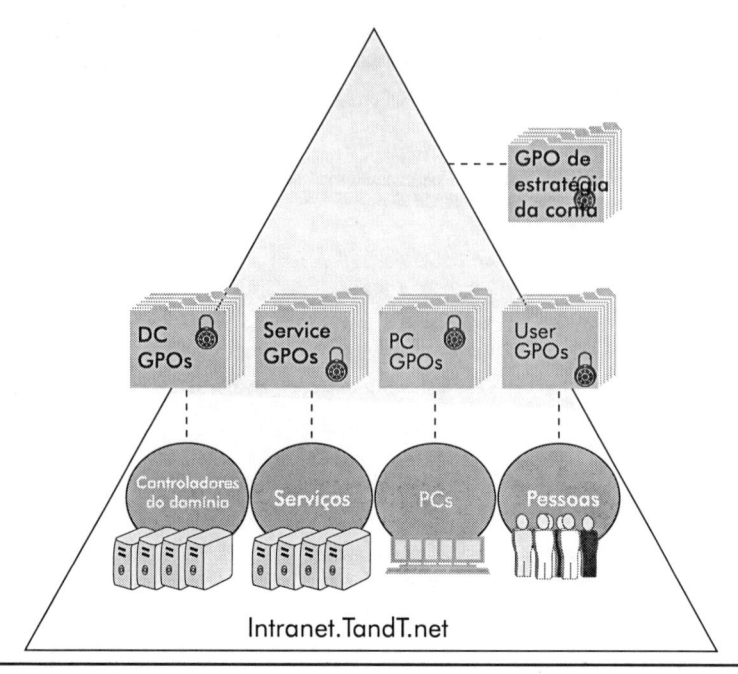

Figura 5-3 – *A estratégia GPO da empresa.*

organizacionais e, portanto, não suportam a aplicação dos objetos Group Policy, exceto como objetos no domínio.) E mais, sua estratégia GPO deve incluir GPOs no nível do domínio e do site. Certamente você usará os GPOs no nível do domínio, mas os GPOs no nível do site são mais incomuns. Eles são úteis em algumas circunstâncias uma vez que um site pode manter mais de um domínio. Se você quiser um conjunto default de parâmetros para aplicar nos objetos em um site mesmo que eles sejam de domínios diferentes, poderá criar um GPO no nível do site para aplicar os padrões. A estratégia de escopo do GPO é mostrada na Figura 5-3.

Aplicação do GPO e velocidade do processamento

Tenha cuidado com o modo como você constrói sua estratégia GPO. Muitas organizações escolhem criar projetos OU regionais. Nesses projetos, cada região é criada como uma OU de alto nível. Então dentro de cada região, duas OUs são criadas, uma para os PCs e outra para People. O problema com essa estratégia é que, quando você precisa aplicar um GPO em todos os PCs, tem de usar uma das três estratégias:

- Crie o primeiro GPO e ligue-o a cada OU dos PCs.
- Crie um GPO separado para cada OU dos PCs.
- Crie um GPO Global PC, atribua-o ao domínio e filtre-o com um grupo de segurança especial do PC.

Estas estratégias são mostradas na Figura 5-4.

A última opção, aplicar o GPO no nível do domínio com a filtragem é de longe a mais fácil de implementar nesta situação e, especialmente, de gerenciar depois. Mas traz problemas uma vez que a atribuindo ao nível do domínio, todo PC, servidor, DC e usuário tentará ler o GPO, mesmo que seja apenas para descobrir que segundo a lista de controle do acesso para o GPO, eles têm os direitos negados. Se seu domínio incluir vários GPOs que cada objeto tem que revisar, terá impacto na velocidade do processamento do GPO em seus sistemas.

> **Nota** – *Criando OUs do tipo de objeto no nível superior, você pode assegurar que seus GPOs serão aplicados e lidos apenas pelo tipo de objeto para o qual são projetados. Assim, os GPOs do PC são lidos apenas pelos PCs, os GPOs do usuário pelos objetos de usuário, os GPOs do DC pelos DCs e os GPOs do servidor pelos servidores. O único GPO lido por todos é o GPO da conta que é definido no nível do domínio. Isso facilita o processo de gerenciamento e administração do GPO e também agiliza o processo de aplicação do GPO na inicialização do computador ou na conexão do usuário.*

Como criar um projeto OU para as finalidades de gerenciamento do PC

Como o gerenciamento do usuário e do computador não se concentra nas mesmas atividades, eles são tratados em capítulos diferentes. O gerenciamento do PC é descrito aqui. O gerenciamento do usuário será descrito no Capítulo 6. O gerenciamento do servidor é descrito no Capítulo 7 e o gerenciamento do controlador do domínio no Capítulo 8 uma vez que são considerados parte da estratégia de segurança da empresa. O gerenciamento do PC inclui a configuração dos GPOs para estes diferentes tipos de máquinas:

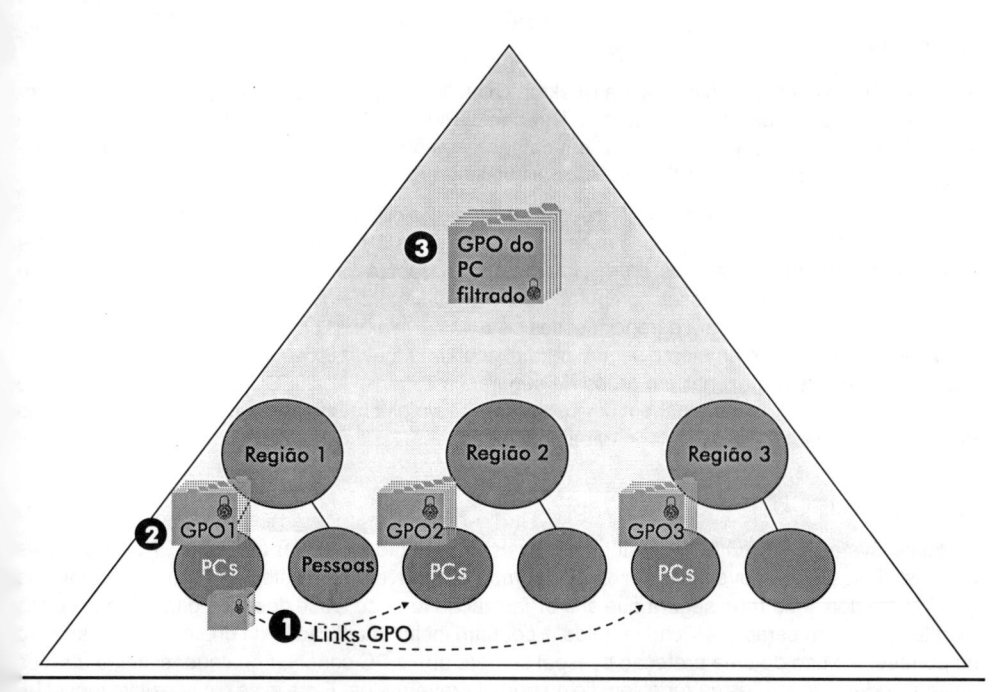

Figura 5-4 – *Um projeto OU regional.*

- PCs de mesa
- Dispositivos móveis (inclui computadores portáveis e dispositivos de mão)
- PCs externos

O projeto OU usado para esses tipos de máquinas dependerá de muitos fatores – o tamanho da organização, os números de PCs a gerenciar, a diferenciação entre seus PCs e, especialmente, sua estratégia administrativa (centralizada ou descentralizada).

Administração centralizada do PC

O projeto PCs OU no Capítulo 3 é um exemplo de estratégia da administração do PC centralizada. Na situação de exemplo, a T&T Corporation tem uma administração do usuário descentralizada, mas uma Estratégia de gerenciamento do PC centralizada. Se este for o caso em sua organização, simplificará muito sua estratégia OU para os PCs.

Três níveis de OUs foram utilizados nessa situação. Cada um é usado para separar mais o tipo de objeto do PC. O nível um é usado para reagrupar todos os PCs. É onde os GPOs Global PC são aplicados. O nível dois começa com a separação do objeto. Se um GPO Global for requerido para todos os computadores de mesa ou portáveis ou mesmo todos os PCs externos, será aplicado neste nível. Finalmente, o nível três é usado para aplicar os GPOs em tipos específicos de PCs em cada agrupamento. Por exemplo, os PCs de mesa, cujos usuários elevaram os direitos locais, ainda irão requerer algum gerenciamento, mas um gerenciamento mais leve que os PCs cujos usuários são mais genéricos. Assim, você poderá requerer um GPO especial para esse grupo de usuários. Nenhum GPO especial é requerido para os usuários genéricos porque eles devem ser tratados pelos GPOs gerais definidos no nível um e dois.

Desktop OU

A separação aplicada no nível-filho da Desktop OU (OU de Mesa) poderia ter sido executada diretamente na própria Desktop OU usando a filtragem GPO, mas criar um nível-filho também fornecerá a vantagem de ser capaz de colocar em categoria os objetos. Assim, como administrador, você será capaz de encontrar cada tipo de PC mais facilmente.

E mais, a Desktop OU inclui uma OU especial para os PCs públicos. Esses sistemas são colocados em zonas públicas e dão às pessoas acesso à sua rede. Assim, você precisará assegurar que eles sejam sempre altamente seguros. É um lugar ideal para usar o recurso Loopback para assegurar que não importa quem conecte esses computadores, o GPO seguro, aplicado nesses PCs, estará sempre em vigor. E mais, precisará gerenciar esses sistemas. Em alguns casos específicos, precisará ser capaz de desbloquear o ambiente seguro para executar as atualizações e as correções do sistema. Para tanto, poderá armazenar um grupo de segurança especial nessa OU e aplicar a negação do GPO nesse grupo. Para trabalhar em um sistema, você simplesmente precisará adicionar a conta do PC ao grupo de negação, executar o trabalho e então remover a conta do PC do grupo.

Mobile Systems OU

A Mobile Systems OU (OU dos Sistemas Móveis) é projetada a ajudar a aplicar GPOs especiais para os dispositivos móveis. Por exemplo, como os portáveis são sistemas de computador que geralmente deixam a rede segura que sua organização fornece, você desejará garantir que certas estratégias sejam sempre aplicadas neles. Poderiam incluir a aplicação da criptografia do arquivo no portável e o uso de uma proteção pessoal sempre que o PC conectar qualquer sistema através de seu modem, conexões da rede sem fio ou porta infravermelha. E mais, se o dispositivo móvel fo sem fio, ele irá requerer a aplicação de um certificado Public Key Infrastructure (PCI) para a autenticação assim como uma conexão da rede privada virtual para assegurar o link sem fio. Essas estratégias são aplicadas diretamente na Mobile Systems OU.

Há um segundo nível de separação para os dispositivos móveis: usuários comuns e usuários com direitos elevados. Os mesmos tipos de estratégias aplicadas nessas OUs filhas na Desktop OU são aplicados aqui. Isso pode ser feito usando um objeto GPO separado ou através do link dos devidos Desktop GPOs com essas OUs.

External OU

A External OU é criada para assegurar que os PCs externos sejam sempre reagrupados. As estratégias que se aplicam especificamente a todos os PCs externos são aplicadas no nível superior dessa OU. Mais uma vez, um nível-filho é incluído para ajudar a colocar em categoria os sistemas que são gerenciados *versus* os sistemas que não são gerenciados. Se os sistemas não gerenciados forem completamente assim, você poderá definir a Unmanaged OU (OU Não gerenciada) para bloquear a herança da estratégia. Se não, poderá filtrar as estratégias nessa OU.

Os sistemas externos gerenciados geralmente não são muito parecidos com seus próprios sistemas gerenciados. É muito difícil assegurar que os sistemas de consultoria sejam exatamente iguais ao seu próprio. As firmas de consultoria geralmente tendem a comprar sistemas clone que são mais baratos que os sistemas da empresa e que não suportam totalmente seu ambiente com sistemas gerenciados. Algumas definições aplicadas em seus próprios sistemas serão diferentes das definições que precisará aplicar nesse grupo de máquinas heterogêneas (especialmente se tiver mais de uma firma de consultoria no site).

Os sistemas gerenciados tendem a ser, em grande parte, de mesa, ao passo que os sistemas não gerenciados são em geral portáveis. É porque os consultores que usam os sistemas gerenciados são em geral programadores e os programadores preferem ter computadores de mesa porque, pelo mesmo preço, você pode ter muito mais velocidade e capacidade no sistema. Assim, terá uma separação natural entre os de mesa e os portáveis na estrutura External OU. A Tabela 5-1 descreve o uso de cada uma das OUs nessa estratégia administrativa do PC.

Os resultados desta tabela são representados graficamente na Figura 5-5.

Tabela 5-1 – Uma Estrutura OU de Administração do PC Centralizada				
OU	Nível	Objetivo	GPO	Notas
PCs	Um	Agrupamento de todos os PCs na organização	GPO Global	Aplica-se a todos PC os PCs
Desktops	Dois	Agrupamento de todos os computadores de mesa na organização	GPO Global Desktop	Inclui as diferenças do GPO Global PC apenas
Direitos elevados	Três	Agrupamento dos computadores de mesa cujos usuários têm direitos locais elevados		Filtragem da estratégia para permitir direitos locais elevados
Usuários genéricos	Três	Agrupamento dos computadores de mesa com direitos do usuário comuns		Categoria apenas

Tabela 5-1 – Uma Estrutura OU de Administração do PC Centralizada (continuação)

OU	Nível	Objetivo	GPO	Notas
Pública	Três	Agrupamento de PCs de alto risco especiais	GPO público especial	Loopback ativado Grupo de exclusão especial para reparos (leitura negada para o GPO público)
Sistemas móveis	Dois	Agrupamento de todos os dispositivos móveis na organização	GPO Global Mobile	Inclui as diferenças do GPO Global PC apenas
Direitos elevados	Três	Agrupamento dos dispositivos móveis cujos usuários têm direitos locais elevados		A filtragem da estratégia para permitir direitos elevados locais
Usuários genéricos	Três	Agrupamento dos computadores de mesa com direitos do usuário comuns		Categoria apenas
External	Dois	Agrupamento de todos os PCs externos na organização External	GPO Global	Inclui as diferenças do GPO Global PC apenas
Gerenciada	Três	Agrupamento de todos os PCs externos gerenciados na organização		Categoria apenas
Não gerenciada	Três	Agrupamento de todos os PCs externos não gerenciados na organização		Bloqueia herança da estratégia

> **Cuidado** – Você pode não querer bloquear a herança da estratégia na External OU não gerenciada. Terá que negociar com os consultores para definir sua própria estratégia da empresa para os PCs de consultoria não gerenciados.

Conteúdo da estratégia do computador

Como mencionado acima, os objetos Group Policy são compostos por duas categorias de definições: as configurações Computer e User. Como os GPOs que você estará projetando para a estrutura PCs OU são relacionados com os computadores, a primeira coisa que deverá fazer ao criar um GPO para a estrutura dessa unidade organizacional é desativar a parte User Configuration (Configuração do Usuário) do GPO.

Agora que seu GPO está estruturado apenas para os computadores, poderá começar a examinar as definições que podem gerenciar com esse GPO. A seção Computer Configuration é dividida em várias subcategorias. A Tabela 5-2 lista essas categorias e sua possível aplicação.

> **Nota** – As chaves e os arquivos do registro e os direitos de acesso da pasta não devem ser definidos com Group Policy. Eles devem ser definidos usando o comando Secedit junto com Security Templates. Mais sobre isso será analisado no Capítulo 8.

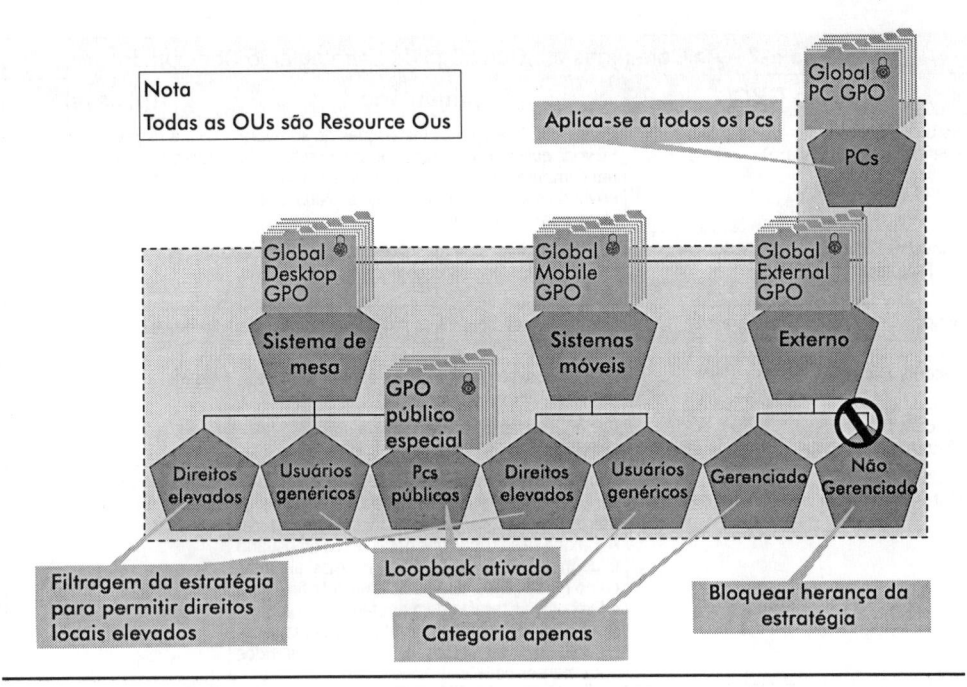

Capítulo 5: Como construir a infra-estrutura da unidade organizacional do PC ▶ **215**

Figura 5-5 – *A aplicação do GPO em uma estrutura PCs OU gerenciada de modo central.*

Você deve documentar todos os GPOs criados. Deve também usar uma estratégia de nomenclatura padrão para todos os GPOs e garantir que manterá um registro GPO completo.

> **Dica rápida** – *Uma planilha da documentação GPO está disponível em http:// www.Reso-Net.com/ WindowsServer/. Você poderá usá-la para documentar os GPOs.*

Administração descentralizada do PC

A estrutura OU definida anteriormente será útil se todas as operações do PC forem centralizadas mesmo que sua organização inclua escritórios regionais. Mas se seus escritórios regionais incluírem um grande número de sistemas de computador, provavelmente você achará que precisará permitir que técnicos regionais executem algum grau de operações nos PCs regionais. Se este for o caso, terá que construir uma estrutura OU que suportará a *delegação da administração*. Para tanto, terá que criar contêineres geográficos para todos os PCs.

Novamente, continua sendo útil separar seu tipo de objeto no primeiro nível da OU. A diferença fica na estrutura OU do segundo nível. Aqui, você precisará criar uma estrutura geográfica para armazenar os PCs. Como muito provavelmente ainda terá PCs externos nessa estrutura, precisará criar uma External OU também. A maioria das organizações que contratam consultores fará isso em escritórios centrais ou grandes. Isso significa que sua External OU não precisará necessariamente ser dividida em regiões. Porém, seus computadores de mesa e móveis irão requerer uma distribuição regional.

Tabela 5-2 – As Categorias e o Conteúdo da Estratégia do Computador

Seção GPO	Comentário	Aplicável
Software Settings (Definições do Software)	Esta seção lida com as instalações do software. Se você quiser atribuir um produto de software a um computador em vez de um usuário usando o envio do software Windows Server 2003, definirá os parâmetros aqui.	Veja a estratégia de gerenciamento abaixo
Windows Settings (Definições Windows)	Esta seção lida com as definições Windows gerais e inclui elementos como scripts e Security Settings.	Alguns
Scripts	Controla o acesso para os scripts de inicialização e de finalização.	Se requerido
Security Settings	Inclui as estratégias da conta, estratégias locais, registros de eventos e mais.	Alguns
Account Policy (Estratégia da conta)	Controla todas as estratégias da conta. Definida no nível do domínio.	N/A
Local Policy (Estratégia Local)	Específica para cada computador ou domínio. Inclui a estratégia da auditoria, as atribuições dos direitos do usuário, as opções de segurança. A maioria das atribuições dos direitos do usuário é definida no nível do domínio, mas algumas como Modificar os valores do ambiente firmware e Executar as tarefas de manutenção do volume devem ser atribuídas no nível do PC para permitir aos grupos técnicos os direitos requeridos para manter os PCs.	Estratégia da auditoria e direitos do usuário
Event Log (Registro de eventos)	Controla o tamanho de cada registro de eventos.	Sim
Restricted Groups (Grupos Restritos)	Controla quem pertence aos grupos de alta segurança como os Domain Administrators. Definidos no nível do domínio para os grupos administrativos de alto nível (Domain and Enterprise Administrators). Definidos no nível do PC para os administradores locais como os grupos técnicos.	Parcialmente
System Services (Serviços do sistema)	Determina como certos serviços se comportarão em um computador.	Sim
Registry (Registro)	Permite que você defina os direitos de acesso para grandes quantidades de registro.	Não
File System (Sistema de arquivos)	Permite que você defina os direitos de acesso para os arquivos e pastas.	Não
Wireless Network (Rede sem Fio)	Permite que você defina estratégias para as conexões de rede sem fio.	Para dispositivos móveis
Public Key Policies (Estratégia da Chave Pública)	Controla as definições PKI, inclusive o Encrypting File System.	Para dispositivos móveis
Software Restriction Policies (Estratégias de Restrição do Software)	Permite determinar quais aplicações têm permissão de serem executadas em sua rede.	No nível do domínio
IP Security Policy (Estratégia de Segurança IP)	Permite definir o comportamento IP ao usar o IP Sec.	Para dispositivos móveis
Administrative Templates	Os Administrative Templates são componentes GPO de script que podem ser usados para controlar uma grande variedade de definições como os componentes Windows, o sistema, a rede e as impressoras.	Sim

Tabela 5-2 – As Categorias e o Conteúdo da Estratégia do Computador (continuação)

Seção GPO	Comentário	Aplicável
Windows Components (Componentes Windows)	Controla definições como NetMeeting (para o computador de mesa remoto), Internet Explorer, Task Scheduler, Terminal Services, Windows Installer, Windows Messenger e Windows Update. Diversas definições são usadas aqui. Os Terminal Services determinam como a sessão TS é estabelecida entre os sistemas locais e remotos. O Windows Update em particular permite atribuir um local do servidor interno para a coleção de atualização.	Sim
System	Controla as definições de todo o sistema como os User Profiles, Scripts, Logon, Disk Quotas, Net Logon, Group Policy (Loopback, por exemplo), Remote Assistance, System, Restore, Error Reporting, Windows File Protection, Remote Procedure Call e Windows Time Service. Esta seção controla o comportamento de cada recurso listado. A seção Scripts, por exemplo, determina o comportamento dos scripts, não seus nomes. Remote Assistance deve ser definido para facilitar as tarefas Help Desk, especialmente a definição Offer Remote Assistance. O Error Reporting deve ser definido para aplicações críticas. Permitirá que essas aplicações enviem qualquer relatório de erro para um compartilhamento da empresa sem informar os usuários. Também controla o sinal do driver de dispositivo. Deve ser ativado para todos os PCs preparados.	Sim
Network (Rede)	Controla as definições relacionadas com a rede como DNS Client, Offline Files, Network Connections, QoS Packet Scheduler, SNMP, e protocolo BITS. As definições Offline Files devem ser definidas para que os usuários não possam configurá-las por si mesmos. As conexões da rede devem ser definidas para que as conexões sem fio devam usar a autenticação da máquina. O SNMP não é normalmente configurado para os PCs.	Sim
Printers (Impressoras)	Controla principalmente como as impressoras são usadas com o Active Directory.	No nível do domínio

Mesmo que você crie unidades regionais, ainda irá requerer alguma forma de separação para os dois tipos de máquinas. Como sabe que criar uma estrutura regional seguida de OUs filhas Desktop e Mobile apenas complicará a aplicação dos GPOs requerendo GPOs individuais para cada contêiner ou tendo que ligar os GPOs de um contêiner a outro, precisará usar uma estratégia diferente. Neste caso, a melhor estratégia é usar a filtragem Group Policy.

Crie dois níveis OU principais, os PCs e então as OUs filhas Regional. Então crie os grupos Global Security para cada tipo de PC: de mesa e móvel. Aplique todos os objetos Group Policy na PCs OU e filtre-os usando seus grupos de segurança. Assim, todos os objetos PC receberão os GPOs, até os PCs localizados nas OUs filhas regionais. Como a filtragem GPO está ativada, as estratégias que se aplicam aos sistemas de mesa se aplicarão apenas nos sistemas de mesa e as estratégias que se aplicam aos computadores móveis se aplicarão apenas aos computadores móveis.

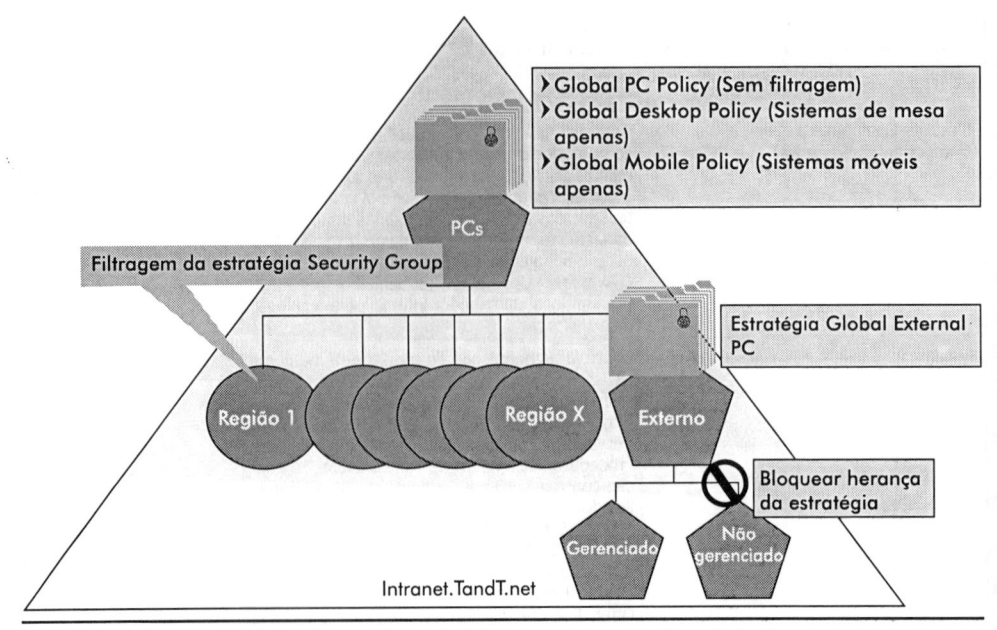

Figura 5-6 – *Uma estratégia OU dos PCs descentralizada.*

Na maioria dos casos, a PCs OU conterá as seguintes estratégias:

- **Estratégia Global PC**   Aplicável em todos os PCs; sem filtragem aplicada.
- **Estratégia Global Desktop**   Filtrada com o grupo Global Security do sistema de mesa.
- **Estratégia Global Mobile**   Filtrada com o grupo Global Security móvel.
- **Estratégia Global Kiosk**   Filtrada com um grupo Global Security público.

Esta estrutura da estratégia é um pouco mais difícil de gerenciar do que a estrutura de gerenciamento do PC centralizada, uma vez que tem que ser gerenciada através de membros do grupo, mas permite construir uma estratégia que mantém um controle central assim como permite a delegação para técnicos regionais. A Figura 5-6 mostra a estratégia PCs OU descentralizada.

Como construir a delegação

A estratégia OU descentralizada resume a necessidade da delegação da administração. Neste caso, significa que os técnicos regionais têm que ter a permissão de executar atividades específicas relacionadas com o PC e o gerenciamento e administração do usuário no diretório. Essas atividades podem variar de redefinir as senhas do usuário até tarefas administrativas muito mais completas. Os usuários do Windows NT não estarão muito familiarizados com o conceito da delegação pois, nesse sistema operacional, para delegar a autoridade, você tinha de fornecer a alguém os direitos de administração do domínio. Havia, claro, produtos de terceiros que permitiam alguma forma de delegação com o Windows NT, mas eles eram caros e levavam tempo para implementar.

Este não é o caso no Windows Server 2003. Na verdade, como o Windows 2000, o conceito da delegação está incorporado ao sistema operacional. O Active Directory oferece os direitos e as permissões da delegação por default. É porque cada objeto no diretório pode manter as propriedades da

Capítulo 5: Como construir a infra-estrutura da unidade organizacional do PC ► **219**

segurança. Assim, você pode atribuir os direitos do usuário a qualquer objeto: usuários, computador, site, domínio, unidades organizacionais etc. A delegação é inerente a um projeto Active Directory. Em termos de objetos Group Policy, você pode delegar a administração, criação, ligação, modificação e muito mais. Aprenderá logo a ter cuidado com o que delega em termos de GPOs, porque quanto mais delegar, mais complexa será sua administração GPO. Por exemplo, se toda a criação e administração GPO for centralizada, nunca haverá nenhuma exigência para a opção No Override ser aplicada em um GPO uma vez que você está no controle de tudo e ninguém mais tentará bloquear a aplicação de um GPO para substituí-lo por outro. Se você delegar os direitos GPO, então desejará definitivamente usar a opção No Override uma vez que desejará garantir que as definições Global GPO serão sempre aplicadas.

Delegação no Active Directory

A delegação no Active Directory é feita usando um assistente. A ferramenta que você usará para executar a delegação depende do objeto que deseja delegar. Se for um site, precisará usar o console AD Sites and Services. Se for um domínio ou uma OU, usará o console AD Users and Computers. A delegação é simples: clique com o botão direito do mouse no objeto que deseja delegar a escolha Delegate Control (Delegar Controle) para inicializar o Delegation Wizard (Assistente de Delegação).

O WS03 inclui uma série de tarefas atribuídas previamente que você pode delegar. Elas incluem:

- Criar, apagar e gerenciar as contas do usuário
- Redefinir as senhas do usuário e aplicar a mudança da senha na próxima conexão
- Ler todas as informações do usuário
- Criar, apagar e gerenciar os grupos
- Modificar o membro de um grupo
- Gerenciar os links de Group Policy
- Gerar o conjunto resultante da estratégia (Planejamento)
- Gerar o conjunto resultante da estratégia (Registro)
- Criar, apagar e gerenciar as contas inetOrgPerson
- Redefinir as senhas inetOrgPerson e aplicar a mudança da senha na próxima conexão
- Ler as informações do usuário inetOrgPerson

Por outro lado, poderá decidir que deseja delegar uma operação específica que não está incluída na lista default. Para tanto, precisará escolher Create a custom task to delegate (Criar uma tarefa personalizada para delegar) na janela Tasks to delegate (Tarefas a delegar). Há mais de 60 objetos diferentes ou combinações de objetos que você pode escolher para delegar na janela Active Directory Objects to delegate (Objetos a delegar Active Directory). Poderá atribuir várias permissões aos objetos personalizados. Tudo desde o controle completo até ler ou gravar todos os objetos poderá ser atribuído no nível geral, específico da propriedade e/ou na criação/eliminação de objetos-filhos específicos.

🐞 **Dica rápida** – *O site Web TechNet da Microsoft (http://support.microsoft.com/default.aspx) lista vários artigos Q sobre o assunto. Alguns exemplos são: Q308404 para personalizar uma lista de tarefas, Q221577 para delegar autoridade para editar um GPO, Q320044 para exibir como fornecer bastante permissões para as pessoas que mantêm servidores remotos e Q315676 para delegar a autoridade administrativa.*

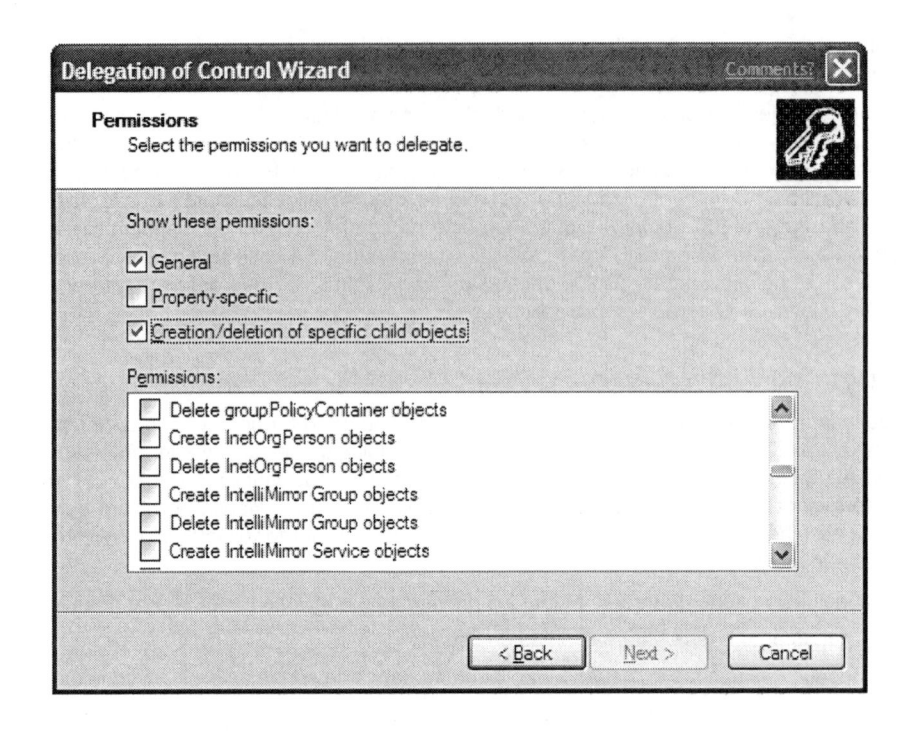

Delegação através do membro do grupo

E mais, alguns direitos de delegação globais podem ser atribuídos de uma maneira mais tradicional: através dos membros do grupo. Os grupos especiais como os Group Policy Creator Owners (Proprietários do Criador da Estratégia do Grupo), DnsAdmins (Administradores do Domínio), Print Operators (Operadores da Impressão), Server Operators (Operadores do Servidor) ou Backup Operators (Operadores de Backup) permitem a delegação de certas tarefas no nível do domínio simplesmente através de seus membros do grupo. Porém, você precisará de mais cuidado com esse tipo de delegação, uma vez que fornece direitos de delegação de todo o domínio. Pode ser mais autoridade do que você gostaria de conceder originalmente.

Como criar Microsoft Management Consoles personalizados

Um dos impactos da delegação no Active Directory é a necessidade de consoles personalizados para permitir acesso aos objetos delegados para os grupos que delegaram direitos e permissões. Isso significa que você pode criar uma versão personalizada de um Microsoft Management Console (MMC) contendo apenas os objetos que delegou acesso e distribuir esse console para os membros do grupo com os direitos de delegação.

1. Para criar consoles personalizados, você precisará iniciar o programa de console no modo de autoria. Para tanto, execute o seguinte comando (o parâmetro /a será requerido apenas se você não estiver conectado como um administrador):

   ```
   mmc /a
   ```

2. Isso inicializará um MMC vazio. Então, precisará adicionar o devido instantâneo ao console. Para tanto, vá para o menu File (Arquivo) e selecione Add/Remove Snap-in (Adicionar/

Remover Instantâneo). Na caixa de diálogo Snap-in, clique em Add. Selecione o instantâneo requerido, por exemplo, Active Directory Users and Computers. Muitos instantâneos incluem extensões. Você deverá exibir as extensões para ver se são requeridas para o grupo ao qual pretende delegar esse console. Se não, cancele a seleção de todas as extensões que não são requeridas.

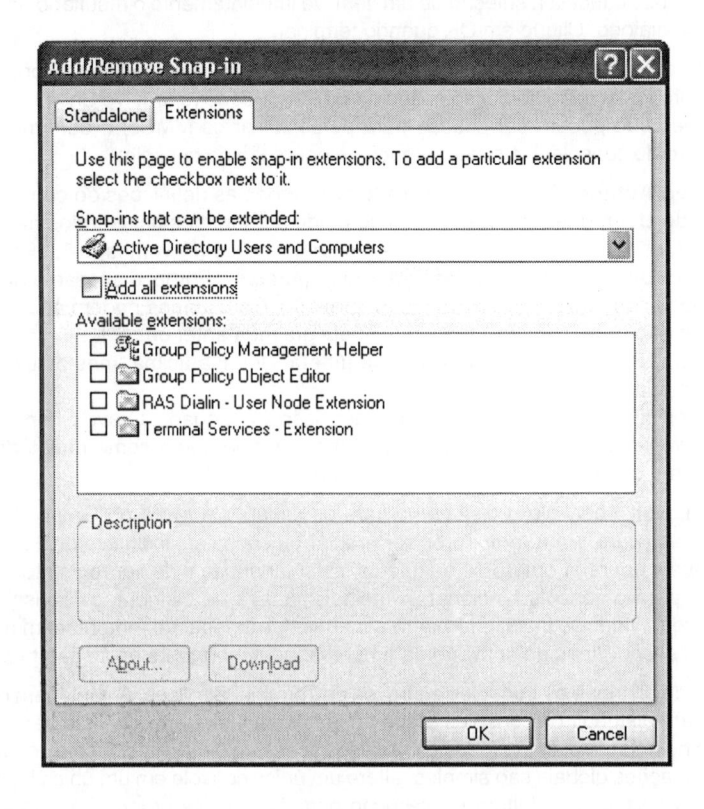

3. Clique em OK quando terminar. Grave seu console e forneça-lhe um nome apropriado.
4. Precisará criar uma exibição Taskpad (Bloco de Tarefas) para o console. Isso permitirá modificar o modo como as informações são apresentadas para os usuários do console. Para tanto, vá para o menu Action (Ação) para escolher New Taskpad View (Nova Exibição do Bloco de Tarefas).

   Isso inicializará o Taskpad Wizard (Assistente do Bloco de Tarefas), que permitirá escolher o modo de apresentação do console.
5. Continue com o assistente para selecionar o modo como deseja apresentar as informações.
6. Você precisará definir o foco desse console. Para tanto, selecione o objeto que deseja delegar, como uma unidade organizacional. Clique com o botão direito do mouse nesse objeto e selecione New Window From Here (Nova Janela A Partir Daqui). Isso criará uma nova janela que exibirá apenas as devidas informações para os usuários do console.

7. Precisará definir as opções de exibição dessa janela. Como os usuários do console não irão requerer a capacidade de criar consoles, você poderá remover vários itens, como a árvore do console, o menu padrão, a barra de ferramentas padrão etc. Para tanto, vá para o menu View e selecione Customize (Personalizar). Cancele a seleção de todos os itens que julgar não serem necessários para os usuários do console. Essa caixa de diálogo é dinâmica – quando você cancela a seleção de um item, vê imediatamente o resultado no console sob a caixa de diálogo. Clique em OK quando terminar.

8. Precisará personalizar o console. Vá para o menu File e selecione Options. Aqui, poderá digitar uma descrição do console, atribuir um novo ícone (o arquivo Shell32.dll contém vários ícones que podem ser usados para personalizar os MMCs) e determinar o modo de operação do console. Há quatro modos de operação do console:

- **Modo Author**   Fornece controle total de todas as definições do console.
- **Modo User, acesso total**   Igual ao modo author, mas os usuários não podem adicionar instantâneos, alterar opções e criar Favorites (Favoritos) e Taskpads.
- **Modo User, acesso limitado, diversas janelas**   Fornece acesso a apenas os itens selecionados quando o console foi gravado. Os usuários podem criar novas janelas, mas não podem fechar nenhuma janela gravada anteriormente.
- **Modo User, acesso limitado, uma janela**   Igual a acima, mas os usuários não podem criar novas janelas.

Para os consoles com uma finalidade, a última definição é adequada. Grave o console novamente quando terminar. Teste o console para assegurar-se de que opera como projetado. Para tanto, feche-o e reabra-o clicando duas vezes em seu ícone.

Você poderá gravar o console e distribuí-lo para os usuários através do Group Policy usando a distribuição do software. Para tanto, precisará reunir os consoles, inclusive qualquer instantâneo requerido para ele operar. Lembre-se de que os instantâneos têm de ser registrados no computador de destino para o console funcionar. A melhor maneira de distribuir os consoles é reuni-los como executáveis Windows Installer. Poderá usar uma ferramenta de remontagem para isso. Mais será tratado na seção "Itens do software da empresa" posteriormente neste capítulo.

Outra maneira de distribuir os consoles é através de Terminal Services. A vantagem de usar Terminal Services para distribuir os consoles é que apenas uma instalação do instantâneo é requerida, no servidor de host. E mais, como todos os usuários acessam o mesmo console no mesmo computador, as modificações globais são simples: altere um único console em um único lugar. Lembre-se de atribuir as permissões de leitura e execução para os devidos grupos à pasta do console no Terminal Server. Finalmente, a distribuição é simples, tudo que você precisará fazer é enviar o link para o ícone do console para os usuários que a requerem. Mais sobre os Terminal Services será tratado no Capítulo 7.

Os consoles personalizados são uma parte importante de uma estratégia de delegação do Windows Server 2003.

Como projetar uma estratégia de delegação

A estratégia de delegação requerida por você terá um impacto direto na estratégia de sua unidade organizacional. Esse projeto também terá de levar em conta a estratégia do objeto Group Policy descrito acima. Ao projetar a delegação, precisará levar diversos fatores em conta. Comece identificando as necessidades comerciais que influenciam a delegação. Muitas delas foram colocadas em inventário bem no início de seu projeto. Também precisará ter uma boa compreensão de sua estrutura organizacional IT. Terá de revisar como pode mudar suas práticas administrativas agora que tem acesso a uma tecnologia que suporte totalmente a delegação. Mais sobre isso será tratado no Capítulo 8.

Se decidir delegar, precisará formalizar o processo de delegação. Isso inclui uma série de atividades como:

- Identificar todos os funcionários delegados
- Identificar o papel de cada funcionário
- Identificar as responsabilidades de cada funcionário
- Identificar o nome do funcionário delegado de backup para cada funcionário
- Listar qualquer console especial que possa ter criado para cada nível de delegação
- Identificar especificamente todos os direitos e permissões que foram delegados
- Preparar e enviar um programa de treinamento da delegação para garantir que todos os funcionários delegados estejam completamente familiarizados com suas responsabilidades

Outro aspecto requerido é a identificação das propriedades do objeto e o acréscimo de gerenciadores de objeto nas propriedades de cada objeto no diretório. Isso permitirá usar o diretório para suportar a documentação de seu programa de delegação. A Figura 5-7 mostra a atribuição da propriedade do objeto.

> **Nota** – *A Figura 5-7 mostra um nome de usuário genérico. O Capítulo 3 descreveu que os nomes da conta genéricos não são permitidos no domínio Production e não devem ser. Um nome genérico é usado aqui para a finalidade de mostrar o tipo de usuário que você identificaria como o proprietário de uma OU.*

Finalmente, seu Plano de delegação muito provavelmente irá requerer a criação de uma nova posição em suas atividades administrativas: o gerente da delegação. Esse papel concentra todas as atividades da delegação em uma função centralizada. O gerente da delegação é responsável pela supervisão de toda a delegação e assegura que todas as informações relacionadas com a delegação sejam mantidas e atualizadas.

Gerenciamento do PC da empresa

A última parte da estratégia de construção de sua unidade organizacional para os PCs é a Estratégia de gerenciamento do PC da empresa que você pretende usar. O gerenciamento do PC em uma empresa lida com muitas atividades que incluem (mas não se limitam a) o inventário do hardware, o inventário do software, o controle remoto e a assistência remota, o gerenciamento do ciclo de vida do software e a medição de uso do software. Por default, o Windows Server 2003 oferece várias dessas capacidades. A assistência remota e o gerenciamento do ciclo de vida do software são recursos agora predefinidos no Windows XP e no Windows Server 2003. O gerenciamento do ciclo de vida do software apareceu pela primeira vez no Windows 2000.

Instalações do software com o WS03

O Windows Server 2003 inclui um conjunto de objetos Group Policy que podem ser usados para enviar o software para os usuários e computadores. Esses GPOs estão intimamente ligados ao serviço Windows Installer disponível para os PCs e os servidores. O Windows Installer é um serviço projetado para ajudar a controlar o ciclo de vida do software. Não significa apenas a instalação remota do software, porém mais especificamente significa as atualizações do software, patches, correções da manutenção e algo que não é mais freqüentemente negligenciado, a remoção do software. A Figura 5-8 exibe os diferentes aspectos do ciclo de vida do software que são gerenciados através do serviço Windows Installer.

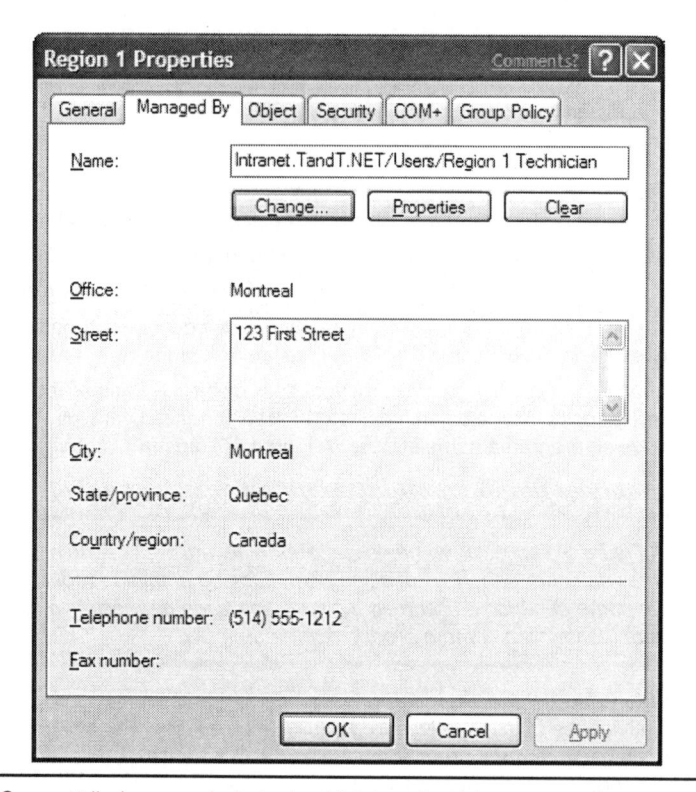

Figura 5-7 – *Como atribuir a propriedade do objeto no diretório.*

As instalações do software baseadas na estratégia geralmente funcionarão apenas com os arquivos de instalação suportados pelo Windows Installer. Esses arquivos têm extensões .msi. Um executável Windows Installer é na verdade um banco de dados de instalação que é copiado para o sistema de computador junto com o programa que ele instala. É uma razão para o Windows Installer suportar o software de autocuidado assim como a remoção completa do software. Assim que um programa for instalado em um sistema, o Windows Installer executará uma verificação da consistência do programa sempre que o programa do software for inicializado. Se houver inconsistências entre o estado real do programa e o conteúdo do banco de dados de instalação, o Windows Installer inicializará automaticamente uma fase de correção do software.

Durante essa fase de reparo, o Windows Installer conectará à fonte de instalação original do programa de software e reinstalará os componentes ausentes ou danificados. Isso significa que, se o autocuidado for funcionar, os arquivos-fonte da instalação terão de ser mantidos de modo permanente. É uma mudança significante das abordagens tradicionais que se concentravam na preparação do software e então na remoção dos arquivos-fonte da instalação assim que a preparação estava completa. As organizações que quiserem usar as capacidades de autocuidado do Windows Installer terão de manter depósitos permanentes da instalação do software.

E mais, o banco de dados de consistência do Windows Installer é usado para executar remoções completas do software de um sistema. Qualquer pessoa que teve qualquer experiência com a remoção do software nas versões do Windows anteriores ao Windows 2000 (ou sistemas mais antigos que têm o serviço Windows Installer instalado) saberá que, para esses sistemas, o conceito

Capítulo 5: Como construir a infra-estrutura da unidade organizacional do PC ▶ 225

Avaliação
- Recursos
- Tecnologia
- Visão do fabricante
- Estabilidade do fabricante
- Serviço e suporte
- Custo
- Recomendação

Planejamento e preparação
- Requisição (Solicitação de proposta?)
- Aquisição
- Entrega

Processo de compra

- Descoberta/melhores práticas
- Remontagem ou transformação
- Mesclar módulos/personalização
- Distribuição (IntelliMirror ou SMS)
- Escopo da implementação
- Instalação com privilégios mais altos
- Redireção do componente
- Recarregamento da instalação

Aposentadoria
- Obsoleto/substituição
- Remoção do software

Implementação

Windows Installer

Produção/Manutenção
- Autocuidado
- Pacotes de software/serviço
- Patches/correções a quente
- Atualizações
- Infra-estrutura do suporte
- (Desempenho, gerenciamento, manutenção)

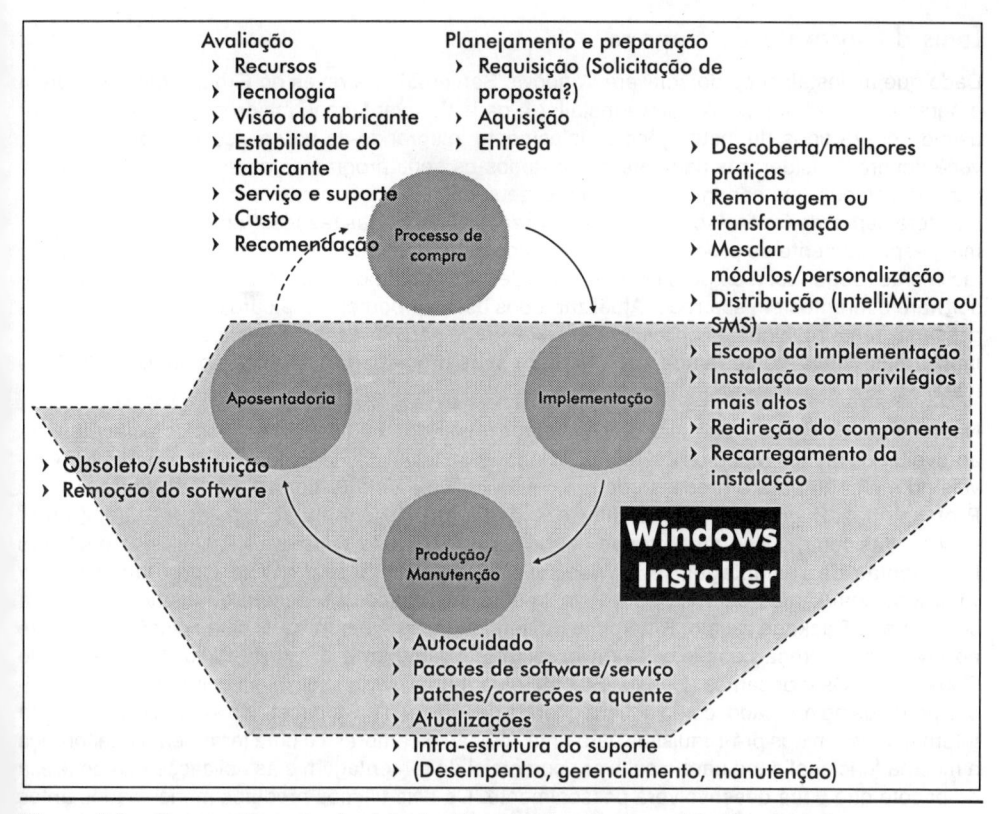

Figura 5-8 – *O gerenciamento do ciclo de vida do software com o Windows Installer.*

de uma desinstalação completa não é nada mais que um mito. Este não é o caso com o software ativado para o Windows Installer. Na verdade, uma das principais funções do Windows Installer é gerenciar os conflitos do software e assegurar que os componentes do sistema compartilhados não sejam danificados pelas instalações do software. Se componentes em conflito forem adicionados durante uma instalação do produto do software, o Windows Installer irá assegurar automaticamente que esses componentes sejam instalados em um diretório especial chamado %Systemroot%\WinSxS ou lado a lado para evitar conflitos em potencial. É uma definição simplista dessa função, mas é suficiente para ajudá-lo a compreender que qualquer aplicação instalada através do Windows Installer irá se desinstalar completamente porque seus componentes são separados por esse serviço. Por último, desinstalar o software tem pouco ou nenhum impacto no resto de um sistema de computador.

E mais, como o arquivo de instalação do Windows Installer é na verdade um banco de dados, ele poderá ser modificado à vontade para os diferentes tipos de instalação. São chamados de arquivos de *transformação* e têm a extensão .msp. Por exemplo, você poderá criar um arquivo MSI global que inclui todos os arquivos do programa Microsoft Office e usar arquivos de transformação personalizados para instalar apenas o Access, instalar apenas o Word, Excel, PowerPoint e Outlook, instalar apenas o FrontPage ou FrontPage e Access etc. Finalmente, os arquivos MSI também suportam a *correção*. Os arquivos de correção têm uma extensão .msp e permitem a aplicação de correções a quente e pacotes de serviço para o software instalado.

Itens do software da empresa

Dado que as instalações do software Windows Server 2003 através do Group Policy requerem programas ativados pelo Windows Installer e dadas as vantagens maiores que você pode ter usando esses tipos de instalações simplesmente integrando-as ao serviço Windows Installer, você deverá considerar seriamente migrar todos os seus programas de software e aplicações para as versões que são integradas com esse serviço. Naturalmente, a maioria das empresas não será capaz de fazer isso através de atualizações por várias razões. Primeiro, alguns programas, especialmente os programas desenvolvidos internamente, podem não ser atualizados tão facilmente. Segundo, a empresa média (mais de 1.000 usuários) tem cerca de 300 aplicações de software diferentes em sua rede. Atualizar todos esses produtos seria caro e geralmente desnecessário. Terceiro, algumas aplicações simplesmente não oferecem atualizações. Quarto, alguns fabricantes, infelizmente, ainda não integram seus produtos de software ao serviço Windows Installer.

Na maioria dos casos, você terá de considerar reunir de novo as instalações do software para aproveitar os muitos recursos do serviço Windows Installer. Diversas ferramentas estão disponíveis no mercado para o processo de remontagem. Uma está disponível no CD Windows 2000 Professional. É gratuita por 60 dias e é chamada de WinInstall Lite da Veritas (http://www.veritas.com/). Esse produto não está mais nos CDs do Windows XP. Uma das melhores ferramentas de remontagem é a Wise for Windows Installer da Wise Corporation (http://www.wise.com/), mas se você estiver realmente interessado no pacote de instalação deverá considerar o Package Studio, Enterprise Edition, da mesma empresa. É uma solução de pacote no nível da empresa completo. Outra excelente ferramenta é o AdminStudio da InstallShield Corporation. Os fabricantes do InstallShield Setup (http://www.installshield.com/) não são os únicos produtos no mercado, como achará quando pesquisar o novo pacote do Windows Installer na Internet, mas um dos pré-requisitos para uma solução da empresa é uma ferramenta que forneça a mesma funcionalidade para o software comercial de remontagem e as aplicações da empresa de pacote que você desenvolverá pessoalmente. Os dois últimos produtos mencionados antes fornecem essa funcionalidade.

Muito provavelmente os itens de seu software ficarão em diversas categorias:

- **Software Windows Installer nativo** Este software inclui qualquer produto que possua os logotipos Designed for Windows Server 2003, Designed for Windows XP ou Designed for Windows 2000. Parte da exigência para o programa logo é a integração com o serviço Windows Installer. Você muito provavelmente atualizará uma parte do software de sua rede para esse nível. Deve incluir o software mais popular em sua rede.

- **Aplicações da empresa integradas ao MSI** As novas versões de suas aplicações da empresa devem ser integradas ao serviço Windows Installer.

- **Software comercial com novo pacote** Todos os produtos que não são atualizados devem ser remontados. Na maioria das organizações que tentam esse processo de remontagem, 99% do software foram remontados para aproveitarem o Windows Installer. Apenas produtos como os drivers de dispositivo ou as aplicações que instalam os drivers de dispositivo resistirão à integração do Windows Installer.

- **Aplicações da empresa remontadas** As aplicações da empresa que não requerem a recodificação ou atualizações podem ser remontadas do mesmo modo como o software comercial.

Esse compromisso exibirá um esforço considerável, mas é um dos processos de migração que fornecem o melhor retorno e mais imediato no investimento.

Capítulo 5: Como construir a infra-estrutura da unidade organizacional do PC ▶ **227**

Envio do software na empresa

A coleção dos serviços Windows 2000, conhecida como IntelliMirror, inclui os serviços de instalação do software. Ela integra a capacidade de instalar o software através do Group Policy. Mas a instalação do software na empresa requer muito mais do que o Group Policy pode fornecer. Um programa de instalação completo do software tem de incluir recursos como:

- **Garantia de entrega** Assegurar que uma instalação do software ocorreu antes de um certo momento. É útil nas preparações da empresa quando as versões das aplicações do software têm de coincidir com os depósitos de dados centrais.

- **Planejamento** Controlar as horas de entrega para as horas não de trabalho.

- **Controle da largura de banda** Controlar o uso da largura de banda e compactar dados quando enviados na WAN.

- **Inventário** Assegurar que os sistemas de destino tenham os recursos requeridos para instalar e operar o software e para ficar lado a lado com o lugar onde o software foi instalado.

- **Status** Ser capaz de determinar o status de um serviço de entrega do software na WAN para diversos locais geográficos.

- **Relatório** Ser capaz de gerar relatórios completos das atividades.

- **Métrica do software** Ser capaz de determinar se os usuários para os quais você envia o software de fato o requerem.

Nenhum destes recursos está disponível com a entrega do software baseado em estratégias.

Conceitos da preparação do software da empresa

Como os GPOs não suportam esses recursos e como uma empresa não desejará usar diversos procedimentos de entrega do software (não se você usar procedimentos operacionais padrões), terá que integrar um sistema de gerenciamento do software completo com seu Active Directory. No mundo Microsoft, isso significa usar o Systems Management Server. Duas versões do SMS funcionam com o Windows Server 2003: o SMS versão 2.0 com o Service Pack 4 ou superior e o SMS 2003. A versão 2.0 do SMS usa os recursos compatíveis com o Windows NT para se integrar ao diretório junto com os scripts especiais que ajudam a sincronizar as informações entre seu próprio banco de dados e o diretório. A versão 2003 modifica o esquema AD para se integrar mais diretamente com o diretório. Ambos suportam os processos de gerenciamento do software da empresa.

Entrega do software da empresa significa ser capaz de garantir que um processo será repetido e sempre fornecerá o mesmo resultado. Em um ambiente operacional padrão, o processo de entrega do software inclui as etapas descritas na Figura 5-9. Novos pacotes de software são preparados e integrados no depósito de itens do software da empresa. Esse depósito é a única listagem fonte de todo o software autorizado (no formato MSI). Os pacotes de software são atribuídos a grupos que podem ser usuários ou computadores. Muito freqüentemente, você atribuirá o software aos computadores (especialmente se sua organização promover os PCs atribuídos aos usuários). Atribuir software a usuários, especialmente nos ambientes onde os usuários se movem entre os PCs, ativará constantemente as instalações e as remoções do software. Se possível, atribua o software aos sistemas primários dos usuários.

🐞 **Dica rápida** – *O Windows XP e o Windows Server 2003 promovem a atribuição dos PCs aos usuários muito mais do que qualquer outro sistema operacional Windows até agora. É por isso que ambos suportam o Remote Desktop. Usar bastante o Remote Desktop reduzirá muito o trabalho de preparação do software porque você precisará apenas instalar o software na máquina principal de um usuário. Então, se o usuário precisar usar outro sistema, em vez de entregar o mesmo produto de software para esse sistema, você poderá ativar o Remote Desktop no PC primário do usuário. O usuário poderá conectar remotamente seu sistema primário a partir de outro sistema. O Remote Desktop fornece ao usuário acesso a tudo em seu sistema principal, usa pouca largura de banda uma vez que é igual aos Terminal Services e reduz muito a necessidade de diversas instalações do mesmo produto. No Windows XP, o Remote Desktop suporta apenas um único usuário conectado de cada vez. Se o usuário acessar seu sistema através do sistema de mesa remoto enquanto algum outro usa o sistema, ele irá desconectar o usuário atual.*

Entrega de software é um bom lugar para utilizar o Distributed File System (DFS) uma vez que permite usar um único alias para todos os depósitos onde quer que estejam. Mais sobre isso será tratado no Capítulo 7, mas o uso de um único alias torna o pacote do software mais fácil. E mais, o formato de arquivo MSI suporta diversas listagens fonte, que ajuda a assegurar que o autocuidado funcionará não importando onde o arquivo-fonte estiver localizado: no sistema local, em um servidor local ou em um servidor remoto. Como pode ser visto na Figura 5-9, esse processo de entrega do software irá satisfazer todas as exigências do gerenciamento do software da empresa.

Atribuição do software

Na empresa, você tem que gerenciar o software através de atribuições para os computadores (de preferência). O SMS tem a capacidade de reunir as informações do grupo a partir do Active Directory usando o método Group Discovery (Descoberta do Grupo). Esse método reúne as informações do grupo Global Security a partir do diretório e insere-as no banco de dados SMS. Como os métodos de descoberta são dinâmicos, quaisquer alterações nos grupos Global executados no Active Directory serão refletidas automaticamente no banco de dados SMS.

E mais, o Windows Server 2003 permite tratar as contas da máquina de muitas maneiras iguais como você pode tratar as contas do usuário. Uma delas é a atribuição do membro em certos grupos, a saber os grupos Global Security. Assim, você poderá usar uma combinação de ambos os recursos para gerenciar o software em seus PCs. Para tanto, precisará executar algumas atividades de antemão. Incluem as seguintes:

- Faça o inventário de todo o software em sua rede.
- Use o conceito de kernel do software descrito no Capítulo 1 para a construção do PC (o modelo PASS).
- Identifique todo o software não kernel.
- Agrupe novamente o software não kernel em categorias baseadas em papéis – os grupos de software que são iguais para os papéis IT dados na empresa. Por exemplo, os desenvolvedores Web sempre irão requerer ferramentas como o FrontPage, Visio, Corel Draw e Adobe Acrobat assim como o kernel. Esses quatro produtos seriam incluídos em uma categoria Web Developer, mas não no kernel do PC. Execute isso para todos os papéis do usuário IT em sua empresa.

Atividades de distribuição

① Os pacotes do software são preparados e integrados no depósito de itens do software da empresa

② O pacote do software é atribuído a um grupo (usuários ou computador)

③ O pacote é atribuído a um depósito de pacotes central

④ O planejamento de entrega é definido

⑤ A distribuição do software é iniciada

⑥ A fonte da instalação é distribuída para todos os depósitos da instalação

⑦ O código da instalação é armazenado em cachê localmente no sistema de destino

⑧ O produto do software é instalado no sistema a partir da versão em cache

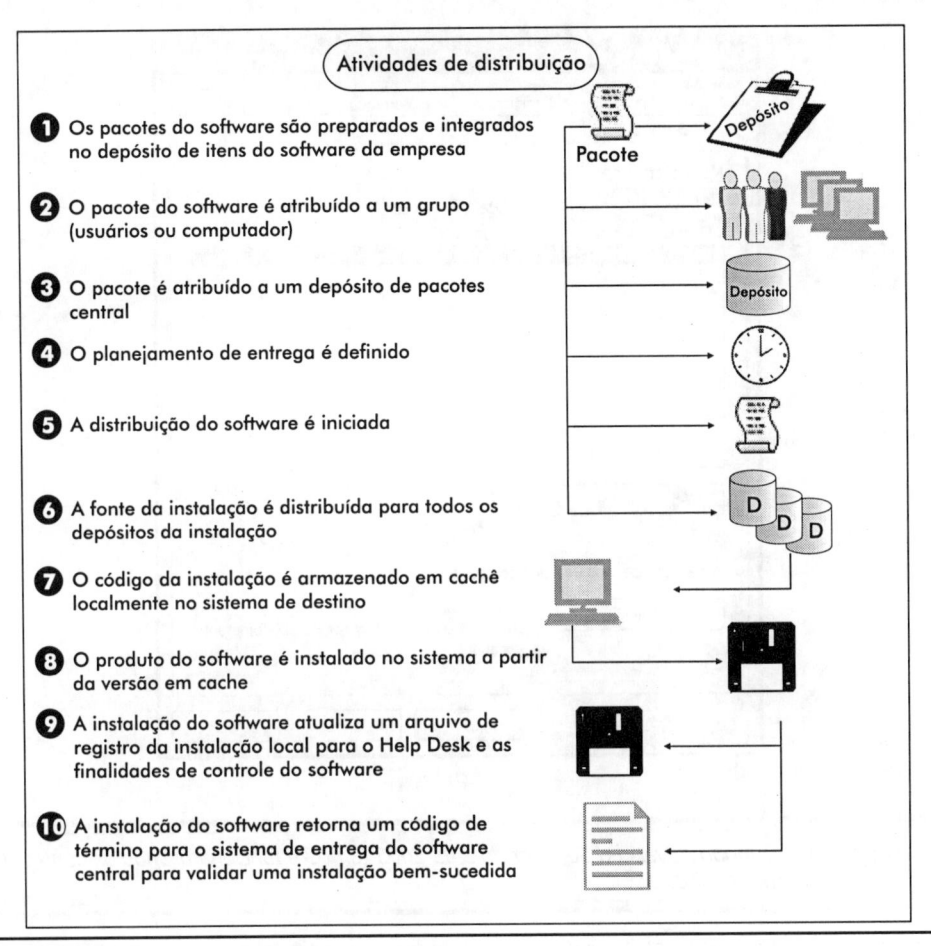

⑨ A instalação do software atualiza um arquivo de registro da instalação local para o Help Desk e as finalidades de controle do software

⑩ A instalação do software retorna um código de término para o sistema de entrega do software central para validar uma instalação bem-sucedida

Figura 5-9 – *O processo de entrega do software.*

- Crie grupos Global Security para cada papel no Active Directory (o domínio de produção, claro). No SMS 2003, você poderá usar os grupos Global Distribution já que ele tem a capacidade de descobrir o tipo do grupo. O SMS 2.0 descobrirá apenas os grupos Global Security. Usando grupos de distribuição, você não precisará delegar direitos ao gerenciamento do grupo de segurança. As contas da máquina no Active Directory precisarão ser atribuídas aos devidos grupos quando eles forem integrados ao diretório.
- Atribua máquinas principais a cada usuário.
- Crie um inventário digitando o usuário, a máquina principal e a categoria do software para cada usuário. Poderá ainda ligar esse inventário ao AD através da programação.
- Atribua as máquinas no Active Directory aos devidos grupos Global.

Agora você está pronto para gerenciar entregas através do SMS.

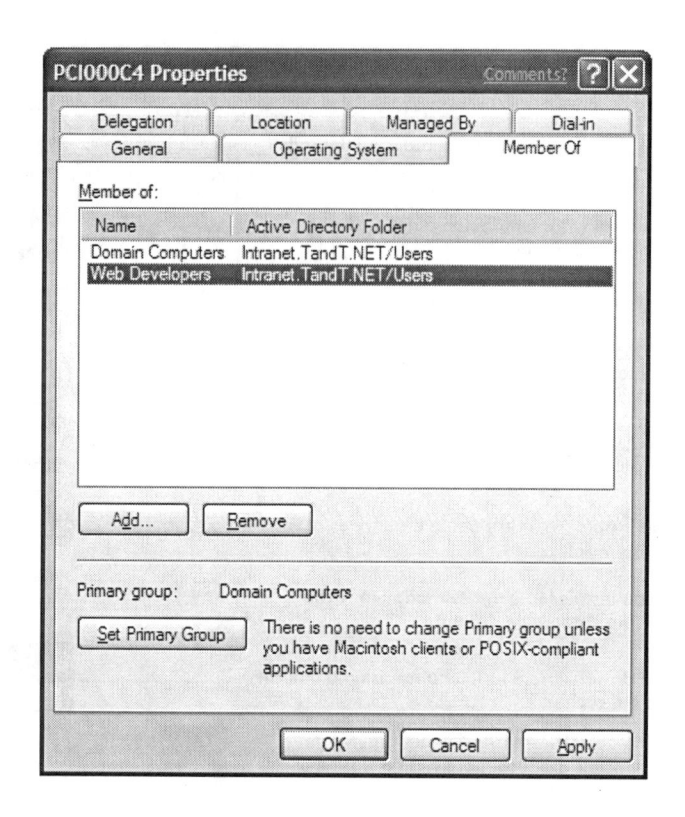

[Figura: Caixa de diálogo "PCI000C4 Properties" mostrando a aba "Member Of" com os grupos Domain Computers e Web Developers]

> **Nota** – *O modo Advanced Security do SMS 2003 também funciona usando as contas do computador AD.*

Um fator crítico para o processo funcionar são as instruções da *desinstalação* no pacote de entrega do software SMS. É vital. A finalidade desse processo inteiro é garantir que você poderá manter um status legal para todo o software distribuído. Se não incluir instruções de desinstalação em seus pacotes de entrega do software (Package Definition Files no SMS), o software distribuído não será removido automaticamente quando um PC for removido de um grupo autorizando a instalação e o uso do software. No SMS versão 2, isso é feito incluindo a chave do registro de desinstalação (encontrada em HKEY_Local_Machine\Software\Microsoft\Windows\Currentversion\Uninstall) para o pacote do software e selecionando "Remove software when it is no longer advertised" (Remover software quando não for mais informado) nos recursos avançados das propriedades de um pacote. Como os arquivos Windows Installer sempre se desinstalam de modo completo, esse processo deverá funcionar sempre.

No SMS, você precisará criar coleções dinâmicas correspondentes aos grupos Global criados no Active Directory. Então atribua os pacotes de instalação do software às devidas coleções. É tudo. O sistema de gerenciamento do software de sua empresa agora está pronto. De agora em diante, tudo que precisará para entregar o devido software para um sistema é garantir que ele seja membro do devido grupo no Active Directory. Então, se a ocupação do PC mudar, simplesmente altere os membros de seu grupo. O SMS irá desinstalar automaticamente o software que não é mais necessário e instalará o software que pertence à nova ocupação. Esse processo é mostrado na Figura 5-10.

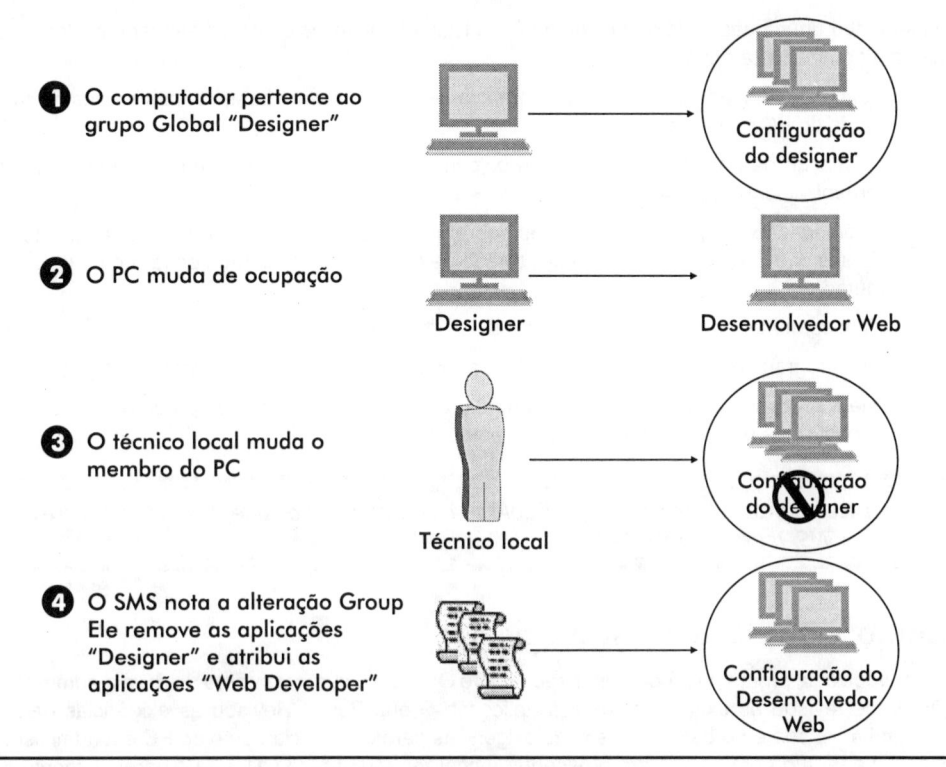

Capítulo 5: Como construir a infra-estrutura da unidade organizacional do PC ▶ **231**

❶ O computador pertence ao grupo Global "Designer"

❷ O PC muda de ocupação

Designer   Desenvolvedor Web

❸ O técnico local muda o membro do PC

Técnico local

❹ O SMS nota a alteração Group Ele remove as aplicações "Designer" e atribui as aplicações "Web Developer"

Configuração do Desenvolvedor Web

Figura 5-10 – *Como usar grupos Global para atribuir o software.*

📢 **Nota** – *Mais informações sobre esse assunto pode ser encontrada pesquisando "Set Strategies for Enterprise Software Management" em http://www.fawcette.com/dotnetmag/.*

Legalidade e atribuições regionais do PC

Esta estratégia é muito útil, especialmente se você tem escritórios remotos. Em muitas organizações, o gerenciamento das atribuições do PC nos escritórios remotos é muito difícil porque não há nenhum processo de atribuição do PC oficial. Por exemplo, quando um novo PC poderoso é entregue para ser usado por um funcionário com pouca experiência, geralmente acontece que o PC é "reatribuído" pela equipe local a outro membro da equipe com mais experiência. O funcionário para quem esse PC foi destinado originalmente recebe outro PC que não tem o devido software. Embora existam problemas com esse processo, o maior problema está no fato de que nenhum PC tem o devido software carregado nele. É uma das razões pelas quais as organizações nem sempre estão de acordo com as normas de uso legais do software.

A solução está no processo de gerenciamento do software descrito acima. Ligado ao processo de delegação AD, esse sistema irá assegurar que mesmo que as ocupações do PC sejam mudadas, o devido software sempre permanecerá em cada PC. Para resolver esse problema, você precisará implementar um processo de atribuição do PC oficial. Ele deve incluir vários elementos diferentes, mas em grande parte deve incluir:

- A implementação do processo de gerenciamento do software baseado nos grupos de categoria do PC com base em papéis.
- A criação de uma estrutura OU que coloca os objetos do PC regionais em uma unidade organizacional regional.
- A delegação de direitos específicos sobre os objetos do PC para a equipe técnica local. Esses direitos devem incluir a capacidade de modificar os membros do grupo de um computador.
- A documentação do processo de atribuição do PC oficial.
- Um programa de treinamento formal para toda a equipe técnica regional.

Agora que o processo é oficial, não há nenhuma razão para as cópias dos produtos de software serem encontradas nos sistemas que foram reatribuídos.

> **Dica rápida** – *É muito mais fácil delegar os consoles AD do que delegar os consoles SMS, mesmo no SMS 2003.*

Como completar a estratégia OU

Agora você está pronto para completar seu projeto OU para o gerenciamento do PC e a administração. Você revisou as exigências para a aplicação Group Policy. Revisou as exigências para a delegação em sua empresa. E revisou as exigências para o gerenciamento do PC e a administração. Deve ter tudo em mãos para prosseguir e finalizar seu projeto OU para o gerenciamento do PC. Assim que for finalizada, poderá colocá-la no lugar correto. A próxima seção dará um exemplo baseado em uma Estratégia de gerenciamento do PC centralizado.

Como colocar a infra-estrutura OU dos PCs no lugar correto

A T&T Corporation está pronta para implementar a infra-estrutura da unidade organizacional de seus PCs. Eles determinaram: precisam usar uma estratégia de gerenciamento centralizada com delegação apenas para os técnicos centrais para tarefas específicas como atribuir os membros do grupo do PC para a entrega do software. Eles implementarão o projeto OU dos PCs como descrito anteriormente na Figura 5-5. Para tanto, precisará executar as seguintes atividades:

- Crie e documente a estratégia OU/GPO/delegação/gerenciamento inteira para os PCs
- Crie a estrutura OU usando o AD Users and Computers
- Crie e documente os devidos GPOs para cada contêiner
- Atribua a propriedade de herança Block Policy para as devidas OUs (se requerido)
- Delegue o devido nível de autoridade à esquipe técnica
- Crie os grupos requeridos para o envio do software através do SMS

Assim que cada uma dessas tarefas estiver completa, a infra-estrutura a receber os novos PCs na rede paralela estará no lugar correto.

Para a primeira atividade, você terá que usar grades de informações. Elas ajudarão a documentar sua estratégia OU/GPO/delegação/gerenciamento inteira para os PCs. Para sua própria rede, não

Capítulo 5: Como construir a infra-estrutura da unidade organizacional do PC ▶ **233**

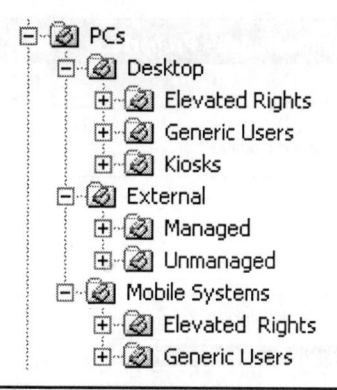

```
⊟ · 📁 PCs
    ⊟ · 📁 Desktop
        ⊞ · 📁 Elevated Rights
        ⊞ · 📁 Generic Users
        ⊞ · 📁 Kiosks
    ⊟ · 📁 External
        ⊞ · 📁 Managed
        ⊞ · 📁 Unmanaged
    ⊟ · 📁 Mobile Systems
        ⊞ · 📁 Elevated Rights
        ⊞ · 📁 Generic Users
```

Figura 5-11 – *Uma estrutura OU de gerenciamento do PC.*

prossiga com as outras etapas até que tenha completado essas grades. Não deverá começar a usar nenhum desses recursos até que sua estratégia tenha sido totalmente planejada e documentada.

🔊 **Nota** – *As grades de informações para a documentação de uma estratégia OU/GPO/ delegação/gerenciamento estão disponíveis em http://www.Reso-Net.com/ WindowsServer/.*

Para a segunda atividade, certifique-se de que esteja no domínio Intranet.TandT.net e abra o AD Users and Computers. Coloque o foco do cursor no domínio, então clique com o botão direito do mouse para criar uma nova unidade organizacional a partir do menu contextual ou use a barra de ferramentas do console para clicar o botão New Organizational Unit (Nova Unidade Organizacional). Ambos exibirão a caixa de diálogo New Organizational Unit. Digite o nome da OU e clique em OK. As OUs, que precisam ser criadas, foram listadas anteriormente na Tabela 5-1. Repita o processo até que cada OU tenha sido criada. Não se preocupe se você criar uma OU no lugar errado, tudo que precisará fazer é arrastá-la para o devido lugar assim que for criada, uma vez que o WS03 suporta o arrastar e soltar. A estrutura OU resultante é mostrada na Figura 5-11.

Os cinco GPOs relacionados com o PC são registrados para a T&T Corporation. Eis como criá-los:

1. Comece carregando a planilha GPO do site Web complementar.
2. Identifique todas as definições requeridas para cada GPO usando as informações na Tabela 5-2.
3. Documente totalmente cada GPO.
4. Quando estiver pronto, vá para AD Users and Computers, clique com o botão direito do mouse em PCs OU e selecione Properties.
5. Na aba Group Policy, clique em New.
6. Nomeie a estratégia, usando as informações na Tabela 5-1. Essa estratégia é denominada Global PC GPO.
7. Assim que o GPO for nomeado, clique em Edit (Editar). Isso inicializará o Group Policy Editor (GPE ou Editor da Estratégia do Grupo).

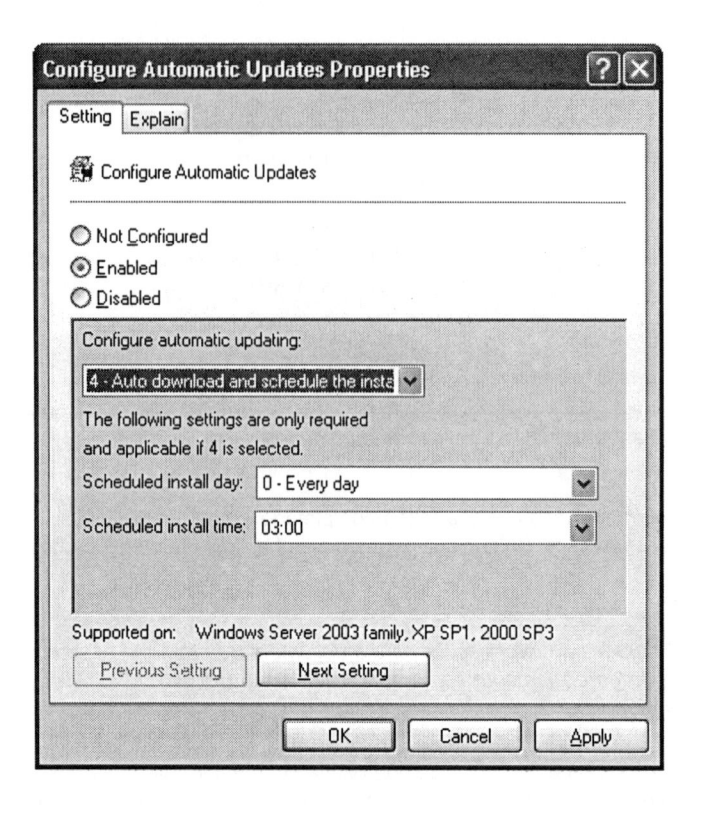

8. Clique com o botão direito do mouse no nome da estratégia e selecione Properties. Na caixa de diálogo das propriedades, clique na caixa de verificação Disable User Configuration Settings (Desativar as Definições de Configuração do Usuário). Essas definições precisam ser desativadas uma vez que esse GPO é para os computadores apenas.
9. O WS03 exibirá um aviso para informar que nenhuma das definições desativadas será aplicada. Clique em Yes (Sim) para fechá-la. Feche a caixa de diálogo Properties clicando em OK.
10. No Group Policy Editor, use a tecla * em seu teclado para expandir todas as subseções do objeto Group Policy. Percorra a estratégia para modificar as devidas definições. Por exemplo, neste GPO, você desejará definir Automatic Updates Properties (Propriedades das Atualizações Automáticas) para todos os PCs.
11. Feche o GPE quando terminar. Também poderá fechar a caixa de diálogo PCs OU Property (Propriedade OU dos PCs) assim que nenhuma outra ação precisar ser executada no GPO. (Por exemplo, No Override não é requerido uma vez que a T&T não delegará a criação do GPO para outros usuários.)
12. Repita esse processo para cada GPO que precisar criar. Isso inclui o Global Desktop GPO, Global Mobile GPO (para o EFS em grande parte), Global External GPO e Global Kiosk GPO (para ter mais segurança e ativar o Loopback).
13. Vá para PCs/External/Unmanaged OU. Clique com o botão direito do mouse nessa OU e selecione Properties. Vá para a aba Group Policy e clique na caixa de verificação Block Policy Inheritance. A T&T decidiu deixar todos os sistemas não gerenciados externos sem nenhuma atribuição GPO significante.

Capítulo 5: Como construir a infra-estrutura da unidade organizacional do PC ▶ **235**

Mais duas tarefas são requeridas para completar a configuração PCs OU: delegar a autoridade e criar os grupos de categoria do software. Ambas são relativamente simples.

A T&T decidiu que as únicas tarefas que delegará aos técnicos são a capacidade de modificar os membros do grupo para os PCs e a capacidade de gerenciar as informações do local do PC. A última está ligada ao WS03 Printer Location Tracking Service (Serviço de Controle do Local da Impressora WS03) que liga a impressora mais próxima aos PCs dos usuários. Mais sobre esse assunto será tratado no Capítulo 7. A primeira irá assegurar que eles serão capazes de modificar a ocupação de um PC quando ele for reatribuído a um novo usuário. Mais uma vez, isso é feito no AD Users and Computers.

1. A primeira coisa que você precisará fazer é criar um grupo ao qual poderá delegar a autoridade. Não importa se não sabe quem estará nesse grupo ainda, tudo que precisa é agrupar com os devidos direitos de delegação. Poderá atribuir os membros ao grupo mais tarde. Como o Windows Server 2003 usa Domain Local Groups para as atribuições dos direitos (mais no Capítulo 6), você criará um grupo Domain Local chamado PC Technicians (Local). Para tanto, clique com o botão direito do mouse no objeto Users no diretório e selecione New | Group. Clique o botão de rádio Domain Local (Local do Domínio), certifique-se de que Security Group esteja selecionado e digite o nome do grupo. O nome do grupo de baixo nível (ou pré-Windows 2000) é L_PC_Technicians. Não é realmente requerido uma vez que não há nenhum sistema de baixo nível na rede paralela, mas vale a pena ser estruturado. Clique em OK para criar o grupo.

2. Clique com o botão direito do mouse em PCs OU (alto nível) e selecione Delegate Control (Delegar Controle) no menu contextual.

3. Siga as etapas fornecidas pelo assistente. Adicione o grupo PC Technicians (Local) e então clique em Next.

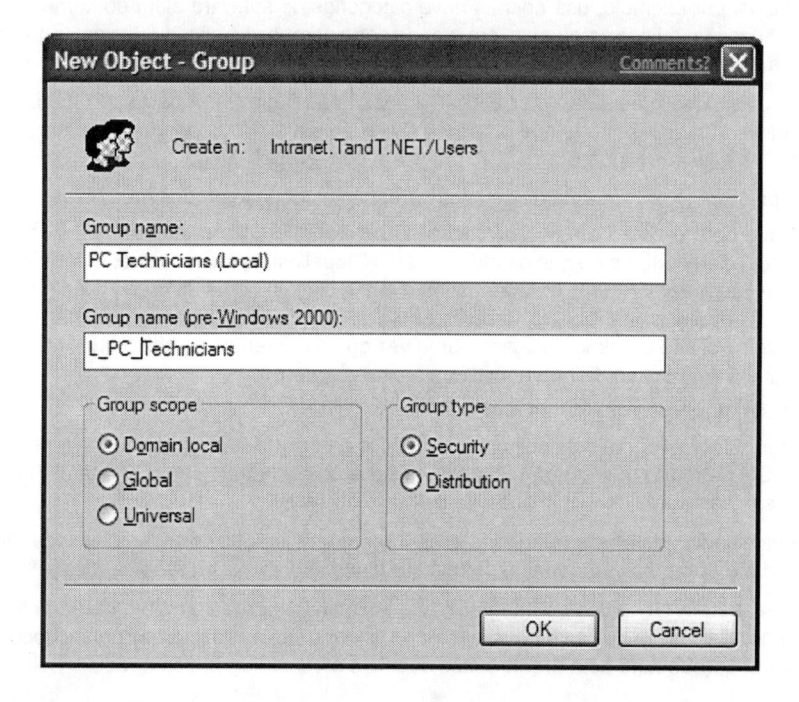

4. Delegue uma tarefa Custom (Personalizar) e então clique em Next.
5. Na janela Active Directory Object Type (Tipo de Objeto Active Directory), selecione Only the following objects in this folder (Apenas os seguintes objetos nesta pasta). Clique na caixa de verificação Computer Objects (Objetos do Computador) e então clique em Next.
6. Desmarque General (Geral) e marque Property-specific (Específico da propriedade). Então pagine a lista para marcar os devidos valores. Os técnicos requerem o direito de ler a maioria das propriedades do objeto e o direito de gravar os membros do grupo assim como gravar as informações do local do PC. Use seu julgamento para aplicar os devidos direitos. Por exemplo, será útil que os técnicos sejam capazes de escrever descrições para os computadores que mudam de ocupação, mas não será uma boa idéia deixar que eles mudem o nome do computador. Tome nota de cada propriedade da segurança atribuída.
7. Clique em Next quando terminar. Clique em Finish (Terminar) assim que tiver revisado a lista de tarefas do assistente.

A delegação agora está completa, mas você ainda precisará criar um console de delegação para os técnicos. Use as instruções descritas anteriormente em "Como criar Microsoft Management Consoles personalizados" para a criação do console e certifique-se de que tenha o foco devido para o console em PCs OU. Armazene o console em PCs OU também. Finalmente, use os Terminal Services para distribuir o console para os técnicos.

A atividade final para a estratégia PCs OU é a criação de grupos Global Security que correspondem às categorias de software em sua organização. Você pode ter vários, mas a maioria das organizações tenta mantê-los em um mínimo. Se tiver projetado o kernel de seu PC devidamente, deverá ser capaz de satisfazer uma clientela muito grande com ele – todos os usuários genéricos ou comuns, de fato. Então, suas categorias de software incluirão apenas os sistemas que requerem um software adicional. Esse software deve ser agrupado pela necessidade comum. Uma organização com mais de 3.000 usuários, por exemplo, usa apenas nove categorias de software além do kernel. Outra com 12.500 usuários tem quinze categorias, em grande parte porque são distribuídas em todo o mundo e os produtos de software especiais são requeridos em diferentes regiões geográficas.

A primeira coisa que precisará fazer é criar grupos. Não importa se não sabe quais máquinas estarão nesse grupo ainda; tudo que precisa é do grupo em si. Poderá atribuir membros ao grupo mais tarde. Se estiver usando o SMS 2.0, precisará criar grupos Global Security.

Para criar os grupos da categoria de seu software, use o seguinte procedimento:
1. Clique com o botão direito do mouse no objeto PCs OU no diretório e selecione New | Group. Certifique-se de que o botão de rádio Global esteja selecionado, determine se precisa de um grupo Security ou Distribution e então digite o nome do grupo. Use nomes significativos para o nome real e o nome do grupo de baixo nível. Lembre-se de que os nomes de baixo nível são geralmente ligados uma vez que os sistemas de baixo nível não gostam de nomes com espaço. Clique em OK para criar o grupo.
2. Repita quantas vezes forem necessárias.

Sua estrutura PCs OU agora está no lugar correto. Os grupos de máquina foram criados diretamente na PCs OU de modo que estarão sujeitos às estratégias da máquina. Você também precisará completar sua estratégia de distribuição do software no SMS.

Agora a única coisa que precisará fazer é assegurar que as máquinas sejam colocadas na devida OU e no devido grupo da categoria do software quando integrá-las na rede paralela.

Preparar a estrutura OU antes de integrar novas máquinas na rede também irá garantir que elas serão gerenciadas assim que se juntarem à rede. Os erros são minimizados quando você usa esse procedimento porque tudo está pronto *antes* dos PCs serem integrados na rede.

Capítulo 5: Como construir a infra-estrutura da unidade organizacional do PC ▸ **237**

O Capítulo 7 identificará como você pode coordenar essa estratégia OU com o uso do RIS para instalar os PCs. Também poderá fazer um script para adicionar os nomes do PC ao seu diretório antes de instalar as máquinas reais.

Em seguida, começará a ver como poderá usar essa mesma abordagem para preparar os usuários em sua rede da empresa.

Como usar o Group Policy Management Console

A Microsoft lançou o Group Policy Management Console (GPMC) como um complemento para o WS03. Esse console pode ser carregado no site Web Microsoft Windows Server 2003 (http://www.microsoft.com/windowsserver2003/). O melhor recurso do GPMC é que ele fornece uma única interface integrada para o gerenciamento de todas as atividades GPO na empresa. Como menciona- do anteriormente, não é tão completo quanto os consoles comerciais, mas para um complemento gratuito, fornece muito mais funcionalidade do que a abordagem de gerenciamento GPO tradicional.

O GPMC é um arquivo Windows Installer que pode ser instalado no WS03 ou no Windows XP. Se você instalá-lo em um servidor, poderá usá-lo através dos Terminal Services (é a abordagem reco- mendada). Assim que instalado, o método de gerenciamento GPO tradicional não estará mais disponível. Os GPOs criados neste capítulo são mostrados na Figura 5-12. Como pode ver, o GPMC permite configurar tudo de uma maneira muito mais simples e direta.

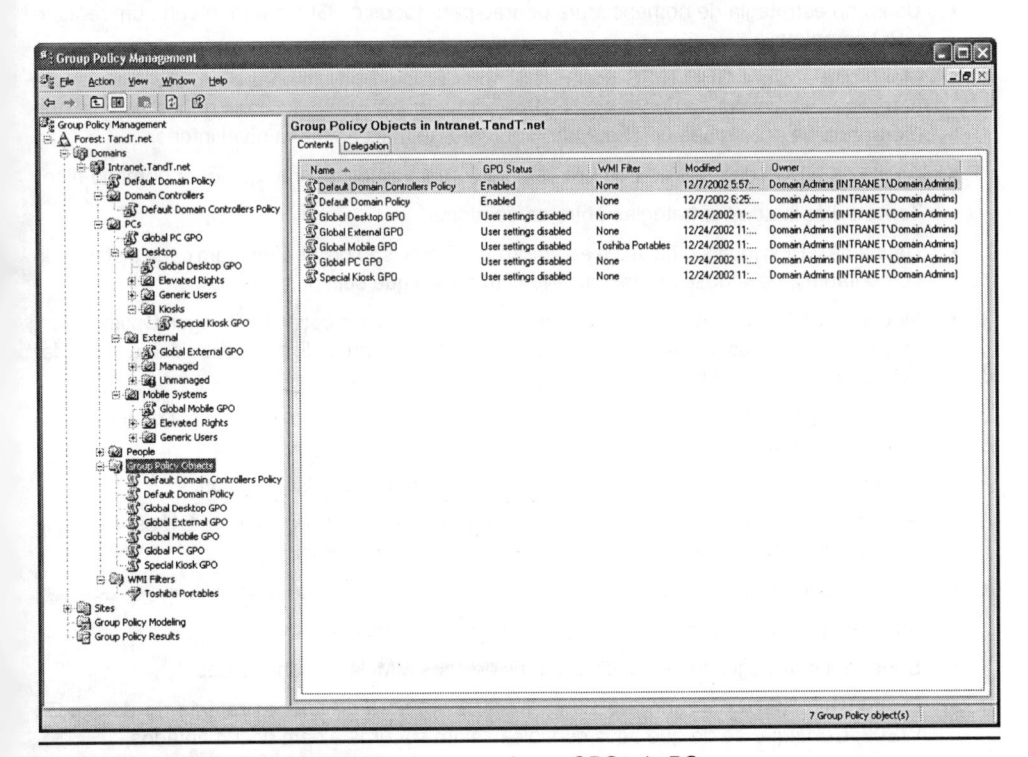

Figura 5-12 – *Como usar o GPMC para gerenciar os GPOs do PC.*

> 🔊 **Nota** – *A abordagem tradicional para o gerenciamento GPO foi usada neste capítulo porque é importante que você compreenda como gerenciar os GPOs sem o GPMC. Mas, de agora em diante, todas as atividades relacionadas com o GPO serão gerenciadas por meio do GPMC.*

Resumo das melhores práticas

Este capítulo recomenda as seguintes melhores práticas:

- Separe pelo tipo de objeto no primeiro nível OU. Isso facilita gerenciar os objetos.
- Não mova os controladores de domínio de sua OU default.
- Integre sua estratégia PCs OU em suas estratégias GPO, de delegação e de gerenciamento do software.
- Minimize o uso das definições No Override e Block Policy Inheritance porque elas complicam o uso das estratégias.
- Sempre documente todos os GPOs criados e certifique-se de que sua solução GPO/OU inteira seja completamente documentada.
- Use uma estratégia de nomenclatura padrão para todos os GPOs e mantenha um registro GPO completo.
- Mantenha a regra GPO KISS (Keep It Simple, Stupid ou Mantenha simples, idiota). Não complique as coisas se puder ajudar. Por exemplo, aplique definições gerais no início da hierarquia de aplicações GPO e então aprimore-as mais em cada nível inferior.
- Ajuste os GPOs defaults no domínio-raiz da floresta antes de criar qualquer domínio-filho.
- Tente evitar ligar as estratégias entre os domínios.
- Defina os GPOs locais uma vez e estabilize-os. Como são distribuídos (em cada sistema do computador), você desejará modificá-los um pouco que seja possível.
- Modifique os GPOs para renovar sempre, mas não desative a opção Fast Logon Optimization. Isso garante que as definições de segurança serão sempre aplicadas, mas que a velocidade da conexão não terá um impacto.
- Use a filtragem GPO se achar que seu projeto OU ficou complexo demais por causa de sua estratégia da aplicação GPO.
- Sempre se certifique de que seus PCs públicos sejam altamente seguros.
- Se você usar a definição Loopback, crie um GPO especial e ligue-o a uma OU especial que será usada para armazenar os PCs aos quais o GPO se aplica.
- Seja perfeito ao criar seu Plano de delegação.
- Atribua o papel de gerente da delegação em sua organização.
- Suporte a estratégia de delegação com os devidos MMCs personalizados.
- Os consoles personalizados são uma parte importante de uma estratégia de delegação WS03. Certifique-se de que seus consoles sejam seguros e bem documentados.
- Os MMCs personalizados devem ser preparados através dos Terminal Services para manter um controle central de todos os consoles personalizados.

Capítulo 5: Como construir a infra-estrutura da unidade organizacional do PC ▶ **239**

- Integre seu sistema de gerenciamento do software com seu Active Directory e use o AD como a fonte de entrega do software da empresa.
- Gerencie os ciclos de vida do software integrando todas as instalações da aplicação no serviço Windows Installer.
- Para usar as capacidades de autocuidado do Windows Installer, você terá de manter um depósito permanente de instalação do software.
- Certifique-se de que as máquinas sejam colocadas na devida OU e no devido grupo de categoria do software quando forem integrados à rede paralela.
- Atribua PCs aos usuários primários e use o Remote Desktop para fornecer-lhes acesso ao seu software quando estiverem longe de seu PC.
- Use o GPMC para gerenciar todos os GPOs na empresa.

Mapa do capítulo

Use a ilustração na Figura 5-13 para revisar o conteúdo deste capítulo.

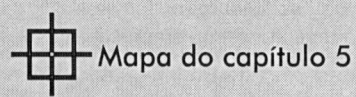

Mapa do capítulo 5
Como construir a infra-estrutura da unidade organizacional do PC

Como gerenciar os objetos com o Active Directory
Definição do GPO
Conceitos do Group Policy
> Definições do usuário e computador
> Scripts
> Gerenciamento de dados
> Ciclos de vida do software
> Definições da segurança

Ferramentas no site Web complementar
▫ Planilha da documentação GPO

Duas estratégias defaults:
> Estratégia do domínio default
> Estratégia do controlador do domínio default

Processamento GPO – Ordem da aplicação e processo da aplicação **(Figuras 5-1, 5-2)**
Herança GPO
Possibilidades da construção
> Como projetar uma estratégia GPO **(Figuras 5-3, 5-4)**

Como criar um projeto OU para as finalidades de gerenciamento do PC
Configuração dos GPOs para três tipos de máquinas
Administração do PC centralizada **(Figura 5-5)**
Administração do PC descentralizada **(Figura 5-6)**

Ferramentas no site Web complementar
▫ Grades para a documentação de uma estratégia OU/GPO/delegação/gerenciamento

Como construir a delegação
Delegação no Active Directory
> Delegação através do membro do grupo
> Como criar MMCs personalizados
Como projetar uma estratégia de delegação **(Figura 5-7)**

Gerenciamento do PC da empresa
Instalação do software
> Gerenciamento do ciclo de vida do software com o Windows Installer **(Figura 5-8)**
Entrega do software na empresa
> Programa de entrega do software
> Processos de entrega do software **(Figura 5-9)**
> Como usar grupos Global para atribuir o software **(Figura 5-10)**

Ferramentas no site Web complementar
▫ Como definir estratégias para o gerenciamento da empresa (Apresentação do PowerPoint)

Como completar a estratégia OU
Como colocar a infra-estrutura PC OU no lugar correto **(Figura 5-11)**

Como usar o GPMC (Figura 5-12)

Resumo das melhores práticas

Figura 5-13 – *Mapa do capítulo.*

Capítulo 6

Como preparar a infra-estrutura da unidade organizacional do usuário

Neste capítulo

- ❖ Como gerenciar os objetos User com o Active Directory   *243*
- ❖ Como gerenciar e administrar os grupos   *255*
- ❖ Como criar um projeto OU para as finalidades de gerenciamento do usuário   *263*
- ❖ Como completar a estrutura People OU   *276*
- ❖ Resumo das melhores práticas   *279*
- ❖ Mapa do capítulo   *280*

O Capítulo 5 descreveu como preparar seu ambiente de gerenciamento para os objetos PC. Este capítulo continua o Processo de implementação da rede paralela ajudando-o a identificar como criar um ambiente de gerenciamento do usuário no Active Directory. Quando essa infra-estrutura estiver no lugar correto, você será capaz de migrar os usuários de sua rede existente para o novo ambiente paralelo.

Três atividades são requeridas para a criação de uma infra-estrutura da unidade organizacional do usuário:

- Estratégia User and Group Management
- Estratégia User Delegation
- Estratégia User Group Policy Management

A primeira forma o centro das estratégias tradicionais de gerenciamento do usuário. A segunda identifica como sua organização pretende usar os recursos do gerenciamento descentralizado do Windows Server 2003 para fornecer destaque para os grupos de gerenciamento central e de administração e atribuir atividades administrativas onde os centros de responsabilidade estão localizados. A terceira atividade é muito parecida com a mesma atividade no Capítulo 5. Porém, desta vez, você irá se concentrar na parte *usuário* dos objetos Group Policy (Estratégia do Grupo).

Assim que essas estratégias forem definidas, e colocadas no lugar certo, formarão a base das diferentes estratégias que você poderá usar para migrar de modo pesado os usuários de sua rede existente para o ambiente paralelo.

Como gerenciar os objetos User com o Active Directory

Os objetos User (Usuário) são objetos especiais no diretório. Afinal, se não fosse pelos usuários, não haveria muita necessidade das redes da empresa. Nas redes tradicionais como o Windows NT, os objetos User são em grande parte gerenciados através dos grupos aos quais eles pertencem. Os grupos também estão presentes no Active Directory. Na verdade, será essencial ter uma estratégia de gerenciamento do grupo completa em sua rede WS03 se você quiser ser capaz de administrar os eventos relacionados com o usuário nela. Mas o gerenciamento do grupo não é mais a única exigência.

Como os computadores, os usuários também são afetados pela Group Policy. A estratégia GPO projetada para os usuários complementará a estratégia do grupo que você pretende usar. E mais, precisará considerar como e a quem delegará algumas tarefas administrativas, uma vez que o gerenciamento do usuário é de longe o trabalho mais pesado no diretório. Cada uma dessas estratégias serve como a entrada para o projeto de sua infra-estrutura User Organizational Unit.

Como descrito no Capítulo 3, um objeto User pode apenas estar contido em uma única OU. O Capítulo 5 mostrou como o local dessa OU poderia afetar o objeto User através da aplicação hierárquica dos objetos Group Policy. Também mostrou como os GPOs podem ser filtrados usando grupos de segurança. Embora a conta do usuário possa apenas estar em uma única OU, pode ser incluída em diversos grupos. Assim, as OUs são geralmente vistas como um meio de fornecer um gerenciamento vertical do usuário ao passo que os grupos fornecem um gerenciamento horizontal. Essa estrutura de gerenciamento cruzado é mostrada na Figura 6-1. Esse elemento terá um impacto direto no modo como você constrói sua Estratégia de gerenciamento do objeto User.

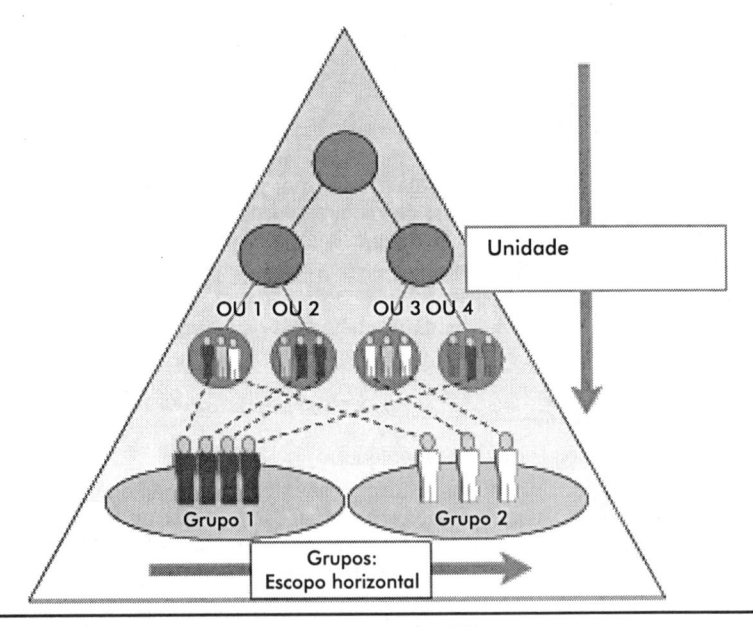

Figura 6-1 – *A relação do gerenciamento cruzado das OUs e grupos.*

Objeto User do Active Directory

O objeto User do Windows Server 2003 é muito parecido com seu correspondente Windows 200 mas bem diferente de seu correspondente Windows NT. É por causa da natureza de um serviço d diretório. Uma das funções básicas de um serviço de diretório é armazenar informações para torn las disponíveis para os usuários, administradores, até aplicações. Ao passo que o objeto User c

Capítulo 6: Como preparar a infra-estrutura da unidade organizacional do usuário ▶ **245**

[Captura de tela: janela "Donald P. Apscott Properties" com abas General, Address, Account, Profile, Telephones, Organization, Published Certificates, Member Of, Dial-in, Object, Security, Environment, Sessions, Remote control, Terminal Services Profile, COM+. Campos: First name: Donald, Initials: P, Last name: Apscott, Display name: Donald P. Apscott, Description: Region 1 Manager, Office: Region 1 Office, Telephone number: (555) 555-1212, E-mail: Donald.P.Apscott@TandT.com, Web page: www.TandT.com]

Windows NT basicamente armazenava o nome do usuário, senha e particularidades da conta, o objeto User do WS03 pode armazenar mais de 200 propriedades. Muitas delas são geradas automaticamente. Entretanto, há quase 100 propriedades que podem ser definidas interativamente para cada usuário. Isso significa que você tem de determinar quais propriedades irá gerenciar e quem será responsável por cada uma dessas propriedades em sua rede.

Felizmente, você será capaz de delegar bem poucas propriedades para outras pessoas. Como muitas propriedades de um usuário têm relação com sua localização na organização, faz sentido permitir que os usuários gerenciem muitas de suas próprias propriedades no diretório. Provavelmente, também terá vários outros níveis administrativos em sua organização. Os níveis administrativos relacionados com o sistema serão tratados no Capítulo 7. Os níveis administrativos relacionados com o usuário são tratados neste capítulo. As tarefas administrativas serão tratadas no Capítulo 10.

User *versus* InetOrgPerson

O Active Directory inclui duas classes do objeto User: User e InetOrgPerson. O objeto da classe *User* é o objeto User tradicional que as organizações geralmente usam ao projetar as infra-estruturas da rede. Na parte intranet da rede da empresa, o objeto User é aquele no qual você irá se concentrar. E mais, se migrar os objetos User de uma rede Windows NT ou Windows 2000 existente para uma rede Windows Server 2003, as contas do usuário serão criadas com a classe do objeto User.

O *InetOrgPerson* é um novo acréscimo ao Active Directory. É uma classe de objeto encontrada nas mplementações padrões Lightweight Directory Access Protocol (LDAP) e foi adicionado ao Active Directory para fornecer uma melhor compatibilidade para essas implementações. No LDAP, é usado para representar as pessoas que estão associadas a uma organização de alguma maneira. No WS03, é quase exatamente igual ao objeto de classe User porque é derivado dessa classe. Na verdade, em uma floresta WS03 nativa, o objeto InetOrgPerson torna-se uma segurança completa principal permitindo que o objeto seja associado a uma senha da mesma maneira que um objeto User padrão. O InetOrgPerson é usado em várias implementações LDAP de terceiros e do diretório X.500 e é fornecido para facilitar as migrações desses diretórios para o Active Directory.

> **Nota** – *O InetOrgPerson estava disponível para o Windows 2000, mas como um patch para o Active Directory.*

As implementações Windows Server 2003 tenderão a se concentrar no objeto User em vez do objeto InetOrgPerson. Mas, se você precisar integrar uma aplicação do diretório que requeira o uso desse objeto, ou se pretender usar o Active Directory em sua rede externa (extranet) com os parceiros mantendo outros serviços de diretório, achará o acréscimo desse objeto de classe bem útil.

Ambos os tipos de objetos, User e InetOrgPerson, são criados da mesma maneira. Interativamente, eles podem ser criados usando o comando New (Novo) no menu contextual ou os botões da barra de ferramentas no console Active Directory Users and Computers (Usuários e Computadores Active Directory).

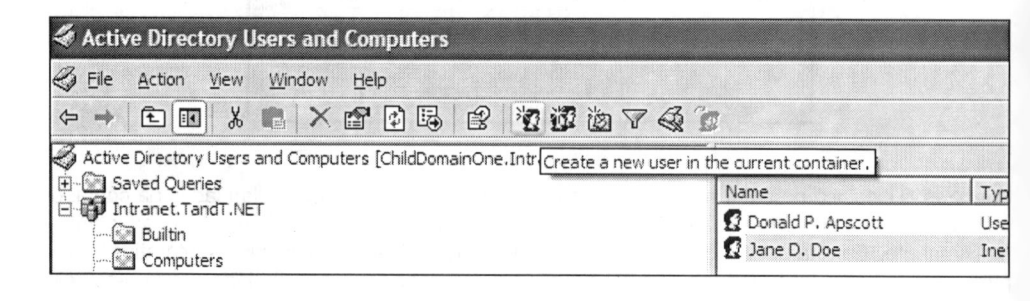

Como ambas as classes de objeto são bem parecidas, este capítulo se concentrará na classe do objeto User.

Objeto da classe Contact

Existe uma terceira classe de objeto como o User no Active Directory. É a classe de objeto *Contact*. Esse objeto é uma subclasse do objeto User. Porém, não é uma segurança principal. É em grande parte usado como um endereço de e-mail e pode assim ser usado para as finalidades de comunicação. O objeto Contact inclui menos da metade das propriedades do objeto User.

Os contatos podem ser incluídos em grupos no diretório, mas como não são seguranças principais, você não poderá atribuir-lhes permissões ou direitos do usuário. Criar contatos é o mesmo que criar objetos User ou InetOrgPerson.

Os contatos são mais usados para armazenar informações sobre as pessoas fora de sua organização (uma vez que você requer um meio de entrar em contato com elas) que não requerem um acesso para os recursos internos. Mais de 30 definições podem ser gerenciadas para cada contato. Essa tarefa é geralmente delegada às pessoas no Recursos Humanos pois não exigem um treinamento extenso, mas uma estrutura e controle.

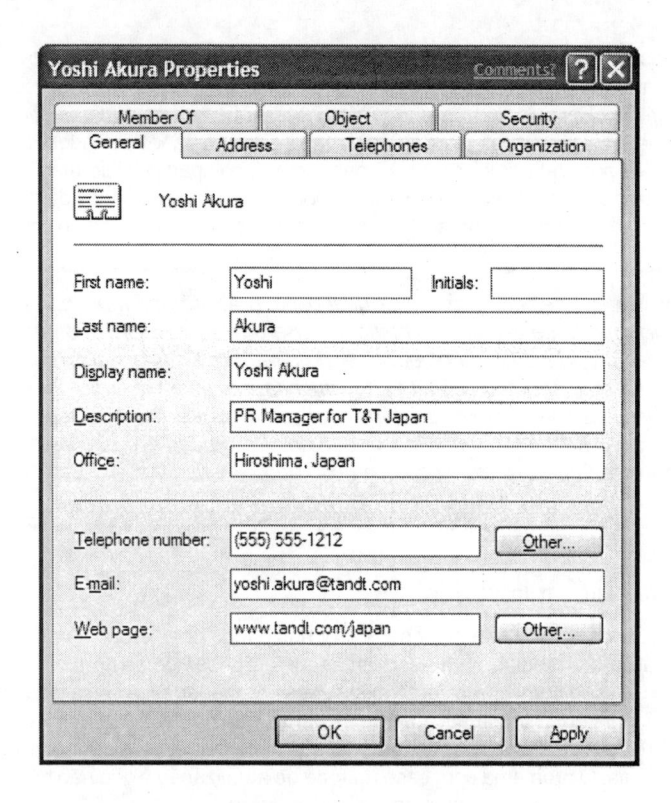

Folhas de propriedade do objeto User

Uma das atividades que você precisará executar durante a Fase de planejamento de seu diretório WS03 é identificar quais propriedades do objeto Use deseja gerenciar, quem será responsável pela administração dos valores de cada propriedade e como essas propriedades se integrarão com seus outros bancos de dados de gerenciamento da identidade em sua organização. Se determinar que o Active Directory será o banco de dados host para alguns valores de dados primários relacionados com o usuário, precisará assegurar-se de que esses valores estarão sempre atualizados, sempre protegidos e serão recuperáveis.

Na verdade, é bem possível que você decida que o AD seja a fonte primária para os dados do usuário na organização já que é repetido constantemente e está disponível para todos os membros da organização em todos os locais. Porém, lembre-se de que a réplica AD inclui a latência. Isso significa que você não deve armazenar dados que tenham uma natureza temporal no diretório. Por exemplo, pode armazenar o número de telefone do escritório de um usuário no diretório porque há chances de que outros usuários em sua rede não precisem dele imediatamente. Mas não deve armazenar a lista de preços de sua empresa no diretório, especialmente se a latência de sua réplica for significativa, porque significa que, quando mudar um preço, alguns usuários terão acesso ao antigo preço (a réplica não ocorreu ainda) e alguns terão acesso ao novo (a réplica ocorreu). Na melhor situação, isso levaria a clientes muito infelizes. Na pior, poderia levar a perdas potenciais financeiras para a empresa.

E mais, provavelmente você decidirá que o diretório é o devido lugar para armazenar os endereços comerciais do funcionário e os números de telefone, mas não os endereços pessoais do funcionário e outras informações pessoais porque os usuários podem pesquisar o diretório. Provavelmente, você mesmo não desejará que outros funcionários telefonem para você em casa para incomodá-lo com os problemas do escritório. Por outro lado, sua organização terá que ter essas informações, mas como são de natureza privada, muito provavelmente serão armazenadas no banco de dados Human Resources. Esse banco de dados pode ter um link com o AD para permitir compartilhar informações e possivelmente atualizar as informações no diretório. Do mesmo modo, os bancos de dados de gerenciamento dos itens teria um link com o AD para compartilhar informações sobre os recursos do computador.

> **Dica rápida** — *Antes de você decidir qual papel o AD irá desempenhar no processo de gerenciamento de dados do usuário, precisará ter uma melhor compreensão de cada uma das propriedades do objeto User no diretório. Uma tabela fornecendo uma lista completa dos atributos defaults e recomendações para os atributos que devem ser considerados como valores primários em sua organização pode ser encontrada em http://www.Reso-Net.com/WindowsServer/. Recomenda-se que você carregue essa tabela e se familiarize com seu conteúdo antes de finalizar sua Estratégia de gerenciamento do objeto User AD.*

Propriedades gerenciadas pelo usuário

Por default, os usuários podem gerenciar seus próprios dados no diretório. Tudo que eles têm que fazer é usar sua área de trabalho para pesquisar seus próprios nomes no Active Directory. Assim que eles encontrarem seu nome, precisarão exibir suas propriedades. A caixa de diálogo Properties (Propriedades) irá acinzentar automaticamente as partes que não podem alterar e exibirá em branco as partes sobre as quais eles têm controle. Em grande parte, eles controlarão suas próprias informações pessoais. O problema com esse método de atualização é que não há nenhum controle de qualidade sobre a entrada dos dados no Active Directory.

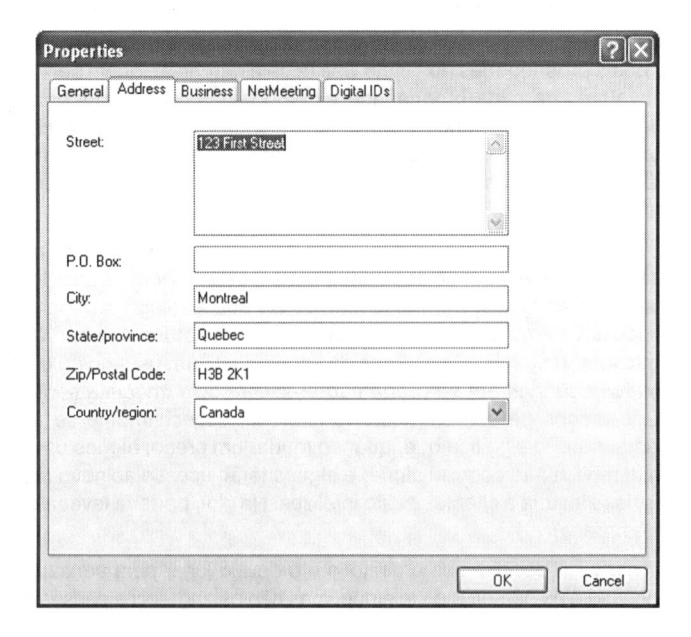

Capítulo 6: Como preparar a infra-estrutura da unidade organizacional do usuário ▶ **249**

Os usuários podem fornecer os números de telefone usando pontos, podem se esquecer de adicionar seu código de área, podem ainda fornecer mais de um número no campo e o Active Directory aceitará a entrada. Suportar esse tipo de modificação não levará ao tipo de entrada de informações padronizada requerida no nível da empresa.

Uma das melhores maneiras de permitir que os usuários gerenciem seus próprios dados é fornecer uma página Web intranet que localiza automaticamente seu nome no AD e deixar que eles modifiquem elementos como seu endereço e número de telefone, números de telefone adicionais e outras informações. Essa página Web pode autenticá-los quando eles chegam (usando as capacidades de uma assinatura do WS03 e o Internet Information Server), validar se as informações fornecidas estão no devido formato e atualizar automaticamente o diretório quando completado. Tal página Web pode facilmente ser construída usando a Active Directory Services Interface (ADSI) e as regras de validação do conteúdo simples para garantir que todos os valores serão fornecidos em um formato padrão. A Figura 6-2 mostra um exemplo de tal página Web. Note que a parte Address (Endereço) inteira pode ser mais controlada usando listas suspensas uma vez que as opções para cada endereço podem estar presentes. Outros campos como State/Province (Estado/Província), Zip/Postal Code (CEP/Código Postal) etc. podem ser preenchidos automaticamente quando o endereço da rua é selecionado. Isso remove a possibilidade de erros quando os usuários atualizarem suas próprias informações.

Como criar os objetos User

Há duas maneiras de ativar o User Creation Wizard (Assistente de Criação do Usuário): usando o comando New no menu contextual ou usando o ícone New User (Novo Usuário) na barra de ferramentas do console AD Users and Computers. Assim que o assistente for ativado, dois painéis principais serão exibidos. O primeiro lida com os nomes da conta. Nele, você definirá o nome completo do usuário, o nome de vídeo do usuário, seu nome de conexão ou seu nome principal do usuário (UPN) e seu nome de conexão de baixo nível (ou pré-Windows 2000).

A próxima tela lidará com a senha e os limites da conta. Digite a senha Default User (Usuário Default) e certifique-se de que a caixa de verificação "User must change password at next logon" (O usuário tem que mudar a senha na próxima conexão) esteja selecionado. Se o usuário não estiver pronto para tomar posse imediata da conta, você deverá marcar a opção "Account is disabled" (A conta está desativada) também. Poderá ainda definir uma senha para nunca expirar, além de estabelecer que o usuário não pode mudar a senha. Ambas geralmente são definidas para as contas não do usuário – as contas de serviço projetadas para operar os serviços ou as contas genéricas.

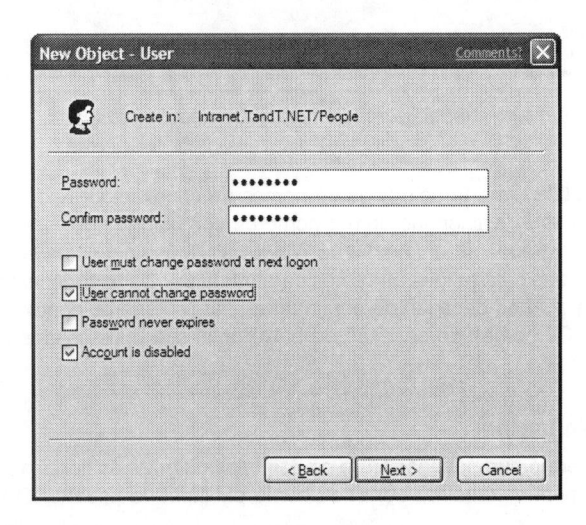

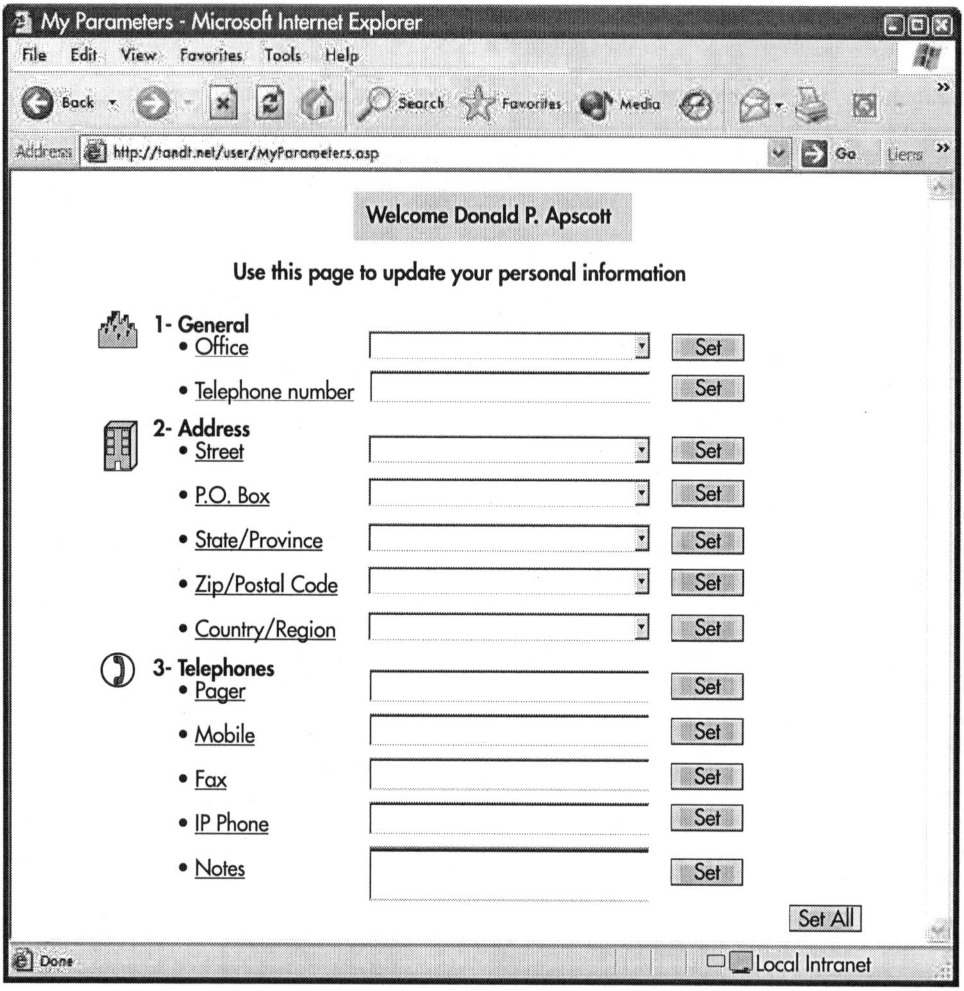

Figura 6-2 – *Uma página intranet de gerenciamento dos dados do usuário.*

O Windows Server 2003 suporta dois tipos de nomes de conexão: UPN e nome de conexão de baixo nível. O último está relacionado com o nome de conexão Windows NT que você deu aos usuários. Se estiver migrando de um ambiente Windows NT, use a mesma estratégia de nome de baixo nível (a menos que haja razões atraentes para mudá-la). Os usuários estarão familiarizados com essa estratégia e serão capazes de continuar a usar o nome de conexão com o qual estão mais familiarizados. Os nomes de conexão de baixo nível são mais usados no mesmo domínio WS03.

Nomes principais do usuário

Se seus usuários tiverem que navegar entre os domínios ou entre as florestas, você deverá fazer com que se acostumem a trabalhar com seu nome principal do usuário. O UPN é geralmente composto pelo nome do usuário e por um sufixo que inclui o nome do domínio ou floresta ao qual eles se conectam. Muitas organizações tendem a usar o endereço de e-mail do usuário como o UPN. Naturalmente, como nos exemplos neste livro, seu nome da floresta interno é baseado em uma extensão .net e seu nome externo é baseado em uma extensão.com ou outra pública, você precisará modificar o sufixo UPN default que é exibido ao criar as contas.

Isso é feito por meio do console Active Directory Domains and Trusts (Domínios e Consórcios Active Directory) no domínio-raiz da floresta com as credenciais Enterprise Administrator (Administrador da Empresa).

1. Inicialize o console Active Directory Domains and Trusts. Isso pode ser feito por meio do menu Start (Iniciar) ou do console Manage Your Server (Gerenciar Seu Servidor).
2. Clique com o botão direito do mouse em Active Directory Domains and Trusts e selecione Properties.
3. Vá para a aba UPN Suffix (Sufixo UPN), digite o novo sufixo e clique em Add (Adicionar).
4. Digite quantos sufixos forem requeridos. Um geralmente é tudo de que precisará se sua floresta tiver apenas uma árvore. Se você mantiver mais de uma árvore em sua floresta, irá requerer mais sufixos. Clique em OK quando terminar.
5. Feche o console AD Domains and Trusts.

O novo sufixo agora será exibido na caixa de diálogo User Logon Name (Nome de Conexão do Usuário) e poderá ser atribuído aos usuários. Tenha cuidado com o modo como usa os sufixos UPN. Remover um sufixo UPN, que está em uso, fará com que os usuários sejam incapazes de se conectarem. O WS03 dará um aviso quando você executar essa operação.

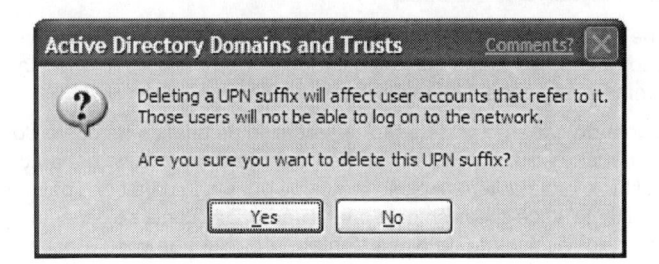

Contas WS03 defaults

O WS03 instala várias contas defaults quando você cria seu primeiro controlador do domínio. São parecidas com as contas defaults criadas nas estações de trabalho ou nos Member Servers (Servidores do Membro). Elas incluem:

- **Administrator** É a conta de administração global para o domínio. Deve ser renomeada através de um GPO e bloqueada. Uma senha forte deve ser definida nessa conta. Todas as atividades de gerenciamento do domínio devem ser executadas através de contas que são cópias dessa conta principal. Outras tarefas de administração devem ser executadas através das contas que têm permissões específicas para os serviços que elas têm de gerenciar.
- **Guest** Esta conta é desativada por default e não faz parte do grupo Authenticated Users (Usuários Autenticados). É projetada para permitir que convidados acessem sua rede. O acesso do convidado não é mais muito popular. Sempre é melhor criar contas de acesso limitadas e ativá-las quando necessário.

- **HelpAssistant_nnnnnn**   Esta conta é projetada a fornecer uma Remote Assistance (Assistência Remota) no domínio. É ativada por default. No mínimo, sua senha deve ser redefinida para que você mantenha controle sobre a conta. Uma senha forte deve ser definida para essa conta. Se Remote Assistance não for planejada para o site, mude a senha e desative a conta. (nota: *nnnnnn* refere-se a um número gerado aleatoriamente com base no nome do domínio.)

- **krbtgt**   Esta conta é a Key Distribution Center Service Account. É desativada por default e usada apenas quando você coloca uma infra-estrutura da chave pública (PKI) no lugar correto em seu domínio.

- **SUPPORT_388945a0**   É um exemplo de conta do revendedor, neste caso: a Microsoft. É fornecida para permitir que a Microsoft forneça um suporte on-line direto através da Remote Assistance. É desativada por default.

Todas essas contas também são encontradas nos sistemas locais exceto a conta krbtgt, uma vez que uma infra-estrutura da chave pública requer um domínio para funcionar. E mais, o nome da conta HelpAssistant nas máquinas Windows XP não inclui nenhum número. Todas as contas defaults estão localizadas no contêiner Users no Active Directory.

Administrator   Guest   HelpAssista...   krbtgt   SUPPORT_3...

Como usar as contas do gabarito

A maneira ideal de criar uma conta é usar um gabarito. As contas do gabarito têm sido suportadas nas redes Microsoft desde as primeiras versões do Windows NT e são suportadas no Windows Server 2003. Porém, há algumas diferenças significantes.

Para criar uma conta do gabarito, você usará o processo de criação da conta do usuário padrão, mas atribuirá propriedades diferentes à conta. Para tal coisa, a conta do gabarito terá sempre que estar desativada. Não é projetada para o uso regular; é projetada para ser a base para a criação de outras contas. Para tanto, você simplesmente precisará copiar a conta do gabarito. O WS03 inicializa o New Account Wizard (Assistente da Nova Conta) e permite que você atribua um novo nome e senha enquanto mantém várias propriedades da conta do gabarito. As propriedades mantidas são descritas na Tabela 6-1.

> **Dica rápida** – *Para o caminho do perfil e os nomes da pasta pessoal serem modificados, a definição usada para criar o caminho do perfil da conta do gabarito e a pasta pessoal terá que ser executada com a variável %username% (ou seja, usando um UNC mais a variável, por exemplo: \\server\sharename\%username%).*

As contas do gabarito são mais adequadas para a delegação da criação da conta. Projetar uma conta do gabarito para um usuário representativo e delegar o processo de criação da conta com base nas cópias dessa conta ao invés da criação de uma nova conta a partir do zero irá assegurar que os padrões de sua empresa serão mantidos mesmo que você delegue essa atividade. E mais, os usuários representativos não podem criar contas com mais direitos de segurança do que a conta do gabarito que você delega para eles.

Tabela 6-1 – A Retenção do Atributo da Conta do Gabarito

Aba da caixa de diálogo User Properties	Valores mantidos
General (Geral)	Nenhum
Address (Endereço)	Tudo, exceto o endereço da rua
Account (Conta)	Horas da conexão Conectar.... O usuário tem que mudar a senha na próxima conexão A conta é desativada A senha nunca expira O usuário não pode modificar a senha
Profile (Perfil) (Nota: Esta aba está se tornando obsoleta no WS03)	Tudo, mas o caminho do perfil e a pasta pessoal são alterados para refletirem o nome do novo usuário
Telephones (Telefones)	Nenhum
Organization (Organização)	Tudo, exceto o título
Terminal Services Profile (Perfil dos Serviços do Terminal)	Nenhum; a conta é redefinida para as definições defaults
Environment (Ambiente)	Nenhum; a conta é redefinida para as definições defaults
Sessions (Sessões)	Nenhum; a conta é redefinida para as definições defaults
Remote control (Controle remoto)	Nenhum; a conta é redefinida para as definições defaults
COM+	Nenhum
Published Certificates (Certificados Publicados)	Nenhum
Member of (Membro de)	Tudo
Dial-in (Discagem)	Nenhum; a conta é redefinida para as definições defaults
Security (Segurança)	Tudo

Poderá também ver que mesmo com uma conta do gabarito, diversos valores precisam ser redefinidos sempre que você copia a conta. É um excelente argumento para o uso dos objetos Group Policy para definir esses valores em vez de limitar seu uso em cada conta. Os GPOs definem os valores globalmente apenas sendo descritos em um local central. É o método recomendado a usar.

Gerenciamento pesado do usuário

O Windows Server 2003 oferece várias melhorias em relação à capacidade de gerenciar vários objetos de uma só vez. Por exemplo, agora você pode selecionar diversos objetos, arrastá-los e soltá-los de um local para outro no diretório porque essa funcionalidade é suportada nos consoles AD.

Poderá também selecionar vários objetos e modificar algumas de suas propriedades ao mesmo tempo. Por exemplo, poderá selecionar vários objetos User e modificar sua descrição em uma etapa. Poderá também mover várias contas de uma só vez, ativá-las ou desativá-las, adicioná-las a um grupo, enviar correspondência para eles e usar as funções de cortar e colar padrões.

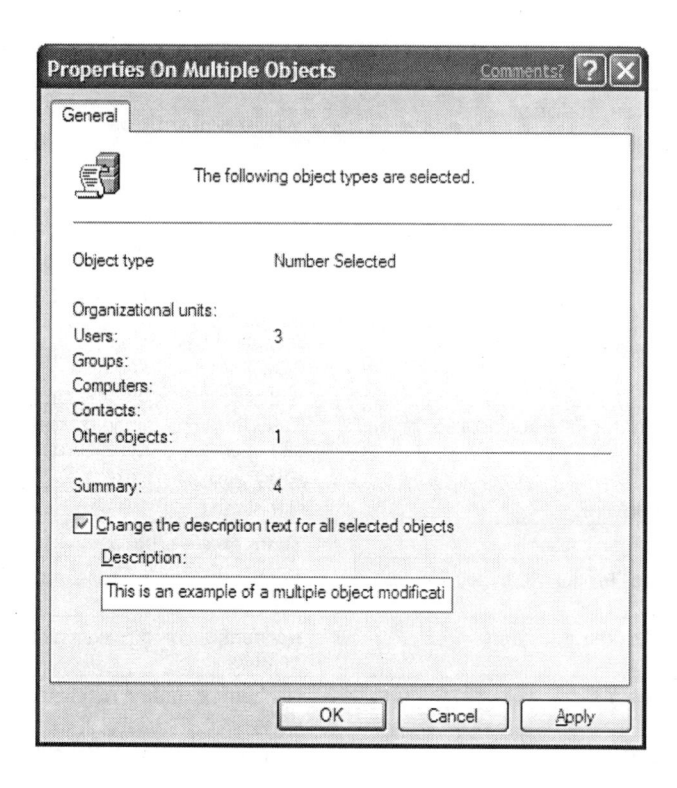

Mas quando precisar executar tarefas de gerenciamento pesado do usuário – por exemplo, modificar as definições em grandes quantidades de usuários – será melhor usar scripts. O WS03, como o Windows 2000, suporta o conjunto de ferramentas Windows Scripting Host (WSH). O WSH inclui a capacidade de criar e executar script no Visual Basic Script (VBS) ou no JavaScript. E mais, com o uso do ADSI e WMI, poderá simplesmente criar serviços poderosos que executarão modificações pesadas para você.

Quando chegar o momento de criar um grande número de usuários, você achará que as Windows Server Support Tools e o Resource Kit incluem várias ferramentas diferentes que poderão ser usadas para ajudar nessas situações. Algumas das mais importantes são:

- **ClonePrincipal**   Uma série de scripts VBS que copiam as contas do NT para o WS03.
- **AddUser**   Um script VBS que adiciona os usuários encontrados em uma planilha Excel ao diretório.
- **Active Directory Migration Tool (ADMT)**   Migra os usuários do Windows NT ou do Windows 2000 para o WS03. Inclui a migração da senha. Mais informações estarão disponíveis no Capítulo 10.

Há também ferramentas de terceiros que fornecem essa funcionalidade. Sua vantagem é que fornecem capacidades completas de relatório enquanto migram ou criam grandes números de usuários.

Dica rápida – *Mais informações sobre o script do usuário está disponível no Microsoft Script Center (http://www.microsoft.com/technet/treeview/default.asp?url=/technet/scriptcenter/sampscr.asp).*

Capítulo 6: Como preparar a infra-estrutura da unidade organizacional do usuário ▶ **255**

Como gerenciar e administrar os grupos

Os objetos do usuário são criados no diretório por várias razões. Uma das mais importantes é a atribuição de permissões no diretório, assim como permissões para acessar os objetos fora do diretório como as filas da impressora e as pastas de arquivo. As permissões são atribuídas usando grupos. Na verdade, uma das primeiras melhores práticas que você aprende em qualquer ambiente de rede é que nunca se atribuem permissões a usuários individuais, sempre a grupos.

Atribuir permissões é uma tarefa complexa. Se você atribuir permissões a um usuário e, no dia seguinte, outro usuário aparecer requerendo as mesmas permissões, terá de iniciar de novo, a partir do zero. Mas se atribuir as permissões a um grupo, mesmo que haja apenas uma pessoa no grupo e outro usuário aparecer requerendo as mesmas permissões, tudo que precisará fazer é colocar o usuário no grupo.

Por outro lado, essa estratégia funcionará apenas se você tiver uma documentação completa sobre cada um dos grupos criados em seu diretório. Será fácil incluir usuários em um grupo existente se você criou o grupo ontem e, hoje, alguém exigir os mesmos direitos. Mas se criou o grupo ano passado e alguém exigir os mesmos direitos hoje, há chances de que poderá não lembrar que o grupo original existe. Esse problema é agravado quando o gerenciamento do grupo é distribuído. Você poderá lembrar por que criou um grupo, mas os outros administradores do grupo em sua organização não terão a idéia de que o grupo existe, a menos que encontre uma maneira de lhes dizer.

Isso geralmente leva a uma proliferação de grupos na organização. Eis o motivo. O Admin 1 cria um grupo para uma finalidade específica. O Admin 1 coloca os usuários no grupo. O Admin 2 vem um pouco mais tarde com outra solicitação para os mesmos direitos. O Admin 2 não sabe que o grupo que o Admin 1 criou existe. Portanto, para ter segurança, o Admin 2 cria um novo grupo com a mesma finalidade etc. A maioria das organizações que não tem uma abordagem estruturada para o gerenciamento dos grupos achará que, quando migrarem do Windows NT para o Windows Server 2003, precisarão executar uma racionalização extensa do grupo – precisarão fazer inventário para todos os grupos, descobrir quem é o responsável pelo grupo, descobrir a finalidade do grupo, descobrir se ele ainda é necessário. Se respostas não puderem ser encontradas para essas perguntas, então o grupo será um bom candidato à racionalização e eliminação.

A melhor maneira de evitar esse tipo de situação é documentar todos os grupos todas as vezes e garantir que essa documentação seja comunicada a todo o pessoal afetado. O Active Directory fornece a solução ideal. O gerenciamento do grupo no AD é simplificado uma vez que o objeto Group suporta várias propriedades novas que ajudam no processo de gerenciamento do grupo:

- **Description** (Descrição) Este campo estava presente no Windows NT, mas é raramente usado. Use-o totalmente no Windows Server 2003.
- **Notes** (Notas) Este campo é usado para identificar a finalidade total de um grupo. Essa informação fornecerá muita ajuda no gerenciamento do grupo a longo prazo. Description e Notes estão na aba Geral da caixa de diálogo Group Properties (Propriedades do Grupo).
- **Managed by** (Gerenciado por) Este campo é usado para identificar o gerente do grupo. Um gerente do grupo não é necessariamente o administrador do grupo como pode ser evidenciado na caixa de verificação Manager can update membership list (O gerente pode atualizar a lista de membros). Marque essa caixa se tiver regras de delegação e seu gerente do grupo também for seu administrador do grupo. Essa página de propriedade inteira é dedicada a assegurar que você saiba quem é responsável pelo grupo todas as vezes.

Preencher esses campos é essencial em uma estratégia de gerenciamento dos grupos da rede da empresa.

> **&& Dica rápida** – *A Microsoft fornece excelentes informações de referência sobre esse tópico em http://www.microsoft.com/technet/treeview/default.asp?url=/technet/ prodtechnol/ad/ windows2000/maintain/adusers.asp.*

Tipos de grupo WS03 e escopos do grupo

O Windows Server 2003 se orgulha de ter dois tipos de grupo principais:

- **Security** Os grupos que são considerados objetos de segurança e que podem ser usados para atribuir direitos de acesso e permissões. Esses grupos também podem ser usados como um endereço de e-mail. Os e-mails enviados para o grupo são recebidos por cada usuário individual que é membro do grupo.

- **Distribution** (Distribuição) Os grupos que não têm a segurança ativada são em grande parte usados em conjunto com as aplicações de e-mail como o Microsoft Exchange ou aplicações de distribuição do software como o Microsoft Systems Management Server 2003.

Os grupos nas florestas WS03 nativas podem ser convertidos de um tipo em outro a qualquer momento.

Além do tipo do grupo, o WS03 suporta vários escopos do grupo diferentes. Os escopos do grupo são determinados pelo local do grupo. Se o grupo estiver localizado em um computador local, seu escopo será local. Isso significa que seus membros e as permissões atribuídas a ele afetarão apenas o computador no qual o grupo está localizado. Se o grupo estiver contido em um domínio em uma floresta, terá um escopo do domínio ou da floresta. Novamente, os modos do domínio e da floresta têm um impacto na funcionalidade do grupo. Em uma floresta WS03 nativa, você será capaz de trabalhar com os seguintes escopos do grupo:

- **Domain Local** (Domínio Local) Os membros podem incluir contas (usuário e computador), outros grupos Domain Local, grupos Global e grupos Universal.

- **Global** Os membros podem incluir contas e outros grupos Global de dentro do mesmo domínio.

- **Universal** Os membros podem incluir as contas, grupos Global e grupos Universal de qualquer lugar na floresta ou mesmo florestas cruzadas se houver um consórcio.

O escopo do grupo é mostrado na Figura 6-3. Em uma floresta WS03 nativa, você pode mudar o escopo de um grupo. Os grupos Global podem ser alterados para Universal, Universal para Domain Local etc. Porém, há algumas restrições nas alterações do escopo:

- Os grupos Global não poderão se tornar grupos Universal se já pertencerem a outro grupo Global.

- Os grupos Universal não poderão se tornar grupos Global se incluírem outro grupo Universal.

- Os grupos Universal podem se tornar grupos Domain Local a qualquer momento porque os grupos Domain Local podem conter qualquer tipo de grupo.

- Os grupos Domain Local não poderão se tornar grupos Universal se contiverem outro grupo Domain Local.

- Todas as outras alterações de escopo do grupo são permitidas.

Os grupos podem ser *aninhados* no WS03. Isso significa que um grupo pode incluir outros grupos do mesmo escopo. Assim, você poderá criar "super" grupos que são projetados para conter outros subgrupos do mesmo tipo. Como pode ver, sem algumas normas básicas, usar grupos no WS03 poderá ficar bem confuso. Primeiro, você precisa compreender como os grupos defaults foram definidos no diretório.

> **Dica rápida** – *Uma das melhores maneiras de se familiarizar com os grupos defaults no WS03 é usar a tabela de informações do grupo default localizada no site Web http://www.Reso-Net.com/WindowsServer/.*

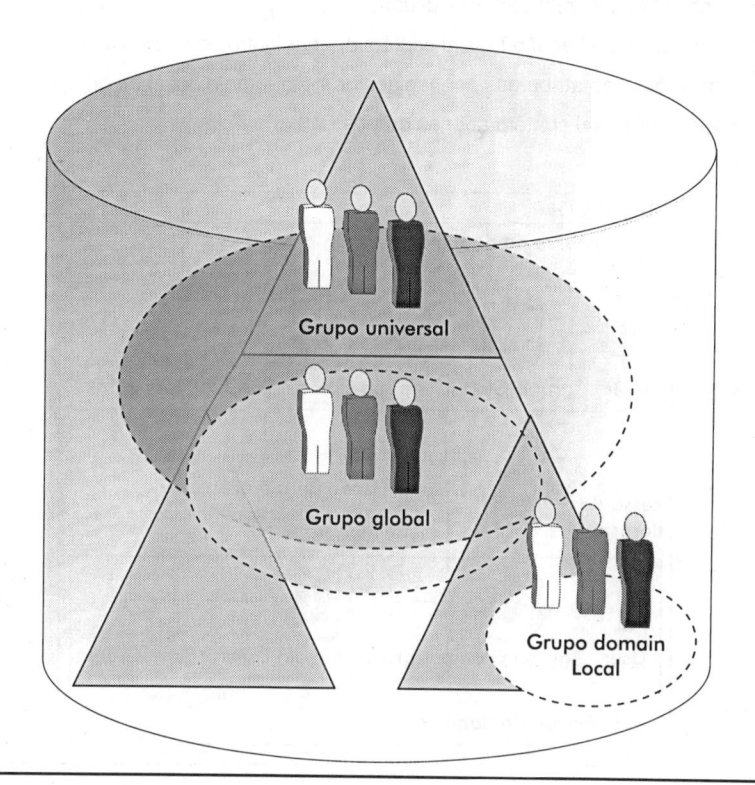

Figura 6-3 – *Os escopos do grupo em uma floresta.*

Melhores práticas para o gerenciamento/criação do grupo

As práticas de gerenciamento do grupo podem ficar bem complexas. É por isso que uma estratégia de gerenciamento do grupo é essencial para a operação da rede de uma empresa. Essa estratégia começa com as regras e normas de melhores práticas. É complementada por um uso estratégico de grupos Global ou grupos projetados para conter os usuários. Os escopos variáveis de todos os grupos no Active Directory não ajudarão suas atividades de gerenciamento do grupo se você não implementar normas básicas para o uso do grupo. Assim, há uma regra de melhor prática para usar os grupos. É a regra User-Global Group-Domain Local Group-Permissions ou regra UGLP. Essa regra descreve como os grupos são usados.

Começa com a colocação dos usuários. Todos os usuários são colocados nos grupos Global e apenas nos grupos Global. Em seguida, os grupos Global são colocados nos grupos Domain Local e em grande parte nos grupos Domain Local. As permissões são atribuídas aos grupos Domain Local e apenas aos grupos Domain Local. Quando os usuários precisam acessar os objetos em outros domínios, seu grupo Global é incluído no grupo Domain Local do domínio de destino. Quando os usuários precisam acessar os objetos localizados na floresta inteira, seu grupo Global é inserido em um grupo Universal. Essa regra é mostrada na Figura 6-4.

Enfim, essa regra é resumida como a seguir:
- Os grupos Global contêm apenas usuários.
- Os grupos Domain Local ou Local contêm apenas outros grupos (Global ou Universal).
- As permissões são atribuídas apenas aos grupos Domain Local ou aos grupos Local.
- Os grupos Universal contêm apenas grupos Global.

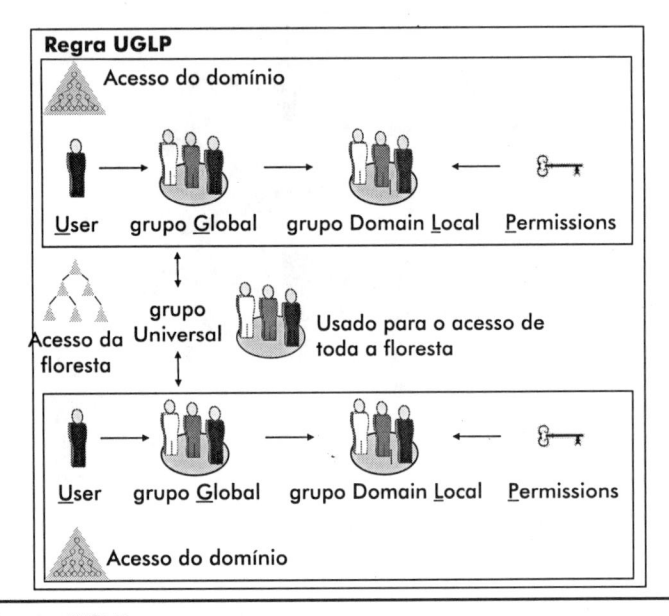

Figura 6-4 – *A regra UGLP.*

Esta regra é suportada pelas seguintes normas adicionais:
- Todos os nomes do grupo são padronizados.
- Todos os grupos incluem descrições detalhadas.
- Todos os grupos incluem notas adicionais.
- Todos os gerentes do grupo são identificados claramente.
- A equipe de gerenciamento do grupo é treinada para compreender e usar essas normas.
- As atividades de verificação da finalidade do grupo são executadas regularmente.
- Uma ferramenta de relatório de uso do grupo é colocada para fornecer atualizações regulares do conteúdo do grupo.

Os nomes padrões e a administração do gerente do grupo são as duas áreas que requerem mais análise antes de finalizar a Estratégia de gerenciamento do grupo.

Capítulo 6: Como preparar a infra-estrutura da unidade organizacional do usuário ▸ **259**

> 🏍 **Dica rápida** – *O site Web complementar inclui ferramentas que você poderá usar para documentar a estratégia de seu grupo em http://www.Reso-Net.com/WindowsServer/.*

Nomenclatura do grupo padrão e delegação

No Windows NT, muitas organizações implementaram uma estratégia de nomenclatura padrão para os grupos Global e Local. Era simples; coloque um "G_" ou "L_" no início do nome de cada tipo de grupo. Mas no Windows 2000 e WS03, os grupos podem ter nomes mais complexos. Na verdade, os grupos têm três nomes:

- O nome do grupo WS03, que é o nome que você usará para gerenciar o grupo.
- O nome do grupo de baixo nível, que é parecido com o nome usado no Windows NT.
- O endereço de e-mail do grupo, que é como você se comunica com os membros de um grupo.

Assim, deverá reconsiderar como irá nomear os grupos para usar melhor o diretório. Você deve levar em consideração a possível delegação do gerenciamento dos membros do grupo. Por exemplo, se seu departamento de relações públicas quiser que você crie um grupo especial para eles que usarão para atribuir as permissões do arquivo e da pasta e se comunicar com todos os gerentes RP na empresa, você poderá muito bem decidir que, assim que o grupo for criado, não desejará ser sobrecarregado com a administração diária de seu conteúdo. Assim, poderá delegar o gerenciamento do conteúdo do grupo para alguém no departamento RP. Isso poderia ser feito para vários grupos.

Como somente os grupos Global podem conter usuários, você precisará apenas considerar a delegação dos grupos Global. E mais, mantendo o gerenciamento dos grupos Domain Local, manterá controle sobre as permissões e os direitos atribuídos a qualquer usuário na organização.

E mais, lembre-se de que os usuários podem pesquisar o diretório. Em uma rede da empresa, você desejará manter um controle firme da criação e multiplicação dos grupos. Portanto, sua estratégia básica deverá se concentrar em combinar as funções do grupo o máximo possível. Por exemplo, se integrar o Microsoft Exchange em seu diretório, precisará gerenciar muito mais os grupos de distribuição. Mas se sua estratégia do grupo de segurança for bem definida, então vários de seus grupos de segurança existentes se dobrarão como grupos de distribuição. Portanto, você deve ter consideravelmente menos grupos de distribuição do que grupos de segurança. Poderá ainda não ser de criar nenhum grupo de distribuição se fez seu trabalho de casa.

Portanto, se acha que estará delegando o gerenciamento do membro do grupo Global pelo menos para alguns grupos Global ou acha que poderá um dia precisar ter grupos de segurança, geralmente os grupos Global Security, dobrando-se como grupos de distribuição, deverá reconsiderar sua estratégia de nomenclatura do grupo. Os usuários cotidianos não se sentirão confortáveis com os grupos denominados G_PRMGR ou L_ DMNADM.

Assim uma Estratégia de nomenclatura do grupo da empresa deve levar em conta as seguintes normas:

- Os grupos Global e Universal devem ser nomeados sem identificar seu escopo. A identificação do escopo é exibida automaticamente no diretório para que não seja um problema para os administradores.
- Como podem ser acessados pelos usuários para as finalidades de comunicação ou pelos usuários representativos para as finalidades de gerenciamento do membro, os grupos Global e Universal devem ser nomeados usando a linguagem comum.

HelpServicesGroup	Security Group - Domain Local
PC Technicians (Local)	Security Group - Domain Local
RAS and IAS Servers	Security Group - Domain Local
Central Technicians	Security Group - Global
Common Users	Security Group - Global

- Os grupos Universal devem incluir o nome da organização para identificar se são grupos de toda a floresta.
- Os nomes de baixo nível não devem incluir o escopo para os grupos Global e Universal porque os usuários podem também acessar o nome de baixo nível.
- Os grupos Domain Local devem ser nomeados incluindo o identificador "(Local)" no final do nome. Isso permite que os administradores pesquisem todos os grupos locais mais facilmente.
- Os nomes de baixo nível para os grupos Domain Local devem ser precedidos por "L_" para simplificar sua identificação no diretório (mais uma vez pelos administradores).
- Todos os grupos Domain Local devem ser contidos em OUs que neguem os direitos de leitura para os usuários comuns. Isso irá garantir que os resultados da consulta do diretório do usuário nunca incluirão os grupos Domain Local e sempre incluirão apenas os grupos para os quais os usuários devem ter acesso. Os grupos especiais como Domain Admins, Enterprise Admins, Schema Admins e Administrators devem ser movidos para contêiner que neguem os direitos de leitura do usuário para que os usuários não possam identificar esses papéis especiais da segurança em sua organização.

A Tabela 6-2 lista alguns nomes de amostra para os diferentes grupos.

Tabela 6-2 – Exemplos de Nomes do Grupo

Escopo do grupo	Exemplo de nome
Grupo Universal	T&T Public Relations Managers; T&T Technicians; T&T Administrative Assistants
Nome de baixo nível do grupo Universal	T&T PR Managers; T&T Technicians; T&T Admin Assistants
Grupo Global	Public Relations Managers; Region 1 Technicians; Region 1 Administrative Assistants
Nome de baixo nível do grupo	PR Managers; R1 Technicians; R1 Admin Assistants Global
Grupo Domain Local	Public Relations Managers (Local); Region 1, Technicians (Local); Region 1 Admin Assistants (Local)
Nome de baixo nível do grupo Domain Local	L_PR_MGR; L_R1_Techs; L_R1_AdmAss

Usar tal estratégia de nomenclatura reduzirá muito as dores de cabeça de gerenciamento do grupo. Essa estratégia de nomenclatura junto com as normas descritas antes deverão produzir os seguintes resultados:

- Os grupos Universal são menores em número. Eles são usados apenas para finalidades muito especiais.
- Os grupos Domain Local são menores que os grupos Global. Como as permissões são atribuídas aos grupos Domain Local, você deverá ser capaz de criar menos desses grupos

Deve ser possível identificar se certos grupos, que podem precisar ser separados no membro do usuário, devem, entretanto, ser atribuídos às mesmas permissões.
- Os grupos Global Security devem ser o tipo de grupo mais numeroso em sua floresta. Esses grupos executam uma tarefa dupla como grupos de segurança e de distribuição.
- Os grupos Global Distribution devem ser menos numerosos que os grupos Global Security. Os grupos de distribuição devem ser usados apenas se não houver nenhum grupo de segurança que possa satisfazer a mesma finalidade.

Mantenha esses resultados. O gerenciamento dos grupos requer controles rígidos, especialmente se for uma tarefa delegada. A Figura 6-5 descreve o Fluxograma do processo de criação do grupo para simplificar suas atividades de gerenciamento do grupo.

Gerenciamento da propriedade do grupo

Um dos aspectos do gerenciamento do grupo que é essencial para sua estratégia é a atribuição dos gerentes do grupo. Quando você identifica um gerente do grupo, localiza uma conta do usuário em seu diretório e atribui o papel do gerente a esse usuário. Quando o gerente muda, você tem de modificar a propriedade de cada grupo. O Active Directory fornece uma maneira automatizada de fazer isso.

Ao passo que as pessoas trabalham com o usuário na base do nome da conta, o Active Directory não. Ele identifica todos os objetos através de números especiais: Security Identifier (SID ou Identificador de Segurança) ou Globally Unique Identifier (GUID ou Identificador Exclusivo Globalmente). Os chefes da segurança (as contas do usuário) são identificados pelo seu SID. Quando um gerente muda, se você desativar a conta do primeiro gerente e criar uma nova conta, terá de reatribuir todas as permissões e direitos do usuário da primeira conta.

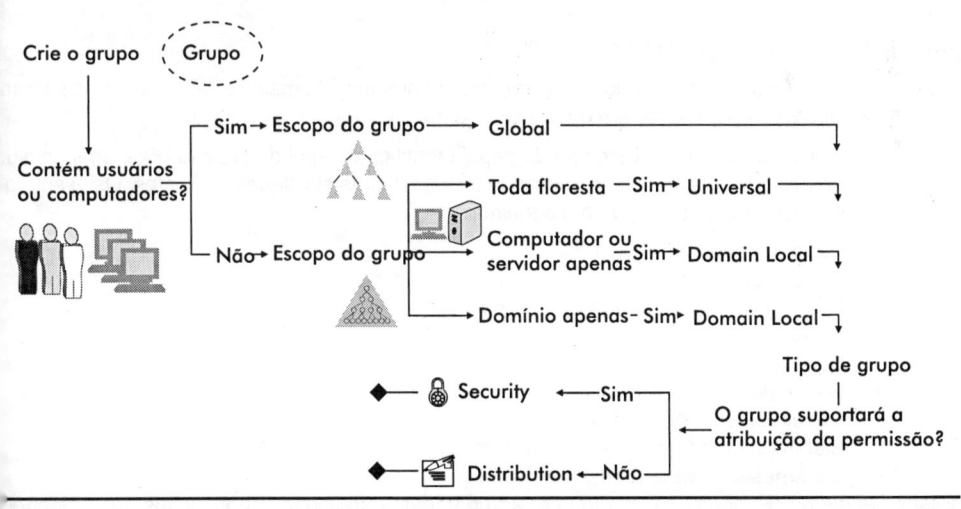

Figura 6-5 – *O fluxograma do processo de criação do grupo.*

Se por outro lado, você tratar as contas do usuário como papéis do usuário em sua organização em vez de indivíduos, poderá aproveitar os recursos do Active Directory para facilitar seu trabalho. Para tanto, precisará desativar e renomear as contas em vez de recriá-las. Por exemplo, Ruth Becker, a gerente de grupo para o grupo RP Global Security, sai da empresa. Como você sabe que sua organização não irá operar sem alguém no papel de Ruth, não apagará sua conta, apenas irá desativá-la. Alguns dias mais tarde, John Purdy é contratado para substituir Ruth. Agora você poderá reativar a antiga conta de Ruth, renomeá-la como John Purdy, redefinir a senha e fazer uma alteração da senha na próxima conexão. John terá automaticamente todos os direitos e permissões de Ruth ou todos os direitos e permissões que vêm com esse novo papel na organização.

Isso ainda irá se aplicar se uma pessoa mudar apenas de posições na organização. Mais uma vez, como as pessoas trabalham com nomes e o AD trabalha com SIDs, usar uma nova conta ou uma conta renomeada será completamente transparente para elas. Por outro lado, as vantagens de renomear a conta são enormes para o administrador do sistema porque você terá apenas de executar algumas tarefas e terá terminado.

Em alguns casos, os funcionários da segurança serão contra essa prática porque têm medo de que não serão capazes de controlar a atividade do usuário na rede. Eles estão corretos de um certo modo. Como o AD controla os usuários através de seus SIDs, o SID é o único valor garantido quando você exibe os relatórios da auditoria. Quando você muda o nome de um usuário, está reutilizando continuamente o mesmo SID. Se não mantiver registros rígidos que ajudem a controlar quando o nome do usuário para um SID foi modificado, não será capaz de saber quem possuía esse SID antes do usuário atual. Pior, não saberá quando o usuário atual se tornou proprietário do SID. Isso poderia causar problemas para o usuário, especialmente se o primeiro proprietário executou algumas ações desonestas antes de sair.

Novamente, manter um controle rígido do registro é uma parte importante de uma Estratégia de gerenciamento do usuário e do grupo. E mais, você precisará executar um processo de identificação do gerente do grupo antes de poder prosseguir com a criação de qualquer grupo em sua rede paralela.

Melhor prática: Como gerenciar os grupos Global

Os grupos Global são os grupos usados para conter usuários. Na maioria das redes da empresa os grupos Global criados ficarão em quatro categorias:

- **Papéis do usuário IT**   Este tipo de papel identifica o papel do usuário IT de uma pessoa na organização. Os papéis do usuário IT incluem várias atividades diferentes. Os exemplos desses tipos de grupo incluem o seguinte:
    - Usuário genérico
    - Funcionário das informações
    - Gerenciamento e suporte do gerenciamento
    - Profissionais
    - Desenvolvedor do usuário final
    - Editor Web/intranet
    - Desenvolvedor do sistema
    - Sistemas ou administrador da segurança
    - Sistemas e suporte do usuário

Esses papéis do usuário IT permitem criar agrupamentos de usuários horizontais que estender sua organização e permitem gerenciar as pessoas que executam tarefas parecidas não importand onde estejam localizadas na organização e em sua estrutura AD. Esses papéis estão relacionado com os papéis de ocupação do computador identificados no Capítulo 5. Experimente limitar esse papéis a menos de 20.

- **Grupos da linha de negócios**   Na maioria dos casos, você também precisará ser capa de gerenciar os usuários na vertical. Por exemplo, se o departamento financeiro quise entrar em contato com todos os seus membros, um grupo Finance Global será requerido

Muitos desses agrupamentos terão sido criados com a estrutura da unidade organizacional em seu domínio, mas você não poderá usar uma OU para enviar as mensagens de e-mail, assim um grupo ainda será requerido. E mais, muitos departamentos terão pessoas distribuídas em um grande número de OUs, especialmente se sua organização incluir escritórios regionais e você precisar delegar atividades de gerenciamento regionais. Tente manter esses agrupamentos em um mínimo também. Em muitas organizações, a regra "Departamento menos 1" é tudo que é requerido. Isso significa seguir a estrutura hierárquica da empresa em um nível abaixo dos departamentos. Assim, no departamento Financeiro, você encontraria o grupo Financeiro, então A Pagar, Folha de Pagamento, Compra etc. Poderá requerer uma divisão mais detalhada para seus grupos no próprio departamento IT.

- **Grupos baseados em projetos** As organizações estão executando constantemente projetos. Cada projeto é composto por pessoas diferentes de seções diferentes da organização. Os projetos são voláteis e permanecem apenas por períodos definidos de tempo. Assim, diferentes dos dois tipos de grupo anteriores, os grupos baseados em projetos não são permanentes. Por isso, esse tipo de grupo é aquele que dá mais trabalho. Também é por causa disso que esse tipo de grupo pode envolver a criação de outros escopos do grupo, não para a inclusão de usuários, mas para a atribuição de permissões para os recursos do projeto. Novamente, tente manter um controle rígido sobre o número de grupos criados.

- **Grupos administrativos especiais** O último tipo de grupo Global é o tipo de grupo administrativo especial. Como os dois primeiros tipos de grupo, esse tipo de grupo é mais estável que os grupos de projeto. É requerido para suportar a aplicação dos direitos administrativos especiais para os grupos de usuários. Por exemplo, se você precisar filtrar a Group Policy ou atribuir recursos específicos Grou Policy usando os grupos de segurança, faria isso através de um grupo administrativo especial.

Seja qual for o tipo de grupo criado ou gerenciado, lembre-se de que a chave para uma estratégia de gerenciamento do grupo bem-sucedida é a documentação, dentro e fora do diretório. Documente seus grupos no diretório usando as estratégias descritas anteriormente. Documente seus grupos fora do diretório através de bancos de dados externos e outros métodos de documentação. Novamente, as ferramentas no site Web complementar serão úteis para suportar essa tarefa.

Como criar um projeto OU para as finalidades de gerenciamento do usuário

Agora que você tem uma boa compreensão dos grupos e do que pretende fazer com eles, poderá prosseguir para a finalização de seu projeto OU para o gerenciamento do usuário. Primeiro, precisará revisar a estrutura People OU proposta no Capítulo 3. Uma People OU é usada aqui porque o contêiner User no Active Directory não é uma OU. Portanto, você não poderá usá-lo para criar uma subestrutura OU ou aplicar a Group Policy em seus objetos de pessoas.

Estrutura People OU

A estrutura People OU tem que suportar a aplicação Group Policy baseada em usuários assim como alguma delegação de tarefas administrativas do usuário. Como o Active Directory é um banco de dados que deve ser o mais estático possível, você desejará assegurar que sua estrutura People OU será o mais estável possível. Sempre que executar alterações pesadas na estrutura OU, ela será repetida para todo controlador do domínio no domínio de produção.

É a razão pela qual você não desejará incluir sua estrutura organizacional (como mostrado em seu gráfico da organização da empresa) na estrutura People OU. Muitas organizações tendem a modificar sua estrutura de autoridade hierárquica várias vezes por ano. Repetir essa estrutura em seu projeto People OU trará apenas mais trabalho para você uma vez que estará modificando constantemente sua estrutura OU para refletir as alterações pelas quais o gráfico de sua organização passou.

Sua estrutura OU ainda precisa representar a estrutura de sua organização até um certo grau. É por isso que a estrutura People OU é baseada em quatro conceitos:

- **Unidades comerciais**   Baseando sua estrutura OU em unidades comerciais, você poderá assegurar-se de que endereçará as exigências da base de seu usuário através da estrutura comercial lógica de sua organização. As unidades comerciais são menos voláteis que os gráficos da organização. As organizações criam unidades comerciais novas com menos freqüência, que atribuem novos centros de responsabilidade.

- **Distribuição geográfica**   Se sua empresa for distribuída e incluir escritórios regionais, há chances de que você precise delegar algumas tarefas administrativas aos funcionários regionais. A melhor maneira de suportar a delegação é criar unidades organizacionais que reagrupam os objetos que você deseja delegar.

- **Grupos de trabalho especiais**   Sua empresa muito provavelmente incluirá grupos de usuários que têm exigências especiais que não são satisfeitas por nenhum outro grupo. Assim, você precisará criar OUs que conterão esses agrupamentos de usuário especiais. Por exemplo, muitas organizações usam equipes "SWAT" especiais que podem oferecer serviços de substituição para qualquer pessoa em qualquer lugar na organização durante a licença por motivos de saúde e/ou férias. Essas equipes SWAT têm que ser tratadas especialmente no diretório.

- **Grupos de interesse especiais**   Esses grupos de interesse especiais requerem mais separação. Um exemplo de grupo de interesse especial é o departamento IT cujas necessidades são diferentes de qualquer outra pessoa.

Você também lembrará que a melhor estrutura OU não se estende em mais de cinco subníveis. A People OU mostrada na Figura 6-6 exibe apenas três níveis de OUs. O primeiro é o tipo OU: People. Ele reagrupa todos os usuários comuns na organização. O segundo cobre as unidades comerciais, os grupos de trabalho especiais e os projetos. O terceiro reagrupa os serviços de distribuição geográfica ou administrativos. Essa última camada oferece a possibilidade de delegar a criação de mais subníveis para os grupos de interesses especiais. O resultado final de seu projeto People OU objetiva satisfazer todas as exigências do usuário. Assim, há chances de que você precise executar algumas tentativas primeiro e aprimorar a estrutura OU resultante nos seis primeiros meses de sua operação. A estrutura People OU, proposta no Capítulo 3, agora foi complementada por uma visão aprimorada de suas necessidades.

Uma estrutura OU relacionada com o grupo

Muitas organizações criam uma estrutura OU especial para incluir grupos além da estrutura People OU. Embora o acréscimo de tal estrutura tenha seus méritos, levará apenas a mais trabalho de sua parte caso você faça isso. Lembre-se de que muito provavelmente desejará delegar algumas atividades de gerenciamento ou administração do grupo, talvez não a criação do grupo, mas certamente o gerenciamento dos membros do grupo. Para tanto, precisará implementar a delegação em dois lugares: a estrutura People OU e a estrutura Group OU. No final, será melhor fazer com que a estrutura People OU execute uma tarefa dupla e incluir os objetos Group e User.

Além disso, o único escopo do grupo que precisará ser incluído aqui é o escopo do grupo que de fato inclui os objetos User. É o escopo Global Group. Isso significa que sua estrutura People OU

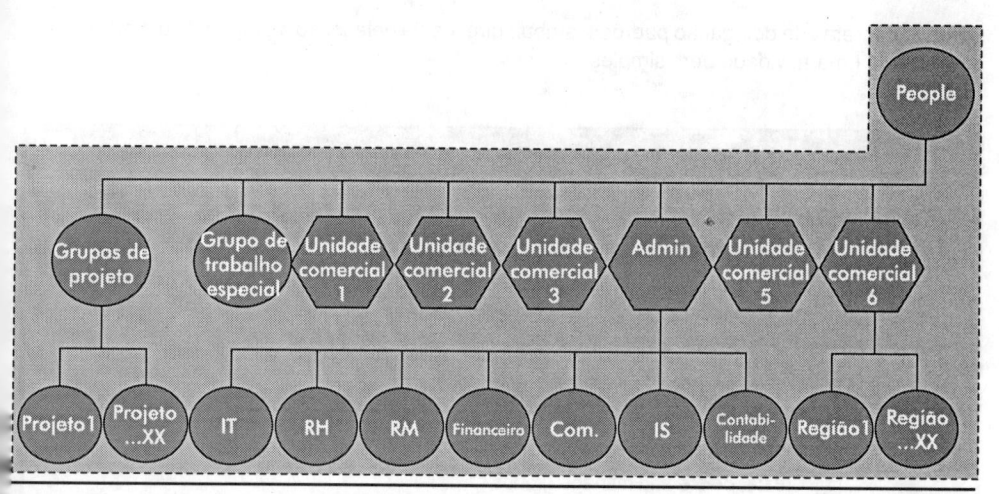

Figura 6-6 – *A estrutura People OU proposta.*

manterá os grupos Global, mas todos os outros grupos – Domain Local, Local e Universal – serão mantidos em outro lugar. Na verdade, como esses últimos escopos do grupo têm uma natureza *operacional*, eles deverão ser armazenados na estrutura Services OU (exceto os grupos Local, claro). Esses grupos são denominados "operacionais" por duas razões. A primeira é que são projetados para conter apenas outros grupos. A segunda é que eles são projetados para fornecer acesso para os recursos (acesso do objeto ou acesso da floresta). Eles devem, de fato, ser ocultados dos usuários comuns – ou seja, os usuários não devem ser capazes de encontrar esses grupos quando pesquisarem o diretório. Isso significa que você poderá usar uma estratégia de nomenclatura mais complexa para esses grupos e também significa que terá de armazenar esses grupos em uma estrutura OU normalmente oculta dos usuários. É a estrutura Services OU que será detalhada no Capítulo 7.

Delegação na People OU

Há duas categorias principais de delegação requeridas em uma People OU. A primeira relaciona-se aos *usuários representativos*. Os usuários representativos são responsáveis pelas atividades básicas da administração do usuário. Devem incluir, no mínimo, redefinições de senha e o gerenciamento dos membros do grupo e, no máximo, a criação da conta do usuário baseada nas contas do gabarito. Os usuários representativos não devem ter a permissão de criar grupos. Você deve ter operadores da conta Global para fornecer esse serviço.

Diferente da delegação usada no Capítulo 5 para o gerenciamento da ocupação do PC, as tarefas de delegação do usuário representativo são todas tarefas de delegação padrões incluídas por default no Active Directory. Assim, quando você delega controle de uma People subOU a um usuário representativo (claro que isso seria para o *grupo* de usuários representativos e não o indivíduo), pode selecionar as seguintes tarefas de delegação padrões:

- Criar, apagar e gerenciar as contas do usuário
- Redefinir as senhas do usuário e aplicar a alteração da senha na próxima conexão
- Ler todas as informações do usuário
- Modificar o membro de um grupo

Como são tarefas de delegação padrões, atribuir direitos de delegação a grupos de usuários representativos é uma atividade bem simples.

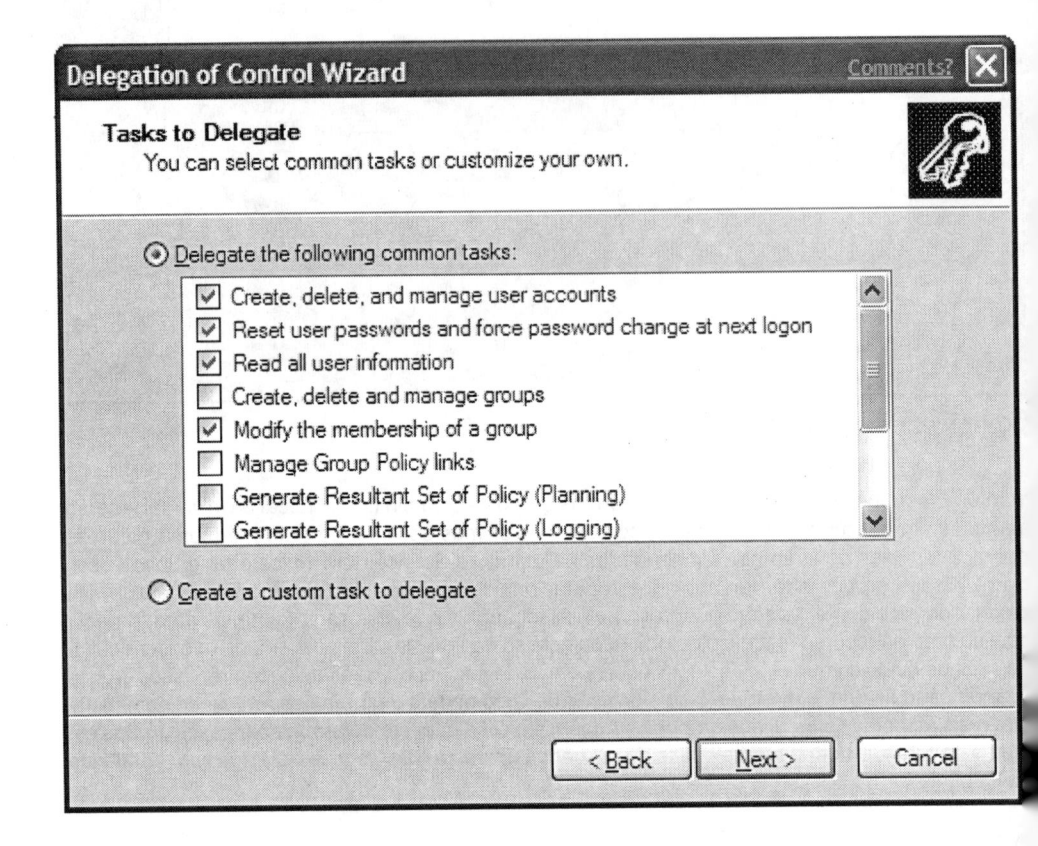

Delegation of Control Wizard

Tasks to Delegate
You can select common tasks or customize your own.

○ Delegate the following common tasks:
- ☑ Create, delete, and manage user accounts
- ☑ Reset user passwords and force password change at next logon
- ☑ Read all user information
- ☐ Create, delete and manage groups
- ☑ Modify the membership of a group
- ☐ Manage Group Policy links
- ☐ Generate Resultant Set of Policy (Planning)
- ☐ Generate Resultant Set of Policy (Logging)

○ Create a custom task to delegate

[< Back] [Next >] [Cancel]

O segundo tipo de delegação é para os *grupos de interesse especiais*. Como mencionado antes, eles se concentram em departamentos especiais como o próprio IT. A tarefa que você deseja delegar aqui é a criação de uma estrutura subOU. É na terceira camada OU que você provavelmente encontrará os grupos de interesse especiais que irão requerer mais separação OU. Usar uma estrutura OU principal com três níveis fornecerá a esses grupos mais dois níveis que eles poderão usar para executar essa separação adicional.

A delegação aqui se refere à delegação do processo em vez da delegação da tarefa real no Active Directory. Você precisará delegar o processo para que esses grupos em particular possam identificar suas próprias necessidades em relação à criação da subOU. Para tanto, precisará fornecer treinamento para esses grupos a fim de que eles possam determinar por que precisam de mais separação e decidir qual tipo de reagrupamentos desejarão usar. Fornecer-lhes uma sessão de treinamento preliminar poderá liberá-lo para continuar com outras tarefas do projeto enquanto eles debatem entre si mesmos sobre o modelo requerido. Então, assim que eles tiverem decidido, você poderá pedir que apresentem sua proposta da subestrutura OU e determinar com eles se suas necessidades são satisfeitas. Assim que vocês concordarem sobre o projeto, você poderá implementá-la e fornecerlhes o mesmo tipo de tarefas delegadas que forneceu aos usuários representativos.

A delegação em ambas as situações funcionará apenas se você tiver identificado anteriormente para quem delegará. Como o processo de identificação do gerente do grupo, a delegação OU requer um processo de identificação do usuário representativo completo antes que você possa começar a implementação de sua construção People OU na rede paralela.

Conceitos GPO relacionados com o usuário

O Capítulo 5 identificou a operação geral dos objetos Group Policy, assim como a extensão de sua cobertura. Na parte da aplicação do Capítulo 5, apenas as definições GPO do computador foram tratadas. Como a estrutura People OU manterá os objetos User, agora será necessário detalhar as definições GPO do usuário default.

Na estrutura PCs OU, as partes do usuário dos GPOs foram desativadas. Desta vez, as partes do computador dos GPOs terão de ser desativadas uma vez que apenas os usuários são destinados na People OU. A Tabela 6-3 detalha a parte do usuário de um GPO e as definições aplicáveis para a rede da empresa.

Tabela 6-3 – As Categorias e o Conteúdo da Estratégia do Usuário		
Seção GPO	Comentário	Aplicável
Software Settings (Definições do software)	Esta seção lida com as instalações do software. Se você quiser atribuir um produto de software a um usuário em vez de um computador usando o envio do software Windows Server 2003, definirá os parâmetros aqui.	Não, veja Capítulo 5
Windows Settings (Definições Windows)	Esta seção lida com as definições gerais do Windows e inclui elementos como scripts e Security Settings.	Algumas
Remote Installation Services	Esta estratégia está vinculada às opções da instalação RIS que você oferece para os usuários.	Analisado no Capítulo 7
Scripts	Controla o acesso para os scripts de conexão e desconexão.	Requerido
Security Settings	Inclui as Public Key Policies e as restrições do software.	Algumas
Public Key Policies (Estratégias da Chave Pública)	Controla as estratégias de renovação para os certificados (mais no Capítulo 8). Também controla o Enterprise Trust para a inclusão de listas de consórcio do certificado.	Requerido para todos os usuários
Software Restriction Policies (Estratégias de Limite do Software)	Permite determinar quais aplicações têm permissão para serem executadas em sua rede (mais no Capítulo 8).	Requerido para todos os usuários
Folder Redirection (Redireção da Pasta)	Permite que você redirecione as pastas locais para lugares da rede. Substitui o Home Directory e o Roaming User Profile.	Requerido para maioria dos usuários
Application Data (Dados da Aplicação)	Inclui duas definições: básica e avançada. A básica redireciona todas as pastas para o mesmo local. A avançada suporta diferentes locais de redireção da rede com base nos grupos de usuário.	Redireção para a proteção dos dados
Desktop (Área de Trabalho)	Igual aos dados da aplicação.	Redireção para a proteção dos dados
My Documents (Meus Documentos)	Igual aos dados da aplicação. Pode incluir a pasta My Pictures.	Redireção para a proteção dos dados
Menu Start	Igual aos dados da aplicação.	Redireção para a proteção dos dados

Tabela 6-3 – As Categorias e o Conteúdo da Estratégia do Usuário (continuação)

Seção GPO	Comentário	Aplicável
Internet Explorer Maintenance	Controla a Browser User Interface, a conexão, URLs, a segurança e programas. Controla as definições IE para sua organização (logotipos, home page, suporta URLs etc.). Os programas são derivados das definições na área de trabalho ou no servidor usado para criar o GPO. Muitas dessas definições podem substituir a configuração no Connection Manager Administration Kit.	Requerido para todos os usuários Pode ser mais personalizada nos subníveis
Administrative Templates (Gabaritos Administrativos)	Os Administrative Templates são componentes GPO de script que podem ser usados para controlar uma grande variedade de definições como os componentes Windows, menu Start e a barra de tarefas, área de trabalho, Control Panel, pastas compartilhadas, rede e sistema.	Sim
Componentes Windows	As definições dos controles como NetMeeting (para a assistência remota), o comportamento do Internet Explorer, Help and Support Center, Windows Explorer, Microsoft Management Console, Task Scheduler, Terminal Services, comportamento do Windows Installer, Windows Messenger, Windows Update e Windows Media Player. Várias definições são usadas aqui. As definições Help and Support Center limitam as informações Internet fornecidas para seus usuários. O MMC ajuda a suportar os MMCs enviados para os funcionários da delegação. Os Terminal Services determinam como a sessão TS é estabelecida entre os sistemas local e remoto. Essa seção deve ser usada para evitar ter que definir esses parâmetros para a conta de cada usuário (veja o Capítulo 7). O Windows Update em particular permite controlar o acesso do usuário a esse recurso.	Sim
Menu Start e barra de tarefas	Controla a aparência e o conteúdo dos menus Start dos usuários.	Sim
Desktop	Controla o conteúdo da Área de trabalho assim como o uso do Active Desktop e o comportamento de pesquisa do Active Directory	Sim
Control Panel (Painel de Controle)	Controla o acesso para o Control Panel assim como os comportamentos Add or Remove Program, Display, Printers e Regional and Language Option	Sim
Shared Folders (Pastas Compartilhadas)	Controla o acesso do usuário para as pastas compartilhadas e as raízes DFS no diretório.	Sim
Network (Rede)	Controla as definições vinculadas à rede como Offline Files e Network Connections. As definições Offline File devem ser definidas para que os usuários não possam configurá-las por si mesmos. As conexões da rede devem ser definidas de modo que os usuários comuns não modifiquem sua configuração.	Sim
System (Sistema)	Controla as definições de todo o sistema como User Profiles, Scripts, as opções CTRL-ALT-DEL, Logon, Group Policy e Power Management. Essas definições devem ser determinadas para automatizar a maioria das funções do sistema para os usuários.	Sim

Capítulo 6: Como preparar a infra-estrutura da unidade organizacional do usuário ▶ **269**

Como pode ver, há uma grande variedade dos parâmetros da configuração disponíveis para você através dos GPOs do usuário. Detalhar cada um e todos está além do escopo deste livro, mas os mais importantes estão descritos nas seções seguintes. As definições aplicadas e as ativadas dependerão em grande parte do tipo de ambiente que você deseja criar. Reserve um tempo para revisar e compreender cada definição, então decida qual precisa aplicar. Novamente, uma documentação completa é a única maneira de ser capaz de assegurar que você manterá uma estratégia GPO do usuário coerente.

Como gerenciar os dados do usuário

Se você estiver acostumado a uma rede Windows NT, terá de ficar bem adepto da geração das novas contas do usuários que gerenciam automaticamente todos os depósitos de dados de um usuário. Alguns administradores hoje não usam as contas de gabarito que criam automaticamente o diretório pessoal de um usuário ou o diretório do perfil da travessia de um usuário se os perfis de travessia estiverem em uso. No NT, é bem simples aplicar essas definições em uma conta do usuário de gabarito. Ambas são baseadas em uma estrutura de compartilhamento da convenção de nomenclatura universal (UNC) acoplada à variável username (%username%). Como o NT é baseado no padrão de nomenclatura NetBIOS, tudo precisou estar com letras maiúsculas para a operação funcionar.

O gerenciamento de dados do usuário é bem simples no NT: crie um diretório pessoal, crie um diretório do perfil se requerido, implemente uma tecnologia de gerenciamento de cotas e comece o backup dos dados. Se for o que está acostumado a fazer, achará que, embora todas essas operações funcionem no Windows Server 2003, muitos desses conceitos não serão mais usados.

Com a introdução do IntelliMirror no Windows 2000, a Microsoft redefiniu o gerenciamento de dados do usuário na plataforma Windows. No WS03, os diretórios pessoais não são mais requeridos. Grande parte aplica-se ao perfil de percurso. Em uma rede paralela, uma na qual se esforçará para evitar transferir os procedimentos de herança, desejará repensar seriamente em suas estratégias de gerenciamento dos dados do usuário se quiser fazer grande parte de sua migração.

Originalmente, o diretório pessoal era designado para fornecer uma maneira simples de mapear os compartilhamentos do usuário em uma rede. No Windows NT, usar a variável %username% gerava automaticamente a pasta e aplicava automaticamente as devidas Security Settings, dando ao usuário a propriedade completa sobre a pasta. E mais, a estação de trabalho do Windows NT mapeava automaticamente o devido drive da rede na conexão. Como a pasta estava em um drive da rede, você podia fazer facilmente seu backup e assim proteger todos os dados do usuário. No Windows Server 2003 e Windows XP, não é mais necessário usar drives mapeados. O Windows Server 2003 oferece uma tecnologia muito mais interessante, a tecnologia baseada no conceito UNC, para gerenciar todos os compartilhamentos da rede. É o Distributed File System (DFS), que é tratado no Capítulo 7. Ele é projetado para fornecer um sistema de compartilhamento de arquivos unificado que é transparente para os usuários *sem* a necessidade dos drives mapeados. Naturalmente, pode acontecer de você requerer alguns drives mapeados uma vez que muito provavelmente ainda estará mantendo algumas aplicações de herança, especialmente as que foram desenvolvidas em casa. Mas para as pastas do usuário, os drives mapeados não serão mais necessários.

Como o Windows 2000, a Microsoft se concentrou no uso da pasta My Documents como a base para todos os documentos do usuário. Essa pasta faz parte da estratégia de segurança para todas as edições Windows superiores ao Windows 2000. É armazenada no perfil de um usuário e é protegida automaticamente de todos os outros usuários (exceto, claro, os administradores). O mesmo ocorre com todas as definições da aplicação de um usuário. Não são mais armazenadas na aplicação ou no diretório do sistema. As aplicações, que são projetadas para suportar o Windows 2000 e o programa Logo posterior, armazenarão suas definições modificáveis pelo usuário no perfil do usuário.

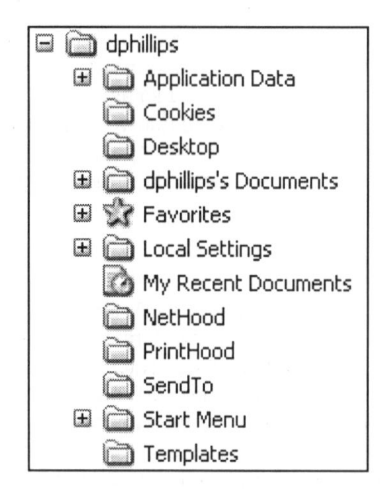

```
□ 📁 dphillips
    ⊞ 📁 Application Data
       📁 Cookies
       📁 Desktop
    ⊞ 📁 dphillips's Documents
    ⊞ ⭐ Favorites
    ⊞ 📁 Local Settings
       📁 My Recent Documents
       📁 NetHood
       📁 PrintHood
       📁 SendTo
    ⊞ 📁 Start Menu
       📁 Templates
```

A parte Folder Redirection da Group Policy de um usuário pode gerenciar quatro pastas críticas e atribuir os compartilhamentos da rede para cada uma. Elas incluem:

- **Application Data** Esta pasta armazena todas as definições específicas da aplicação.
- **Desktop** Esta pasta inclui tudo que os usuários armazenam na área de trabalho.
- **My Documents** Esta pasta é a pasta de armazenamento de dados do usuário. Armazenar a subpasta My Pictures (Minhas Imagens) na rede é opcional.
- **Menu Start** Esta pasta inclui todos os atalhos pessoais de um usuário.

Quando a redireção é ativada por meio da Group Policy, o sistema cria uma pasta especial baseada no nome do usuário (como o antigo processo de diretório pessoal) e aplica as devidas Security Settings. Cada uma das pastas acima é criada na pasta-mãe do usuário. Os dados nessas pastas são redirecionados do PC de mesa para as pastas da rede. Como o processo Fast Logon Optimization, são necessárias três conexões do usuário antes de todos os dados serem redirecionados (veja o Capítulo 5).

Como substituir o diretório pessoal

A redireção da pasta é completamente transparente para o usuário. Embora eles pensem que estão usando a pasta My Documents localizada em sua área de trabalho, estão de fato usando uma pasta localizada na rede. Assim, você pode garantir que todos os dados do usuário estão protegidos.

Usar essa estratégia de redireção da pasta no lugar de usar um diretório pessoal simplifica o processo de gerenciamento dos dados do usuário e permite aproveitar os recursos avançados da rede WS03. Por exemplo, mesmo que os dados estejam armazenados na rede, eles serão armazenados em cache localmente através de arquivos off-line. As pastas redirecionadas são armazenadas em cache automaticamente através do cache no lado do cliente quando são ativadas por meio de um GPO, contanto que o computador do cliente seja o Windows XP (como seria o caso na rede paralela ideal). Isso significa que os arquivos nessas pastas serão armazenados em cache localmente e estarão disponíveis para os usuários estejam eles conectados à rede ou trabalhando off-line. Há problemas com o cache no lado do cliente dos arquivos. Eles serão tratados no Capítulo 7 uma vez que os arquivos off-line são um recurso dos compartilhamentos da rede ao invés da Group Policy.

Os dados nessas pastas também podem ser criptografados pelo Encrypting File System (EFS). Se o cliente for Windows XP, todos os arquivos off-line poderão ser criptografados. Mas se você continuar a usar uma estrutura de diretório pessoal e redirecionar My Documents para o diretório pessoal, não será capaz de ativar a criptografia dos dados nos arquivos de um usuário pois ele não será capaz de decodificar os dados armazenados na pasta redirecionada – mais uma razão para evitar o uso dos diretórios pessoais. O EFS é tratado no Capítulo 8.

Como substituir o perfil de percurso

Três destas pastas – Application Data, Desktop e menu Start – são especiais. Elas são usadas para armazenar uma parte considerável do perfil do usuário – isto é, todas as definições específicas da aplicação de um usuário, o conteúdo da área de trabalho do usuário e o menu Start personalizado do usuário. Redirecionar essas pastas através da Group Policy é muito parecido com usar um Roaming User Profile (Perfil do Usuário de Percurso). A maior diferença é o tempo que leva para ativar um perfil.

Quando você usa um perfil de percurso e se conecta a uma estação de trabalho, o WS03 copia o conteúdo inteiro do perfil de percurso para a estação de trabalho. Isso pode levar uma quantidade de tempo considerável. Porém é prático uma vez que o usuário pode encontrar seu próprio ambiente não importando a qual computador esteja conectado. E mais, quando ele se desconecta, o perfil inteiro é copiado de volta para o servidor. Usar perfis de percurso tem um impacto considerável no desempenho da rede já que o conteúdo inteiro do perfil de um usuário é copiado na conexão e na desconexão.

As cotas também são difíceis de aplicar quando os User Profiles estão definidos para o percurso uma vez que os usuários encontrarão erros ao se desconectarem porque estão usando mais espaço em seu perfil do que têm permissão na rede. Em alguns casos, as organizações que usam o Windows NT e os perfis de percurso eram forçadas a remover as cotas para assegurar que os perfis de percurso funcionariam todas as vezes. Isso atribuía aos usuários perfis cujo tamanho era simplesmente excessivo. Imagine quanto tempo levará para conectar um sistema com um perfil com excesso de 1GB. Mesmo nas melhores redes, é uma ótima justificativa para uma pausa logo de manhã enquanto você aguarda que o processo de conexão fique completo.

Os perfis de percurso não são mais requeridos na rede WS03 por três razões maiores:

- O centro do perfil de um usuário pode ser redirecionado por meio da Group Policy, tornado o disponível para o usuário todas as vezes.

- Se o backup do perfil for a justificativa para implementar perfis de percurso, então os perfis locais poderão ter um backup regularmente através das User State Migration Tools (USMT). Essa ferramenta pode ser usada para criar uma tarefa recorrente que copia regularmente todo o conteúdo local do User Profiles para um local central que poderá então ter um backup.

- O Windows XP e o Windows Server 2003 suportam a Remote Desktop. Quando devidamente gerenciada, a Remote Desktop permite que os usuários tenham acesso à sua própria área de trabalho local a partir de qualquer lugar na rede da empresa. Isso elimina realmente a necessidade dos Roaming User Profiles.

> **Dica rápida** – *A Remote Desktop usa a porta Terminal Services 3389 para a comunicação. Em algumas redes, isso é bloqueado no roteador e troca o nível. Tem que ser aberta para essa estratégia funcionar.*

Se você ainda precisar dos Roaming User Profiles, leve em consideração as seguintes restrições:

- Não use o cache no lado do cliente nos compartilhamentos do perfil de percurso. O mecanismo do perfil de percurso tem seu próprio sistema de cache que entrará em conflito com o sistema de arquivos off-line.

- Não criptografe os arquivos em um perfil de percurso. O EFS não é compatível com os perfis de percurso. Qualquer parte do perfil que seja criptografada não fará o percurso, provando mais uma vez que os perfis de percurso estão ficando desatualizados.
- Tenha cuidado com o tamanho da cota definida nos usuários com perfis de percurso. Se a cota do disco for definida para muito baixa, a sincronização dos perfis falhará na desconexão.

A melhor coisa a fazer é começar a usar a nova estratégia da rede e se concentrar na redireção da pasta em vez de nos diretórios pessoais ou nos perfis de percurso.

Outros tipos de perfil

Um tipo de perfil especial, o perfil obrigatório, também era usado no ambiente Windows NT. O perfil obrigatório é um perfil bloqueado que aplica as definições da área de trabalho no sistema quando um usuário se conecta. Mais uma vez, embora esse tipo de perfil seja suportado no Windows Server 2003, realmente não é mais requerido. Como o diretório pessoal e o perfil de percurso, o perfil obrigatório tem que ser inscrito nas propriedades de conta do usuário. Ter de inscrever definições específicas por usuário é pouco prático. É por isso que a Group Policy deve ser sua abordagem preferida. Os GPOs fornecem um local central para aplicar as alterações.

O Capítulo 5 descreveu como o recurso Group Policy Loopback poderia ser usado para assegurar que os computadores expostos aos riscos de segurança, como os computadores públicos, podiam ser protegidos. O loopback é um dispositivo que protegerá os computadores que têm papéis genéricos. O pessoal temporário que tem de ter um ambiente da área de trabalho muito seguro e controlado deve ficar nessa categoria. Se você achar que precisa criar e manter perfis obrigatórios, pergunte a si mesmo, primeiro, se pode assegurar a área de trabalho através de uma configuração do computador do tipo pública.

Redireção da pasta e definições do arquivo off-line

Duas definições diferentes de cache no lado do cliente aplicam-se a diferentes tipos de pastas que serão redirecionadas. As pastas My Documents e My Picture são pastas de documento que contêm documentos e informações relacionadas com os documentos. Em oposição, as três pastas especiais que você pode redirecionar contêm a maioria dos dados da aplicação. No Windows 2000 e XP, você tinha de escolher duas definições off-line diferentes para os diferentes tipos de dados, mas, no WS03, uma única definição é requerida: a automática. Se as aplicações também forem incluídas na pasta compartilhada, você deverá incluir a definição Optimized for performance (Otimizado para o desempenho). Isso irá garantir que as aplicações serão armazenadas automaticamente em cache no PC do usuário e assim melhorarão o desempenho geral da aplicação.

E mais, quando você atribuir a redireção da pasta, deverá também garantir que as definições em cache sejam definidas globalmente no GPO de seu usuário. Como a redireção da pasta e o cache estão intimamente relacionados, precisará assegurar que seus usuários estarão sempre trabalhando com os dados mais recentes. Para tanto, precisará estabelecer as definições Offline Files (Arquivos Off-line) em Network em Administrative Templates. Três definições devem ser modificadas:

- Sincronize todos os arquivos off-line ao se conectar
- Sincronize todos os arquivos off-line antes de se desconectar
- Sincronize todos os arquivos off-line antes de suspender

A última definição oferece duas opções para a sincronização: Quick (Rápida) e Full (Completa). Quick assegura que todos os arquivos no cache local sejam sincronizados. Full executa uma sincronização completa. Como os usuários geralmente têm pressa ao colocar um sistema no modo suspenso, recomenda-se usar a definição Quick. As sincronizações Full são executadas quando eles se conectam ou se desconectam da rede.

Capítulo 6: Como preparar a infra-estrutura da unidade organizacional do usuário ▶ **273**

Offline Settings

You can choose whether and how the contents of the share will be available to users who are offline.

○ **O**nly the files and programs that users specify will be available offline.

⦿ **A**ll files and programs that users open from the share will be automatically available offline.
  ☑ Optimized for performance

○ **F**iles or programs from the share will not be available offline.

For more information about offline settings, see Help.

[OK] [Cancel]

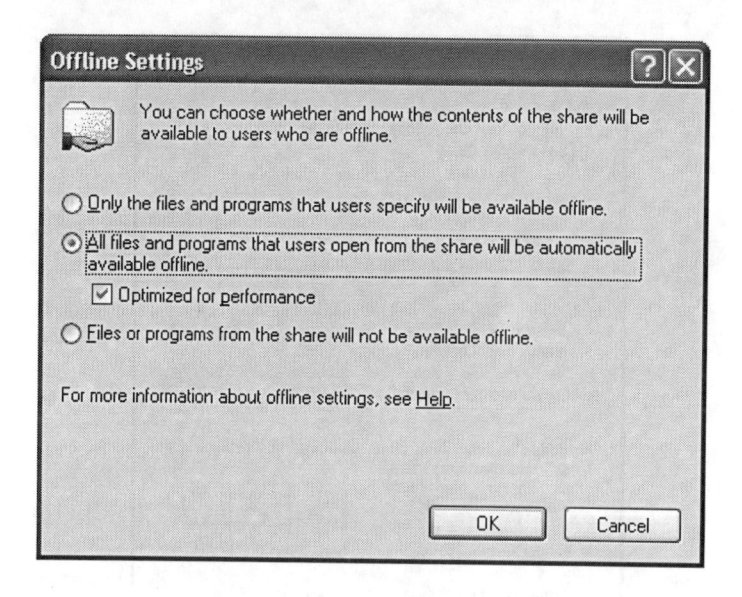

Como ativar a redireção da pasta

Há considerações especiais ao ativar a redireção da pasta. Primeiro, você precisará assegurar-se de que cada usuário seja redirecionado para o devido servidor. Não seria necessário ter um usuário em Nova Iorque redirecionado para um servidor em Los Angeles. Assim, você terá de criar grupos administrativos especiais que podem ser usados para reagrupar os usuários e garantir que cada usuário seja atribuído ao devido servidor. Também terá de garantir que as definições off-line sejam devidamente configuradas para assegurar que os usuários estejam trabalhando com a última versão de seus arquivos off-line.

Redirecionar pastas através de agrupamentos de usuário é muito parecido com criar grupos de usuários regionais ou baseados na geografia. Como cada servidor é um local físico, você precisará criar um grupo de usuário para cada servidor. Lembre-se de criar grupos Global para conter os usuários e grupos Domain Local para atribuir as permissões. Comece enumerando o local de cada servidor do arquivo que manterá as pastas do usuário, então nomeie cada grupo Global e Domain Local de acordo. Assim que os grupos forem criados, poderá começar o processo de redireção. Usar grupos permitirá limitar o número de GPOs requeridos para a estrutura People OU.

1. Em seu Global People GPO, vá para User Configuration (Configuração do Usuário) | Windows Settings | Folder Redirection | Application Data, uma vez que é a primeira pasta listada.
2. Clique com o botão direito do mouse em Application Data e selecione Properties.
3. Na aba Target (Destino), selecione Advanced. – Especifique os diferentes locais para os vários grupos de usuário e então clique em Add.
4. Na caixa de diálogo Especify Group and Location (Especificar Grupo e Local), digite o grupo (usando o nome do grupo de baixo nível, domínio\nomegrupo) ou clique em Browse (Navegar) para encontrar o devido grupo.
5. Em Target Folder Location (Local da Pasta de Destino), selecione Create a folder for each user under the root path (Criar uma pasta para cada usuário sob a pasta-raiz).
6. Em Root Path (Caminho-raiz), digite o caminho UNC para compartilhar o nome ou clique em Browse para localizá-lo.

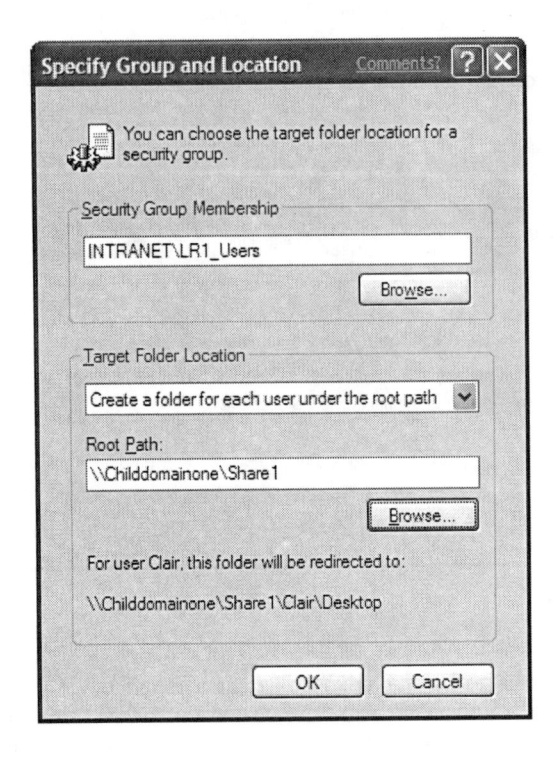

7. Clique em OK para voltar para a caixa de diálogo Application Data. Repita para cada grupo e local do servidor que precisará fornecer. Vá para a aba Settings.

8. Em Policy Removal (Remoção da Estratégia), selecione Return the folder back to the local User Profile location when policy is removed (Retornar a pasta para o lugar do Perfil do Usuário local quando a estratégia for removida). Isso irá assegurar que as pastas redirecionadas voltarão para os lugares originais se por alguma razão a estratégia for removida. Deixe todas as outras definições nessa aba.

9. Clique em OK quando terminar.

10. Execute a mesma operação para Desktop, My Documents e Start Menu. Assegure-se de que tenha My Pictures depois de My Documents selecionando a devida opção sob a aba Settings (de acordo, é claro, com sua estratégia de redireção).

Agora que a redireção de sua pasta está definida, modifique as definições Offline Files nesse GPO como descrito na seção anterior.

Scripts de conexão e desconexão

Os scripts são gerenciados por meio da Group Policy e não são mais gerenciados pelas propriedades da conta do usuário. A compatibilidade do Windows NT é a única razão pela qual ainda é possível digitar um script de conexão como uma propriedade da conta do usuário. Como o Windows 2000, todas as edições do Windows suportam os scripts de inicialização, de finalização, de conexão e desconexão. Isso significa que, embora o script tenha se tornado uma ferramenta muito mais popular e poderosa no Windows, não é mais aplicado por usuário individual.

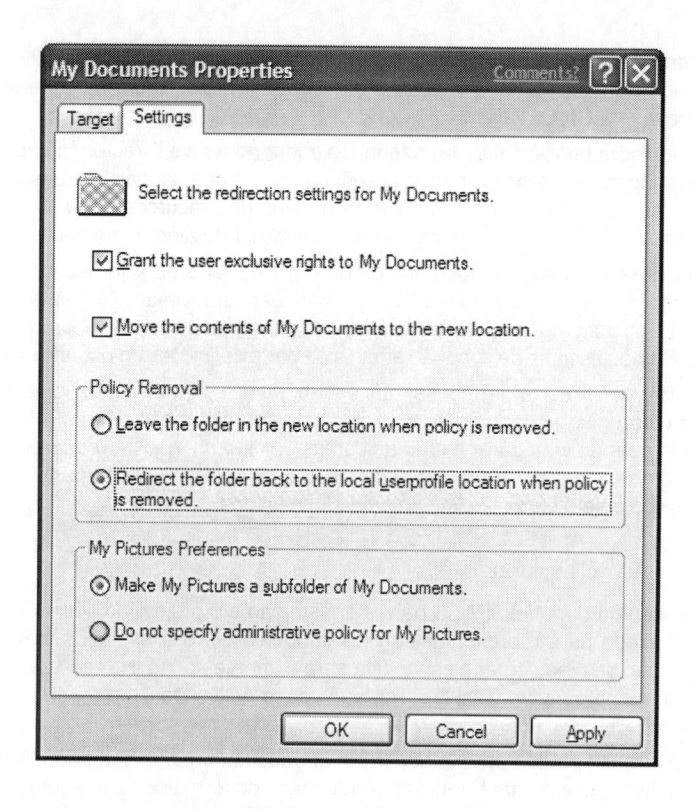

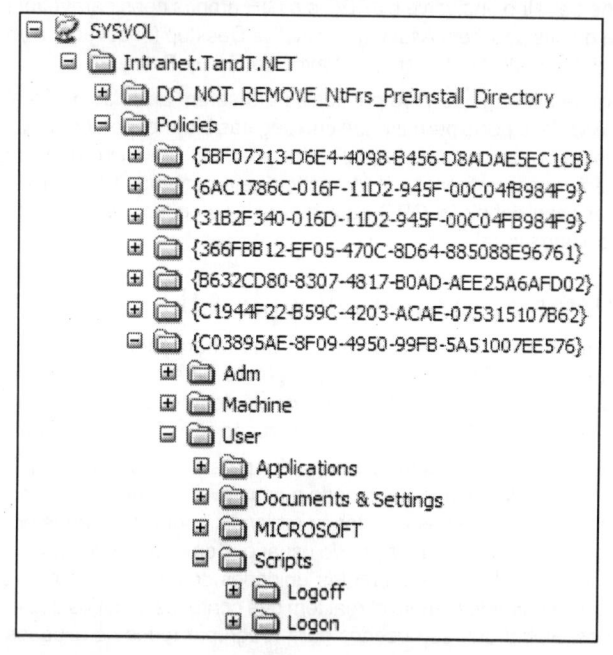

Capítulo 6: Como preparar a infra-estrutura da unidade organizacional do usuário ▸ **275**

E mais, o script de conexão também mudou de natureza. Muitas organizações usavam o script de conexão para mapear os drives da rede e as impressoras da rede. Agora as impressoras podem ser atribuídas através da Group Policy.

Os nomes da impressora também são armazenados agora no Active Directory e são pesquisáveis diretamente, tornando muito mais fácil para os usuários encontrar e usar as impressoras da rede. O mesmo aplica-se aos compartilhamentos da rede através dos recursos do DFS. Assim, aplicar mapeamentos através de um script de conexão está se tornando algo do passado.

Pode ser necessário ativar certos mapeamentos do drive da rede para fornecer suporte para as aplicações de herança, que não foram ainda atualizadas, para aproveitar totalmente a vantagem de recursos como o DFS, mas, na maioria dos casos, isso será uma medida temporária. Se este for o caso, você poderá atribuir scripts de conexão através da parte definições do usuário da Group Policy.

O que é certo é que você precisará repensar sua estratégia de script de conexão para garantir que não duplicará os esforços que podem ser fornecidos pela configuração Group Policy. O que também é certo é que, quando configurar e criar as contas do usuário, não irá requerer mais o uso da aba Profile da conta do usuário. Agora, os scripts estão localizados no compartilhamento Sysvol sob o identificador do objeto Group Policy no qual são ativados.

Como gerenciar o Active Desktop

O Capítulo 1 apresentou o modelo PASS para a construção e o projeto do servidor. Esse mesmo modelo pode ser usado para representar os PCs também. Um dos aspectos inovadores desse modelo é a introdução de uma camada específica para a apresentação. Na rede da empresa, essa camada é gerenciada pelo Active Desktop. Por sua vez, o Active Desktop é gerenciado por meio dos objetos Group Policy.

O Active Desktop é muito prático porque suporta o armazenamento do conteúdo Web na área de trabalho. Isso significa que suportará uma variedade maior de formatos de imagem para os segundos planos da área de trabalho, inclusive o JPEG e o GIF, ambos consideravelmente melhores que as imagens de mapa de bits padrões. Assim que o Active Desktop for ativado, a imagem da área de trabalho poderá ser definida de modo central através da Group Policy.

Você poderá também definir páginas Web pessoais para serem exibidas na área de trabalho através das definições GPO. Isso pode permitir que crie páginas intranet personalizadas contendo uma série de links ou mesmo portais para cada papel do usuário IT em sua organização. Como o conteúdo Web é consideravelmente menor em tamanho que o conteúdo tradicional da área de trabalho, você poderá usar essa definição GPO para gerenciar o acesso da ferramenta da empresa e criar uma área de trabalho virtual.

Como completar a estrutura People OU

Agora que você tem uma compreensão melhor das alterações maiores no WS03 para o gerenciamento e a administração do usuário, está pronto para começar o término de sua infra-estrutura People OU. A maneira mais fácil de fazer isso é detalhar as exigências para cada OU em uma tabela muito parecida com a usada para a construção PCs OU no Capítulo 5 (Tabela 5-1).

A Tabela 6-4 descreve uma possível estrutura People OU para a T&T Corporation. Como mencionado antes, a T&T tem vários escritórios principais onde a criação do usuário é delegada a cada unidade comercial. E mais, a T&T tem diversos escritórios regionais com funcionários de segurança locais que executam muitas tarefas de administração do usuário. Como os objetos podem apenas ser contidos em uma OU, vários usuários de diferentes unidades comerciais estão localizados em OUs regionais. Assim, a OU da unidade comercial real tem que conter os usuários dos escritórios centrais, assim como os grupos Global que são usados para reagrupar todos os usuários de uma unidade

Tabela 6-4 – A Estrutura OU da Administração People

OU	Nível	Objetivo	GPO	Notas
People	Um	Agrupamento de todos os usuários na organização	Global People GPO	Aplica-se a todos os usuários.
Unidade comercial 1 a x	Dois	Agrupamento de todos os usuários de acordo com as unidades organizacionais	Possível mas não requerido absolutamente Evite se possível	Separa os usuários pela unidade organizacional Inclui apenas os usuários dos escritórios centrais O gerenciamento da criação do usuário (das contas do gabarito) e do membro do grupo é delegado para os usuários representativos
Região 1 a x	Três	Agrupamento de todos os usuários em uma região; criados sob a Unidade organizacional das operações regionais	Possível mas não requerido absolutamente Evite se possível	O gerenciamento da criação do usuário (das contas do gabarito) e do membro do grupo é delegado para os usuários representativos Inclui os grupos administrativos especiais regionais
Grupos de trabalho especiais	Dois	Agrupamento de todos os usuários como as equipes SWAT	SWG GPO	O GPO concentra-se nas definições Terminal Services Todos os usuários têm acesso à sua própria área de trabalho remota assim como às operações regionais
Projetos	Dois	Agrupamento de todas as Project OUs		Categoria apenas Contém em grande parte outras OUs Pode conter um grupo de administradores caso seja baseado em projetos A administração e a criação da OU são delegadas
Projeto 1 a x	Três	Agrupamento de todos os grupos de usuários que estão relacionados com qualquer projeto determinado		O gerenciamento do membro do grupo é delegado ao usuário representativo do projeto
Administração	Dois	Agrupamento de todos os grupos Global e subOUs para a Unidade comercial da administração		O gerenciamento do membro do grupo é delegado ao usuário representativo
Recursos Humanos, Recursos Materiais, Financeiro, Comunicações, Contabilidade	Três	Agrupamento de todos os usuários de acordo com o serviço administrativo organizacional		Separa os usuários pelo serviço Inclui apenas os usuários para os escritórios centrais Inclui os grupos Global para o serviço O gerenciamento da criação do usuário (das contas do gabarito) e do membro do grupo é delegado para os usuários representativos
IT e IS	Três	Agrupamento de todos os usuários de acordo com o serviço administrativo organizacional	Possível, mas não requerido Evite se possível	Separa os usuários pelo serviço Inclui apenas os usuários do escritório central Inclui os grupos Global para o serviço O gerenciamento da criação do usuário (das contas do gabarito) e do membro do grupo é delegado para os usuários representativos A criação da subOU também é possível aqui e pode ser delegada

comercial não importando onde sua conta do usuário está localizada no diretório. A T&T também tem grupos de trabalho especiais, a saber uma equipe do tipo SWAT especial que é usada para fornecer uma substituição de emergência para o pessoal ausente por uma razão ou outra. Como os membros desse grupo têm que ser capazes de desempenhar qualquer papel do usuário operacional na organização, eles são reagrupados em uma OU especial. Finalmente, a T&T gerencia todas as opções através de projetos. Assim, sua estrutura People OU tem que incluir o gerenciamento do grupo baseado em projetos. Todas essas necessidades são levadas em conta na estrutura OU da T&T Corporation. A estrutura resultante é representada graficamente na Figura 6-7.

> **Dica rápida** – *Mantenha um controle rígido sobre o processo de criação da subOU uma vez que deseja assegurar-se de que o desempenho do diretório não sofra um impacto por uma estrutura OU complexa demais (mais de cinco níveis).*

Como colocar a infra-estrutura People OU no lugar correto

Você poderá prosseguir para a criação da infra-estrutura OU assim que tiver designado sua matriz da infra-estrutura People OU (Tabela 6-4). Isso supõe que executou todas as atividades de identifi-

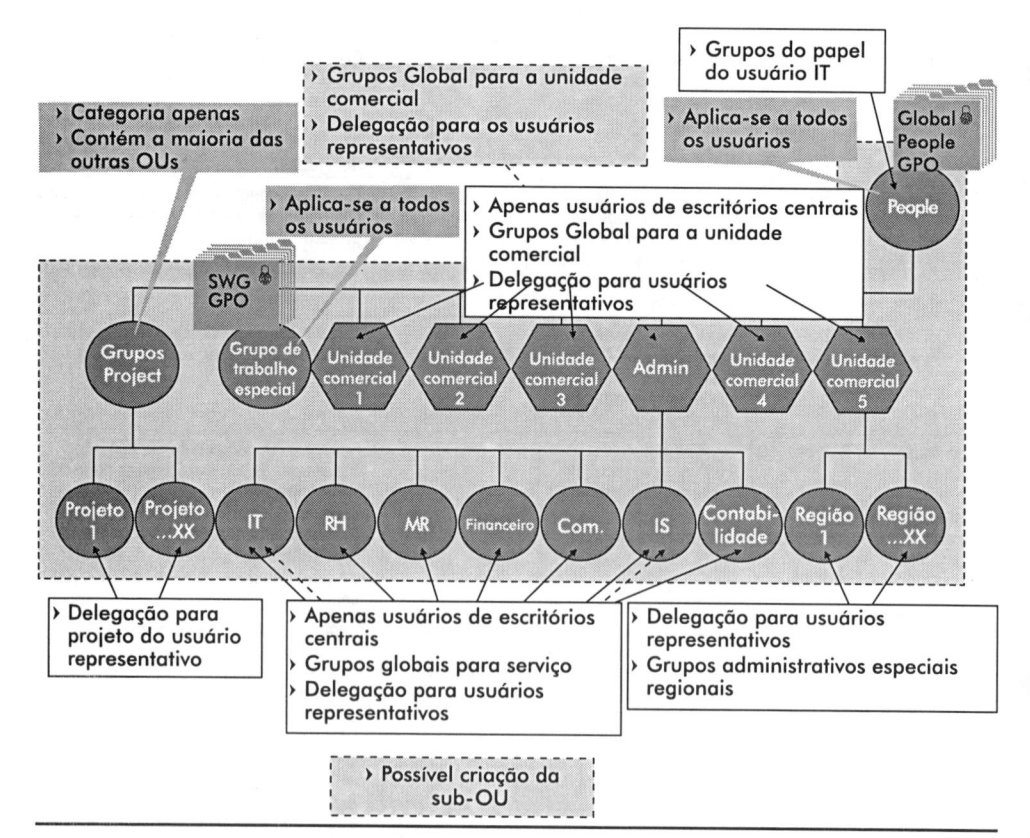

Figura 6-7 – *Aplicação e delegação GPO na estrutura People OU.*

Capítulo 6: Como preparar a infra-estrutura da unidade organizacional do usuário ▶ **279**

cação listadas anteriormente como, por exemplo, preparar uma matriz de finalidade do grupo, identificar todos os gerentes do grupo, os proprietários OU e os usuários representativos.

Assim que isso for feito, pode ir para a criação da infra-estrutura. As atividades que precisará executar para criar essa estrutura são:

- Crie cada OU.
- Crie o Global People GPO e modifique suas definições (veja a Tabela 6-3).
- Crie a estrutura do grupo requerida para atribuir direitos e delegar o gerenciamento; devem incluir:
    - Os grupos Global para cada unidade comercial (Departamento menos 1).
    - Os grupos Project para cada OU de projeto.
    - Os grupos administrativos especiais para a redireção da pasta e os usuários representativos (para a delegação).
    - Os grupos Global do papel do usuário IT (devem ser armazenados na OU People de alto nível).
    - Os grupos operacionais para a atribuição de direitos. (Não são armazenados na infra-estrutura People OU, mas na estrutura Services OU – veja o Capítulo 7. Durante a existência, esses grupos podem ser armazenados em uma OU temporária. Então poderão ser movidos para a Services OU quando você estiver pronto.

Todos os grupos devem ser totalmente documentados e cada um deve ter um gerente atribuído.

- Atribua direitos de delegação para cada OU.
- Crie Microsoft Management Consoles personalizados para cada OU que inclui os direitos da delegação.

Use o Active Directory Users and Computers assim como o Global Policy Management Console e, em caso de dúvida, volte ao Capítulo 5 para ver como cada atividade é executada. Como verá, criar essa infra-estrutura OU é uma das operações mais intensas que terá de executar ao preparar a Rede da empresa paralela. Reserve seu tempo e assegure-se de que fará tudo corretamente. Agora não é hora de cortar caminho uma vez que terá de conviver com essa estrutura por algum tempo.

Você está quase pronto para migrar os usuários para a rede paralela, mas não poderá fazer isso ainda. A migração dos usuários não deve ocorrer até que tudo tenha sido preparado em sua rede paralela. Ainda precisará implementar sua estrutura Services, definir as medidas de segurança da empresa e preparar suas estratégias de gerenciamento de risco. Até que faça isso (nos três capítulos a seguir), não será capaz de começar a manter números pesados de usuários em sua rede. A migração pesada dos usuários não ocorrerá até o Capítulo 10, uma vez que essa atividade está altamente relacionada com as atividades administrativas recorrentes do usuário e do grupo.

Resumo das melhores práticas

Este capítulo recomenda as seguintes melhores práticas:

- Ao implementar o Active Directory, determine quais campos de dados deseja gerenciar e quem é o responsável por sua atualização, especialmente para o objeto User.
- Ao criar usuários, use o tipo de objeto User na intranet e determine se é para usar o tipo de objeto User ou InetOrgPerson na extranet.
- Por causa da natureza hierárquica de seu banco de dados e de sua latência da réplica inerente, não armazene os dados que tenham uma natureza de sincronia no diretório.

- Use contas do gabarito para criar usuários no diretório, especialmente se você delegar a tarefa de criação da conta.
- Nunca atribua permissões a usuários individuais, sempre atribua-as a grupos.
- Documente cada um dos grupos criados no diretório e certifique-se de que uma devida estratégia de comunicações esteja colocada para todas as partes interessadas.
- Use uma estratégia de nomenclatura padrão para reduzir as questões de gerenciamento do grupo.
- Construa sua estrutura People OU para suportar a aplicação Group Policy baseada em usuários e a delegação da tarefa administrativa do usuário.
- Reserve um tempo para revisar e compreender cada definição GPO para determinar qual precisará aplicar em seu ambiente. Teste-as em seu laboratório técnico para ter uma idéia melhor de como funcionam.
- Crie a menor quantidade possível de GPOs baseados em usuários.
- A aba Profile para o objeto User não é mais requerida porque é substituída pelas definições GPO.
- Não configure os Terminal Services por usuário, use as definições GPO.
- Se escolher usar os Roaming User Profiles:
    - Não use o cache no lado do cliente nos compartilhamentos do perfil de percurso.
    - Não criptografe os arquivos em um perfil de percurso.
    - Tenha cuidado com o tamanho da cota definida nos usuários com perfis de percurso.
- Antes de colocar a infra-estrutura People OU no lugar correto, execute todas as seguintes atividades de identificação e documentação:
    - Crie a matriz de finalidade do grupo.
    - Identifique todos os gerentes do grupo.
    - Identifique todos os proprietários OU e usuários representativos.
- Use as definições GPO para configurar o Internet Explorer para completar o Connection Manager Administration Kit.
- Execute toda a redireção da pasta baseada nos grupos de segurança (redireção avançada) para limitar o número de GPOs requeridos.
- Ao redirecionar My Documents, mantenha My Pictures a menos que haja razões atraentes para não fazer isso. Separar essas duas pastas não é uma boa prática porque você precisará fornecer dois níveis de serviço diferentes para cada uma.
- Revise a lista de melhores práticas para a regra UGLP.
- Revise a lista de melhores práticas para gerenciar os grupos Global.
- Crie Microsoft Management Consoles personalizados ao delegar tarefas para os usuários representativos.

Mapa do capítulo

Use a ilustração na Figura 6-8 para revisar o conteúdo deste capítulo.

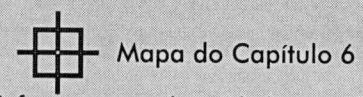

Capítulo 6: Como preparar a infra-estrutura da unidade organizacional do usuário • **281**

Mapa do Capítulo 6
Como preparar a infra-estrutura da unidade organizacional do usuário

- **Como gerenciar os objetos User com o Active Directory (Figura 6-1)**
  Objeto User do Active Directory **(Figura 6-2)**
  - User versus InetOrgPerson
  - Folhas de propriedade do objeto User
  - Crie objetos User
  - Nomes do usuário principal
  - Contas defaults do Windows Server 2003
  Como usar as contas do gabarito
  Gerenciamento pesado do usuário

  Ferramentas no site Web complementar:
  - Propriedades do objeto User

- **Como gerenciar e administrar os grupos**
  Tipos de grupo do Windows Server 2003:
  - Security
  - Distribution
  Escopos do grupo Windows Server 2003: **(Figura 6-3)**
  - Domain Local
  - Global
  - Universal
  Melhores práticas para o gerenciamento/criação do grupo **(Figura 6-5)**
  - Regra UGLP **(Figura 6-4)**
  - Melhor prática: Como gerenciar os grupos Global
  - Outros tipos de grupo

  Ferramentas no site Web complementar:
  - Tabela de informações dos grupos defaults
  - Ferramentas para documentar a estratégia do grupo

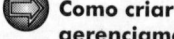

- **Como criar um projeto OU para as finalidades de gerenciamento do usuário**
  Estrutura People OU **(Figura 6-6)**
  - Unidades comerciais
  - Distribuição geográfica
  - Grupos de interesse especiais
  - Projetos
  Delegação com a People OU
  - Usuários representativos
  Conceitos GPO relacionados com o usuário
  - Como gerenciar os dados do usuário
  - Como ativar a redireção da pasta
  - Scripts de conexão e desconexão
  - Como gerenciar o Active Desktop

- **Como completar a estrutura People OU (Figura 6-7)**
  Como colocar a infra-estrutura People OU no lugar correto

- **Resumo das melhores práticas**

Figura 6-8 – Mapa do capítulo.

Capítulo 7

Como construir a infra-estrutura dos serviços da rede

NESTE CAPÍTULO

- Como preparar os File and Print Servers — *287*
- Como compartilhar arquivos e pastas — *287*
- Como criar o File Server — *295*
- Como gerenciar a disponibilidade da pasta — *303*
- Como compartilhar os serviços de impressão — *310*
- Como compartilhar arquivos e impressoras para clientes não Windows — *322*
- Como preparar os Application Servers — *323*
- Como preparar os Terminal Servers — *327*
- Collaboration Servers — *335*
- Funções adicionais do Network Infrastructure Server — *335*
- Exigências do sistema do servidor pelo papel — *337*
- Como construir a estrutura Services OU — *338*
- Considerações para a migração dos serviços para a rede paralela — *341*
- Resumo das melhores práticas — *341*
- Mapa do capítulo — *343*

A maior finalidade de uma rede da empresa é o envio de serviços para uma comunidade de usuários. Assim, uma das tarefas mais críticas que você executará ao construir a rede paralela será a implementação da infra-estrutura de serviços. Implementar essa infra-estrutura envolverá duas etapas maiores: criar os servidores que manterão cada tipo de serviço e criar a infra-estrutura da unidade organizacional que suportará a administração do serviço no diretório.

O Capítulo 1 identificou oito papéis do servidor na empresa. Dois já foram tratados até certo ponto: Identity Management Servers (Servidores de Gerenciamento da Identidade) (controladores do domínio) e Network Infrastructure Servers (Servidores de Infra-estrutura da Rede). Outro, o Failsafe Server (Servidor contra Falhas), é realmente uma duplicata dos servidores existentes. Isso deixa cinco papéis principais a tratar ao projetar sua infra-estrutura de serviços:

- **File and Print Servers** (Servidores de Arquivo e Impressão)   Os servidores que fornecem os serviços de armazenamento e documento estruturado para a rede.
- **Application Servers** (Servidores da Aplicação)   Os servidores que fornecem os serviços da aplicação baseados no software comercial como o Exchange Server, SQL Server, Commerce Server etc. ou nas aplicações da empresa personalizadas. Isso também inclui as aplicações baseadas no .NET Framework.
- **Terminal Servers** (Servidores do Terminal)   Os servidores que fornecem um ambiente de execução da aplicação central; o ambiente de execução inteiro reside no próprio servidor.
- **Dedicated Web Servers** (Servidores Web Dedicados)   Os servidores que fornecem os serviços Web. O papel Dedicated Web Server será tratado no Capítulo 8 uma vez que o serviço Web está intimamente relacionado com as questões de segurança.

- **Collaboration Servers** (Servidores de Colaboração)   Os servidores que fornecem a infra-estrutura para a colaboração na empresa. Seus serviços incluem, entre outros, os SharePoint Team Services, os Streaming Media Services e as Real Time Communications (RTC).

> 🔊 **Nota** – *Os Streaming Media Services são também conhecidos como Windows Media Center ou Windows Media 9 Studio. Mais informações está disponível em http://www.microsoft. com/windows/windowsmedia/9series/server.asp.*

E mais, será importante completar o tratamento dos Network Infrastructure Servers porque apenas duas funções foram tratadas para esse papel do servidor até o momento: DHCP e WINS.

A estrutura para o tratamento de cada um desses papéis do servidor inclui:

- **Exigências funcionais**   Análise sobre como o serviço tem de ser projetado para a rede da empresa e a razão do serviço.
- **Recursos**   Os recursos que suportam o papel ou o serviço no WS03 (inclui novos recursos).
- **Instruções da implementação**   Como prosseguir com a preparação do papel do servidor no ambiente da rede paralela.

Cada papel do servidor será baseado no Modelo de construção do servidor descrito no Capítulo 1, o modelo PASS, e no Processo de construção do servidor básico detalhado no Capítulo 2, a construção do Kernel do servidor. Na verdade, aqui você adicionará apenas os papéis funcionais à construção do servidor básico.

Todos os papéis mencionados aqui são normalmente atribuídos aos Member Servers (Servidores do Membro). Os controladores do domínio são reservados para um dos dois papéis: Identity Management Servers e os servidores com diversas finalidades – os servidores que combinam mais de um papel por causa do tamanho da base do usuário que eles suportam. Os servidores com diversas finalidades são geralmente encontrados em escritórios regionais menores. Esses servidores têm que ser construídos com cuidado por causa do risco de segurança envolvido em oferecer diversos serviços do usuário em um controlador do domínio.

Também é importante cobrir as considerações específicas para todos os tipos de servidor como os serviços Network Load Balancing (Equilíbrio do Carregamento da Rede) e Server Cluster (Cluster do Servidor). Ambos oferecem recursos de redundância poderosos que minimizem o risco na empresa. Esses tópicos serão mais analisados no Capítulo 9. A Tabela 7-4 no final deste capítulo descreve as exigências de hardware para construir cada papel do servidor. Servirá como um guia para a construção do servidor.

Finalmente, assim que a base para os serviços da empresa tiver sido tratada, será hora de construir a estrutura Services OU no diretório. Como as estruturas OU People e PCs, essa construção incluirá o GPO e os princípios da delegação, mas, unicamente, também envolverá a construção de um Plano de administração dos serviços. Como no Windows 2000, o WS03 oferece a capacidade de atribuir diretórios administrativos específicos baseados na tarefa pela qual o administrador é responsável. Diferente do Windows NT, você não precisará mais conceder os direitos Domain Administration (Administração do Domínio) a alguém e simplesmente permitir que faça seu trabalho. Este Plano de administração dos serviços será um elemento-chave da infra-estrutura de sua segurança para a rede inteira.

A estrutura Services OU será construída quando cada serviço for adicionado à rede. É neste ponto que o conteúdo OU será identificado. Assim que cada serviço tiver sido tratado, as exigências administrativas, de delegação e Group Policy (Estratégia do Grupo) para cada um serão tratadas em detalhes.

🔊 **Nota** – *Cobrir o detalhe de cada papel do servidor está além do escopo deste livro. Este livro concentra-se nos novos recursos inerentes ao Windows Server 2003. Assim, apenas os recursos novos específicos são tratados na seção do papel do servidor deste capítulo.*

Como preparar os File and Print Servers

O servidor da rede mais básico é o File And Print Servers. Ambos os serviços são uma das principais razões pelas quais grupos de pessoas tendem a colocar as redes no lugar. O armazenamento de arquivos central fornece a capacidade de compartilhar informações assim como protegê-las e fornecer um único local para as operações de backup e recuperação. Os servidores de impressão permitem a redução nos custos da impressora do hardware compartilhando menos impressoras entre mais usuários. E mais, os servidores de armazenamento de arquivos central podem indexar o conteúdo de todos os usuários, facilitando que todos reutilizem as informações.

O Windows Server 2003 oferece vários recursos para o suporte de ambas as operações. Na verdade, o compartilhamento de arquivos e impressão no WS03 tornou-se bem sofisticado.

Como compartilhar arquivos e pastas

Um dos principais aspectos da rede da empresa é a padronização do servidor. Ao organizar e preparar os servidores para o compartilhamento dos arquivos e pastas, você terá de começar identificando a finalidade ou o tipo de compartilhamento de arquivos que pretende executar. Depois de anos de existência, o compartilhamento de arquivos tornou-se concentrado em algumas funções básicas de compartilhamento de arquivos. Os tipos de arquivos que a maioria das organizações precisa compartilhar atualmente são os seguintes:

- **Dados do usuário** Os arquivos que compõem as informações pessoais do usuário e o perfil do usuário. É um compartilhamento privado.
- **Dados públicos** As informações que ficaram largamente disponíveis para todo o pessoal da empresa em uma base permanente e volátil, embora com o advento das tecnologias Web internas, esse compartilhamento de arquivos esteja ficando cada vez menos útil.
- **Dados do departamento** As informações que estão largamente disponíveis para um departamento e para os serviços que estão localizados nesse departamento. Mais uma vez, esse compartilhamento de arquivos está ficando menos usado em favor das tecnologias baseadas na Web.
- **Dados do projeto** As informações que são compartilhadas entre os membros de um projeto.
- **Aplicações do software** As aplicações que operam a partir de um local central.
- **Fontes da instalação** Os arquivos-fonte para o software instalado nos servidores ou PCs.
- **Administração do sistema** Os arquivos de administração do sistema especiais usados pelo pessoal técnico e operacional.

Como pode ver, vários desses compartilhamentos estão sendo substituídos pelas tecnologias Web, embora não em uma taxa alarmante. A maioria das pessoas se sente confortável com o compartilhamento de arquivos tradicional e continuará a usá-lo mesmo que tecnologias mais inovadoras estejam agora disponíveis para substituir essa função.

O compartilhamento de arquivos e pastas é suportado por dois recursos básicos: o próprio sistema de arquivos e sua capacidade para o gerenciamento do disco e o subsistema de compartilhamento Windows. O primeiro é o mais importante em termos de armazenamento das informações.

Como expandir os discos para o armazenamento de arquivos

O único fato inegável do armazenamento de arquivos é que ele sempre aumenta. Felizmente, os discos são uma comodidade de baixo custo hoje. Mas como você sabe que provavelmente estará expandindo o sistema de armazenamento do disco em algum momento, fará sentido usar um subsistema do disco que possa aceitar facilmente expansões físicas com pouco ou nenhum impacto nas partições lógicas. É por isso que os sistemas RAID baseados no hardware são tão importantes.

Veja, por exemplo, a seguinte situação. Seus usuários estão armazenando suas informações em um compartilhamento de arquivos central. Cada usuário tem permissão de não mais que 200MB de espaço de armazenamento e você tem pelo menos 2GB de espaço livre. Mas sua organização está expandindo e mais 50 usuários serão contratados. Agora você tem uma opção: instale outro servidor de arquivos para esses 50 novos usuários ou simplesmente expanda as capacidades de armazenamento de seu servidor de arquivos existente. Ao usar um sistema RAID baseado no hardware, poderá adquirir o devido número de discos, inseri-los em seu servidor, expandir o disco existente com seus controles RAID do hardware e usar o comando DISKPART.EXE para estender o disco existente no Windows.

O comando DISKPART.EXE inicializa um ambiente de execução. Se você usá-lo interativamente, digite os seguintes comandos:

```
diskpart
extend
exit
```

O comando extend estenderá automaticamente o disco para ocupar todo o espaço disponível recém-adicionado. Lembre-se de que a expansão do disco pode apenas ser feita nos discos não do sistema.

Você poderá também usar scripts com o DISKPART.EXE. Simplesmente insira seus comandos em um arquivo de texto. Os scripts são especialmente úteis quando você está preparando os servidores com as técnicas de instalação não assistida ou de imagem do disco. Neste caso, também desejará registrar todos os erros. Para tanto, use o seguinte comando:

```
diskpart /s scriptfile.txt >logfile.txt
```

> **Dica rápida** – A Microsoft escreveu um artigo básico conhecido sobre o gerenciamento do disco e do volume. Pesquise o número do artigo Q329707 em http://support.microsoft.com/.

Preparação da estrutura do disco

Os discos expandidos asseguram que suas partições do disco principais sempre permanecerão iguais. Isso significa que você poderá criar uma estrutura de disco padrão para todos os servidores. Essa estrutura deve incluir o seguinte:

- **Drive C:** É o disco do sistema.

Capítulo 7: Como construir a infra-estrutura dos serviços da rede ▸ 289

- **Drive D:** O disco de armazenamento de dados
- **Drive E:** Um disco opcional para os servidores que mantêm as aplicações do banco de dados. No mundo Microsoft, inclui os servidores que mantêm o Active Directory, (controladores do domínio), o SQL Server, o Exchange e o SharePoint Portal Server. Esse disco é usado para armazenar os registros da transação para essas aplicações do banco de dados. Também pode ser usado para armazenar cópias duplicadas para os servidores de arquivo.
- **Drive F:** O drive do servidor DVD/CDRW.

Não importa como seu servidor é construído, ele deve usar essa estrutura para sua aparência lógica. Como todos os discos podem ser estendidos, nenhuma outra letra do drive deve ser requerida.

O disco que requer a maioria da estrutura é o drive D: uma vez que é o disco que armazenará os dados compartilhados do usuário e do grupo e os documentos. Esse disco deve incluir uma pasta-mestre para cada um dos diferentes tipos de dados identificados anteriormente. E mais, é uma boa idéia estruturar as pastas do disco de acordo com o conteúdo. Assim, o drive D: apareceria como na Figura 7-1.

Há poucos princípios para usar ao criar as pastas no drive D:.

- Primeiro, agrupe as informações de acordo com o conteúdo. Isso significa que três pastas de nível superior são requeridas: Data, Applications e Administration. Cada uma será usada para reagrupar as subpastas que armazenarão um conteúdo parecido.

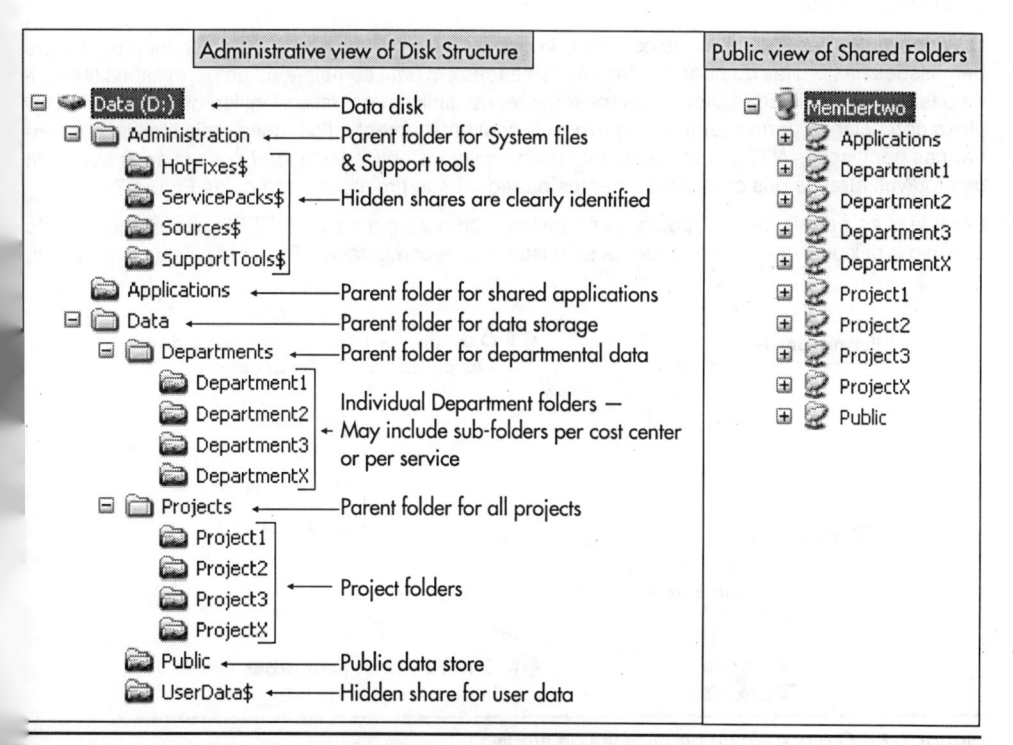

```
Administrative view of Disk Structure                        Public view of Shared Folders

Data (D:) ────────── Data disk                               Membertwo
  Administration ─── Parent folder for System files            Applications
    HotFixes$          & Support tools                         Department1
    ServicePacks$ ─── Hidden shares are clearly identified     Department2
    Sources$                                                   Department3
    SupportTools$                                              DepartmentX
  Applications ────── Parent folder for shared applications    Project1
  Data ────────────── Parent folder for data storage           Project2
    Departments ───── Parent folder for departmental data      Project3
      Department1                                              ProjectX
      Department2   Individual Department folders —            Public
      Department3   ← May include sub-folders per cost center
      DepartmentX     or per service
    Projects ──────── Parent folder for all projects
      Project1
      Project2
      Project3      ── Project folders
      ProjectX
  Public ──────────── Public data store
  UserData$ ───────── Hidden share for user data
```

Figura 7-1 – *A estrutura de pastas e de compartilhamento do drive D:*

- Segundo, use nomes de pasta representativos. Se uma pasta for usada para armazenar os dados do usuário, chame-a de UserData.
- Terceiro, use palavras combinadas. Ou seja, não inclua espaços ou caracteres especiais entre as palavras. Assim, se o nome de sua pasta for User Data, digite-o como UserData. Infelizmente, ainda há alguns vestígios do NetBIOS no WS03. O NetBIOS prefere as strings de palavra que não usam espaços ou outros caracteres especiais.
- Quarto, nomeie suas pastas como gostaria que seus compartilhamentos aparecessem. Um bom exemplo aqui é usar o sinal de cifrão ($) no final de um nome da pasta. Lembre-se de que, quando você compartilha uma pasta com o cifrão no final, ela se torna um compartilhamento "oculto" – isto é, não pode ser visto através do mecanismo de navegação da rede.
- Quinto, crie a mesma estrutura da pasta em todos os servidores que têm uma ocupação de arquivo e impressão mesmo que não compartilhe cada uma das pastas em cada servidor. Essa estratégia permite ativar rapidamente um compartilhamento de pastas quando um servidor de arquivos está desativado. Como cada servidor tem a mesma estrutura de pasta, ativar uma pasta compartilhada em uma emergência será rápido e fácil. Isso também facilita as modificações de réplica do servidor de arquivos no caso de uma paralisação do servidor.

Usando essas normas, as pastas deverão ser criadas de acordo com os detalhes descritos na Tabela 7-1.

Permissões NTFS

O Windows Server 2003 é parecido com o Windows NT e o Windows 2000 no sentido de que as permissões nas pastas compartilhadas são baseadas em uma combinação de permissões NTFS e de pastas compartilhadas. Assim, as mesmas regras aplicam-se. Isso significa que, como é complexo gerenciar as permissões do arquivo e de compartilhamento, fica muito mais fácil se concentrar nas permissões NTFS pois são as últimas permissões aplicadas quando os usuários acessam os arquivos através dos compartilhamentos da rede. Esse processo aparece na Figura 7-2.

Combinar as permissões da pasta compartilhada com as permissões NTFS poderá ficar muito confuso e dificultar resolver problemas se misturá-las e combiná-las. Para simplificar o processo,

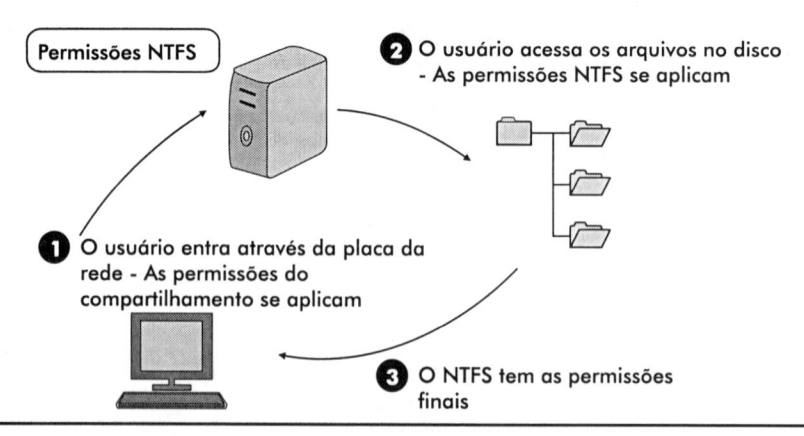

Figura 7-2 – *O processo de permissões do arquivo.*

Tabela 7-1 – A Estrutura das Pastas e Compartilhamento

Nome da pasta	Nome do compartilha-mento	Definições off-line	Permissões NTFS	Permissões do compartilha-mento	Comentário
Applications	Applications	Disponível off-line automaticamente e otimizada para o desempenho	Usuários: Leitura Administradores: Controle total	Todos: Leitura	Esta pasta compartilha as aplicações localizadas de modo central
Departmentn	Departmentn	Determinada pelo usuário	Departamento: Leitura Usuário representativo: Alteração Administradores: Control total	Todos: Alteração	Os dados podem ser criptografados mas não devem ser compactados. Esta pasta é a principal para o departamento; apenas os usuários representativos podem gravar nessa pasta e criar subpastas.
Projectn	Projectn	Determinada pelo usuário	Membros do projeto: Alteração Administradores: Controle total	Todos: Alteração	Os dados podem ser criptografados mas não devem ser compactados.
Public	Public	Não disponível off-line	Todos: Alteração Administradores: Controle total	Todos: Alteração	Os dados não devem ser criptografados ou compactados
UserData$	UserData$	Disponível automaticamente off-line e otimizada para o desempenho	Todos: Alteração Administradores: Controle total	Todos: Alteração	Os dados podem ser criptografados mas não devem ser compactados. Esta pasta será usada para redirecionar as pastas My Documents, Application Data, Desktop e Start Menu para todos os usuários.
HotFixes$	HotFixes$	Não disponível off-line	Todos: Leitura Administradores: Controle total	Todos: Leitura	Os dados não devem ser criptografados ou compactados.
ServicePacks$	ServicePacks$	Não disponível off-line	Todos: Leitura Administradores: Controle total	Todos: Leitura	Os dados não devem ser criptografados ou compactados.
Sources$	Sources$	Não disponível off-line	Todos: Leitura Administradores: Controle total	Todos: Leitura	Os dados não devem ser criptografados ou compactados.
Tools$	Tools$	Não disponível off-line	Todos: Leitura Administradores: Controle total	Todos: Leitura	Os dados não devem ser criptografados ou compactados.

você deve usar apenas as permissões NTFS porque a maioria das permissões restritivas será sempre aplicada.

No Windows Server 2003, toda nova pasta compartilhada recebe as mesmas permissões básicas: Everyone Read (Leitura para Todos). É diferente de todas as versões anteriores do Windows! Se os usuários precisarem gravar em uma pasta compartilhada, essas permissões terão que ser modificadas para Everyone Change (Alteração para Todos). Se não, as permissões mais restritivas se aplicarão e ninguém terá permissão de gravar em uma pasta compartilhada.

> **Cuidado** – *Será importante assegurar-se de que você reservará um tempo para verificar as permissões da pasta compartilhada antes de finalizar o compartilhamento. Do contrário, receberá várias chamadas de suporte sobre os compartilhamentos sem funcionamento.*

É bem certo definir as permissões de compartilhamento em praticamente tudo para Everyone Change porque as permissões NTFS se aplicarão mesmo que suas permissões de compartilhamento não sejam restritivas. A Microsoft modificou o comportamento default do processo da pasta compartilhada para fornecer uma melhor segurança para as empresas que não prepararam suas definições NTFS anteriormente. Assim, se você usar o processo de preparação do compartilhamento descrito aqui, estará bem protegido dos usuários curiosos quando compartilhar suas pastas porque as permissões NTFS serão sempre aplicadas *antes* do compartilhamento ser ativado.

Entretanto, a melhor prática em termos de permissões da pasta compartilhada é definir as permissões de acordo com o seguinte:

- Defina Everyone Read para todas as pastas da aplicação compartilhadas, pastas de instalação, pastas de ferramentas de suporte etc.
- Defina Everyone Change para todas as pastas de dados compartilhadas e defina as devidas permissões NTFS pasta por pasta.

Raramente há qualquer necessidade da definição da permissão da pasta compartilhada Everyone Full Control (Controle Total para Todos).

Cuidado – *É importante definir Everyone Change como as permissões da pasta compartilhada para a pasta compartilhada que mantém a redireção dos dados do usuário. Do contrário, o processo de criação da pasta automático ativado sempre que a estratégia se aplicar a um novo usuário não será capaz de criar as pastas de dados do usuário.*

Cotas do disco

Outro fator importante no compartilhamento de arquivos são as cotas do disco. O Windows Server 2003 oferece um processo de gerenciamento de cotas do disco que suporta a atribuição de cotas por usuário, por disco. E mais, o uso de cotas do WS03 é identificado pela propriedade do arquivo. Isso significa que, se você criar todas as suas pastas compartilhadas no mesmo disco, o uso de cotas total do usuário se aplicará a todo arquivo no disco que foi criado ou pertence ao usuário não importando em qual pasta compartilhada esteja localizado.

Você começará definindo as cotas gerais em um disco e então poderá definir cotas diferentes para os usuários que requerem mais que a quantidade média de espaço. Não poderá gerenciar as cotas por grupo. Não é muito prático em uma rede da empresa. As cotas do WS03 não se aplicam aos administradores.

Algumas regras se aplicarão se você pretende usar as cotas do WS03:

- Use a opção de controle das cotas para analisar o uso do disco antes de aplicar as cotas. Isso informará o tamanho das cotas que você precisa aplicar.
- Agrupe os usuários de acordo com os tipos de arquivo; se alguns usuários tiverem uma tendência de trabalhar com arquivos que têm formatos grandes, como os arquivos gráficos, coloque-os em um disco separado e atribua uma cota mais alta a esse disco. É igual a atribuir cotas a grupos, mas, em vez de usar grupos, você usará discos diferentes.
- Crie discos separados para os dados do usuário privados e as pastas compartilhadas do grupo e atribua diferentes cotas a cada disco.

Se achar que essas regras são muito restritas, então use uma ferramenta de gerenciamento de cotas comercial. Essas ferramentas permitirão executar o gerenciamento de cotas baseado em estratégias por usuário ou grupo não importando quantos discos você tem para o armazenamento das pastas compartilhadas.

Capítulo 7: Como construir a infra-estrutura dos serviços da rede ▶ **293**

Cópias duplicadas

O Windows Server 2003 inclui um novo recurso para o suporte da pasta compartilhada: as cópias duplicadas do volume (VSC). Esse recurso obtém um instantâneo dos arquivos localizados em uma pasta compartilhada em intervalos regulares (na verdade, obtém uma cópia do disco inteiro no qual a pasta compartilhada reside). O recurso de cópia duplicada é projetado para ajudar no processo de recuperação das versões anteriores dos arquivos sem ter de recorrer a backups. O recurso de cópia duplicada é muito parecido com um recurso de "cancelamento da eliminação" do servidor. É útil para os usuários que geralmente requerem um retorno para uma versão anterior de um arquivo ou que destroem sem querer os arquivos que ainda requerem.

O WS03 usa um planejamento default para criar as cópias duplicadas: 7:00 da manhã e 12:00 da manhã. Se você achar que esse planejamento não satisfaz suas exigências, poderá mudá-lo. Por exemplo, poderá preferir criar cópias duplicadas ao meio-dia e às 5:30 da tarde, se sua equipe tende a começar a trabalhar cedo, de manhã. E mais, use um disco separado para as cópias duplicadas e defina o tamanho máximo das cópias duplicadas nele. O número de cópias mantidas no disco de cópia duplicada dependerá da quantidade de espaço alocado para as cópias duplicadas. Uma vez completo, as cópias duplicadas serão sobregravadas por versões mais novas. Há também um limite rígido de 64 versões. Assim que você atingir esse limite, as antigas versões serão sobregravadas automaticamente. Se espera um número grande de alterações do arquivo, deverá atribuir uma quantidade maior de espaço para as cópias duplicadas.

As cópias duplicadas não substituem os backups. Mesmo que a ferramenta Backup do WS03 use o processo de cópia duplicada para executar os backups, as cópias duplicadas automáticas que o sistema cria não terão um backup, portanto você não poderá contar com as versões anteriores de uma cópia duplicada. Finalmente, o processo de cópia duplicada é na verdade uma tarefa planejada. Se você pretende apagar o disco no qual uma cópia duplicada é executada, comece apagando a tarefa planejada da cópia duplicada. Do contrário, essa tarefa irá gerar erros no registro de eventos.

🔎 Dica rápida – *Uma das ótimas vantagens das cópias duplicadas do disco é a capacidade de os usuários recuperarem seus próprios arquivos. O serviço VSC adiciona uma aba às propriedades do arquivo e da pasta que permite aos usuários recuperaram as antigas versões de um arquivo a partir da cópia duplicada contanto que a imagem da cópia duplicada não tenha sido sobregravada. Esse recurso é um marco para os administradores do disco porque reduz muito o número de restaurações que eles precisam executar. Para ativar esse recurso, você terá que preparar o cliente Previous Versions nos sistemas Windows XP. O software do cliente está localizado em ||%systemroot%\system32\clients\twclient.*

Indexing Service

O Indexing Service (Serviço de Indexação) é um dos melhores recursos do Windows para o suporte do gerenciamento de conhecimento. O WS03 pode indexar todos os tipos de informações e documentos dentro das pastas compartilhadas e em sites Web internos e externos. O Indexing Service é instalado por default, mas não é ativado. Portanto, uma das etapas mais importantes ao preparar um servidor de compartilhamento de arquivos é definir a inicialização Indexing Service para ser automática.

O Indexing Server irá indexar os documentos nos seguintes formatos:

- Texto
- HTML

- Office 95 e posterior
- Correio e informações da Internet
- Qualquer outro documento para o qual um filtro esteja disponível

Por exemplo, a Adobe Corporation fornece um filtro de indexação para os documentos no formato PDF. O Adobe PDF IFilter pode ser encontrado em http://download.adobe.com/ pub/adobe/acrobat/ win/all/ifilter50.exe. Instalar esse filtro irá garantir que todos os documentos PDF serão indexados e pesquisáveis. E mais, o Indexing Service pode indexar arquivos para os quais não tenha filtros específicos. Neste caso, fará o melhor que puder.

Em geral, as definições defaults do Indexing Service são suficientes para as pastas compartilhadas que armazenam dados e documentos. É porque mesmo que todos os documentos em um servidor de arquivo sejam indexados, os usuários verão apenas os resultados da consulta para os quais têm direitos de acesso. Portanto, mesmo que você tenha cinco documentos sobre a administração do sistema em um compartilhamento de arquivos, o usuário, que executa a consulta, tem acesso a apenas um, o Indexing Service responderá com apenas um resultado da consulta.

Se desejar uma filtragem mais refinada, você poderá usar o Indexing Service para criar catálogos de indexação especiais para os grupos de usuários. Esses catálogos aumentam a velocidade de uma pesquisa uma vez que limitam o número de possíveis acessos para as consultas do usuário. A indexação é uma tarefa que exige muito da memória. Isso significa que seu servidor de arquivos irá requerer uma RAM suficiente para suportar a indexação dos documentos. Para os compartilhamentos de arquivos grandes, incluindo mais de 100.000 documentos para indexar, você deverá dedicar pelo menos 128 MB de RAM ao Indexing Service.

Cache do arquivo off-line

Por default, cada compartilhamento criado com o Windows Server 2003 é definido para permitir ao usuário determinar se quer tornar os arquivos disponíveis off-line. O cache do arquivo off-line permite que os usuários transportem arquivos com eles caso estejam usando um computador portátil ou para continuar trabalhando no caso de uma falha da rede. Através dos arquivos off-line, os usuários trabalham de fato nas cópias locais dos arquivos, e o Windows Synchronization Manager (Gerenciador de Sincronização) sincroniza automaticamente os arquivos entre o servidor e o cliente. O Synchronization Manager inclui um processo de resolução de conflitos permitindo que diversos usuários trabalhem com os arquivos off-line sem medo de danificar as informações criadas por um ou outro.

Há alguns problemas com os arquivos off-line. O mais importante é que nem todos os arquivos são suportados pelo processo de arquivos off-line. Os arquivos do banco de dados, em particular, não são suportados. Assim, se você pretende usar pastas off-line, terá que educar seus usuários para armazenarem seus arquivos do banco de dados em outro lugar, localmente ou em compartilhamentos de arquivos que não oferecem as possibilidades de arquivos off-line. Os tipos de arquivo não suportados causam mensagens de erro durante o processo de sincronização que ocorre na conexão ou desconexão. Isso pode causar uma abertura de segurança porque o processo de desconexão não é completado quando os tipos de arquivo não suportados são incluídos em uma pasta off-line até que a caixa de diálogo da mensagem de erro seja fechada manualmente. E, se o usuário sair antes da desconexão se completar, seu sistema permanecerá nesse estado até que ele volte. Naturalmente, seria difícil para um hacker reabrir a sessão, mas deixar uma sessão em um estado semi-aberto não é uma boa prática.

As opções de cache incluem:

- **No caching** (Sem cache) Os arquivos ou programas do compartilhamento não estão disponíveis off-line.

- **Manual caching** (Cache manual) Apenas os arquivos e programas que os usuários especificam estarão disponíveis off-line (é a definição default).

- **Automatic caching** (Cache automático) Todos os arquivos e programas que os usuários abrem a partir do compartilhamento ficarão disponíveis automaticamente. Essa definição pode ser otimizada para o desempenho.

Os arquivos off-line são um marco, especialmente para os usuários móveis, porque oferecem um acesso local para os arquivos, permitindo ao mesmo tempo um backup central e a proteção dos dados.

Como criar o File Server

Há vários processos envolvidos na criação de um File Server (Servidor de Arquivos). O Processo de criação do File Server geral é descrito na Figura 7-3.

O lugar para iniciar é com a criação do próprio servidor. Use o processo descrito no Capítulo 2 para criar um Member Server básico. Esse servidor é baseado no Server Kernel (Kernel do Servidor), mas seu papel primário será o compartilhamento de arquivos. Assim, agora você precisa adicionar um papel do servidor na parte superior do kernel. Esse servidor deve incluir uma estrutura de disco como foi apresentado anteriormente na seção "Preparação da estrutura do disco". Assim que o servidor tiver sido preparado, vá para a primeira atividade: Como criar a estrutura da pasta.

Como criar a estrutura da pasta

A estrutura da pasta não é igual à estrutura da pasta compartilhada, porque os compartilhamentos são reagrupados pelo tipo de conteúdo (consulte a Figura 7-1). Embora o WS03 forneça um Share a Folder Wizard (Assistente para Compartilhar uma Pasta) que suporta a criação de uma estrutura

Processo de criação do File Server

☐ Crie a estrutura da pasta
☐ Aplique as permissões NTFS
☐ Ative as contas no servidor
☐ Ative as cópias duplicadas
☐ Ative o Indexing Service através de Manage Your Server
☐ Crie compartilhamentos através do console File Server Management e do assistente Share a Folder
☐ Aplique as permissões do compartilhamento
☐ Aplique as opções de cache do compartilhamento
☐ Publique os compartilhamentos no Active Directory
☐ Exiba os compartilhamentos para os devidos grupos de usuários

Figura 7-3 – *O processo de criação do File Server.*

de pasta em um disco NTFS, será mais fácil usar o Windows Explorer para criar as pastas que manterão o compartilhamento de arquivos.

1. Vá para o Windows Explorer (Área de inicialização rápida | Windows Explorer).
2. Selecione o drive D:.
3. Crie três pastas de alto nível: Administration (Administração), Applications (Aplicações) e Data (Dados). Para tanto, clique com o botão direito do mouse no painel direito do Explorer, selecione New (Novo) | Folder (Pasta) e digite o nome da pasta. Pressione ENTER quando terminar. Repita para cada pasta requerida.
4. Aplique as devidas definições de segurança NTFS para cada pasta. As definições de segurança são aplicadas de acordo com os detalhes da Tabela 7-1. Para tanto, clique com o botão direito do mouse em cada nome da pasta e selecione Properties (Propriedades). Vá para a aba Security (Segurança). Adicione os devidos grupos e atribua as devidas definições da segurança a cada grupo. E mais, modifique as definições da segurança defaults segundo as exigências na Tabela 7-1. Você modificará as definições da segurança agora, porque elas são herdadas sempre que você cria as subpastas. Assim, precisará apenas ajustar as definições de segurança da subpasta a partir de agora ao invés de recriá-las.
5. Crie todas as subpastas para cada seção:
    - Em Administration, crie HotFixes$, ServicePacks$, Sources$ e SupportTools$.
    - Em Data, crie Departments (Departamentos) e Projects (Projetos). Essas subpastas são pastas-mães para cada uma das pastas compartilhadas específicas do departamento e do projeto. Também crie Public e UserData$ nesse nível.
    - Em Departments e Projects, crie as subpastas requeridas para cada departamento e cada projeto.
6. Modifique as definições da segurança NTFS para cada pasta. Lembre-se de modificar as pastas-mães primeiro antes de criar suas subpastas para simplificar seu processo de criação.

Assim que o processo de criação da pasta estiver completo, faça uma cópia da estrutura inteira em outro lugar seguro da rede. Assim, não terá de recriar a estrutura da pasta inteira sempre que criar um servidor de arquivo. Simplesmente terá de copiá-lo de seu gabarito da estrutura de arquivo. Certifique-se de que essa estrutura de pasta-mestre esteja sempre atualizada para simplificar o processo de criação da pasta.

Como ativar os serviços File Server

Três serviços especiais têm que ser colocados no lugar correto para suportar o compartilhamento de arquivos: cotas, cópias duplicadas e indexação. Eles serão ativados em seguida.

1. Novamente, vá para o Windows Explorer.
2. Clique com o botão direito do mouse no drive D e selecione Properties.
3. Vá para a aba Quota (Cota) e ative as cotas para esse disco:
    - Selecione Enable quota management (Ativar gerenciamento da cota).
    - Selecione Deny disk space to users exceeding quota limit (Negar espaço do disco para usuários que excedem o limite da conta).
    - Selecione Limit disk space to (Limitar espaço do disco a) e atribua pelo menos 200MB por usuário.
    - Defina Set warning level to (Definir nível do aviso para) para 15% a 20% menor que o limite da cota atribuído.

Capítulo 7: Como construir a infra-estrutura dos serviços da rede ▸ **297**

🏍 **Dica rápida** – *É muito importante atribuir os devidos níveis da cota para os usuários. Recomenda-se validar o espaço requerido por usuário antes de atribuir os níveis da cota. Não negue o espaço do disco para os usuários que excedem os limites da conta a fim de testar os níveis da cota requeridos. Para testar esses limites, você precisará controlar o uso da cota utilizando o botão Quota Entries (Entradas da Cota) na parte inferior da caixa de diálogo.*

- Selecione Log event when a user exceeds their quota limit (Registar evento quando um usuário exceder seu limite de cota) e Log event when a user exceeds their warning level (Registrar evento quando um usuário exceder seu nível de aviso). Ambas as ferramentas são usadas para identificar as exigências de cota em longo prazo.

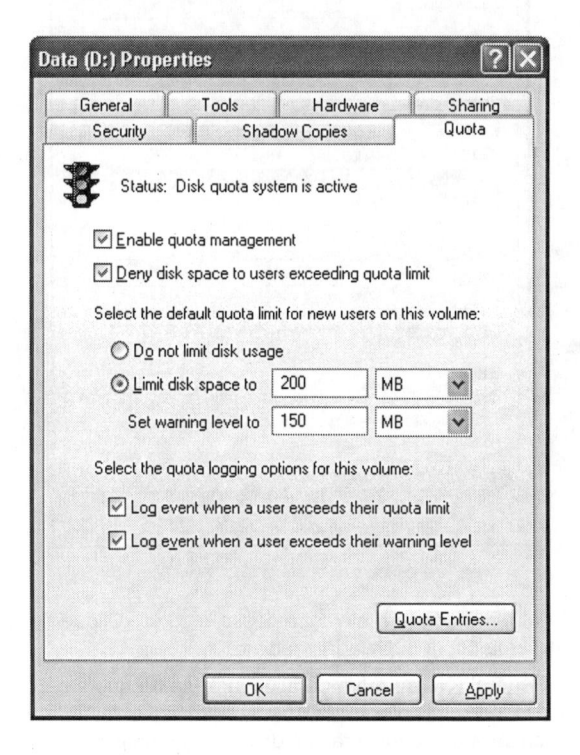

🏍 **Dica rápida** – *Os registros de eventos não fornecem na verdade o nome da pessoa que excede o limite. Você terá de usar os scripts WMI para extrair essas informações. Mas os registros de eventos informarão que alguém excedeu o limite. Não se preocupe, saberá quem é logo porque os usuários que excedem seus limites são rápidos em ligar para o auxílio para reclamarem.*

4. Você poderá selecionar Apply (Aplicar) se quiser, mas não faça isso porque não acabou com essa caixa de diálogo ainda. Vá para a aba Shadow Copies (Cópias Duplicadas).

5. Antes de ativar esse recurso, terá de modificar o drive que armazenará as cópias duplicadas. Para tanto, clique o botão Settings (Definições). Na nova caixa de diálogo, use a lista suspensa para selecionar o drive E:. Defina o limite para a cópia como o apropriado e altere o planejamento se requerido. Clique em OK quando terminar.
6. O planejamento default é para as 7:00 da manhã e ao meio-dia. Se esse planejamento não for apropriado, clique o botão Schedule (Planejar) para modificá-lo. É uma tarefa planejada. Seus recursos de planejamento são iguais a todas as tarefas planejadas.
7. Clique em Enable (Ativar) para ativar as cópias duplicadas.

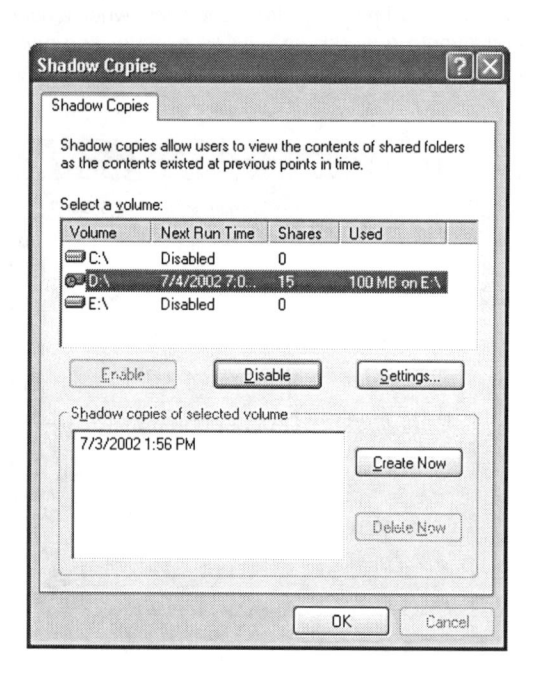

8. O WS03 dará um aviso sobre a ativação desse recurso. Clique em OK para fechá-lo. O WS03 executará uma cópia duplicada imediata.
9. Vá para a aba General (Geral) a fim de assegurar-se de que a caixa de verificação Allow Indexing Service to index this disk for fast file searching (Permitir Serviço de Indexação para indexar este disco para a pesquisa rápida do arquivo) esteja marcada, então clique em OK para fechar a caixa de diálogo e atribuir as definições.
10. Você precisará ativar o Indexing Service. A maneira mais fácil de fazer isso é usar o console Manage Your Server (Gerenciar Seu Servidor) para adicionar um novo papel do servidor. Naturalmente, poderá mudar as definições do serviço no console Computer Management (Gerenciamento do Computador), mas o console Manage Your Server também instalará um console File Server Management (Gerenciamento do Servidor de Arquivos) especial, assim como ativará o Indexing Server. Inicie o console Manage Your Server se ele estiver fechado (use o ícone Quick Launch Area ou Área de Inicialização Rápida).
11. Clique em Add ou remova um papel. Selecione File Server no Configure Your Server Wizard (Assistente para Configurar Seu Servidor) e então clique em Next (Próximo).

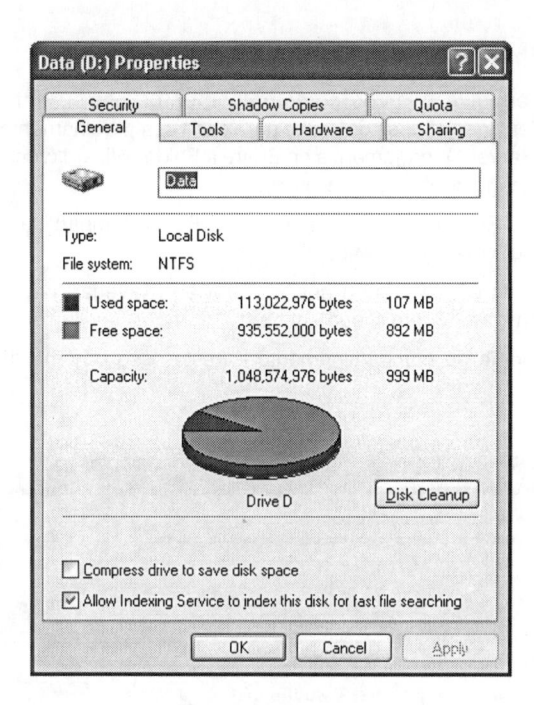

12. Selecione Yes (Sim), ative o Indexing Service e então clique em Next. Clique em Finish (Terminar) quando terminar.

Agora seu servidor está pronto para compartilhar as pastas e o console File Server Management está aberto.

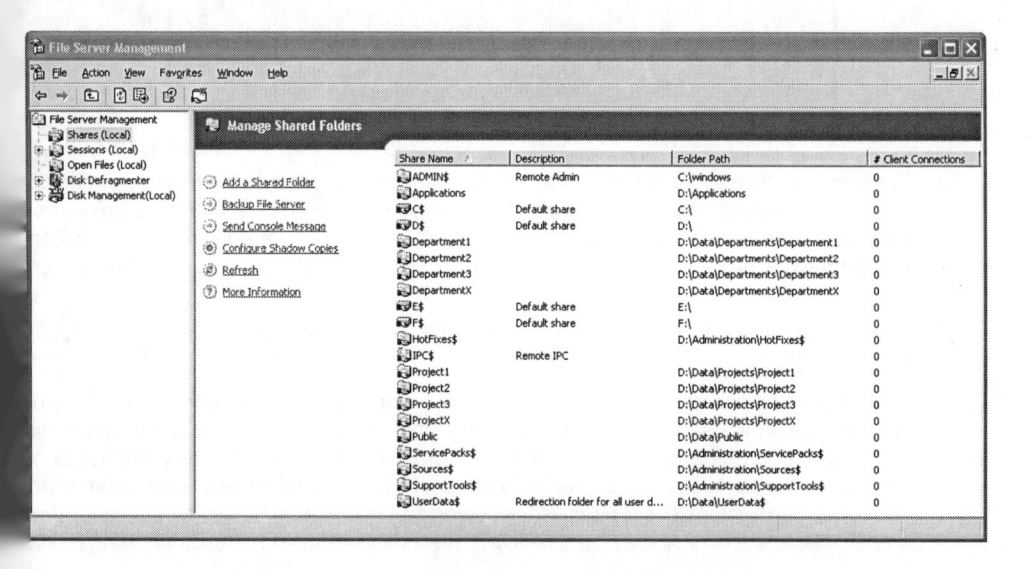

Como compartilhar as pastas

O próximo estágio envolve criar os compartilhamentos em si, definir as permissões do compartilhamento e definir as opções de cache para cada compartilhamento. Tudo é executado por meio do console File Server Management e do Share a Folder Wizard (você poderá também usar o console Computer Management para fazer isso).

1. Clique em Add a Shared Folder (Adicionar uma Pasta Compartilhada) à esquerda do painel direito do console File Server Management.
2. Digite o nome do caminho ou clique em Browse (Navegar) para identificar a pasta que deseja compartilhar e então clique em Next.
3. Identifique o nome do compartilhamento – neste caso o nome da pasta – e digite uma descrição.

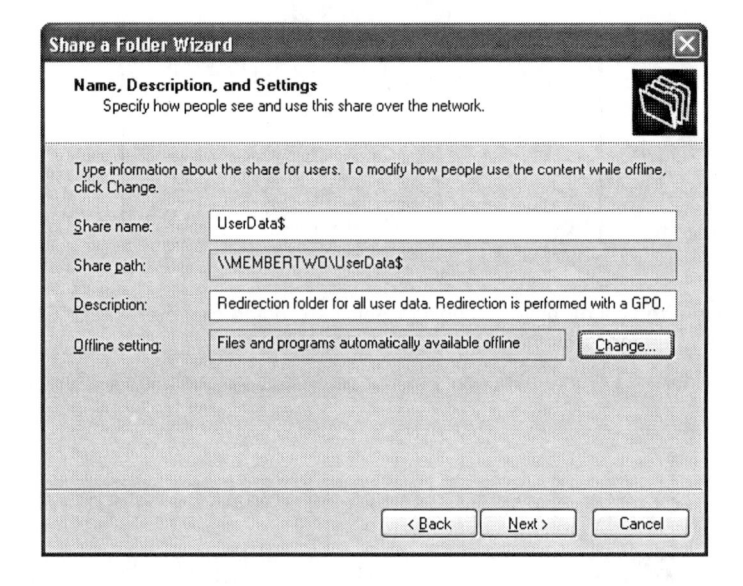

4. Também é onde poderá definir as opções de cache para o compartilhamento. Por default, todos os compartilhamentos são definidos para permitir que os usuários determinem se precisam armazenar em cache as informações. O cache deve ser definido de acordo com as informações na Tabela 7-1. Para mudar as opções de cache a partir do default, clique em Change (Alterar).
5. Selecione a devida definição e então clique em OK para retornar ao Share a Folder Wizard. Clique em Next.
6. Agora defina as permissões do compartilhamento. Lembre-se de que, por default, todos os compartilhamentos são Everyone Read. O assistente fornece um conjunto default de permissões. Atribua as permissões de compartilhamento de acordo com as informações na Tabela 7-1. Se permissões personalizadas forem requeridas, clique em Use custom share and folder permissions (Usar permissões de compartilhamento e da pasta personalizadas e então clique em Customize (Personalizar). Use a caixa de diálogo Customize para mudar

Capítulo 7: Como construir a infra-estrutura dos serviços da rede ▶ **301**

as permissões do compartilhamento. Poderá também usar essa caixa de diálogo para revisar e mudar as permissões NTFS se requerido. Clique em OK quando terminar.

7. Assim que voltar para o assistente, clique em Finish. O compartilhamento agora é criado. Se precisar criar um novo compartilhamento, selecione When I click on Close (Quando Eu clicar ao Fechar), execute o assistente de novo para compartilhar outra caixa de verificação da pasta. Repita até que todos os compartilhamentos tenham sido criados.

Você está quase acabando. Agora, a única coisa que falta é tornar os compartilhamentos disponíveis para os usuários. Isso é feito por meio do Active Directory.

Como publicar os compartilhamentos no Active Directory

Os compartilhamentos são publicados no Active Directory para simplificar seu acesso pelos usuários. Os usuários podem pesquisar o diretório para localizar os compartilhamentos para os quais requerem acesso, reduzindo a exigência dos compartilhamentos mapeados nos scripts de conexão.

1. Vá para um controlador do domínio e abra o console Active Directory Users and Computers (Usuários e Computadores Active Directory).

2. Se já não estiver pronta, crie uma nova estrutura da unidade organizacional e nomeia-a como Services (Serviços). Em Services, crie uma nova OU denominada File and Print (Arquivo e Impressão).

3. Na File and Print OU, crie novos compartilhamentos. Para tanto, vá para o painel direito e clique com o botão direito do mouse. Selecione New | Shared Folder (Pasta Compartilhada) no menu contextual.

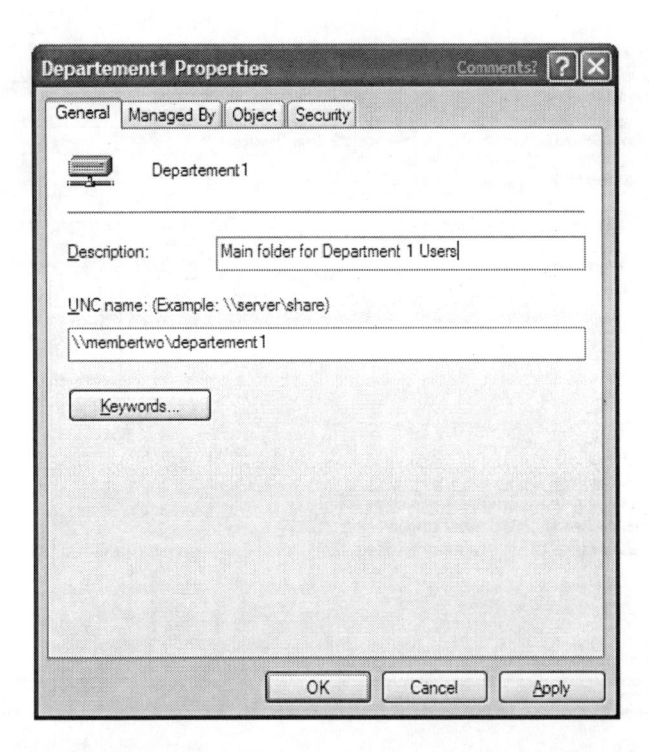

4. Digite o nome do compartilhamento e o caminho para a pasta compartilhada (usando o formato UNC). Clique em OK quando terminar. Repita para todos os compartilhamentos que precisa publicar

> ⚠ **Cuidado** – *Não publique as pastas ocultas porque não ficarão mais ocultas. Qualquer compartilhamento que seja publicado no AD será visível para os usuários.*

5. Assim que os compartilhamentos forem criados, você precisará adicionar uma descrição e palavras-chaves para cada um. As descrições da pasta são importantes uma vez que servirão para informar aos usuários a finalidade da pasta compartilhada. As palavras-chaves também são úteis porque os usuários podem pesquisar uma pasta compartilhada pela palavra-chave em vez do nome de compartilhamento. Para fornecer ambos, exiba as propriedades de cada pasta compartilhada no AD.
6. Use essa caixa de diálogo para adicionar descrições completas para cada compartilhamento e identifique seu gerente. Para adicionar palavras-chaves, clique o botão Keywords (Palavras-Chaves). Digite a palavra-chave e clique em Add. Clique em OK quando terminar.
7. Feche a caixa de diálogo quando terminar. Repita para cada compartilhamento publicado no AD.

Agora seus compartilhamentos estão prontos para serem acessados pelos usuários.

Como localizar um compartilhamento no AD

A localização dos compartilhamentos é feita pela função Search (Pesquisar) do Windows Explorer.

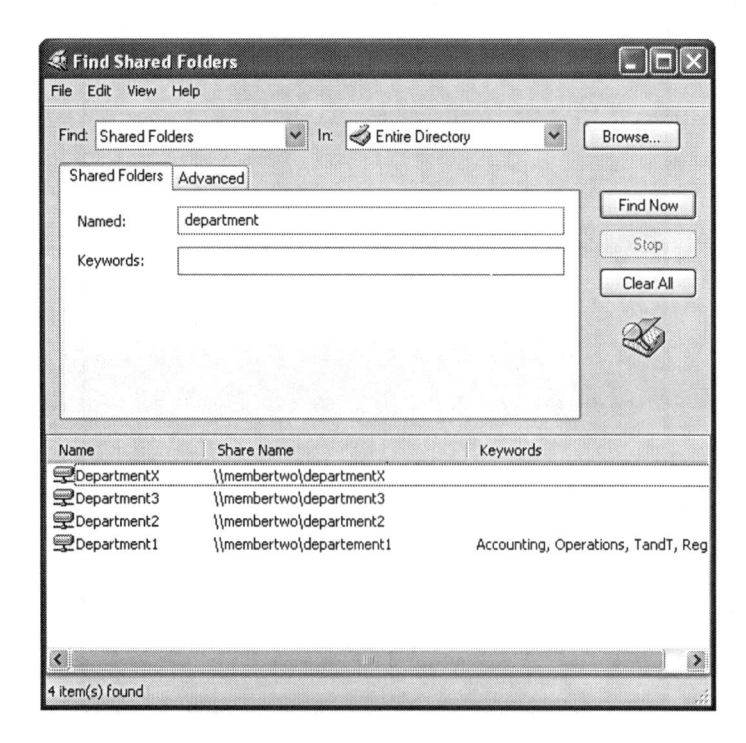

Capítulo 7: Como construir a infra-estrutura dos serviços da rede ▶ **303**

1. Abra My Network Places (Meus Lugares da Rede) no Windows XP ou WS03.
2. Use o painel de tarefas (à esquerda) para clicar em Search Active Directory (Pesquisar Active Directory).
3. Na caixa de diálogo Find (Localizar), selecione Shared Folders no menu suspenso Find. O título da caixa de diálogo mudará para refletir o fato de que você está pesquisando pastas compartilhadas.
4. Digite o nome da pasta ou suas palavras-chaves e clique em Fine Now (Localizar Agora).
5. A caixa de diálogo Find exibirá as pastas compartilhadas que coincidem com o critério de pesquisa. Para acessar uma pasta compartilhada, clique duas vezes em seu nome.

Seus usuários irão requerer essa operação apenas porque sempre que uma nova pasta compartilhada é acessada a partir do computador de um cliente, é adicionada à parte Network Favorites (Favoritos da Rede) do Explorer. Os usuários poderão acessar suas pastas compartilhadas de lá na próxima vez de que precisarem.

> 🐞 **Dica rápida** — *Não se esqueça de preparar o cliente Previous Versions para os PCs e os servidores. Na verdade, esse cliente deve ser parte do Kernel do sistema PASS para ambos (camada de armazenamento).*

Como gerenciar a disponibilidade da pasta

Embora sejam totalmente suportados, os drives mapeados não são mais uma orientação no Windows Server 2003. É a Universal Naming Convention (UNC) que é o método favorito de apresentação do acesso da pasta compartilhada. Esse método é baseado em uma estrutura de nomenclatura \Servername\sharename. Mas há recursos dos drives mapeados que não podem ser apresentados por um simples nome UNC. Por exemplo, como um drive mapeado é geralmente criado através de um script de conexão, é fácil para os administradores mudarem o endereço do drive mapeado de um dia para o outro, uma operação que é completamente transparente para os usuários. No que diz respeito a eles, o drive K: permanece como drive K: não importante onde ele se conecte.

Assim, os drives mapeados suportavam tarefas administrativas como substituir os servidores e mover as pastas compartilhadas. Porém, não estavam isentos de problemas. Por exemplo, desde a versão 97, o Microsoft Office controla o UNC sob o drive mapeado, tornando difícil usar os mapeamentos convencionais do drive. Com o advento do software compatível com o Windows Installer, o UNC está ficando cada vez mais importante. Para as finalidades de autocuidado, o Windows Installer tem que se lembrar da fonte de instalação original de um programa. Ele prefere um formato UNC para um drive mapeado para essa função. É por isso que a Microsoft desenvolveu duas tecnologias que suportam a tolerância a falhas para os compartilhamentos UNC. Essas duas tecnologias são a Distributed Link Tracking (Controle do Link Distribuído) e a Distributed File System (Sistema de Arquivos Distribuído). Ambas podem ser usadas individualmente ou juntas para fornecer muitas das mesmas vantagens administrativas dos drives mapeados.

Distributed Link Tracking

O Windows 2000 introduziu pela primeira vez o serviço Distributed Link Tracking (DLT). Esse serviço é composto por um componente do cliente e do servidor. Ambos os componentes estão disponíveis no WS03, mas apenas o componente do cliente está disponível no Windows XP. Esse serviço é projetado para controlar os links distribuídos ou os atalhos que foram criados em um computador do cliente. A finalidade básica do serviço é assegurar que os atalhos sejam sempre funcionais. Por exemplo, quando um grupo de trabalho está trabalhando com um certo conjunto de arquivos localizados em um servidor de arquivos específico, cada um cria seu próprio atalho para esses arquivos ou um atalho global é distribuído pelo administrador do projeto para todos os membros da equipe. Esse atalho é funcional porque aponta para a pasta compartilhada que contém os arquivos. Se os serviços do cliente e do servidor para o DLT forem ativados, então o atalho funcionará sempre mesmo que um administrador tenha de mover a pasta compartilhada para um servidor diferente.

O serviço do cliente é definido para a inicialização automática. Ele controla os atalhos locais ou os atalhos cujos destinos são modificados pelo usuário do sistema local. A parte do servidor controla os atalhos ligados aos compartilhamentos de arquivos centrais. Ele armazena todas as informações do link no Active Directory (no contêiner System | FileLinks). Se um atalho não funcionar mais, a aplicação do cliente pesquisará o diretório para localizar o novo caminho para o link e irá corrigi-lo automaticamente.

Embora a parte do servidor tenha sido definida para a inicialização automática no Windows 2000, agora está desativada no Windows Server 2003. A razão para essa desativação é a quantidade incomum de informações que o DLT armazena no diretório. Pode ter um impacto sério na réplica entre os sites e poderá levar a outros problemas se as organizações não levarem seu conteúdo em conta ao calcular o tamanho do banco de dados AD. Na verdade, a Microsoft tem um artigo de suporte sobre esse assunto (Q312403). Esse artigo descreve um caso "fictício" no qual um cliente não sabia que o DLT armazenava informações no diretório e achou que, quando chegou a hora de atualizar do Windows 2000 para o Windows Server 2003 (1,5GB de espaço livre é requerido), ele não poderia fazer isso porque seus controladores do domínio estavam completos em termos de acréscimos do disco físico.

Portanto, fique avisado: o DLT usará muito espaço no diretório se você ativar a parte do servidor. Certifique-se de que seu sistema de armazenamento para os arquivos de diretório tenham espaço suficiente e possam crescer com suas exigências Directory Database. Para ativar o serviço DLT Server, defina-o para a inicialização Manual.

Como trabalhar com o Distributed File System

A tecnologia preferida para a tolerância a falhas dos compartilhamentos de arquivos é o Distributed File System (DFS). O DFS oferece vários recursos da empresa para o suporte e a administração dos compartilhamentos de arquivos:

- O DFS cria um alias do compartilhamento de arquivos através do qual os usuários podem acessar os arquivos em um servidor. Isso significa que você pode mudar o compartilhamento do arquivo de destino sem causar um impacto nos usuários porque eles acessam o alias e não o servidor de arquivos físico.

- O alias do DFS não se aplica apenas aos compartilhamentos de arquivos, também pode ser aplicado nos endereços do servidor Web, permitindo que você modifique os servidores Web de segundo plano sem causar um impacto no uso de suas aplicações Web internas ou externas.

- Os espaços do nome DFS podem ser ligados a qualquer quantidade de compartilhamentos de arquivos físicos reais. É por isso que o espaço do nome DFS pode ser repetido. Se um servidor tiver que ser finalizado por qualquer razão, os usuários continuarão a trabalhar sendo redirecionados pelo DFS para outro servidor físico.

- O DFS pode fornecer um equilíbrio do carregamento distribuindo o acesso do arquivo a vários locais físicos ou destinos.

- O DFS fornece uma consolidação transparente dos compartilhamentos de arquivos distribuídos. Se os arquivos para um certo departamento forem distribuídos em vários servidores físicos, então o DFS poderá fazer com que pareça que eles estão todos localizados em uma única estrutura DFS virtual.

- O DFS tem o reconhecimento do site – isto é, pode identificar os sites AD e usá-los para redirecionar os usuários para um servidor de arquivos localizado em seu site. Assim, o DFS é ideal para distribuir os compartilhamentos de arquivos que se estendem em regiões.

- Os clientes DFS podem armazenar em cache as referências para as raízes DFS ou ligações por um período definido de tempo, melhorando o desempenho acessando os recursos sem ter de executar uma pesquisa AD.

O Distributed File System trabalha em conjunto com o File Replication System (RFS) no Windows Server 2003 para fornecer uma tolerância a falhas e recursos de controle do link. As raízes DFS integradas ao AD são nomeadas como raízes DFS do domínio. As raízes DFS do domínio WS03 não podem incluir mais de 5.000 destinos ou links.

O DFS também suporta as raízes DFS independentes. As raízes independentes não são tolerantes a falhas da mesma maneira que as raízes DFS do domínio porque estão localizadas em uma única máquina. Por outro lado, uma raiz DFS independente pode estar em um servidor de cluster e fornecer a tolerância a falhas através dos serviços de cluster. Pode conter até 50.000 destinos.

O DFS é extremamente poderoso. Por exemplo, se seus desenvolvedores precisarem trabalhar em ambientes diferentes ao preparar as aplicações da empresa, eles poderão aproveitar o DFS criando uma raiz DFS padrão para as finalidades de desenvolvimento em cada ambiente de organização e usando o mesmo nome DFS que será usado na rede de produção. Assim, não terão de modificar os caminhos no código sempre que mudarem os ambientes, mesmo na produção.

Outro exemplo é o arquivo-fonte para todas as instalações e para o suporte dos recursos Windows Installer como o autocuidado. Usando o DFS, você pode ter um único caminho da fonte de instalação que esteja disponível em todos os sites e que repete automaticamente todos os arquivos-fonte entre os sites.

Há muitas outras implementações úteis do DFS/RFS: as pastas públicas que são repetidas em cada site regional, as pastas de projeto que se estendem em um número específico de regiões ou os compartilhamentos de arquivos que são transparentes para os usuários móveis, apenas para citar algumas.

Como instalar uma raiz DFS do domínio

As raízes DFS do domínio são mais úteis quando as pastas compartilhadas têm de se estender em regiões. Comece instalando a raiz DFS do domínio. Recomenda-se executar essa ação em um Member Server. Você normalmente precisa das credenciais do administrador do domínio para criar uma raiz DFS do domínio, mas é possível delegar esse direito no AD. Delegue esse direito apenas se precisar criar raízes DFS de modo recorrente. Se precisar apenas configurá-las uma vez durante a criação da rede paralela, não se incomode. Use o processo descrito na Figura 7-4 para identificar as etapas requeridas para criar sua configuração DFS.

1. Inicialize o console Distributed File System (Start | Administrative Tools (Ferramentas Administrativas) ou na área Quick Launch).
2. Clique com o botão direito do mouse em Distribute File System no painel esquerdo do console. Selecione New Root (Nova Raiz). Isso inicializará o New Root Wizard (Assistente da Nova Raiz). Clique em Next.
3. Selecione Domain Root (Raiz do Domínio) e então clique em Next.
4. Selecione o domínio de host – deve ser o domínio de produção – neste caso, Intranet.TandT.net e então clique em Next.
5. Selecione o servidor de host. Clique em Browse para encontrar o nome do servidor. Deve ser um de seus servidores de arquivo. Clique em Next quando terminar.

```
                                                O compartilhamento              Adicione
Requer a tolerância a falhas   ┌─Sim→Raiz DFS do domínio──→ requerido por todas ─Sim→  destinos
  do domínio ou a réplica      │                              as pessoas?                da raiz
     em diversos sites         └─Não→Raiz DFS independente         │                        │
                                                                  Não                       │
            Instale no servidor                        Adicione destinos              Adicione o
              de cluster       ←─Sim─┐                 da raiz para os servidores     link DFS
         ┌─                          │ Requer a tolerância  específicos apenas            │
         │  Instale no servidor      │ a falhas dentro                                    │
         └─    independente  ←─Não───┘         Não ────O link é tolerante a falhas?─── Adicione
                    │                                   │                              o destino
                    │                                  Sim                             do link
                    ↓                                   ↓
                                        Adicione um segundo destino do link

    ┌───────→ Adicione o destino da raiz
  Não │                   │
    │ │                   ↓                   Configure a topologia da réplica
A configuração  Adicione o link DFS
do cluster está             │                              │
completa?                   ↓                              ↓
    │              Adicione o     →  Distribua oatalho  ←── Adicione mais destinos do link
    └──────        destino do       da raiz DFS para
                     link            os usuários
```

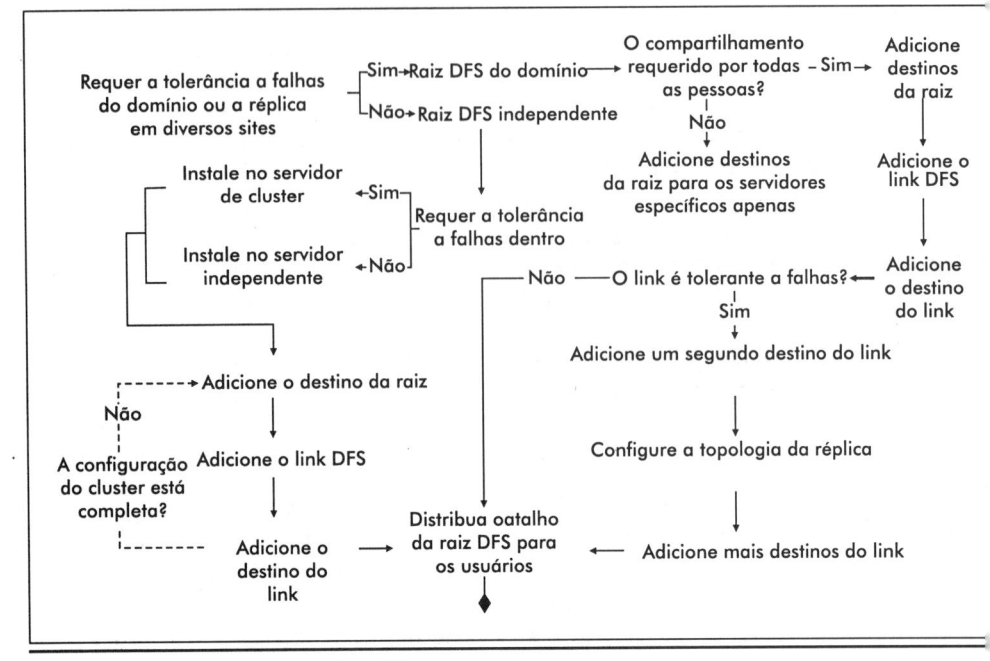

Figura 7-4 – *A árvore de decisão DFS.*

6. Nomeie a raiz DFS. Use um nome comum que não será duplicado na empresa e que será recuperado prontamente (permaneça por um longo tempo). Considere a rápida recuperação dos drives da rede ao escolher os nomes da raiz DFS. Por exemplo, para o compartilhamento público, use Public como o nome da raiz. Digite uma descrição curta para a raiz. Clique em Next quando terminar.

> **Cuidado** – *Mantenha suas descrições em um mínimo. As descrições DFS grandes terão um impacto no desempenho e deixarão lento o processo de pesquisa DFS.*

7. O DFS localizará a pasta compartilhada automaticamente se já tiver sido compartilhada. Se não, exibirá uma tela adicional que permitirá criar e compartilhar uma pasta.

> **Cuidado** – *Se suas raízes DFS do domínio forem mantidas nos Member Servers e nos controladores do domínio (por exemplo, os controladores do domínio que são usados como servidores de diversas finalidades nos sites regionais), você deverá assegurar-se de que o nome da pasta compartilhada usado no Member Server para manter a raiz DFS do domínio não seja igual ao nome do compartilhamento usado nos controladores do domínio porque, por default, os clientes serão direcionados para o controlador do domínio se os nomes forem iguais. Não só não serão capazes de acessar o compartilhamento Member Server, como poderá ter um impacto no desempenho.*

Capítulo 7: Como construir a infra-estrutura dos serviços da rede ▶ 307

\\Intranet.TandT.NET\Public Properties

General | **Publish**

☑ Publish this root in Active Directory

Path to DFS root:
\\Intranet.TandT.NET\Public

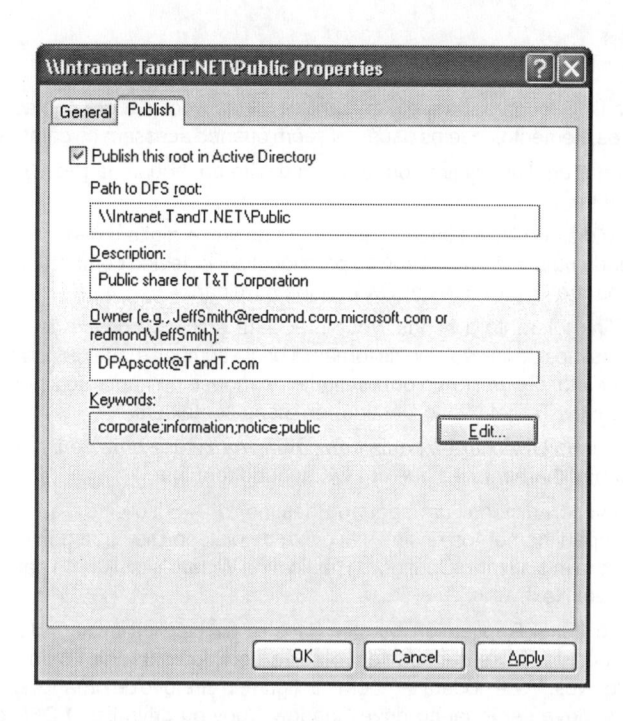

Description:
Public share for T&T Corporation

Owner (e.g., JeffSmith@redmond.corp.microsoft.com or redmond\JeffSmith):
DPApscott@TandT.com

Keywords:
corporate;information;notice;public   [Edit...]

[OK] [Cancel] [Apply]

8. Clique em Finish. A raiz DFS será criada. Agora você terá de adicionar informações extras à raiz. Para tanto, clique com o botão direito do mouse no nome da raiz DFS e selecione Properties. Vá para a aba Publish (Publicar), selecione Publish this root in Active Directory (Publicar esta raiz no Active Directory), digite um comentário para a raiz e identifique seu proprietário. Clique em OK quando terminar.

🔊 **Nota** – *As informações armazenadas na aba Publish da caixa de diálogo de propriedades da raiz DFS podem ser exibidas apenas através do console Distributed File System.*

9. Agora adicione um destino da raiz extra (o primeiro destino da raiz que foi adicionado quando você criou a raiz DFS). Os destinos da raiz são os elementos que fornecem tolerância a falhas e a redundância nos mesmos sites e fornecem um acesso do site local quando estão em sites diferentes. Se esse compartilhamento for requerido por todas as pessoas, como o compartilhamento público, você precisará adicionar tantos destinos da raiz quanto sites Active Directory. Para adicionar um destino da raiz, clique com o botão direito do mouse no novo nome da raiz DFS do domínio no painel esquerdo e selecione New Root Target (Novo Destino da Raiz).

10. Siga as instruções no Add a Root Target Wizard (Assistente para Adicionar Destino da Raiz). Repita quantas vezes forem requeridas.

Sua raiz DFS está pronta. Agora, ela requer links para fornecer ao usuário acesso às informações. O processo de criação da raiz permite mudar a definição default para o cache do cliente dos destinos da raiz. Por default, essa definição é 300 segundos ou cinco minutos. Essa definição é geralmente adequada para as raízes DFS do domínio.

Como adicionar os links DFS

Agora que sua raiz DFS foi preparada e é tolerante a falhas, você poderá começar a adicionar links DFS. Os links são os elementos que os usuários vêem quando acessam os compartilhamentos DFS.

1. Para adicionar um link, clique com o botão direito do mouse na raiz DFS e selecione New Link (Novo Link).
2. Na caixa de diálogo New Link, digite o nome do link e digite o caminho UNC para a pasta compartilhada ou use o botão Browse para localizar o devido compartilhamento. Digite uma descrição para o link. Clique em OK quando terminar.
3. Se for um link tolerante a falhas, você precisará adicionar novos destinos do link ao link inicial. Os destinos do link adicionais tornam a pasta compartilhada redundante. Para adicionar um novo destino, clique com o botão direito do mouse no nome do link no painel esquerdo e selecione New Target (Novo Destino) no menu contextual.
4. Digite o caminho UNC para a pasta compartilhada ou use o botão Browse para localizar o devido compartilhamento. Clique em OK quando terminar.
5. Assim que você adicionar um segundo destino, o DFS solicitará que configure a réplica para os compartilhamentos no link. Na caixa de diálogo Distributed File System, clique em Yes (Sim) para inicializar o Configure Replication Wizard (Assistente para Configurar Réplica). Clique em Next.
6. Identifique o Initial Replication Master (Mestre da Réplica Inicial) clicando no nome do compartilhamento. Esse servidor deve ser o servidor que age como a fonte inicial para todos os arquivos. Você poderá também configurar o diretório de organização. Em um servidor de arquivos, deve ser igual ao drive Shadow Copy ou drive E:. O DFS criará seu próprio diretório de organização nesse drive. Modifique essa opção apenas se for requerido.
7. Clique em Next. Agora precisará selecionar a topologia da réplica. Veja a Figura 7-5 para obter os tipos de topologia da réplica FRS. Quatro opções estão disponíveis:
    - Selecione Ring (Anel) se todos os servidores estiverem em uma topologia de anel. É melhor quando apenas um servidor contém os dados em cada site.

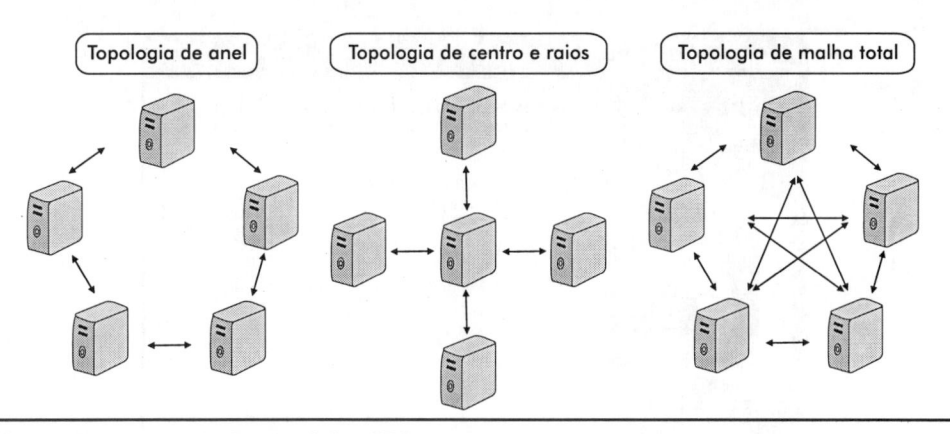

Figura 7-5 – *As topologias de réplica FRS.*

- Selecione Hub and Spoke (Centro e Raios) se seus servidores estiverem localizados em sites diferentes e sua rede remota incluir links com velocidades diferentes. O exemplo WAN da T&T usado no Capítulo 3 é um exemplo de topologia de réplica de centro e raios. Você precisará identificar o servidor central se selecionar essa topologia de réplica. Deve ser o servidor central.
- Selecione Full Mesh (Malha Total) se os servidores que organizam o compartilhamento estiverem no mesmo site e conectados com links de alta velocidade ou se seus links WAN estiverem todos na mesma velocidade.
- Selecione Custom (Personalizar) se quiser configurar sua própria topologia de réplica mais tarde.
8. Clique em Finish quando terminar. Isso inicializará uma réplica inicial.

> **Dica rápida** – *Você deve considerar desativar o software antivírus nos servidores de arquivo durante a réplica inicial, contanto, claro, que saiba que todos os arquivos a serem repetidos estão sem vírus. Se volumes pesados de arquivos tiverem de ser repetidos, o motor antivírus terá um impacto no processo de réplica.*

O processo de criação do link permite mudar a definição default para o cache do cliente dos destinos do link. Por default, essa definição é de 1.800 segundos ou 30 minutos. Essa definição é geralmente adequada para os links DFS.

> **Dica rápida** – *O processo DFS é totalmente detalhado no livro Windows Server 2003 Deployment Kit: Designing and Deploying File Servers in the Planning Server Deployments (Microsoft Press, 2003). Recomenda-se ler se você quiser usar totalmente o DFS em sua empresa.*

Clientes DFS

Os clientes podem exibir os compartilhamentos DFS da mesma maneira como exibem as pastas compartilhadas padrões, através de My Network Places. Mas a melhor maneira de dar acesso às raízes DFS do domínio para os clientes é enviar-lhes um atalho para a raiz. A vantagem do alias DFS é que não está ligado a um único servidor, mas ao domínio como um todo. Assim, o atalho tem que apontar não só para um UNC do servidor, mas para um UNC do domínio. Neste caso, o UNC do domínio seria: \\Intranet.TandT.net\ BulletinBoard.

A raiz DFS do domínio é listada como um componente da rede inteira.

O atalho pode ficar disponível para os usuários através do script de conexão. Clicando duas vezes no atalho, os usuários terão acesso a todas as pastas publicadas na raiz; esse acesso é independente do local do usuário. Na verdade, o servidor ao qual eles estão conectados é completamente transparente.

Se você quiser que seus usuários usem os links DFS em vez das pastas compartilhadas padrões, deverá nomear todas as suas pastas compartilhadas reais com um cifrão (por exemplo: Server$). Isso impedirá que seus compartilhamentos reais sejam exibidos na rede. Os usuários assim verão apenas os compartilhamentos DFS e não os compartilhamentos reais.

Como mencionado neste livro, ao implementar uma rede Windows Server 2003, você deve se esforçar para usar os últimos padrões contanto que eles sejam aplicáveis à sua situação. Trabalhar com o DFS no lugar dos drives mapeados é um excelente exemplo desse princípio. O DFS e o RFS irão sincronizar automaticamente o conteúdo entre os sites enquanto tornam o acesso do usuário para os compartilhamentos totalmente transparente – algo que os drives da rede nunca farão. E usando o DFS hoje, sua rede estará pronta para suportar as exigências da rede de amanhã.

> **Dica rápida** – *A migração dos arquivos da rede de herança para a rede paralela e sua nova estrutura DFS é detalhada no Capítulo 10.*

Como compartilhar os serviços de impressão

O servidor de impressão evoluiu muito com o Windows 2000 e o Windows Server 2003. O WS03 agora suporta os drivers de impressão Versão 3. Os drivers Versão 3 são projetados para se integrarem mais adequadamente ao sistema operacional para fornecer uma melhor tolerância a falhas.

Uma das ótimas vantagens dos drivers de impressão Versão 3 é que, quando o driver da impressora falha, ele não requer uma reinicialização do servidor, mas apenas uma reinicialização do spooler de impressão. Na verdade, o WS03 pode reiniciar automaticamente o spooler de impressão em uma falha, tornando a falha transparente para a maioria dos usuários conectados à impressora. O único usuário que notará a falha é aquele cujo serviço fez com que o spooler de impressão falhasse.

É porque os drivers Windows 2000 e Windows Server 2003 são drivers do modo do usuário. Os drivers podem ser do modo do usuário ou do modo do kernel. No Windows NT, os drivers foram movidos para o modo do kernel porque eles forneciam um desempenho melhor. Os drivers do modo do kernel são drivers da Versão 2. Mas um driver do modo kernel com falha pode paralisar o kernel inteiro ou o servidor inteiro. Assim, para fornecer um desempenho melhor e uma confiança melhor, os drivers Windows 2000 e WS03 foram movidos para o modo do usuário. No Windows Server 2003, um Group Policy default bloqueia a instalação dos drivers Versão 2.

E mais, os drivers do modo do usuário permitem que os usuários definam suas próprias preferências de impressão, algo que era um problema no Windows NT. Como os drivers operavam no modo do kernel, eles não forneciam a capacidade de separar as preferências de impressão do usuário das configurações do driver defaults, causando muita frustração no mercado de usuários Windows NT. O WS03, como o Windows 2000, oferece a capacidade de definir os defaults da impressão para a impressora compartilhada assim como as preferências da impressão para cada usuário do recurso compartilhado.

As preferências da impressão são separadas das propriedades da impressora, mas são derivadas dos defaults definidos. Por exemplo, se você usar uma impressora que imprime nos dois lados e definir suas propriedades defaults para uma saída em um lado, as preferências defaults do usuário serão a impressão nos dois lados, mas o usuário agora tem a opção de modificar a definição para seu próprio ambiente pessoal para um lado, sem afetar as definições gerais dos outros usuários. É surpreendente quantas organizações usam impressoras que imprimem nos dois lados mas definem o spooler da impressão default para um lado, fazendo com que os usuários conscientes redefinam manualmente suas preferências. Um dos aspectos mais importantes de uma implementação da impressora compartilhada em qualquer organização é o estabelecimento de uma estratégia de impressora compartilhada no nível da empresa. Essa estratégia deve incluir elementos como as definições defaults para todas as impressoras. Uma estratégia de impressora compartilhada de amostra será apresentada posteriormente nesta seção.

Drivers da impressora WS03

O WS03, como o Windows 2000, usa três drivers da impressora básicos: Unidriver, Postscript e Plotter. Cada um desses drivers fornece o protocolo da impressora básico. Junto com os drivers básicos, o Windows Server 2003 chama um arquivo de definição da impressora para cada tipo de impressora em sua rede. Isso simplifica muito o processo de desenvolvimento do driver porque todas as estruturas do driver são padronizadas. Esses drivers básicos foram definidos em conjunto com os revendedores de hardware independentes para assegurar a estabilidade e a robustez.

Outra vantagem desse processo de desenvolvimento compartilhado é que os drivers agora podem ser certificados. Um driver certificado é aquele que está de acordo com as normas do logotipo "Designed for Windows" da Microsoft. Os drivers certificados são todos da Versão 3 e incluem um certificado digital que é usado para as finalidades de assinatura do código. Os drivers assinados digitalmente asseguram sua confiabilidade. Sua estratégia de impressora compartilhada da empresa deve ser baseada em drivers assinados digitalmente e assim certificados.

O site Web Microsoft Hardware Compatibility List (HCL) (http://www.microsoft.com/hcl/) lista todos os produtos que foram projetados para o Windows. Você deve usar esse site ao selecionar novas impressoras para sua organização. Se quiser ter pouco problema com seu pool de impressoras compartilhadas, usará apenas as impressoras que incluem os drivers Designed for Windows. Quando instalar os drivers da impressora, o Windows indicará se o driver é assinado digitalmente, ou não. A caixa de diálogo Add Printer Wizard (Assistente para Adicionar Impressora) inclui ainda um link Web para o site Web HCL.

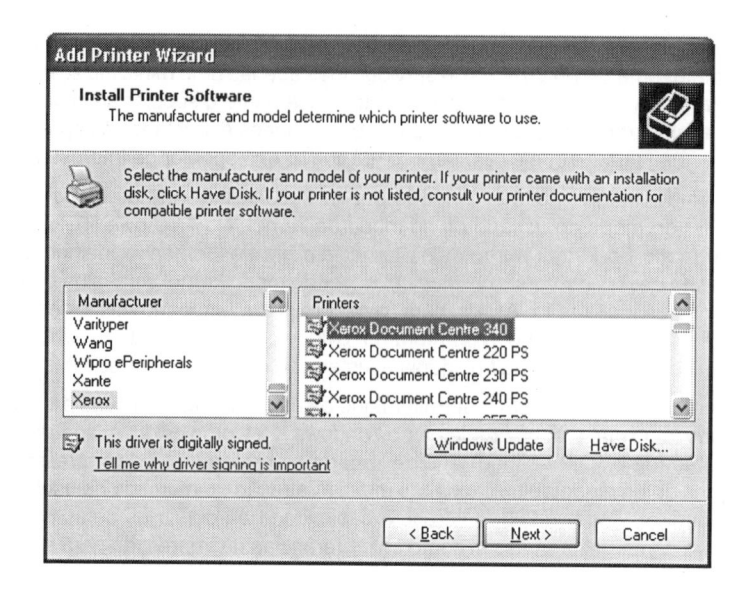

Mas se seu pool de impressoras atual incluir várias impressoras antigas, é óbvio que não será capaz de incluir apenas os drivers certificados em sua estratégia de impressora compartilhada. Faça o melhor para usar apenas drivers certificados (as versões atualizadas estão incluídas no WS03), mas, se não puder, então considere uma estratégia de desuso da impressora que substituirá gradualmente as antigas impressoras por novos motores que incluem um suporte melhor para o sistema operacional Windows.

> **Dica rápida** – *A melhor maneira de fazer isso é criar um banco de dados pequeno que inclua informações sobre todas as impressoras e drivers da impressora associados. Assim, cada técnico que tiver que trabalhar com as impressoras terá acesso a informações centralizadas sobre todas as impressoras, garantindo que apenas uma versão de um driver estará em uso na rede da empresa.*

Integração com o Active Directory

O suporte total para o sistema operacional Windows hoje também significa a integração com o Active Directory. Cada impressora compartilhada agora é publicada no diretório, da mesma maneira como os compartilhamentos de arquivo. As impressoras são publicadas no diretório por default. Seus nomes de objeto são armazenados em seu domínio-pai. Os usuários poderão usar o diretório para pesquisar as impressoras e conectar automaticamente o devido serviço de impressão.

O AD armazena informações sobre os recursos e locais da impressora. Os locais são especialmente muito importantes pois consistem nas melhores maneiras de os usuários localizarem as impressoras em sua rede. As descrições também são muito importantes porque são incluídas nos elementos aos quais os usuários têm acesso ao pesquisarem as impressoras no diretório.

Agora os usuários pesquisam as impressoras do mesmo modo como pesquisam os compartilhamentos de arquivos, através da ferramenta Search do Active Directory. Eles podem pesquisar com base no nome da impressora, local ou modelo. Também podem pesquisar baseados em recursos como a impressão nos dois lados, material principal, saída da cor e resolução.

O Windows Server 2003 suporta o Printer Location Tracking. Esse componente é baseado na topologia do site Active Directory designada no Capítulo 3. Um dos elementos-chaves da topologia do site é a sub-rede. Cada sub-rede inclui um nome e descrição. Também pode incluir informações do local. As informações do local são armazenadas de forma hierárquica nas propriedades da sub-rede na aba Location (Local). Cada nível é separado por uma barra. Você poderá usar até 256 níveis em um nome do local, embora o nome do local inteiro não possa ter mais de 260 caracteres de comprimento. Cada parte do nome pode incluir até 32 caracteres. Por exemplo, uma impressora localizada no canto nordeste do primeiro piso do prédio da matriz poderia ser identificada como HQ/First Floor/Northeast Corner.

Para ativar o Printer Location Tracking em seu domínio, você precisará dos seguintes elementos:

- Sub-redes e locais da sub-rede fornecidos no Active Directory Sites and Services (Sites e Serviços Active Directory)
- Uma convenção de nomenclatura do local de uma impressora
- O Location Tracking GPO ativado
- As definições do local para todas as impressoras
- As definições do local para todos os PCs e servidores

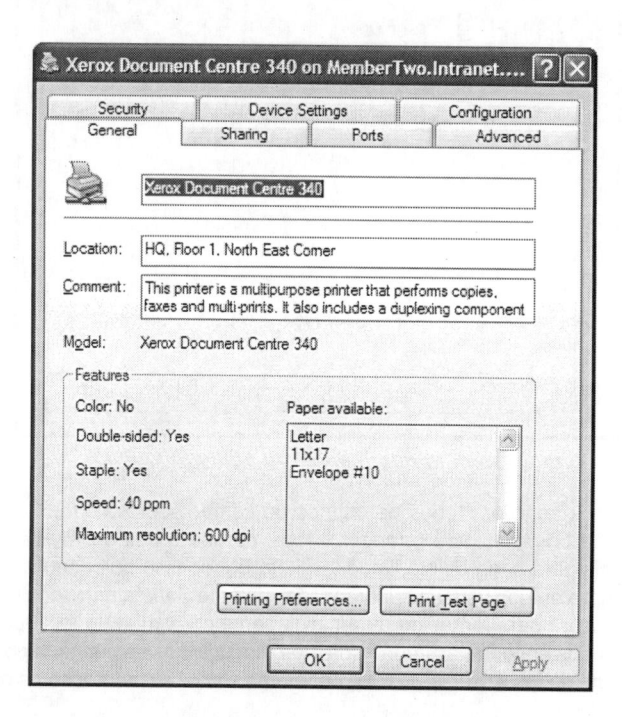

O Location Tracking GPO deve ser definido no nível do domínio para fazer com que seja aplicado em todo objeto no domínio. No Capítulo 5, você aprendeu que não interessa modificar as Estratégias do domínio defaults uma vez que não há nenhum recurso de recarregamento (a menos que você use uma ferramenta de gerenciamento da estratégia comercial). Assim, precisará criar um Intranet Domain GPO. Deve ser o GPO que inclui a definição Printer Location Tracking. Essa definição faz parte das definições Computer (Computador), em Administrative Templates (Gabaritos Administrativos) | Printers (Impressoras). Para ativar o Printer Location Tracking, você terá que ativar a definição "Pre-populate printer search location text" (Preencher previamente o texto do local de pesquisa da impressora). Essa definição ativa o botão Browse na aba Location para as propriedades da impressora e do computador no diretório. Também ativa esse botão na ferramenta Search Printers (Pesquisar Impressoras) nos servidores e PCs.

Para fornecer as definições do local para as impressoras, primeiro localize todas as impressoras em seu diretório e então abra a página Property. Na aba General (Geral), forneça seu local ou clique em Browse para selecionar um local para a impressora. Em geral, você desejará ser mais específico ao identificar os locais da impressora. Poderá assim incluir mais detalhes como o número da sala nas informações do local da impressora. Execute essa operação para cada impressora.

Execute a mesma operação em todos os objetos do computador no diretório. Abra sua págin. Property e use a aba Location para fornecer o local ou use o botão Browse para selecioná-lo Fornecendo os locais para cada objeto, você facilitará o processo de pesquisa da impressora d usuário. Então, sempre que os usuários usarem a ferramenta Search para localizar uma impresso ra, o local da impressora será fornecido automaticamente no campo do local permitindo que su comunidade de usuários encontre as impressoras próximas a eles sem ter que conhecer sua estr. tégia de nomenclatura do local. Por isso, você poderá não incluir as impressoras do usuário em se script de conexão. Precisará apenas mostrar-lhes como localizar as impressoras próximas e como conectá-las durante o treinamento de migração.

Como no Windows NT, os drivers da impressora são carregados automaticamente nos sistemas do usuário quando um usuário conecta a impressora. Se você estiver usando a rede paralela, não irá requerer a instalação de diversos drivers do cliente em seus spoolers de impressão. Se não, precisará adicionar outras versões de drivers da impressora – uma para suportar cada tipo de cliente em sua rede. Lembre-se de que não precisará dos drivers da Versão 2 para os clientes Windows NT. Os clientes Windows NT podem geralmente operar com os drivers da Versão 3.

Como gerenciar as permissões da impressora

As permissões da impressora são muito parecidas no Windows Server 2003 como no Windows NT. O gerenciamento da impressão é dividido na fila da impressora e no gerenciamento da impressora. Os operadores da impressão têm permissão de gerenciar o dispositivo físico e a fila lógica. E mais, cada usuário que imprime um serviço tem controle sobre seu próprio serviço. Ou seja, eles podem apagar o serviço, mas não podem mudar sua prioridade.

O WS03 suporta a separação do gerenciamento da impressora e do documento. O gerenciamento da impressora permite que os operadores parem, façam uma pausa e reiniciem a impressora por si mesmos. Mas não fornece ao operador controle sobre os documentos em uma fila. O gerenciamento do documento permite que o operador inicie, pare, faça uma pausa e reorganize os documentos que estão em uma fila de impressão. Por default, os operadores da impressão no WS03 têm ambos os direitos. Se você precisar separar esses direitos em sua organização, precisará criar os devidos grupos administrativos e delegar os devidos direitos a cada um. Por exemplo, se quiser delegar o gerenciamento do documento para os assistentes administrativos, precisará criar o devido grupo Security.

Internet Printing Protocol

O Windows Server 2003 também suporta o Internet Printing Protocol (IPP). Isso significa que os usuários podem imprimir diretamente em um endereço Uniform Resource Locator (URL). Essa operação requer que o servidor de impressão mantenha os Internet Information Services (IIS) e o suporte da impressora IIS. O IPP também permite gerenciar as impressoras através de uma interface baseada na Web. Isso pode trazer grandes vantagens a uma intranet da empresa. Por outro lado, instalar o IIS nos servidores que não o requerem absolutamente pode também ser um problema.

Se determinar que o IPP não é para você, poderá desativá-lo através de um GPO. Mais uma vez, isso deve ser feito no nível do domínio com o Intranet Domain GPO analisado anteriormente. A definição GPO para desativar o IPP está em Computer Configuration (Configuração do Computador) | Administrative Templates | Printers. Para desativar o IPP em todos os seus servidores de impressão, desative a definição Web-based Printing (Impressão baseada na Web) nesse GPO.

> **Dica rápida** – *O IPP deve ser desativado por default em todos os servidores IIS para a Internet.*

Como estabelecer uma estratégia da impressora compartilhada

Agora que você tem uma compreensão básica dos recursos de suporte da impressão do Windows Server 2003, poderá começar a estabelecer sua estratégia da impressora compartilhada da empresa. Essa estratégia deve ser totalmente documentada e distribuída para todos os técnicos. Ela deve incluir:

- O critério de seleção da impressora (baseado nas impressoras com o certificado "Designed for Windows")
- O critério mínimo para o acréscimo de uma impressora compartilhada
- Padrões de definição da impressora defaults
- Drivers assinados digitalmente da Versão 3 para todas as impressoras
- Uma convenção de nomenclatura da impressora padrão
- Uma convenção de nomenclatura do local da impressora padrão no formato Printer Location Tracking
- Formatos de descrição padrões
- Ativação do Printer Location Tracking
- Procedimentos e processos de compartilhamento da impressora documentados
- Princípios de construção do servidor da impressora

Esta lista não é exclusiva. Inclua em sua estratégia da impressora qualquer coisa que julgar necessário. Lembre-se dos seguintes elementos:

- A impressão tem uma prioridade mais baixa que o compartilhamento de arquivos especialmente com o uso dos drivers da Versão 3 (modo do usuário). Portanto, se você tiver uma região que requeira uma impressão alta completa, não crie Files and Print Servers. Crie Print Servers e File Servers dedicados.
- Quando tiver mais de um Print Server, crie a redundância em suas configurações da impressora compartilhada. Crie todas as impressoras em cada servidor, então compartilhe apenas uma parte (por exemplo, metade) das impressoras em um servidor e a outra parte no outro servidor. Assim, se um de seus servidores de impressão ficar inativo, você poderá

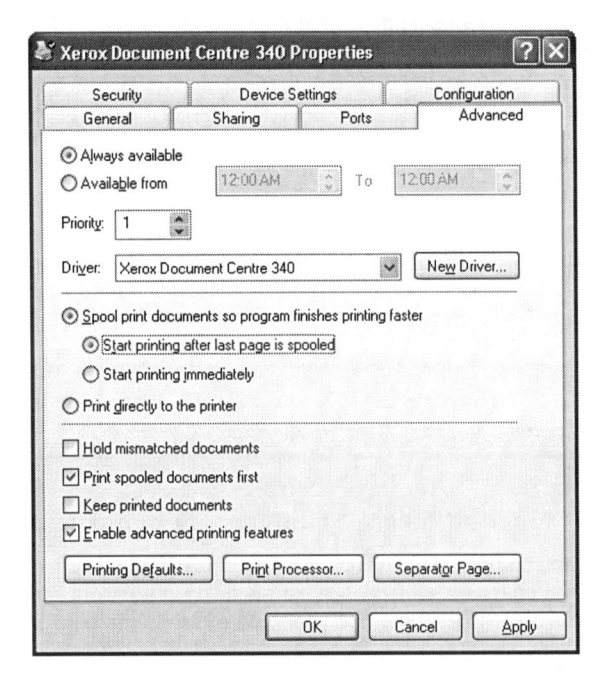

compartilhar rapidamente e assim reativar as impressoras perdidas no outro servidor. Cada servidor age como um servidor reserva para o outro.

- Quase tudo pode ser feito com o Unidriver hoje. Adquira o Postscript em suas impressoras apenas se for realmente preciso (por exemplo, se tiver clientes não Windows). Do contrário, selecione recursos adicionais como o dúplex ou o material principal para criar dispositivos com diversas funções pelo mesmo custo da impressora.
- Ao determinar seus padrões de definição da impressora defaults, lembre-se de que os serviços longos levam um tempo maior para serem armazenados em spool. Por default, as impressoras WS03 começam a imprimir assim que o serviço inicia o spool. Mas se você estiver colocando em spool um documento com 200 páginas, os outros usuários muito provavelmente teriam tempo para imprimir vários documentos com dez páginas antes de o serviço ficar pronto. Se você definir as propriedades da impressão para o spool, então na impressão, os pequenos serviços serão, em geral, limpos muito mais rapidamente que os longos.
- Para agilizar a impressão em uma impressora compartilhada e servidor de arquivos, mova o diretório de spool para um disco dedicado. Isso é feito pelas Print Server Properties (Propriedades do Servidor de Impressão) em Printers and Faxes (Impressoras e Fax). Use a aba Advanced (Avançado) para redirecionar o spool para outro disco. Deve ser uma pasta criada no disco E:.

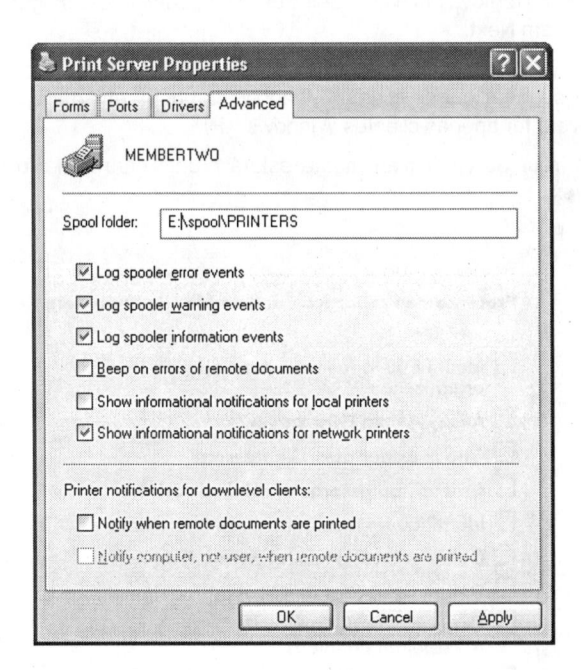

- Finalmente, use o Standard Port Monitor (SPM) em vez da porta LPR ao imprimir diretamente nas impressoras permitidas para a rede. O SPM é o novo modo de suporte do Windows Server 2003 para as portas da impressora TCP/IP. Em geral, fornece muito mais informações detalhadas sobre o status que o LPR. Por exemplo, pode indicar erros de status como os congestionamentos de papel, toner baixo, documentos sem resposta e muito mais. Também executa muito melhor.

Não são essas as únicas considerações que você precisará levar em conta para sua estratégia da impressora compartilhada da empresa, mas são geralmente os elementos esquecidos. Lembre-se: as impressoras existem de fato para os usuários e devem ser designadas de modo a facilitar o processo de impressão para eles.

Como criar o servidor de impressão

Os servidores de impressão são normalmente ligados aos servidores de arquivo. Assim, como seus servidores de arquivo já foram organizados, você precisará apenas adicionar uma função do servidor de impressão aos servidores existentes. Porém, antes de prosseguir, lembre-se de usar o Processo de preparação do servidor de impressão mostrado na Figura 7-6. Esse processo inclui diversas atividades e é muito baseado em sua estratégia da impressora compartilhada da empresa.

As impressoras devem ter sido identificadas no processo de inventário descrito no Capítulo 1. Use esse inventário para criar seus servidores de impressão agora. Então ative o papel do servidor de impressão em seu Member Server. Certifique-se de que todas as impressoras estejam instaladas fisicamente na rede e ligadas.

1. Inicie o console Manage Your Server se ele estiver fechado (use o ícone Quick Launch Area).
2. Clique em Add ou remova um papel. Selecione Print Server no Configure Your Server Wizard e então clique em Next.
3. Identifique se você estará suportando apenas os clientes Windows 2000 e Windows XP ou se precisará suportar outros clientes Windows também, então clique em Next. (Na rede paralela, deverá ter apenas clientes Windows XP).
4. O Configure Your Server Wizard agora estará pronto para iniciar o Add Printer Wizard. Clique em Next.

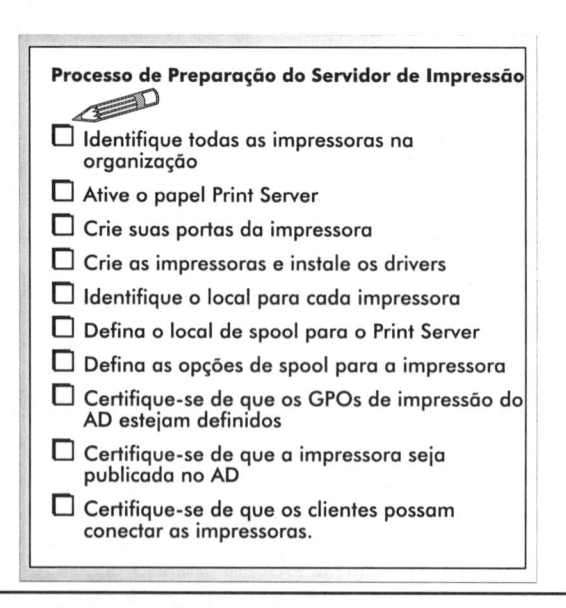

Processo de Preparação do Servidor de Impressão

☐ Identifique todas as impressoras na organização
☐ Ative o papel Print Server
☐ Crie suas portas da impressora
☐ Crie as impressoras e instale os drivers
☐ Identifique o local para cada impressora
☐ Defina o local de spool para o Print Server
☐ Defina as opções de spool para a impressora
☐ Certifique-se de que os GPOs de impressão do AD estejam definidos
☐ Certifique-se de que a impressora seja publicada no AD
☐ Certifique-se de que os clientes possam conectar as impressoras.

Figura 7-6 – *O processo de preparação do servidor de impressão.*

5. Crie suas portas da impressora. Clique em Next. No Add Printer Wizard, selecione Local Printer attached to this computer (Impressora Local anexada a este computador) e cancele a seleção de Automatically detect and install my Plug and Play printer (Detectar e instalar automaticamente minha impressora plug and play) e então clique em Next.

6. Selecione Create a new port (Criar uma nova porta) e na lista suspensa Port Type (Tipo de Porta), selecione Standard TCP/IP Port (Porta TCP/IP Padrão). Clique em Next.

7. Isso inicializará o Add Standard TCP/IP Printer Port Wizard (Assistente para Adicionar Porta da Impressora TCP/IP Padrão). Clique em Next. Em Port Name (Nome da Porta) ou IP Address (Endereço IP), digite o FQDN da impressora. O FQDN é preferido uma vez que não mudará, ao passo que o endereço IP pode, especialmente se você atribuir os endereços da impressora através do DHCP. O Windows fornecerá automaticamente o nome da porta quando você digitar o nome da impressora. Mude esse nome apenas se tiver. Clique em Next.

8. O Windows entrará em contado com a impressora e irá identificá-la. Se a impressora estiver desligada, o Windows permitirá que você selecione o tipo de impressora. Certifique-se de que a devida impressora esteja selecionada e então clique em Next.

9. Clique em Finish para criar a nova porta. O Windows irá retorná-lo para o Add Printer Wizard. Você poderá clicar em Back (Voltar) para repetir o processo de criação Standard Printer Monitor (Monitor da Impressora Padrão) ou poderá prosseguir e terminar a instalação da impressora. Se escolher voltar para criar mais portas, repita as etapas seis a oito. Quando voltar para criar as outras impressoras, então poderá selecionar Use the following port to connect to the printer (Usar a seguinte porta para conectar a impressora) já que todas as suas portas SPM terão sido criadas. Quando terminar, crie a nova impressora selecionando o devido fabricante e o devido modelo. Clique em Next.

10. Nomeie sua impressora de acordo com sua estratégia de nomenclatura e então clique em Next.

11. Compartilhe a impressora e então clique em Next.

12. Digite ou selecione o local da impressora e digite uma descrição completa. Clique em Next.

13. Determine se precisará imprimir uma página de teste, então clique em Next. Sempre é uma boa idéia imprimir a página de teste neste momento, apenas para se assegurar de que a impressora realmente funciona.

14. Marque a opção Restart the wizard (Reiniciar o assistente) para adicionar outra caixa da impressora se precisar repetir o processo.

15. A caixa de diálogo Configure Your Server voltará. Clique em Finish.

Quando sua operação estiver completa, seu servidor terá um papel adicional. Agora, você será capaz de completar a operação de configuração do servidor de impressão. Agora, deverá revisar cada impressora compartilhada para assegurar que tem as devidas definições de spool e mova o spooler de impressão para o disco dedicado.

1. Em Manage Your Server, clique em Open Printers and Faxes (Abrir Impressoras e Fax). Selecione Server Properties (Propriedades do Servidor) no menu File (Arquivo) (ou use o botão direito do mouse em qualquer lugar no painel direito para selecionar Server Properties no menu contextual).

2. Vá para a aba Advanced e digite o local para o spool da impressora. Deve ser E:\Spool\Printers. Clique em OK quando terminar.

3. Selecione cada impressora, exiba suas propriedades, então vá para a aba Advanced e defina suas propriedades de spool. Selecione Start printing after last page is spooled (Iniciar impressão depois da última página ser armazenada em spool) e Print spooled documents

first (Imprimir documentos em spool primeiro). As outras definições permanecerão com a definição default.

4. Vá para a aba Configuration e certifique-se de que o dispositivo esteja devidamente configurado. Então vá para Device Settings (Definições do Dispositivo) e aplique as definições da impressora defaults como impressão dúplex, elemento principal e tipo do papel em cada bandeja de papel.
5. Clique em OK quando terminar. Execute essa tarefa para cada impressora.

Você agora deve assegurar-se de que os GPOs de impressão foram definidos. Eles são definidos de acordo com a Tabela 7-2. Devem ser definidos no nível do domínio uma vez que afetam todos os computadores e usuários.

Tabela 7-2 – As Definições GPO da Impressão

Local	Definição	Comentário
Computer Configuration/Administrative Templates/Printers	Permite que as impressoras sejam publicadas	O comportamento default é para as impressoras serem publicadas. Use esta definição apenas se quiser desativar a função em servidores de impressão específicos.
Computer Configuration/Administrative Templates/Printers	Permite o corte das impressoras publicadas	Desative esta definição para os servidores de impressão permanentes, do contrário o AD cortará a impressora do servidor do diretório se o servidor estiver desativado temporariamente.
Computer Configuration/Administrative Templates/Printers	Publica automaticamente as novas impressoras no Active Directory	O comportamento default é publicar as impressoras. Use esta definição apenas se quiser desativar a função em servidores de impressão específicos.
Computer Configuration/Administrative Templates/Printers	Verifica o estado publicado	Não deve ser necessário. Ative apenas se vir que as impressoras são removidas do AD quando devem permanecer lá.
Computer Configuration/Administrative Templates/Printers	Local do computador	Usado para o Printer Location Tracking; ative apenas se quiser aplicar uma certa impressora para um conjunto específico de computadores.
Computer Configuration/Administrative Templates/Printers	URL de suporte personalizado no painel esquerdo da pasta Printers	Ative e defina uma página Web de suporte da impressão interna.
Computer Configuration/Administrative Templates/Printers	Intervalo de corte do diretório	Aplica-se apenas aos controladores de domínio; não requerido se você desativou o corte das impressoras publicadas.
Computer Configuration/Administrative Templates/Printers	Prioridade de corte do diretório	Não requerido se você desativou o corte das impressoras publicadas.
Computer Configuration/Administrative Templates/Printers	Nova recuperação do corte do diretório	Não requerido se você desativou o corte das impressoras publicadas.
Computer Configuration/Administrative Templates/Printers	Desativa a instalação das impressoras usando os drivers de modo do kernel	Ative essa definição se puder. Por default, as impressoras do modo do kernel são permitidas no Windows XP Professional e não no Windows Server 2003.

Tabela 7-2 – As Definições GPO da Impressão (continuação)

Local	Definição	Comentário
Computer Configuration/Administrative Templates/Printers	Registra os eventos de nova recuperação do corte do diretório	Não requerido se você desativou o corte das impressoras publicadas.
Computer Configuration/Administrative Templates/Printers	Preenche previamente o texto do local de pesquisa da impressora	Ative para usar o Printer Location Tracking.
Computer Configuration/Administrative Templates/Printers	Paginação da impressora	Não requerido onde há um controlador do domínio porque as impressoras são publicadas no AD.
Computer Configuration/Administrative Templates/Printers	Corta as impressoras que não são publicadas de novo automaticamente	Requerido apenas se você tiver servidores de impressão não Windows 2000 ou Windows Server ou se publicar as impressoras entre florestas.
Computer Configuration/Administrative Templates/Printers	Impressão baseada na Web	Requerido para o Internet Printing Protocol. Apenas necessário se o IIS estiver instalado no servidor de impressão ou se quiser que os usuários usem uma página Web central para localizar as impressoras compartilhadas.
User Configuration/Administrative Templates/Control Panel/Printers	Navega um site Web comum para encontrar as impressoras	Usado em conjunto com a impressão baseada na Web. Pode ser usado para redirecionar os usuários para uma página Web centralizada para localizar as impressoras compartilhadas.
User Configuration/Administrative Templates/Control Panel/Printers	Navega a rede para encontrar as impressoras	Usado para listar as impressoras compartilhadas automaticamente na caixa de diálogo de impressoras da rede do Add Printers Wizard. Não requerido ao usar o AD para adicionar as impressoras.
User Configuration/Administrative Templates/Control Panel/Printers	O caminho Active Directory default ao pesquisar as impressoras	Apenas requerido em redes muito grandes para agilizar as pesquisas de diretório ou para ambientes distribuídos com ligações lentas entre os sites.
User Configuration/Administrative Templates/Control Panel/Printers	Impede o acréscimo de impressoras	Usado apenas para as contas altamente restritivas.
User Configuration/Administrative Templates/Control Panel/Printers	Impede a eliminação de impressoras	Usado apenas para as contas altamente restritivas.

Finalmente, certifique-se de que suas impressoras sejam publicadas no diretório. É o comportamento default, mas deve ser verificado de qualquer modo. Pode ser feito ao mesmo tempo que a última atividade, garantindo que os usuários terão acesso às impressoras. Volte para sua estação de trabalho e registre-se com sua conta do usuário normal.

1. Use o menu Start para selecionar o comando Search.
2. Em Search, selecione Printers, Computers ou People (Pessoas), então A printer on the network (Uma impressora na rede).

3. A caixa de diálogo Find Printers (Localizar Impressoras) será inicializada e o campo do local será preenchido automaticamente se seu Printer Location Tracking estiver ativado. Clique em Find Now (Localizar Agora).
4. O Windows exibirá todas as impressoras próximas a você. Clicar duas vezes em qualquer impressora irá conectá-lo e instalará o driver.
5. Vá para Printers and Faxes. Clique com o botão direito do mouse na impressora e selecione Printing Preferences (Preferências da Impressão). Suas preferências da impressão default deverão se as definidas no objeto da impressora compartilhada. Modifique-as como quiser. Clique em OK quando terminar.

A configuração da impressão agora está terminada. Você precisará executar essa atividade para cada servidor de impressão em sua organização.

> **Dica rápida** – *Você pode achar que tem impressoras demais para criar manualmente. Se este for o caso, poderá usar o Microsoft Print Migrator para mover as impressoras da rede de herança para a rede paralela. O Print Migrator (inclusive sua documentação) está disponível em http://www.microsoft.com/windows2000/technologies/fileandprint/print/download.asp. Essa ferramenta converterá automaticamente as impressoras da Versão 2 na Versão 3 durante a migração.*

Como compartilhar arquivos e impressoras para clientes não-Windows

O Windows Server 2003 também suporta o compartilhamento de impressão e arquivos para os computadores não-Windows. Eles incluem o Macintosh, assim como os computadores UNIX. Há chances de que a maioria das redes da empresa conterá um ou outro, ou mesmo ambos.

Computadores Macintosh

O Windows NT tem suportado a conectividade Macintosh desde suas primeiras versões. O Windows Server 2003 não é diferente. A conectividade Macintosh é fornecida pelos Services for Macintosh, um serviço que inclui os File Services for Macintosh e os Print Services for Macintosh e tem de ser adicionado ao File and Print Server. O serviço adiciona automaticamente o suporte para o protocolo AppleTalk, mas o compartilhamento de arquivos e impressoras nas redes AppleTalk pode ser adicionado junto ou separadamente.

Além do serviço, você terá de instalar o Microsoft User Authentication Module (MSUAM) nos computadores do cliente para garantir que as senhas do usuário sejam criptografadas na rede. Assim que isso for feito, os compartilhamentos de arquivos Macintosh poderão ser gerenciados da mesma maneira que os compartilhamentos de arquivos normais através do console Computer Management. Lembre-se de que todos os compartilhamentos Macintosh têm de estar em discos NTFS.

Para a impressão, assim que o serviço for iniciado, os usuários Macintosh verão as impressoras Windows Server 2003 como impressoras AppleTalk. Assim, serão capazes de operar como se estivessem em uma rede Macintosh. O serviço de impressão requer uma conta para operar. Deve ser configurada como uma conta de serviço e ser altamente segura. Assim que estiver ativada e sendo executada, os usuários Macintosh terão diversas vantagens do serviço de impressão WS03, mas a melhor é que as impressoras Postscript não são requeridas. O Print Service for Macintosh converterá automaticamente o cabeçalho Postscript em não-Postscript quando os usuários imprimirem os seus serviços. E mais, os usuários Windows poderão imprimir nas impressoras AppleTalk como se estivessem em uma rede WS03.

Integração UNIX

O Windows Server 2003 também suporta a integração UNIX em vários níveis. Com o Print Services for UNIX, o WS03 instala o Line Print Monitor permitindo que os clientes UNIX imprimam nos servidores de impressão WS03. E mais, o WS032 usa o Server Message Block (SMB) ou o Common Internet File System (CIFS), como é agora conhecido, para compartilhar os serviços do arquivo. Tecnologias como o SAMBA (http://www.samba. org/) permitem que os servidores UNIX compartilhem arquivos de um modo que os clientes Windows possam exibi-los (Windows 2000 e posterior) porque são compatíveis com o padrão CIFS.

Em termos de segurança, você pode integrar os reinos Kerberos, inclusive os domínios WS03 e as redes UNIX, uma vez que o Kerberos Versão 5 é um padrão e é capaz de interoperar entre dois ambientes. Um reino Kerberos assegura que os usuários poderão acessar os arquivos a partir de ambos os ambientes sem ter que usar ou lembrar duas contas e senhas. Mais sobre o Kerberos será tratado no Capítulo 8.

Finalmente, se você precisar de um nível mais alto de interação entre as redes UNIX e Windows Server 2003, poderá adquirir o Services for UNIX, um conjunto completo de ferramentas que é projetada para integrar as redes UNIX e WS03 e ainda permitir que as aplicações UNIX sejam executadas nos servidores WS03.

Nota – *Mais informações sobre os File and Print Services WS03 podem ser encontradas em http://www.microsoft.com/windowsserver2003/evaluation/overview/technologies/ fileandprint.mspx e http://www.microsoft.com/windowsserver2003/techinfo/overview/ print. mspx.*

Como preparar os Application Servers

O Application Server (Servidor da Aplicação) é um papel do servidor com diversas funções porque é requerido para suportar o software do servidor comercial, assim como as aplicações da empresa. Seja para o software ou para as aplicações, esse papel do servidor, como todos os outros, é baseado na instalação básica Server Kernel. Assim, você precisará organizar esse servidor do mesmo modo como organiza todos os outros servidores na rede da empresa WS03. Há algumas particularidades dependendo do tipo de software ou aplicação que o servidor manterá. E mais, cada software ou aplicação muito provavelmente irá requerer uma arquitetura detalhada própria antes da implementação. Por exemplo, você não poderá instalar o Microsoft Exchange Server sem primeiro determinar seu impacto em seu Active Directory, controladores do domínio, topologia de réplica e outros elementos da infra-estrutura que já tem no lugar.

Como compartilhar as aplicações: comerciais e da empresa

A maioria das organizações terá um grande número de software e aplicações já no lugar. Isso é, afinal, a base do modelo cliente/servidor. As organizações, que estão usando o Windows NT ou o Windows 2000 hoje, também saberão que o software e as aplicações mantidos nesses sistemas operacionais têm de estar de acordo com um conjunto específico de normas para operarem. Isso é descrito como a especificação "Designed for Windows". Como ideal, todas as aplicações e software podem ser atualizados para versões que são totalmente compatíveis com o Windows Server 2003, mas é uma situação improvável.

Algumas organizações serão capazes de atualizar todo o seu software ou de reconstruir todas as suas aplicações durante a migração para o WS03. O melhor que você pode esperar é atualizar alguns produtos básicos ou críticos do software e reconstruir algumas aplicações básicas. Por exemplo, no lado do software, se você estiver usando o Microsoft Exchange 5.5, fará muito sentido atualizar para a versão atual o Exchange, porque ela se integra diretamente com o Active Directory. Também deverá atualizar outro software básico como os produtos encontrados no Microsoft .NET Enterprise Servers se puder. Também fará sentido atualizar suas aplicações da empresa com missão crítica porque elas ganharão com as novas capacidades do WS03 e com a integração com o .NET Framework.

Se não puder atualizar tudo ou reconstruir suas aplicações, não se desespere. Como o Windows XP, o Windows Server 2003 agora se orgulha de um Compatibility Mode (Modo de Compatibilidade) que pode emular os sistemas operacionais do Windows 95, Windows 98, Windows NT ou Windows 2000. E mais, o WS03 inclui um Program Compatibility Wizard (Assistente de Compatibilidade do Programa) que o conduz na atribuição dos parâmetros de compatibilidade para o software de herança ou as aplicações mais antigas. O assistente pode ser inicializado de duas maneiras:

- Inicie o Help and Support (Ajuda e Suporte) no menu Start (ou na Quick Launch Area) e pesquise o Program Compatibility Wizard. Selecione Troubleshooting Compatibility Issues (Solucionar Problemas de Compatibilidade) em Suggested Topics (Tópicos Sugeridos) listados no painel esquerdo. No painel direito, clique em Program Compatibility Wizard e siga suas instruções.

- Clique em Run (Executar) no menu Start e digite hcp://system/compatctr/compatmode.htm e siga suas instruções.

> **Dica rápida** – *E mais, a Microsoft oferece a Application Compatibility Tool que ajuda a verificar a compatibilidade de suas aplicações com o Windows Server 2003. Está disponível em http://www.microsoft.com/downloads/release.asp?ReleaseID=42071&area=search& ordinal=2.*

Um dos aspectos importantes da compatibilidade da aplicação é a segurança. A Microsoft alterou o modelo de segurança para as aplicações entre o Windows NT e o Windows 2000. Agora nem os usuários, nem as aplicações têm o direito de mudar ou modificar as informações nas pastas críticas. Portanto, se você tiver uma aplicação de herança que tenha que ser executada em um Windows Server 2003, terá que modificar as definições de segurança para permitir que os usuários modifiquem os arquivos específicos nas pastas críticas, ou executar o Program Compatibility Wizard para redirecionar os dados do programa para a área de perfil do usuário.

> **Cuidado** – *Se você precisar executar diversas aplicações de herança em um servidor, poderá decidir aplicar um Security Template especial no servidor usando o seguinte comando:* `Secedit /configure /cfg compatws.inf /db compatws.sdb`. *Porém, isso redefinirá o nível de segurança de seu servidor para o Windows NT. Não é recomendado. Ao contrário, será melhor usar o Program Compatibility Wizard para aplicar definições especiais em cada programa que o requeira.*

Suporte de desenvolvimento da aplicação

Se você escolher reconstruir suas aplicações da empresa, achará que o Windows Server 2003 oferece muitos recursos novos concentrados no suporte da aplicação. Eles ficam em várias categorias como dimensionamento, disponibilidade, gerenciamento e aperfeiçoamentos para o modelo do programa. Eles são reagrupadas nos WS03 Enterprise Services e incluem:

Capítulo 7: Como construir a infra-estrutura dos serviços da rede ▶ **325**

- **Pool de aplicações** Com o WS03, é possível criar pools de encadeamento e aplicá-los nas aplicações de herança que normalmente operariam em um único processo. Isso dá à aplicação mais robustez uma vez que não está mais ligada a um único processo.

- **Reciclagem da aplicação** Algumas aplicações têm uma tendência de ter um desempenho diminuído com o tempo devido aos vazamentos de memória e a outras questões programáticas. O WS03 pode reciclar um processo finalizando-o de modo elegante e reiniciando-o regularmente. Isso pode ser de modo administrativo ou através do kit de desenvolvimento do software COM+. De modo administrativo, é aplicado por meio do console Component Services, clicando com o botão direito do mouse em um componente COM+, selecionando Properties e modificando os elementos na aba Pooling & Recycling (Pool e Reciclagem).

- **Aplicações como serviços NT** Agora todas as aplicações COM+ podem ser configuradas como serviços NT, fazendo com que as aplicações sejam carregadas na hora da reinicialização ou segundo a demanda quando requerido.

- **Portas de ativação da memória baixa** O WS03 pode verificar as alocações de memória antes de iniciar um processo, permitindo-o finalizar uma aplicação se ela esgotar os recursos da memória. Isso permite que outras aplicações executadas no servidor continuem a operação enquanto apenas a aplicação com problemas falha.

- **Serviços Web** Qualquer objeto COM+ pode ser tratado como um serviço Web e qualquer serviço Web pode ser tratado como um objeto COM+ estendendo muito as capacidades remotas de suas aplicações.

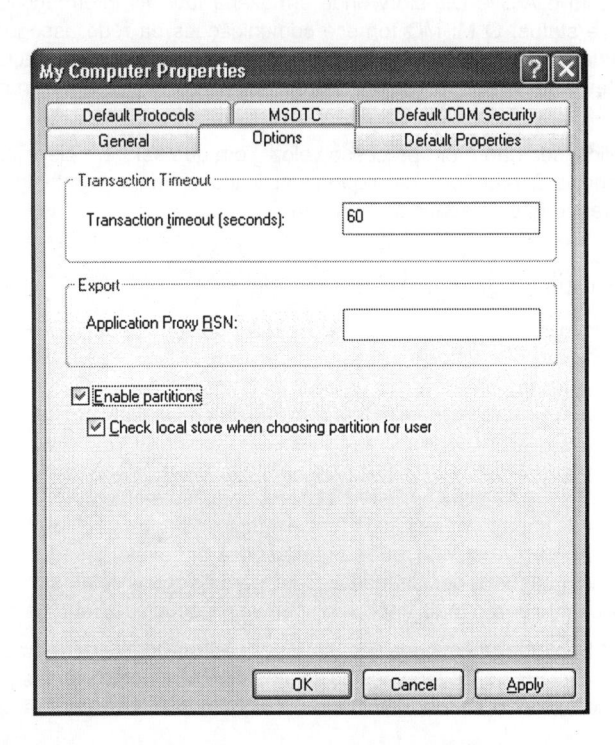

- **Partições da aplicação** Elas foram analisadas nos capítulos 3 e 4 ao usar o Active Directory. Em termos de suporte da aplicação, essas partições permitem manter várias instâncias das mesmas versões ou diferentes dos objetos COM+ no mesmo servidor. Se, por exemplo, você tiver 500 clientes executando uma aplicação mantida, poderá criar 500 partições, uma para cada cliente, separando seu ambiente operacional de todos os outros. As partições da aplicação são criadas no Active Directory Users and Computers em System | ComPartitions and ComPartitionSets (a Advanced View tem de estar ativada). E mais, os Member Servers precisam ter as partições ativadas. Isso é feito por meio de Component Services (Serviços do Componente) | Computer | Properties.

- **.NET Framework** O WS03 inclui uma versão integrada do .NET Framework. Portanto, você poderá programar as aplicações para usarem o Common Language Runtime e integrá-las com os serviços XML Web para aproveitarem esse novo modelo de programação poderoso.

> 🏍 **Dica rápida** – *Mais informações sobre a administração .NET Framework podem ser encontradas em Admin.CHM em %systemroot%Microsoft.NET/Framework.*

- **Serviços UDDI** O WS03 também inclui os serviços Universal Description, Discovery e Integration, permitindo publicar seus serviços Web interna ou externamente. Os serviços UDDI podem ser encontrados em Windows Components (Componentes Windows) no componente Add or Remove Programs (Adicionar ou Remover Programas) do Control Panel.
- **Simple Object Access Protocol (SOAP)** O WS03 inclui esse protocolo baseado na XML para permitir a integração total no modelo de programação dos serviços Web.
- **Message Queuing** O WS03 também inclui os serviços Microsoft Message Queuing (MSMQ). O MSMQ fornece uma infra-estrutura de mensagem assíncrona para as aplicações. Permite que as aplicações operem sob condições da rede inconstantes. O MSMQ é integrado com o Active Directory onde armazena toda as informações da configuração, segurança e status. O MSMQ fornece comunicações da rede asseguradas mesmo nas condições da rede não otimizadas. A versão WS03 do MSMQ suporta totalmente o SOAP Reliable Messaging Protocol (SRMP) permitindo a fila de mensagens nos protocolos HTTP e HTTPS.

Reconstruir as aplicações não é um processo veloz. Tem que ser bem planejado antes de iniciar sua migração Windows Server 2003 para que as aplicações fiquem prontas para o envio quando você executar a preparação de sua infra-estrutura.

Servidores de compatibilidade da aplicação

Se acontecer de você ter aplicações de herança que simplesmente não são executadas no WS03 ou que requerem versões diferentes de outros produtos de software para funcionarem (por exemplo, uma aplicação que requer o SQL Server 7 e outra que requer o SQL Server 2000), poderá sempre criar servidores virtuais no Application Server usando um software da máquina virtual como o VMware (http://www.VMware.com/). O VMware GSX Server suporta diversas CPUs, partições RAM no nível da empresa e ainda clusters do servidor. Com o GSX Server, você poderá criar máquinas virtuais em seus Application Servers e fazer com que mantenham aplicações de herança através dos antigos sistemas operacionais (por exemplo, Windows NT ou Windows 2000). Isso fornecerá mais tempo para você converter as aplicações enquanto assegura que seus níveis de serviço fiquem iguais para todos os usuários. E mais, permite que você atualize todos os servidores para o WS03 porque não serão mais impedidos pelas aplicações de herança ou software.

Finalmente, o GSX Server também pode ser usado para outras finalidades como a consolidação do servidor. Em muitas instâncias, os recursos do servidor são raramente usados porque cada projeto tende a produzir seu próprio servidor. Usando o GSX Server, você poderá consolidar diversos papéis do servidor em menos máquinas físicas, enquanto faz um uso mais eficiente de suas capacidades de hardware. Lembre-se de que você tem de assegurar-se que terá um suporte total do fabricante do software da aplicação antes de usar essa estratégia.

Aplicação de herança e teste do software

Se você converte ou não suas aplicações e atualiza seu software, um dos principais elementos de sua migração WS03 ficará com sua estratégia de teste da aplicação. Toda aplicação e produto de software que será migrado de sua rede de herança tem que ser testado em sua nova rede para lhe dar a garantia de que se comporta da devida maneira enquanto é executado no Windows Server 2003. Também é uma boa idéia remontar qualquer instalação da aplicação para integrá-la com o serviço Windows Installer (veja o Capítulo 5).

Isso fornecerá a todas as suas aplicações uma robustez e estabilidade adicionais com pouco custo, uma vez que todo componente de software ou aplicação tem que ser configurado para ser instalado automaticamente de qualquer modo. E mais, fornecerá um método de instalação e preparação unificado para todos os produtos de software.

> **Dica rápida** – *Um documento oficial sobre "Enterprise Software Packaging Practices, Benefits and Strategic Advantages" está disponível em http://www.wise.com/dynform.asp. Você precisará preencher uma pequena avaliação antes de carregar o documento.*

Use métodos de teste rigorosos e certifique-se de que usuários especialistas façam parte de seu grupo de teste de aceitação para cada aplicação ou produto de software. Isso ajudará a garantir que o software ou a aplicação fornecerá todos os recursos que eles esperam uma vez que você não pode ser um especialista em todo aspecto de cada programa em sua rede.

> **Cuidado** – *Lembre-se de testar todas as instalações de seu software e aplicação no modo do usuário para assegurar-se de que se comportam devidamente no WS03 com os direitos de acesso limitados.*

Como preparar os Terminal Servers

Um dos melhores recursos dos servidores Windows é o Terminal Service (TS). Esse serviço permite publicar aplicações para computadores remotos dando-lhes acesso total aos programas sendo executados no ambiente Windows Server 2003. A maior vantagem está na preparação. Como a aplicação opera no Terminal Server, esse é o único lugar em que precisa estar instalada, atualizada e mantida. E mais, como a aplicação é executada a partir do servidor, você precisará apenas preparar atalhos para os usuários, nada mais, economizando quantidades enormes de tempo. E esse atalho não mudará mesmo que você atualize ou modifique a aplicação.

A versão WS03 dos Terminal Services também fornece uma experiência mais rica para os usuários que a versão Windows 2000. O TS agora suporta a redireção do som para os PCs do cliente, assim, se você operar uma aplicação multimídia no servidor, os usuários ouvirão as informações como se a aplicação estivesse sendo executada em sua própria estação de trabalho. E mais, a versão WS03 dos Terminal Services suporta gráficos com qualidade mais alta inclusive o True Color e o nível mais alto de resolução suportado pelo hardware do cliente. A resolução e a cor têm que ser definidas no cliente e no servidor para operarem. Finalmente, o TS agora é integrado com o Group Policy, permitindo que você controle os recursos Terminal Service de modo central.

Os modelos do cliente pequeno estão ficando cada vez mais populares, especialmente com a proliferação dos PCs de bolso sem fio e o novo dispositivo Tablet PC. Ambos têm recursos mais limitados, tornando o host da aplicação do servidor cada vez mais atraente para essas bases do usuário. Assim o Terminal Server é um papel do servidor que tem um futuro brilhante na empresa.

Como compartilhar as aplicações: Terminal Services

O Terminal Service é um recurso WS03 básico. Na verdade, com o WS03, os Terminal Services podem agora fornecer automaticamente o equilíbrio do carregamento das aplicações do terminal. Para esse recurso funcionar, os Terminal Servers têm de ser colocados em cluster no nível da rede para trabalharem juntos a fim de executar um conjunto comum de aplicações a aparecer como um único sistema para os clientes e aplicações. Para tanto, têm que ser colocados em cluster através do serviço Network Load Balancing (Equilíbrio do Carregamento da Rede). Uma vez feito isso, os Session Directories (Diretórios da Sessão) poderão ser usados para equilibrar de modo transparente os carregamentos entre os grupos de Terminal Servers.

E mais, a versão WS03 dos Terminal Servers suporta os usuários de percurso. Isso significa que os usuários podem abrir uma sessão em um Terminal Server ou um cluster Terminal Server, desconectar do servidor sem fechar a sessão, ir para outro computador e reconectar sua sessão TS existente. É uma ótima vantagem sobre as capacidades TS anteriores. Use o processo descrito na Figura 7-7 a fim se preparar para usar os Terminal Services.

Como instalar e configurar os Terminal Services

O papel do Terminal Server é definido do mesmo modo como todos os outros papéis do servidor são definidos na empresa. Começa com o Exercício de dimensionamento do servidor desenvolvido no Capítulo 2. Então envolve o processo de organização do servidor básico aplicando seu kernel personalizado no servidor, novamente como apresentado no Capítulo 2. Em seguida, prossiga como a seguir:

1. Usando o console Manage Your Server, clique em Add ou remova um papel.

2. Assim que o WS03 tiver identificado os papéis existentes nesse servidor e exibir os papéis disponíveis, selecione o papel do servidor do terminal e então clique em Next. Nenhum CD é requerido para essa operação.

3. Clique em Next novamente. Isso inicializará o Configure Your Server Wizard. A primeira tarefa que esse assistente executa é avisar para você fechar as aplicações porque esse

```
┌─────────────────────────────────────────────────┐
│  Processo de preparação dos Terminal Services   │
│                                                 │
│   ☐ Instale e configure os Terminal Services    │
│   ☐ Defina o modelo de licença do Terminal Server │
│   ☐ Determine o modelo da aplicação para as     │
│     aplicações mantidas                         │
│   ☐ Instale as aplicações mantidas              │
│   ☐ Defina os objetos Group Policy dos Terminal │
│     Services                                    │
│   ☐ Determine como preparar as aplicação        │
│     compartilhadas                              │
└─────────────────────────────────────────────────┘
```

Figura 7-7 – *O processo de preparação dos Terminal Services.*

processo fará com que o servidor reinicialize. Feche as aplicações em execução e clique em OK na caixa de diálogo de aviso.

4. Se as aplicações e os serviços existentes tiverem sido instalados em seu servidor antes, o Configure Your Server irá reconfigurá-los para permitir que operem no modo com diversos usuários. Então finalizará a instalação dos Terminal Services no modo da aplicação. Assim que for feito, seu servidor será reinicializado. Conecte-se novamente assim que tiver sido reinicializado.

5. Assim que sua sessão for aberta, o Configure Your Server Wizard indicará que a operação está completa. Clique em Finish. O console Manage Your Server listará um novo papel do servidor e o Terminal Services Help (Ajuda dos Serviços do Terminal) ajudará a completar as tarefas de configuração dos Terminal Services.

Agora você está pronto para prosseguir para a configuração da licença.

Licença do Terminal Server

Os Terminal Services requerem licenças especiais de acesso do cliente (CALs) para cada cliente que conecta o servidor. É porque cada cliente, que conecta os Terminal Services no modo da aplicação (em oposição ao modo administrativo), está de fato abrindo uma sessão remota do Windows Server 2003. Assim, mesmo que você tenha um hardware que não suporta o Windows XP, poderá dar aos usuários acesso a todos os seus recursos através das sessões do terminal remoto nos servidores WS03. Se, por outro lado, você tiver um hardware do cliente que suporte o Windows XP, terá muitas vantagens através dos Terminal Services. Por exemplo, não há nenhum componente do cliente a preparar para fazer com que as Terminal Sessions (Sessões do Terminal) operem em um cliente Windows XP porque o Windows XP inclui sua própria capacidade Remote Desktop (Área de Trabalho Remota). Isso significa que você poderá então se concentrar em centralizar as aplicações e usar um modelo de preparação da aplicação mais simples.

> **Cuidado** – *É importante ativar o serviço Themes em um WS03 Terminal Server e ativar o tema Windows XP porque, do contrário, os usuários Windows XP encontrarão uma interface como do Windows 2000 quando acessarem as aplicações remotas no modo Terminal Services. Isso muito certamente levará a confusão (o Windows XP na área de trabalho e o Windows 2000 nas sessões remotas) e aumentará as chamadas de suporte.*

Os servidores sem licença apenas permitirão que os clientes operem por 120 dias depois da primeira conexão do cliente. Assim que esse intervalo de tempo tiver passado, todas as sessões terminarão e o Terminal Server não responderá mais às solicitações do cliente. Para tirar a licença dos servidores, você terá de instalar um servidor Terminal Services Licensing. Esse servidor tem que ser ativado pela Microsoft antes de poder começar a enviar as licenças para sua empresa. A ativação será automática se seu servidor estiver conectado à Internet.

Para instalar um servidor Terminal Services Licensing e ativá-lo, use o seguinte procedimento. O WD Windows Enterprise Server é requerido para essa instalação.

1. Certifique-se de que tenha se conectado com as credenciais Domain Administrator ou Enterprise Administrator.
2. Abra Add or Remove Programs no Control Panel.
3. Selecione Add/Remove Windows Components (Adicionar/Remover Componentes Windows).

4. Em Windows Components, selecione Terminal Services Licensing e clique em Next.
5. Como o Licensing Server será para a empresa, selecione Your entire enterprise (Sua empresa inteira) e clique em Next. Você poderá também modificar o local do banco de dados do servidor de licença. Deverá estar no drive D:.
6. Clique em OK assim que a instalação estiver completa. Feche Add or Remove Programs.
7. Abra Terminal Services Licensing em Start | Administrative Tools.
8. O console Terminal Services Licensing localizará automaticamente o Licensing Server.
9. Clique com o botão direito do mouse no nome do servidor e selecione Activate (Ativar). Isso inicializará um assistente que conectará automaticamente o Microsoft Clearing House e prosseguirá com a ativação. Siga as etapas apresentadas para completar a ativação.
10. Assim que o servidor for ativado, você precisará instalar os pacotes de chave da licença do cliente. Isso pode ser feito pela Internet também. Clique com o botão direito do mouse no nome do servidor e selecione Install Licenses (Instalar Licenças). Isso iniciará o Terminal Server CAL Installation Wizard (Assistente de Instalação CAL do Servidor do Terminal).
11. Forneça as devidas informações de licença em Program and Client License Information (Informações de Licença do Programa e do Cliente) e clique em Next.
12. Então o assistente conectará o Microsoft Clearing House e instalará os pacotes de chaves da licença. Clique em Finish quando terminar.

Agora você está pronto para começar a enviar as licenças para as sessões TS. É uma área onde desejará aplicar as definições Group Policy. Por default, os Terminal Servers enviam licenças para qualquer computador que solicitar uma. Usando a definição License Server Security Group GPO (em Computer Configuration | Administrative Templates | Windows Components | Terminal Services | Licensing), você poderá limitar as sessões TS aos grupos autorizados de computadores ou usuários apenas. Para tanto, precisará criar grupos Global para os usuários (ou computadores) que têm permissão de usar os Terminal Services e colocar esses grupos no grupo Local Terminal Services Computers que é criado pela estratégia. No mínimo, deve colocar o grupo Domain Users nesse grupo Local.

Como determinar o modelo da aplicação e instalar as aplicações

As aplicações Terminal Services devem ser instaladas por meio de Add or Remove Programs porque esse componente assegura que as aplicações serão instaladas no modo de diversos usuários. Se você preferir instalar remotamente ou através da linha de comandos, terá que usar o comando change user. Use change user / install para definir o Terminal Server para o modo de instalação, execute a instalação e então use o comando change user /execute para redefinir o servidor para o modo de execução.

As aplicações e o software devem ser instalados antes de permitir que os usuários conectem servidor de modo que você possa testar sua operação devidamente antes de os usuários começarem a ativá-los. E mais, deve levar em consideração as seguintes normas ao decidir sobre quais aplicações devem ser instaladas em um Terminal Server:

- Não execute aplicações de 16 bits uma vez que elas podem reduzir o número de usuários simultâneos em até 40% e requerem 50% mais de RAM por usuário.
- Não execute as aplicações MS-DOS pois elas podem consumir todos os recursos da CP de um servidor.
- As aplicações que executam processos constantes em segundo plano (verificador de ortografia no MS Word, por exemplo) consomem mais recursos.

- As aplicações que usam gráficos de alta qualidade consomem mais largura de banda.

Seus Terminal Services devem ser usados para executar aplicações que fiquem nas seguintes categorias:

- As aplicações que requerem instalações complexas. Colocar essas aplicações nos Terminal Servers reduzirá o número de pontos de instalação e assim os riscos de ter problemas com a instalação.
- As aplicações que requerem alterações freqüentes. Colocar essas aplicações nos Terminal Servers reduzirá o número de pontos de instalação e, assim, o trabalho da instalação e preparação.
- As aplicações que são extremamente caras por usuário contanto que seu modelo de licença permita o compartilhamento TS. Colocá-las nos Terminal Servers permitirá controlar quantas licenças são usadas.
- As aplicações para os usuários que têm acesso da largura de banda baixa. É ideal para os dispositivos sem fio.
- As aplicações para os usuários nos sites onde não há nenhum servidor local. Se o número de usuários em um site (1dez e menos) não assegurar um servidor local, você poderá dar a esses usuários acesso ao mesmo nível de serviço permitindo que usem as aplicações remotamente.

O modelo de operação da aplicação Terminal Services é ligeiramente diferente do modelo WS03 padrão por causa do ambiente com diversos usuários. Você deve também verificar os scripts de compatibilidade para as aplicações instaladas. Esses scripts modificam as instalações padrões para torná-las compatíveis com o TS. Devem ser executados depois da instalação da aplicação. Os scripts são encontrados na pasta %systemroot%\Application Compatibility Scripts\Install.

GPOs para os Terminal Services

Há mais de 40 definições do objeto Group Policy para os Terminal Services. Isso significa que grande parte de toda definição TS pode ser gerenciada por meio dos GPOs. Como as informações da pasta do usuário descritas anteriormente em "Como compartilhar arquivos e pastas", as informações do serviço do terminal do usuário não são mais fornecidas nas propriedades de conta do usuário (veja o Capítulo 6) porque o processo tem que ser feito por usuário. Agora os parâmetros do usuário são definidos pela User Configuration de um GPO. As definições Server e PC são definidas através da Computer Configuration de um GPO. A Tabela 7-3 descreve as definições que você deve aplicar em cada seção. As definições que não têm nenhum comentário são opcionais.

Tabela 7-3 – As Definições GPO dos Terminal Services

Local	Definições	Aplicado em...	Comentários
Computer Configuration/Administrative Templates/Windows Components/Terminal Services	Conexões mantidas ativas	Servidor	Permite sincronizar o estado de conexão do cliente e do servidor
	Reconexão automática	PC	Ativada
	Limita os usuários Terminal Services a uma única sessão remota	PC	Permite controlar o uso de recursos nos servidores

Tabela 7-3 – As Definições GPO dos Terminal Services (*continuação*)

Local	Definições	Aplicado em...	Comentários
	Aplica o Removal of	Servidor	Permite reduzir o uso da largura de banda
	Limita o número de conexões	Servidor	Talvez — controla os carregamentos do servidor
	Limita a profundidade máxima da cor	Servidor	Permite limitar o uso da largura de banda
	Permite que os usuários se conectem de modo remoto usando Terminal Services	PC	Ativado para permitir o Remote Desktop
	Não permite que os administradores locais personalizem as permissões		
	Remove o item Windows Security1 do menu Start		
	Remove a opção Disconnect da caixa de diálogo Shut down		
	Define o caminho para os TS Roaming Profiles		
	Diretório pessoal do TS User		
	Define as regras para Servidor o controle remoto das sessões do usuário Terminal Services Inicia um programa na conexão		Ativado — Full Remote Controle com as permissões do usuário
Terminal Services/Client/Server Data Redirection	Permite a redireção do fuso horário	Servidor	Se requerido em diversos fusos horários
	Não permite a redireção da área de transferência		
	Não permite a redireção do dispositivo de placa inteligente		
	Permite a redireção do áudio	Servidor	Talvez para limitar o uso da largura de banda
	Não permite a redireção da porta COM		
	Não permite a redireção da impressora do cliente		
	Não permite a redireção da porta LPT		
	Não permite a redireção do drive		
	Não define a impressora do cliente default para ser a impressora default em uma sessão		
Terminal Services/Encryption and Security	Permite pedir ao cliente Servidor a senha na conexão	Servidor	Ativado
	Define o nível de criptografia da conexão do cliente	Servidor	Ativado-Definido para as capacidades Client Computer
Terminal Services/Encryption and Security/RPC Security Policy	Secure Server (Requer segurança)	Servidor	Ativado quando todos os clientes são Windows XP
Terminal Services/Licensing	Grupo de segurança License Server	Servidor	Permite incluir pelo menos os usuários do domínio
	Impede a atualização da licença		

Tabela 7-3 – As Definições GPO dos Terminal Services (continuação)

Local	Definições	Aplicado em...	Comentários
Terminal Services/Temporary Folders	Não usa pastas de gabarito por sessão		
	Não apaga a pasta do gabarito ao sair		
Terminal Services/Session Directory	Redireção do endereço	Servidor	Terminal Server IP
	Reúne-se ao Session Directory	Servidor	Ativado
	Session Directory Server	Servidor	Permite identificar o Session Directory Server
	Session Directory Cluster Name	Servidor	Permite identificar o nome do cluster
Terminal Services/Sessions	Define o limite de tempo para as desconexões	Servidor	Talvez se as sessões desconectadas longas voltarem a ter um comportamento comum
	Define o limite de tempo para as sessões Terminal Services ativas		
	Define um limite de tempo para as sessões Terminal Services ativas porém ociosas	Servidor	
	Permite a reconexão a partir do cliente original apenas	Servidor	Talvez se você determinar que é um problema de segurança
	Termina a sessão quando os limites de tempo são atingidos	Servidor	Talvez se os limites de tempo forem definidos
User Configuration/Windows Components/Terminal Services	Inicia um programa na conexão	Usuário	Ativado para os usuários da aplicação simples
	Define regras para o controle remoto das sessões do usuário Terminal Services		Definido no nível do computador
Terminal Services/Sessions	Define o limite de tempo para as sessões desconectadas		Definido no nível do computador
	Define o limite de tempo para as sessões Terminal Services ativas		Definido no nível do computador
	Define o limite de tempo para as sessões Terminal Services ativas porém ociosas		Definido no nível do computador
	Permite a reconexão a partir do cliente original apenas		Definido no nível do computador
	Termina a sessão quando os limites são atingidos		Definido no nível do computador

Como preparar as aplicações Terminal Services

Como descrito na Tabela 7-3, os Terminal Services podem ser definidos para operarem no modo de uma aplicação ou no modo da área de trabalho total. As aplicações simples são preparadas para os usuários que já têm acesso às áreas de trabalho totais. O modo da área de trabalho total deve ser reservado para os usuários que não têm a capacidade em seu próprio sistema ou aos usuários que requerem acesso às diversas aplicações no Terminal Server. Em qualquer caso, preparar a aplicação Terminal Server é o mesmo processo. Simplesmente requer o envio de um arquivo de conexão Terminal Services.

Esses arquivos são apenas Remote Desktop Connections (RDC) que incluem os devidos parâmetros para acessar os Terminal Services. Para criar um arquivo RDC, use o seguinte procedimento:

1. Abra o Remote Desktop Connection (Start | All Programs ou Todos os Programas | Accessories ou Acessórios | Communications ou Comunicações).
2. Digite o nome do computador ou endereço IP (use o nome de cluster Terminal Server se estiver usando o equilíbrio do carregamento através do Session Directory).
3. Clique em Options (Opções) para definir os parâmetros para essa conexão.
4. Grave o arquivo RDC (extensão .rdp) quando completar.
5. Teste a conexão através do arquivo RDC.
6. Prepare o arquivo RDC para os usuários através de um script de conexão ou outro mecanismo de preparação.

Os usuários agora terão acesso às suas aplicações Terminal Server.

> **Nota** – *Os arquivos RDC também são geralmente chamados de arquivos RDP para Remote Data Protocol. Os arquivos de atalho são chamados de Remote Desktop Connections ou RDC no Windows XP e WS03.*

E mais, o Windows Server 2003 suporta a *Remote Desktop Web Connections (RDWC)*. A vantagem desse modelo é que nenhuma preparação é requerida uma vez que o acesso do cliente está localizado em uma página Web interna (nunca no servidor IIS que se comunica com a Internet). O WS03 inclui uma página Web de amostra que pode servir como um ponto de partida para seu acesso Web Terminal Services. O cliente RDWC não é instalado por default. Use o seguinte procedimento para instalá-lo. O CD WSE é requerido para essa operação.

1. Abra Add or Remove Programs em Control Panel e selecione Add/Remove Windows Components.
2. Clique em Application Server (não marque a caixa) e clique em Details (Detalhes).

3. Clique em Internet Information Server e clique em Details.
4. Clique em World Wide Web Service e clique em Details.
5. Selecione Remote Desktop Web Connection e clique em OK. Clique em OK três vezes para voltar para a caixa de diálogo Web Components. Clique em Next.
6. Assim que o cliente for instalado, você poderá ir para a pasta %systemroot%\Web\ TSWeb e abrir Default.htm para exibir a página RDWC default.
7. Essa página pode ser editada para satisfazer os padrões de sua empresa e ser colocada em sua intranet para dar aos usuários acesso às aplicações específicas através de uma interface Web.

Seu ambiente Terminal Services agora está pronto para a produção. Use uma estratégia de teste completa antes de dar aos usuários acesso às aplicações que mantém nos Terminal Servers.

Collaboration Servers

Em suas primeiras iterações, o Windows Server 2003 era elogiado como a plataforma para a colaboração no mundo Windows. Mas quando o produto de lançamento caminhou para o código final, a Microsoft achou adequado remover vários recursos de colaboração e lançá-los separadamente como complementos gratuitos. Eles incluem principalmente o serviço Real Time Collaboration. E mais, os SharePoint Team Services, que também eram para fazer parte dos recursos de colaboração do WS03, foram movidos para o SharePoint Portal Server. Assim, os Collaboration Servers são realmente apenas hosts preparados para suportar aplicações como o Microsoft Exchange, SharePoint Portal Server, o complemento Real Time Collaboration e outros serviços que promovem a interação do usuário em um ambiente em rede.

Mais uma vez, esses servidores são baseados no modelo PASS e configurados com o Server Kernel. Consulte a documentação de cada produto para finalizar o papel do servidor.

Funções adicionais do Network Infrastructure Server

O Capítulo 4 descreve como construir os Network Infrastructure Servers para dois papéis específicos: Dynamic Host Configuration Protocol (DHCP) e Windows Internet Naming Service (WINS). Mais um papel Network Infrastructure Server é requerido para completar a construção da rede paralela. É o papel do servidor Remote Installation Services (RIS). Esse servidor está intimamente relacionado com o papel do servidor DHCP já que sua operação é baseada, e muito, no protocolo DHCP. E mais, o Capítulo 2 descreveu como o papel do servidor RIS ajudou suportar a preparação e a organização dos servidores e computadores na rede da empresa Windows Server 2003.

Como preparar os servidores Remote Installation Services

Mais uma vez, a preparação de um servidor RIS é feita pelo componente Add or Remove Programs do Control Panel. Para preparar um servidor RIS, use as seguintes etapas. O CD de instalação WSE é requerido para esse processo.

1. Conecte-se como Enterprise Administrator. O processo de instalação RIS inclui a autorização do servidor RIS no Active Directory (porque é baseado no servidor DHCP), assim você precisará das devidas credenciais.
2. Vá para Add or Remove Programs no Control Panel e selecione Add/Remove Windows Components.
3. Selecione Remote Installation Server e clique em Next.

4. Digite o Remote Installation Folder Location (Local da Pasta de Instalação Remoto) (não pode ser o drive do sistema ou de inicialização e deve ser um drive dedicado). Então clique em Next.

5. Na caixa de diálogo Initial Settings (Definições Inicias), marque Respond to client computers requesting service (Responder a computadores do cliente que solicitam serviço) e Do not respond to unknown client computers (Não responder a computadores do cliente desconhecidos) e então clique em Next. Marcar a última definição significará que o RIS responderá apenas aos nomes de computador que existem no Active Directory. Isso significa que todos os nomes de computador têm de ser organizados previamente.

6. Identifique o local de seu CD Windows System e clique em Next.

7. Nomeie sua Windows Installation Image Folder (Pasta de Imagens de Instalação do Windows) e clique em Next.

8. Digite uma descrição amistosa para a imagem e adicione um texto descritivo. Lembre-se de que é o nome e a descrição que os usuários verão ao selecionar as instalações. Clique em Next quando terminar.

9. Revise suas definições e clique em Finish quando estiver pronto.

10. O processo de instalação RIS começará descrevendo cada etapa e identificando o andamento da instalação. Clique em Done (Terminado) quando todas as tarefas estiverem completas.

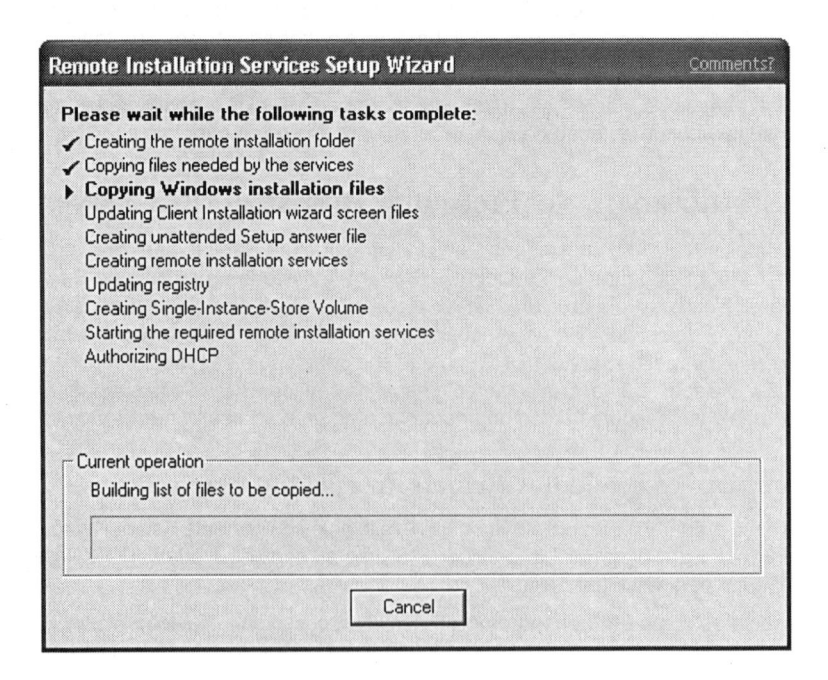

Assim que a instalação estiver completa, o RIS terá criado uma estrutura de pastas inteira designada a suportar a instalação do sistema remoto. Agora você poderá usar o utilitário RIPrep para criar imagens personalizadas para os servidores e os PCs.

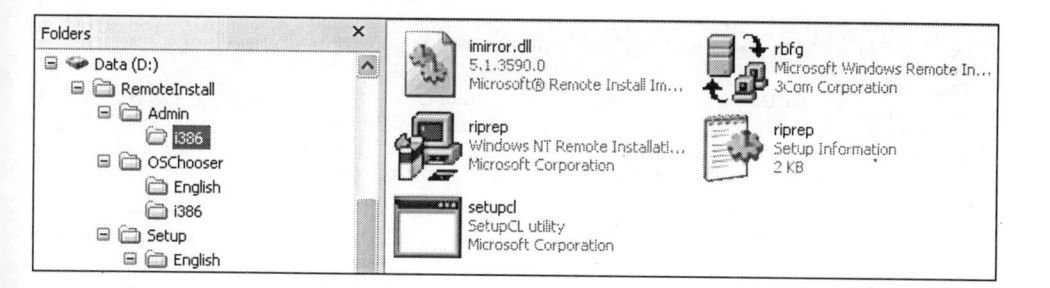

```
Folders                            ×
⊟ 🖵 Data (D:)
  ⊟ 🗀 RemoteInstall
    ⊟ 🗀 Admin
        🗀 i386
    ⊟ 🗀 OSChooser
        🗀 English
        🗀 i386
    ⊟ 🗀 Setup
      ⊟ 🗀 English
```

imirror.dll
5.1.3590.0
Microsoft® Remote Install Im...

riprep
Windows NT Remote Installati...
Microsoft Corporation

setupcl
SetupCL utility
Microsoft Corporation

rbfg
Microsoft Windows Remote In...
3Com Corporation

riprep
Setup Information
2 KB

Como organizar previamente os PCs e os servidores do cliente

Durante a instalação do serviço RIS, você identificou que queria responder apenas aos computadores conhecidos. Isso significa que, para aplicar o RIS a fim de organizar os sistemas, precisará organizar previamente cada sistema no Active Directory antes de ele poder ser preparado através do RIS. Organizar previamente é uma tarefa simples. Implica criar o objeto do computador ou do servidor no Active Directory, indicando que é um computador gerenciado, reconhecer seu identificador exclusivo globalmente (GUID) e identificar qual servidor RIS pode organizar esse sistema.

A organização prévia permite coordenar sua estratégia da unidade organizacional com os Remote Installation Services para instalar os PCs e os servidores e fazer com que eles sejam localizados imediatamente na parte direita de sua estrutura de diretório. Agora a única coisa que precisará fazer é garantir que as máquinas sejam colocadas na devida OU e no devido grupo de categoria do software quando integrá-las na rede paralela.

> ⚠ **Cuidado** – *Certifique-se de que o fabricante do sistema forneça os GUIDs para os sistemas comprados. Uma planilha Excel é ideal ao comprar computadores em lotes. Você poderá alterá-la para um script e organizar previamente os computadores automaticamente. Se não, o GUID poderá também ser encontrado nas definições BIOS do sistema.*

Preparar a estrutura OU antes de integrar as novas máquinas na rede também irá garantir que elas serão gerenciadas assim que se juntarem à rede. Nenhum erro pode ser cometido quando você usa esse procedimento (veja o Capítulo 5 para obter mais informações sobre os grupos de categoria do software).

> ⚠ **Cuidado** – *Preparar os servidores através do RIS ainda requer disciplina. Mesmo que você facilite a preparação e as reconstruções do servidor através do RIS, será importante assegurar-se de que os técnicos ainda seguirão os devidos procedimentos operacionais.*

Exigências do sistema do servidor pelo papel

Agora que você revisou o processo de criação para cada papel do servidor identificado no Capítulo 1, tem uma idéia das exigências do hardware para construir cada papel do servidor. A Tabela 7-4 descreve a CPU, RAM, tamanhos do disco e as capacidades da rede requeridos para cada papel do servidor analisado neste capítulo. Use-a como uma norma para preparar seus servidores quando organizar a rede paralela.

Tabela 7-4 – As Exigências de Hardware por Papel do Servidor

Papel do servidor	CPU	RAM	Drive D	Drive E	Rede
File Server	Carregamento baixo	Requerida para o Indexing Service	Mantém compartilhamentos	Mantém cópias duplicadas	Velocidades mais altas requeridas para o compartilhamento de arquivo completo
Print Server	Carregamento médio	Requerida para documentos grandes	Não requerido	Mantém arquivos de spool	Requerido para as impressoras em rede
Application Servers & Dedicated Web Servers	Carregamento médio a alto	Requerida para aumentar as velocidades do processamento	Mantém arquivos de dados	Mantém registros da transação	Requerido para as bases grandes do usuário
Terminal Servers	Carregamento alto (depende do número de usuários)	Requerida para os processos do servidor assim como para cada usuário (20 MB por usuário)	Os adaptadores SCSI RAID de alta velocidade são requeridos	Requerido apenas se o servidor mantiver aplicações do banco de dados	Requerido para um melhor Remote Desktop Protocol completo
Collaboration Servers	Carregamento alto	Requerida para os serviços de colaboração	Mantém arquivos de dados	Mantém os registros da transação	Requerido para uma melhor colaboração completa
Network Infrastructure Server (papel RIS)	Carregamento alto	Requerida para suportar diversos processos de construção do sistema	Mantém o serviço RIS e os arquivos de imagem; use drives grandes e dedicados	Não requerido	A placa de rede com alta velocidade é requerida para um melhor desempenho

> **Dica rápida** – *Uma versão atualizada dessa tabela está disponível em http://www.Reso-Net.com/Windows Server/.*

Como construir a estrutura Services OU

A etapa final da preparação do serviço é a construção da estrutura Services OU e a aplicação da devida delegação e definições Group Policy em cada serviço. Deve ser feito de acordo com os elementos descritos na Tabela 7-5. Como pode ser visto, essa estrutura OU é bem simples, mas suporta a capacidade de criar subestruturas. Quando a estrutura Services OU foi introduzida pela primeira vez no Capítulo 3, sua finalidade era identificar o tipo de conteúdo que você poderia esperar que ela mantivesse. Agora você teve a oportunidade de aprimorar sua compreensão do conteúdo dessa estrutura OU, assim achará que é ligeiramente diferente da apresentação inicial no Capítulo 3. Por exemplo, embora no Capítulo 3 essa estrutura OU apresentasse o tipo de Member Server contido na OU, neste capítulo apresenta agora o papel do servidor no *segundo nível*. Essa categoria permite um maior aprimoramento. Por exemplo, se você achar que precisa separar mais os Collaboration Servers porque suas estratégias para o Exchange Server não são iguais às do SharePoint Portal Server (SPS), poderá criar um terceiro nível de OUs sob Collaboration Server e colocar os servidores Exchange e SPS em OUs separadas.

Tabela 7-5 – A Estrutura Services OU

OU	Nível	Objetivo	GPO	Notas
Services	Um	Agrupar todos os serviços e objetos utilitários na organização	Baseline GPO	É um Security GPO. Detalhado no Capítulo 8.
File and Print	Dois	Reagrupa todos os File and Print Servers	Global File and Print GPO	Este GPO controla todos os aspectos do compartilhamento de arquivos, Distributed File System e impressão. Delegado para os operadores de arquivo e impressão.
Application Servers e Dedicated Web Servers	Dois	Reagrupa todos os Application Servers Também reagrupa todos os Windows Web Servers	Global Application Server GPO	Este GPO controla os servidores do banco de dados, servidores Web gerais, .NET Framework e aplicações da empresa. Também controla todas as definições para os serviços IIS e Web. Os itens poderão ser subdivididos se mais separação for requerida. Delegado para os operadores do servidor da aplicação.
Terminal Servers	Dois	Contém todos os Terminal Servers	Global Terminal Server GPO	Contém as definições Terminal Services no lado do servidor. Delegado para os operadores do servidor do terminal.
Collaboration Servers	Dois	Reagrupa todos os servidores dedicados para os serviços de colaboração	Global Collaboration GPO	Contém as definições para os Real-time Communications Services, Exchange Server, SharePoint Portal Server, Content Management Server e Streaming Media Services. Delegado para os operadores do servidor de operação.
Network Infrastructure	Dois	Reagrupa todos os servidores operacionais	Global Infrastructure GPO	Contém definições para o DHCP, WINS, RIS assim como os servidores operacionais como o Microsoft Operations Management, Systems Management Server, Internet Security & Acceleration Server etc. Pode ser subdividido para mais separação. Delegado para os operadores do servidor da infra-estrutura.
Operational Accounts	Dois	Reagrupa todas as contas operacionais especiais como os técnicos de suporte e os instaladores		Nenhuma delegação, gerenciado pelos administradores do domínio
Service Accounts	Dois	Reagrupa todas as contas do serviço especiais		Nenhuma delegação, gerenciado pelos administradores do domínio
Hidden Objects	Dois	Reagrupa todos os grupos especiais inclusive os grupos operacionais		Inclui os grupos Domain Local e Universal. Inclui permissões especiais (Deny List Contents) para impedir que os usuários comuns localizem esses grupos ao pesquisar o Active Directory.

⚠ Cuidado – *A Hidden Object OU deve negar o List Contents para os usuários normais a fim de proteger o acesso aos grupos Universal e Domain Local. Não atribua esse direito a um grupo que contenha Administrators porque você não será capaz de exibir seu conteúdo também.*

O resultado final dessa estrutura OU é apresentado na Figura 7-8.

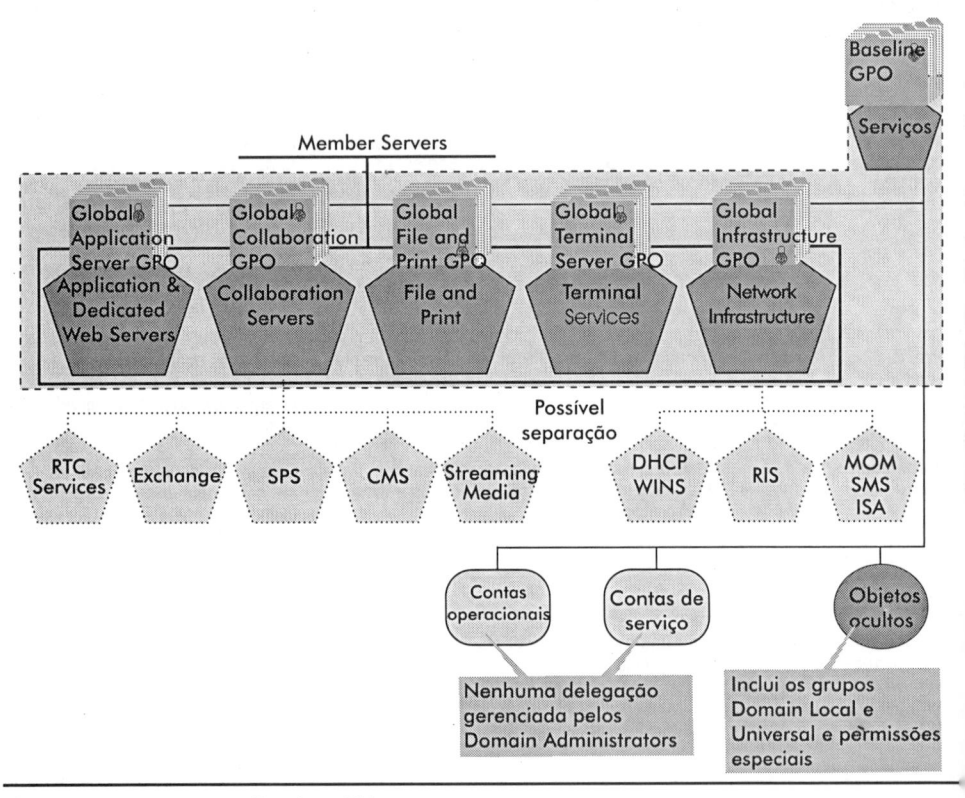

Figura 7-8 – *A estrutura Services OU.*

Um dos principais aspectos da construção dessa OU é a preparação dos devidos grupos de segu rança para os operadores do servidor através da criação do Plano de administração dos serviços Como é em grande parte a preparação de grupos especiais com direitos da segurança administra tiva limitados, essa operação será executada no Capítulo 8.

Como para a preparação dessa estrutura OU, use as mesmas operações descritas no Capítulos e 6 para criar a estrutura OU e delegar o gerenciamento do conteúdo de cada OU para os devido grupos operacionais.

🏍 Dica rápida – *Um GPO adicional foi preparado neste capítulo, o Intranet Domain GPO. aplicado no nível do domínio e inclui as definições globais da impressora e de outro serviç*

Considerações para a migração dos serviços para a rede paralela

Lembre-se: quando você migra os serviços de sua rede existente para a rede paralela, tem de executar uma rotação do servidor. Assim, quando seleciona um serviço para migrar, deve preparar os novos servidores primeiro e assegurar-se de que tenha uma solução de fuga no caso de falha do serviço. Como ideal, será capaz de migrar um serviço, estabilizar os servidores e então prosseguir para a migração do cliente. Para a migração do cliente, precisará migrar seus PCs para o Windows XP para aproveitar totalmente a nova infra-estrutura dos serviços. Quando migrar os PCs, precisará mover os usuários para o novo serviço e controlar o desempenho do serviço. Em geral, levará de um a dois meses de operação antes que os serviços sejam totalmente estabilizados. Depois, desejará controlar os serviços para um crescimento em potencial.

A ordem na qual você migra os serviços irá variar segundo suas necessidades, mas poderá considerar a seguinte ordem para a migração do serviço:

- **Network Infrastructure** Comece com a migração do DHCP e do WINS porque nenhum cliente especial é requerido para os computadores para usar esses serviços. Eles funcionam com todas as versões do Windows. Em seguida, crie os RIS Servers porque eles são requeridos para construir os servidores e os PCs. Finalmente, crie seu gerenciamento de sistemas e servidores operacionais para que sua infra-estrutura de gerenciamento esteja pronta para gerenciar os novos servidores quando eles forem adicionados à rede paralela.

- **Dedicated Web Servers** Os Dedicated Web Servers podem ser os próximos uma vez que o IIS fornece compatibilidade para as aplicações Web. Teste totalmente todas as aplicações antes de colocá-las em produção. Há sérias modificações de segurança no IIS 6 que poderão afetar a operação da aplicação. Mais uma vez, nenhum cliente especial é requerido para operar com o IIS.

- **Application Servers** Os Application Servers gerais podem ser os próximos pela mesma razão dos Dedicated Web Servers. Os servidores do banco de dados também podem ser migrados uma vez que, novamente, irão operar com os clientes existentes. Os Application Servers da empresa podem também ser migrados já que irão operar com os clientes existentes. Para isso, você irá requerer um teste completo.

- **Terminal Services** Os Terminal Services do WS03 podem operar através das Remote Desktop Web Connections, assim também suportarão os clientes de herança assim como os novos clientes.

- **File and Print Services** Estes serviços requerem que os novos clientes operem devidamente ou irão requerer preparações para os clientes existentes (para o DFS e o Shadow Copy Restore, por exemplo). Como tais, devem ser mantidos no final de sua migração ou, no mínimo, devem ser coordenados com as migrações do PC (servidores primeiro, então os PCs). Uma atenção especial deve ser prestada na propriedade do arquivo e nos direitos de acesso quando os arquivos são migrados da rede de herança para a paralela.

- **Collaboration Services** Estes serviços devem ser mantidos por último porque estão na base da evolução do serviço da rede. Os serviços de colaboração WS03 estendem as capacidades de sua rede. Assim, requerem as capacidades totais da nova rede paralela.

Lembre-se de criar sua estrutura OU primeiro e organizar previamente os servidores no diretório, então use o RIS para criar o Server Kernel e siga o processo de organização do papel do servidor.

Resumo das melhores práticas

Este capítulo recomenda as seguintes melhores práticas:

- Use o ciclo de vida do servidor para preparar e planejar os servidores em sua Arquitetura da rede da empresa.
- Prepare a estrutura Services OU antes de organizar qualquer papel de seu servidor para garantir que os servidores serão gerenciados e delegados devidamente assim que forem introduzidos na rede da empresa.

File Servers

- Concentre-se nas permissões NTFS em vez de nas permissões Share.
- Use a mesma estrutura do disco para todos os servidores de arquivo. Use uma estrutura de gabarito para recriar as pastas e compartilhamentos em cada servidor.
- Evite usar o Distributed Link Tracking a menos que seja absolutamente necessário. Tente usar o Distributed File System.
- Armazene suas raízes DFS em um controlador do domínio. Documente cada parte de sua configuração DFS.

Print Servers

- Use os drivers da impressora Versão 3 no Windows Server 2003.
- Use o Windows Unidriver (PCL) em vez dos drivers Postscript; invista as economias em recursos adicionais da impressora como o dúplex e o material principal.
- Construa uma estratégia da impressora compartilhada ao construir sua rede.
- Inclua informações detalhadas sobre suas impressoras ao compartilhá-las.
- Padronize sua estratégia de nomenclatura do local antes de compartilhar suas impressoras e ative o Printer Location Tracking.

Application Servers

- Atualize seus programas de software do servidor para as versões "Designed for Windows" se possível.
- Reconstrua as aplicações de sua empresa para aproveitarem os recursos de suporte da aplicação no Windows Server 2003 e no .NET Framework se possível.
- Remonte todas as suas instalações do software e da aplicação para aproveitar o serviço Windows Installer.
- Teste totalmente todo o seu software e aplicações na infra-estrutura de sua nova rede antes de prepará-los.
- Use o Program Compatibility Wizard para modificar as aplicações de herança para serem executadas no WS03.
- Use o VMware para suportar as aplicações de herança que ainda são requeridas, mas não são compatíveis com o Windows Server 2003.

Terminal Servers

- Combine os serviços Network Load Balancing com os Terminal Services e os Session Directories para ativar o equilíbrio do carregamento dinâmico dos Terminal Services.

- Ative o serviço Themes nos Terminal Servers para assegurar-se de que os usuários verão a mesma interface de sua área de trabalho.
- Use grupos de segurança para atribuir o direito de usar os Terminal Services em sua organização.
- Gerencie os Terminal Services através de objetos Group Policy. Isso fornecerá um local central para as operações do gerenciamento IT.
- Atribua apenas aplicações simples a menos que os usuários requeiram diversas aplicações no mesmo Terminal Server.

Infrastructure Servers

- Armazene os Remote Installation Services em um disco dedicado separado do sistema operacional ou drive de inicialização.
- Organize previamente todos os sistemas para garantir que apenas os sistemas autorizados sejam ordenados através do RIS em sua organização.
- Coloque as máquinas organizadas previamente na devida OU e no grupo de categoria do software para fornecer um processo completo de construção da máquina.

Mapa do capítulo

Use a ilustração na Figura 7-9 para revisar o conteúdo deste capítulo.

Mapa do Capítulo 7
Como construir a infra-estrutura dos serviços da rede

- **Como preparar os Files and Folders Print Servers**
  Como compartilhar arquivos e pastas
  - Como gastar discos para o armazenamento de arquivos
  - Preparação da estrutura do disco **(Figura 7-1)**

  Como criar o File Server **(Figura 7-3)**
  - Como criar a estrutura da pasta
  - Como ativar os serviços File Server
  - Como compartilhar pastas
  - Como publicar os compartilhamentos no AD

  Permissões NTFS **(Figura 7-2)**
  Cotas do disco
  Cópias duplicadas
  Indexing Service
  Cache do arquivo off-line

Ferramentas no site Web complementar
▫ Processo de criação do File Server

- **Como gerenciar a disponibilidade da pasta**
  Distributed Link Tracking (DLT)
  Como trabalhar com o Distributed File System (DFS)
  - Como instalar uma raiz DFS do domínio **(Figuras 7-4, 7-5)**

Ferramentas no site Web complementar
▫ Árvore de criação DFS

- **Como compartilhar os serviços de impressão**
  Drivers da impressora do Windows Server 2003
  - Integração com o Active Directory
  - Como gerenciar o protocolo da impressora
  - Permissões da impressão Internet
  - Como estabelecer uma estratégia da impressora compartilhada

  Como criar o Print Server **(Figura 7-6)**
  Como compartilhar arquivos e impressoras para os clientes não Windows

Ferramentas no site Web complementar
▫ Processo de preparação do Print Server

- **Como preparar os Application Servers**
  Como compartilhar as aplicações – Comerciais e da empresa

Ferramentas no site Web complementar
▫ Processo de preparação do Terminal Service

- **Como preparar os Terminal Servers (Figura 7-7)**
  Como compartilhar as aplicações – Terminal Services

- **Collaboration Servers**

- **Funções adicionais do Network Infrastructure Server**
  Como preparar os servidores Remote Installation Services

Ferramentas no site Web complementar
▫ Exigências do hardware pela tabela do papel do servidor

- **Exigências do servidor pelo papel**
- **Como construir a estrutura Services OU (Figura 7-8)**
  Considerações para a migração dos serviços para a rede paralela
- **Resumo das melhores práticas**

Figura 7-9 – *Mapa do capítulo.*

Capítulo 8

Como gerenciar a segurança da empresa

Neste capítulo

- ❖ O básico da segurança — *348*
- ❖ Como construir uma estratégia de segurança — *349*
- ❖ Castle Defense System — *349*
- ❖ Como aplicar o Castle Defense System — *357*
- ❖ Nível 1: informações críticas — *357*
- ❖ Nível 2: proteção física — *359*
- ❖ Nível 3: fortalecimento do sistema operacional — *360*
- ❖ Nível 4: acesso das informações — *383*
- ❖ Nível 5: acesso externo — *395*
- ❖ Como gerenciar a estratégia de segurança — *396*
- ❖ Resumo das melhores práticas — *398*
- ❖ Mapa do capítulo — *400*

A segurança é uma ocupação de tempo integral. No lado técnico, começa com a instalação de um sistema de computador e permanece durante seu ciclo de vida até a aposentadoria. Mas a segurança não é a apenas uma operação técnica; tem que envolver todos na organização. O objetivo da Microsoft com o Windows Server 2003 é ajudá-lo a dominar a segurança na rede da empresa. Seu novo lema é "Seguro pela construção, seguro por default e seguro na preparação". Isso significa que eles elevaram a barreira com o WS03. Na verdade, a Microsoft é tão confiante na segurança do WS03 que o submeteu (assim como o Windows XP) à avaliação e ao certificado Common Criteria. O Windows 2000 já conseguiu esse nível de certificado. O Common Criteria é um método reconhecido internacionalmente para certificar as afirmações de segurança dos produtos e sistemas da tecnologia de informações (IT). Eles definem os padrões e os procedimentos da segurança para avaliar as tecnologias. O Common Criteria é projetado para ajudar os consumidores a tomarem decisões de segurança informadas e ajudar os revendedores a assegurarem seus produtos. Mais informações está disponível sobre o Common Criteria em http://www.commoncriteria.org/.

O Common Criteria não é o único padrão de segurança no mercado. Há outros. O ISO 17799 (http://www.iso-17799.com/) é um padrão genérico sobre as melhores práticas para a segurança das informações. O Operationally Critical Thread, Asset, and Vulnerability Evaluation (OCTAVE em http://www.cert.org/octave/) é um método de avaliação do risco da segurança IT baseado nas melhores práticas aceitas pela indústria. A Federal Information Technology Security Assessment Framework (FITSAF) em http://www.cio.gov/ documents/federal_it_security_assessment_framework_112800.html) é uma metodologia que permite às agências federais avaliarem seus programas de segurança IT. Embora a Microsoft não abrace necessariamente todos esses padrões, é seu objetivo liquidar com as ameaças da segurança comuns que as pessoas que usam sua tecnologia têm encontrado nos últimos anos. Assim, criou um sistema operacional novo que é seguro por default. É uma nova direção para a Microsoft que, no passado, era conhecida por colocar os recursos acima de tudo mais.

Com os comprometimentos desse nível, não há nenhuma dúvida de que a Microsoft construiu esse sistema operacional para ser repleto de recursos de segurança. Mas como todo outro sistema operacional, esses recursos de segurança protegerão apenas sua organização se forem implementados devidamente.

O básico da segurança

A segurança é uma questão difusa porque envolve quase tudo na rede da empresa. Na verdade, a segurança foi analisada em cada estágio do Processo de criação da rede da empresa até o momento. O objetivo da segurança é proteger as informações. Para tanto, você tem que colocar no lugar um sistema de proteção em camadas que fornecerá a capacidade de executar as seguintes atividades:

- Identificar as pessoas quando elas entram em sua rede e bloquear o acesso não autorizado
- Identificar os devidos níveis de liberação para as pessoas que trabalham em sua rede e fornecer-lhes os devidos direitos de acesso assim que identificadas
- Identificar se a pessoa que modifica os dados é a pessoa que está autorizada a modificar os dados (irrevogável ou sem negação)
- Assegurar a confiabilidade das informações armazenadas em sua rede
- Assegurar a disponibilidade das informações armazenadas em sua rede
- Assegurar a integridade dos dados armazenados em sua rede
- Controlar as atividades em sua rede
- Fazer uma auditoria dos eventos de segurança na rede e armazenar com segurança os dados históricos da auditoria
- Colocar as devidas atividades administrativas para garantir que a rede seja segura sempre
- Colocar os devidos programas de educação contínuos para garantir que seus usuários estejam completamente cientes dos problemas da segurança
- Testar seus processos de segurança regularmente; por exemplo, os treinamentos são a melhor maneira de assegurar-se de que sua equipe estará preparada quando um evento de segurança ocorrer

Para cada uma dessas atividades, há vários escopos de interação:

- **Local** As pessoas interagem com os sistemas no nível local, assim esses sistemas têm que ser protegidos estando anexados ou não a uma rede.
- **Intranet** As pessoas interagem com os sistemas remotos. Esses sistemas têm também que ser protegidos sempre localizados na LAN ou na WAN.
- **Internet** Os sistemas considerados públicos também têm que ser protegidos contra todos os tipos de ataques. Estão em uma situação pior porque estão expostos fora dos limites da rede interna.
- **Extranet** Estes sistemas são geralmente considerados internos, mas estão expostos aos parceiros, fornecedores ou clientes. A maior diferença entre os sistemas extranet e Internet é a autenticação – embora possa haver identificação em um sistema Internet, a autenticação é *sempre* requerida para acessar um ambiente extranet.

Seja qual for seu escopo, a segurança é uma atividade (como todas as atividades IT) que conta com três elementos principais: *Pessoas*, *PCs* e *Processos*.

Capítulo 8: Como gerenciar a segurança da empresa ▶ **349**

- As **pessoas** são os executores do processo de segurança. Também são seus principais usuários.
- Os **PCs** representam a tecnologia. Eles incluem uma série de ferramentas e componentes que suportam o processo de segurança.
- Os **processos** são compostos por padrões de fluxograma, procedimentos e padrões para a aplicação da segurança.

A integração desses três elementos ajudará a construir uma Security Policy (Estratégia de Segurança) que é aplicável à empresa inteira.

> **Dica rápida** – *Mais informações sobre a interação das Pessoas, PCs e Processos estão disponíveis em Preparing for .NET Enterprise Technologies, de Ruest and Ruest (Addison-Wesley, 2001).*

Como construir uma estratégia de segurança

A construção de uma Enterprise Security Policy (ESP) é a única etapa no ciclo de vida da segurança, mas nem sempre a primeira. As pessoas geralmente consideram a estratégia de segurança apenas depois de terem sido vítimas de uma ameaça. Mas, como sua implementação do WS03 é baseada na construção de uma rede paralela, é uma oportunidade ideal de revisar seu ESP caso já esteja no lugar ou construir um caso não esteja.

Como qualquer outro processo de construção, você terá que começar avaliando seu modelo comercial. Grande parte das informações requeridas nesse nível já foi reunida pelos outros exercícios de construção já executados. No Capítulo 1, você analisou os ambientes comerciais e técnicos para começar a construir a rede da empresa. Revisou essas informações no Capítulo 3 quando criou sua Construção Active Directory da empresa. Essas informações precisarão ser revisadas uma terceira vez, mas desta vez com um foco especial nos aspectos da segurança. Isso inclui a identificação e a revisão das estratégias de segurança atuais caso existam.

Em seguida, você precisará identificar quais padrões de segurança comuns desejará implementar em sua organização. Eles envolverão estratégias técnicas e não técnicas e procedimentos. Um exemplo de estratégia técnica seriam os parâmetros de segurança que você definirá na organização de cada computador em sua organização. Uma estratégia não técnica lidaria com os hábitos que os usuários devem desenvolver para selecionar senhas complexas e protegê-las. Finalmente, precisará identificar os parâmetros para cada estratégia definida.

Castle Defense System

A melhor maneira de definir um ESP é usar um modelo. O modelo proposto aqui é o Castle Defense System (CDS ou Sistema de Defesa do Castelo). Nos tempos medievais, as pessoas precisavam se proteger e seus pertences através da construção de um sistema de defesa que era baseado em barreiras cumulativas para a entrada. Se você já visitou um castelo medieval ou viu um filme com um tema medieval, irá se lembrar que a primeira linha de defesa é geralmente o fosso. O fosso é uma barreira projetada para impedir que as pessoas atinjam o muro do castelo. Os fossos geralmente incluem criaturas perigosas que adicionarão um segundo nível de proteção na mesma barreira. Em seguida, você tem os muros do castelo. Eles são projetados para repelir os inimigos. Na parte superior dos muros, você encontrará bordas com crenas, permitindo que os arqueiros atirem contra os inimigos enquanto ainda são capazes de se esconder quando sofrem ataques. Há portas

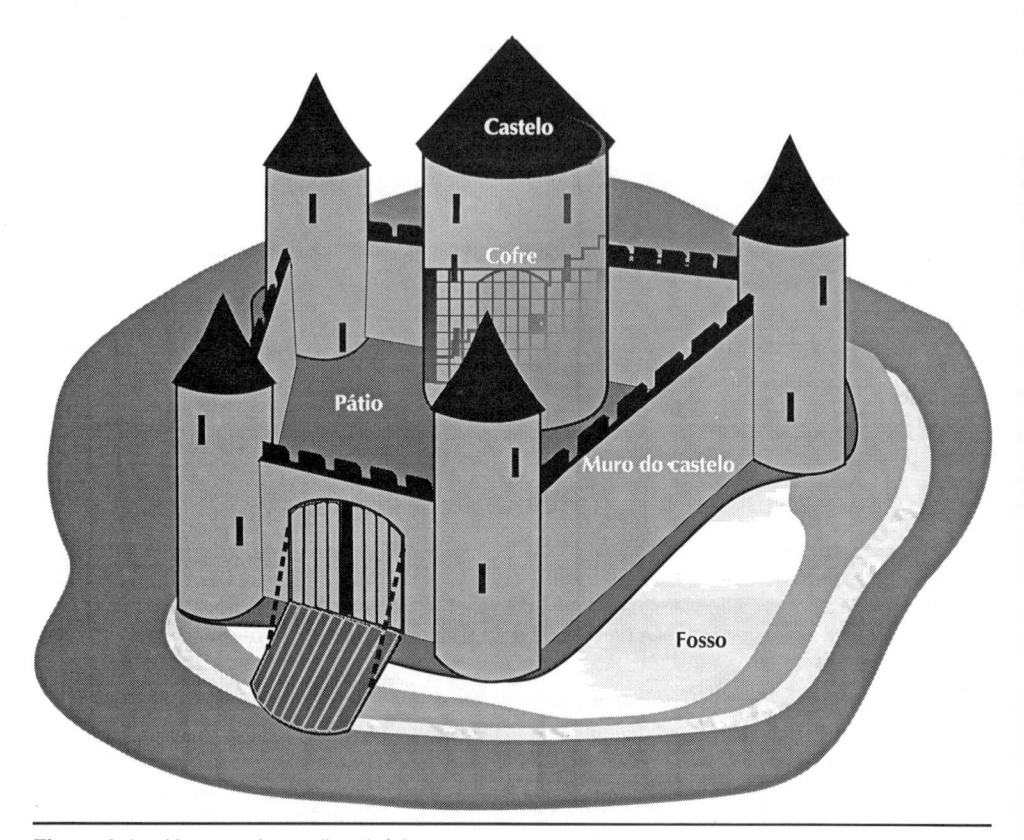

Figura 8-1 – *Um castelo medieval típico.*

de vários tamanhos nos muros, um portão e uma ponte levadiça para o fosso. Todos os pontos de entrada têm guardas. Novamente, diversos níveis de proteção são aplicados na mesma camada.

A terceira camada de defesa é o pátio dentro dos muros do castelo. É projetado como um "campo de batalha" de modo que se os inimigos conseguirem romper os muros do castelo, eles se encontrarão dentro de uma zona interna que não oferece nenhuma proteção contra os atacantes localizados nos muros externos do castelo ou dentro do castelo em si. A quarta camada da defesa é o castelo em si. É a construção principal dentro da qual são encontradas as jóias da coroa. É projetada para ser defendida por si mesma; as escadas são estreitas e os cômodos são organizados para confundir o inimigo. A quinta camada e última de proteção é o cofre mantido no centro do castelo. É difícil de atingir e é altamente guardado. Esse tipo de castelo é mostrado na Figura 8-1.

Naturalmente, é uma descrição rudimentar das defesas incluídas em um castelo. Os engenheiros medievais trabalharam muito para incluir diversos sistemas de defesa em cada camada de proteção. Mas atende à sua finalidade. Um sistema de defesa IT deve ser projetado da mesma maneira que um Castle Defense System. Exatamente como o CDS, o sistema de defesa IT requer camadas de proteção. Na verdade, cinco camadas de proteção parecem adequadas. Começando de dentro, você encontrará:

- **Camada 1: Informações críticas**   São as informações do *cofre*. O centro do sistema são as informações que você busca proteger.

Capítulo 8: Como gerenciar a segurança da empresa ▸ **351**

- **Camada 2: Proteção física** As medidas de segurança sempre começam com um nível de proteção física para os sistemas de informação. Isso se compara ao *castelo* em si.

- **Camada 3: Fortalecimento do sistema operacional** Assim que as defesas tiverem sido colocadas, você precisará "fortalecer" o sistema operacional de cada computador para limitar a superfície de ataque em potencial o máximo possível. É o *pátio*.

- **Camada 4: Acesso das informações** Quando você fornecer acesso aos seus dados, precisará assegurar-se de que todos sejam autenticados, autorizados e tenham uma auditoria. São os *muros do castelo* e as portas que você abre neles.

- **Camada 5: Acesso externo** A camada final de proteção lida com o mundo externo. Inclui a rede do perímetro e todas as suas defesas. É o *fosso* de seu castelo.

O Castle Defense System com cinco camadas é mostrado na Figura 8-2. Para se tornar uma Estratégia de segurança da empresa completa, terá que ser complementado por dois elementos: Pessoas e Processos. Esses dois elementos envolvem o CDS e completam a imagem EPS que ele representa.

Definir as várias camadas de defesa não é a única exigência para um ESP, mas é um ponto de partida. As atividades requeridas para definir o ESP são descritas na Figura 8-3. Esse plano des-

Camada 3
Fortalecimento do sistema operacional
- Configuração da segurança
- Antivírus
- Segurança do Active Directory geral
- Sistema de arquivos
- Sistema de impressão
- Segurança do .NET Framework
- Internet Information Server
- Redundância do sistema

Camada 2
Proteção física
- Ambiente físico
- Controles físicos
- Comunicações
- Supervisão

Camada 4
Acesso das informações
- Identificação do usuário
- Estratégias de segurança
- Acesso dos recursos
- Controle do acesso baseado em papéis
- Auditoria/controle do acesso

Camada 1
Informações críticas
- Categoria dos dados
- Fortalecimento da aplicação

Camada 5
Acesso externo
- Redes do perímetro
- VPN
- RRAS
- Public Key Infrastructures

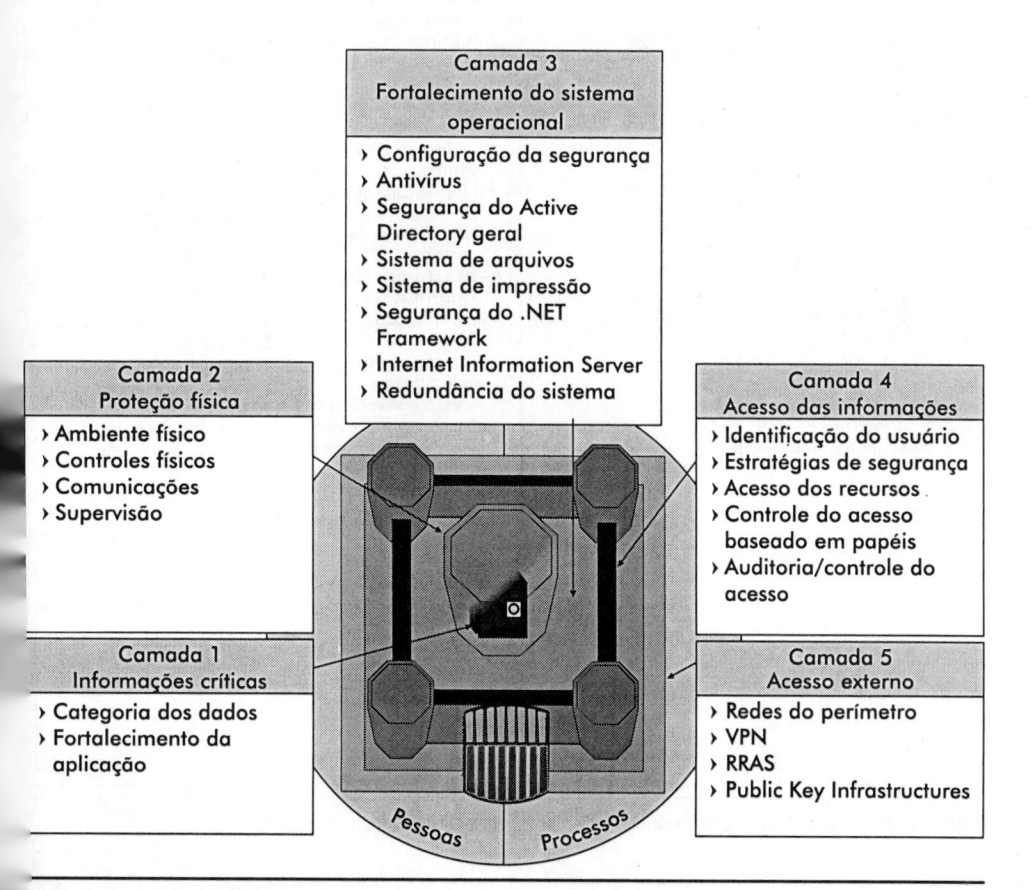

Pessoas   Processos

Figura 8-2 – *Castle Defense System.*

Análise

1 - Exigências comerciais

1- Modelo comercial
- Modelo da organização
- Objetivos da organização
- Produtos e serviços
- Escopo geográfico
- Processos da organização

2- Estrutura da organização
- Modelo do gerenciamento
- Estrutura da organização
- Relações dos revendedores/ parceiro/ cliente
- Planos de aquisição (comercial)

3- Estratégias da organização
- Prioridades comerciais
- Crescimento do projeto e estratégia
- Implicações legais
- Tolerância a riscos
- Objetivos TCO

4- Gerenciamento IT
- Gerenciamento centralizado/ descentralizado
- Modelo de fundos
- Externo/interno?
- Processo de tomada de decisão
- Processo de gerenciamento da alteração

2 - Exigências técnicas

1- Ambiente existente/IT
- Tamanho da organização
- Número de usuários
- Local dos recursos
- Distribuição geográfica da rede e ligações
- Largura de banda disponível
- Exigências do desempenho H/S
- Data Patterns
- Papéis da rede e responsabilidades

2- Problemas da segurança
- Sistemas existentes e aplicações
- Estrutura de suporte da tecnologia
- Infra-estrutura IP
- Serviços de autenticação
- Problemas da mobilidade
- Trabalhadores remotos
- Conexões externas

Construção da solução

3 - Castle Defense System

1- Informações críticas
- Categoria dos dados
- Fortalecimento da aplicação

2- Proteção física
- Ambiente físico
- Controle físico
- Comunicações
- Supervisão

3- Fortalecimento do sistema operacional
- Configuração da segurança
- Antivírus
- Segurança do Active Directory geral
- Sistema de arquivos
- Sistema de impressão
- Segurança do .NET Framework
- Internet Information Server
- Redundância do sistema

4- Acesso das informações
- Identificação do usuário
- Estratégias de segurança
- Acesso dos recursos
- Controle do acesso baseado em papéis
- Auditoria/controle do acesso

5- Acesso externo
- Redes do perímetro
- VPN
- RADIUS/IAS
- Public Key Infrastructure

4 - Planejamento da defesa

1- Avaliação da ameaça
- Identificação do tipo de ataque
- Estratégias de resposta proativas
- Estratégias de resposta reativas

2- Avaliação do risco
- Identificação do risco
- Cálculo do risco
- Prioridade do risco

3- Conhecimento do usuário
- Treinamento obrigatório
- Planos da comunicação
- Programa de treinamento técnico

4- Procedimentos de controle
- Eventos a controlar
- Infra-estrutura de controle

5- Planos de reação ao ataque
- Equipe de resposta do incidente
- Procedimentos da resposta
- Procedimentos de escala

6- Programa de recuperação
- Proteção do sistema básico
- Sistemas de backup
- Procedimentos de restauração

7- Observação da indústria
- Observação do evento de segurança
- Observação do vírus
- Observação do novo produto
- Observação da atualização do produto

Figura 8-3 – *O plano de construção da estratégia de segurança da empresa.*

creve uma abordagem passo a passo para uma definição ESP. Ele precisará ser suportado por atividades adicionais que se concentram no modo como o EPS é gerenciado e administrado assim que colocado.

Este capítulo concentra-se na parte da construção da solução do plano, especificamente a aplicação do Castle Defense System em si.

Plano de segurança

O ESP é apenas a primeira etapa para um plano de segurança completo. Assim que a estratégia tiver sido enviada, você precisará construir e implementar suas defesas, controlá-las de modo ativo, testá-las e atualizá-las regularmente. Estas quatro atividades de gerenciamento da segurança – construção da estratégia, planejamento da defesa, controle e teste – compõem o Plano de segurança. Elas interagem com o Castle Defense System para completar a prática do gerenciamento da segurança. Sua relação é apresentada na Figura 8-4.

A chave para o plano da segurança é saber o que cobrir e saber por que precisa ser coberto. Como mostrado na Figura 8-3, a primeira parte – saber o que cobrir – é descrita no Castle Defense System. Ela identifica todas as áreas que requerem cobertura pela estratégia de segurança e ajuda a se preparar para qualquer eventualidade. Em seguida vem o planejamento da defesa. Aqui, a primeira etapa está em saber o tipo de arquivos que você pode encontrar. Alguns exemplos incluem:

- **Brecha acidental da segurança** Estes ataques são geralmente causados por acidente pelos usuários ou operadores do sistema. Eles se originam de uma falta de compressão

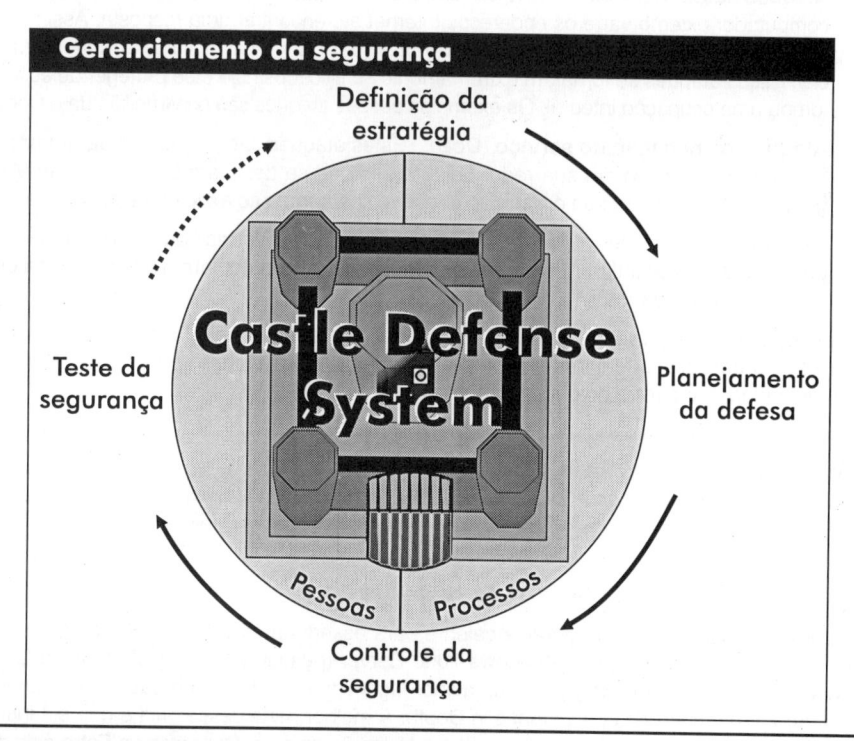

Figura 8-4 – *As atividades do gerenciamento da segurança.*

dos problemas da segurança. Por exemplo, os usuários que não protegem suas senhas porque não conhecem as conseqüências podem ser a causa de ataques acidentais. Outro exemplo é quando os operadores colocam os usuários em Security Groups (Grupos de Segurança) errados e lhes atribuem privilégios errados.

- **Ataque interno**   São uma das maiores fontes de ataques. São causados de dentro da rede interna. Sua fonte pode ser o pessoal da organização ou outras pessoas que têm permissão de acessar a rede interna. Esses ataques são algumas vezes o resultado de uma falta de vigilância. O pessoal interno geralmente supõe que, como a rede interna está protegida contra o mundo externo, todos que têm acesso a ela podem ser confiáveis.

- **Engenharia social**   Mais uma vez, esses ataques se originam de uma falta de compreensão. Eles são causados por fontes externas que representam as pessoas internas e fazem com que os usuários divulguem informações comprometedoras – por exemplo, alguém que chama um usuário enquanto representa a equipe de ajuda e pede ao usuário sua senha.

> **Cuidado** – É uma prática comum ainda hoje para o pessoal de ajuda pedir aos usuários sua senha. Esse comportamento é completamente inaceitável. Não há nenhuma razão para que o pessoal de ajuda tenha acesso à senha de um usuário.

- **Ataque organizacional**   Estes ataques se originam das organizações competitivas que desejam entrar em seus sistemas para descobrir seus segredos comerciais.

- **Ataques automatizados**   São agora um dos tipos de ataque mais comuns. Basicamente um computador externo varre os endereços Internet até encontrar uma resposta. Assim que tiver encontrado um endereço funcional, então varre-o para identificar as vulnerabilidades em potencial. Esses ataques se tornaram extremamente sofisticados hoje e se proteger deles agora se tornou uma ocupação integral. Os exemplos desses ataques são os vírus Nimda e Code Red.

- **Ataques de negação do serviço (DoS)**   Estes ataques são projetados para parar a operação de um serviço em sua rede. Os ataques que se destinam às tecnologias Microsoft genéricas ao invés de sua organização especificamente são excelentes exemplos de DoS

- **Ataques virais**   Estes ataques estão na forma de vírus, vermes ou cavalos de Tróia e são projetados para se infiltrarem em seus sistemas a fim de executarem alguma forma de dano nos serviços ou dados.

Cada tipo de ataque requer uma estratégia de defesa diferente. A maioria já está colocada com o CDS, mas os processos, que giram em torno dos ataques, e as reações aos ataques, têm também que ser definidos. É o centro do planejamento da defesa.

> **Dica rápida** – Mais informações sobre os tipos de ataque e estratégias de defesa poderser encontradas no Microsoft Security Center em http://www.microsoft.com/security/

Microsoft Securtiy Operations Guide

A Microsoft produziu uma visão geral excelente para assegurar as tecnologias Windows 2000 r Security Operations Guide para o Windows 2000 Server (pesquise Security Operations Guide e http://www.microsoft.com/security/). Usa uma abordagem parecida com a do Castle Defense Syster Essa abordagem é chamada de Defense in Depth. A melhor parte desse guia é que ele inclui um série de ferramentas – especificamente os Group Policy Templates (Gabaritos da Estratégia do Gr po) – que podem ser usadas para assegurar os servidores pelo papel. Para tanto, usa uma Organizational Unit Structure (Estrutura da Unidade Organizacional) parecida com a construída no Capítulo 7. Cada tipo de servidor é localizado em uma OU específica e os objetos Group Policy, que incluem definições específicas por papel do servidor, são aplicados na devida OU. Essa abordagem também é a base do Castle Defense System uma vez que é a abordagem básica para a construção Active Directory mostrada neste livro. Essa construção AD é concebida com a finalidade de gerenciar os objetos de acordo com seu tipo. Assim, você usará a mesma abordagem de gerenciamento esteja gerenciando as propriedades do objeto ou aplicando as definições de segurança.

Uma das melhores partes do Security Operations Guide é sua cobertura da resposta dos incidentes (Capítulo 7 no guia). Oferece informações extensas sobre as diferentes abordagens que você deve tomar ao responder a incidentes específicos. Há também um Job Aid (Ajuda do Serviço) muito interessante (número 2) que descreve a maioria dos erros comuns da segurança; uma leitura definitivamente recomendada para qualquer pessoa que construa uma estratégia de segurança.

É importante que os administradores dos sistemas revisem as informações disponíveis no site Web de segurança da Microsoft e outros sites Web de modo contínuo para manter a segurança assim que o Castle Defense System for colocado. Por exemplo, uma excelente fonte de informações sobre a segurança é o SANS Institute em http://www.sans.org/.

> **Dica rápida** – *Para obter uma visão geral completa das plataformas Windows Server de segurança, veja o Microsoft Solution for Securing Windows 2000 Server em http://www.microsoft.com/ technet/treeview/default.asp?url=/technet/security/prodtech/Windows/SecWin2k/01intro. asp.*

Segurança do Windows Server 2003

O Windows Server 2003 é um dos principais elementos da Trusted Computing Initiative da Microsoft. Como tal, a Microsoft revisou e melhorou os recursos básicos da segurança incluídos no Windows 2000. A base do Windows 2000 já era uma boa melhoria sobre o Windows NT; tecnologias como a Kerberos, Encrypted File System (EFS), Public Key Infrastructure (PKI), placa inteligente, suporte biométrico e, especialmente, o Active Directory, para citar alguns, foram melhorias significantes sobre as capacidades básicas da segurança do NT.

Com o WS03, a Microsoft aprimorou e melhorou esses recursos, assim como forneceu novas capacidades de segurança. O .NET Framework é uma melhoria da segurança significativa por si só, embora não esteja no centro das estratégias de segurança da organização até que o código existente seja migrado para esse novo paradigma de desenvolvimento. Entretanto, melhora muita a capacidade de executar um código seguro porque fornece um ambiente de execução para o software, limitando assim a possibilidade de erros no código executado. Também identifica se o código é assinado digitalmente por alguém confiável, assim como sua origem, garantindo um grau mais alto de confiança em seu ambiente de execução.

Mais uma vez, isso não será uma oportunidade maior até que grande parte do código seja migrada para a nova plataforma. Nesse ínterim, o WS03 oferece vários outros recursos novos e melhorados que ajudam a assegurar as aplicações mais tradicionais. Eles incluem:

- **Estratégias de restrição do software** Estas estratégias podem controlar qual código tem a permissão de ser executado na rede da empresa. Inclui qualquer tipo de código – aplicações da empresa, software comercial, scripts, arquivos em batch – e pode ainda ser definido no nível da Dynamic Link Library (DLL). É uma ótima ferramenta para impedir que scripts perigosos sejam executados em sua rede.

- **Suporte LAN sem fio** O WS03 inclui objetos de estratégia especiais e outros recursos projetados para suportar a rede sem fio segura.
- **Autenticação do acesso remoto** O WS03 inclui uma estrutura baseada em estratégias para gerenciar o acesso remoto e as conexões da rede privada virtuais através do Active Directory. Esse recurso é concentrado em um Internet Authentication Server (IAS) melhorado e Remote Authentication Dial-in User Server (RADIUS). O IAS ainda inclui um modo de quarentena que limita o acesso para servidores específicos caso as máquinas do usuário não estejam configuradas para os padrões da empresa. Serve para ajudar os usuários a ativarem suas máquinas para os padrões antes de terem acesso completo à rede.
- **Operações com diversas florestas** O Capítulo 3 descreveu como as florestas Active Directory do WS03 podem usar os consórcios de florestas para estender as capacidades de autenticação do Active Directory. E mais, o uso do Active Directory no modo Application (Aplicação) permite criar um diretório NOS central e o número requerido de diretórios da aplicação para suportar as necessidades da aplicação de sua empresa.
- **Public Key Infrastructure** O WS03 inclui um PKI melhorado que suporta o auto-registro do usuário e do computador e a renovação do certificado X.509 automática. Também suporta o uso de listas de revogação do certificado delta (CRL), o que simplifica o processo de gerenciamento CRL.
- **Segurança do servidor Web** O Internet Information Server (IIS) versão 6 é seguro por default. Não é instalado por default e, assim que instalado, atenderá apenas ao conteúdo estático. A primeira tarefa de gerenciamento para o IIS 6 é definir seus parâmetros de segurança através do console IIS Manager (Gerenciador IIS).
- **Proteção do arquivo temporário e off-line** O WS03 suporta a criptografia dos arquivos temporários e off-line.
- **Gerenciamento da credencial** O WS03 Credential Manager (Gerenciador de Credenciais) pode armazenar de modo seguro as senhas e os certificados digitais (X.509). Suporta o acesso uniforme para diversas zonas de segurança.
- **Criptografia do modo do Kernel** O WS03 suporta os algoritmos criptográficos aprovados pelo Federal Information Processing Standard (FIPS). Isso significa que as organizações governamentais e não governamentais podem aproveitar esse módulo de criptografia para assegurar as comunicações do cliente/servidor.
- **Digest Authentication Protocol (DAP)** O WS03 inclui um novo pacote de segurança e compilação que é suportado pelo IIS e pelo Active Directory.
- **Pacotes Windows Installer assinados digitalmente** O WS03 suporta a inclusão de assinaturas digitais nos pacotes Windows Installer para que os administradores possam assegurar que apenas pacotes confiáveis sejam instalados na rede, especialmente nos servidores.
- **Uso do passaporte** O WS03 suporta o mapeamento dos Microsoft Passports para contas Active Directory permitindo que os usuários e os parceiros comerciais tenham uma única experiência de assinatura ao acessarem os serviços externos da empresa.
- **Controle do acesso baseado em papéis** O WS03 inclui o Authorization Manager (Gerenciador de Autorização), que suporta o uso dos controles de acesso baseados em papéis (RBAC) para as aplicações. Os armazenamentos RBAC poder estar no formato XML ou no Active Directory.
- **Delegação da autenticação** O WS03 suporta a delegação limitada. Isso significa que você pode especificar quais servidores podem ser confiados para a representação do usuário na rede. Você poderá também identificar para quais serviços o servidor é confiável para a delegação.

- **Gerenciamento das permissões**   Agora é possível exibir as permissões efetivas com o WS03 através da caixa de diálogo de propriedades para os objetos de arquivo e pasta.
- **Membro Everyone limitado**   O grupo Everyone (Todos) continua a incluir os Authenticated Users and Guests (Usuários e Convidados Autenticados), mas os membros do grupo Anonymous (Anônimo) não fazem mais parte do grupo Everyone.
- **Processo de compartilhamento de pastas alterado**   Os compartilhamentos são definidos automaticamente para leitura apenas por default no WS03. Isso evita erros e protege as informações.
- **Auditoria**   A auditoria no WS03 não é baseada em operações. Isso significa que é mais descritiva e oferece a opção de em quais operações fazer auditoria, para quais usuários ou grupos. O WS03 também inclui o Microsoft Audit Collection System (MACS) que ajuda a centralizar e analisar os registros de segurança do servidor.
- **Defaults redefinidos**   Agora é muito mais simples usar a ferramenta Security Configuration and Analysis (Configuração da Segurança e Análise) para reaplicar as definições de segurança do computador a partir dos gabaritos básicos, mesmo os gabaritos básicos personalizados.
- **Subsistemas opcionais**   Os subsistemas opcionais como o POSIX (suporte para as aplicações UNIX) não são mais instalados por default.
- **Ajuda da segurança**   Agora o Windows Server inclui uma ajuda completa sobre os problemas da segurança e para a defesa de seus computadores. O acesso para a ajuda da segurança está localizado diretamente na home page do WS03 Help and Support Center. Clicar nesse item Security levará a uma página que reúne informações de segurança sobre uma série completa de problemas.

Não é uma lista completa de todos os novos recursos da segurança do Windows Server 2003, mas é uma lista dos recursos mais importantes para as redes da empresa. Esses recursos, junto ao recursos básicos que se originam do Windows 2000, permitirão construir o Castle Defense System da rede de sua empresa.

Como aplicar o Castle Defense System

Como você está construindo uma nova rede paralela baseada no WS03, terá a oportunidade de revisar sua infra-estrutura de segurança inteira. Deverá usar o CDS para tanto. Isso significa revisar cada uma de suas cinco camadas e determinar se as alterações ou modificações são requeridas para sua abordagem de segurança existente, caso já esteja colocada.

> **Dica rápida** – *Uma ajuda do serviço Castle Defense System está disponível no site Web complementar em http://www.Reso-Net.com/WindowsServer/. Inclui um sistema de avaliação dos pontos que ajuda a avaliar seu sistema de segurança atual e a identificar onde precisa melhorar.*

Nível 1: informações críticas

O locar para começar é com o que você precisa proteger. As organizações não têm nenhuma escolha. Para a colaboração e a cooperação funcionarem em uma rede, elas têm que compartilhar os dados. Também têm, em geral, de permitir que os usuários armazenem os dados localmente em seus discos rígidos. Não é um grande problema quando o usuário tem uma estação de trabalho, porque ela é projetada para permanecer na rede interna (embora não seja uma razão para relaxar na construção de sua estratégia), mas torna-se crítico quando o disco rígido sai das premissas. O nível de risco tem de ser identificado para que as soluções construídas para proteger seus dados sejam adequadas.

Para tanto, você precisará colocar em categoria os dados. Essa categoria tem que começar com um inventário de todos os dados em sua rede. Assim que isso tiver sido feito, você poderá agrupá-los em quatro categorias:

- **Public**   As informações que são compartilhadas publicamente dentro e fora da rede.
- **Internal**   As informações que estão relacionadas com as operações organizacionais. São consideradas privadas, mas não confidenciais. Assim, devem ser protegidas até um certo grau. Deve-se incluir as informações técnicas sobre sua rede como, por exemplo, os diagramas da rede, os esquemas do endereçamento IP, os nomes do usuário internos etc.
- **Confidential**   As informações que não devem ser divulgadas para as outras pessoas, a não ser para o pessoal autorizado (por exemplo, dados pessoais, como os salários).
- **Secret**   As informações que são críticas para a operação da organização. Se essas informações forem divulgadas para pessoas erradas, a própria organização poderá estar em risco.

Para cada categoria de dados, você também precisará identificar quais elementos estão em risco. Por exemplo, se os dados que estão em seu site Web – os dados considerados públicos – forem modificados sem seu conhecimento, a reputação de sua organização poderá estar em risco. Se os dados da folha de pagamentos forem vazados em sua organização, você perderá a confiança de seus funcionários e provavelmente terá muito funcionário descontente. O risco é diferente em cada caso e também no investimento requerido.

As informações são compostas por dois elementos: dados e documentos. Os dados são geralmente armazenados nas tabelas estruturadas e estão em geral dentro de algum tipo de banco de dados ou lista. Os documentos contêm dados não estruturados e estão dentro de objetos separados como arquivos de texto, apresentações, imagens ou outros tipos de documento. Ambos os tipos de informações requerem proteção. Os documentos são protegidos pelas capacidades dos sistemas de armazenamento de arquivos.

Os dados são protegidos em dois níveis. Primeiro, são protegidos pelos mesmos mecanismos dos documentos porque os bancos de dados armazenam informações nos arquivos exatamente como os documentos. Segundo, são protegidos pelos recursos do sistema do banco de dados usados para armazená-los. Por exemplo, embora o Microsoft SQL Server armazene os bancos de dados nos arquivos .mdb, também oferece vários recursos de segurança para os dados contidos nesses arquivos. Assim, para a proteção das informações, as organizações também terão que ver o *fortalecimento das aplicações*, especialmente para os dados. Nesse caso, "fortalecimento" significa que os buracos da segurança foram removidos o máximo possível nas aplicações que a organização desenvolveu. Também significa que os recursos da segurança do motor do banco de dados foram implementados para proteger os dados contidos. Assim, as linhas e as colunas, que contêm informações confidenciais e seguras, ficarão seguras no nível do banco de dados, talvez ainda criptografadas e seu acesso terá uma auditoria.

> **Dica rápida** – *A Microsoft também lançou um Security Operations Guide for SQL Server. Como todos os SGOs, está disponível on-line (http://www.microsoft.com/technet/ prodtechnol/sql/maintain/ operate/opsguide/default.asp) e no Microsoft Press.*

A categoria das informações e o fortalecimento da aplicação são aspectos de uma arquitetura das informações – uma abordagem estruturada para o gerenciamento das informações e a organiza ção na empresa. Se você já tiver uma arquitetura de informações, então poderá contar com ela para preparar esse primeiro nível de defesa.

Nível 2: proteção física

O segundo nível de segurança conta com a proteção física de seus sistemas de computador. A proteção física lida com vários problemas. Um controlador do domínio localizado sob uma escada em algum escritório regional não pode ser considerado seguro por nenhum meio. Os elementos que você precisa cobrir no nível de proteção física incluem:

- **Local geográfico**   O local físico de seus prédios está dentro de locais arriscados ambientalmente? Há possibilidades de inundações, avalanches ou desabamentos que podem afetar os prédios nos quais você trabalha? Estão próximos de estradas onde acidentes podem afetar o prédio?

- **Ambiente social**   Seus funcionários estão cientes que o acesso físico para o equipamento do computador deve ser protegido sempre? Eles estão cientes de que nunca devem divulgar as senhas sob qualquer circunstância?

- **Segurança do prédio**   Seus prédios são seguros? As entradas são guardadas e os visitantes são identificados em todos os locais? Os convidados são acompanhados sempre? Dispositivos do computador perigosos são permitidos em seus prédios? A entrada elétrica para o prédio é protegida? Tem um backup, especialmente para as salas do computador? O controle de ar do prédio é protegido e inclui um sistema de backup? Há um bom plano de proteção contra incêndio em todos os prédios? A fiação, dentro e fora do prédio, é segura?

- **Construção do prédio**   A construção do prédio é segura? As paredes em suas salas de computadores são à prova de fogo? A porta da sala do computador impede o fogo? Os pisos são cobertos por um material antiestático? Se houver um gerador nas premissas, ele está em um local seguro e protegido? A sala do computador protege o equipamento da comunicação assim como o equipamento do computador? O prédio inclui câmeras de segurança para ajudar na supervisão?

- **Segurança do servidor**   Os servidores estão em salas trancadas em todos os locais? O acesso para as salas do servidor é monitorado e protegido? Os próprios servidores estão seguros fisicamente em gabinetes trancados? O acesso do servidor físico é controlado? Isso deve se aplicar especificamente aos controladores de domínio. O Windows Server 2003 suporta o uso de placas inteligentes para as contas do administrador. Você deve atribuir placas inteligentes a todos os administradores. Com as novas opções da placa inteligente com custo baixo, há poucas razões para não implementar essa estratégia. A Aladdin Knowledge Systems (http://www.ealaddin.com/), por exemplo, oferece o eToken, uma placa inteligente USB que não requer uma leitora externa para funcionar.

- **Segurança do BIOS**   Todos os dispositivos de computador devem ter algum nível de segurança BIOS. Para os servidores, deve-se também incluir senhas de link. Para todos os sistemas, as definições BIOS devem ser protegidos por senha e, como todas as senhas, elas devem ser altamente protegidas e modificadas regularmente. As novas ferramentas de gerenciamento DMI permitem a centralização do gerenciamento das senhas BIOS.

> **Dica rápida** – Embora todas as marcas de computador (HP, Dell, IBM etc.) incluam o software DMI, poucas organizações reservam um tempo para colocá-lo e usá-lo totalmente. É ruim porque é uma parte importante de uma estratégia de segurança.

- **Segurança da organização**   Todas as estratégias da segurança física são estendidas às salas de organização onde os sistemas estão instalados? Não precisa ter salas de computador altamente seguras quando as instalações da organização são muito abertas.

- **Segurança do PC**   As estações de trabalho e os dispositivos móveis são seguros? Os sistemas de identificação do hardware como a biométrica e as placas inteligentes são usados para os dispositivos móveis? Os dados nos dispositivos móveis são seguros quando o dispositivo está em trânsito? As conexões externas dos dispositivos móveis para a rede interna são seguras? Seu hardware é identificado com identificadores não removíveis?

- **Segurança da rede**   A rede e seus serviços são seguros? É possível que alguém introduza servidores DHCP perigosos, por exemplo? Com o Windows Server 2003, como no Windows 2000, os servidores DHCP têm que ser autorizados para alocarem os endereços, mas apenas se forem servidores DHCP baseados no Windows. Há uma rede sem fio no lugar? É segura? Os usuários perigosos sem fio podem entrar na rede? Todas as comunicações sem fio são criptografadas?

- **Redundância física**   Seus sistemas críticos são redundantes? Isso deve incluir todos os sistemas – sistemas de dados, proteção contra incêndio, conexões Internet e WAN, ar condicionado, elétrico etc. Mais sobre isso no Capítulo 9.

Todos os aspectos físicos de suas instalações têm que ser mantidos e documentados. E mais, os devidos aspectos do plano de proteção física têm de ser comunicados aos funcionários em todos os níveis. Finalmente, a proteção física tem de ser complementada por um programa de supervisão. Mais uma vez, é uma parte que pode ser feita pelas pessoas em todos os níveis. Cada funcionário tem de saber que ele pode e deve participar na supervisão de qualquer atividade suspeita e da notificação de qualquer evento inadequado que possa comprometer seus sistemas de informação.

Nível 3: fortalecimento do sistema operacional

O objetivo do fortalecimento do sistema operacional é reduzir a superfície de ataque de seus sistemas. Para tanto, você precisará remover qualquer coisa que não seja requerida em um sistema. O Windows Server 2003 faz um bom serviço logo no início porque instala cerca de 20 serviços a menos que o Windows 2000. Lembre-se: a lista de serviços instalados pode ser encontrada na Server Data Sheet (no site Web complementar). E mais, o IIS não é instalado por default, assegurando que os sistemas, que não o requeiram, não o terão.

Mas limitar o número de serviços não é a única atividade que você precisará executar durante o fortalecimento do sistema. Também precisará cobrir o seguinte:

- Configuração da segurança do sistema
- Estratégia antivírus
- Segurança do Active Directory
- Segurança do sistema de arquivos
- Segurança do sistema de impressão
- Segurança .NET Framework
- Segurança IIS
- Redundância do sistema

Cada uma será apresentada nas seções seguintes.

Capítulo 8: Como gerenciar a segurança da empresa ▶ **361**

Configuração da segurança do sistema

A configuração da segurança do sistema envolve a aplicação dos parâmetros de segurança durante o processo de organização da máquina. Como mencionado no Capítulo 2, quando você instala uma máquina, especialmente um servidor, precisa executar algumas modificações na instalação default para assegurar-se de que sua máquina será protegida. Essas atividades são executadas em dois níveis:

- O primeiro nível concentra-se em executar algumas modificações da configuração pós-instalação para as finalidades da segurança.
- O segundo nível envolve a aplicação de gabaritos de segurança para o servidor segundo seu papel. Essa segunda parte do processo de configuração do sistema usa o Security Configuration Manager (SCM) para aplicar automaticamente as definições da segurança em seu sistema.

Muitos itens que estão na Lista de verificação pós-instalação podem ser automatizados por meio da aplicação dos gabaritos de segurança.

Lista de verificação da segurança pós-instalação

O Capítulo 2 descreve as atividades de pós-instalação que você deve executar em um servidor recém-organizado. O Capítulo 4 descreve a configuração da segurança mínima para um controlador do domínio. Deve também incluir o seguinte:

- Renomeie a conta do administrador. Embora tenha sido mencionado no Capítulo 2, é essencial repetir aqui. Também é uma atividade que pode ser executada por meio de um gabarito de segurança, porque é uma definição do objeto Group Policy. Lembre-se de usar um nome de conta complexo e de atribuir uma senha complexa.

> 🏍 **Dica rápida** – *Uma senha complexa é seu melhor sistema de defesa. Na verdade, uma senha com 15 caracteres (o WS03 suporta té 127 caracteres) que inclua letras maiúsculas e minúsculas, números e caracteres especiais, é bem impossível de violar. As ferramentas de violação de senha bem conhecidas, como o L0phtcrack e o John the Ripper, funcionam com apenas até 14 caracteres. Se há um recurso que você implementa para assegurar seus servidores, devem ser senhas complexas porque elas fornece melhor defesa do que as contas renomeadas.*

- Copie a conta do administrador para criar uma conta de backup. Use um nome de conta complexo e uma senha complexa.
- Crie uma conta do administrador fictícia e atribua-lhe apenas direitos de acesso do convidado. Use uma senha complexa para essa conta. Criar uma conta do administrador fictícia servirá como uma armadilha para os usuários que desejam tentar acessar a conta da administração real.
- Verifique se a conta do convidado está desativada e se uma senha complexa foi atribuída a ela.
- Verifique a lista de serviços em execução e certifique-se de que estejam bem documentados. Finalize qualquer serviço que julgar desnecessário para esse papel do servidor. Teste o papel antes de prepará-lo.
- Verifique a lista de portas abertas e finalize as portas que julgar desnecessárias para esse papel do servidor. Poderá identificar a lista de portas abertas usando o comando netstat. Use o seguinte comando:

```
netstat -a -n -o
```

O argumento –a solicita todas as portas; o argumento –n solicita a saída numérica das portas; e o argumento –o solicita o processo associado à porta.

É tudo para a segurança básica. Tudo mais pode ser feito pelo Security Configuration Manager.

> ♣ **Cuidado** – *Embora uma senha complexa seja seu melhor sistema de defesa, também pode ser seu pior pesadelo, porque as senhas complexas são difíceis de lembrar. Uma das coisas que você poderá fazer é usar palavras reais ou frases, mas substituir as letras por números e caracteres especiais e misturar as letras maiúsculas e minúsculas, por exemplo, Ad/V/\1n1$traT!on (Administration). Deve também usar senhas diferentes para locais diferentes.*

Como usar gabaritos de segurança

As definições de segurança dos objetos Group Policy são armazenadas em dois locais no Windows Server 2003. O primeiro é o próprio objeto Group Policy em Windows Settings (Definições Windows) | Security Settings (Definições da Segurança) em User Configuration (Configuração do Usuário) e em Computer Configuration (Configuração do Computador). O segundo é um arquivo Security Template. Em muitos casos, é melhor armazenar uma definição em um arquivo do gabarito de segurança porque ela forma automaticamente um arquivo de backup para a definição. As definições de segurança de um gabarito podem ser aplicadas de duas maneiras.

A primeira é diretamente através de um GPO importando o gabarito para o GPO. Isso é feito selecionando Import Policy (Importar Estratégia) no menu contextual exibido quando você clica com o botão direito do mouse em Computer Configuration | Security Settings no Group Policy Object Editor (Editor de Objetos da Estratégia do Grupo). Isso exibirá uma caixa de diálogo que lista os gabaritos disponíveis.

Os gabaritos importados podem ser mesclados ou substituir todas as definições de segurança no GPO. A diferença é aplicada por meio da opção "Clear this database before importing" (Limpar este banco de dados antes de importar) na caixa de diálogo Import Policy From (Importar Estratégia

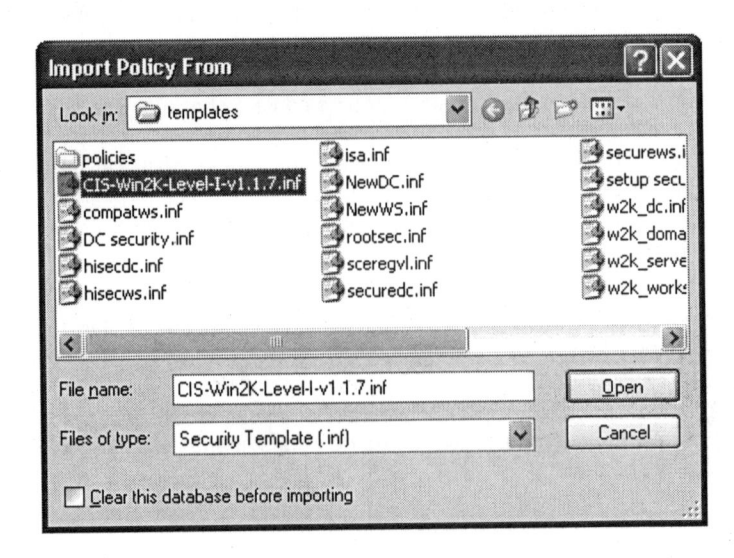

De). Selecionar essa opção limpará automaticamente todas as definições de segurança no GPO e aplicará apenas as encontradas no gabarito.

A segunda maneira é através do comando secedit. Esse comando aplica as definições em um gabarito na Local Policy (Estratégia Local) encontrada em todos os computadores Windows. Usar esse comando não afetará a Group Policy; apenas afetará os objetos Local Policy.

Através dos gabaritos de segurança, você poderá configurar as seguintes áreas de segurança:

- **Estratégias da conta**   Senha, bloqueio e estratégias Kerberos.
- **Estratégias locais**   Auditoria, atribuições de direitos do usuário e opções da segurança.
- **Registro de eventos**   As definições para o sistema, aplicação, segurança, diretório, réplica do arquivo e registros do serviço DNS.
- **Grupos limitados**   Membro do grupo de controle.
- **Serviços do sistema**   Os modos de inicialização e controle do acesso para os serviços em cada sistema.
- **Registro**   Controle do acesso para as chaves do registro.
- **Sistema de arquivos**   Controle do acesso para as pastas e arquivos (apenas NTFS, claro).

O WS03 Help System (Sistema de Ajuda) oferece informações completas sobre cada uma dessas definições da segurança.

As três últimas (definições dos serviços do sistema, registro e sistema de arquivos) são muito adequadas para serem aplicadas localmente nos gabaritos de segurança porque controlam o acesso para os tipos específicos de objeto. A aplicação dos direitos de controle do acesso para os arquivos, pastas, registro e configuração dos serviços do sistema pode ser bem demorada. Portanto, é melhor manter essas definições nos gabaritos de segurança locais em vez de defini-las diretamente no nível GPO porque os gabaritos da segurança local são aplicados manualmente (ou automaticamente através de planejamentos que você controla) ao passo que os GPOs estão sendo reaplicados constantemente nos sistemas em um domínio Active Directory. (Lembre-se: os GPOs são renovados a cada cinco minutos nos DCs e a cada 90 minutos nos servidores e estações de trabalho). Certifique-se de que sua estratégia GPO não afete essas três áreas, se você escolher defini-las através dos gabaritos de segurança local por causa da ordem da aplicação para os GPOs. Os gabaritos da segurança local são definidos como estratégias locais e as estratégias locais são sempre anuladas pelos objetos Group Policy.

O Windows Server 002 também inclui alguns gabaritos defaults que são fornecidos com o sistema. Há quatro tipos de gabaritos. Os gabaritos *básicos* são projetados para as estações de trabalho não seguras, servidores e controladores do domínio. Algumas pessoas, se algumas, usam esses gabaritos. Os gabaritos de *compatibilidade* são usados para redefinir as definições de segurança para um nível Windows NT a fim de permitir que as aplicações de herança sejam executadas. Novamente, não são recomendados. Os gabaritos *seguros* são projetados para os computadores, servidores e controladores do domínio em um ambiente seguro como a rede interna. Os gabaritos *altamente seguros* são projetados para os computadores, servidores e controladores do domínio em um ambiente não seguro como uma rede externa ou de perímetro.

Se você usar gabaritos defaults, deverá utilizar apenas os gabaritos seguros ou altamente seguros. E mais, a Microsoft fornece gabaritos baseados em papéis como o Security Operations Guide para os Member Servers (Servidores do Membro) em geral, controladores de domínio, Application Servers (Servidores da Aplicação), File and Print Servers (Servidores de Arquivo e Impressão), Network Infrastructure Server (Servidor da Infra-estrutura da Rede) e Web Server (Servidor Web) que executam o IIS. São todos baseados em um gabarito da linha de base. Há duas linhas de base: uma para os Member Servers e outra para os controladores do domínio. Além da linha de base do Member Server, há três gabaritos de aumento para cada papel Member Server identificado acima, embora o gabarito para o papel Application Server esteja vazio porque precise ser personalizado para cada tipo de Application Server.

O SOG não é a única fonte dos gabaritos de segurança da linha de base. A U.S. National Security Agency (NSA) oferece gabaritos para o carregamento assim como uma documentação completa da segurança sobre vários serviços e recursos do Windows 2000 (o Windows Server 2003 certamente seguirá). Esses gabaritos estão disponíveis em http://nsa2.www.conxion.com. A documentação NSA e os gabaritos são uma excelente fonte para as recomendações da segurança.

O Center of Internet Security (CIS) também é uma excelente fonte para os gabaritos de segurança. Seus gabaritos são baseados em papéis e incluem a cobertura do sistema operacional básico para as estações de trabalho e os servidores, assim como a cobertura do Internet Information Server. Seus gabaritos podem ser encontrados em http://www.cisecurity.org/.

Finalmente, os gabaritos podem ser adquiridos com revendedores comerciais como o NetIQ, Bindview, Quest e muitos outros.

> **Cuidado** – *A aplicação descuidada dos gabaritos de segurança, especialmente os gabaritos com os quais você não está familiarizado, pode interromper os sistemas em execução. Como os gabaritos de segurança modificam as definições defaults da segurança nos sistemas de computador, será essencial que você os aplique em um ambiente de teste antes de colocá-los nos sistemas de produção. Na verdade, deverá testar todo servidor e função do computador antes de lançar um gabarito de segurança para a produção.*

Como criar gabaritos da linha de base para a aplicação local

Quando você criar gabaritos para a aplicação local – durante a instalação do computador, por exemplo – começará, de modo ideal, a partir de um gabarito da linha de base adquirido com o NSA, CIS ou Security Operations Guide. Como no SOG, precisará criar um mínimo de dois gabaritos da linha de base: um para os controladores do domínio e outro para os Member Servers. Esses gabaritos da linha de base devem incluir apenas três tipos de definições: sistema de arquivos, registro e definições do serviço do sistema. (As outras definições da segurança serão tratadas com os gabaritos para importar para os objetos Group Policy.)

Você poderá requerer o uso de dois gabaritos do controlador do domínio, especialmente se usar servidores com diversas finalidades em sua rede. Os servidores regionais tendem a ter diversas funções como File and Print, controlador do domínio, Network Infrastructure e Application Server em um só. Esses servidores podem requerer um gabarito da linha de base especial.

Você precisará identificar quais definições são mais adequadas para sua organização, mas eis algumas recomendações para cada uma das três categorias:

- O registro deve ser o mais seguro possível. Primeiro, certifique-se de que o acesso para o editor do registro seja controlado em sua rede. Isso é feito limitando o acesso ao REGEDT32.EXE e ao REGEDIT.EXE através de um objeto Group Policy. (Vá para User Configuration | Administrative Templates | System: Prevent access to registry editing tools ou Sistema: Impedir acesso às ferramentas de edição do registro.)
- Assegure as chaves específicas no próprio registro. A maneira mais fácil de assegurar as chaves do registro e grandes quantidades é propagar as permissões de herança da chave-mãe para as subchaves. Em alguns casos, pode não ser possível.

- Assegure os arquivos e pastas. Como ideal, você irá assegurar as pastas ao invés dos arquivos. A propagação é preferível, mas nem sempre aplicável aqui.

- Tenha cuidado ao assegurar os arquivos e pastas para não modificar as definições de segurança nos objetos assegurados automaticamente pelo WS03. Por exemplo, não é uma boa idéia substituir as definições de segurança na pasta Documents and Settings (Documentos e Definições) uma vez que o WS03 tem de gerenciar essas definições sempre que um novo User Profile (Perfil do Usuário) é criado.

- Assegure o banco de dados de contas da segurança local (SAM) com o comando syskey. Pesquise o artigo de número Q143475 em http://support.microsoft.com/ para obter mais informações.

- Você pode decidir que não tem de substituir o grupo Everyone pelos Authenticated Users (Usuários Autenticados) no WS03, uma vez que as restrições agora são aplicadas a Everyone (nenhum usuário Anonymous) porque a aplicação em todo lugar é por default.

- Defina os serviços do sistema para o devido modo de inicialização: automático para os serviços que têm de iniciar quando o computador reinicializa; manual quando um usuário ou processo tem permissão de iniciar um serviço, mas não tem que iniciar automaticamente; e desativado quando o serviço não é requerido. Você pode remover os serviços que estão em estado desativado. Certifique-se de que isso esteja totalmente documentado.

- Finalmente, poderá aplicar a segurança em cada serviço limitando os direitos de acesso para iniciar, parar e controlar os serviços. Se você definir a segurança nos serviços, certifique-se de que sempre inclua o grupo Administrators e a conta System ou poderá ter problemas ao iniciar os serviços. Por default, três objetos têm esse acesso: Administrators, a conta System e o grupo Interactive.

> **Dica rápida** – *Agora o WS03 inclui uma nova conta do "sistema": a conta Network Service. Essa conta tem menos privilégios que a conta LocalSystem e deve ser usada para iniciar os serviços nos servidores de alto risco. Assim, se alguém conseguir o controle de.um serviço e quiser usá-lo para controlar uma máquina, não terá os privilégios para isso.*

Como configurar os gabaritos da segurança

Assim que você tiver identificado as chaves do registro, arquivos, pastas e serviços que deseja modificar, poderá ir para a criação ou a modificação de seus gabaritos da segurança. A primeira coisa que precisará fazer é criar um console Security Template.

1. Vá para o menu Start (Iniciar), selecione Run (Executar), digite **MMC** e então pressione ENTER.
2. No console MMC, selecione File (Arquivo) | Add/Remove Snap-in (Adicionar/Remover Instantâneo).
3. Na caixa de diálogo Add/Remove Snap-in, clique em Add (Adicionar). Na caixa de diálogo Snap-in, selecione Security Templates, clique em Add e então clique em Close (Fechar). Clique em OK para voltar para o console. Vá para o menu File e selecione Save (Salvar), nomeie o console como Security Console (Console de Segurança) e clique em Save.
4. O console Security Template lista automaticamente todos os gabaritos disponíveis em seu sistema. O WS03 Help and Support Center lista mais informações sobre cada um deles. Se o sistema for um controlador do domínio, essa lista deverá pelo menos incluir:

Windows Server 2003

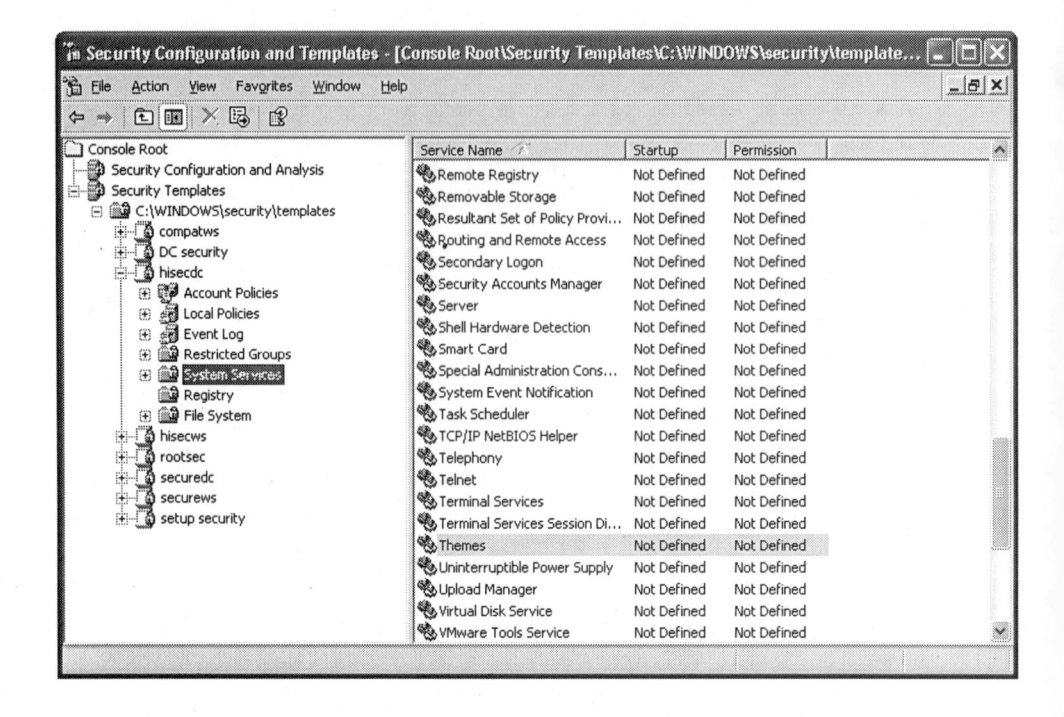

[Screenshot: Security Configuration and Templates console showing Console Root > Security Templates with templates listed: compatws, DC security, hisecdc (with Account Policies, Local Policies, Event Log, Restricted Groups, System Services, Registry, File System expanded), hisecws, rootsec, securedc, securews, setup security. Service Name panel shows services such as Remote Registry, Removable Storage, Resultant Set of Policy Provi..., Routing and Remote Access, Secondary Logon, Security Accounts Manager, Server, Shell Hardware Detection, Smart Card, Special Administration Cons..., System Event Notification, Task Scheduler, TCP/IP NetBIOS Helper, Telephony, Telnet, Terminal Services, Terminal Services Session Di..., Themes, Uninterruptible Power Supply, Upload Manager, Virtual Disk Service, VMware Tools Service — all with Startup "Not Defined" and Permission "Not Defined".]

- **Setup security.inf**   O gabarito que foi criado na instalação do sistema.
- **DC security.inf**   O gabarito que foi criado durante a promoção do controlador do domínio.
- **Compatws.inf**   O gabarito de compatibilidade da aplicação de herança.
- **Securews.inf e Securedc.inf**   Os gabaritos para as estações de trabalho e os servidores assim como os controladores de domínio em um ambiente seguro (por exemplo, eles usam apenas os protocolos de autenticação mais recentes para aumentar a segurança).
- **Hisecws.inf e Hisecdc.inf**   Os gabaritos para as estações de trabalho e servidores assim como os controladores do domínio em um ambiente altamente seguro (por exemplo, requer a assinatura Server Message Block [SMB] no lado do servidor, recusa os protocolos de autenticação LAN Manager e HTLM e ativa os membros do grupo limitados).
- **Rootsec.inf**   As permissões defaults aplicadas à raiz do drive do sistema.
- **Notssid.inf**   Um gabarito que pode ser usado para remover os identificadores da segurança Terminal Server (Servidor do Terminal) das permissões do arquivo e do registro. As práticas Terminal Server, descritas no Capítulo 7, eliminam a necessidade desse gabarito porque os Terminal Services são executados no modo Full Security.

5. Você pode adicionar seus próprios gabaritos à lista. Os gabaritos estão localizados no diretório %systemroot%/security/templates. Para criar um novo gabarito a partir de um existente, clique com o botão direito do mouse nele para selecionar Save As (Salvar Como) e renomeá-lo. Assim que tiver sido renomeado, poderá adicionar suas próprias definições. Poderá também criar um novo gabarito clicando com o botão direito do mouse no nome do diretório no painel esquerdo e selecionando New Template (Novo Gabarito), mas fazer isso significa que você está iniciando o gabarito a partir do zero e precisa redefinir todas as definições.

⚠ **Cuidado** – *O conteúdo desse diretório é crítico. Certifique-se de que esteja protegido todas as vezes e que os gabaritos não sejam modificados sem seu conhecimento.*

6. Vá para seu novo gabarito e modifique suas definições. Comece clicando com o botão direito do mouse no nome do gabarito e selecionando Set Description (Definir Descrição) para modificar a descrição. Digite as devidas informações e clique em OK. Expanda o gabarito para exibir seus componentes.

7. Para definir a segurança do registro, clique com o botão direito do mouse em Registry e selecione Add Key (Adicionar Chave). Na caixa de diálogo Add Key, localize a chave que deseja assegurar e clique em OK. Decida se deseja propagar as permissões para as subchaves, redefinir as permissões nas subchaves ou bloquear a substituição da permissão nessa chave. Use o botão Edit Security (Editar Segurança) para definir os devidos direitos da segurança e clique em OK. Repita para cada chave ou subchave que deseja assegurar.

8. Para definir a segurança do arquivo ou da pasta, clique com o botão direito do mouse em File System e selecione Add File (Adicionar Arquivo). Na caixa de diálogo Add File, localize o arquivo ou a pasta que deseja assegurar e clique em OK. Defina os devidos direitos da segurança e clique em OK. Decida se deseja propagar as permissões para o arquivo ou pasta, redefinir as permissões no arquivo ou pasta ou bloquear a substituição da permissão no arquivo ou pasta. Repita para cada arquivo ou pasta que deseja assegurar.

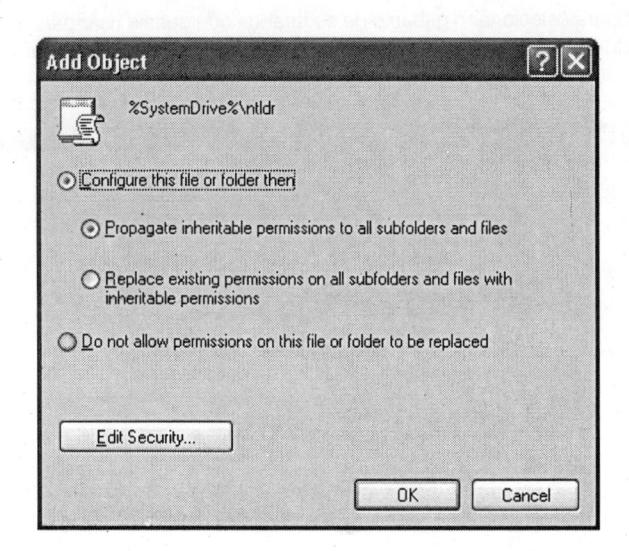

9. Para definir a segurança nos serviços do sistema, selecione System Services (Serviços do Sistema). Clique duas vezes no devido serviço no painel direito, selecione Define this policy setting in the template (Definir esta definição da estratégia no gabarito), selecione o modo de inicialização e, se requerido, clique em Edit Security para modificar as definições da segurança. Clique em OK quando terminar. Repita para cada serviço que deseja modificar.

10. Clique com o botão direito do mouse no nome do gabarito e selecione Save antes de sair do console.

Como usar os gabaritos da segurança local

Os gabaritos da segurança local podem ser aplicados de duas maneiras: através de uma ferramenta gráfica chamada Security Configuration and Analysis ou através de uma ferramenta da linha de comandos chamada secedit. Ambas têm seus usos. Ambas podem ser usadas para analisar e configurar um sistema baseado em um gabarito de segurança.

A Security Configuration and Analysis é um instantâneo MMC que fornece uma exibição gráfica para a configuração do sistema e análise. Isso pode ser bem útil uma vez que fornece a mesma interface que você usa para criar os gabaritos ou modificar os objetos Group Policy. O console usado para a utilização dessa ferramenta tem que ser criado. Na verdade, é uma boa idéia incluir os instantâneos Security Templates e Security Configuration and Analysis no mesmo console. Você poderá também adicionar o instantâneo Group Policy Editor. Assim, terá uma única ferramenta para criar, modificar, aplicar, analisar e importar as Security Policy Settings.

Para analisar um computador e compará-lo a uma certa estratégia de segurança, use o seguinte procedimento:

1. Clique com o botão direito do mouse em Security Configuration and Analysis dentro de seu Security Console e selecione Open Database (Abrir Banco de Dados).

2. Na caixa de diálogo Open Database, localize o devido banco de dados ou digite um novo nome do banco de dados e então clique em OK. A definição do caminho default é My Documents\Security\Databases.

3. Você precisará selecionar o gabarito de segurança que deseja usar para a análise. Tem de ser um gabarito que tenha sido preparado de antemão. Selecione o devido gabarito e clique em OK.

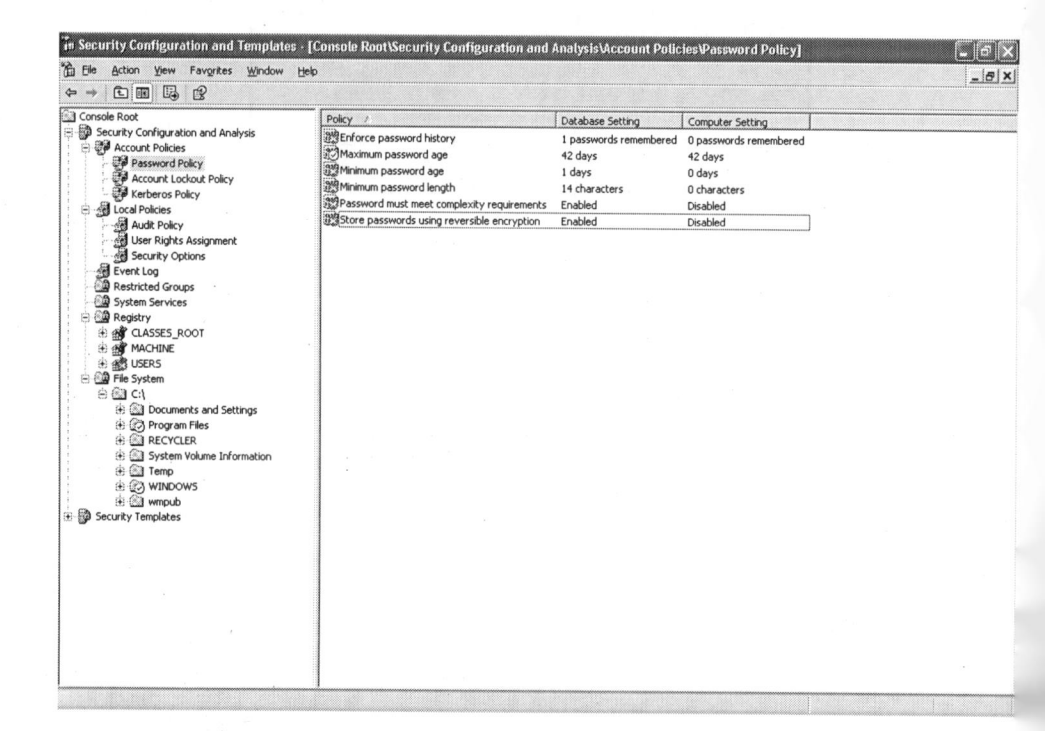

4. Para analisar seu sistema, clique com o botão direito do mouse em Security Configuration and Analysis e selecione Analyse Computer Now (Analisar Computador Agora).
5. Como toda operação de análise, ou configuração, requer um arquivo de registro, uma caixa de diálogo aparecerá solicitando o local do arquivo de registro. A definição do caminho default é My Documents\Security\Logs e o nome default é igual ao do banco de dados. Digite o nome de um novo arquivo de registro, use o botão de navegação para localizar um arquivo existente ou clique em OK para aceitar o nome default.
6. A análise começará.
7. Assim que a análise terminar, você poderá ver a diferença nas definições entre o gabarito e o computador. Simplesmente vá para uma definição que deseja exibir e selecione-a. As diferenças (se houver) serão exibidas no painel direito.
8. Você poderá também exibir o arquivo de registro. Para tanto, clique com o botão direito do mouse em Security Configuration and Analysis e selecione View Log (Exibir Registro). O arquivo de registro será exibido no painel direito. Para voltar para o banco de dados, simplesmente cancele a seleção de View Log no menu contextual.
9. Poderá modificar as definições do banco de dados para ficarem de acordo com os valores que deseja aplicar indo para o valor adequado e clicando duas vezes nele. Selecione Define this policy in the database (Definir esta estratégia no banco de dados), modifique a definição e clique em OK.
10. Clique com o botão direito do mouse em Security Configuration and Analysis e selecione Save para gravar as modificações feitas no banco de dados.
11. Para configurar um computador com as definições no banco de dados, selecione Configure Computer Now (Configurar Computador Agora) no mesmo menu contextual. Novamente, precisará especificar o local e o nome do arquivo de registro.
12. Feche o Security Console quando terminar.

Dica rápida – *Você nunca deve criar um gabarito a partir do zero uma vez que há diversos gabaritos no mercado e poderá usar o Security Configuration and Analysis para capturar as definições a partir de uma máquina existente. Para tanto, precisará modificar todas as definições necessárias na máquina modelo, criar um novo banco de dados, importar um gabarito, analisar o computador, verificar se todas as definições são adequadas e exportar o banco de dados resultante para um novo arquivo de gabarito. Export Template (Exportar Gabarito) é mais uma vez encontrado no menu contextual do instantâneo Security Configuration and Analysis.*

Você poderá também automatizar a aplicação dos gabaritos para máquinas diferentes usando o comando secedit. Use o seguinte comando para tanto:

```
secedit /configure /db nomearquivo.sdb / log nomearquivo.log
```

E mais, o argumento /verbose poderá ser usado para criar um arquivo de registro altamente detalhado. Se nenhum arquivo de registro for especificado, secedit registrará automaticamente todas as informações no arquivo scesrv.log no diretório %windir%\security\logs.

Como o gabarito de segurança local afeta apenas o sistema de arquivos, o registro e os serviços do sistema, você deverá assegurar-se de que o comando usado se aplique apenas a essas partes do gabarito. Para tanto, use o seguinte comando:

```
secedit /configure / db nomearquivo.sdb / log nomearquivo.log /
areas REGKEYS FILESTORE SERVICES /quiet
```

Este comando irá assegurar que apenas as devidas áreas sejam aplicadas, garantindo a aplicação de sua estratégia de segurança escrita. E mais, o argumento /quiet irá assegurar que nenhum comentário será produzido durante a aplicação do gabarito.

> 🏍 **Dica rápida** – *Este comando secedit pode ser inserido em uma instalação do sistema automatizada para garantir que os computadores sejam assegurados assim que forem instalados (através do arquivo de resposta Unattend.txt – veja o Capítulo 2).*

O secedit também é útil para a verificação regular da definição da segurança uma vez que inclui o argumento /analyze. A análise e a configuração podem ser automatizadas por meio do Task Scheduler no Control Panel (Painel de Controle). O comando secedit tem de ser capturado em um script para a automatização funcionar.

Não são as únicas operações que podem ser executadas através de secedit. Você poderá descobrir mais sobre esse comando através do WS03 Help and Support Center ou simplesmente digitando secedit no prompt de comandos.

> 🏍 **Dica rápida** – *Poderá também usar o comando secedit para reelaborar as definições de segurança em uma máquina. Para tanto, precisará aplicar o gabarito Setup Security.inf original para uma estação de trabalho ou servidor ou o DC Security.inf para um controlador do domínio. Poderá também usar RootSec.inf para redefinir apenas a raiz do disco do sistema.*

Melhores práticas do gabarito de segurança

Há algumas coisas a lembrar ao usar os gabaritos de segurança:

- As definições fornecidas em um gabarito de segurança não são armazenadas no GPO até que o gabarito de segurança tenha sido importado para o GPO.
- O gabarito de segurança pode ser reaplicado regularmente para garantir que as definições, que podem ter sido modificadas, sejam redefinidas para os valores apropriados.

> ⚠ **Cuidado** – *Isso deve ser uma tarefa de segurança recorrente. Uma vez a cada trimestre, o pessoal da segurança deve percorrer os servidores críticos e verificá-los com os gabaritos aprovados. Uma vez por ano, você deve questionar a capacidade de seus gabaritos e fazer com que se desenvolvam quando necessário.*

- Aplicar um gabarito através do secedit irá aplicá-lo apenas na estratégia local. Qualquer definição em conflito, aplicada através do Group Policy, anulará a definição da estratégia local. Por isso, você deve limitar as definições locais aos arquivos, pastas, registro e serviços.
- Se decidir usar a opção do banco de dados Clear (Limpar) ao importar os gabaritos para o GPOs, isso significará que nunca modificará as definições de segurança em seus GPO diretamente porque essas modificações serão anuladas quando você importar um gabarito

- Sempre documente as alterações de seu GPO mesmo que sejam armazenadas em um gabarito de segurança.

> **Cuidado** – *A aplicação das definições GPO devem ser centralizadas. Todos os GPOs devem ser totalmente documentados e as alterações devem ter uma versão para garantir que todos estejam sempre cientes das alterações aplicadas em cada GPO.*

- No mínimo, use os gabaritos Hisecws.inf ou Hisecdc.inf na rede paralela já que essa rede contém apenas os sistemas operacionais Windows XP ou Windows Server 2003.

Estratégias antivírus

Uma segunda camada de segurança em todos os sistemas é o motor antivírus (AV). Implementar um ambiente de segurança completo requer o uso de uma solução antivírus completa. Não é uma função do Windows Server 2003, mas oferece interfaces de programação da aplicação (API) especiais para suportar a varredura dos arquivos e objetos em um sistema. E mais, a Microsoft trabalhou muito com os fabricantes de antivírus para assegurar que suas soluções funcionem bem sob pressão e de modo confiável em qualquer situação.

Uma solução antivírus completa deve incluir os seguintes elementos:

- Gerenciamento central dos clientes e servidores
- Instalação e preparação automáticas para as máquinas do cliente e do servidor
- Um Microsoft Management Console para as tarefas de gerenciamento AV
- Um carregamento automático das novas assinaturas de vírus
- Um planejamento variável do carregamento para distribuir o trabalho do carregamento
- Uma preparação automática das assinaturas para os clientes AV
- Varredura automática do sistema
- Coleção central de todos os resultados da varredura
- Geração de alerta ao encontrar um vírus
- Quarentena central dos vírus encontrados e uma limpeza automática da máquina
- Detecção do comportamento incomum para localizar vírus desconhecidos
- Fornecer um gerenciamento baseado em estratégias
- Suporte para a inspeção do sistema de e-mail e do banco de dados
- Suporte do fabricante para a limpeza do vírus

Uma das melhores soluções no mercado atualmente é o Symantec AntiVirus Corporate Edition da Symantec Corporation (http://enterprisesecurity.symantec.com/). É tão simples de preparar que um administrador sem experiência no produto poderá prepará-lo e deixá-lo totalmente funcional, inclusive o gerenciamento automático da atualização, em uma hora. Assim que preparado, deve haver pouco mais a fazer porque ele atualiza automaticamente todos os sistemas. A única coisa a fazer é assegurar que seja instalado em qualquer sistema novo que se reúna ao domínio.

Seja qual for a solução selecionada, certifique-se de que esteja no lugar correto e seja totalmente funcional *antes* de fornecer qualquer meio de conectar o mundo externo em sua rede paralela.

Como usar as Software Restriction Policies

Sua estratégia antivírus não pode ser completa sem um suporte do Windows Server 2003 e do Group Policy. O WS03 inclui um conjunto especial de definições GPO que identificam o código que tem a permissão de ser executado e operar em uma rede. São as Software Restriction Policies (SRP ou Estratégias de Restrição do Software).

Esse conjunto de definições GPO permite controlar o código desconhecido em sua rede. Embora os SRPs permitam controlar mais de 38 tipos de arquivo – basicamente qualquer coisa vista como código – há dois tipos de arquivo que você deve controlar absolutamente: scripts e macros. A maioria dos vírus desconhecidos vem na forma de um desses dois tipos de arquivo. Assim, uma vez que você controlar o que ocorre em sua rede, poderá identificar explicitamente os scripts e macros autorizados nela.

A maneira mais fácil de fazer isso é assinar digitalmente seus scripts e macros. A assinatura coloca um certificado PKI no código. Então, poderá definir as SRPs que bloqueiam todos os scripts e macros, exceto os que estão assinados com seu certificado. As SRPs são definidas em Computer Configuration | Windows Settings | Security Settings | Software Restriction Policies. Esta seção é vazia por default. Você tem que começar selecionando New Software Restriction Policies (Novas Estratégias de Restrição do Software) no menu contextual. Então, terá de identificar as extensões que deseja desativar, alterar a estratégia básica e identificar o certificado como sendo confiável. Não inclua a SRP na Default Domain Policy (Estratégia do Domínio Default). Assim, se tiver que desativá-la por alguma razão, não irá desativar sua Global Domain Security Policy (Estratégia de Segurança do Domínio Global). Um bom lugar para ativar as Software Restriction Policies é no Global PC GPO que é aplicado no nível PCs OU.

> ⚠ **Cuidado** – Se há uma prática melhor neste capítulo, deve ser usar as SRPs para bloquear os scripts desautorizados.

Segurança geral do Active Directory

O Active Directory também é uma área que requer uma segurança considerável. Na verdade, a construção inteira do Active Directory que você criou até o momento foi feita com a segurança em mente. O conceito do Protected Forest Root Domain (PFRD ou Domínio-Raiz da Floresta Protegida) e dos domínios-filhos de produção é um dos primeiros passos em direção à criação de um Active Directory. O conceito de criar Organizational Units (Unidades Organizacionais) e delegar certas atividades de gerenciamento para outras pessoas em sua organização também é uma parte importante da base de segurança para o Active Directory. Mas não importa quais medidas de segurança você coloca em seu diretório, sempre terá um aviso: tem que confiar em seus administradores implicitamente. Naturalmente, o AD permite limitar os direitos concedidos a níveis diferentes de administradores, algo que você não podia fazer no Windows NT. Entretanto, os administradores projetados têm de ser confiáveis, do contrário tudo que fizer para assegurar o diretório será inútil.

Um bom lugar para começar é alterando os hábitos administrativos. Os administradores AD devem usar contas de acesso limitadas para seu trabalho diário e usar o comando Run As (Executar Como) para executar as tarefas administrativas. Como o WS03 suporta o uso de placas inteligentes para os administradores, também será uma boa idéia implementá-las. Isso significa uma autenticação com dois fatores para todos os administradores na rede da empresa. O WS03 suporta totalmente isso e facilita a responsabilidade da administração da placa inteligente por causa de novos recursos como o registro e a renovação automáticos para os certificados da chave pública

Lista de verificação da segurança do Active Directory

☐ Construa o Active Directory com a segurança em mente (Capítulo 3)
☐ Certifique-se de que cada domínio contenha pelo menos dois controladores do domínio para proteger os dados no domínio (Capítulo 3)
☐ Execute as florestas no modo nativo para aproveitar os últimos recursos da segurança (capítulos 3, 4)
☐ Posicione os Operation Masters (Mestres da Operação) para a eficiência máxima do serviço (capítulos 3, 4)
☐ Certifique-se de que todos os serviços relacionados com o diretório usem o armazenamento de dados integrados do diretório (por exemplo, DNS) (Capítulo 4)
☐ Use uma Estratégia Group Policy estruturada (Capítulo 5)
☐ Crie consoles personalizadas de leitura apenas o máximo possível (Capítulo 5)
☐ Distribua consoles através de Terminal Services e atribua-lhes somente as permissões de leitura apenas e execução (capítulos 5, 7)
☐ Certifique-se de que todos os dados do diretório sejam protegidos e possam ser modificados apenas pelas pessoas certas em sua organização (Capítulo 6)
☐ Gerencie os grupos efetivamente para atribuir permissões no diretório (Capítulo 6)
☐ Certifique-se de que as informações diferenciadas, armazenadas no domínio, sejam ocultadas de olhos curiosos (Capítulo 7)
☐ Certifique-se de que seus controladores do domínio sejam protegidos fisicamente
☐ Certifique-se de que seus controladores do domínio tenham estratégias de segurança local específicas aplicadas neles
☐ Configure duas Estratégias Domain Group defaults antes de criar os domínios-filhos para aproveitar a propagação da estratégia na criação do domínio.
☐ Gerencie seus consórcios devidamente para assegurar uma resposta rápida do serviço onde for requerido.
☐ Delegue apenas os direitos administrativos que são requeridos e nada mais para os administradores do serviço e de dados
☐ Controle firmemente as permissões Modify Permissions (Modificar Permissões) e Modify Ownership (Modificar Propriedade)
☐ Implemente uma Estratégia da conta global forte no diretório
☐ Faça uma auditoria no acesso do objeto diferenciado no diretório
☐ Use testes rápidos em intervalos irregulares para assegurar-se de que suas auditorias administrativas não possam ser definidas para um padrão
☐ Proteja a senha de restauração do diretório
☐ Certifique-se de que tenha uma estratégia de backupbackup do diretório completa (Capítulo 9)

Você poderá ainda fornecer uma ficha para uma pessoa e senha para outra em ambientes altamente seguros. Assim, o acesso será sempre documentado.

Para assegurar-se de que seu AD seja seguro, precisará executar as ações descritas na lista de verificação da segurança do Active Directory mostrada na Figura 8-5. Muitas dessas atividades foram tratadas nos capítulos anteriores. Algumas serão tratadas nos próximos. As outras são tratadas nesta seção e na Camada 4.

Segurança no diretório

O Capítulo 7 descreveu como você podia ocultar os objetos no diretório usando listas de controle do acesso arbitrário (DACLs). Os capítulos 5 e 6 usaram a mesma abordagem para a delegação OU. Esses exemplos demonstram como o Active Directory usa os DACLs para aplicar a segurança em seus princípios. Como o sistema de arquivos NTFS do Windows, o diretório também fornece uma herança da segurança. Isso significa que todos os objetos-filhos herdam as definições de segurança do pai. O que é particular para o diretório é o modo como as permissões são herdadas.

As permissões explícitas sempre anulam as permissões herdadas, até negam as permissões. Isso significa que é possível definir uma permissão de negação em um objeto-pai e definir uma permissão de autorização em seu objeto-filho. Por exemplo, você pode negar a permissão List Contents (Listar Conteúdo) em uma OU e definir uma permissão List Contents em uma OU filha na OU anterior. As pessoas que têm o acesso negado para a OU mãe nunca serão capazes de ver ou modificar seu conteúdo, nem serão capazes de navegar o diretório para a OU filha, mas serão capazes de pesquisar o diretório para localizar o conteúdo na OU filha.

Como o sistema de arquivos NTFS, o diretório oferece dois níveis de atribuição da permissão. O primeiro reagrupa as permissões detalhadas em categorias como controle total, leitura, gravação, execução etc. Para exibir as definições de segurança para um objeto, você terá de clicar com o botão direito do mouse nele e selecionar Properties (Propriedades) (em um dos consoles AD).

O segundo nível permite atribuir permissões específicas e detalhadas. Clicar o botão Advanced (Avançado) dessa caixa de diálogo levará às permissões detalhadas da segurança. Vários tipos de informações estão disponíveis nessa caixa de diálogo. Para começar, fornecerá acesso aos recursos especiais da segurança como Permissions (Permissões), Audit (Auditoria), Owner (Propriedade) e Effective Permission (Permissões Efetivas).

> 🐞 **Dica rápida** – *Você precisará ativar os Advanced Features (Recursos Avançados) no menu View (Exibir) do console para ser capaz de exibir a aba Security na caixa de diálogo Properties do objeto.*

Cada aba descreve informações diferentes. A aba Permissions, por exemplo, identifica se as permissões são herdadas e se forem, de qual contêiner, ou se são explícitas. A aba Auditing identifica as estratégias da auditoria que são aplicadas no objeto. A aba Owner lista os vários proprietários desse objeto. Finalmente, Effective Permissions permite identificar as permissões resultantes para uma certa segurança principal. Clique em Select (Selecionar) para localizar o usuário do grupo para o qual deseja exibir as permissões efetivas.

Se quiser exibir ou atribuir permissões específicas, volte para a aba Permissions e clique em Add ou Edit (Editar). Isso exibirá a caixa de diálogo Permissions Entry (Entrada das Permissões). Nela, você poderá atribuir permissões específicas para os usuários ou grupos. (Lembre-se: sempre é preferível atribuí-las a grupos ao invés de a usuários). Esse nível de detalhe pode tornar o gerenciamento das permissões do diretório bem complexo. Sempre mantenha as permissões de seu diretório o mais simples possível e tente usar permissões herdadas ao máximo. Detalhe as permissões específicas quando delegar o controle de uma OU.

Segurança do sistema de arquivos

O sistema de arquivos também é uma parte do Fortalecimento do sistema operacional que suporta um ambiente seguro. Não há dúvidas de que o NTFS é uma necessidade absoluta e um pilar de Castle Defense System do WS03. O Capítulo 7 cobriu o NTFS e as permissões do compartilhamento extensivamente. Todas as operações do disco e arquivo avançadas do Windows Server 2003 são baseadas no uso de seu último armazenamento e recursos NTFS. A mesma coisa aplica-se à criptografia do arquivo. Sem o NTFS, não há nenhuma criptografia.

Um dos aspectos importantes do gerenciamento seguro do arquivo é a capacidade de registrar todas as alterações do arquivo e alertar as organizações quando alterações não autorizadas ocorrem. Isso pode ser feito de alguma forma com a auditoria do acesso do arquivo, mas, para o arquivos críticos dos dados, a ajuda profissional é requerida. Essa ajuda vem na forma de utilitário como o Tripwire for Server (http://www.tripwire.com/ products/servers/). O Tripwire controla toda as alterações do arquivo até as propriedades do total de verificação do arquivo. Portanto, pode alertar os administradores quando os arquivos críticos tiverem sido modificados por pessoas não autorizadas. O Tripwire requer recursos de modo que você deve planejar seu uso.

Encrypting File System

O Encrypting File System (EFS) é uma parte do NTFS que também desempenha um papel importante no Castle Defense System. É muito poderoso porque sua operação é transparente para os usuários assim que ativado. Também fornece mais proteção do arquivo que as permissões porque, se um atacante perigoso ganhar acesso físico para os arquivos criptografados, ele não será capaz de exibir seu conteúdo. Não é necessariamente o caso com os arquivos que incluem apenas as permissões NTFS (se usarem o NTFS para o DOS, por exemplo). O nível de segurança ideal é aquele que usa as permissões NTFS e a criptografia.

A criptografia é ativada por meio das propriedades do arquivo ou da pasta, exatamente como as permissões. Também pode ser executada com um comando cipher. A criptografia é uma propriedade do arquivo, assim não poderá ser aplicada se o arquivo tiver sido compactado. Essas duas propriedades são exclusivas mutuamente. Os arquivos que fazem parte do sistema operacional não podem ser criptografados, nem os arquivos encontrados na pasta %SYSTEMROOT%. O WS03 suporta a criptografia dos dados contidos nos compartilhamentos da pasta. Mas os dados contidos nos arquivos criptografados localizados nos compartilhamentos da rede não são criptografados necessariamente quando transportados do compartilhamento de arquivos para o computador local. Se uma criptografia completa, mesmo no nível das comunicações, for requerida, tecnologias adicionais como o IPSec terão de ser usadas.

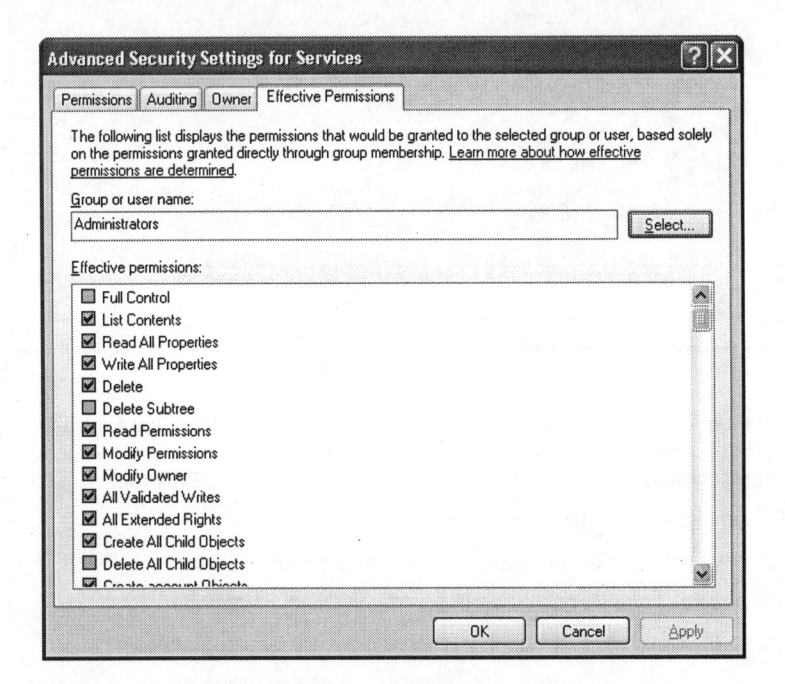

O WS03 suporta a criptografia dos arquivos off-line. Essa propriedade pode ser definida no nível GPO e aplicadas junto com as estratégias Folder Redirection (Redireção da Pasta). Os arquivos criptografados ficarão decodificados se copiados para volumes não NTFS, portanto os usuários devem ser avisados sobre as melhores práticas para os arquivos de segurança. E mais, a criptografia não impede a eliminação dos arquivos; impede apenas que os usuários não autorizados exibam seu conteúdo. Se os usuários tiverem permissões para um diretório que contenha arquivos criptografados, eles não serão capazes de exibi-los, mas poderão ser capazes de apagá-los. Os arquivos criptografados são exibidos em verde no Windows Explorer. Isso ajuda os usuários a identificar rapidamente os arquivos de segurança. Mais uma vez, essas informações devem fazer parte de seu programa de comunicações de segurança do usuário.

1. Abra o Windows Explorer.
2. Clique duas vezes na pasta que deseja criptografar e selecione Properties.
3. Clique o botão Advanced na aba General (Geral).
4. Clique em Encrypt contents to secure data (Criptografar conteúdo para assegurar os dados) e clique em OK.
5. Clique em OK para fechar a caixa de diálogo Properties.
6. O EFS pedirá para confirmar a definição que deseja aplicar. Selecione Apply changes to this folder, subfolders and file (Aplicar alterações nesta pasta, subpastas e arquivos) e clique em OK.

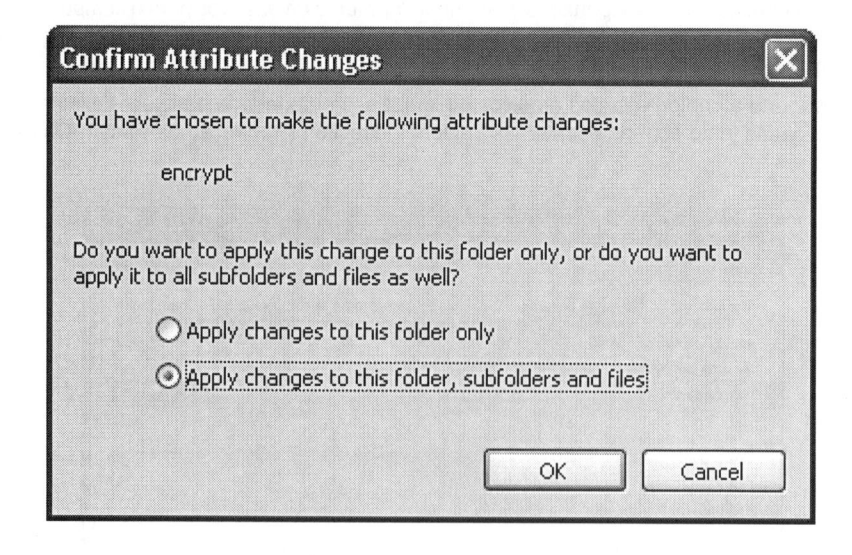

7. Se as tarefas da pasta não tiverem sido ativadas, o EFS pedirá para ativá-las. Clique em Yes (Sim). As tarefas da pasta fazem parte da nova interface de temas Windows. Os arquivos criptografados agora aparecerão em verde no Windows Explorer.

O EFS é tão simples quanto isso, mas há normas:

- Você deve criptografar as pastas ao invés de arquivos individuais.
- Deve assegurar-se de que os arquivos off-line sejam criptografados.
- A pasta My Documents (Meus Documentos) deve ser criptografada.

- %Temp% e %Tmp% devem ser criptografados para assegurar que todos os arquivos temporários sejam criptografados também. Use um script baseado no comando cipher durante a configuração do sistema para definir essas pastas como criptografadas.
- Você deve criptografar a pasta de spool nos Print Servers (Servidores de Impressão).
- Deve combinar o EFS com o IPSec para assegurar a criptografia dos dados de ponta a ponta.
- Deve usar o Group Policy para controlar o comportamento do EFS em sua rede.
- Deve proteger o agente de recuperação e limitar o número de agentes de recuperação em sua rede.
- Deve usar uma Public Key Infrastructure (Infra-estrutura da Chave Pública) do WS03 para gerenciar os certificados EFS e os agentes de recuperação.

O EFS usa chaves públicas e privadas (certificados) para gerenciar o processo de criptografia e de recuperação. A melhor maneira de gerenciar esses certificados é usar os recursos PKI do Windows. E mais, para assegurar a segurança dos arquivos criptografados, você deve mover os certificados do agente de recuperação para um meio removível como um disquete ou CD para assegurar um processo com dois fatores ao recuperar os arquivos.

> **Nota** – *Mais informações sobre o EFS estão disponíveis no site Web de segurança do Microsoft. Pesquise o EFS em http://www.microsoft.com/security/.*

Print System Security

O Print System Security (Segurança do Sistema de Impressão) também é importante. Como já foi visto na seção anterior, se os arquivos forem criptografados nos sistemas do usuário, eles deverão também ser criptografados nos compartilhamentos de spool da impressora. A segurança para os sistemas de impressão já foi tratada no Capítulo 7, mas é importante lembrar aqui que fornecer aos usuários permissões de gerenciamento para os spoolers da impressão significa que você confia neles com dados potencialmente confidenciais. Use a categoria dos dados executada ao trabalhar com o Nível 1 do Castle Defense System para determinar quais spoolers da impressora têm que ser protegidos e criptografados.

Segurança do .NET Framework

O .NET Framework é outro aspecto do Fortalecimento do sistema operacional. Primeiro, é incluído como um elemento básico do sistema operacional WS03. Segundo, fornece funcionalidades básicas para os serviços Web. Como tal, oferece o motor para a operação e a execução dos serviços Web. É responsabilidade desse motor determinar se o código a ser executado pode ser confiável. O Common Language Runtime (CLR) aplica a segurança de duas maneiras diferentes: a primeira para o código gerenciado, e a segunda é para o não gerenciado.

A segurança do código gerenciado é o centro do CLR. Dois aspectos do código são avaliados pelo CLR antes de permitir sua execução: a segurança do código e seu comportamento. Por exemplo, se o código usar um método que espera um valor de 4 bytes, o CLR rejeitará uma tentativa de retornar um valor de 8 bytes. Em outras palavras, o CLR assegura que o código gerenciado seja bem comportado, assim como seguro.

A vantagem de usar essa abordagem para a segurança é que os usuários não precisam se preocupar se o código é seguro antes de executá-lo. Se for, o CLR irá executá-lo. Se não, simplesmente não será executado. Isso aplica-se apenas ao código gerenciado. O código não gerenciado tem permissão de ser executado também, mas não aproveita essas medidas de segurança. Para executar o código não gerenciado, o CLR tem de usar um conjunto específico de permissões – permissões que podem ser controladas, mas que têm de ser declaradas globalmente. Um dia, todo o código que você executa será um código gerenciado e sua aplicação da segurança será inteiramente controlada pelo CLR.

Processo de avaliação do código gerenciado

O CLR usa um processo de avaliação de dez etapas para o código gerenciado. Esse processo é mostrado na Figura 8-6.

1. Quando um assembly (uma parte do código gerenciado) chama outro assembly, o CLR avalia o nível da permissão para aplicar ao novo assembly.
2. A primeira coisa que o novo assembly tem que fazer é fornecer uma evidência. Essa evidência é um conjunto de respostas para as perguntas feitas pela Security Policy do CLR.
3. Três perguntas são feitas sobre a origem do assembly:
    - *De qual site o assembly foi obtido?* Os assemblies são carregados automaticamente para o cliente a partir de um site Web.
    - *De qual URL o assembly se originou?* Um endereço URL específico tem que ser fornecido pelo assembly.
    - *De qual zona o assembly foi obtido?* Isso aplica-se às zonas do Internet Explorer como Internet, intranet, máquina local etc. Algumas zonas são mais confiáveis que outras.

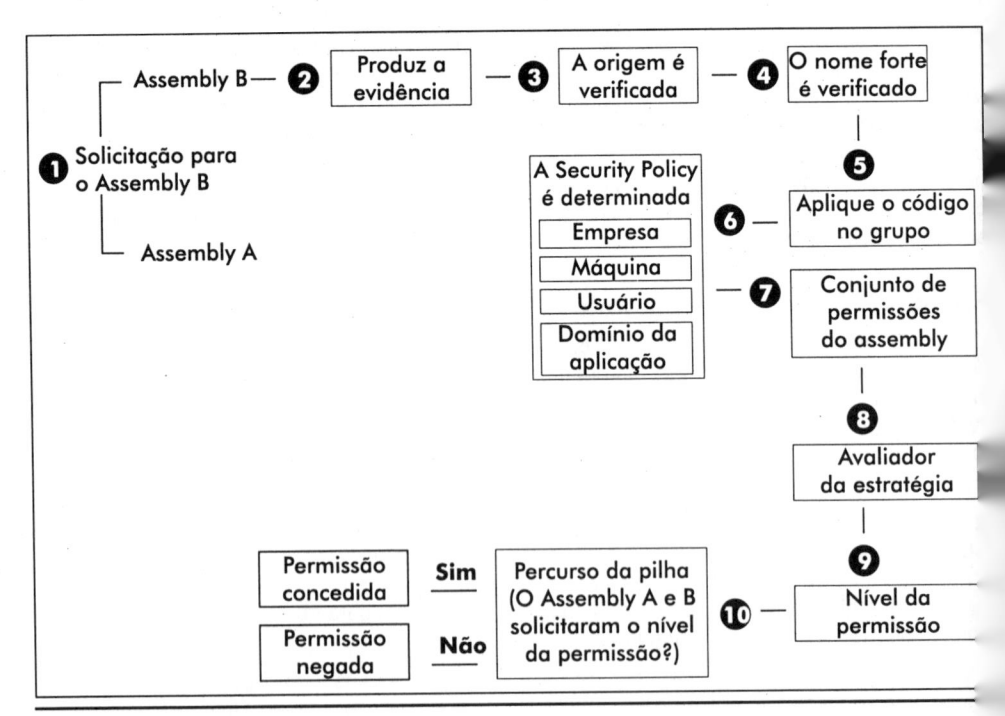

Figura 8-6 – *O processo de alocação da segurança do .NET Framework.*

4. O assembly tem também que fornecer um identificador forte criptograficamente chamado de *nome forte*. Esse identificador é exclusivo e tem de ser fornecido pelo autor do assembly. O identificador não especifica necessariamente o autor, mas o assembly como sendo exclusivo.
5. A evidência é reunida a partir de uma série de diferentes fontes, inclusive o próprio CLR, o navegador, o ASP.NET, o shell etc. Assim que a evidência é fornecida, o CLR começa a determinar a estratégia de segurança a aplicar. Primeiro, aplica a evidência nos *grupos de código* padrões. Esses grupos contêm estratégias padrões dependendo da zona a partir da qual se origina o assembly. O .NET Framework inclui grupos de código básicos, mas os administradores podem adicionar seus próprios ou modificar os grupos defaults.
6. Assim que o grupo do código for determinado, a estratégia será definida. Essa estratégia pode ser definida em três níveis: empresa, máquina e usuário, nessa ordem. Um quarto nível envolve o domínio da aplicação. Esse domínio fornece um ambiente isolado para a aplicação ser executada. Uma aplicação contida em um domínio não pode interferir em qualquer outro domínio na mesma máquina.
7. Assim que a estratégia tiver sido definida, um conjunto inicial de permissões será criado. O assembly pode ajustar esse conjunto de permissões de três maneiras:
   - Primeiro, pode identificar o conjunto mínimo de permissões que requer para executar.
   - Segundo, pode especificar permissões opcionais. Não são requeridas absolutamente.
   - Terceiro, um assembly muito bem comportado pode recusar permissões que não requer e julgá-las muito arriscadas, reduzindo de fato o conjunto de permissões ao qual é atribuído pelo CLR.
8. Todos esses fatores são revisados pelo avaliador da estratégia.
9. Um conjunto final de permissões é criado para o assembly.
10. O estágio final é a *percurso da pilha*. O CLR compara o conjunto de permissões com as de outros assemblies que estão envolvidos na chamada original desse assembly. Se qualquer assembly não tiver permissão para ser executado com esse conjunto de permissões, a permissão a executar será negada. Se tudo estiver bem, a permissão a executar será concedida.

Como administrar a segurança de acesso do código

O processo de alocação da segurança CLR inteiro é referido como *Code Access Security* (CAS). Duas ferramentas estão disponíveis para a administração .NET Framework em Administrative Tools: o .NET Framework Configuration Console (Console da Configuração .NET Framework) e os assistentes .NET Framework. O último contém três assistentes que o conduzirão no processo de configuração: Adjust .NET Security (Ajustar Segurança .NET), Trust an Assembly (Confiar em um Assembly) e Fix an Application (Corrigir uma Aplicação). A segurança pode ser executada por meio dos assistentes ou do console de configuração. Se você escolher usar o console, precisará ir para a seção de estratégia da segurança Runtime (Durante Execução) da árvore do console. Como verá, o painel de tarefas do console fornece muita ajuda e assistência on-line.

Lembre-se de que os assistentes funcionam apenas para duas estratégias: as estratégias da máquina e do usuário. Lembre-se também de que as estratégias são sempre aplicadas na mesma ordem: empresa, máquina e usuário. E mais, você pode definir um nível default de estratégia para o CLR aplicar informando ao .NET Framework para parar a aplicação da estratégia em um nível específico. Por exemplo, se considerar que a estratégia da empresa é segura o bastante, poderá informar o CLR para parar o processamento da estratégia no nível da empresa. Isso fará com que o CLR ignore as estratégias da máquina e do usuário.

Se você navegar as estratégias defaults no console .NET Framework Configuration, verá que o conjunto default de estratégias é bem extenso. Clicar com o botão direito do mouse nos objetos listados na árvore do console fornecerá acesso a todos os recursos do console. A segurança CLR é bem granular e pode ser aplicada em vários níveis. O Code Access Security funciona em conjunto com o acesso baseado em papéis (mais no Nível 4) para fornecer um modelo de segurança .NET completo.

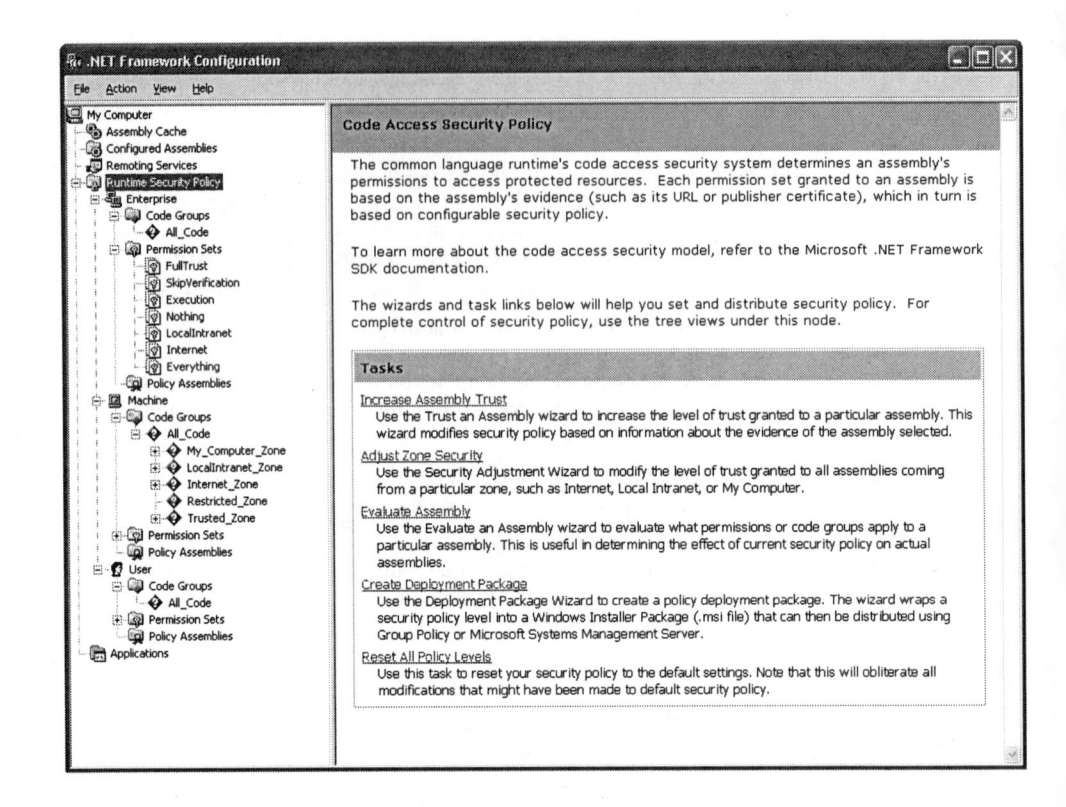

Um Code Access Permission Set (Conjunto de Permissões de Acesso do Código) pode incluir permissões para todos os níveis do .NET Framework. Você poderá também criar seus próprios conjuntos de permissões. Por exemplo, pode determinar que prefere um nível mais alto de confiança para as aplicações que se originam de dentro de sua intranet. A melhor maneira de determinar o que funciona melhor para seu ambiente é experimentar. Comece com as estratégias de segurança defaults e aperfeiçoe-as quando se familiarizar com o .NET Framework. A recomendação mais importante para o uso do .NET Framework é migrar todo o código para o código gerenciado.

As estratégias de segurança de cada nível são armazenadas nos arquivos XML locais. Três arquivos são criados, um para cada nível da estratégia:

- **Empresa**   %windir%\Microsoft.NET\Framework\v1.0.3705\config\enterprisesec.config
- **Máquina**   %windir%\Microsoft.NET\Framework\v1.0.3705\config\security.config
- **Usuário**   %userprofile%\Application Data\Microsoft\CLR Security Config\v.1.0.3705\security.config

O número da versão de cada pasta pode variar de acordo com a versão do .NET Framework com a qual está trabalhando. A vantagem desses arquivos XML é que você pode definir um único conjunto de estratégias .NET Framework e prepará-las para cada uma e para todas as máquina em sua rede.

Capítulo 8: Como gerenciar a segurança da empresa ▸ **381**

> 🏍 **Dica rápida** – *Você deve incluir versões personalizadas desses arquivos na organização da máquina, assegurando-se mais uma vez de que tenha uma máquina segura assim que for instalada.*

Internet Information Server 6.0

O Internet Information Server (IIS) foi visto como o ponto mais fraco do Windows por algum tempo. Não é o caso com o WS03. O IIS é bloqueado por default no WS03. Na verdade, as seguintes características do IIS foram modificadas no Windows Server 2003:

- O IIS não é mais instalado por default na maioria das versões do WS03; tem que ser selecionado explicitamente para a instalação. Naturalmente, isso não se aplica ao Windows Server 2003, Web Edition. A verdadeira finalidade dessa versão básica do WS03 é ser executada como um Dedicated Web Server (Servidor Web Dedicado). Mas mesmo que o IIS seja instalado por default nessa versão, ainda aproveitará os outros recursos de segurança que foram aplicados ao IIS 6.0.

- Assim que instalado, o IIS atende apenas as páginas Web estáticas. Todos os outros recursos têm de ser ativados explicitamente para funcionarem.

- Quando você abre o console IIS Management (Gerenciamento IIS), a primeira coisa que precisa fazer é finalizar a configuração do serviço e ativar os recursos requeridos. Isso garante que você saiba exatamente o que está ativado em seus servidores IIS. Deve assegurar-se de que tenha documentado essa configuração assim que completar a execução do assistente.

- A conta que executa os serviços IIS tem menos privilégios que no Windows 2000. O WS03 usa a conta NetworkService para executar o IIS. O NetworkService é uma conta com menor privilégio que LocalSystem.

- Nenhuma amostra é instalada por default. As amostras contêm o código que pode ser usado para atacar um servidor Web. Se você achar que precisa de sites de amostra, poderá instalá-los em uma máquina interna mais segura.

- Todos os componentes IIS são assegurados por default, mesmo no nível NTFS.

- O URLScan também pode ser adicionado à sua configuração IIS. É usado para autorizar as solicitações dos URLs dados. Porém, tenha cuidado: o URLScan é simplesmente um arquivo de inicialização. Se não for assegurado devidamente por meio do NTFS, poderá ser usado para executar um ataque de negação do serviço. Para tanto, apenas modifique-o para negar todos os URLs. Nenhum erro será informado nos registros de erros IIS, uma vez que o IIS achará que está se comportando devidamente. Por isso, é um bom arquivo para controlar com a ferramenta Tripwire mencionada anteriormente na seção NTFS.

> 🏍 **Dica rápida** – *Para obter a última versão do URLScan, vá para http://www.microsoft.com/downloads/ e pesquise URLScan.*

- E mais, o modo de execução para o IIS é completamente diferente no WS03. Cada aplicação realizada no IIS 6.0 é executada em seu próprio ambiente de execução e é totalmente separada das outras aplicações. Se uma aplicação quiser executar operações ilegais, não poderá afetar as outras aplicações sendo realizadas no mesmo servidor. O IIS pode também reiniciar automaticamente as aplicações depois de paralisar, limitando o dano que um ataque de negação do serviço pode ter em cada aplicação.

- Finalmente, o sistema IIS básico, HTTP.SYS, é executado no kernel WS03 e é separado das aplicações. Aceita apenas as solicitações que se originam do próprio sistema operacional. Isso assegura a operação básica do IIS e liga-o diretamente ao sistema operacional.

Esses são os melhores recursos novos para a segurança IIS. No todo, o IIS é uma plataforma Web muito mais segura e estável do que já foi antes.

Porém, lembre-se de que o IIS não é mais requerido na maioria de seus servidores. E mais, você não deve colocar o IIS em nenhum de seus controladores do domínio se possível. Pode haver algumas circunstâncias nas quais não terá nenhuma escolha nesse assunto (por exemplo, no caso dos servidores com diversas finalidades).

Atividades adicionais da segurança IIS

Para instalar o IIS no Windows Server 2003, edições Standard, Enterprise ou Datacenter, você precisará usar o console Manage Your Server (Gerenciar Seu Servidor). O papel escolhido é o Web Application Server (IIS). Isso instala o IIS no modo Web Application, que significa que o assistente de instalação irá propor ativar o ASP.NET. Você poderá determinar se é a configuração requerida. Se não, cancele a seleção do ASP.NET a partir do assistente.

Poderá também instalar o IIS a partir da parte Windows Components do Add/Remove Programs (Adicionar/Remover Programas) no Control Panel. Se escolher instalá-lo a partir do console Manage Your Server, verá dois consoles para gerenciar o IIS: o console IIS normal encontrado em Administration Tools e um novo console Application Server que reagrupa o gerenciamento do .NET Framework, IIS e COM+ Components.

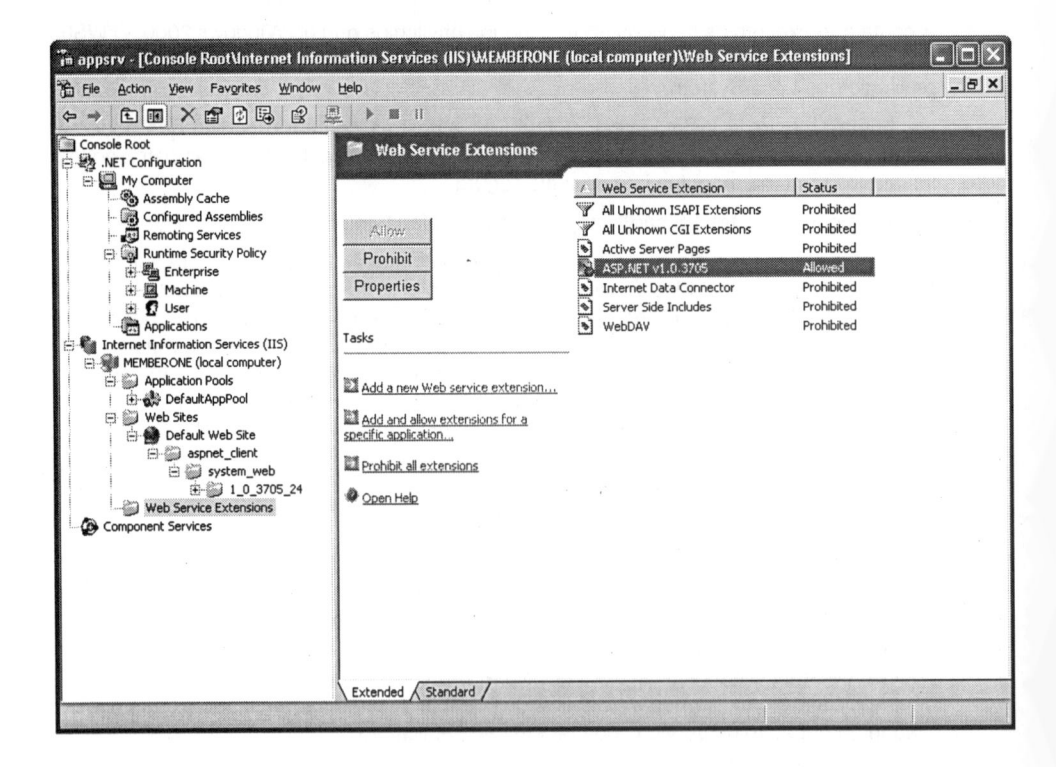

A segurança IIS é uma questão própria. Deve ser bloqueada e sincronizada com a segurança implementada no sistema de arquivos. Um dos melhores lugares a começar para a segurança IIS adicional é o Security Operations Guide. Ele inclui uma lista das recomendações fortes para estreitar a segurança do servidor IIS.

Atividades finais do fortalecimento do sistema operacional

Duas atividades extras são requeridas para você finalizar o fortalecimento de seus sistemas operacionais: criar a redundância do sistema e colocar as operações recorrentes de manutenção da segurança. A redundância do sistema significa construir uma rápida recuperação em seus servidores e nos serviços que eles enviam. Grande parte da recuperação rápida foi tratada no Capítulo 7, especialmente usando o Distributed File System. Mais será tratado no Capítulo 9. Aqui, você construirá uma recuperação rápida adicional através dos servidores do cluster e das operações de backup.

Também precisará cobrir a manutenção da segurança. E mais, precisará implementar o gerenciamento das correções do servidor e da estação de trabalho no nível da empresa. Se estiver usando o SMS, veja http://www.microsoft.com/smserver/evaluation/overview/ featurepacks/default.asp para obter mais informações.

Nível 4: acesso das informações

O nível 4 lida com a identificação do usuário e a atribuição das permissões, permitindo que operem em sua rede. Grande parte disso foi tratada no Capítulo 6, na análise do User and Group Management (Gerenciamento do Usuário e do Grupo). Como o Windows 2000, o Windows Server 2003 inclui vários protocolos de segurança diferentes para a autenticação e a autorização. O mais importante para uma rede interna é o Kerberos, mesmo que o NTLM ainda seja suportado. Mas na rede paralela, há pouca necessidade do NTLM uma vez que todas as máquinas estão usando os sistemas operacionais mais recentes e as florestas estão no modo nativo.

Muito foi dito sobre o protocolo Kerberos. Tem muitas vantagens sobre o NTLM. É mais rápido, mais seguro e mais aceito e simples de usar. Um de seus melhores recursos é o fato de que, assim que tiver autenticado os usuários, eles não precisarão voltar ao servidor para a autorização. Ao passo que, no NTLM, o usuário está retornando constantemente para o servidor para obter os direitos e a validação da permissão; no Kerberos, o usuário carrega os direitos e as permissões na ficha de acesso concedida pelo servidor Kerberos. Essa ficha de acesso está na forma de *bilhete* Kerberos concedido ao usuário na conexão. E mais, com o Kerberos, o servidor autentica o cliente, garantindo que seja autorizado para conceder o acesso do usuário no domínio. Finalmente, o Kerberos suporta uma autenticação com dois fatores. Essa autenticação com dois fatores pode estar na forma de uma placa inteligente ou de um dispositivo biométrico como um dispositivo de impressão digital.

Um dos principais elementos do reino Kerberos (reino é o termo usado para designar a noção de um domínio no Kerberos) é o timbre da hora. A sincronização da hora é essencial no Kerberos porque o servidor de autenticação coincide a hora da solicitação do cliente com seu próprio clock interno. Se a hora diferir por mais que o tempo alocado, o servidor Kerberos não autenticará o usuário. É uma razão pela qual a Microsoft integrou o serviço da hora no papel de mestre das operações Emulador PDC no Active Directory e é a razão pela qual os processos descritos no Capítulo 2 para a sincronização da hora de toda a floresta são tão importantes.

Autenticação da placa inteligente

Um dos lugares mais importantes para a autenticação da placa inteligente é nas contas administrativas. Se você quiser construir uma infra-estrutura altamente segura, deverá aproveitar esse recurso para todas as contas que recebem a autoridade administrativa. E mais, seus administradores devem ter duas contas: uma conta no nível do usuário para as operações diárias e uma conta administrativa para as operações administrativas. Eles devem ser conectados como usuários e devem executar suas atividades administrativas através do comando Run As usando sua placa inteligente na conexão. Você precisará de uma Public Key Infrastructure para atribuir os certificados às placas inteligentes.

Pode haver algumas ocasiões nas quais Run As seja insuficiente para executar as tarefas administrativas. A melhor maneira de evitar isso é colocar ferramentas administrativas em um servidor e permitir que os administradores as acessem através de Terminal Services. Assim, você terá apenas que gerenciar as ferramentas administrativas em alguns servidores e não precisará se preocupar com a criação de estações de trabalho especiais para as finalidades administrativas.

Como assegurar a identificação do usuário

A identificação do usuário ocorre em muitos níveis em uma rede da empresa WS03. A autenticação mais óbvia é através do domínio Active Directory. Para tanto, você precisará definir Global Account Policies para a floresta inteira e aprimorar em cada domínio. E mais, a autenticação ocorre nas situações de florestas cruzadas. Lembre-se de que o WS03 estende a noção de consórcio transitivo de dentro da floresta como era no Windows 2000 para as diversas florestas. Para tanto, você precisará estabelecer consórcios. Duas outras áreas de autenticação são encontradas no WS03: servidor Web e serviço Web ou autenticação .NET Framework. A autenticação do servidor Web é por meio do IIS e usa uma série de técnicas de autenticação. Nova no WS03 é a capacidade de executar a autenticação Microsoft Passport no IIS. A autenticação .NET Framework é baseada em papéis e pode ser específica para cada aplicação. Cada uma dessas áreas de autenticação será tratada nas seções seguintes.

Autenticação do usuário no Active Directory

Nas redes Windows, cada segurança principal é identificada por um número exclusivo, o Security ID ou SID. As seguranças principais incluem tudo, desde computadores até usuários, grupos etc. O SID do usuário é incluído na ficha de acesso para cada usuário. Quando as informações na ficha de acesso são usadas para determinar se um usuário tem acesso para um objeto, os SIDs do usuário são comparados com a lista de SIDs que compõem o DACL do objeto a fim de identificar o nível de permissão que o usuário tem para o objeto. Em outras palavras, toda segurança principal no WS03 é identificada como um número, não um nome.

O impacto disso é que a propriedade dos objetos é identificada pelos SIDs. Quando você recriar um objeto como uma conta do usuário, vai atribuí-lo a um SID diferente. Assim, quando cria a rede paralela, *tem* que transferir as contas do domínio de origem para o novo domínio de produção, do contrário todos os seus usuários terão novos SIDs. Se isso ocorrer, seus usuários não terão acesso aos seus arquivos e pastas quando forem transferidos dos servidores de arquivo de origem para os servidores de arquivo na rede paralela. O Capítulo 10 descreverá alguns procedimentos que você poderá usar para esse processo. São uma das chaves para uma implementação bem-sucedida de uma rede paralela.

Como assegurar o nível 4 através dos objetos Group Policy

A melhor maneira de gerenciar a autenticação, a autorização e a auditoria é através do Group Policy. A autorização foi tratada até certo ponto na análise sobre o Fortalecimento do sistema operacional e, especialmente, no controle de acesso do diretório, sistema de arquivos e objetos de registro. Como viu, os dois últimos podem ser configurados por meio do Security Configuration

Manager. Os objetos do diretório são assegurados quando você os cria. Por exemplo, os procedimentos da delegação usados ao criar sua estrutura OU fazem parte e são uma parcela do gerenciamento do acesso do objeto do diretório.

A melhor maneira de controlar os processos de autenticação é definir seus limites através do Grupo Policy. Até então, você criou vários GPOs diferentes para as finalidades de gerenciamento do objeto. Agora, poderá revisar essas estratégias e ver se elas podem ser reutilizadas para as finalidades de segurança. Isso também permitirá identificar se estratégias de segurança adicionais são requeridas. A Tabela 8-1 descreve os GPOs criados até o momento. Cada GPO lista a OU na qual ele pode ser encontrado, seu nome e sua finalidade. Três GPOs novos são incluídos aqui: dois

Tabela 8-1 – A Lista de GPOs do Domínio de Produção Global

OU	GPO	Tipo de estratégia	Notas
Domain	Estratégia do domínio default	Computador	Contém as estratégias Global Account
Domain	Intranet Domain GPO	Computador	Contém as definições globais para todos os sistemas, por exemplo, as estratégias Printer Location Tracking e Software Restriction
Domain Controllers	Estratégia dos controladores do domínio defaults	Computador	Contém as definições específicas para os DCs através de cada domínio da rede da empresa
PCs	Global PC GPO	Computador	Aplica-se a todos os PCs
Desktops	Global Desktop GPO	Computador	Inclui as especificações para as estações da área de trabalho
Kiosks	Global Kiosk GPO	Computador	Os recursos especiais para as estações de trabalho públicas
Mobile Systems	Global Mobile GPO	Computador	Inclui as especificações para os dispositivos móveis
External	Global External GPO	Computador	Inclui as definições básicas para os PCs não controlados pela organização
People	Global People GPO	Usuário	Aplica-se a todos os usuários
Special Workgroups	SWG GPO	Usuário	Em grande parte projetada para permitir que os usuários SIG tenham acesso à sua própria área de trabalho remota
Services	Baseline GPO	Computador	As definições de segurança da linha de base para todos os Member Servers
File and Print	Global File and Print GPO	Computador	Controla todos os aspectos do compartilhamento de arquivos, do Distributed File System e da impressão
Application Servers e Dedicated Web Servers	Global Application Server GPO	Computador	Controla os servidores do banco de dados, os Web Server de finalidade geral, o .NET Framework e as aplicações da empresa
Terminal Servers	Global Terminal Server GPO	Computador	Contém as definições Terminal Services no lado do servidor
Collaboration Servers	Global Collaboration GPO	Computador	Contém as definições para os Real-time Communications Services, Exchange Server, SharePoint Portal Server, Content Management Server e Streaming Media Services; podem ser separados em mais GPOs para aprimorar o gerenciamento do serviço.
Network Infrastructure	Global Infrastructure GPO	Computador	Contém as definições para o DHCP, WINS, RIS assim como servidores operacionais como o Microsoft Operations Management, Systems Management Server, Internet Security & Acceleration Server etc.; podem ser separados em mais GPOs para aprimorar o gerenciamento do serviço.

GPOs defaults e um novo, o Baseline GPO. O último é projetado para fornecer uma segurança da linha de base para todos os Member Servers. Os novos GPOs são listados em negrito.

No todo, 16 GPOs são requeridos para gerenciar e assegurar o domínio de produção, como é mostrado na Figura 8-7. Cada um contém informações da segurança e do gerenciamento. Você pode criar um GPO para cada finalidade, mas isso praticamente dobrará o número de GPOs que precisará gerenciar por pouco motivo. O que é importante é documentar totalmente cada GPO e usar uma abordagem de gerenciamento da alteração estruturada para as modificações. Execute as modificações no devido GPO. Por exemplo, para criptografar os arquivos off-line, atribua a modificação ao Global File and Print GPO porque ele é o GPO que controla o gerenciamento do arquivo, e essa modificação da segurança está relacionada com o gerenciamento do arquivo.

> 🏍 **Dica rápida** – *No WS03, você tem que usar o comando gpupdate para renovar manualmente as definições GPO. O comando secedit não é mais usado para essa finalidade.*

E mais, todo outro domínio em sua rede da empresa também conterá pelo menos duas estratégias: as estratégias Default Domain e Default Domain Controller.

Como configurar a estratégia Default Domain

Os capítulos 3 e 4 descreveram a importância de configurar duas estratégias do domínio default (Default Domain e Default Domain Controllers) no Protected Forest Root Domain. A razão para isso é que o conteúdo dessas estratégias irá se propagar para os domínios-filhos assim que forem criados. Isso significa que as estratégias defaults devem ser personalizadas assim que o domínio-raiz da floresta tiver sido criado.

A estratégia Default Domain é a *estratégia da conta* para o domínio. Como apenas uma estratégia pode conter as informações da conta, essas informações devem ser definidas em uma única área. Você poderá criar uma estratégia do domínio separada porque a estratégia Default Domain não pode ser desativada. Portanto, se cometer um erro ao editar essa estratégia, estará afetando o domínio inteiro. É uma razão para uma Estratégia de gerenciamento da alteração do Group Policy estruturada. Na verdade, o que você deve fazer é definir a estratégia no domínio-raiz para que ela seja o mais completa possível. Essa estratégia deve corresponder às definições requeridas por seu Single Global Child Production Domain (Domínio-Filho de Produção Global Simples). Ela se propagará para os domínios-filhos na sua criação. Então poderá fazer as modificações como requerido em cada domínio-filho. (Lembre-se: as contas genéricas são criadas apenas nos domínios de desenvolvimento, treinamento e teste.) Não é razão para uma segurança relaxada nos domínios diferentes do domínio de produção.

Os elementos que precisam ser cobertos nessa estratégia da conta são descritos na Tabela 8-2. Todos os elementos descritos nessa tabela são da parte Computer Settings | Windows Components | Security Settings do Group Policy. Mais uma vez, lembre-se de documentar todas as suas definições GPO.

> 🏍 **Dica rápida** – *Todas as definições para a estratégia Kerberos são definidas no default WS03, mas defini-las explicitamente ajudará os operadores Group Policy a saberem qual é realmente a definição default.*

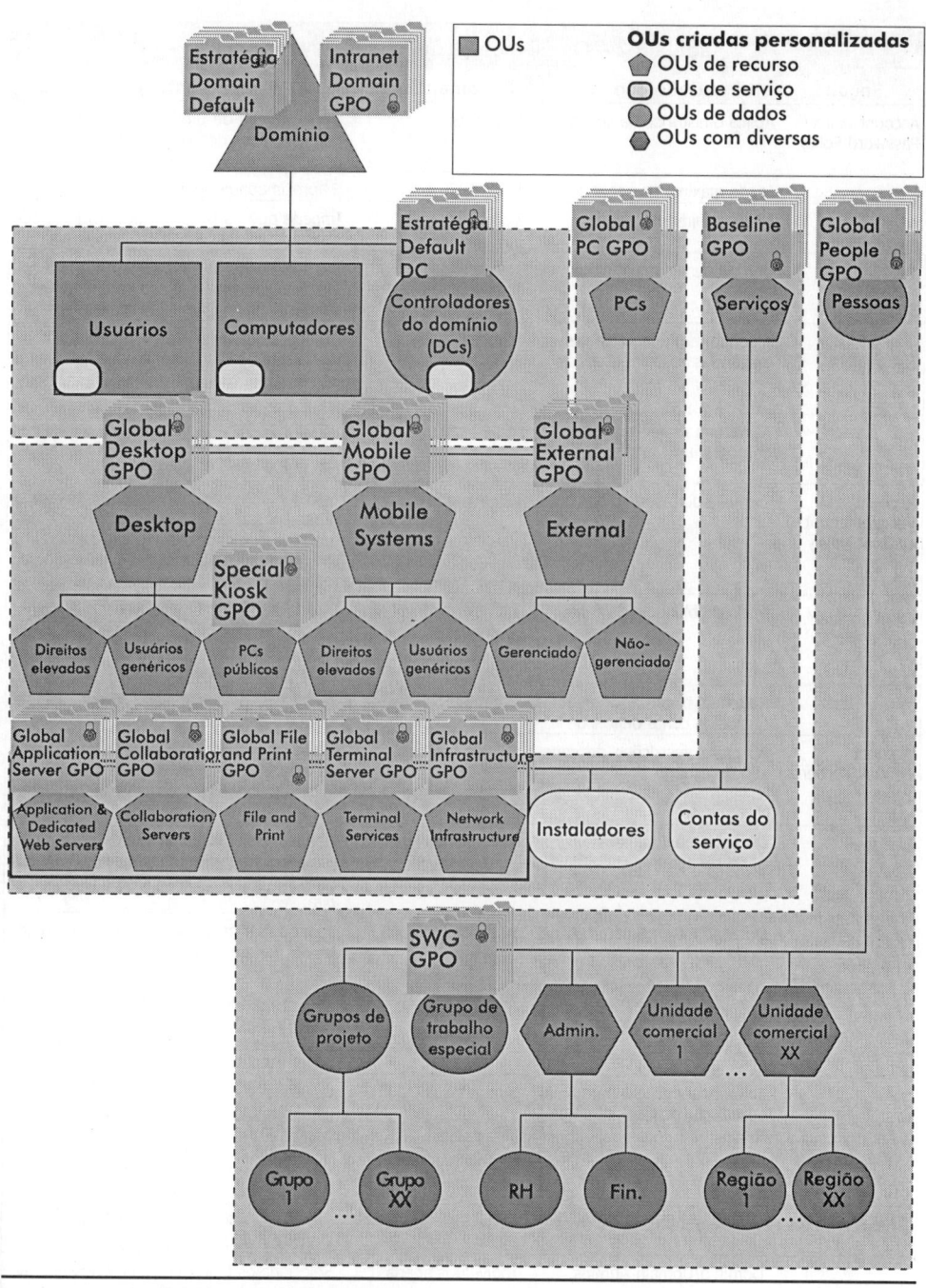

Capítulo 8: Como gerenciar a segurança da empresa ▶ **387**

Figura 8-7 – *Os GPOs do domínio intranet.*

Tabela 8-2 – Os Elementos da Estratégia da Conta

Seção	Definição	Recomendação	Comentários
Account Policy/ Password Policy	Aplica o histórico da senha	24 senhas	Na proporção de uma alteração da senha por mês, essa definição lembra dois anos de senha.
	Idade máxima da senha	42 dias	É aproximadamente um mês e meio.
	Idade mínima da senha	2 dias	Impede que os usuários alterem suas senhas com muita freqüência.
	Comprimento mínimo da senha	8 caracteres	É o início onde os violadores de senha começam a levar mais tempo para quebrar as senhas.
	A senha tem que satisfazer as exigências da complexidade	Ativado	Assegura que as senhas tenham que conter caracteres alfabéticos e numéricos, com letras maiúsculas e minúsculas, assim como símbolos especiais.
	Armazena as senhas usando a criptografia reversível	Desativado	Ativar esta definição é o mesmo que armazenar senhas de texto comum. Essa definição nunca deve ser ativada.
Account Policy/Account Lockout Policy	Duração do bloqueio da conta	120 minutos	Esta definição determina por quanto tempo uma senha é bloqueada depois de várias tentativas de conexão. Quanto mais curto for o tempo, mais tentativas poderão ser feitas na conta.
	Início do bloqueio da conta	3 tentativas inválidas de conexão	Depois de três tentativas de conexão ruins, a conta é bloqueada. Defina esse valor para mais alto se você usar uma autenticação com dois fatores.
	Redefine o contador de bloqueios da conta depois de	120 minutos	Tem de ser igual ou maior que a duração de bloqueio da conta.
Account Policies/Kerberos Policy	Aplica as restrições de conexão do usuário	Ativado (default)	Assegura que os usuários tenham o direito de acessar os recursos locais ou da rede antes de conceder-lhes um bilhete Kerberos.
	Duração máxima para o bilhete do serviço	600 minutos (default)	Define a duração do bilhete da sessão que é usado para iniciar uma conexão com um servidor. Tem que ser renovada quando expira.
	Duração máxima para o bilhete do usuário	10 horas (default)	Tem que ser maior ou igual à definição anterior. Tem que ser renovada quando expira.
	Duração máxima para a renovação do bilhete do usuário	7 dias (default)	Define a duração do bilhete de concessão de bilhetes de um usuário. O usuário tem que se conectar novamente assim que esse bilhete expire.
	Tolerância máxima para a sincronização do clock do computador	5 minutos (default)	O Kerberos usa os timbres da hora para conceder os bilhetes. Todos os computadores em um domínio são sincronizados pelos controladores do domínio. Esse valor pode ser mais curto em uma rede com ligações WAN de alta velocidade.
Grupos restritos	Domínio/Enterprise Admins	Indivíduos apenas	Seleciona os indivíduos confiáveis que devem ser membros deste grupo.
	Domínio/Domain Admins	Indivíduos apenas	Seleciona os indivíduos confiáveis que devem ser membros deste grupo.
	Domínio/Administrators	Admins da empresa Admins do domínio	Este grupo deve conter apenas grupos confiáveis.

Todas essas definições são aplicadas no nível do domínio para assegurar que afetem todo objeto no domínio. Na verdade, a estratégia da conta é uma estratégia do computador. Isso significa que a parte da configuração do usuário do GPO pode ser desativada. Lembre-se de documentar totalmente todas as alterações feitas nesses GPOs.

> **Cuidado** – *É muito importante assegurar-se de que você tenha um programa de comunicações forte para manter os usuários cientes da importância de ter uma estratégia da conta completa em sua rede da empresa. Também é importante que você indique para eles as definições em sua estratégia da conta. Finalmente, educá-los sobre a proteção das senhas e da renovação imediata das senhas que eles acham que podem estar concedidas irá garantir que sua estratégia da conta seja suportada por muitas pessoas que a usam.*

Estratégia default do Domain Controller

A Estratégia default do Domain Controller deve ser também modificada, mas as modificações requeridas são numerosas demais para serem listadas aqui. O processo DC Promotion (Promoção do DC) irá garantir automaticamente os diferentes aspectos do sistema local e criará o gabarito DC Security.inf mas, na maioria dos casos, a segurança DC adicional será requerida. E mais, será essencial assegurar-se de que todos os seus controladores do domínio permaneçam na unidade organizacional Domain Controllers, do contrário eles não serão afetados por sua estratégia DC default. É uma razão pela qual a auditoria do diretório também é muito importante de implementar. Você poderá ver diversas fontes de informações para obter os gabaritos de segurança aplicáveis:

- Os dois gabaritos defaults predefinidos: Securedc.inf e Hisecdc.inf
- O guia de operações da segurança para um gabarito Baseline DC
- Os gabaritos de segurança NSA DC
- Os gabaritos comerciais

Seja qual for o gabarito usado, certifique-se de que tenha assegurado as seguinte áreas:

- Concentre-se na autenticação Kerberos em vez do NTLM, mesmo o HTLM versão 2
- Comunicações entre os DCs
- Use a assinatura dos dados para as consultas LDAP
- Remova o suporte do cliente de baixo nível
- Garanta o arquivo de armazenamento NTDS.DIT

Há outros recursos de segurança que são aplicados por esses gabaritos. Revise-os com cuidado e selecione aqueles que são adequados para seu ambiente. Você tem que determinar se colocará todas as definições na estratégia DC default (DDCP) ou usará a estratégia local. Se escolher usar uma estratégia local, além da estratégia DC default, lembre-se de aplicar a estratégia local nos controladores do domínio apenas assim que eles forem promovidos.

> **Dica rápida** – *Você deve sempre verificar os gabaritos localizados nos vários sites Web uma vez que eles são atualizados regularmente. Para os gabaritos Microsoft, pesquise Security Operations Guide em http://www.microsoft.com/security/.*

A melhor prática é modificar o DDCP para definir os parâmetros de segurança que não afetarão as três áreas de estratégia local (sistema de arquivos, registro e serviços). Um elemento útil no DDCP é a criptografia do transporte de dados ou, ao contrário, usar o IPSec para se comunicar entre os servidores.

Estratégia da linha de base do Member Server

Outra estratégia de segurança que é global para um grupo de objetos é a estratégia da linha de base do Member Server. Essa estratégia inclui várias definições aplicadas em todos os servidores. Ela está localizada na Services OU e, como é a OU mãe para todos os Member Server, é aplicada em todos eles. Por isso, cada GPO do papel do servidor específico inclui apenas as definições de segurança de aumento assim como as definições requeridas para seu papel funcionar devidamente. Por exemplo, para fornecer uma segurança extra, você poderá incluir a definição Prevent IIS Installation (Impedir Instalação do IIS (em Computer Configuration | Administrative Templates | Windows Components | Internet Information Services) nesse gabarito da linha de base. Assim, ninguém será capaz de instalar o IIS em qualquer de seus Member Servers. Então, você poderá desativar essa definição no GPO de aumento que aplicará na OU Application Server e Dedicated Web Servers.

Como gerenciar os consórcios

O Windows 2000 introduziu o conceito de consórcios transitivos bidirecionais automáticos em uma floresta Active Directory. O Windows Server 2003 aprofunda ainda mais esse conceito com o acréscimo de consórcios transitivos entre as florestas. Mas, apesar do fato de que os consórcios são em grande parte automáticos, algum grau de gerenciamento ainda é requerido porque, sempre que um consórcio é criado, você dá acesso às suas florestas ou domínios para as pessoas e objetos nos outros contêiners AD.

Há vários tipos de consórcios no Windows Server 2003. Eles ilustram a Tabela 8-3.

> **Dica rápida** – *Para ativar os consórcios de floresta, sua floresta terá que estar no modo de floresta WS03 nativa. Todos os domínios têm também que estar no modo nativo WS03.*

Os consórcios que você usará em grande parte em sua rede paralela serão a floresta, atalho e externo. O último é usado para ligar sua rede paralela à rede de herança se for baseada no NT4. Os

Tabela 8-3 – Tipos de Consórcio WS03		
Tipo de consórcio	**Direções e natureza**	**Comentários**
Pai e filho	Transitivo bidirecional	São os consórcios automáticos que são estabelecidos quando um domínio-filho é criado.
Raiz três	Transitivo bidirecional	São os consórcios criados, estabelecidos quando uma nova árvore é criada.
Floresta	Transitivo unidirecional e bidirecional	Estende a transitividade dos consórcios de uma floresta para outra.
Atalho	Transitivo unidirecional e bidirecional	Cria um caminho de atalho para a autenticação entre dois domínios. Os domínios podem usar esse caminho para autenticação em vez de ter que atravessar a hierarquia de florestas.
Reino	Transitivo unidirecional e bidirecional e não transitivo	Cria um link de autenticação entre um domínio e um reino Kerberos não Windows (como UNIX).
Externo	Não transitivo unidirecional e bidirecional	Cria um link de autenticação entre um domínio WS03 e um domínio NT4.

consórcios de atalho serão usados para melhorar o desempenho da validação entre os domínios-filhos que requerem níveis altos de interação. Os consórcios de floresta podem ser usados basicamente entre sua floresta de infra-estrutura e as florestas dos parceiros.

Dar acesso aos recursos a partir de outros domínios ou florestas através dos consórcios é um procedimento com duas etapas. Primeiro, você terá que estabelecer o consórcio. Segundo, terá que inserir User Groups (Grupos de Usuário) a partir de uma floresta ou domínio nos User Groups no outro para dar aos usuários acesso aos recursos (veja a Regra UGLP no Capítulo 6 para obter mais informações). Use o seguinte procedimento para criar consórcios de atalho:

1. Abra o console Active Directory Domains and Trusts (Domínios e Consórcios Active Directory).
2. Clique com o botão direito do mouse no domínio ao qual deseja atribuir o consórcio e selecione Properties.
3. Vá para a aba Trust (Consórcio) na caixa de diálogo Properties e clique em New Trust (Novo Consórcio).
4. Isso inicializará o New Trust Wizard (Assistente para Novo Consórcio). Clique em Next (Próximo).
5. Digite o nome do domínio ou floresta com o qual deseja estabelecer o consórcio. Os nomes do domínio podem estar no formato NetBIOS, mas os nomes da floresta tem que estar no formato DNS. Clique em Next.
6. Selecione o tipo de consórcio que deseja criar (bidirecional, unidirecional: entrando, ou unidirecional: saindo).
7. Se você tiver direitos administrativos em ambos os domínios, poderá selecionar Both this domain and the specified domain (Este domínio e o domínio especificado) para criar ambos os lados do consórcio ao mesmo tempo. Clique em Next.
8. Digite suas credenciais administrativas para o domínio ou floresta de destino. Clique em Next.

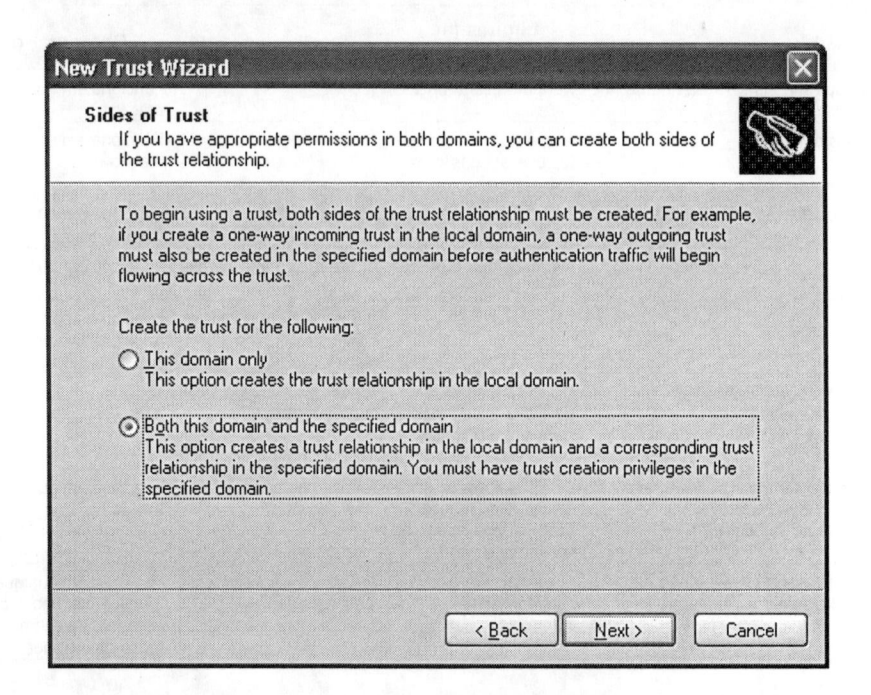

9. O assistente está pronto para criar o consórcio de saída no domínio ou floresta de destino. Clique em Next. Assim que terminar, pedirá para você confirmar o novo consórcio. Clique em Next.

10. Pedirá para confirmar o consórcio de saída. Selecione Yes, confirme o consórcio de saída e então clique em Next. Confirmar os consórcios é uma boa idéia porque garante que o consórcio esteja funcionando devidamente.

11. Pedirá para configurar o consórcio de entrada. Selecione Yes, confirme o consórcio de entrada e então clique em Next.

12. Revise suas alterações e clique em Finish (Terminar) quando concluir.

Use o mesmo procedimento para criar outros tipos de consórcios. O assistente mudará automaticamente seu comportamento com base nos valores que você fornece em sua segunda página.

Trabalhar com a segurança do Active Directory pode ser complexo, mas você reduzirá o nível de complexidade se mantiver uma abordagem estruturada e bem documentada para mudar o gerenciamento. Use procedimentos operacionais padrões todas as vezes e certifique-se de que esses procedimentos documentados sejam fornecidos para todas as pessoas que os requeiram.

Controle do acesso do servidor Web

Outra área onde a autenticação é requerida é no servidor Web. O IIS fornece vários tipos de autenticação diferentes a partir da conexão anônima para uma autenticação total baseada em certificados. A Tabela 8-4 lista os modos de autenticação disponíveis no IIS 6.0

Tabela 8-4 – A Autenticação no Iis

Modo	Segurança	Limites (se houver)	Suporte do cliente	Comentários
Anonymous (Anônimo)	Nenhuma	Nenhuma segurança	Todo	Funciona em qualquer situação
Basic (Básico)	Baixa	Limpa a senha do texto, use apenas com o SSL	Todo	Funciona em qualquer situação
Digest (Compilação)	Média		IE5 e posterior	Funciona em qualquer situação
NTLM	Média	Não funciona nos proxies	Internet Explorer apenas	Funciona em qualquer situação
Kerberos	Alta		IE5 no W2000 ou XP na infra-estrutura do domínio	Funciona apenas na intranet, o DC precisa ser acessível pelo cliente
IIS Client Certificate Mapping (Mapeamento do Certificado do Cliente IIS)	Alta	O WS03 fornece a renovação automática para os certificados	Todos os navegadores mais recentes	Todos
AD Client Certificate Mapping (Mapeamento do Certificado do Cliente AD)	Muito alta	O WS03 fornece o registro e a renovação automáticos para os certificados	Todos os navegadores mais recentes	Funciona em qualquer situação
Microsoft Passport (Passaporte Microsoft)	Muito alta	O passaporte é armazenado na Web	Todos os navegadores mais recentes	Funciona em qualquer situação, mas pode ser arriscado para a implementação da intranet

Tabela 8-5 – As Recomendações da Autenticação do Servidor Web

Situações	Exigências	Recomendações
Intranet (rede paralela)	Todos os clientes têm contas Windows armazenadas em seu diretório. Todos os clientes usam o Internet integrada. Há um nível forte de criptografia da senha	Use o Kerberos através da autenticação Windows Explorer 6 ou posterior
Internet	Você precisa suportar diversos tipos de navegadores e diversas versões. A maioria das informações em seus servidores é pública. Alguns dados ou a lógica comercial podem requerer uma conexão segura. Você não tem controle sobre os computadores do usuário e não deseja ser intrometido. Algumas situações podem requerer a delegação	Anonymous Basic no SSL Passport
Extranet	Requer uma solução muito segura. Você pode requerer uma autenticação manual. Pode precisar de terceiros para gerenciar a relação entre seu servidor e quem mantém o certificado. A operação deve ser uniforme para o cliente	Certificate Passport

Basicamente, você precisa determinar qual modo de autenticação funciona melhor para você e para a exigência do servidor Web. As soluções internas e externas serão diferentes e também haverá diferenças entre as soluções que você implementa na Internet e na extranet porque muito provavelmente desejará uma autenticação mais segura no último.

A Tabela 8-5 descreve algumas recomendações.

A autenticação IIS é definida no console IIS nas propriedades do site Web. Na aba Directory Security, há uma seção Authentication and Access Control (Autenticação e Controle do Acesso). Clique em Edit (Editar) para modificar as definições desse site. Selecione e aplique o devido modo de autenticação para cada site.

Autenticação do .NET Framework

Como o .NET Framework usa os serviços Web, os modelos de autenticação contam muito com o IIS, mas há algumas funcionalidades básicas na própria estrutura uma vez que fornece uma segurança baseada em papéis (RBS). O RBS na estrutura pode contar com três tipos diferentes de autenticação: autenticação baseada em formulários (gera um cookie), autenticação IIS e autenticação Windows. A primeira tem que ser programada no serviço Web. O segundo e terceiro métodos são administrados pelas operações da rede.

A maneira mais fácil de autenticar os usuários e autorizar o acesso para os recursos Web na intranet é atribuir-lhes papéis. Os papéis são grupos que têm níveis de acesso diferentes em cada aplicação. Esses grupos são específicos da aplicação, mas podem ser mapeados para o Active Directory. Os armazenamentos da autorização têm que ser criados antes da atribuição do grupo. Isso pode ser feito pelo console Authorization Manager que é inicializado executando o comando azman.msc. Os desenvolvedores têm de criar o armazenamento inicial e ligá-lo a uma aplicação, então os administradores podem atribuir-lhes usuários e grupos. O armazenamento pode estar localizado no Active Directory, mas o desenvolvedor têm de ter os direitos de criação do armazenamento no AD para tanto. É um novo modelo de segurança que é muito poderoso e requer menos gerenciamento que os primeiros esquemas de autorização da aplicação. Certifique-se de que seus desenvolvedores se esforcem para usar essa abordagem ao criar os serviços Web para o uso interno.

Auditoria do acesso e controle

O aspecto final do Nível 4 é a auditoria. É importante controlar o uso do recurso e os arquivos de registro do controle para garantir que os usuários tenham os devidos direitos de acesso e que nenhum usuário tentará abusar de seus direitos. A auditoria é um processo com duas etapas no WS03. Primeiro, você tem de ativar a estratégia de auditoria para um evento. Então, para os tipos dados de objetos, terá de ativar a auditoria para o objeto que deseja controlar e identificar quem deseja controlar. O WS03 permite fazer uma auditoria em vários tipos diferentes de eventos: eventos de conexão da conta, gerenciamento da conta, acesso do serviço do diretório, eventos da conexão, acesso de objeto, alteração da estratégia, uso do privilégio, controle do processo e eventos do sistema.

A auditoria é controlada pela Audit Policy (Estratégia da Auditoria), que está localizada nas definições de segurança do Group Policy. Ativar a Audit Policy pode ter um impacto significante em sua rede. Os objetos com auditoria e os eventos deixam lento o sistema, portanto é importante fazer uma auditoria apenas nos eventos ou objetos que você julgar críticos em sua rede.

Para definir a Audit Policy, vá para o devido GPO e selecione Computer Configuration | Windows Settings | Security Settings | Audit Policy. Clique duas vezes no evento que deseja fazer a auditoria e modifique a estratégia. Poderá fazer uma auditoria no sucesso ou na falha de um evento ou em ambos.

Se quiser fazer uma auditoria no acesso do objeto, como acessar um contêiner no AD ou um arquivo em um servidor, terá que ativar a auditoria para esse objeto e identificar em quem deseja fazer a auditoria. Para tanto, terá que exibir as propriedades de segurança do objeto e usar o botão Advanced. No AD, terá que ativar os Advanced Features (Recursos Avançados) no menu View do consoles AD para fazer isso.

Mais uma vez, vá para os guias de segurança mencionados anteriormente para identificar as estratégias de segurança que deseja implementar em sua rede.

Nível 5: acesso externo

O Nível 5 concentra-se na rede de perímetro e na proteção de sua rede interna contra as influências externas. No mundo conectado de hoje, é impossível criar redes internas que sejam completamente isoladas do mundo externo. Assim, você precisará proteger a rede interna o máximo possível, de fato, criando uma barreira que tenha que ser cruzada antes de qualquer pessoa poder entrar. Essa barreira pode ter várias formas diferentes, mas, no caso da rede paralela, é baseada no uso contínuo de seu ambiente de perímetro. Esse ambiente é geralmente chamado de zona desmilitarizada (DMZ).

As redes de perímetro podem conter qualquer quantidade de componentes. Eles podem ser limitados a uma série de proteções que garantem sua rede interna ou podem incluir e conter seus servidores Internet, assim como seus serviços da extranet. Se este for o caso, essa rede será bem complexa e incluirá defesas em todo nível do Castle Defense System.

O perímetro também inclui todas as ligações entre sua rede interna e o mundo externo. Muitos administradores esquecem que sua rede inclui modems internos que os usuários podem usar de dentro da empresa para conectar com o mundo externo e não inclui isso na análise das exigências do perímetro. Não cometa esse erro.

> **Dica rápida** – *A Microsoft fornece uma descrição muito extensa de uma rede de perímetro complexa através de seu Prescriptive Architecture Guide para os Internet Data Centers. Na verdade, esse guia é extremamente completo e fornece instruções específicas para a implementação da rede para os dispositivos de rede Nortel e Cisco. Está localizado em http://www.microsoft.com/solutions/idc/techinfo/solutiondocs/default.asp.*

Não é a finalidade deste capítulo revisar todos os recursos de uma rede de perímetro. O que é importante, neste nível da rede interna, é a implementação de uma Public Key Infrastructure.

Como construir uma Public Key Infrastructure interna

As implementações PKI podem ser bem complexas, especialmente se você precisar usá-las para interagir com os clientes e os fornecedores fora de sua rede interna. O principal problema neste nível é a autoridade: você é quem diz ser e seus certificados podem ser confiáveis? Quando esse for o caso, terá de contar com uma autoridade de terceiros, especialista nessa área, para comprovar que você é você e afiançar que seus certificados podem e devem ser confiáveis. O WS03 pode desempenhar um papel importante ao reduzir os custos PKI nessas situações. Como inclui todos os recursos necessários para implementar um serviço PKI, tudo que você precisará fazer é adquirir o certificado do servidor-raiz de uma fonte externa. Esse certificado, então, será incorporado a todo certificado enviado por sua infra-estrutura. Ele provará, para seus clientes, parceiros e fornecedores, que você é quem diz ser e, portanto, não terá de implementar uma solução PKI de terceiros cara.

Mas não precisará desse tipo de certificado para as finalidades da rede interna uma vez que controlará todos os sistemas na rede e não precisará provar quem é ou a sua organização para eles. Os serviços Windows PKI suportam vários tipos de situações da segurança. Você poderá usá-los para:

- Assegurar os serviços Web, servidores e aplicações
- Assegurar e assinar digitalmente o e-mail
- Suportar o EFS
- Assinar o código

- Suportar uma conexão com placa inteligente
- Suportar uma rede privada virtual (VPN)
- Suportar a autenticação do acesso remoto
- Suportar a autenticação das ligações da réplica Active Directory no SMTP
- Suportar a autenticação da rede sem fio

O WS03 fornece dois tipos de autoridades do certificado (CA): independente e da empresa. A última fornece uma integração completa com o Active Directory. A vantagem dos CAs da empresa é que, como seus certificados são integrados no diretório, eles podem fornecer serviços de registro e renovação automáticos. É por isso que o serviço PKI implementado na rede interna deve ser baseado nos CAs da empresa.

As melhores práticas do PKI requerem níveis muito altos de proteção física para as autoridades do certificado da raiz. É porque o CA raiz é o CA básico para a hierarquia PKI inteira. Se ele ficar danificado por alguma razão, sua Public Key Infrastructure inteira será danificada. Portanto, é importante remover o CA raiz da operação assim que seus certificados tiverem sido enviados. Como você removerá esse servidor da operação, fará sentido criá-lo como um CA independente (remover um CA da empresa da rede causará erros no AD).

> **Dica rápida** – *Os CAs raízes devem ser removidos da operação para sua proteção. Muitas organizações acham difícil justificar uma máquina física como um CA raiz porque a máquina basicamente está sempre fora da rede. Isso pode ser uma boa oportunidade de usar máquinas virtuais que usam tecnologias como o VMware GSX Server (http://www.vmware.com/) se os orçamentos não permitirem uma máquina física. Colocar uma máquina virtual off-line é muito mais fácil do que uma máquina física. E mais, será mais fácil e rápido colocá-la de volta on-line. Também pode ser copiada para o DVD e removida fisicamente do site.*

As melhores práticas PKI também requerem vários níveis de hierarquia. Na verdade, nos ambientes PKI que têm de interagir com o público, faz sentido proteger os dois primeiros níveis da infraestrutura e remover ambos da rede. Mas, em um ambiente PKI interno, especialmente um que, em grande parte, será usado para a assinatura do código, criptografia, conexão da placa inteligente e as conexões VPN, dois níveis serão suficientes. Os CAs subordinados devem ser CAs da empresa para que possam ser integrados ao AD. Para adicionar mais proteção ao CA subordinado, não o instale em um controlador do domínio. Isso reduzirá o número de serviços no servidor. Um exemplo de arquitetura PKI interna e externa é apresentado na Figura 8-8.

Mesmo que seu ambiente PKI seja interno, você deverá ainda se concentrar em uma construção PKI devida. Isso significa implementar um processo com sete etapas como descrito na Lista de verificação da implementação PKI interna mostrada na Figura 8-9. Considere cada etapa antes de preparar o PKI. Não é um lugar onde você possa cometer muitos erros. Teste completamente todo elemento de sua arquitetura PKI antes de prosseguir para sua implementação em sua rede interna. Enfim, exatamente quando criou sua estratégia de segurança para definir como você assegura se ambiente, precisará criar uma estratégia de certificado e comunicá-la às pessoas.

Como gerenciar a estratégia de segurança

O Castle Defense System fornece uma abordagem estruturada para a construção de uma estratégia de segurança. Mas não pode sozinho defender seus recursos críticos. Tem de ser complementado

Capítulo 8: Como gerenciar a segurança da empresa ▸ **397**

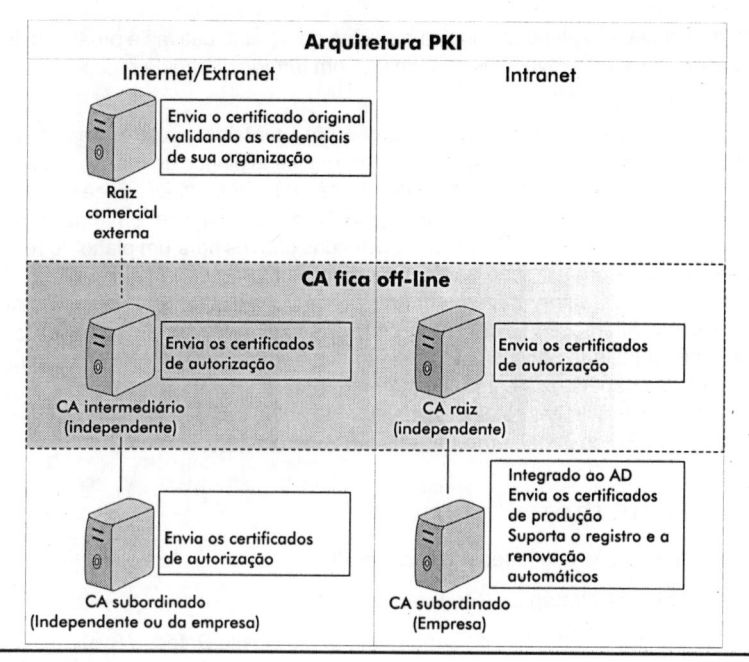

```
                         Arquitetura PKI
        Internet/Extranet                    Intranet

           ┌─ Envia o certificado original
           │  validando as credenciais
           │  de sua organização
         Raiz
       comercial
        externa
        ─ ─ ─ ─ ─ ─ ─ ─ ─ ─ CA fica off-line ─ ─ ─ ─ ─ ─ ─ ─ ─ ─

           ─ Envia os certificados          ─ Envia os certificados
             de autorização                   de autorização

        CA intermediário                  CA raiz
         (independente)                 (independente)

                                               Integrado ao AD
                                               Envia os certificados
                                               de produção
           ─ Envia os certificados          Suporta o registro e a
             de autorização                   renovação
                                               automáticos
        CA subordinado                    CA subordinado
   (Independente ou da empresa)             (Empresa)
```

Figura 8-8 – *Uma arquitetura PKI.*

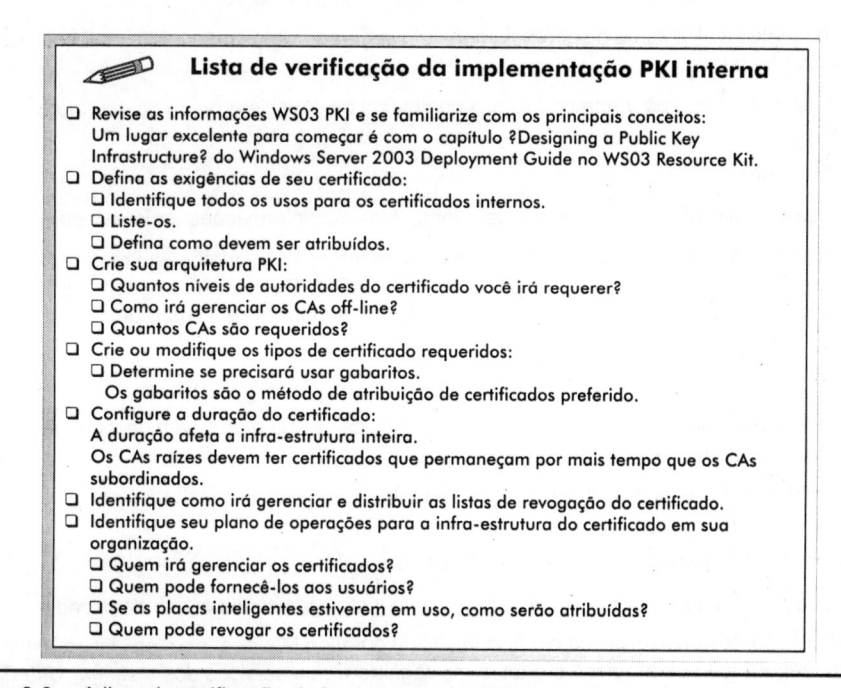

Lista de verificação da implementação PKI interna

❏ Revise as informações WS03 PKI e se familiarize com os principais conceitos:
Um lugar excelente para começar é com o capítulo ?Designing a Public Key Infrastructure? do Windows Server 2003 Deployment Guide no WS03 Resource Kit.
❏ Defina as exigências de seu certificado:
 ❏ Identifique todos os usos para os certificados internos.
 ❏ Liste-os.
 ❏ Defina como devem ser atribuídos.
❏ Crie sua arquitetura PKI:
 ❏ Quantos níveis de autoridades do certificado você irá requerer?
 ❏ Como irá gerenciar os CAs off-line?
 ❏ Quantos CAs são requeridos?
❏ Crie ou modifique os tipos de certificado requeridos:
 ❏ Determine se precisará usar gabaritos.
  Os gabaritos são o método de atribuição de certificados preferido.
❏ Configure a duração do certificado:
 A duração afeta a infra-estrutura inteira.
 Os CAs raízes devem ter certificados que permaneçam por mais tempo que os CAs subordinados.
❏ Identifique como irá gerenciar e distribuir as listas de revogação do certificado.
❏ Identifique seu plano de operações para a infra-estrutura do certificado em sua organização.
 ❏ Quem irá gerenciar os certificados?
 ❏ Quem pode fornecê-los aos usuários?
 ❏ Se as placas inteligentes estiverem em uso, como serão atribuídas?
 ❏ Quem pode revogar os certificados?

Figura 8-9 – *A lista de verificação da implementação PKI interna.*

por um plano de defesa, um plano que inclua medidas de defesa reativas e proativas. Isso significa defesas adicionais em vários níveis, especialmente em termos de rápida recuperação do sistema. Isso será tratado no Capítulo 9.

Há também operações contínuas que têm de ocorrer em intervalos regulares para garantir que seu sistema de defesa seja controlado constantemente e que seus planos de reação funcionem devidamente. As simulações e os treinamentos de incêndio são uma boa prática. Você verá como responder e também se seu plano de resposta é adequado. Não desejará estar em uma situação em que a única resposta seja desconectar um sistema. Uma das chaves para um plano de resposta sólido é garantir que todos na organização saibam e compreendam seu papel no plano. O Windows Server 2003 e o Active Directory trazem uma mudança considerável para a rede da empresa. É importante que essas alterações sejam compreendidas totalmente por sua equipe. Também é importante que você identifique cada papel novo em suas operações assim como as modificações que tem de fazer nos papéis existentes. Finalmente, para suportar ao máximo sua estratégia de segurança, você precisará limitar os direitos delegados atribuídos aos administradores e aos operadores em sua rede. Esses itens serão tratados no Capítulo 10.

Resumo das melhores práticas

Este capítulo recomenda as seguintes melhores práticas:

- Implemente uma Estratégia de segurança.
- Se você não tiver um modelo de segurança, use o Castle Defense System.
- Adicione suporte ao Castle Defense System preparando um plano de defesa como descrito no Plano de construção da estratégia de segurança da empresa.
- Complete as atividades de gerenciamento da segurança implementando um teste e controle da segurança.
- Certifique-se de que tenha programas completos de conscientização do usuário no lugar.

Camada 1: Dados críticos

- Faça um inventário e coloque em categorias todas as informações em sua rede.
- Certifique-se de que suas aplicações utilizem recursos de segurança no motor usado para a execução. Se você criar aplicações que usem o SQL Server, utilize os recursos de segurança do SQL Server, além de outras medidas de segurança em sua rede.

Camada 2: Proteção física

- Certifique-se de que os aspectos da proteção física de sua rede sejam bem documentados e inclua sistemas redundantes.
- Use dispositivos de autenticação com dois fatores para os administradores.

Camada 3: Fortalecimento do sistema operacional

- Assegure seus servidores e computadores na instalação com o comando secedit.
- Use gabaritos de segurança e o Security Configuration Manager para aplicar as definições da segurança nos arquivos e pastas, no registro e nos serviços dos sistema. Use GPOs para todas as outras definições de segurança.

Capítulo 8: Como gerenciar a segurança da empresa ▶ **399**

- Lembre-se de testar totalmente suas configurações da segurança antes de prepará-las, especialmente com as aplicações da empresa, porque assegurar certos elementos poderá impedir que as aplicações funcionem.
- Proteja seus sistemas com um programa antivírus e aplique as Estratégias de restrição do software.
- Sempre mantenha suas permissões do diretório o mais simples possível e tente usar ao máximo permissões herdadas.
- Certifique-se de que todas as pessoas com direitos administrativos para o diretório possam ser totalmente confiáveis.
- Criptografe todos os dados off-line.
- Proteja os dados criptografados através do Windows PKI.
- Comece com as estratégias de segurança defaults para o código gerenciado no .NET Framework e aprimore-as quando se familiarizar mais com o uso dessa ferramenta de aplicação poderosa.
- Se pretende usar muito o .NET Framework, migre todo o código para o código gerenciado assim que puder. Fornecerá processos de segurança mais granulares.
- Evite o Internet Information Server em seus servidores a menos que seja um Application Server.
- Não instale o IIS nos controladores do domínio.
- Quando o IIS for instalado, configure seu nível de segurança para o mínimo requerido para o papel do servidor. Torne isso a primeira etapa em suas atividades da configuração.
- No mínimo, use o gabarito de segurança IIS a partir do Microsoft Security Operations Guide para assegurar seus servidores IIS.
- Assegure globalmente seus servidores IIS através do Group Policy.

Camada 4: Acesso das informações

- Modifique as estratégias defaults no Protected Forest Root Domain *antes* de criar os domínios-filhos.
- Gerencie os consórcios com cuidado e use a regra UGLP para atribuir permissões aos usuários.
- Use um plano de autenticação e autorização completo que cubra o Windows, servidores Web e o .NET Framework.
- Modifique a Estratégia do domínio default para incluir uma Estratégia da conta global de alta segurança.
- Certifique-se de que seus desenvolvedores usem planos de autorização baseados em papéis para os serviços Web construídos.
- Ative a auditoria nos eventos-chaves em sua rede e controle essas auditorias.

Camada 5: Acesso externo

- Crie a autoridade do certificado raiz de sua Public Key Infrastructure como um CA independente e remova-o da rede assim que seus certificados tiverem sido enviados.

- Use uma hierarquia de CAs com dois níveis para as finalidades internas e torne todos os CAs do segundo nível CAs da empresa.
- Planeje seu ambiente PKI com cuidado antes de implementá-lo. Teste-o em um ambiente de laboratório antes de preparar para sua rede interna.
- Certifique-se de que as comunicações entre seus controladores do domínio sejam criptografadas por meio do túnel IPSec.

Segurança geral

- Certifique-se de que sua estratégia de segurança esteja sempre atualizada e que todos os seus usuários tenham consciência dela. Continue a fornecer comunicações regulares para sua base de usuário sobre as questões de segurança.

Mapa do capítulo

Use a ilustração na Figura 8-10 para revisar o conteúdo deste capítulo.

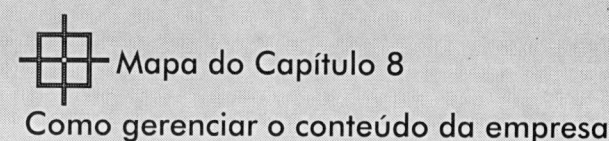

Capítulo 8: Como gerenciar a segurança da empresa ▶ **401**

Mapa do Capítulo 8
Como gerenciar o conteúdo da empresa

O básico da segurança

Como construir uma estratégia de segurança
Castle Defense System **(Figuras 8-1, 8-2)**
- Plano da segurança **(Figuras 8-3, 8-4)**
- Microsoft Security Operations Guide
- Segurança do Windows Server 2003

Ferramentas no site Web complementar
- Ajuda do serviço Castle Defense System

Como aplicar o Castle Defense System
Nível 1 Informações críticas
Nível 2 Proteção física
Nível 3 Fortalecimento do sistema operacional
- Configuração da segurança do sistema
- Melhores práticas dos gabaritos de segurança
- Estratégias antivírus
- Segurança geral do Active Directory **(Figura 8-5)**
- Segurança do sistema de arquivos
- Segurança do sistema de impressão
- Segurança do .NET Framework **(Figura 8-6)**
- Segurança IIS
- Atividades finais do fortalecimento do sistema operacional

Nível 4 Acesso das informações
- Autenticação da placa inteligente
- Como assegurar a identificação do usuário
- Segurança através de GPOs **(Figura 8-7)**
- Como gerenciar os consórcios
- Controle do acesso do servidor Web
- Autenticação do .NET Framework
- Auditoria do acesso e controle

Nível 5 Acesso externo
- Como construir uma Public Key Infrastructure interna **(Figura 8-8, 8-9)**

Ferramentas no site Web complementar
- Plano de construção da estratégia de segurança da empresa
- Lista de verificação da segurança do Active Directory
- Lista de verificação da implementação PKI interna

Como gerenciar a estratégia de segurança

Resumo das melhores práticas

Figura 8-10 – *Mapa do capítulo*

Capítulo 9

Como criar uma infra-estrutura que se recupere prontamente

Neste capítulo

- ❖ Como planejar a redundância do sistema **406**
- ❖ Como se preparar para desastres em potencial **408**
- ❖ Como usar os serviços de cluster do WS03 **408**
- ❖ Consolidação do servidor **422**
- ❖ Como planejar a recuperação do sistema **425**
- ❖ Como finalizar sua estratégia de rápida recuperação **437**
- ❖ Resumo das melhores práticas **438**
- ❖ Mapa do capítulo **440**

Um elemento importante da segurança é a recuperação rápida do sistema: garantir que seus serviços não falharão, mesmo no caso de um desastre ou de uma abertura da segurança. Vários elementos da pronta recuperação do sistema já foram tratados até o momento:

- **Active Directory** A rápida recuperação aqui é criada por meio da distribuição de controladores do domínio em sua rede. Também é baseada no sistema de réplica com diversos mestres e na criação de uma devida topologia da réplica.
- **DNS** Integrando o serviço DNS no diretório, você assegura que seu serviço de nomenclatura da rede sempre funcionará porque tem a mesma recuperação rápida que o serviço de diretório.
- **DHCP** Sua infra-estrutura de alocação do endereço tem uma pronta recuperação predefinida por causa do modo como você a estruturou com escopos redundantes. E mais, se colocar seus servidores DHCP em sites diferentes, também terá uma solução que continuaria a funcionar no caso de um desastre.
- **WINS** Seus servidores de resolução do nome de herança são redundantes uma vez que o serviço é oferecido pelos mesmos servidores do serviço DHCP.
- **Infra-estrutura de gerenciamento de objetos** Sua estrutura de gerenciamento de objetos é de pronta recuperação, pois é baseada na estrutura OU no diretório, e o serviço de diretório oferece a rápida recuperação do sistema.
- **Raízes DFS do domínio** Seus compartilhamentos de arquivo são de pronta recuperação porque são distribuídos no diretório, tornando-os disponíveis em diversos sites. Eles in-

cluem uma recuperação de falhas automática – isto é, se o serviço falhar em um site (ou servidor), ele falhará automaticamente no outro site (ou servidor).

- **Cópias duplicadas do volume** Seus arquivos compartilhados, bancos de dados compartilhados, armazenamentos Exchange e outros depósitos de informações compartilhados são protegidos pelo recurso Volume Shadow Copy, obtendo instantâneos do sistema regularmente e ainda permitindo que os usuários recuperem os arquivos por si mesmos. Esse recurso é descrito no Capítulo 7.

- **Terminal Services** Os servidores Terminal Services preparados oferecem uma rápida recuperação através do Session Directory Server (Servidor do Diretório da Sessão), mas esse servidor pode ser um único ponto de falha uma vez que é o único servidor que mantém esse serviço.

Apesar do fato de que vários de seus sistemas são de rápida recuperação, permanecem áreas que poderiam causar um impacto significativo em suas operações caso falhassem. Lembre-se: um dos ataques de hackers mais populares é o *Distributed Denial of Service* (DDoS). Esse tipo de ataque pode ter sucesso por duas razões: primeiro, o servidor que mantém o serviço não é protegido; segundo, o serviço é mantido por um único servidor, portanto não há nenhum serviço à prova de falhas. Não é o único tipo de ataque você pode encontrar, mas demonstra a necessidade de proteção em vários níveis. O Capítulo 8 mostrou como proteger seus sistemas através do Castle Defense System. Agora você precisará adicionar uma pronta recuperação extra à rede através de duas estratégias: redundância do sistema e recuperação do sistema.

Como planejar a redundância do sistema

A redundância do sistema conta com a implementação de métodos e medidas que asseguram que, se um componente falhar, sua função será assumida imediatamente por outro, ou, pelo menos, o procedimento a colocar o componente de volta on-line será bem documentado e bem conhecido pelos operadores do sistema. Um exame Windows 2000 News (http://www.w2knews.com/index.cfm?id=142&search=current%20admin%20 headaches) identificou que as dores de cabeça mais comuns dos administradores no início de 2002 eram a segurança da rede e a recuperação dos desastres. Não é uma surpresa uma vez que, naquela época, 9/11 ainda estava fresco na mente das pessoas. É ruim que tal evento seja requerido para lembrar às pessoas que esses problemas estão bem no centro da rede da empresa. Entretanto, o problema permanece: não importa o que você faça, terá de assegurar-se de que seus sistemas estejam protegidos sempre.

Mais uma vez, o Castle Defense System pode ajudar. A Camada 1 ajuda a identificar os níveis de risco porque ajuda a determinar o valor de um item de informação. O risco é determinado identificando o valor (a importância de um item) e multiplicando-o pelo fator de risco associado a ele. A fórmula fica assim:

```
risco = valor do item * fator de risco
```

Por exemplo, um item que é avaliado em $1 milhão com um fator de risco .2 tem um valor de risco $200.000. Isso significa que você pode investir até $200.000 para proteger esse item e reduzir seu fator de risco.

Embora esses cálculos possam ser secretos por natureza, o que continua sendo importante é investir o máximo na proteção da maioria de seus itens avaliados. É uma razão pela qual é tão importante saber o que você tem. A Figura 9-1 é um bom lembrete desse princípio.

Concentrando na proteção física, a Camada 2 também ajuda a planejar a redundância do sistema. É onde alguns elementos tratados no Exercício de dimensionamento do servidor no Capítulo 2 s

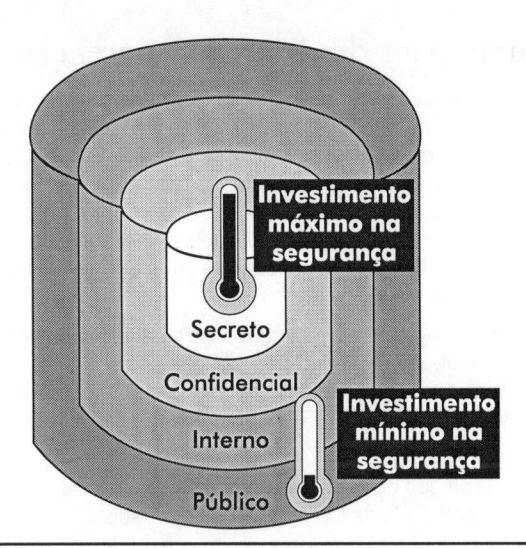

Capítulo 9: Como criar uma infra-estrutura que se recupere prontamente ▶ **407**

Figura 9-1 – *As categorias de itens da informação.*

tornam importantes. Os arrays aleatórios de discos baratos (RAID) e os arrays aleatórios de placas da interface da rede baratas (RAIN), por exemplo, fornecem uma proteção direta e no nível do hardware para seus sistemas. Também é importante incluir sistemas de fornecimento de energia ininterrupta (UPS) nesse nível. Podem ser dispositivos UPS conectados ao USB individuais (para os servidores regionais) ou infra-estruturas de gerenciamento da energia centralizadas (geralmente em sites centrais).

> **Dica rápida** – *O American Power Conversion Corporation (APC) fornece informações sobre três arquiteturas de proteção da energia (central, por zona e distribuída) em http://www.apc.com/solutions/pps.cfm*

A redundância predefinida na camada de proteção física é apenas parte da solução. Você precisará assegurar-se de que terá também uma redundância do serviço. Isso pode ser conseguido pelo cluster do serviço, no nível da rede ou do servidor. Finalmente, precisará fornecer a redundância dos dados. Isso é feito por meio da elaboração e da implementação de sistemas de backup e de recuperação. Aqui, será importante escolher o tipo certo de solução de backup uma vez que você precisará proteger os dados armazenados não só no sistema de arquivos, mas também no banco de dados como, por exemplo, o Active Directory.

Construir a redundância em seus sistemas será valioso apenas se souber que funciona. Não é suficiente estar preparado; você precisa saber que sua preparação tem valor. Para tanto, precisará testar e testar de novo todo nível de redundância implementado em sua rede. Muitas organizações cometerem o erro fatal de fazer backup dos dados por anos sem testar o processo de recuperação, simplesmente para descobrir que a recuperação não funcionava. Não é um mito. Acontece de fato. Não deixe que isso aconteça com você. Teste todos os seus sistemas e documente seus procedimentos. Na verdade, é uma excelente oportunidade para escrever procedimentos operacionais padrões como descrito no Capítulo 1.

Como se preparar para desastres em potencial

Há dois tipos de desastres: os naturais e os criados pelo homem. Os desastres naturais incluem terremotos, tornados, incêndios, inundações, furacões e deslizamentos de terra. São muito difíceis de prever e mais difíceis ainda, mas não impossíveis, de evitar. A melhor maneira de minimizar o impacto desses tipos de desastres é ter sites redundantes: seus servidores básicos e serviços estão disponíveis em mais de um site. Se um for prejudicado por qualquer razão, seu outro site entrará em vigor. Também é onde o conceito do *Failsafe Server* (Servidor contra Falhas), introduzido no Capítulo 1, entra em cena. Esse servidor é um reserva que está adormecido, mas pode ser ativado rapidamente se requerido.

Há também os desastres feitos pelo homem: ataques terroristas, falhas de energia, falhas da aplicação, falhas do hardware, ataques de segurança ou sabotagem interna. Esses ataques também são difíceis de prever. Alguns requerem o mesmo tipo de proteção dos desastres naturais. Outros, como as falhas da aplicação e do hardware e os ataques de segurança, podem ser evitados por meio do Castle Defense System.

Para determinar o nível de proteção do serviço que você precisa aplicar, poderá usar uma categoria de serviços parecida com a categoria da Camada 1 para os dados:

- Os *sistemas com missão crítica* são sistemas que requerem a maior proteção. A interrupção do serviço é inaceitável porque afeta a organização inteira e sua capacidade de funcionar.

- Os *sistemas de suporte da missão* requerem menos proteção que os sistemas com missão crítica, mas as interrupções devem ser minimizadas o máximo possível. Essas interrupções não têm impacto na organização inteira.

- Os *sistemas críticos comerciais* são sistemas nos quais pequenas interrupções do serviço podem ser aceitáveis porque têm impacto apenas em uma parte do negócio.

- Os *sistemas externos* são considerados não críticos e podem ter interrupções que durem mais tempo.

O que a maioria das pessoas raramente percebe é que a infra-estrutura da rede básica para a rede de sua empresa é, em muitos casos, parte do nível de missão crítica porque, se não funcionar, nada funcionará.

Como usar os serviços de cluster do WS03

Uma das áreas que podem adicionar uma rápida recuperação do serviço é o cluster do serviço. Os serviços em cluster são, de fato, uma das maiores áreas melhoradas para o Windows Server 2003. Os serviços de cluster da Microsoft suportam três tipos de clusteres:

- **Network Load Balancing (NLB)** Este serviço fornece uma alta disponibilidade e dimensionamento para os serviços IP (TCP e UDP) e para as aplicações combinando até 32 servidores em um único cluster. Os clientes acessam o cluster NLB usando um único endereço IP para o grupo inteiro. Os serviços NLB redirecionam automaticamente o cliente para um servidor funcional.

- **Component Load Balancing (CLB)** Este serviço permite que os componentes COM+ sejam distribuídos em mais de 12 servidores. Esse serviço não é nativo para o WS03; é fornecido pelo Microsoft Application Center Server.

- **Server Clusters** Este serviço fornece uma rápida recuperação através da recuperação de falhas do serviço: se um recurso falhar, o cliente será transferido automaticamente para outro recurso no cluster. Os Server Clusters podem ser compostos por dois a oito nós.

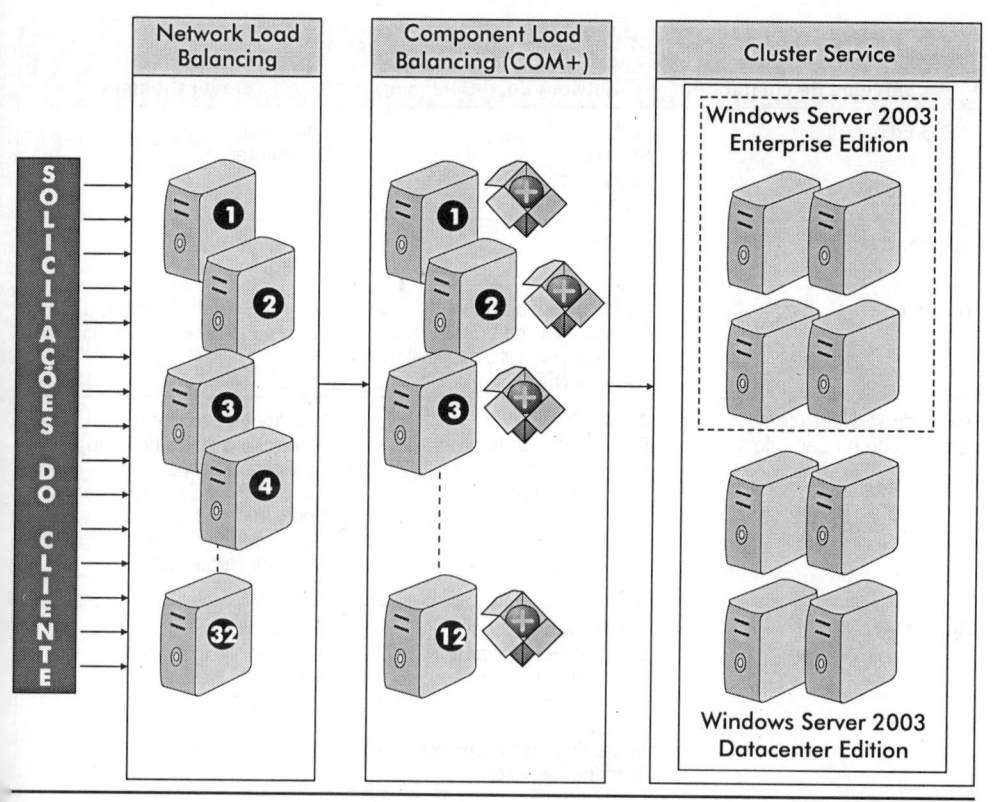

Figura 9-2 – *Uma estrutura de serviços de cluster completa.*

Esses três serviços de cluster trabalham juntos para fornecer uma estrutura de serviço completa como mostrado na Figura 9-2. É importante notar que os serviços de cluster são instalados por default nas devidas edições do WS03. A Tabela 9-1 descreve os recursos e os serviços suportados para cada modo de cluster. Como o cluster CLB não é nativo para o WS03, não é tratado nessa tabela.

> 🔊 **Nota** – *Você poderá exibir um cluster completo em funcionamento para si mesmo. A Microsoft tem um mapa de satélite e topográfico dos Estados Unidos disponível em http://terraserver. homeadvisor.msn.com/.*

Como pode ver, o NLB e os Server Clusters são bem complementares. Na verdade, não é recomendado ativar ambos os serviços no mesmo servidor; isto é, um Server Cluster não deve também ser um membro de um cluster NLB. E mais, os clusters NLB são projetados a suportar conexões mais estáticas. Isso significa que não são projetados para fornecer o mesmo tipo de recuperação de falha de um Server Cluster. No último, se um usuário estiver editando um arquivo e o servidor parar de responder, o componente de recuperação de falhas será ativado automaticamente e o usuário continuará a executar seu serviço sem saber sobre a falha (pode haver um pequeno retardo no tempo da resposta). É por isso que o Server Cluster é projetado a fornecer um sistema

Tabela 9-1 – Os Serviços de Cluster do WS03

Serviços de cluster	Network Load Balancing	Server Clusters
WS03 Edition	Web Standard Enterprise Datacenter	Enterprise Datacenter
Número de nós	Até 32	Até 4 para o WES Até 8 para o WDS
Hardware	Todos os adaptadores da rede têm de estar na WS03 Hardware Compatibility List, especialmente os RAIN NICs	O hardware do cluster tem de ser projetado para o WS03
Papel do servidor (como identificado no Capítulo 1)	Application Servers Dedicated Web Servers Collaboration Servers Terminal Servers	Identity Management (controladores do domínio) Application Servers File and Print Servers Dedicated Web Servers Collaboration Servers Network Infrastructure Servers
Aplicações	Farms Web Internet Security and Acceleration Server (ISA) Servidores VPN Streaming Media Servers Terminal Services	SQL Servers Servidores Exchange Servidores Message Queuing

espelhado para o usuário. Mas um cluster NLB não fornecerá o mesmo tipo de experiência do usuário. Sua principal finalidade é redirecionar a demanda para os recursos disponíveis. Assim esses recursos têm que ser estáticos por natureza uma vez que não incluem nenhuma capacidade para espelhar os depósitos de informações.

Ambos os serviços de cluster oferecem a capacidade de suportar quatro exigências do serviço:

- **Disponibilidade** Fornecendo os serviços através de um cluster, é possível assegurar que ele esteja disponível durante os períodos de tempo que a organização determinou que deve estar.

- **Confiabilidade** Com um cluster, é possível assegurar que os usuários podem depender do serviço porque se um componente falhar, ele será substituído automaticamente por outro componente em funcionamento.

- **Dimensionamento** Com um cluster, é possível aumentar o número de servidores que fornecem o serviço sem afetar o serviço enviado para os usuários.

- **Manutenção** Um cluster permite que o pessoal IT atualize, modifique, aplique pacotes de serviço e mantenha componentes de cluster individualmente sem afetar o nível de serviço do cluster.

Uma vantagem que os Server Clusters têm sobre os clusters NLB é a capacidade de compartilhar os dados. Os recursos do Server Cluster podem ser ligados ao mesmo recurso de armazenamento de dados, assegurando a transparência do processo de recuperação de falhas. Na verdade, geralmente é uma boa idéia ligar os Server Clusters aos dispositivos de armazenamento de dados de grande capacidade como uma rede da área de armazenamento (SAN) ou o armazenamento anexado da rede (NAS). E mais, o WS03 inclui vários recursos poderosos de gerenciamento do armazenamento e melhorias sobre o Windows 2000. Ele suporta totalmente o armazenamento remoto e o gerenciamento do armazenamento off-line porque, pela primeira vez, fornece um único conjunto de APIs unificadas para o gerenciamento do armazenamento.

> **Nota** – *Veja o "Redefining Windows Storage", de Ruest and Ruest, .NET Magazine (May 2003) em http://www.fawcette.com/dotnetmag/.*

Os clusters têm desvantagens. Eles são mais complexos de organizar e gerenciar que os servidores independentes e os serviços que são atribuídos aos clusters têm que reconhecer o cluster para aproveitarem seu recurso.

> **Dica rápida** – *Mais informações sobre o cluster WS03 podem ser encontradas em http://www.microsoft. com/technet/treeview/default.asp?url=/technet/prodtechnol/ windowsserver2003/proddocs/ SCCon_BP.asp.*

Network Load Balancing

A base do cluster NLB é um endereço IP virtual: os sistemas do cliente conectam-se ao endereço IP virtual e o serviço NLB redireciona o cliente para um membro do cluster. Se um membro do cluster falhar e ficar off-line, o serviço NLB irá redirecionar automaticamente as solicitações para os outros membros do cluster. Quando o membro voltar a ficar on-line, ele se reunirá automaticamente ao cluster e as solicitações poderão ser redirecionadas para ele. Na maioria dos casos, o processo de *recuperação de falhas* – o processo de redirecionar os clientes para outros recursos do cluster quando um membro falha – leva menos de dez segundos. Esse retardo é diretamente proporcional à capacidade do hardware – quanto mais poderoso for o hardware, mas curto será o retardo.

Os membros do cluster NLB não compartilham os componentes. Eles são servidores independentes que mantêm as mesmas aplicações e cópias locais dos dados que os sistemas do cliente acessam. É por isso que o NLB é mais adequado para as aplicações *sem estado* – as aplicações que fornecem acesso para os dados em grande parte no modo de leitura apenas. Os servidores NLB normalmente usam duas placas de interface da rede. A primeira é dedicada ao tráfego da rede do cluster e a segunda é para as comunicações com os clientes e outras comunicações normais da rede. O tráfego da rede do cluster a partir do membro está na maioria na forma de um sinal de batimento cardíaco que é emitido a cada segundo e enviado para os outros membros do cluster. Se um membro não enviar um batimento cardíaco em cinco segundos, os outros membros executarão automaticamente uma operação de convergência para remover o membro com falha do cluster e eliminá-lo das redireções de solicitação do cliente.

Como cada membro do cluster usa dados idênticos, é geralmente útil otimizar o hardware do servidor para suportar operações de leitura rápidas. Por isso, muitas organizações que planejam usar os clusters NLB não implementam os subsistemas de disco RAID porque a redundância é fornecida pelos membros do cluster. O acesso do disco é otimizado porque não há nenhum overhead do RAID durante as operações de leitura e gravação. É essencial, porém, garantir que todos os sistemas estejam totalmente sincronizados todas as vezes. Se você decide ou não construir servidores

NLB sem a proteção RAID é uma decisão que tomará ao construir sua arquitetura NLB. Dependerá em grande parte de sua estratégia de sincronização dos dados, do tipo de serviço que pretende manter no servidor e do número de servidores que pretende colocar em seu cluster NLB.

O centro do serviço NLB é o driver wlbs.sys. É um driver que fica entre a placa de interface da rede e o tráfego da rede. Ele filtra todas as comunicações NLB e define o Member Server para responder as solicitações caso tenham sido direcionadas para ele.

O NLB é muito parecido com o DNS de rodízio, mas fornece uma melhor tolerância a falhas. Como o serviço NLB é mantido por todo membro do cluster, não há nenhum ponto de falha. Há também uma recuperação de falhas imediata e automática dos membros cluster.

> **Dica rápida** — *Você pode combinar o DNS de rodízio com o NLB para criar diversos clusteres que suportam 32 membros cada.*

Modos Multicast versus Unicast

Os clusteres NLB operam no modo Multicast (Multidifusão) ou Unicast (Uma difusão). O modo default é o Unicast. Nesse modo, o cluster NLB reatribui automaticamente o endereço MAC para cada membro do cluster no NIC que está ativado no modo do cluster. Se cada membro tiver apenas um NIC, as comunicações entre os membros não serão possível nesse modo. É uma razão pela qual é melhor instalar dois NICs em cada servidor.

Ao usar o modo Multicast, o NLB atribui dois endereços de multidifusão a cada adaptador do cluster. Esse modo assegura que todos os membros do cluster possam se comunicar automaticamente entre si porque não há nenhuma alteração para os endereços MAC originais. Porém, há desvantagens nesse modo, especialmente se você usar roteadores Cisco. A resposta do protocolo de resolução do endereço (ARP) enviada por um host do cluster é rejeitada por esses roteadores. Se você usar o modo Multicast em um cluster NLB com os roteadores Cisco, terá que reconfigurar manualmente os roteadores com as entradas ARP mapeando o endereço IP do cluster para seu endereço MAC.

Se você usa um modo ou outro, deve usar dois NICs em cada membro. Uma vantagem de fazer isso é que permite configurar uma placa para receber o tráfego que entra e outra para enviar o tráfego que sai, tornando seus membros do cluster ainda mais responsivos. Poderá também assegurar que, se seu cluster NLB for o único front-end de uma arquitetura de cluster complexa como a mostrada na Figura 9-2, todas as comunicações de back-end serão lidadas por um NIC não em cluster.

Se for esperado que seus membros NLB lidem com carregamentos do tráfego extremamente altos, você poderá usar as placas Gigabyte Ethernet para melhorar a velocidade da comunicação e manter apenas os serviços da rede essenciais em cada placa (por exemplo, o Client for Microsoft Networks deve ser definitivamente desativado nos NICs em cluster). Se até carregamentos mais altos forem esperados, poderá também adicionar mais NICs em cada membro e vincular o serviço NLB a cada um, melhorando o tempo de resposta geral para cada membro.

Uma afinidade *versus* nenhuma afinidade

Os clusteres NLB funcionam no modo de afinidade. Cada um refere-se ao modo como o carregamento NLB equilibra o tráfego. *Uma afinidade* refere-se ao equilíbrio do carregamento baseado no endereço IP de origem da conexão que chega. Ele redireciona automaticamente todas as solicitações do mesmo endereço para o mesmo membro do cluster. *Nenhuma afinidade* refere-se ao equilíbrio do carregamento baseado no endereço IP que chega e em seu número da porta. A afinidade classe C é ainda mais granular que uma afinidade. Assegura que os clientes, que usam diversos servidores proxy para se comunicarem com o cluster, sejam redirecionados para o mesmo membro do cluster. O modo nenhuma afinidade é muito útil ao suportar as chamadas das redes que usam a conversão do endereço da rede (NAT) porque essas redes apresentam apenas um endereço IP para o cluster. Se você usar o modo de uma afinidade e receber muitas solicitações das redes NAT, esses clientes não aproveitarão a experiência do cluster uma vez que todas as suas solicitações serão redirecionadas para o mesmo servidor.

Porém, se usar um cluster NLB para fornecer as conexões VPN que usam as sessões L2TP/IPSec ou PPTP, terá de configurar seu cluster para o modo de uma afinidade para garantir que as solicitações do cliente sejam sempre redirecionadas para o mesmo host. O modo de uma afinidade também deve ser usado para qualquer aplicação que use as sessões que permanecem em diversas conexões TCP para assegurar que a sessão inteira seja mapeada para o mesmo servidor. Finalmente, o modo de uma afinidade terá que ser usado se suas sessões do cliente usarem a camada de soquetes segura (SSL) para conectar os servidores NLB.

O modo de uma afinidade não fornece os mesmos resultados de equilíbrio do carregamento do modo nenhuma afinidade. Considere o tipo de solicitações com as quais seu cluster lidará antes de decidir sobre sua arquitetura do cluster.

> **Dica rápida** – *A Microsoft fornece informações detalhadas sobre a preparação dos clusters NLB no Windows Server 2003 Deployment Guide: "Deploying Network Load Balancing".*

Como instalar e configurar os clusters NLB

A instalação do cluster NLB é bem simples. Uma ótima vantagem é que os servidores que mantêm suas aplicações NLB não têm que ter um hardware idêntico, mas cada membro deve ter espaço em disco suficiente para manter a aplicação e cada um deve ter pelo menos duas placas de interface da rede. Porém, você também precisará ter algumas informações em mãos antes de iniciar a instalação. As informações requeridas são detalhadas na Figura 9-3.

Agora você está pronto para configurar seu cluster NLB.

1. Comece inicializando o Network Load Balancing Manager. Vá para o menu Start (Iniciar), selecione Administrative Tools (Ferramentas Administrativas) e clique em Network Load Balancing Manager.

2. Isso abrirá o NLB Manager MMC (MMC do Gerenciamento NLB). Para criar um novo cluster, clique com o botão direito do mouse em Network Load Balancing Clusters (Clusteres de Equilíbrio do Carregamento da Rede) no painel esquerdo e selecione New Cluster (Novo Cluster).

3. Isso abrirá a caixa de diálogo Cluster Parameters (Parâmetros do Cluster). Digite o endereço IP do cluster e a máscara da sub-rede, o nome DNS do cluster e indique se deseja usar o modo Unicast ou Multicast. Se escolher o modo Multicast, deverá também ativar o IGMP Multicast (Multidifusão IGMP). Quando fizer isso, o WS03 enviará uma mensagem de aviso. Clique em OK para fechá-la e então clique em Next (Próximo).

4. Aqui, poderá determinar se deseja usar mais de um endereço IP para o cluster. Adicione endereços IP se requerido. Clique em Next quando terminar.

5. A terceira caixa de diálogo permitirá definir as regras da porta para o cluster e o modo de afinidade para cada regra. Por default, todos os membros do cluster lidam com todas as

Lista de verificação da preparação do cluster NLB

O que você precisa ter em mãos antes de criar o cluster NLB:
- ❑ O nome Internet do cluster: o nome DNS que pretende usar para o cluster.
- ❑ O endereço IP virtual do cluster e a devida máscara da sub-rede: o endereço que será ligado ao nome DNS.
- ❑ Os endereços IP atuais e as máscaras da sub-rede para cada membro do cluster.
- ❑ O modo de difusão do cluster que deseja usar: Unicast ou Multicast.
  Nota: Se você usar Multicast, também desejará usar o IGMP Multicast para reduzir o número de portas usadas para o tráfego de administração do cluster de endereço e limitá-lo à faixa D da classe padrão; ou seja 224.0.0.0 a 239.255.255.255.
- ❑ O modo de afinidade do cluster que deseja usar: afinidade simples, classe C ou nenhuma afinidade.
- ❑ Se deseja ou não ativar o controle remoto do cluster usando a aplicação NLB.EXE.
- ❑ Nota: Recomenda-se não ativar esse recurso porque ele pode causar um risco de segurança. Qualquer usuário com acesso à aplicação NLB.EXE poderá controlar um cluster. É melhor usar o console Network Load Balancing Manager (Gerenciamento do Equilíbrio do Carregamento da Rede) para administrar seus clusteres NLB. O acesso para esse console pode ser controlado melhor que o acesso para o NLB.EXE.
- ❑ Os IDs exclusivos que deseja atribuir a cada membro do cluster.
- ❑ As portas TCP e UDP para as quais deseja que o NLB lide com o tráfego.
- ❑ O Load Weight (Peso do Carregamento) ou o Handling Priority (Tratamento da Prioridade) que aplicará no cluster.
  Nota: O peso do carregamento é usado quando você filtra o tráfego para diversos membros do cluster. O tratamento da prioridade é usada quando o tráfego é filtrado apenas para um único membro do cluster.

Figura 9-3 – *A lista de verificação da preparação do cluster NLB.*

portas TCP e UDP no modo Single Afinity. Para modificar essa regra, clique em Edit (Editar). Para adicionar novas regras, clique em Add (Adicionar). Clique em Next quando terminar.

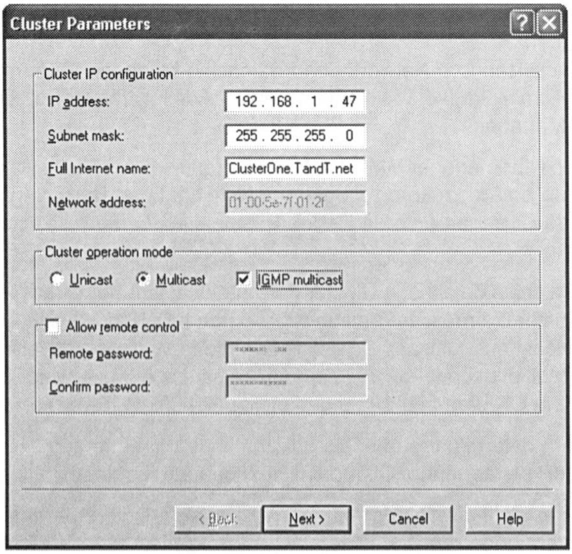

Capítulo 9: Como criar uma infra-estrutura que se recupere prontamente ▸ **415**

6. Agora, você poderá adicionar membros do cluster. Digite o nome DNS do membro e clique em Connect (Conectar). O WS03 localizará o servidor e irá adicioná-lo à lista de servidores. Repita para cada membro do cluster. Clique em Next quando terminar.
7. A etapa final é a configuração de cada membro do cluster. Aqui, precisará atribuir o Priority Number (Número da Prioridade) (1 a 32), o endereço IP, a máscara da sub-rede e o Default State (Estado Default) para o serviço NLB. Por default, o Default State é Started (Iniciado). Clique em Finish (Terminar) quando acabar.

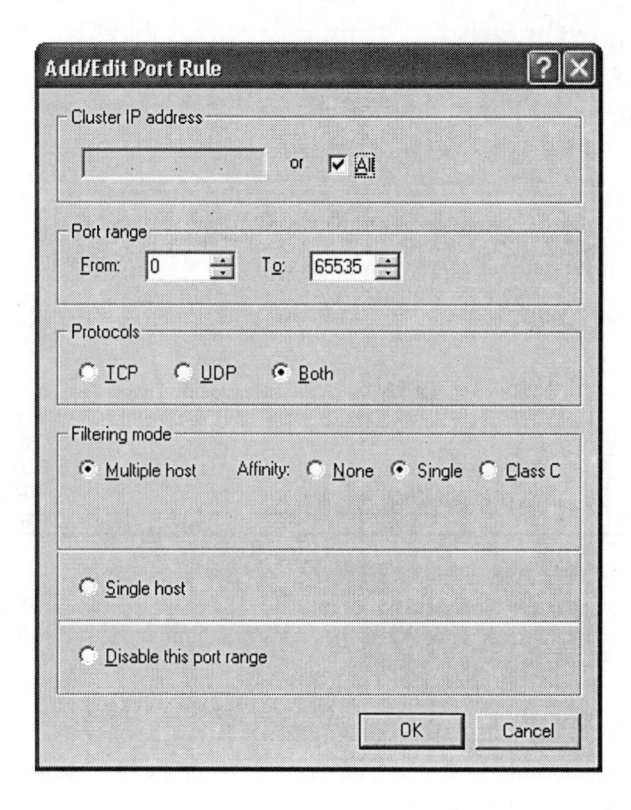

8. Quando completar o processo, o serviço NLB executará uma convergência para colocar todos os membros do cluster on-line.

Você terminou. De agora em diante, poderá gerenciar o cluster – adicionar, apagar e configurar os membros – através desse console. Poderá ainda automatizar a configuração dos clusters NLB durante a organização do servidor usando as instalações Unattended (Não Assistido) ou Disk Imaging (Imagem do Disco) com o SysPrep.

🏍 **Dica rápida** – *A Microsoft fornece informações sobre a automatização da configuração do membro do cluster NLB em http://www.microsoft.com/technet/treeview/ default.asp?url=/technet/ prodtechnol/windowsserver2003/deploy/confeat/ NLBclust.asp.*

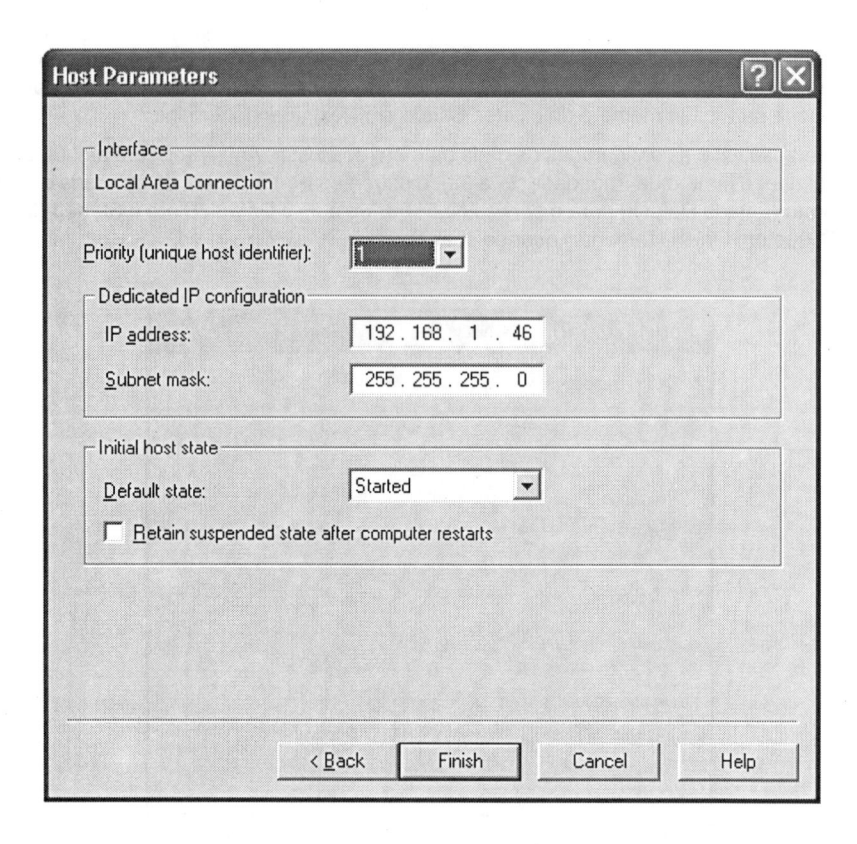

Os clusters NLB serão muito úteis para equilibrar o carregamento dos Terminal Services (Serviços do Terminal), Streaming Media (Meio de Fluxo), a aplicação Web e dos servidores virtuais da rede privada na rede inteira.

Clusteres do servidor com diversos nós

Os Server Clusters oferecem o mesmo tipo de disponibilidade dos serviços que os clusters NLB, mas usam um modelo diferente. Ao passo que nos clusters NLB os servidores não têm que ser idênticos, é a finalidade do Server Cluster tornar os servidores idênticos redundantes permitindo uma recuperação de falhas imediata das aplicações mantidas ou serviços. Como mostrado na Figura 9-2, o Windows Server 2003 suporta clusteres com quatro nós (com a edição Enterprise) ou com oito nós (com a edição Datacenter).

Os Server Clusters podem incluir diversas configurações. Você poderá construir o cluster para que cada nó execute tarefas diferentes, mas esteja pronto para se recuperar das falhas dos serviços e aplicações de qualquer outro nó. Ou poderá construir o cluster para que as aplicações operem ao mesmo tempo em cada um dos nós. Por exemplo, poderá construir um cluster do banco de dados financeiro com quatro nós para que o primeiro gerencie a entrada do pedido, o segundo o processamento do pedido, o terceiro os serviços de pagamento e o quarto as outras atividades da contabilidade. Para tanto, sua aplicação tem que ter um reconhecimento completo do cluster - totalmente compatível com todos os recursos Microsoft Cluster Services (MSCS). Nem todas as aplicações ou mesmo os serviços WS03 têm um total reconhecimento do cluster.

Lista de compatibilidade do cluster

Nem todos os produtos são compatíveis com o cluster. Na verdade, até na própria oferta de produtos da Microsoft, há algumas particularidades. A compatibilidade do cluster pode ficar em uma das três categorias:

- **Reconhecimento do cluster**   Um produto ou serviço WS03 interno que pode aproveitar totalmente o serviço do cluster. Pode se comunicar com a API do cluster para receber o status e a notificação do Server Cluster. Pode reagir aos eventos do cluster.

- **Independente do cluster (ou sem reconhecimento)**   Um produto ou serviço WS03 interno que não tem o reconhecimento da presença do cluster, mas que pode ser instalado em um cluster e se comportará como se estivesse em um único servidor. Responde apenas aos eventos mais básicos do cluster.

- **Incompatível com o cluster**   Um produto ou serviço WS03 interno que não se comporta bem no contexto de um cluster e não deve ser instalado em um Server Cluster.

A Tabela 9-2 coloca em categoria os .NET Enterprise Servers e as funções WS03 da Microsoft em termos de compatibilidade do cluster.

Tabela 9-2 – A Lista de Compatibilidade do Cluster

Produto ou serviço	Reconhecimento	Independente do cluster	Incompatível do cluster	Comentário com o cluster
Serviços de impressão	X			Totalmente compatível
Compartilhamento de arquivos	X			Totalmente compatível
DFS		X		Raízes DFS independentes apenas
Distributed Transaction Coordinator	X			Totalmente compatível
Microsoft Message Queuing	X			Totalmente compatível
SQL Server 2000 e posterior	X			Totalmente compatível
Exchange 2000 e posterior	X			Totalmente compatível
Project Central	X			Apenas na parte SQL Server
Active Directory	X			Compatível, mas não recomendado
DNS		X		Compatível, mas não recomendado
DHCP-WINS		X		Compatível, mas deve ser executado como uma instância
BizTalk Server		X		O BizTalk 2000 tem seu próprio mecanismo de cluster, mas pode aproveitar um back-end SQL Server em cluster

Tabela 9-2 – A Lista de Compatibilidade do Cluster (*continuação*)

Produto ou serviço	Reconhecimento	Independente do cluster	Incompatível do cluster	Comentário com o cluster
Terminal Services		X		Os clusteres NLB são preferidos
IIS		X		Os clusteres NLB são preferidos
Content Management Server		X		Apenas a parte SQL Server
COM+		X		Os clusteres Component Load Balancing são preferidos
SMS 2003		X		Sob condições especiais
Remote Installation Services			X	Não suportado
Microsoft Operations Manager			X	Não suportado
ISA Server 2000			X	Os clusteres NLB são preferidos, mas suporta seu próprio cluster através dos arrays do servidor
SharePoint Portal Server 2001			X	Não suportado; a coexistência com o SQL ou o Exchange não é recomendada
Commerce Server			X	Os clusteres Component Load Balancing são preferidos
NLB			X	O Network Load Balancing não deve ser instalado em um cluster MSCS
SharePoint Team Services			X	Apenas a parte SQL Server; a parte IIS deve usar o NLB

As informações na Tabela 9-2 estão sujeitas a alteração, mas servem como um bom ponto de partida para determinar o que você pode instalar em seus clusteres.

> **Cuidado** – *Você também pode testar suas próprias aplicações quanto à compatibilidade do cluster. Veja "How to pretest applications for Cluster Service Requirements" no WS03 Help and Support Center.*

Conceitos do cluster do servidor

Os nós em um Server Cluster podem ser configurados no modo ativo ou passivo. Um nó *ativo* é aquele que está apresentando os serviços ativamente. Um nó *passivo* é aquele que está no modo reserva, aguardando para responder no caso de falha do servidor. Não é preciso dizer que, como o papel Failsafe Server apresentado no Capítulo 1, o nó passivo é uma solução cara porque o hardware do servidor está simplesmente esperando por falhas. Mas se seus cálculos de risco indicarem que seus serviços comerciais críticos requerem nós passivos, então você deverá implementá-los, porque fornecem uma disponibilidade extremamente alta em certas situações.

A maioria das organizações usa o modo do cluster ativo-ativo. Na verdade, a implementação mais popular do MSCS é o cluster ativo-ativo com dois nós. Isso é chamado de *pacote de clusters* porque os nós do cluster compartilham dados. Esse pacote de clusters pode ser configurado para executar exatamente os mesmos serviços ao mesmo tempo (por exemplo, o Microsoft Exchange Server sendo executado em ambos os nós) ou executar serviços diferentes em cada nó. Nessa configuração, cada nó é configurado para executar as mesmas aplicações e serviços, mas metade é ativada no primeiro nó e a outra metade é ativada no outro nó. Assim, se um serviço falhar, o outro nó poderá fornecer uma recuperação de falhas imediata porque poderá executar o serviço temporariamente até que o nó com falha possa ser corrigido.

Nas situações de ativo-ativo que executam as mesmas aplicações em todos nós, as aplicações têm que ter um total reconhecimento do cluster. Isso significa que podem executar diversas instâncias da aplicação e compartilhar os mesmos dados. Muitas aplicações incluem suas próprias capacidades internas para suportar esse modo operacional. As aplicações que não são totalmente compatíveis – que são apenas independentes do cluster – devem ser executadas em instâncias simples. Em qualquer caso, os servidores escolhidos para criar seu Server Cluster devem ser dimensionados de modo que possam assumir o carregamento adicional que as falhas do nó causarão. Você poderá usar o Exercício de dimensionamento do servidor descrito no Capítulo 2 para ajudar a identificar os componentes requeridos para seus nós do cluster. Dimensionar devidamente os servidores é essencial para suportar a recuperação de falhas da aplicação. Esse processo de recuperação de falhas é mostrado na Figura 9-4. Ela detalha como cada nó de um cluster com quatro nós tem que ser capaz de absorver a falha de cada outro nó, até que um único nó reste. Claro, é uma situação de pior caso.

Você poderá configurar seus Server Clusters de muitas maneiras. E mais, em diversos clusters do nó, poderá usar uma mistura e combinar diversos serviços de instância ou aplicações com funções de uma instância. Se a aplicação tiver uma missão crítica e não puder falhar sob nenhuma circunstância, você poderá configurá-la como uma instância diversa em alguns nós e mantê-la no modo passivo nos outros nós para ter a melhor disponibilidade possível para a aplicação.

Finalmente, tenha cuidado com suas estratégias de recuperação de falhas. Um cluster com dois a quatro nós pode usar facilmente estratégias aleatórias de recuperação de falhas – o serviço com falha é distribuído aleatoriamente para os outros nós disponíveis – porque a possível combinação de recursos é relativamente pequena. Mas se você tiver mais de quatro nós no cluster, será uma boa idéia especificar as estratégias de recuperação de falhas porque a possível combinação de recursos será muito boa e os nós poderão ficar sobrecarregados durante a recuperação de falhas. A ilustração na Figura 9-4 é um exemplo de estratégia aleatória de recuperação de falhas.

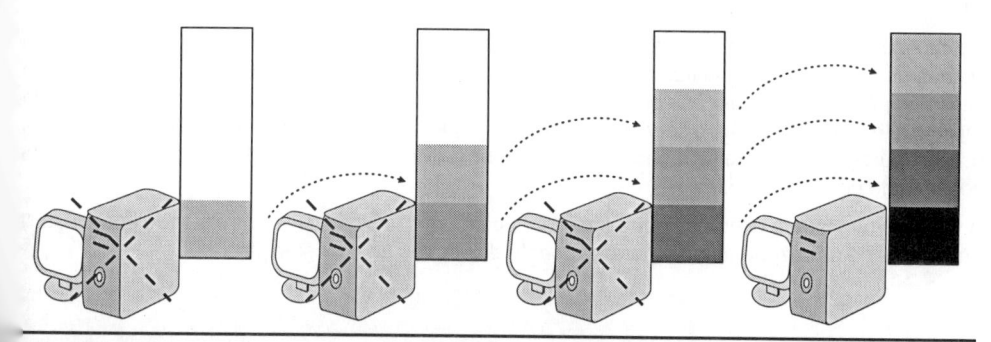

Figura 9-4 – *A recuperação de falhas do nó em um cluster com quatro nós.*

> ⚠ **Cuidado** — *As aplicações com uma instância são mais adequadas para os clusteres com dois nós onde um nó executa o serviço e o outro mantém o serviço no modo reserva. Assim, se o serviço falhar no nó em execução, o segundo nó poderá se recuperar da falha.*

Configurações do cluster

Sua configuração do cluster irá requerer a capacidade de compartilhar informações sobre si mesmo entre os nós. Isso é chamado de *recurso de quórum*. Por default, há um único recurso de quórum por cluster. Cada nó do cluster pode acessar o recurso de quórum e conhecer o estado do cluster. Esse recurso está geralmente na forma de sistema de armazenamento compartilhado. Os sistemas de armazenamento compartilhado podem estar na forma de SCSI compartilhada ou canais de fibra. Os sistemas SCSI são suportados apenas no cluster com dois nós. O canal de fibra do loop arbitrário também é suportado apenas para o cluster com dois nós, mas fornece um melhor dimensionamento que os sistemas SCSI porque pode manter até 126 dispositivos.

O canal de fibra da estrutura comutado é a única tecnologia suportada pelos clusteres que inclui mais de dois nós. Aqui, os dispositivos são conectados em uma topologia de muitos para muitos que suporta uma alta disponibilidade e exigências complexas da configuração de Server Clusters com diversos nós.

Como no cluster NLB, os nós Server Cluster devem ter dois NICs: um para a comunicação no cluster e outro para a comunicação com os sistemas do cliente e outros recursos da rede.

Clusteres distribuídos geograficamente

O Windows Server 2003 suporta a distribuição dos clusteres em diversos sites físicos. Isso significa que, além da rápida recuperação da aplicação ou do serviço, você poderá também adicionar uma recuperação de desastres. Se um site inteiro falhar por alguma razão imprevista, o cluster continuará a fornecer serviços para sua base de clientes porque a recuperação de falhas ocorrerá no outro site ou sites que contêm os nós do cluster. Os clusters distribuídos geograficamente são mais particulares de configurar que os clusteres no mesmo site por causa da dificuldade extra de manter a consistência do cluster. Na verdade, se você quiser criar um cluster em diversos sites, precisará assegurar-se de que a latência da conexão de sua WAN não seja superior a 500 milissegundos. E mais, precisará configurar uma LAN virtual que reagrupará os nós em diversos sites. Se não puder satisfazer essas duas condições, não deverá construir clusteres em diversos sites.

Ao configurar os clusteres em diversos sites, precisará usar um novo recurso WS03: os *conjuntos de nós da maioria*. Os conjuntos de nós da maioria são requeridos porque o cluster em diversos sites não pode compartilhar os conjuntos de dados uma vez que os nós não estão localizados no mesmo site físico. Portanto, o serviço do cluster tem que ser capaz de manter e atualizar os dados da configuração do cluster em cada unidade de armazenamento do cluster. Isso é a função do conjunto de nós da maioria.

A Figura 9-5 mostra a diferença entre um cluster com um site e com diversos sites (ou geo-cluster) em termos de armazenamento e gerenciamento dos dados da configuração.

> 🏍 **Dica rápida** – *Testar os clusteres do servidor não é simples porque requer muito hardware. Mais uma vez, você poderá usar a tecnologia da máquina virtual do VMware para testar os clusteres NLB e do servidor diretamente em seu computador de mesa ou laptop. Para obter informações sobre como usar a VMware Workstation para criar os clusteres do servidor, vá para http://www.winnetmag.com/Articles/Index.cfm?ArticleID=37599. Precisará de uma assinatura para a Windows & .NET Magazine para obter o artigo.*

Considerações finais do cluster do servidor

O cluster do servidor e a preparação não é uma tarefa simples. Requer um hardware especial – um hardware que seja qualificado para suportar os Server Clusters do Windows Server 2003. Por isso, será essencial verificar com a Windows Hardware Compatibility List (http://www.microsoft.com/hwdq/hcl/) que o hardware de seu cluster seja totalmente compatível com o WS03. Então, prossiga com cuidado para garantir que seus clusteres sejam construídos devidamente. Peça suporte ao fabricante de seu hardware. Isso irá assegurar que seus Server Clusters aproveitarão totalmente a alta disponibilidade e os recursos de confiança do hardware e do WS03.

E mais, deverá levar em consideração as seguintes considerações:

- **Majority Node Clustering** O WS03 suporta apenas o Majority Node Clustering (Cluster do Nó da Maioria) em dois sites. O recurso do nó da maioria WS03 não gerencia a réplica dos dados para as aplicações; essa função tem que estar disponível na aplicação em si. Também é importante notar que os conjuntos de nós da maioria não podem sobreviver com um único nó. Eles precisam ter a maioria dos nós disponíveis para continuar a operar. Os clusteres com um quórum podem, por outro lado, sobreviver com apenas um nó porque os dados do quórum são armazenados em um único local.

- **Clustering Identity Servers** *Não é recomendado* usar o cluster nos controladores de domínio por causa da natureza desse serviço. Por exemplo, os papéis Flexible Single Master of Operations (Um Mestre de Operações Flexível) não podem se recuperar da falha e pode-

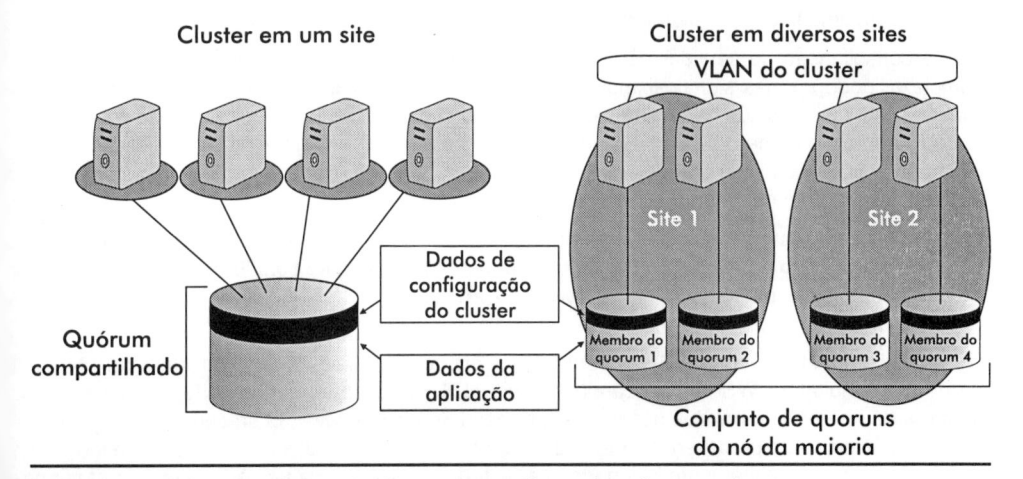

Figura 9-5 – *As configurações do cluster em um site versus diversos sites.*

rão causar perda de serviço se o nó de host falhar. E mais, é possível para o DC ficar tão ocupado que não responderá às solicitações do cluster. Nesta situação, o cluster falhará no DC porque achará que ele não está funcionando mais. Considere com cuidado suas operações ao decidir aplicar os clusteres nos DCs.

- **Cluster Server Security** A API do cluster usa apenas a autenticação NLTM. Portanto, não fornece uma autenticação mútua entre o cliente e o servidor durante a administração remota. Por isso, as operações do cluster foram asseguradas altamente no WS03. Na verdade, apenas o administrador do cluster tem os direitos de gerenciar e exibir os dados do cluster. É diferente do Windows NT e do Windows 2000. É importante notar que os clusteres WS03 devem ser instalações completas porque as atualizações, a partir do NT e do 2000, irão adiar seus modos de segurança existentes. Isso poderia permitir que pessoas não autorizadas exibam os dados do cluster.

Não são as únicas considerações a levar em conta ao criar e instalar os Server Clusters, mas fornecem uma boa referência e base antes de começar. A melhor coisa a fazer é determinar onde os Server Clusters ajudarão mais. Use os detalhes nas tabelas 9-1 e 9-2 para ajudar a tomar as devidas decisões do cluster.

> **Dica rápida** – *A Microsoft fornece informações detalhadas sobre a preparação dos Server Clusters no Windows Server Deployment Guide: "Designing Server Clusters". Outro capítulo, o "Installing on Cluster Nodes", descreve todas as atividades requeridas para as instalações do servidor de cluster. Finalmente, a Microsoft fornece informações sobre a automatização da configuração do membro Server Cluster em http://www.microsoft.com/technet/treeview/ default.asp?url=/technet/prodtechnol/ windowsserver2003/deploy/confeat/MSCclust.asp.*

Consolidação do servidor

Como mencionado no Capítulo 1, o Windows Server 2003 oferece algumas oportunidades excepcionais para a consolidação do servidor. Isso leva a menos servidores para gerenciar. Porém, esses servidores têm uma estrutura mais complexa porque incluem mais serviços que o modelo do servidor com uma finalidade usado no mundo NT.

Mas a consolidação do servidor não significa necessariamente uma estrutura do servidor mais complexa; pode apenas significar mais com menos. Por exemplo, a Microsoft testou os Server Clusters com dois nós que gerenciam acima de 3.000 impressoras. Isso quer dizer que você poderia reduzir muito o número de Print Servers (Servidores de Impressão) em sua organização, especialmente nas situações de grandes escritórios onde as conexões da rede são de alta velocidade e o gerenciamento da impressora pode ser centralizado.

A mesma coisa aplica-se aos servidores de arquivo. O mesmo servidor WS03 pode gerenciar até 5.000 raízes DFS do domínio. Um Server Cluster pode gerenciar até 50.000 raízes DFS independentes – outra oportunidade de uma consolidação pesada do servidor e economias de custo consideráveis.

O Internet Information Server (IIS) também oferece ótimas oportunidades de consolidação por causa de sua arquitetura WS03. Colocando o driver HTTP.SYS no kernel do WS03, a Microsoft o separou da operação geral dos serviços IIS, tornando-o mais estável. Essa separação agora suporta o isolamento do processo do trabalhador, significando que qualquer site Web mantido pode operar de modo completamente independente de todos os outros. Na verdade, a Microsoft afirma

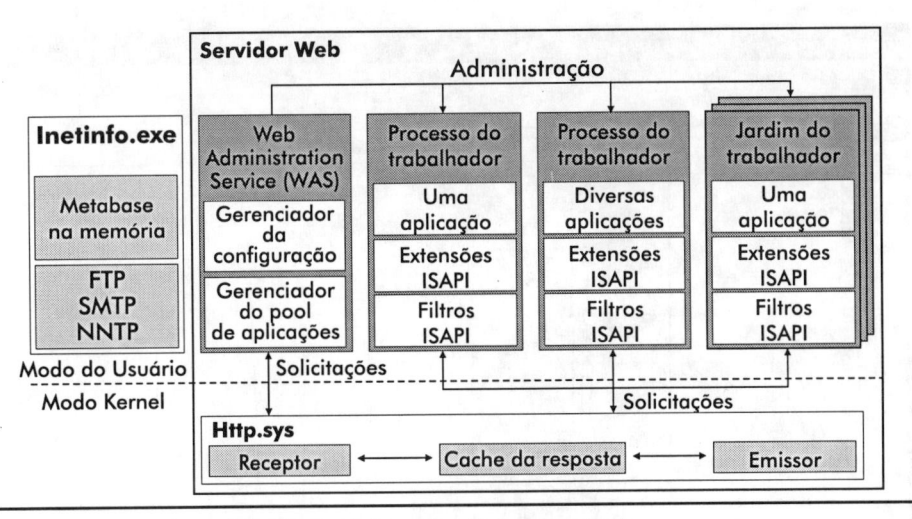

```
Servidor Web
                              Administração
┌─────────────┐  ┌──────────────┬──────────────┬──────────────┬──────────────┐
│ Inetinfo.exe│  │     Web      │ Processo do  │ Processo do  │  Jardim do   │
│             │  │Administration│ trabalhador  │ trabalhador  │ trabalhador  │
│ ┌─────────┐ │  │Service (WAS) ├──────────────┼──────────────┼──────────────┤
│ │Metabase │ │  │ Gerenciador  │     Uma      │   Diversas   │     Uma      │
│ │na memória│ │  │     da       │  aplicação   │  aplicações  │  aplicação   │
│ └─────────┘ │  │ configuração ├──────────────┼──────────────┼──────────────┤
│ ┌─────────┐ │  ├──────────────┤  Extensões   │  Extensões   │  Extensões   │
│ │   FTP   │ │  │ Gerenciador  │    ISAPI     │    ISAPI     │    ISAPI     │
│ │  SMTP   │ │  │   do pool    ├──────────────┼──────────────┼──────────────┤
│ │  NNTP   │ │  │ de aplicações│   Filtros    │   Filtros    │   Filtros    │
│ └─────────┘ │  │              │    ISAPI     │    ISAPI     │    ISAPI     │
└─────────────┘  └──────────────┴──────────────┴──────────────┴──────────────┘
Modo do Usuário         Solicitações
────────────────────────────────────────────────────────────────────────────
Modo Kernel                                        Solicitações
                 ┌──────────────────────────────────────────────────┐
                 │ Http.sys                                         │
                 │ ┌──────────┐   ┌────────────────┐   ┌─────────┐ │
                 │ │ Receptor │←→ │Cache da resposta│←→ │ Emissor │ │
                 │ └──────────┘   └────────────────┘   └─────────┘ │
                 └──────────────────────────────────────────────────┘
```

Figura 9-6 – *A arquitetura do Internet Information Server versão 6.*

que o isolamento do processo de trabalhador é tão poderoso, que um provedor do serviço Internet (ISP) poderia de fato manter sites Web a partir de firmas altamente competitivas no mesmo servidor sem seu conhecimento e sem nenhum impacto uma na outra. A nova arquitetura IIS, como mostrado na Figura 9-6, descreve como cada processo do trabalhador é completamente isolado. E mais, essa separação permite a criação e a operação de *jardins Web*, grupos de afinidade especiais que podem ser atribuídos a recursos específicos do servidor como, por exemplo, CPUs e memória. O conceito do jardim Web permite assegurar que os sites Web críticos obtenham os recursos necessários mesmo que compartilhem o hardware do servidor. Isso fornecerá novamente uma excelente oportunidade de consolidação.

Consolidação através da linha de base do servidor

A melhor maneira de identificar as oportunidades de consolidação é criar linhas de base do servidor e basear seus acordos do nível do serviço nelas. As linhas de base do servidor informam qual nível de operação é aceitável para um determinado serviço sob trabalhos e considerações normais. Quando você migra os serviços de sua rede existente para a nova rede paralela, tem a oportunidade de arquitetá-los novamente e reconstruí-los. As operações que usaram diversos servidores pequenos em sua rede existente poderão ser consolidadas facilmente nos Server Clusters na nova rede contanto que satisfaçam as linhas de base do desempenho da antiga rede.

Para tanto, você precisará ter linhas de base estabelecidas e sistemas de medida padrões. É onde o controle do desempenho entra em cena. O Windows Server 2003 usa o System Monitor para avaliar o desempenho do servidor. O System Monitor é acessado por meio do atalho Performance (Desempenho) em Administrative Tools.

O System Monitor gerencia três contadores de objeto do desempenho por default: páginas por segundo, comprimento médio da fila do disco e tempo percentual do processador. São os três controles básicos para estabelecer uma linha de base do servidor, mas há mais. Alguns contadores do objeto importantes para controlar ao criar as linhas de base são:

- Espaço livre do disco (espaço percentual do disco físico livre e o espaço percentual do disco lógico livre)

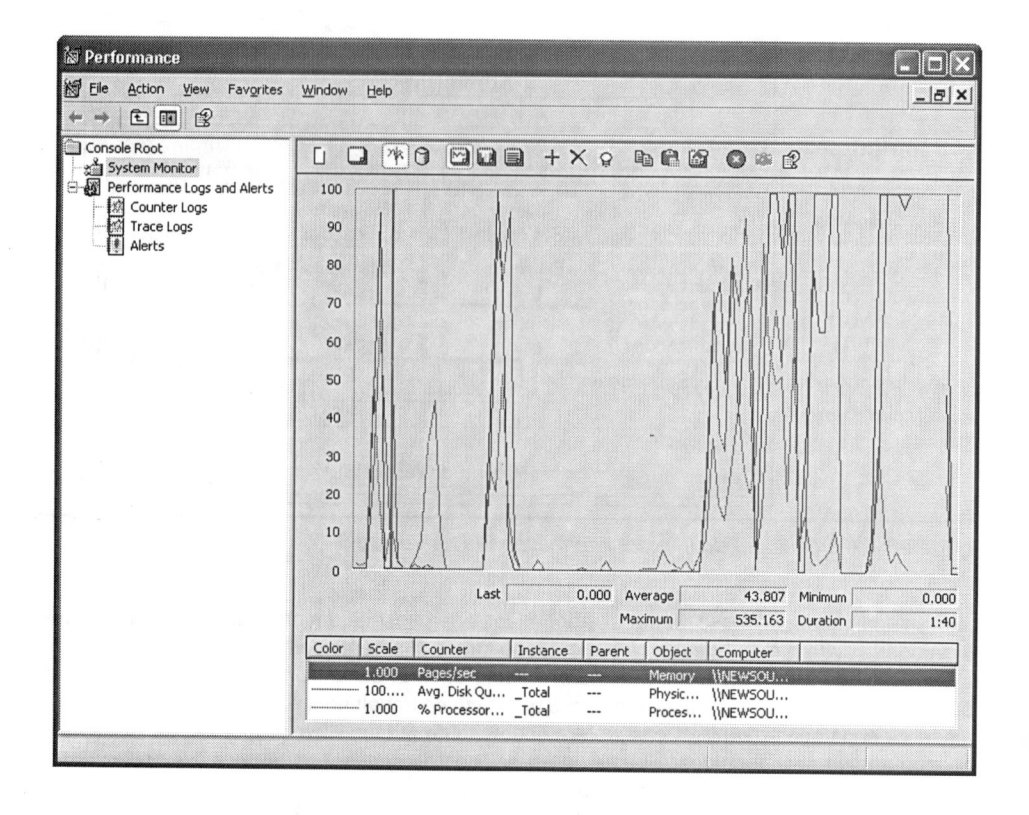

- Tempo de uso do disco (tempo percentual do disco físico e tempo percentual do disco lógico)
- Leituras e gravações do disco (leituras do disco físico por segundo e gravações do disco físico por segundo)
- Fila do disco (comprimento médio da fila do disco) – *ativado por default*
- Uso da memória (bytes da memória disponíveis)
- Paginação da memória (páginas da memória por segundo) – *ativado por default*
- Atividade do arquivo de paginação (uso percentual da paginação do arquivo)
- Uso do processador (tempo percentual do processador) – *ativado por default*
- Interrupções (interrupções do processador por segundo)
- Uso de diversos processadores (comprimento da fila do processador do sistema)
- Serviço do servidor (bytes totais do servidor por segundo)
- Itens de trabalho do servidor (deficiências do item de trabalho do servidor)
- Filas de trabalho do servidor (comprimento da fila de trabalho do servidor)
- Pool paginado do servidor (pico paginado do pool do servidor)

Use o botão Explain (Explicar) em System Monitor para aprender a que se refere cada definição. Controle essas definições com o passar do tempo na antiga rede para identificar o que foi considerado aceitável até o momento. Configure seus servidores consolidados em seu ambiente de laboratório e teste-os exaustivamente para ver se seu desempenho é adequado para os parâmetros identificados. Quando você preparar seus servidores, continue a controlar seu desempenho. Poderá usar o System Monitor ou o Microsoft Operations Manager (MOM) para isso. O MOM de fato inclui vários "pacotes de gerenciamento" que permitem controlar os papéis especiais do servidor. Isso facilita o controle e o exercício da linha de base. Lembre-se de que a própria avaliação do desempenho afeta o desempenho do servidor em seus cálculos. Mais informações sobre o MOM podem ser encontradas em http://www.microsoft.com/mom/.

Assim que você estiver seguro de que sabe como seus servidores devem ser executados, defina ou ajuste seus acordos do nível do serviço com base nesse desempenho. Então, se vir desvios a longo prazo do desempenho, poderá aumentar a capacidade do servidor através de seus mecanismos de crescimento.

> **Dica rápida** – *A Microsoft fornece ferramentas de teste exaustivo para suas plataformas Windows. Poderá ajudar no processo da linha de base do servidor, especialmente na avaliação das interrupções do servidor por segundo. Simplesmente pesquise "stress tool" em http://www.microsoft.com/technet/default.asp.*

Como planejar a recuperação do sistema

Mesmo que você tenha feito o melhor para garantir uma alta disponibilidade para seus servidores e serviços, os desastres sempre podem ocorrer e os servidores sempre podem ficar inativos. É por isso que é importante preparar a recuperação do sistema. Nenhum sistema é perfeito, mas, quanto mais níveis de proteção você aplicar em seus sistemas, menos chance terá de perder dados e ficar inativo. Portanto, precisará implementar estratégias de proteção dos dados.

O backup e a restauração dos dados WS03 é um processo complexo, mas foi muito simplificado pelos novos recursos WS03 como o Volume Shadow Copy Service. Na verdade, a ferramenta de backup predefinida inicia automaticamente uma cópia duplicada depois de fazer um backup. Os backups são uma parte importante da operação de recuperação, mas não são seu único componente. O WS03 oferece várias estratégias de recuperação diferentes. Algumas serão familiares se você trabalhou com o Windows NT antes (ou Windows 2000), mas o WS03 também inclui novos recursos que são específicos para esse sistema operacional.

Planejamento da recuperação para a rede da empresa

Recuperar os sistemas da empresa nunca é uma tarefa fácil. A melhor maneira de evitar ter que recuperar os sistemas é usando uma estratégia de proteção com diversas camadas. Mas se você chegar a um estágio no qual uma operação de recuperação é requerida, precisará de uma estratégia detalhada para seguir. Como toda outra operação na rede da empresa, as recuperações têm que ser planejadas. Sua estratégia de recuperação tem que começar com uma compreensão das próprias capacidades de recuperação do sistema operacional. Em seguida, assim que estiver familiarizado com as ferramentas que o sistema operacional oferece para ajudá-lo a recuperar os sistemas, poderá esboçar ou ajustar sua estratégia de recuperação. Finalmente, poderá integrar sua estratégia de solução de problemas à estratégia de recuperação nova ou atualizada.

Estratégias de recuperação para o Windows Server 2003

As estratégias de recuperação para o WS03 dependem do tipo de problema que você encontra, claro; mas elas incluem:

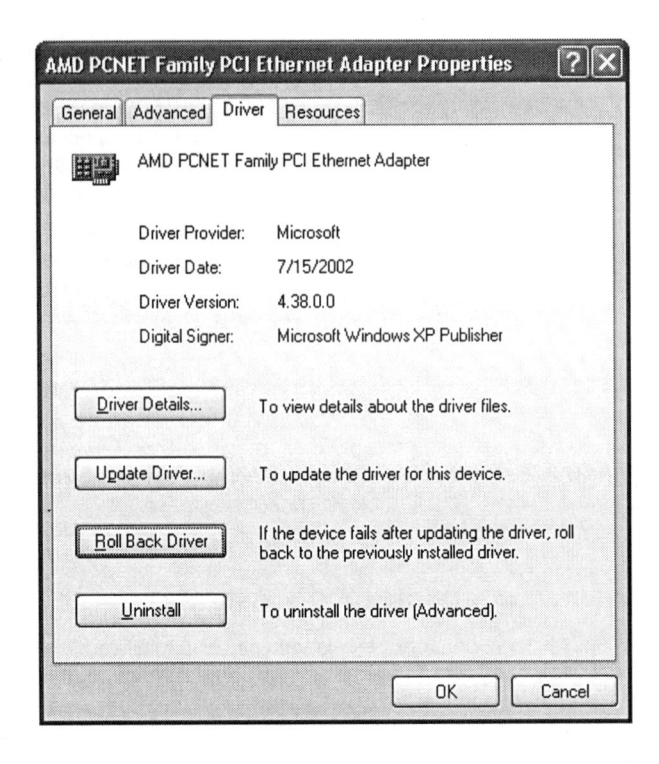

![Screenshot: AMD PCNET Family PCI Ethernet Adapter Properties dialog, Driver tab showing Driver Provider: Microsoft, Driver Date: 7/15/2002, Driver Version: 4.38.0.0, Digital Signer: Microsoft Windows XP Publisher, with buttons Driver Details, Update Driver, Roll Back Driver, and Uninstall.]

- **Recarregamento do driver**   Se você instalar um driver instável em seu sistema, poderá usa o recurso de recarregamento do driver para restaurar a versão anterior de um driver contant que possa ainda entrar em seu sistema. Isso é feito exibindo as propriedades do dispositivo em Device Manager (Gerenciador do Dispositivo) (System Properties ou Propriedades do Sistem | aba Hardware), indo para a aba Driver e selecionando Roll Back Driver (Recarregar Driver).

- **Desativação dos dispositivos**   Poderá também desativar os dispositivos que não estã operando devidamente. Isso é feito indo para Device Manager, localizando um dispositivo clicando-o com o botão direito do mouse e selecionando Disable (Desativar) no men contextual.

- **Last Known Good Configuration**   Exatamente como o Windows NT e o 2000, o WSC inclui uma opção de inicialização Last Known Good Configuration (Última Configuração Bc Conhecida). Isso volta para a última configuração gravada no registro antes de você t aplicado as alterações. É feito pressionando a tecla F8 durante a inicialização do sistem Também dará acesso a vários modos de inicialização diferentes, ao Save Mode (Modo c Segurança), Safe Mode with Networking (Modo de Segurança com Rede) etc. Também sã os modos de operação que você pode usar para corrigir as instalações do WS03.

- **Recovery Console**   No Capítulo 2, você instalou o Recovery Console (Console de Rec peração) como parte de seu processo de organização do servidor WS03 padrão. Es console permite executar operações de recuperação como, por exemplo, desativar ser ços, copiar os drivers do dispositivo ou outros arquivos para o sistema e corrigir uma ins lação. Instalar o console evitará que você requeira o CD de instalação original do Windo Server 2003 para executar uma correção porque o Recovery Console é listado como t sistema operacional em suas opções de inicialização.

- **Windows PE** O Capítulo 2 também descreveu como usar o Windows PE para criar um CD de inicialização que será inicializado em um ambiente Windows baseado em caracteres. Também é uma excelente ferramenta de recuperação porque o Windows PE dará acesso aos drives da rede e aos drives NTFS locais durante seu processo de correção.

- **Emergency Management Services** Como descrito no Capítulo 2, se você tiver o devido hardware, poderá usar o Emergency Management Services (EMS) do Windows Server 2003 para gerenciar e administrar remotamente os servidores quando surgirem problemas. O EMS é em grande parte baseado em servidores "sem chefe" – servidores sem monitores ou dispositivos de interface humana como teclas e mouses.

⚠ Cuidado – *Qualquer pessoa que tiver acesso físico a um servidor e à senha do administrador para esse servidor poderá usar essas ferramentas e tecnologias para danificar gravemente o servidor. Certifique-se de que o acesso físico para os servidores seja firmemente controlado na Camada 2 do Castle Defense System.*

- **Volume Shadow Copy** Os usuários e os administradores podem restaurar qualquer arquivo de dados que ainda esteja disponível no armazenamento de cópias duplicadas.

- **Backup e restauração** Usando a ferramenta de backup default incluída no Windows Server 2003, você poderá fazer backup e restaurar os dados para um meio removível ou em unidades de disco reservas.

- **Automated System Recovery** A opção Automated System Recovery (ASR ou Recuperação Automatizada do Sistema) é uma ferramenta que permite reconstruir um sistema não funcional. É composta por duas partes: ASR Preparation Wizard (Assistente de Preparação ASR) e ASR Restore (Restauração ASR). O Preparation Wizard captura tudo em um sistema, desde as assinaturas do disco até o estado do sistema e outros dados. Também cria um disquete de inicialização ASR. Então, se você precisar restaurar o sistema porque nenhuma das outras estratégias descritas nesta seção funciona, simplesmente inicializará a configuração do sistema usando o devido CD de instalação WS03, pressionará F2 quando solicitado e irá inserir o disquete ASR. ASR Restore irá restaurar as assinaturas do disco, instalará uma versão mínima do Windows e irá restaurar todos os arquivos do sistema e de dados. Não é 100% perfeito, mas é a melhor ferramenta de recuperação até o momento que acompanha o Windows. Mais sobre o ASR será tratado posteriormente neste capítulo.

- **Ferramentas de backup e recuperação de terceiros** Há várias ferramentas de terceiros que são projetadas para o backup e a restauração para os sistemas Windows Server 2003. Ao selecionar um produto de terceiros, há três elementos principais que você tem que considerar: integração com as APIs Volume Shadow Copy para aproveitar esse recurso, uma recuperação completa do sistema a partir do disquete (comparável com o ASR) e a integração com o Active Directory. O último é o aspecto mais importante porque as ferramentas que se integram diretamente ao AD são raras. Essa questão será analisada com mais detalhes mais tarde neste capítulo.

Estratégias de recuperação do sistema

Uma estratégia de recuperação do sistema deve incluir as seguintes atividades:

- A interrupção do serviço é detectada.
- O tipo de interrupção é identificado e foi colocado em categoria através de sua estratégia de solução de problemas.

- O risco foi avaliado e identifica o nível de resposta.
- O plano de recuperação para esse problema e o nível de risco é colocado em ação.
- Um "Plano B" fica pronto no caso do plano de recuperação principal não funcionar por alguma razão.
- Os resultados das ações de recuperação são testados completamente para garantir que tudo volte ao normal.
- As ações secundárias da recuperação são executadas; por exemplo, os servidores quebrados que ficaram off-line são corrigidos ou os usuários são notificados que seus arquivos estão de volta on-line.
- O incidente é documentado e o procedimento é atualizado, se requerido.

Uma estratégia de recuperação é baseada nas atividades descritas na Figura 9-7. Aqui, é importante detalhar o plano de recuperação real para cada tipo de situação. É uma razão pela qual a avaliação do risco é tão importante. Você pode não ter tempo para documentar os processos de recuperação para cada situação de desastre, mas se tiver reservado tempo para avaliar os riscos, poderá assegurar-se de que as situações mais críticas sejam documentadas. No final, terá diversos planos de recuperação que irão se "conectar" à sua estratégia de recuperação. Todos devem ser SOPs.

Se possível, deve também ter um Failsafe Server, geoclusteres ou um site de ativação – um site separado que espelha seu site de produção e que pode assumir o controle no caso de um desastre.

Técnicas de solução de problemas

O elemento final do processo de recuperação do sistema é uma boa estratégia de solução de problemas. É a estratégia que sua equipe de operações usará para identificar o tipo de desastre que está encontrando. É essencial que essa estratégia seja clara e padrão, porque é crítica para o processo de recuperação. Se o problema que você estiver encontrando for identificado de modo errado, poderá causar um desastre pior.

Em geral, as solicitações de ajuda e os relatórios do problema devem ser lidados através de uma abordagem organizada e científica que trata os erros do sistema como sempre sendo causais – ou seja, os problemas não ocorrem simplesmente. Os problemas são desvios de uma norma que têm causas distintas e identificáveis. O serviço do técnico de solução de problemas é deduzir logicamente as causas dos problemas com base em seu conhecimento de como o sistema funciona. A melhor maneira de fazer isso é usar um procedimento padrão. As etapas que descrevem o procedimento

---

Lista de verificação da recuperação do sistema

Uma estratégia de recuperação do sistema tem que incluir:
- ❏ Uma cópia do plano tem que ser mantida fora do site para proteger o próprio plano.
- ❏ Componentes de hardware reservas no site.
- ❏ Backups dos dados confiáveis e testados.
- ❏ Armazenamento fora do site distanciado para o meio de backup girado.
- ❏ Recursos disponíveis (humano e material) para executar a recuperação dos sistemas.
  Nota: As pessoas envolvidas no processo de recuperação também têm os devidos níveis de autoridade para executar as operações de recuperação.

Figura 9-7 – *Uma lista de verificação da recuperação do sistema.*

> ### Lista de verificação da solução de problemas
> ❏ Documente as informações apropriadas: por exemplo, a hora, data, máquina e informações do usuário
> ❏ Documente todas as informações relevantes concernentes ao problema. Consulte as informações da operação do sistema da linha de base, se necessário.
> ❏ Crie uma descrição do problema por item. Responda a estas perguntas:
>   ❏ O problema é reproduzível de modo confiável ou aleatório?
>   ❏ Está relacionado com a hora do dia?
>   ❏ O problema é específico do usuário?
>   ❏ É específico da plataforma?
>   ❏ É específico da versão?
>   ❏ Está relacionado como espaço livre do disco rígido?
>   ❏ Está relacionado com o tráfego da rede?
>   ❏ O que não *está*?
> ❏ Pesquise ocorrências parecidas em seus bancos de dados de solução de problemas internos e outras fontes.
> ❏ Crie uma hipótese razoável com base em todas as informações disponíveis.
> ❏ Teste a hipótese e documente os resultados.
>   Nota: Se o teste resolver com sucesso o problema, documente e feche o caso. Se não alcançar sucesso, modifique a hipótese ou, se necessário, crie uma nova hipótese. Repita o ciclo de hipótese, então teste, até que seja resolvido.

Figura 9-8 – *A lista de verificação da solução de problemas.*

da solução de problemas são mostradas na Figura 9-8. Note que os problemas complexos (mais de uma relação de causa-efeito) podem requerer diversas iterações desse processo.

Um dos aspectos importantes da solução de problemas é a classificação do problema, Ao definir claramente os erros, geralmente é útil colocar em categoria os erros de acordo com as circunstâncias em torno da ocorrência. A Tabela 9-3 fornece uma lista incompleta das classificações do problema

Tabela 9-3 – As Classificações do Problema de Amostra

Classificações do problema	Principais características
Instalação	Procedimento, meio, exigências do hardware/software, erros da rede
Periféricos	Teclado, vídeo, componentes do hardware, drivers
Rede	Configuração do adaptador, tráfego, cabeamento, dispositivos de transmissão
Autocarregador	Arquivos ausentes, falhas do hardware, menu de inicialização
Conexão	Contas do usuário, servidor de validação, configuração do registro, acesso da rede
Configuração do usuário	Pastas redirecionadas, perfis do usuário, membros do grupo
Segurança	Criptografia do arquivo, direitos de acesso, permissões
Inicialização do serviço	Serviços dependentes, configuração
Aplicação	Erros específicos da aplicação
Procedural	Educação do usuário, processos de controle

> **Dica rápida** – *Ao identificar os problemas, revise o Windows Server 2003 Help and Support Center. E mais, revise os bancos de dados de solução de problemas externos como o Microsoft TechNet (http://www.microsoft.com/technet/) e o Microsoft Knowledge Base (http:// support.microsoft.com/default.aspx?scid=fh;[In];kbhowto). E também é uma boa idéia contar com a experiência de seus colegas de trabalho e, claro, com o Microsoft Premier Support em https://premier.microsoft.com/ (você precisará de uma conta para o último).*

Como pode ver, o procedimento da solução de problemas descrito aqui não é apenas usado em desastres. Pode ser usado em todas as situações de solução de problemas. Mas para os desastres, a chave para a estratégia da solução de problemas e da recuperação é a qualidade de seus backups. É por isso que a estratégia de backup é um dos elementos mais importantes de sua construção de rápida recuperação do sistema.

Estratégias de proteção dos dados

Fazer backup de seus sistemas significará fazer backup de vários tipos de informações: dados do usuário, dados da empresa, bancos de dados, documentos, informações do estado do sistema para seus servidores e dados do Active Directory. Como mencionado anteriormente, você pode usar o WS03 Backup Utility (no modo gráfico ou da linha de comandos) ou uma ferramenta de backup de terceiros para executar esses backups. Seja qual for a utilizada, certifique-se de que use uma estratégia de backup padrão, criando conjuntos de backup dos tipos de dados específicos – por exemplo, criar apenas backups de dados do usuário em um conjunto de backups e apenas dados do sistema em outro. Isso simplificará o processo de restauração.

Os backups dos dados são bem simples: selecione o drive dos dados e faça backup nele. Lembre-se de que o WS03 criará automaticamente uma cópia duplicada antes de fazer backup nos dados. Na verdade, o conjunto de backups é criado a partir dos dados da cópia duplicada. Isso evita problemas com os arquivos abertos. A cópia duplicada também tem APIs especiais que permitem trabalhar com bancos de dados como o SQL Server e o Exchange Server, tornando os instantâneos válidos mesmo para os bancos de dados.

A Figura 9-9 exibe dados de amostra, o System State (Estado do Sistema) e uma estratégia de backup Automated System Recovery (Recuperação Automatizada do Sistema). Basicamente os dados e os System States devem sofrer um backup diariamente. Os ASRs devem ser feitos semanalmente. Os bcecapes dos System States e dos dados podem ser de aumento ou diferenciais durante os dias da semana. Os diferenciais são preferidos; eles ocupam mais espaço, mas são mais rápidos de restaurar uma vez que incluem todos os novos dados no mesmo conjunto de backups. Nos finais de semana, você poderá obter backups completos de ambos. Os backups ASR são completos por default.

> **Cuidado** – *Os backups System State mostrados na Figura 9-9 incluem o System State e os volumes do sistema e de inicialização. No caso de um servidor da rede da empresa, isso significa fazer backup do System State e do drive C.*

Você precisará suportar sua estratégia de backup em uma solução de armazenamento remota e um armazenamento do meio fora do site. O WS03 inclui vários recursos para suportar o armazenamento remoto, mas as soluções que você usará dependerão da tecnologia geral de armazenamento que terá no lugar. Se usar um SAN ou NAS, incluirá as capacidades de armazenamento remoto. Precisará assegurar-se de que terá um espaço de armazenamento off-line seguro para o meio. Deverá girar o meio fora do site regularmente. Por exemplo, cada segundo backup completo deve ser armazenamento fora do site em um ambiente controlado.

O planejamento proposto na Figura 9-9 descreve uma estratégia de retenção de quatro semanas. Isso significa que você manterá o meio de backup por um período de quatro semanas. Se mantiver toda segunda cópia fora do site, então estará sempre a uma semana de distância apenas do desastre completo. E mais, seu planejamento de armazenamento descreverá quais cópias deverá manter fora do site em uma base permanente.

Backups do System State

Os backups do System State são mais complexos para os administradores porque são as ferramentas que protegem o próprio sistema operacional (lembre-se: os drives do sistema e de dados foram separados na organização do sistema no Capítulo 2).

Assim, é importante compreender totalmente o que é encontrado em um backup System State. Há nove elementos em potencial para um backup System State. Alguns sempre têm um backup e outros dependem do tipo de servidor em que está fazendo o backup. Eles são identificados como a seguir:

- Registro do sistema
- Banco de dados de registro da classe COM+

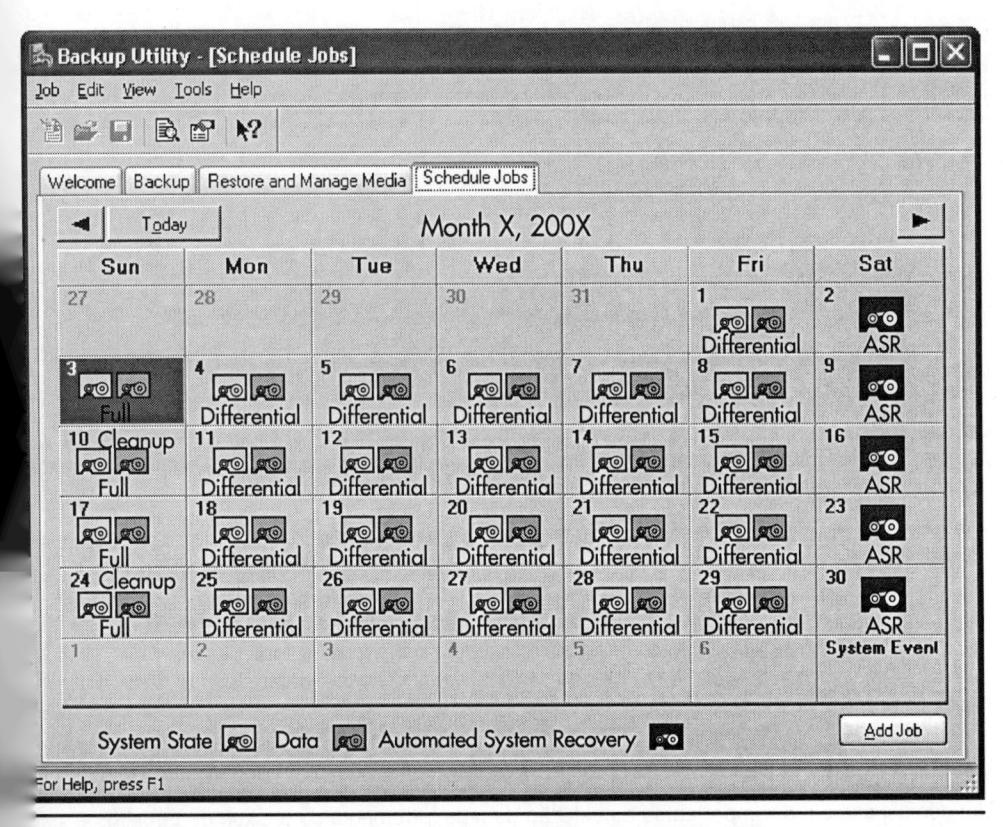

Figura 9-9 – *Dados de amostra, backup do System State e estratégia ASR.*

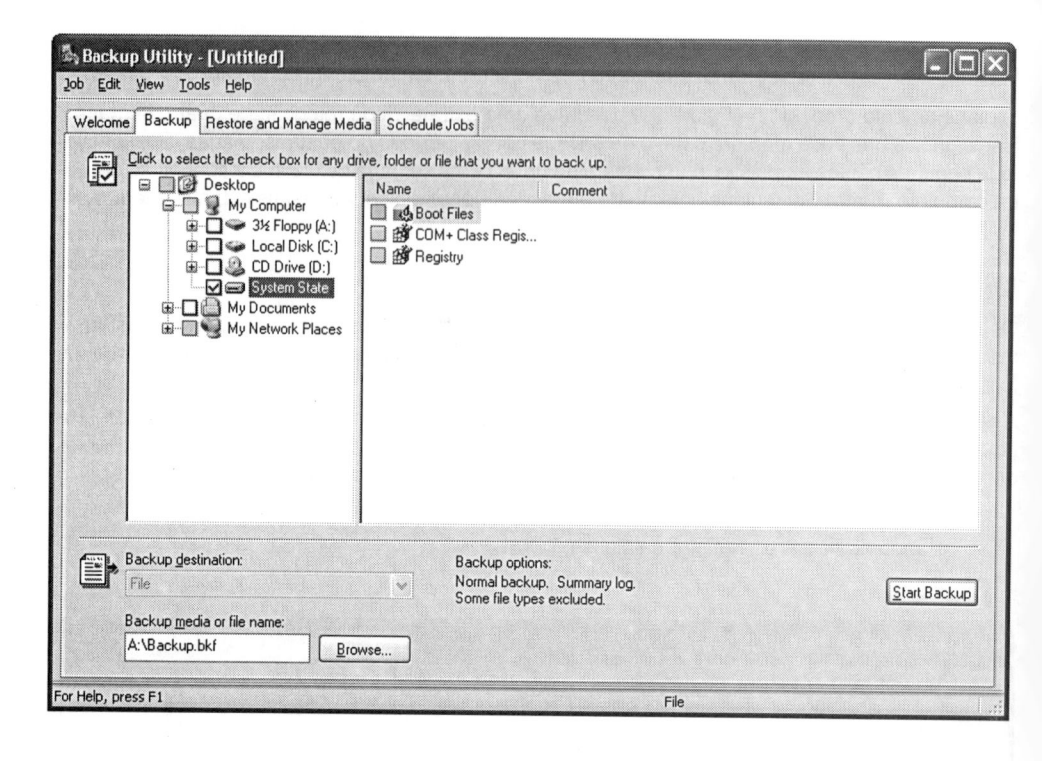

![Backup Utility screenshot showing the Backup tab with System State selected in the tree view under My Computer. Backup destination is set to File with media name A:\Backup.bkf.]

- Arquivos Windows File Protection System
- Banco de dados Active Directory (nos controladores do domínio)
- Pasta SYSVOL (nos DCs também)
- Banco de dados dos serviços com certificado (nos servidores do certificado)
- Informações de configuração do serviço do cluster (nos Server Clusters)
- Metadiretório IIS (nos Web Application Servers)

Os dados System State sempre têm um backup como um todo; não podem ser separados. O backup System State é executado selecionando System State na tela Backup Utility (Utilitário de Backup), na aba Backup.

> **Dica rápida** – Inicialize o NTBackup através do atalho em All Programs (Todos os Programas) | Accessories (Acessórios) | System Tools (Ferramentas do Sistema) no menu Start. Por default, a ferramenta de backup inicia no modo assistente. Para assegurar-se de que você sempre começará no modo Advanced (Avançado), desmarque a caixa Always start in wizard mode (Sempre iniciar no modo assistente).

Como selecionar ferramentas de backup de terceiros

Um dos aspectos mais importantes da seleção de uma ferramenta de backup de terceiros é sua consciência dos dados System State. Muitas ferramentas de backup, especialmente as ferramentas de backup que são projetadas para fazer backup dos dados Windows e armazená-los em servidores mainframe centrais, são ferramentas de backup de "descarga". Tudo que fazem é copiar um arquivo do servidor Windows para o mainframe. Você precisará usar o utilitário NTBackup no WS03 para criar primeiro um backup para o arquivo em um disco de dados e então a ferramenta de backup do mainframe fará uma cópia desse arquivo de backup. Embora o mérito para essa estratégia de backup seja questionável porque é verdade que o armazenamento do mainframe é correto de usar em certas situações, especialmente nas organizações que não se moveram para os sistemas de armazenamento Windows centrais como as redes da área de armazenamento (SAN) ou o armazenamento anexado da rede (NAS), essa estratégia torna-se inviável quando chega o momento de restaurar um servidor Windows.

Como sabe, restaurar servidores Windows pode ser complexo. Como mencionado anteriormente, é muito mais fácil agora com o advento do ASR, mas ainda é um processo complexo. Restaurar um servidor a partir de um backup que está armazenado em um mainframe é quase impossível. Primeiro, você tem que recuperar o arquivo de backup a partir do mainframe, então tem de iniciar o processo de restauração, geralmente instalando uma versão limitada do Windows, depois restaurar os dados e, finalmente, reiniciar o servidor esperando que tudo esteja certo. Na verdade, nessas situações, é geralmente útil ter um segundo sistema operacional já instalado no servidor para tornar o processo de restauração mais simples, mas como mencionado no Capítulo 8, essa segunda cópia de um OS pode ser um risco de segurança.

Normalmente é muito mais simples e rápido usar os Remote Installation Services (RIS) para reinstalar o servidor a partir do zero e simplesmente restaurar a parte dos dados do servidor. Se este for o caso, sua solução de backup baseada em mainframes cara não valerá a pena.

Dica rápida – *Se precisar escolher uma ferramenta de backup de terceiros, certifique-se de que o processo de restauração faça parte de seu critério de avaliação.*

Há várias soluções de backup de terceiros no mercado que são projetadas especificamente para o Windows Server 2003. Elas irão satisfazer critérios específicos, tendo que incluir:

- Ter o reconhecimento dos dados System State
- Ser integrado com o recurso Volume Shadow Copy (VSC), inicializando um VSC antes de iniciar uma operação de backup
- Ativar a recuperação completa do sistema a partir de um processo simples comparado com o ASR
- Ter o reconhecimento do Active Directory

Satisfazer esses quatro critérios básicos é essencial. Há outros, claro, como integrar-se aos produtos de armazenamento pesado que são suportados pelo Windows, inclusive drivers especiais para o SQL Server e o Exchange etc. Mas os quatro listados aqui são as exigências básicas para uma solução de backup de terceiros inteligente.

Como usar o NT Backup

O utilitário Backup encontrado no Windows Server 2003 (NTBackup) melhorou muito com essa edição do Windows. Agora ele inclui uma interface gráfica completa que inclui três modos operacionais:

- Backup Wizard (Assistente de Backup), que conduz os usuários em um backup ou operação de restauração

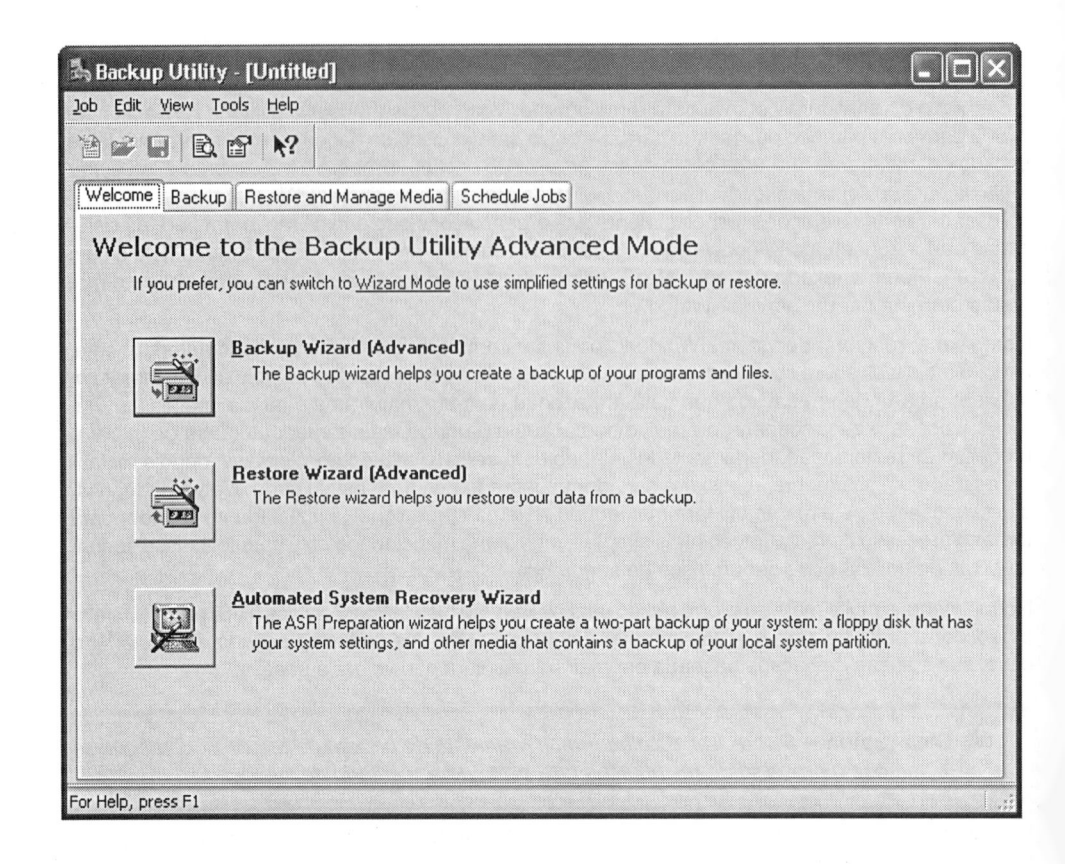

- A interface Advanced Backup (Backup Avançado), que é mais adequada para os administradores do sistema da empresa.
- A ferramenta de backup da linha de comandos

É a interface Advanced Backup que mudou mais. Agora, a tela de inicialização inclui um botão ASR em vez do botão Emergency Repair Disk (Disco de Reparo de Emergência) encontrado no Windows 2000.

E mais, inclui uma aba Schedule Jobs (Planejar Serviços). Essa aba permite planejar os backups diretamente dentro da interface gráfica, tornando essa operação muito mais fácil que no Windows NT onde você tinha que criar um script da linha de comandos e integrar o script com as tarefas planejadas.

O NTBackup também inclui o recurso Automated System Recovery (Recuperação Automatizada do Sistema) que cria um backup do sistema completo e suporta a restauração do sistema a partir de um único disquete de armazenamento. Criar um backup ASR é simples. Apenas clique o botão ASR na tela de inicialização Advanced Backup.

Assim que o backup estiver completo, você poderá exibir um relatório da operação de backup. Na verdade, isso exibirá o registro de backup. Você deve armazenar esses registros em um lugar seguro porque são muito úteis para localizar rapidamente os arquivos que precisam ser restaurados. São arquivos de texto simples que podem ser pesquisados muito mais rapidamente que uma restauração através do utilitário Backup. Com o acréscimo do ASR, o NTBackup torna-se uma solução de backup muito mais viável que antes, mas não é, de longe, uma solução de backup da empresa.

Backup Progress

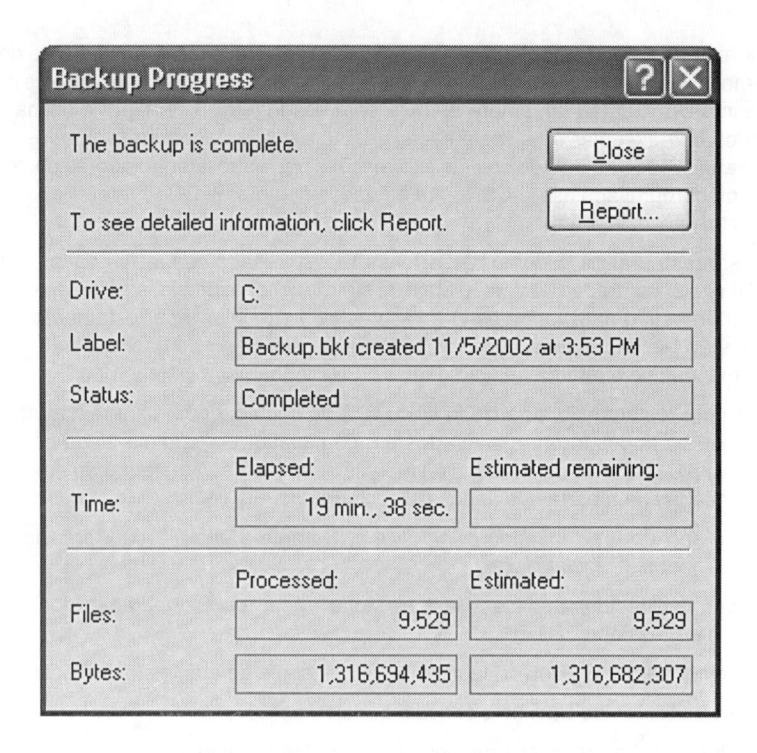

The backup is complete.

To see detailed information, click Report.

Drive:	C:
Label:	Backup.bkf created 11/5/2002 at 3:53 PM
Status:	Completed

	Elapsed:	Estimated remaining:
Time:	19 min., 38 sec.	

	Processed:	Estimated:
Files:	9,529	9,529
Bytes:	1,316,694,435	1,316,682,307

Restaurações autorizadas do Active Directory

Uma das questões mais importantes com o NTBackup e o WS03 em geral em termos de backup e especialmente restauração é o Active Directory. O Active Directory é um banco de dados complexo. Geralmente, a melhor maneira de restaurar um controlador do domínio desativado é reconstruir o DC até um certo nível, então permitir que a réplica com diversos mestres assuma o controle para colocar o servidor atualizado. O impacto dessa estratégia de recuperação é que sobrecarrega a rede, especialmente se o DC for um servidor regional. Tudo depende do nível para o qual você reconstrói o servidor e o desuso dos dados contidos.

Felizmente, o WS03 permite organizar os DCs com um meio off-line. Isso significa que você pode criar um backup Active Directory Database em um CD e usá-lo para organizar e restaurar os DCs. Quanto mais recente for o CD, menos réplica será requerida. As recuperações desse tipo não são complexas demais. Essas recuperações supõem que os dados nas outras réplicas do Directory Database sejam *autorizados* – dados válidos. Também significa que não havia nenhum dado crítico ou sem réplica no DC desativado.

O problema surge quando há dados críticos em um DC desativado, dados que não estão nas outras réplicas ou quando um erro ocorre e os dados no diretório são danificados e têm que ser restaurados. Neste caso, você tem que executar uma restauração autorizada. É onde começa a encontrar os limites do NTBackup.

O Active Directory gerencia a réplica do diretório através dos números de seqüência da atualização (USNs). Eles podem ser considerados como contadores de alteração e representam o número de modificações em um controlador do domínio desde a última réplica. Os valores dos objetos e das propriedades com o USN mais alto são repetidos para os outros controladores do domínio e substituem os valores que estão nas cópias do Directory Database localizado nos DCs de destino. Os USNs são também usados para gerenciar os conflitos da réplica. Se dois controladores do domínio tiverem o mesmo USN, então um timbre da hora será usado para determinar a última alteração. Assim, quando você executar uma restauração AD normal, os dados armazenados a partir do backup serão atualizados de acordo com as informações nos outros controladores do domínio. Na verdade, serão sobregravados se o USN para os dados nos outros DCs for mais alto que o USN para os dados no DC restaurado.

Quando precisar restaurar os dados a partir de um DC paralisado que inclua dados críticos – os dados que não são encontrados na versão atual do diretório (por exemplo, alguém apagou uma OU inteira e isso foi repetido para todos os DCs) – precisará executar uma restauração *autorizada*. Nessa restauração, as informações que você irá recuperar a partir do backup terão precedência sobre as informações no diretório, mesmo que os USNs tenham um valor inferior.

Para executar uma restauração autorizada, você terá de começar com uma restauração normal. Então, assim que os dados forem restaurados e o controlador do domínio ainda estiver off-line, usará a ferramenta NTDSUTIL para fazer a restauração autorizada. A restauração autorizada pode incluir tudo ou apenas uma parte dos dados AD restaurados. Eis como:

1. Corrija o servidor se requerido e inicialize-o. Durante a inicialização, pressione F8 para exibir os modos de inicialização.
2. Selecione o Directory Services Restore Mode (Modo de Restauração dos Serviços do Diretório) e pressione ENTER.
3. Isso reinicializará o Windows. Registre-se com a conta do administrador local.
4. Inicialize o utilitário de Backup e execute a restauração.
5. Assim que a restauração tiver terminado, reinicialize o servidor.
6. Pressione F8 mais uma vez para selecionar Directory Services Restore Mode e pressione ENTER.
7. Registre-se com a conta do administrador local.
8. Inicialize o prompt de comandos e digite **ntdsutil**.
9. Na ferramenta NTDSUTIL, digite os seguintes comandos:

   ```
   authoritative restore
   restore database
   ```
10. Digite **quit** e reinicie o servidor no modo normal.

Assim que o servidor for reiniciado, o processo de réplica começará e as informações restauradas serão repetidas para os outros controladores do domínio.

Se quiser restaurar apenas uma parte do diretório, use o seguinte comando de restauração:

```
restore subtree ou=nomeou,dc=nomedc, dc=nomedc
```

Para a Services OU no domínio Intranet.TandT.net, você usaria o seguinte comando:

```
restore subtree ou=serviços,dc=intranet,dc=tandt,dc=net
```

Como pode ver, restaurar informações que podem ser apagadas a partir de um erro simples do operador pode ser bem complexo ao usar o utilitário de backup WS03 default. É uma das principais razões pelas quais você consideraria usar uma tecnologia de backup completa, uma tecnologia que seja construída especificamente para integrar e suportar todos os recursos do Windows Server 2003.

Galaxy da CommVault

A CommVault Systems, um Microsoft Gold Certified Partner, produz uma tecnologia de backup chamada Galaxy (http://www.commvault.com/products.asp). O Galaxy é uma tecnologia de proteção dos dados da empresa que está totalmente integrada com o Windows Server 2003. Suporta totalmente o backup e a restauração dos dados System State; é integrado com o Volume Shadow Copy Service; fornece um recurso parecido com o ASR, permitindo que os administradores restaurem os servidores inativos a partir do zero usando um backup recente; conhece e compreende totalmente o Active Directory. Também inclui agentes inteligentes para o SQL Server e o Web Store (Armazenamento Web), o banco de dados usado para armazenar os dados Exchange e SharePoint Portal Server.

O que isso significa é que você pode executar as restaurações do objeto e do atributo diretamente no Active Directory sem ter que passar pelas opções complexas requeridas para executar as restaurações autorizadas tradicionais. E mais, o Galaxy pode restaurar objetos simples diretamente no Exchange Web Store. Isso significa que você pode restaurar mensagens de e-mail simples sem as confusões normalmente requeridas para executar tal operação.

O Galaxy é uma das únicas ferramentas de proteção de dados no mercado que podem executar restaurações no Active Directory sem ter que colocar o controlador do domínio off-line. Se um operador cometer um erro e modificar os dados errados e ainda executar uma modificação que tenha de ser anulada, você simplesmente usará o Galaxy Recovery Console para selecionar o item a ser restaurado, restaurá-lo, e ele aparecerá no diretório em momentos. Ele é atribuído automaticamente a um novo USN, que significa que irá se repetir automaticamente para os outros controladores do domínio e irá restaurar o AD ao estado desejado.

Como pode ser visto na Figura 9-10, o Galaxy oferece módulos agentes para uma lista completa de produtos, inclusive o Active Directory, Server Exchange, SharePoint Portal Server e o banco de dados SAN/NAS.

> **Dica rápida** – *As tecnologias de proteção de dados da empresa também são muito úteis para a migração dos dados. Uma das melhores maneiras de migrar os dados da rede de herança para a rede paralela é através de backups e restaurações. Faça backup dos dados com as propriedades de segurança a partir da antiga rede (NT ou Windows 20000) e restaure-os para a nova rede (WS03). Eles manterão suas propriedades de segurança e os usuários terão os devidos direitos de acesso através do histórico SID.*

Como finalizar sua estratégia de rápida recuperação

Escolher a tecnologia de proteção de dados certa é um elemento central de sua estratégia de rápida recuperação, mas como você viu aqui, não é o único elemento. Você precisará construir e implementar os devidos processos e garantir que eles sejam seguidos. É uma excelente oportunidade para a construção de procedimentos operacionais padrões.

E mais, terá de assegurar se de que suas estratégias de proteção de dados complementem suas estratégias de redundância do sistema. Um dos principais elementos do primeiro é um teste integrado e regular; suas fitas de backup ou outros meios terão que ser testados regularmente. Os treinamentos de incêndio também são um excelente procedimento de teste.

A rápida recuperação está no centro da rede da empresa. Também está no estágio final de preparação da rede paralela. Agora sua rede está pronta para fornecer serviços completos para sua empresa. Dois elementos-chaves ainda têm que ser tratados antes da rede paralela estar totalmente funcional:

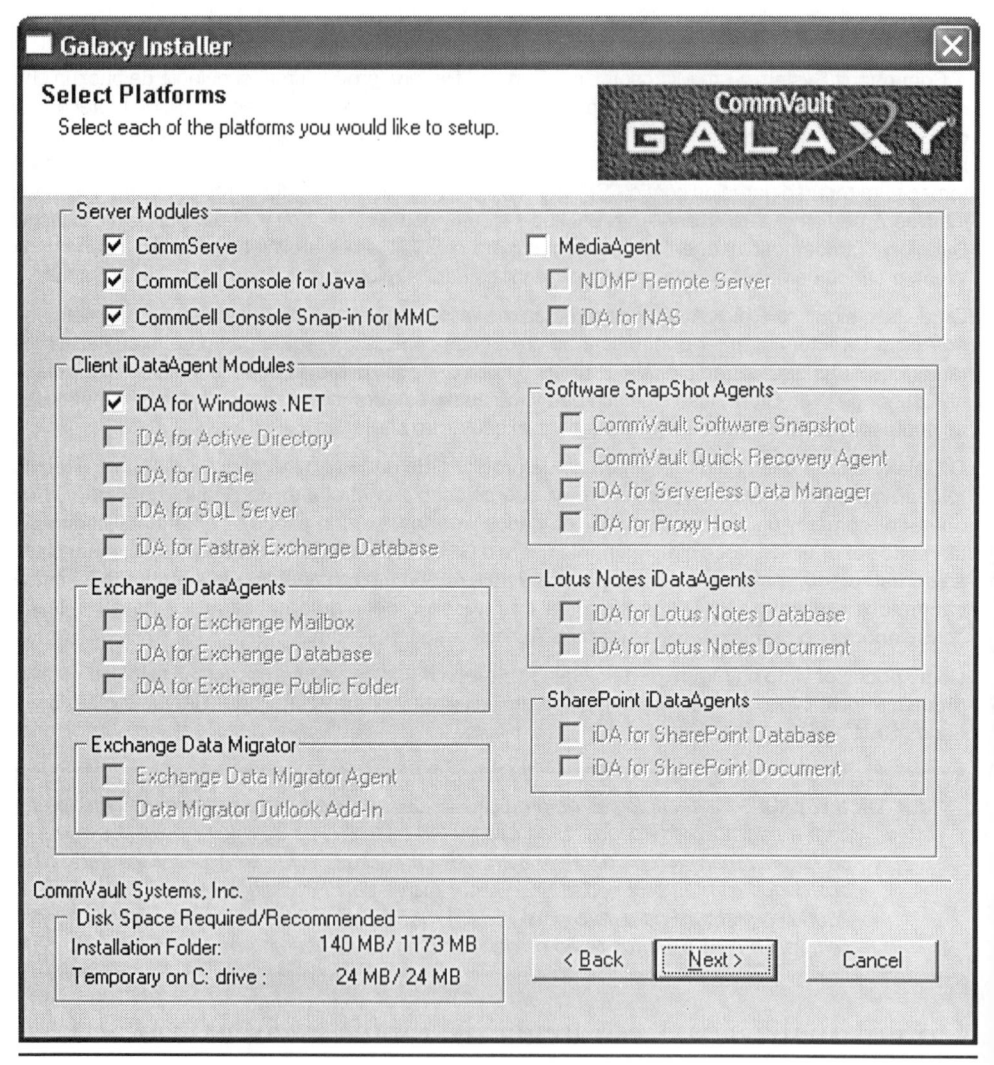

Figura 9-10 – *Durante a instalação, o Galaxy exibe os diferentes agentes que ele suporta.*

- A migração dos usuários e dos dados para a rede paralela, assim como a desautorização da rede de herança.
- A modificação dos papéis operacionais em sua organização IT para cobrir as atividades administrativas novas e algumas vezes integradas para a nova rede.

Ambos os elementos serão tratados no capítulo final deste livro, o Capítulo 10.

Resumo das melhores práticas

Este capítulo recomenda as seguintes melhores práticas:

Capítulo 9: Como criar uma infra-estrutura que se recupere prontamente ▶ **439**

- Use a fórmula de cálculo de risco para determinar a devida construção da rápida recuperação do sistema para cada tipo de recurso e serviço.

Clusteres Network Load Balancing

- Não instale os serviços Network Load Balancing e os Server Clusters na mesma máquina.
- Use o cluster NLB com recursos que sejam estáticos por natureza.
- Use pelo menos dois NICs em cada membro do cluster NLB
- Se você usar o modo Multicast em um cluster NLB com os roteadores Cisco, reconfigure manualmente os roteadores com as entradas ARP mapeando o endereço IP do cluster para seu endereço MAC.
- Se usar um cluster NLB para fornecer as conexões VPN usando as sessões L2TP/IPSec ou PPTP, terá que configurar seu cluster no modo de uma afinidade para garantir que as solicitações do cliente sejam sempre redirecionadas para o mesmo host.
- Não ative o controle remoto para os clusteres NLB; use o console NLB Manager para todas as operações administrativas.

Server Clusters

- Use os clusteres ativo-ativo para reduzir os custos enquanto aumenta a disponibilidade.
- Se você usar diversas aplicações de instância, terá de assegurar-se de que elas terão o reconhecimento do cluster.
- Para os serviços essenciais que precisam da rápida recuperação, use clusteres com dois nós no modo ativo-ativo e configure os serviços para a execução em instâncias simples em cada nó.
- Se configurar clusteres com diversos sites, configure uma VLAN para reagrupar os nós do cluster e que a latência da conexão WAN fique abaixo de 500 milissegundos.
- Controle os clusteres de nós da maioria com cuidado porque eles sempre requerem uma maioria dos nós para continuar a operação durante as falhas do sistema.
- Se possível, evite o cluster nos controladores do domínio. Os DCs fornecem seu próprio sistema de redundância através da réplica com diversos mestres.
- Assegure seus Server Clusters com cuidado e certifique-se de que as contas administrativas do cluster estejam bem protegidas.
- Use os Microsoft Clustering Services para consolidar os serviços e reduzir o número de servidores em sua empresa. Crie linhas de base de desempenho do servidor para avaliar suas oportunidades de consolidação.

Recuperação do sistema

- Comece aprendendo e compreendendo os recursos potenciais de recuperação do sistema operacional.
- Construa ou atualize sua estratégia de recuperação com base no que aprendeu sobre os recursos de recuperação do sistema operacional.
- Integre sua estratégia de solução de problemas ao processo de recuperação.

- Crie classificações de problemas padrões e use-as para colocar em categoria os problemas. Use essas categorias em seu processo de análise de risco.

Backup e recuperação

- Separe o System State e os backups de dados em sua estratégia de backup; será mais fácil restaurar os dados assim.
- Eduque os usuários sobre o recurso Shadow Copy e a restauração de auto-serviço dos arquivos; isso reduzirá muito seu trabalho de restauração.
- Use uma tecnologia de proteção dos dados da empresa. Se suas informações forem críticas para seu negócio, não poderá pensar em contar com o utilitário de backup default mesmo que seja mais inteligente no Windows Server 2003.
- Quando você escolher uma tecnologia de proteção dos dados de terceiros, certifique-se de que o processo de restauração faça parte de seu critério de avaliação. Certifique-se de que seja integrado ao Active Directory e suporte restaurações em linha para o nível do atributo.
- Teste todos os seus backups para garantir que eles funcionarão para os dados de recuperação. Execute esses testes regularmente.
- Certifique-se de que tenha documentado todos os seus procedimentos de pronta recuperação. É uma excelente oportunidade para a criação de SOPs.

Mapa do capítulo

Use a ilustração na Figura 9-11 para revisar o conteúdo deste capítulo.

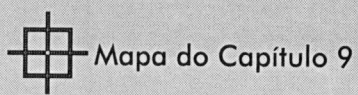

Capítulo 9: Como criar uma infra-estrutura que se recupere prontamente ▶ **441**

Mapa do Capítulo 9
Como criar uma infra-estrutura que se recupere prontamente

Como planejar a redundância do sistema (Figura 9-1)
Como se preparar para os desastres em potencial
Serviços de cluster do Windows Server 2003 **(Figura 9-2)**
(NLB, CLB, Server Clusters)
Network Load Balancing
› Modos Multicast versus Unicast
› Uma afinidade versus nenhuma afinidade
› Como instalar e configurar os clusters NLB **(Figura 9-3)**
Clusters do servidor com diversos nós **(Figura 9-4)**
› Lista de compatibilidade do cluster
› Conceitos do cluster do servidor
› Configurações do cluster **(Figura 9-5)**
› Clusteres distribuídos geograficamente
› Considerações finais do cluster do servidor
› Cluster de nós da maioria
› Cluster dos Identity Servers
› Cluster do Server Security

Ferramentas no site Web complementar
☐ Lista de verificação da preparação do cluster NLB

Consolidação do servidor
Arquitetura IIS v6 **(Figura 9-6)**
Consolidação através da linha de base do servidor

Como planejar a recuperação do sistema (Figura 9-7)
Plano de recuperação para a rede da empresa
› Estratégias de recuperação para o Windows Server 2003
› Estratégias de recuperação do sistema
› Técnicas de solução de problemas **(Figura 9-8)**
Estratégias de proteção dos dados
› Backups do estado do sistema
› Como usar o NT Backup **(Figura 9-9)**
› Como selecionar ferramentas de backup de terceiros
› Restaurações autorizadas do Active Directory
› Galaxy da CommVault **(Figura 9-10)**

Ferramentas no site Web complementar
☐ Lista de verificação da recuperação do sistema
☐ Lista de verificação da solução de problemas

Como finalizar a estratégia de rápida recuperação

Resumo das melhores práticas

Figura 9-11 – *Mapa do capítulo*

Capítulo 10

Como colocar a rede da empresa em produção

NESTE CAPÍTULO

- ❖ Como migrar os dados, usuários e PCs para a rede paralela *445*
- ❖ Como revisar a estrutura de papéis IT *455*
- ❖ Recomendações finais *462*
- ❖ Resumo das melhores práticas *463*
- ❖ Mapa do capítulo *464*

As preparações técnicas finais para a rede paralela agora estão terminadas. Está quase pronta para ficar on-line. Agora, você precisará migrar todos os usuários, PCs, dados e serviços para a rede paralela e desautorizar o ambiente de herança. É no final dessa operação que você terá completado sua migração para o Windows Server 2003. Então irá para a operação da nova rede. Neste estágio, descobrirá que há alterações no modo como precisa administrar e operar uma rede WS03 nativa.

Quando executou todas as operações descritas nos capítulos anteriores, notou que várias tarefas IT tradicionais foram modificadas e que novas tarefas foram adicionadas à lista operacional. Assim, quando se preparar para colocar a rede paralela on-line e completar a migração do usuário a partir da rede de herança, haverá uma atividade final que terá de executar. É a revisão dos papéis administrativos e operacionais em sua rede da empresa. Assim que essa revisão for feita, sua rede estará pronta para pela primeira vez.

Como migrar os dados, usuários e PCs para a rede paralela

Sua rede está pronta para ser inicializada no ambiente de produção. Até então, toda operação seguida foi (ou deve ter sido) em um ambiente de laboratório. Mesmo esse procedimento final tem que ser testado totalmente antes de você ir para a rede de produção. Para migrar os usuários, PCs e dados para a nova rede, precisará executar as seguintes atividades:

1. **Crie consórcios** A etapa final é criar uma relação de consórcio bidirecional entre o domínio de produção e seu domínio de herança. Esse consórcio bidirecional serve para suportar a operação de ambas as redes ao mesmo tempo. Consulte o Capítulo 4 (Figura 4-3) para obter uma representação visual desses consórcios.

2. **Aninhe os grupos** A segunda etapa é aninhar os devidos grupos Global nos grupos Domain e Domain Local que são requeridos para conceder acesso conjunto aos recursos a partir de ambos os domínios. Por exemplo, se você estiver migrando de um grupo seleto de usuários, e a migração não puder ser completada de uma só vez, precisará assegurar-se de que ambos os conjuntos de usuários – os localizados na rede de herança e os já migrados para a nova rede – tenham acesso aos recursos reunidos para que possam continuar a trabalhar juntos durante a migração. Essa abordagem precisará se estender a todos os usuários das pastas públicas porque eles têm que compartilhar os recursos na duração de sua migração.

3. **Migração da conta do usuário** Em seguida, precisará migrar as contas do usuário da rede de herança para o novo ambiente. Como sabe, migrar as contas do NT para o WS03 fornecerá apenas o nome de usuário e a senha. Os usuários devem receber autoridade para modificar suas próprias informações pessoais usando uma página Web de modificação dos dados do usuário como analisado no Capítulo 6. A Active Directory Migration Tool (ADMT) incluída com o Windows Server 2003 fornecerá uma ótima ajuda aqui já vez que migra as contas do usuário, senhas, grupos e membros do grupo, contas do serviço, contas do computador e mais.

> 🔊 **Nota** – *É uma excelente oportunidade para limpar seu banco de dados SAM quando for importado para o novo domínio de produção. Será especialmente importante aqui assegurar que apenas os devidos dados sejam incluídos nos comentários porque os usuários poderão agora exibir os comentários armazenados no Active Directory (que não podiam no NT).*

4. **Migração da conta do serviço** Você não deve precisar migrar as contas do serviço uma vez que elas foram recriadas na nova rede quando os novos serviços foram ativados.

5. **Migração dos dados do usuário** Então poderá migrar os dados do usuário localizados nos compartilhamentos da rede como, por exemplo, os diretórios pessoais. É onde é importante usar a devida ferramenta para a migração da conta do usuário porque cada conta migrada é atribuída a um novo identificador de segurança (SID). Esse SID é diferente do SID usado para criar as informações na rede de herança. Isso significa que é possível para os usuários não terem acesso aos seus dados, uma vez que foram movidos para uma nova rede. Mas o ADMT pode manter um histórico do SID quando migra uma conta do usuário, dando à conta a capacidade de apresentar um SID de herança ao acessar os dados na nova rede ou pode executar a conversão do SID, substituindo o SID de herança pelo novo SID no objeto para evitar esse problema.

6. **Migração do PC** Em seguida, você precisará migrar os PCs. Se os PCs não precisarem ser reorganizados (já estão executando o Windows XP ou pelo menos o Windows 2000), então poderá usar o ADMT para migrar as contas do computador e redefinir os descritores de segurança em cada sistema. Se, por outro lado, eles não estiverem atualizados e precisarem ser organizados, você precisará recuperar primeiro todos os dados do usuário a partir do sistema, reinstalar o sistema, reuni-lo ao domínio durante a reinstalação e, então, restaurar os dados do usuário para o sistema. Será uma boa hora de usar a User State Migration Tool (USMT).

> 🔊 **Nota** – *A Microsoft designou o Automated Purposing Framework para ajudar na organização e migração de quantidades pesadas dos PCs (e servidores também). Mais informações estão disponíveis em http://www.microsoft.com/serviceproviders/deployment/automated_ purposingP67545.asp.*

Capítulo 10: Como colocar a rede da empresa em produção ▶ **447**

7. **Desautorização da rede de herança** A última etapa consistirá na desautorização da rede de herança. Será a etapa que identifica que a migração está completa. Requer a remoção do aninhamento dos grupos, a remoção dos consórcios explícitos bidirecionais e a desautorização das máquinas no domínio de herança.

Essas sete etapas são mostradas na Figura 10-1. Assim que forem completadas, sua migração estará finalizada e você, pronto para ir para a administração e otimização de sua nova rede.

> 🔊 **Nota** – *Usar uma ferramenta de migração comercial evitará muita confusão na migração porque ela leva todas essas situações em consideração.*

Como usar o Active Directory Migration Tool

O ADMT oferece vários recursos para o suporte da Abordagem de migração da rede paralela. É muito simples de usar. Sua instalação é baseada em um arquivo Windows Installer (como as Support Tools, o Resource Kit, o Group Policy Management Console, outros complementos WS03 e componentes instaláveis) que está localizado no CD WS03, na pasta |i386|ADMT. Simplesmente clique duas vezes no arquivo ADMIGRATION.MSI para a instalação.

Assim que ele estiver instalado, você poderá inicializar o console ADMT indo para Administrative Tools (Ferramentas Administrativas) e selecionando Active Directory Migration Tool (Ferramenta de Migração do Active Directory). Precisará dos direitos Enterprise Administrator para ser capaz de usar essa ferramenta. A operação do ADMT consiste basicamente em clicar com o botão direito do mouse em Active Directory Migration Tool para acessar o menu contextual e selecionar o devido assistente para operar. O ADMT oferece vários assistentes:

- User Account Migration
- Group Account Migration
- Computer Migration
- Service Account Migration
- Security Translation
- Trust Migration
- Group Mapping and Merging
- Exchange Directory Migration
- Reporting

A operação dos assistentes é simples. Você precisará identificar o domínio de origem, o domínio de destino, os objetos que deseja migrar, o contêiner para o qual deseja migrá-los e como deseja executar a migração. Além de executar a migração das contas ou grupos, o ADMT suporta a migração dos objetos Exchange como as caixas de correio do usuário, as listas de distribuição etc. O ADMT também migra as relações de consórcio e pode executar o mapeamento e a mescla dos grupos.

> ⚠ **Cuidado** – *O ADMT deve ser executado no modo de teste primeiro. Escolher esse modo permitirá testar os resultados da migração antes de realmente executar a operação. Simplesmente selecione "Test the migration settings and migrate later?" (Testar definições da migração e migrar posteriormente?) quando usar um dos assistentes.*

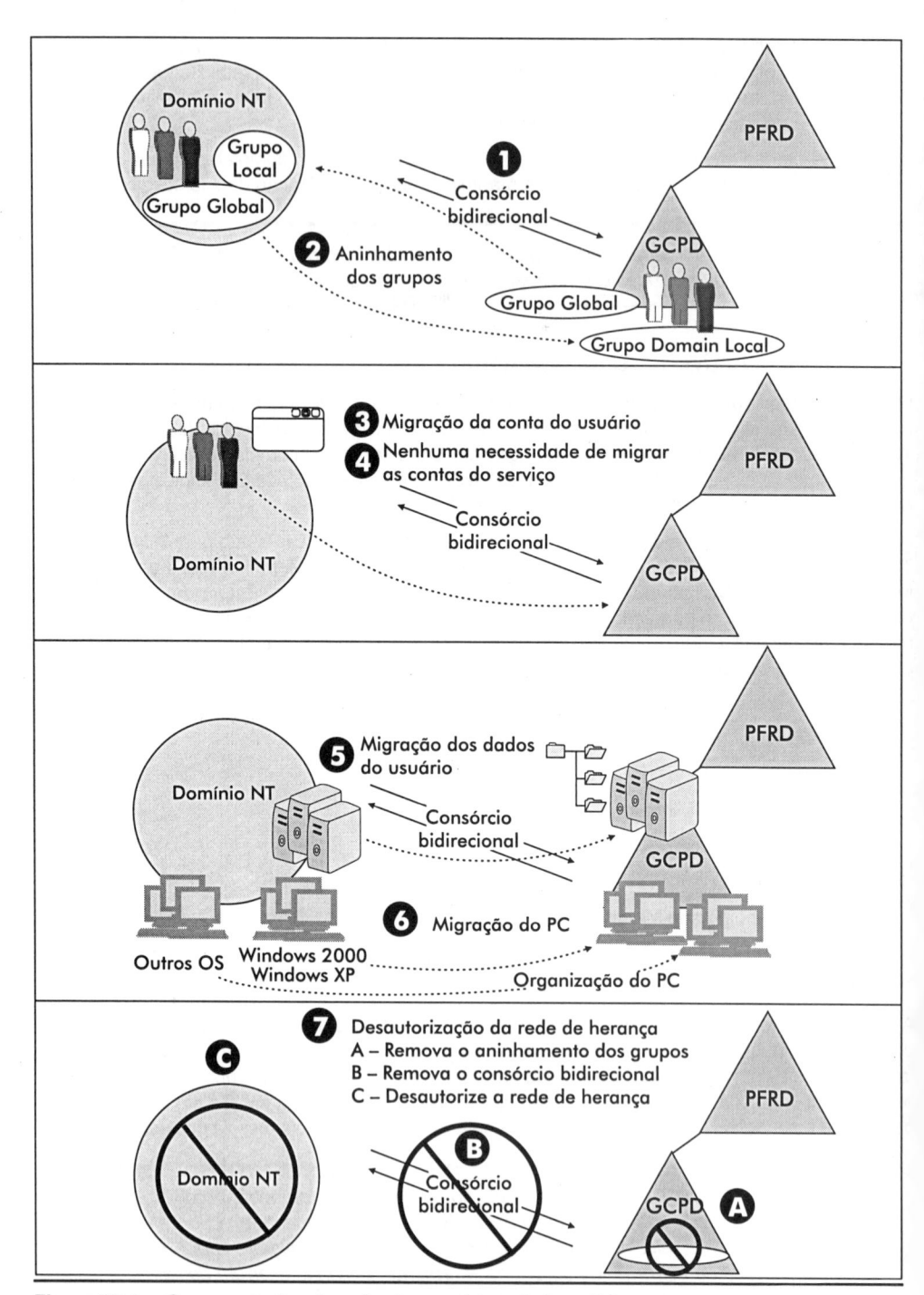

Figura 10-1 – *O processo de migração dos usuários, dados e PCs.*

A melhor maneira de usar o ADMT no Processo de migração da rede paralela é migrar os grupos de usuários. Quando o ADMT migra um grupo, ele pode também migrar os usuários contidos nesse grupo, facilitando determinar o que migrar. Mas antes de você poder mover os usuários e os computadores de uma rede para outra, precisará assegurar que os dados que migrará serão filtrados e que todos os registros obsoletos serão removidos. Não desejará fornecer dados obsoletos para sua rede WS03 novinha em folha!

Como criar relatórios dos dados do domínio

Para filtrar os dados de seu domínio de origem, precisará usar o Reporting Wizard (Assistente de Relatório) do ADMT. Essa ferramenta de relatório pode suportar a criação de vários tipos de relatório diferentes para resumir os resultados de suas operações de migração:

- Migrated Users and Groups
- Migrated Computers
- Expired Computers
- Impact Analysis
- Name Conflicts

O relatório Expired Computers (Computadores Expirados) lista os computadores com as senhas expiradas. Name Conflicts (Conflitos do Nome) faz o mesmo com os objetos em potencial que terão o mesmo nome no domínio de destino. O relatório que permite identificar os objetos obsoletos é o relatório Impact Analysis (Análise do Impacto). Ele fornece uma lista detalhada de objetos do usuário, grupo e computador encontrados em seu domínio de origem. Você poderá usar esse relatório para identificar qual tem de ser removido desse banco de dados.

Você pode executar essa remoção de várias maneiras:

- Pode remover os objetos do domínio de origem e então migrar as contas.
- Pode criar novos grupos que contêm apenas objetos válidos no domínio de origem e migrar os objetos usando esses grupos.
- Pode mover as contas para uma OU específica, limpá-las e então movê-las para suas OUs de destino.

> **Nota** – *Os relatórios têm que ser gerados antes de você poder exibi-los. Muitos relatórios são gerados a partir de informações reunidas a partir dos computadores em sua rede. Isso terá um impacto em seu desempenho, portanto você poderá decidir usar servidores dedicados para essa função. E mais, os relatórios não são dinâmicos; eles são relatórios de um ponto no tempo e têm que ser gerados de novo para ter uma imagem atualizada.*

A última abordagem pode ser sua melhor escolha uma vez que o ADMT permitirá controlar o modo como as contas são tratadas depois da migração. Na verdade, você poderá garantir que nenhuma conta seja ativada até que tenha executado uma operação de limpeza nas contas recém-migradas.

> 🔊 **Nota** – *O ADMT também está disponível em http://www.microsoft.com/windows2000/ downloads/ tools/admt/default.asp. E mais, você poderá consultar o Capítulo 9 do Domain Migration Cookbook da Microsoft para obter mais informações sobre a conta e outra migração do objeto em http://www.microsoft.com/technet/prodtechnol/ windows2000serv/deploy/ cookbook/cookchp9.asp. Finalmente, um resumo das operações requeridas para executar o ADMT poderá ser encontrado no artigo Microsoft Knowledge Base de número Q260871 em http://support.microsoft.com/ default.aspx?scid=KB;en-us;260871&.*

Considerações especiais do ADMT

Há alguns itens que você tem que lembrar ao usar o ADMT. O primeiro está relacionado com o identificador de segurança (SID). Como mencionado anteriormente, todos os dados de um usuário estão associados ao SID que representa o usuário no momento em que o objeto é criado. Assim, todos os dados de um usuário serão associados ao SID *de herança* do usuário. Quando você transferir esses dados para a nova rede, terá de usar uma técnica especial que assumirá o SID de herança do usuário ou converterá o SID do objeto no novo SID do usuário (o gerado pela nova rede).

A melhor maneira de fazer isso é garantir que o SID de herança do usuário seja migrado para o novo domínio (usando a devida caixa de verificação nos assistentes Account Migration ou Migração da Conta) e então usar a conversão do SID. O último é executado usando o Security Translation Wizard (Assistente de Conversão da Segurança) do ADMT. Mas para a conversão da segurança funcionar devidamente, *você terá de garantir que todos os dados de um usuário tenham sido migrados para a rede primeiro*, do contrário precisará executar a conversão do SID novamente assim que tiver terminado.

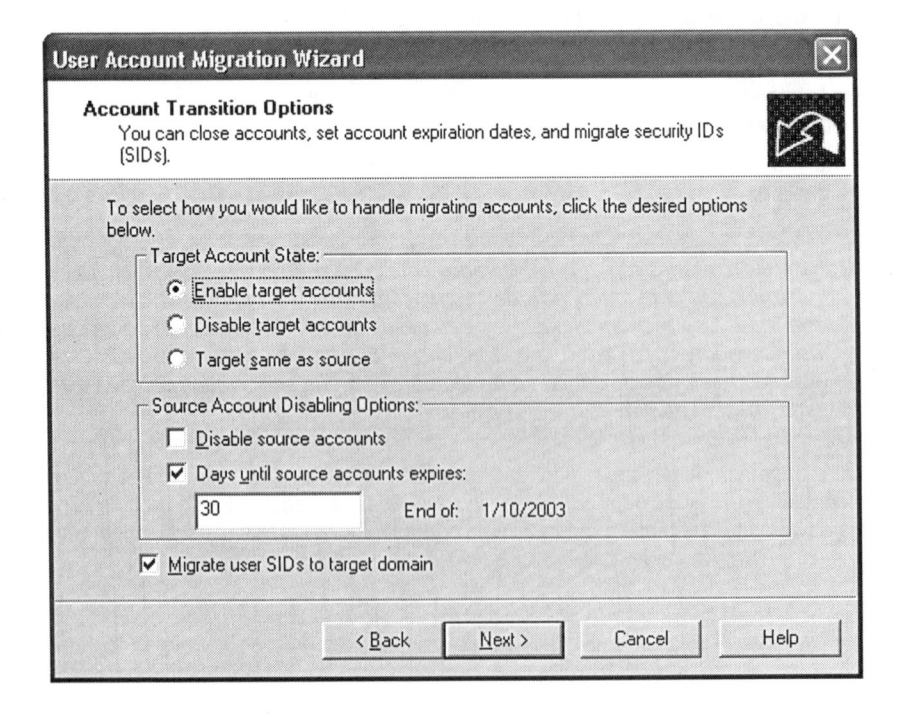

Capítulo 10: Como colocar a rede da empresa em produção ▶ **451**

Também é importante notar que, para a migração do histórico SID funcionar, um Password Export Server (PES) é requerido. O PES é instalado em um controlador do domínio na rede de herança. É melhor usar um servidor dedicado para essa operação porque exige muitos recursos. Portanto, você terá que organizar um novo controlador do domínio (PDC no Windows NT ou simplesmente um DC no Windows 2000) para dedicá-lo a essa tarefa. Instalar o PES é simplesmente uma questão de inicializar o arquivo de instalação PES encontrado na pasta PWDMIG sob ADMT no CD de instalação do WS03. Essa instalação também suportará a migração da senha se isso for o que você escolheu fazer (poderá também gerar de novo as senhas durante a migração). Não há nenhuma dúvida de que a migração da senha será mais fácil em seus usuários se fizer com que eles redefinam as senhas em sua primeira conexão com a rede. Também é mais seguro do que a nova geração da senha porque, no modo de nova geração, você tem de encontrar uma maneira privada de comunicar a nova senha para os usuários. Pode ser uma oportunidade para o roubo da conta.

Sua rede também precisa satisfazer as seguintes condições antes de você poder executar a migração da senha ou a conversão do SID:

- A auditoria tem que estar ativada no domínio de origem. Se não estiver, o ADMT se oferecerá para ativá-la durante a migração.
- Seu domínio de destino tem que estar no modo nativo, mas isso não deve ser um problema uma vez que foi definido para o modo nativo durante sua criação no Capítulo 4.
- Você também tem que ativar o acesso de herança no domínio de destino inserindo o grupo Everyone no grupo Pre-Windows 2000 Compatible Access.

⚠ Cuidado – *Recomenda-se ativar o acesso de herança apenas durante a operação de migração e desativá-lo assim que a operação estiver completa porque é um risco de segurança em potencial. Isso significa que você irá ativá-lo, executará uma migração do usuário ou grupo e então irá desativá-lo. Não o ative durante a migração do domínio porque isso pode permanecer por um tempo dependendo de sua estratégia de migração e do tamanho do domínio de herança.*

Há outros pré-requisitos que você tem que cuidar antes de executar uma migração (como o nível do pacote de serviços para as máquinas do domínio de origem). O ADMT também irá requerer algumas definições extras, mas poderá executar automaticamente as modificações durante uma operação de migração.

Assim, você poderá usar o ADMT para executar a maioria das operações identificadas anteriormente para suportar sua migração da rede, inclusive:

- Criar um relatório de objetos do domínio de origem para as finalidades de filtragem.
- Migrar as contas do usuário, grupos e contas do computador (se os sistemas já estiverem executando o Windows XP ou pelo menos o Windows 2000).
- Executar as conversões da segurança para dar aos usuários acesso aos seus dados.

A única operação que ele não lida é a migração dos dados do usuário armazenados nos compartilhamentos da rede. Como já mencionado, é importante migrar os dados do usuário antes de executar as conversões da segurança.

Como transferir os dados do usuário em rede

Migrar os dados do usuário em rede envolverá copiar os dados encontrados nos compartilhamentos do servidor na rede de herança. Deve incluir dados públicos, do grupo, do projeto e do usuário. Os dados dos usuários deverão incluir os dados do diretório pessoal se eles estavam em uso na rede de herança.

Essa operação consiste em grande parte na nova localização dos dados compartilhados de uma rede para outra. Na maioria dos casos, significará mover os dados de um compartilhamento específico em um servidor para o mesmo compartilhamento no outro servidor. Isso poderá ainda dar a oportunidade de consolidar os processos do servidor e reagrupar os compartilhamentos de arquivo em menos servidores. E mais, se você usou as práticas fornecidas no Capítulo 7, agora estará usando compartilhamentos DFS em vez de drives mapeados. Assim, terá de garantir que seu programa de migração inclua um programa de informações do usuário, mostrando-lhes como acessar os novos compartilhamentos. Esse programa de informações do usuário deve também incluir o procedimento a usar para acessar os dados do usuário pessoais porque esse processo mudou.

A rede paralela não usa mais o conceito de diretório pessoal. Usa pastas redirecionadas. Porém, há uma armadilha: as pastas redirecionadas do usuário não são criadas até que ele tenha se conectado pelo menos uma vez (na verdade, três vezes antes de o processo de redireção ser completado). Você não pode simplesmente mover os arquivos da pasta pessoal do usuário de um servidor para outro porque a pasta de destino do usuário não será criada até mais tarde. Assim, terá que planejar uma Estratégia especial de migração dos dados do usuário pessoal. Há três possibilidades:

> **Dica rápida** – *Agora que sua rede está usando o DFS, ela suportará as migrações simplificadas uma vez que você pode garantir que todas as redes usam a mesma estratégia de nomenclatura DFS.*

- Você pode pedir a todos os usuários para mover todos os seus arquivos de diretório pessoal para suas pastas My Documents (Meus Documentos) em sua área de trabalho. Então, quando migrarem para a nova rede e se conectarem pela primeira vez, o conteúdo de suas pastas My Documents será movido automaticamente para a nova pasta compartilhada graças à Folder Redirection Group Policy (Estratégia do Grupo de Redireção da Pasta). Esse processo irá requerer duas conexões extras antes de completar, se você estiver usando a Fast Logon Optimization (Otimização da Conexão Rápida).

> **Dica rápida** – *Você pode desativar a Fast Logon Optimization durante a migração para simplificar a criação das pastas redirecionadas.*

- Se precisar organizar os PCs porque eles não estão sendo executados no Windows XP ou Windows 2000, poderá adicionar uma operação ao processo User State Migration já que ele será requerido em todos os sistemas. A operação que precisará adicionar é parecida com a primeira abordagem: faça um script de um processo que obtenha todos os dados do diretório pessoal de um usuário e copie-os para a pasta My Documents antes de executar a parte de backup do USMT. Os dados serão redirecionados automaticamente quando a parte de recuperação do USMT for executada na primeira conexão de um usuário para a nova rede, e o Folder Redirection GPO será aplicado.

- Poderá migrar os dados para uma pasta de retenção e usando um script de conexão especial do tipo uma vez, mover os arquivos para a pasta redirecionada recém-criada do usuário assim que ele se conectar e o Group Policy tiver sido aplicado.

Dessas três estratégias, a terceira é a melhor, porém requer operações que ocorrem durante a primeira conexão de um usuário. A primeira também funcionaria, mas tem uma falha maior: você tem de contar com as operações que estão fora de seu controle para o processo completar. Não funcionará a menos que tenha uma base de usuário bem treinada e forneça-lhes excelentes instruções. A segunda funcionará apenas se os PCs do usuário tiverem sido organizados. Assim, se sua rede não satisfizer essas duas condições, você terá que usar a terceira opção.

Finalmente, poderá precisar migrar os Roaming User Profiles se eles estiverem em uso na rede de herança. Lembre-se de que a nova rede não usa Roaming Profiles, mas conta com a Folder Redirection. Para migrar os Roaming Profiles, simplesmente desative o recurso na rede de herança (apenas para os usuários destinados para a migração). O perfil voltará para a máquina local. Se a máquina já estiver executando o Windows XP ou 2000, o perfil será transformado automaticamente em Folder Redirection quando a máquina se reunir ao novo domínio e o usuário se conectar porque os GPOs ativarão a Folder Redirection. Se a máquina precisar ser organizada, o perfil será capturado por meio do uso da User State Migration Tool (Ferramenta de Migração do Estado do Usuário).

Como usar uma ferramenta de migração comercial

O ADMT é uma ferramenta muito poderosa, especialmente em sua segunda edição, mas não faz tudo em uma migração. Se você achar que tem vários milhares de usuário e diversos gigabytes de dados para migrar em diversos locais, poderá decidir que usar o ADMT não é suficiente. Neste caso, poderá decidir por uma ferramenta de migração comercial. Há várias no mercado e todas incluem a capacidade de migrar as contas ou outros objetos de diretório e dados do usuário em rede. Assim, usar uma ferramenta de migração comercial facilita o processo de migração porque oferece ferramentas profissionais e suporte para todo aspecto desse processo.

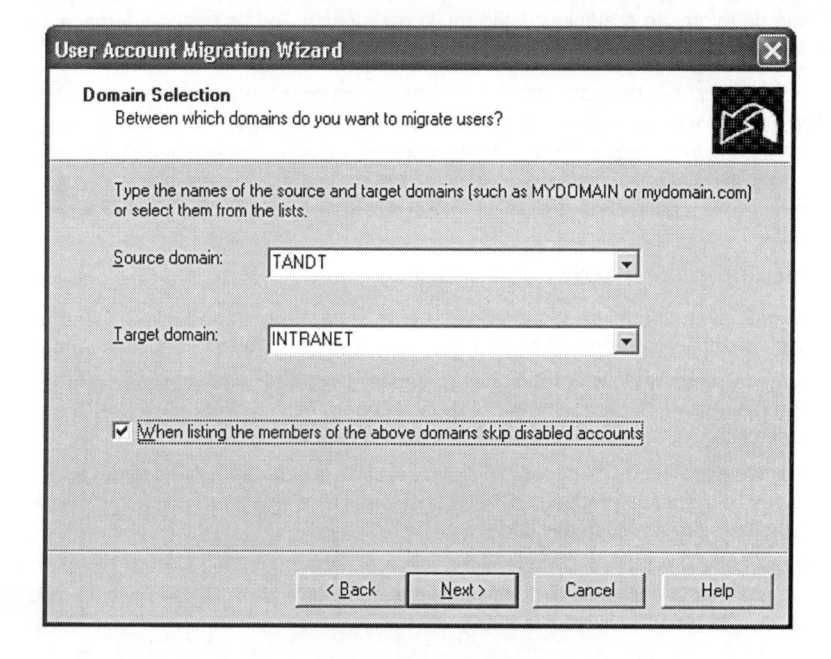

O NetIQ Migration Suite é o conjunto de produtos no qual é baseada a Active Directory Migration Tool. Quando você começar a usar o Domain Migration Administrator (DMA), verá as semelhanças entre os produtos. Mas há diferenças sutis. Embora o DMA também suporte a migração das contas do usuário, grupos e contas do computador de um domínio para outro, ele faz isso de uma maneira muito mais inteligente. Por exemplo, durante a migração das contas, você pode informar o DMA para ignorar as contas no domínio de origem marcadas como desativadas, promovendo uma limpeza do banco de dados quando executa a migração, em vez de ter que fazer isso previamente ou depois, como no ADMT. Também fornece relatórios mais completos ao analisar os dados do domínio de origem. Oferece um suporte melhor para as migrações do Microsoft Exchange. Finalmente, fornece capacidades de limpeza extensas. Por exemplo, permitirá remover os históricos SID de sua rede de destino assim que todas as conversões da segurança forem executadas.

E mais, o conjunto NetIQ inclui o Server Consolidator, uma ferramenta projetada a migrar arquivos, pastas, compartilhamentos, impressoras, definições da impressora e as devidas permissões de acesso de um servidor para outro. Não está projetada para somente migrar os dados, mas também para ajudar no processo de consolidação, permitindo que você reagrupe os recursos em servidores maiores e até em Server Clusters.

> **Nota** – Mais informações sobre o NetIQ Migration Suite poderão ser encontradas em http://www.netiq.com/products/migrate/default.asp.

As ferramentas comerciais como o DMA e o Server Consolidator da NetIQ podem ser caras, mas há maneiras de reduzir os custos para seu uso. Por exemplo, o Microsoft Consulting Services (MCS) tem uma licença de uso especial para esses produtos. Se você contratar um consultor CMS para ajudar em sua migração, ele poderá ser capaz de fornecer o Migration Suite sob certas circunstâncias. Outra maneira de obter o Migration Suite é adquirir outros produtos da NetIQ. Por exemplo, se você adquirir o NetIQ Administration Suite – um conjunto de ferramentas projetadas a ajudar na administração contínua das redes WS03, poderá ser capaz de ganhar o Migration Suite gratuitamente.

O NetIQ não é o único provedor de tais ferramentas. Vários outros fabricantes oferecem ferramentas de suporte da migração. A Aelita Software (http://www.aelita.com/products/ ControlledMigration.htm) e a Quest Software (http://www.quest.com/solutions/microsoft_ infrastructure.asp#deploy) oferecem ferramentas de migração e administração muito poderosas. Ambas também fornecem programas que dão acesso aos seus conjuntos de migração por preços especiais.

> **Nota** – A Microsoft oferece informações sobre os produtos que se integram ao WS03 e suportam as migrações em http://www.microsoft.com/windows2000/partners/amatlsrv.asp.

Como desautorizar a rede de herança

Assim que tudo tiver sido migrado da rede de herança para a nova rede, você poderá prosseguir com a desautorização da rede de herança. Esse processo envolve as seguintes tarefas:

1. Comece removendo os grupos incorporados. Você precisará apenas fazer isso no novo domínio. Assim, poderá remover os grupos Legacy Global de seus grupos Domain Local de produção.

2. Remova as relações de consórcio. Mais uma vez, precisará apenas remover os consórcios do novo domínio de produção. Use o console AD Domains and Trust (Domínios e Consórcio AD) para executar essa atividade.

3. Agora, poderá ir para a desautorização do próprio domínio de herança. Mas antes de fazer isso, será uma boa idéia executar backups completos do PDC (se for uma rede Windows NT) ou DC (se for o Windows 2000).

4. Quando os backups estiverem completos, armazene-os em lugar seguro, então finalize o controlador do domínio final do domínio de herança (PDC ou DC).

5. Se precisar recuperar esse servidor na nova rede, poderá reinstalá-lo em um novo papel em seu novo domínio de produção. Mas será uma boa idéia manter esse servidor como um backup por um período de tempo, enquanto você resolve a operação da nova rede.

Poderá comemorar neste estágio, porque certamente merece. Você e sua equipe de migração tiverem muito trabalho preparando a nova rede e migrando todo recurso de herança para o novo ambiente. Parabéns!

Comemorações à parte, também será uma boa idéia executar uma revisão pós-migração para assegurar-se de que poderá reutilizar esse processo e melhorá-lo caso precise dele novamente.

Como revisar a estrutura de papéis IT

Quando você se preparou para colocar a nova rede on-line, provavelmente percebeu que uma revisão dos papéis administrativos e operacionais também é requerida. Na verdade, essa revisão dos papéis operacionais concentra-se no terceiro quadrante do Ciclo de vida do serviço mostrado na Figura 1-1 (no Capítulo 1), a Produção, uma vez que as atividades dos dois primeiros quadrantes agora estão completas (Planejamento e Preparação). As operações descritas no quadrante da Produção requerem uma nova estrutura organizacional porque muitas delas serão delegadas aos usuários que não têm privilégios administrativos.

Papéis IT novos e revisados do AD

Uma das áreas onde os papéis IT são mais modificados é em termos do gerenciamento Active Directory. Se você estiver migrando do Windows NT para o Windows Server 2003, grande parte desses papéis será nova. Se já estiver usando o Windows 2000, saberá que todos esses papéis são necessários. A relação dos papéis IT do AD é mostrada na Figura 10-2. Essa figura foi desenhada originalmente a partir do guia Microsoft Best Practice Active Directory Design for Managing Windows Networks (www.microsoft.com/windows 2000/techinfo/planning/activedirectory/bpaddsgn.asp), mas foi melhorada com papéis IT adicionais. As responsabilidades de cada papel são descritas na Tabela 10-1. Dependendo do tamanho de sua organização, poderá combinar os

Tabela 10-1 – Os Papéis IT do AD			
Papel	**Departamento**	**Tipo de papel**	**Responsabilidades**
Proprietário da floresta	Planejamento IT e arquitetura da empresa	Gerenciamento do serviço	Garante que todos os padrões da floresta sejam mantidos na floresta. Responsável pelo esquema da floresta Identifica e documenta os novos padrões
Administrador	Grupo IT da floresta	Gerenciamento do serviço	Garante que a floresta esteja operando devidamente Responsável pela configuração da floresta Aplica todos os padrões da floresta Responsável pela administração do Forest Root Domain Responsável pelos papéis Operation Master de toda a floresta Responsável pelos papéis Operation Master centrados no domínio-raiz Responsável pela análise/recomendação da implementação do software operacional que modifica o esquema Responsável pelo conteúdo do Global Catalog

Tabela 10-1 – Os Papéis IT do AD (continuação)

Papel	Departamento	Tipo de papel	Responsabilidades
Proprietário do domínio	Grupo IT/treinamento/IS	Gerenciamento do serviço	Garante que todos os padrões do domínio sejam mantidos no domínio Identifica e documenta os novos padrões
Administrador do domínio	Grupo IT	Gerenciamento do serviço	O administrador do serviço que garante que o domínio esteja operando devidamente Aplica todos os padrões do domínio Garante que todos os DCs no domínio sejam dimensionados devidamente Responsável pelos papéis Operation Master centrados no domínio
Administrador DDNS	Grupo IT	Gerenciamento do serviço	Garante a devida operação do espaço do nome da floresta Administra e gerencia as trocas internas/externas do DNS
Administrador da topologia	Grupo IT	Gerenciamento do serviço	Controla e analisa a réplica da floresta do site Modifica a topologia do site para melhorar a réplica da floresta
Administradores do serviço	Grupo IT	Gerenciamento do serviço	Responsável por um certo serviço no domínio Tem direitos limitados no domínio (apenas para o serviço que eles gerenciam)
Operadores GPO	Grupo IT	Gerenciamento do serviço	Constrói e testa os GPOs para usar nos ambientes de produção Usa o Group Policy Management Console para gerenciar, depurar e modificar os GPOs Relatório para o administrador do GPO/OU
Proprietário do domínio-raiz	Planejamento IT e arquitetura da empresa	Propriedade dos dados	Responsável pelos Universal Administrative Groups Responsável pelos padrões do domínio-raiz Pode ser igual ao proprietário da floresta
Administrador do GPO/OU	Planejamento IT e arquitetura da empresa	Propriedade dos dados	Responsável pela devida operação de todas as OUs na floresta de produção Tem de assegurar que todas as OUs sejam justificadas e que cada uma tenha um proprietário projetado Tem de manter o registro GPO (toda a documentação GPO) Tem de assegurar que todos os GPOs estejam de acordo com os padrões Tem de gerenciar o processo de liberação da produção GPO
Gerenciador da delegação	Planejamento IT e arquitetura da empresa	Propriedade dos dados	Responsável pela documentação devida de todos os direitos de delegação Tem de assegurar que todas as delegações sejam justificadas e que cada uma tenha um funcionário projetado Tem de assegurar que todas as delegações estejam de acordo com os padrões Tem de incluir todos os consoles de gerenciamento personalizados na documentação da delegação Tem de gerenciar o processo de delegação da produção Pode ser igual ao administrador do GPO/OU
Proprietários da OU	Organização inteira	Propriedade dos dados	Responsável por todas as informações delegadas na OU Tem de ter um relatório regularmente para o administrador do GPO/OU

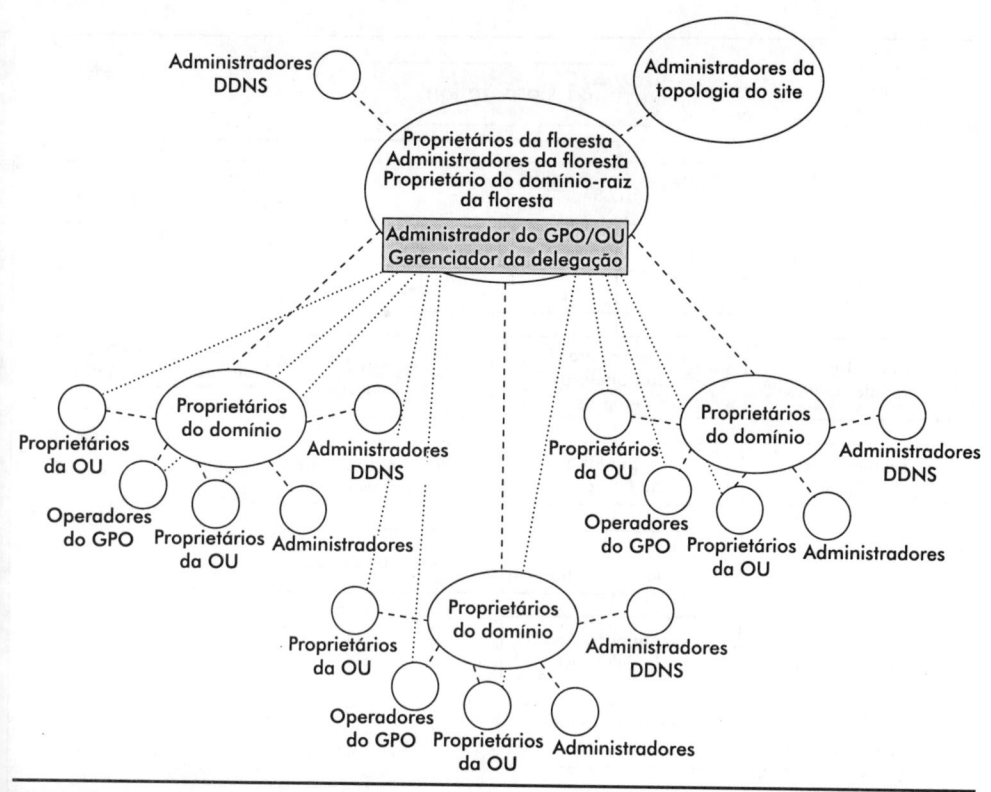

Figura 10-2 – *As relações do papel IT do AD.*

papéis. O que é importante aqui é que cada *função* seja identificada em seu grupo IT. Também será importante garantir que nenhum privilégio desnecessário seja dado aos administradores e operadores no Active Directory.

Todos esses papéis precisarão interagir entre si durante as operações contínuas. Uma análise de mesa redonda regular é uma excelente maneira de cada uma das pessoas que satisfazem esses papéis conheçam as outras e comecem o processo de comunicação. A freqüência dessas reuniões não precisa ser especialmente alta. Estime o número de reuniões que precisará por ano de acordo com os objetivos definidos para seu diretório. Poderia ser tão pouco quanto duas reuniões anuais. Uma possível estrutura organizacional desses papéis IT novos e reformados é mostrada na Figura 10-3.

> **Dica rápida** – *A Microsoft oferece um Active Directory Operations Guide muito completo. Está em duas partes e disponível em http://www.microsoft.com/technet/ treeview/default.asp?url=/ technet/prodtechnol/ad/windows2000/downloads/ adopsgd.asp. Também descreve qual papel deve executar que operação.*

Como construir o plano de administração dos serviços

O gerenciamento e a administração de um Active Directory, especialmente um AD centrado no NOS, estão concentrados em grande parte na delegação de direitos administrativos específicos

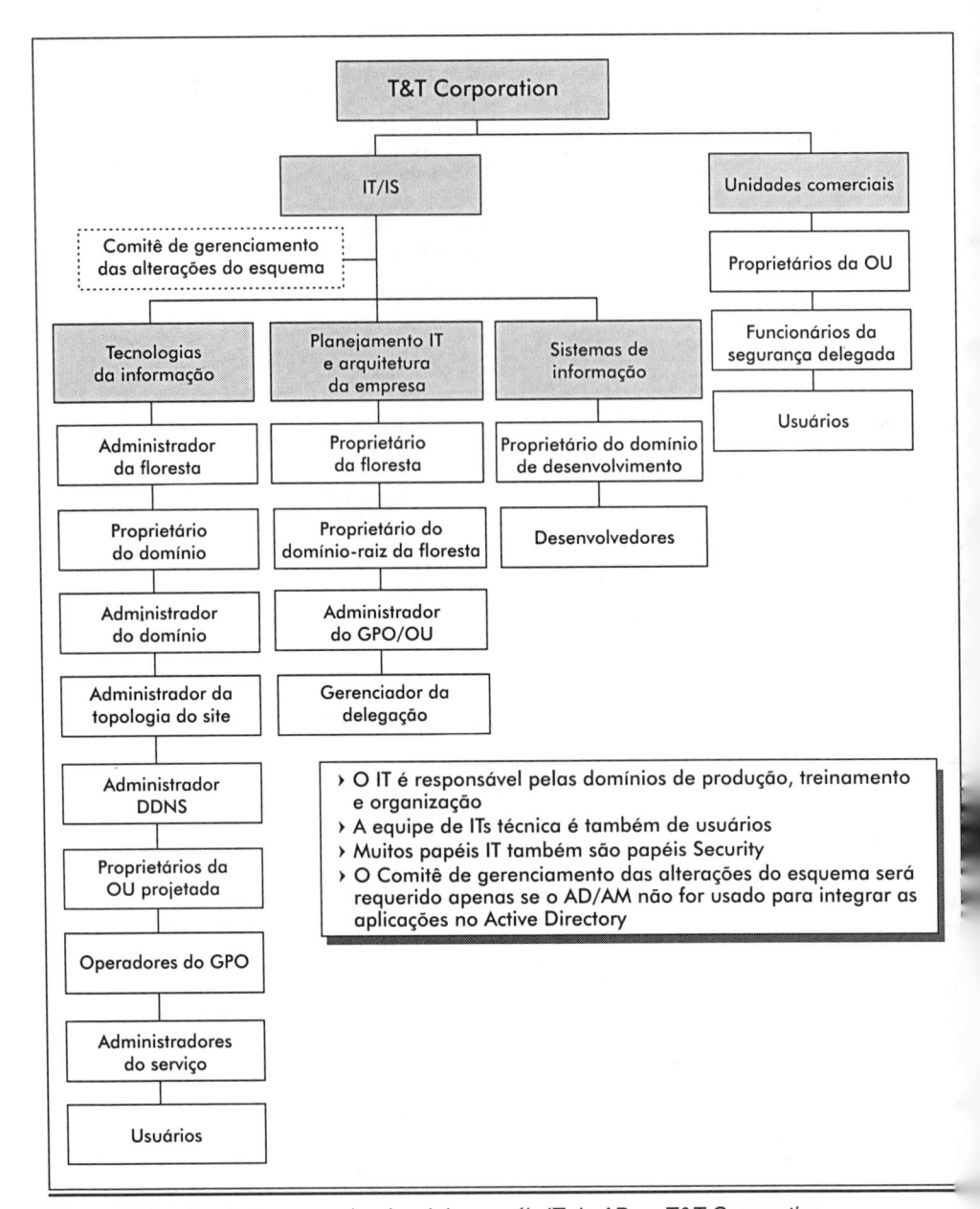

```
                              T&T Corporation
                                    │
                  ┌─────────────────┴──────────────────┐
                 IT/IS                          Unidades comerciais
                  │                                    │
    ┌─────────────┤                                    ├──────────────┐
Comitê de gerenciamento                         Proprietários da OU
das alterações do esquema                              │
                  │                             Funcionários da
   ┌──────────────┼──────────────┐              segurança delegada
Tecnologias  Planejamento IT   Sistemas de             │
da informação e arquitetura    informação           Usuários
              da empresa
```

Figura 10-3 – *A estrutura organizacional dos papéis IT do AD na T&T Corporation.*

Sub-nós (coluna esquerda — Tecnologias da informação):
- Administrador da floresta
- Proprietário do domínio
- Administrador do domínio
- Administrador da topologia do site
- Administrador DDNS
- Proprietários da OU projetada
- Operadores do GPO
- Administradores do serviço
- Usuários

Sub-nós (coluna central — Planejamento IT e arquitetura da empresa):
- Proprietário da floresta
- Proprietário do domínio-raiz da floresta
- Administrador do GPO/OU
- Gerenciador da delegação

Sub-nós (coluna — Sistemas de informação):
- Proprietário do domínio de desenvolvimento
- Desenvolvedores

Caixa de observações:
> ▸ O IT é responsável pelas domínios de produção, treinamento e organização
> ▸ A equipe de ITs técnica é também de usuários
> ▸ Muitos papéis IT também são papéis Security
> ▸ O Comitê de gerenciamento das alterações do esquema será requerido apenas se o AD/AM não for usado para integrar as aplicações no Active Directory

para os operadores do serviço e funcionários da segurança. O Capítulo 5 identificou a exigência d
funcionários da segurança locais ou regionais. Se você tiver decidido delegar operações IT espec
ficas relacionadas com o gerenciamento dos PCs e com o gerenciamento dos usuários, precisar
prosseguir com a delegação dos devidos direitos para esses funcionários, como descrito no Cap

tulo 5. Em termos de gerenciamento do usuário especialmente, também precisará prosseguir com a identificação de seus gerentes do grupo e fornecer-lhes os devidos direitos para o gerenciamento de seus User Groups como apresentado no Capítulo 6.

> **Nota** – *O procedimento para criar consoles MMC e delegar direitos é descrito no Capítulo 5. O procedimento para criar os devidos grupos administrativos é apresentado no Capítulo 6.*

Finalmente, você precisará prosseguir com a delegação do gerenciamento de serviços como descrito no Capítulo 7. As atividades do gerenciamento de serviços têm de estar muito relacionadas com a estrutura Services OU projetada durante a preparação dos serviços da empresa da rede paralela. Também está intimamente ligada aos sete papéis básicos do servidor, identificados no Capítulo 2, mas operações adicionais também são requeridas, como você bem sabe – backup do sistema, controle do desempenho, gerenciamento da segurança, gerenciamento do problema e suporte do usuário etc. Os papéis básicos a tratar aqui incluem:

- Operadores File and Print (Arquivo e Impressão)
- Operadores Application Server (Servidor da Aplicação)
- Operadores Terminal Server (Servidor do Terminal)
- Operadores Collaboration Server (Servidor de Colaboração)
- Operadores Infrastructure Server (Servidor de Infra-estrutura)
- Operadores Dedicated Web Server (Servidor Web Dedicado)

Esses seis grupos de operadores requerem direitos apropriados e a delegação da devida OU. Como na estrutura Services OU, esses grupos operacionais podem ser subdivididos em grupos menores e mais concentrados que são responsáveis pelas tecnologias específicas (os operadores Identity Management Server ou Servidor de Gerenciamento da Identidade são seus Domain Administrators e foram identificados anteriormente).

Na verdade, muitas tarefas de gerenciamento e operações da empresa, que você terá de revisar, serão intimamente relacionadas com o novo Modelo de construção do servidor implementado na rede paralela: o modelo PASS, como mostrado no Capítulo 1 (Figura 1-2). Por causa de sua construção modular e em camadas, esse modelo ajuda a identificar a relação entre cada camada e gerenciamento ou tecnologias operacionais e atividades. Algumas dessas relações são mostradas na Figura 10-4.

> **Dica rápida** – *Várias tarefas administrativas são novas ou foram alteradas especialmente entre as redes Windows NT e WS03. Uma lista de amostra das tarefas novas e alteradas por papel administrativo ou operacional está disponível em http://www/Reso-Net.com/Windows Server/. Pode ajudá-lo a identificar quais operações requerem modificação antes de você ativar a rede da empresa WS03.*

Não mostra uma lista completa das relações entre as tecnologias de suporte da rede e cada servidor ou estação de trabalho individual, mas descreve o conceito básico das relações.

Várias atividades de gerenciamento e administrativas que você precisará cobrir irão requerer tecnologias especiais. O System Management Server suportará a preparação da aplicação, inventários e a análise dos hábitos do uso do software. O Microsoft Operations Manager (MOM) suportará o gerenciamento do desempenho e de alerta na rede, especialmente com os serviços críticos.

Tecnologias de gerenciamento

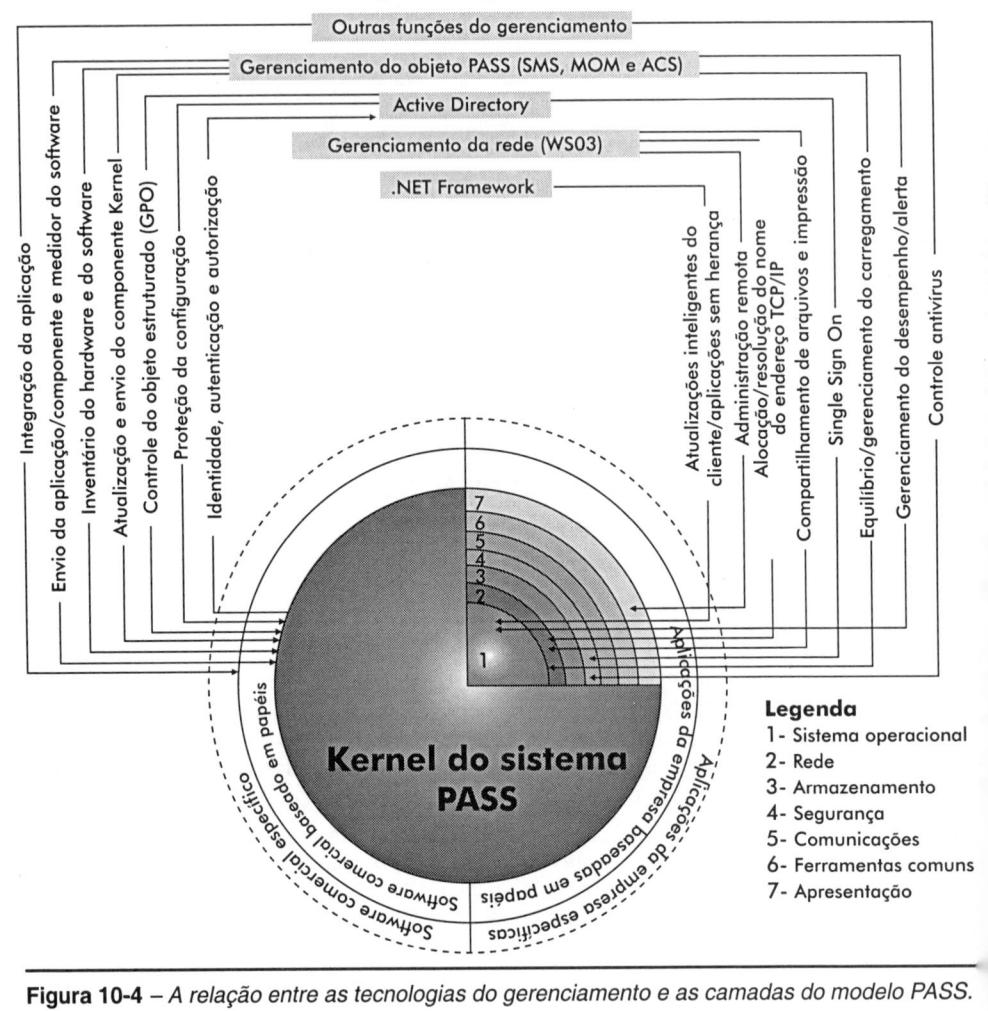

Figura 10-4 – *A relação entre as tecnologias do gerenciamento e as camadas do modelo PASS.*

Elementos indicados no diagrama:
- Outras funções do gerenciamento
- Gerenciamento do objeto PASS (SMS, MOM e ACS)
- Active Directory
- Gerenciamento da rede (WS03)
- .NET Framework

Conexões externas (em torno do diagrama):
- Integração da aplicação
- Envio da aplicação/componente e medidor de software
- Inventário do hardware e do software
- Atualização e envio do componente Kernel
- Controle do objeto estruturado (GPO)
- Proteção da configuração
- Identidade, autenticação e autorização
- Atualizações inteligentes do cliente/aplicações sem herança
- Administração remota
- Alocação/resolução do nome do endereço TCP/IP
- Single Sign On
- Compartilhamento de arquivos e impressão
- Equilíbrio/gerenciamento do carregamento
- Gerenciamento do desempenho/alerta
- Controle antivírus

No centro: **Kernel do sistema PASS** (com camadas numeradas de 1 a 7)

Em torno: Aplicações de empresa baseadas em papéis / Software comercial baseado em papéis / Software comercial específico / Aplicações da empresa baseadas específicas

Legenda
1- Sistema operacional
2- Rede
3- Armazenamento
4- Segurança
5- Comunicações
6- Ferramentas comuns
7- Apresentação

O Application Center Server (ACS) suportará a preparação da aplicação baseada em componente e o equilíbrio avançado do carregamento. Mas, se sua rede de herança estiver executando o Windows NT ou Windows 2000, muito provavelmente já estará usando essas tecnologias ou semelhantes. Se você veio a partir do Windows NT, sua maior alteração ainda se concentrará no Active Directory e especialmente no Group Policy Management. Se já vem usando o Windows 2000, não fará mal revisar suas operações AD. Aqui, você usará o Group Policy Management Console (GPMC) ou uma ferramenta parecida para facilitar a administração e a padronização de seus GPOs.

Ferramentas administrativas do WS03

O Windows Server 2003 inclui uma série inteira de ferramentas de gerenciamento e de administração novas e melhoradas. Várias estão localizadas diretamente no sistema operacional e consiste em ferramentas da linha de comandos. O WS03 inclui mais de 60 novas ferramentas da linha de comandos e mais de 200 ferramentas da linha de comandos em geral. Todas estão bem documentadas no WS03 Help and Support Center. E mais, exatamente como as versões anteriores do Windows, o WS03 inclui um Administrative Tool Pack, um Support Tool Pack e um Resource Kit. Os mais úteis são o Support Tool Pack e o Resource Kit.

> **Dica rápida** – *Uma excelente fonte de informações sobre essas ferramentas é o Windows XP Power Toolkit* (Microsoft Press, 2002).

As ferramentas de suporte são divididas em várias categorias de ferramentas de gerenciamento:

- Active Directory
- Disco e dados
- Arquivo e pasta
- Hardware
- Serviços da Internet
- Serviços da rede
- Controle do desempenho
- Impressora e fax
- Processo e serviço
- Administração remota
- Segurança
- Preparação do software e do sistema
- Gerenciamento do sistema

O mesmo tipo de categorias aplica-se às ferramentas Resource Kit. O advento dessas novas ferramentas melhora muito o gerenciamento operacional da rede inteira. Na verdade, a inclusão de novas ferramentas da linha de comandos permite aplicar um script em diversas operações.

> **Dica rápida** – *Uma listagem de todas as ferramentas administrativas e de suporte está disponível em http://www.Reso-Net.com/WindowsServer/. Essa listagem inclui uma avaliação de cada ferramenta indicando quando usá-la e o quanto pode ser útil.*

O Capítulo 1 descreveu a importância dos procedimentos operacionais padrões (SOP). Em muitos casos, o melhor SOP é um script porque assegura que a operação será *sempre* executada da mesma maneira. Como o pessoal técnico geralmente prefere não escrever a documentação, mas criar automações e programas, o uso de scripts bem documentados (documentados no próprio script) e um inventário do script completo facilitam implementar uma abordagem SOP.

Porém, lembre-se de que todos os scripts têm que ser assinados digitalmente antes de serem introduzidos na rede de produção (você deve estar usando Software Restriction Policies para assegurar-se de que apenas os scripts assinados sejam permitidos).

> 🏍 **Dica rápida** – *A Microsoft fornece um excelente suporte de script no TechNet Script Center em http://www.microsoft.com/technet/treeview/default.asp?url=/technet/scriptcenter/default. asp. E mais, se você achar que precisa criar muitos scripts próprios, poderá adquirir uma ferramenta de script. Há várias no mercado. Muitas requerem seus próprios motores de script, mas se decidir usar o Windows Scripting Host, deverá usar o Primal Script como sua ferramenta de script. É uma ferramenta barata que fornece um suporte de script muito poderoso em várias linguagens de script e inclui muitos recursos encontrados na maioria das linguagens de programação poderosas, como as entradas automáticas do tipo IntelliSense, amostras de código, controle da fonte (para evitar duplicar os scripts) e o gerenciamento dos projetos. O Primal Script está disponível na Sapien Technologies Inc. em http://www.sapien.com/.*

E mais, você deve ter cuidado com quem vai dar acesso às Support and Resource Kit Tools. São ferramentas poderosas que poderão causar um risco de segurança se mal utilizadas. Uma das melhores maneiras de controlar seu acesso é armazená-las nos servidores apenas e usar Terminal Services para dar acesso a ambos os conjuntos de ferramentas. Uma vantagem adicional dessa abordagem é que você não precisa criar e manter estações de trabalho administrativas ou operacionais para sua equipe IT. Suas estações de trabalho poderão ser parecidas com a de outros usuários sofisticados em sua empresa e se concentrar nas ferramentas de produtividade. Então, quando precisarem executar uma tarefa administrativa, poderão se conectar a um servidor administrativo usando Terminal Services para acessar a devida ferramenta.

Isso pode também ajudar a aumentar a segurança. Como as ferramentas administrativas não estão nos PCs dos operadores, elas poderão usar sua conta do *usuário* para executar suas tarefas diárias. Então quando uma tarefa administrativa for requerida, poderão se conectar com sua conta *administrativa* na sessão Terminal Services. Uma camada adicional de segurança pode ser acrescentada usando placas inteligentes para as conexões administrativas. Como o WS03 suporta o uso de placas inteligentes para os administradores, você poderá garantir que a autenticação com dois fatores seja requerida para o desempenho de todas as tarefas administrativas.

Recomendações finais

Este livro forneceu uma abordagem estruturada para a migração para uma nova rede da empresa Windows Server 2003. Como tal, tentou se concentrar nos melhores recursos que o WS03 tem a oferecer para a empresa. Como você está apenas começando a usar essa tecnologia, certamente descobrirá maneiras adicionais de utilizá-la.

Aprenda com o WS03. Ele é de longe o sistema operacional mais poderoso que a Microsoft já enviou. A Microsoft começou a ir em direção à empresa com o Windows 2000, mas esse movimento está apenas se tornando uma realidade com o WS03 porque os usuários e os provedores aprenderam sobre as necessidades e as exigências que uma rede da empresa demanda de um sistema operacional Windows. Assim, com um produto na versão dois, o Windows Server 2003, a Microsoft começar a oferecer um potencial real nessa área.

O WS03 também é o primeiro Windows OS que suporta os chips Itanium e AMD-64 operando em 64 bits. Como notou, nem todos os recursos são executados na versão de 64 bits do WS03. Se você decidir ir para esse tipo de servidor, sentirá necessidade de aprimorar sua compreensão das capacidades de 64 bits do Windows Server 2003. Também precisará aprimorar o modo como estrutura seus servidores para garantir que apenas os serviços compatíveis sejam mantidos nesses servidores. É uma boa idéia começar esse movimento, uma vez que o microchip de 32 bits está fadado finalmente a acabar aos poucos.

Poderá também começar a usar o IP versão 6, mas, como foi mencionado no Capítulo 4, o WS03 não oferece a possibilidade de uma rede IPv6 pura, pois o WS03 ainda requer a instalação do IPv4 em cada servidor. Mais uma vez, será uma boa idéia começar a experimentar essa tecnologia porque o IPv4 está destinado a acabar aos poucos também.

> **Dica rápida** – *Uma boa referência é o Understanding IPv6* (Microsoft Press, 2002).

Uma das coisa que perceberá quando trabalhar com sua nova rede é que quanto mais coisas mudarem, mais ficarão iguais. Mesmo que você tenha de revisar sua rede inteira para recriá-la em um ambiente paralelo e tenha de ajustar os antigos conceitos segundo as novas tecnologias, achará que o gerenciamento do servidor permaneceu igual no decorrer do processo . Seu trabalho é enviar serviços para sua base de usuários. É o que a rede de herança fez antes e é o que a nova rede WS03 está projetada a fazer novamente. De agora em diante, precisará se concentrar em como melhorar o envio do serviço e como simplificar o gerenciamento da rede. Mesmo que sua rede esteja pronta pela primeira vez, *sua* jornada está apenas começando.

Resumo das melhores práticas

Este capítulo recomenda as seguintes melhores práticas:

Migração dos usuários, dados e PCs

- Crie uma relação de consórcio entre a rede de herança e a nova rede. E mais, aninhe os grupos entre os dois domínios para dar aos usuários acesso aos recursos em ambas as redes.
- Mantenha os consórcios e o aninhamento dos grupos durante sua migração.
- No mínimo, use a Active Directory Migration Tool para migrar as contas do domínio de herança para a nova rede.
- Execute uma operação de limpeza durante o processo de migração da conta.
- Migre os usuários, então os dados dos usuários, depois os PCs dos usuários, nessa ordem.
- Crie um processo especial para migrar os dados pessoais do usuário.
- Crie uma documentação do usuário para informá-los sobre as novas práticas e etapas que eles podem ter de executar durante a migração.
- Use uma ferramenta de migração comercial, se puder, porque simplifica o processo de migração.
- Lembre-se de remover os grupos aninhados, desativar os consórcios e criar um backup extenso antes de desautorizar a rede de herança.
- Comemore quando terminar. Você e sua equipe merecem.

Estrutura de papéis IT

- Revise e revise sua estrutura do papel IT para se preparar para os novos papéis que o AD traz para sua rede.
- Prepare seu Plano de administração dos serviços. Aprimore-o quando aprender mais sobre o WS03.

- Use todas as ferramentas disponíveis para minimizar as tarefas da administração.
- Use scripts onde for possível para automatizar as operações e certifique-se de que sejam padronizados.
- Comece a experimentar e usar os últimos recursos do WS03 assim que a rede for estabilizada. Você precisará se familiarizar com tecnologias como o IPv6 e a computação com 64 bits em um futuro próximo.

Mapa do capítulo

Use a ilustração na Figura 10-5 para revisar o conteúdo deste capítulo.

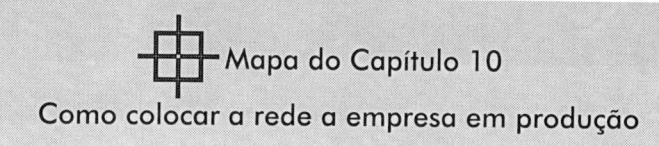

Capítulo 10: Como colocar a rede da empresa em produção ▶ **465**

Mapa do Capítulo 10
Como colocar a rede a empresa em produção

▶ **Como migrar os dados, usuários e PCs para a rede paralela (Figura 10-1)**
Como usar a Active Directory Migration Tool
› Como criar os relatórios de dados do domínio
› Considerações especiais do ADMT
Como transferir os dados do usuário em rede
› Como usar uma ferramenta de migração comercial
Como desautorizar a rede de herança

▶ **Como revisar a estrutura de papéis IT**
Papéis IT novos e revisados do AD **(Figuras 10-2, 10-3)**
Como construir o plano de administração dos serviços **(Figura 10-4)**
Ferramentas da administração do Windows Server 2003

Ferramentas no site Web complementar
▫ Lista de amostra das tarefas por papel administrativo e operacional
▫ Avaliações da ferramenta administrativa e de suporte

▶ **Recomendações finais**

▶ **Resumo das melhores práticas**

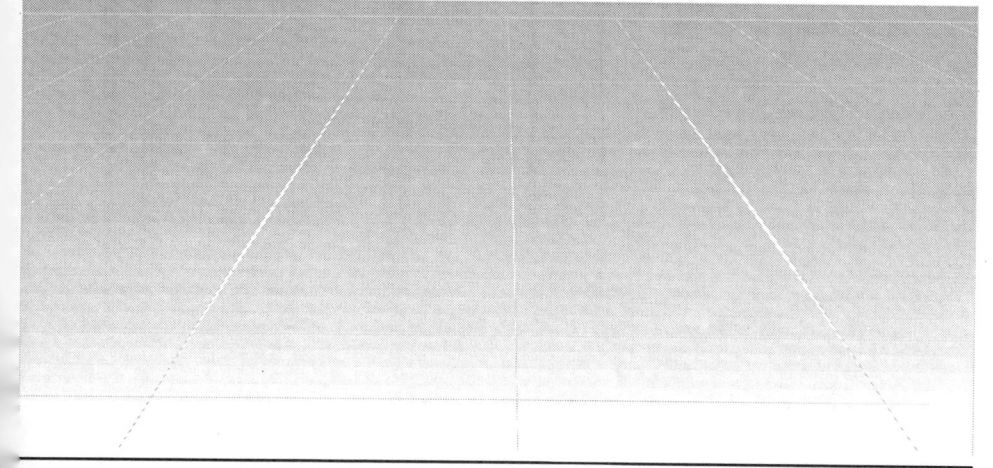

Figura 10-5 – *Mapa do capítulo.*

Índice

A

ACPI (Advanced Configuration and Power Interface), 54
ACS (Application Center Server), 460
Active Desktop, 276
Active Directory (AD)
  Atualizar, 186, 191
  autenticação do usuário, 384
  Construção da topologia do site, 89, 124-130
  delegação em, 219-223
  designar, 77-135
  DNS e, 101-102, 157
  espaço do nome, 100-103
  estratégia da floresta/ árvore/ domínio, 91-99
  estratégia de modificação do esquema, 129-132
  estrutura OU do domínio de produção, 103-111
  gerenciamento de, 86, 247-254
  gerenciamento do serviço, 86
  gerenciamento dos dados, 86
  gerenciar objetos, 105-106, 197-211, 243-254
  integração da impressora, 312-315
  introdução a, 80-86
  localizar compartilhamentos em, 302-303
  medidas de segurança, 372-374
  melhores práticas, 79, 99-103, 114-115, 134
  natureza de, 86
  novos recursos, 84-85
  objetos do usuário, 243-254
  outros diretórios e, 111-115
  plano da implementação, 89, 132-133

posicionamento do serviço, 89, 115-124
processo de construção contínuo, 134
publicar compartilhamentos em, 301-302
restaurações, 435-436
terminologia, 83-84
versão da produção, 149-151
Active Directory Migration Tool (ADMT), 28, 254, 445, 447-451
Active Directory no modo Application (AD/AM), 91, 99
Active Directory Operations Guide, 457
Active Directory Services Interface (ADSI), 249
Active Directory Sizer, 88
Active Directory, bancos de dados
  estrutura de, 80-83
  ilustração, 80
  particionar, 88
  WS03, 81
Active Directory, consórcios, 92
Active Directory, modos, 40
Active Directory, plano, 86-91
AD Sizer, 120, 126
AD, papéis IT, 455-456
AD, plano de implementação, 89, 133-133
AD. *Veja* Active Directory
AD/AM (Active Directory no modo Application), 91, 99
Add Printer Wizard, 311, 318-319
AddUser, script, 254
administração do serviço, plano, 457-460
administração do servidor, senha, 153
administração do sistema, 287
administrador da floresta, 455
administrador do domínio, 456

administradores do serviço, 456
Administrative Tool Pack, 460-461
AdminStudio, ferramenta, 225
ADMT (Active Directory Migration Tool), 28, 254, 446, 447-451
ADMT versão 2, 145
ADSI (Active Directory Services Interface), 249
Advanced Configuration and Power Interface (ACPI), 54
Aelita Software, conjunto de migração, 453
afinidade, modos, 412-413
alerta, gerenciamento, 150, 162, 166
Alternate Configuration, recurso, 141-142
American National Standards Institute (ANSI), 131
aninhar grupos, 256, 446
ANSI (American National Standards Institute), 131
AntiVirus Corporate Edition, 371
antivírus, estratégias, 371-372
antivírus, motor (AV), 371
antivírus, software, 309
APIPA (Automatic Private IP Addressing), 141
aplicações. *Veja também* software
  com certificado Logo, 43, 113
  compartilhar, 323-335
  compatibilidade do cluster, 418-419
  fortalecer, 358
  herança, 44, 324-326
  instalar, 330
  integradas a MSI, 226
  locais, 364-365
  migrar, 42-44
  novo ciclo nos processos, 325

partições, 84, 126, 151, 157
pools de encadeamento, 325
remontadas, 226
segurança e, 43, 324
sem estado, 411-415
suporte de desenvolvimento, 324-326
Terminal Services, 330, 333-335
testar estratégias, 327
WS03 e, 28
AppleTalk, impressoras, 322
Application Center Server (ACS), 460
Application Compatibility Tool, 324
Application Servers
   descrição, 26, 285
   melhores práticas, 342
   migração de, 341
   preparar, 323-327
ARP (protocolo de resolução do endereço), 412
arquivos de correção, 226
arquivos de paginação, 63, 175
arquivos de transformação, 225
array aleatório de discos baratos (RAID), 50, 406, 412
array aleatório de rede barata (RAIN), placas, 50, 142-143, 406, 411-412
árvores, 91-99, 101
ASR (Automated System Recovery), 427, 434-435
ataques virais, 354
atualizações
   Active Directory, 186-191
   redes paralelas vs, 39
   scripts para, 65-66
   sistemas existentes, 51-52
   vs. instalações completas, 28-29
auditoria em arquivos, 375, 394
autenticação da placa inteligente, 383-384
autenticação
   .NET Framework, 394
   IIS, 392-394
   MSUAM, 322
   placas inteligentes, 383-384
   regras para, 97

servidores Web, 384, 392-393
usuários, 322, 384-389
Automated Purposing Framework, 446
Automated System Recovery (ASR), 427, 434-435
Automatic Private IP Addressing (APIPA), 141
autoridades do certificado (CA), 396-397
autorização de modificação do esquema, 188
AV, motor (antivírus), 371

B

Backup, utilitário, 433-435
bancos de dados. *Veja também* Active Directory
   Esquemas, 91
   limpar, 446
   SAM, 446
BIND, software, 150
BIOS, atualizações, 54
BIOS, definições, 359
BIOS, segurança, 359
Bloqueio da conta, estratégia, 208
Bridgehead, servidores, 126-129

C

CA (autoridades do certificado), 396-397
cache do arquivo off-line, 294-295
cachê, 294, 300
CALs (licenças de acesso do cliente), 338
camada de soquetes segura (SSL), 412-413
caminhos do perfil, 252
Caractere, configuração do modo, 58-59
CAS (Code Access Security), 379-380
CDS (Castle Defense System), 349-397, 406
Center for Internet Security (CIS), 363
ciclos de vida, 5-9, 51

CIDR (notação do roteamento entre domínios sem classe), 139
cifrão, 288-289
CIS (Center for Internet Security), 363-364
Cisco, roteadores, 412
CLB (Component Load Balancing), 408
CLB, cluster, 409
clientes
   DFS, 309-310
   Previous Versions, 293, 303
   RDWC, 335
   TCP/IP, 153
   Windows XP Professional, 19-20
ClonePrincipal, script, 254
CLR (Common Language Runtime), 377-380
cluster, lista de compatibilidade, 417-418
cluster, pacote, 419
cluster, serviços, 24, 408-412
cmdcons, argumento, 63
Code Access Security (CAS), 379-380
código
   gerenciado, 378-379
   permissões para, 377-380
   segurança, 377-380
Collaboration Servers, 26, 285-286, 335-339
Collaboration Services, 341
COM+, aplicações, 325
COM+, objetos, 325
Common Criteria, método, 347
Common Language Runtime (CLR), 377-380
CommVault, Galaxy, 436-437
compartilhamentos
   descrições, 302
   estrutura de, 289-291
   localizar no AD, 302-303
   nomes, 288-289
   ocultos, 302
   opções de cache, 301
   palavras-chaves, 302
   publicar no Active Director 301-302
compartilhar itens
   aplicações, 323-325

arquivos, 287-294, 322-323
  com usuários Macintosh, 322
  com usuários Unix, 323
  florestas, 93-94
  impressoras, 315-318, 322-323
  pastas, 287-300
  serviços de publicação, 96
compatibilidade, relatórios, 51-52
Component Load Balancing (CLB), 408
computadores pessoais, 38
Computer Management, console, 61-62
conexões
  Fast Logon Optimization, 207-208
  scripts para, 274-276
confiança, relações, 91-92
configuração da segurança do sistema, 361-370
configuração do servidor de infra-estrutura da rede, lista de verificação, 173-174
Configure Your Server Wizard, 154-155
conjuntos de nós da maioria, 420-421
consoles personalizados, 220-222
consórcios
  atalho, 390-391
  criar, 445
  domínio, 94
  florestas, 94, 390-391
  gerenciar, 390-391
  tipos de, 390
  Windows NT, 91
conta do administrador
  descrição, 251
  nomes, 361
  placas inteligentes, 383-384
  senhas, 59, 251, 361
Contact, classe do objeto, 246-247
contas do gabarito, 252-253
contas do revendedor, 252
contas do serviço, 446-448
contas do usuário
  defaults, 251-252

estratégias de segurança, 96
  gabaritos para, 252-253
  migrar do NT para WS03, 445-446
  revendedores, 252
contatos, 246-247
controladores do domínio. Veja DCs
cookies, 394
cópias duplicadas, 293, 297-298, 427
CPU, velocidade, 47
criação da floresta de produção, lista de verificação, 152-153

D
DACLs (listas de controle do acesso arbitrário), 373
dados da configuração, 91
dados do projeto, 287
dados públicos, 287
DC, serviço, 115-124, 151
DC, servidores, 153-154
DCs (controladores do domínio)
  cache e, 89
  criar no domínio-raiz da floresta, 165-167
  mover, 182-186
  posicionamento do serviço, 115-124
  posicionar, 115-124
  produção, 168-173
  promover, 154-156, 165, 169-171
  restaurar, 435-436
  segurança, 93, 163
DDCP (Default Domain Controller Policy), 163-165, 199, 386-389
DDNS, administrador, 456
DDoS (Distributed Denial of Service), ataques, 405
Default Domain Controller Policy (DDCP), 163-165, 198-199, 386-389
Default User, 64-65
Defense in Depth, método, 354-355
delegação, gerenciador, 456
Delegation Wizard, 219
departamento, dados, 287
desastres, 408

Description, campos, 255
desempenho, GPOs e, 209-210
Desktop Management Interface (DMI), 206, 359
Desktop Management Task Force (DMTF), 11
Desktop OU, 212-214
Desktop, Active, 276
Desktop, Remote, 227, 246, 333-334
DFS (Distributed File System), 228, 304-310
DFS, clientes, 309-310
DFS, ligações, 308-310
DHCP (Dymamic Host Configuration Protocol), 53, 140-141
DHCP, classes de usuário, 178-180
DHCP, endereços, 153-154, 176
DHCP, escopos, 176-178
DHCP, serviço
  configurar, 171-180, 182
  instalar, 175
  integração de, 148
  migração de, 341
  servidores RIS e, 335
  visão geral, 174-175
DHCP, servidores
  configurações alternativas, 141-142
  configurar, 176-178
  exigências para, 175
  perigosos, 152, 154
dimensionamento do disco, 49-50
dimensionamento, 410
dimensionamento, ferramentas, 51
direitos administrativos, 457-458
diretório, armazenamento, 83-84
diretórios pessoais, 271
diretórios. Veja também Active Directory
  LDAP, 91
  NOS, 103-115
  pessoais, 270-271
  segurança em, 373-374
  WS03, 86
discos rígidos. Veja discos
DISKPART.EXE, comando, 288-289

disponibilidade, 410
dispositivos de hardware, 59
dispositivos móveis, 212-214
Distributed Denial of Service (DDoS), ataques, 405
Distributed File System (DFS), 228, 304-310
Distributed Link Tracking (DLT), service, 303-304
Distribution, grupos, 256
diversas finalidades, servidores, 286
diversos mestres, réplica, 81-82
DLT (Distributed Link Tracking), service, 303-304
DMA (Domain Migration Administrator), 145
DMI (Desktop Management Interface), 206
DMI, software, 360
DMTF (Desktop Management Task Force), 11
DMZ (zona desmilitarizada), 395
DNS (Domain Naming System)
 Active Directory e, 101-102, 157
 configuração, 156-159, 170
 convenções de nomenclatura, 100
 definições para, 182
 delegação, 169-170
 descrição, 140
 WS03, 160
DNS, serviço
 Active Directory, criação, 149-151
 configurar, 165
 instalar, 165-166
 posicionar, 117-118
 processo de conexão, 149-151
DNS, servidores
 Active Directory, criação, 89, 149-151
 configuração, 156-159
 endereços, 153-154
 posicionar, 117-124
DNS, zonas, 151, 157
Domain Local, grupos, 256-260
Domain Migration Administrator (DMA), 145

Domain Migration Suite, 145-146
Domain Naming Master, 116, 166-168
Domain Naming System. *Veja* DNS
domínio de produção, DCs, 168
domínio-raiz, proprietário, 456
domínios de produção, 97-98, 103-111
domínios funcionais, 97
domínios regionais, 82-83
domínios-raízes, 92, 456
DOS, 68
Driver Signing, 63
drivers da impressora, 311-312, 315
drivers
 assinados digitalmente, 311
 assinados, 59, 63
 atualizar, 59
 certificados, 311
 HTTP.SYS, 422-423
 impressão, 310-311
 impressora, 311-312, 315
 modo kernel, 310
 modo usuário, 311
 não-assinados, 59
 NLB, 412
 PostScript, 310
 RIS, 69
 sem certificado, 59
 Unidriver, 316
drives mapeados, 303
drives, 303-305. *Veja também* discos
Dynamic Host Configuration Protocol. *Veja* DHCP

E

EFS (Encrypting File System), 375-377
EMS (Emergency Management Services), 63-64, 69, 427
emsport, argumento, 63
ENA (Enterprise Network Architecture), construção, 20-32
Encrypting File System (EFS), 375-377
Enterprise Edition, 153
Enterprise Network Architecture (ENA), construção, 20-32

Enterprise Network Server, 147-148
Enterprise Security Policy (ESP), 349, 351-352
Enterprise Software Packaging Practices, 326
EPS (Enterprise Security Policy), 349, 351-352
equilíbrio do carregamento, 144
escopos do grupo, 256-257
escopos, 176-178
espaço do disco, 47-48
espaço do nome, Active Directory, 100-103
estágio de teste, 7-8
estratégia da auditoria, 394
estratégia da conta, elementos, 386, 388
estratégia da senha, 208
estratégia de armazenamento, 50
estratégia de gerenciamento do PC da empresa, 222-231
estratégia de modificação do esquema, 88, 129-132
estratégia local, 389
estratégias de bloqueio, 208
estratégias de proteção dos dados, 430-437
estratégias de recuperação de falhas, 420
estratégias de recuperação, 63, 425-437
estratégias de teste, 29-32
estratégias do domínio, 198-199
estratégias do grupo, 96
Exchange Server, 113, 339
Expired Computers, relatório, 449
extensões do esquema, 129
External OU, 213-214

F

Failsafe Server, 27, 407
Federal Information Technology Security Assessment Framework (FITSAF), 347
ferramentas de suporte, 63
File and Print Services, 341
File Replication System (FRS), 304-305, 309

File Servers, 26, 285-286, 294-303, 342
filtros
    Indexing Service, 294-295
    Security Policy, 205
    WMI, 206-207
FITSAF (Federal Information Technology Security Assessment Framework), 347
floresta de produção, 92, 95-96, 151-152
floresta de produção, servidores, 120
florestas de desenvolvimento, 99
florestas utilitárias, 99
fluxograma do processo de criação do grupo, 260-261
FQDN (nome do domínio totalmente qualificado), 100
FRS (File Replication System), 304-305, 309
FSMO (mestre simples flexível de operações), 115

G

gerenciamento do ciclo de vida do software, 223-225
gerentes do grupo, 261-262
Global Catalog
    cache, 185
    controladores do domínio e, 82
    descrição, 82, 91
    réplica, 94
Global Catalog, serviço, 117
Global Catalog, servidores, 89, 117, 185
Global Desktop, estratégia, 218
Global GPOs, 198
Global Kiosk, estratégia, 218
Global Mobile, estratégia, 218
Global PC, estratégia, 218
Global Security, grupos, 229, 236
Global, grupos, 230, 256-263
GPMC (Group Policy Management Console), 201, 236-237
GPO, operadores, 456
GPO, planilha da documentação, 215

GPO/OU, administrador, 456
GPOs (objetos Group Policy)
    assegurar Nível 4 através de, 384-386
    categorias, 214-217
    centralizados, 198
    construção da estratégia, 208-209
    conteúdo de, 214-217
    defaults, 163-165
    delegação, 232
    desativar, 208
    descrição, 81, 197
    estratégias para, 209-210
    filtragem da estratégia, 205-207
    fortalecimento do sistema operacional, 384-389
    gabaritos de segurança, 362-371
    globais, 199, 212
    herança, 200-203
    imprimir, 320-321
    instalação do software e, 223-225
    Intranet Domain, 340
    locais, 198
    loopback, definição, 204
    nível do domínio, 209-210
    no nível do site, 209
    OUs e, 104
    para Terminal Services, 331-333
    PC, 233-235
    processar, 199-200
    relacionados ao usuário, 209, 266-276
    relacionados com o computador, 209
    restrição do software, 372
    visão geral, 197-199
gpupdate, comando, 386
Gráfico, configuração do modo, 59
Group Policy Management Console (GPMC), 201, 237
Group Policy, objetos. *Veja* GPOs
grupos
    administrar, 255-263
    administrativos especiais, 264, 266
    aninhar, 256, 446

baseados em projetos, 263
defaults, 256
delegação e, 220, 259-261
descrição, 81, 243
estratégias de nomenclatura, 259-261
gerenciar, 255-263
Global, 230, 256-263
linha de negócio, 262-263
melhores práticas, 257-263
OUs e, 244
permissões, 255
propriedade de, 261-262
regra UGLP, 257-258
segurança, 93, 256
tipos de, 256-257
Universal, 117, 256, 259-260
GSX Server, 326
Guest, conta, 251
GUID (identificador exclusivo globalmente), 261, 337

H

Hardware Compatibility List (HCL), 311
HCL (Hardware Compatibility List), 311-312
Help and Support Center, 430
Help, recurso, 17
HelpAssistant, conta, 252
herança
    External OUs e, 214
    GPOs, 200-203
Hidden Object OU, 339-340
HIS (Host Integration Server), 114
hora, manter serviço, 150
hora, sincronização, 150, 160-161
Host Integration Server (HIS), 114

I

identificador da segurança (SID), 261-262, 384, 446, 450-451
identificador exclusivo globalmente (GUID), 261, 337
Identity Management Servers, 26, 37
Identity Servers, 39-41, 422
IGMP versão 3, suporte, 143-144

472 ◂ *Windows Server 2003*

IIS (Internet Information Server), 381-382, 391-393
imagens do disco, 67-69
Impact Analysis, relatório, 449
imprimir GPOs, 320
imprimir serviços, 310-322
Indexing Service, 293-294, 298-299
InetOrgPerson, classe do objeto, 245-246
Infrastructure Master, 116-117
Infrastructure Servers, 343
inicialização dupla, considerações, 52-53
inicialização, opções, 63
ininterrupto, sistemas de fornecimento de energia (UPS), 406
instalação remota, 69-74
instalação, documentação, 54-57
instalação, fontes, 287
instalação, lista de verificação da preparação, 54-55
instalações completas, 28
instalações pesadas
 escolher método para, 65-74
 imagens do disco, 67-68
 instalação inicial, 58-60
 instalações não-assistidas, 66
 instalações remotas, 69-74
 melhores práticas, 74-75
 personalizar servidores, 60-65
 processo de preparação, 47-54, 57-265
 script das atualizações, 65-66
instalações, limpeza, 28-29
instalações, software
 baseadas em estratégias, 223-225
 preparação do software da empresa, 227-231
 reunir, 225
 SMS e, 227-231
 Windows Installer, serviço, 223-226
instalar servidores
 documentar instalações, 54
 instalações remotas, 69-74

Network Infrastructure Servers, 173-174
 primeiro servidor na floresta, 153-154
Intel, 23
IntelliMirror, serviços, 226
Internal Public Key Infrastructure (PKI), 395-397
International Standards Organization (ISO), 129-130
Internet Information Server (IIS), 381-382, 392-394
Internet Printing Protocol (IPP), 315
Internet Protocol (IP), 125
Internet Security and Acceleration Server (ISA), 113
Intranet Domain GPO, 340
IP (Internet Protocol), 125
IP, multidifusão, 143-144
IPP (Internet Printing Protocol), 315
IPv4, redes, 139-140, 144
IPv6, redes, 139-140, 144
ISA (Internet Security and Acceleration Server), 113
ISO (International Standards Organization), 131
ISO 17799, padrão, 347
IT, grupos, 94-96
IT, operações, 459-460
IT, papéis do usuário, 262
IT, papéis, 455-461, 463

J-K

JavaScript, 254
KCC (Knowledge Consistency Checker), 125, 183
Kerberos V5, protocolo, 116
Kerberos, estratégia, 209, 386
Kerberos, protocolo, 383
Kerberos, reinos, 323, 383
Kerberos, segurança, 94
Kernel Data Sheet, 54, 60
kernel. *Veja* Server Kernel
Key Distribution Center Service Account, 252
Knowledge Consistency Checker (KCC), 125, 183
krbtgt, conta, 252

L

largura de banda
 ligações do site, 126-128
 WANs, 98
Last Known Good Configuration, opção da inicialização, 426
latência da réplica, 126, 130
LDAP, diretório, 91
licença, questões, 17-18, 46-47
licenças de acesso do cliente (CALs), 329
licenças, Terminal Services, 329-330
License Modes, floresta, 159-160
Licensing Mode Hosting, 150
Licensing Site Settings, 184
ligações do site, 124-127
lightweight application protocol. *Veja* LDAP
linguagens, 67
linhas de base, servidor, 423-425
linhas de negócio (LOB), 107
lista de tarefas da atualização, 188
listas de controle do acesso arbitrário (DACLs), 373
LOB (linhas de negócio), 107
local, GPO, 198-199
LOG, grupos, 262
Logo, aplicações com certificado, 44, 113
loopback, GPOs, 203-204
LPR, porta, 318

M

MAC (Media Access Control), número, 140
MAC, endereços, 412
Macintosh, computadores, 322
máquinas virtuais, 53, 58
MCS (Microsoft Consulting Services), 454
Media Access Control (MAC), número, 140
Member Server, estratégia da linha de base, 390
Member Servers, 37, 41-44, 390
memória, 47, 49, 325
mestre simples flexível de operações (FSMO), 115

Índice ▶ **473**

métrica da interface, 142-143
Microsoft Cluster Services (MSCS), 416
Microsoft Compatibility, site Web, 52
Microsoft Consulting Services (MCS), 454
Microsoft Exchange, 113
Microsoft Knowledge Base, 429
Microsoft Management Console (MMC), 220-222
Microsoft Message Queuing (MSMQ), services, 326
Microsoft MetaDirectory Services (MMS), 113-114
Microsoft Operations Framework, 7
Microsoft Operations Manager (MOM), 425, 459
Microsoft Print Migrator, 322
Microsoft Script Center, 254
Microsoft Security Operations Guide, 354-355
Microsoft Servers, site Web, 51
Microsoft TechNet, site Web, 220
Microsoft User Authentication Module (MSUAM), 322
Microsoft Visio Professional, 134
migração da senha, 451
migração, régua de cálculo, 39-40
migrações
  aplicações, 42-44
  considerações para, 27-29
  contas do serviço, 447-448
  dados do usuário, 446-448, 451-453
  determinar método de, 38-47
  ferramentas comerciais para, 453-454
  melhores práticas, 463-464
  ordem, 39-44
  PCs, 446-448
  procedimentos para, 445-454
  recomendações para, 462-463
  segurança e, 45-46
  senhas, 451

serviços para rede paralela, 341
tecnologias de proteção dos dados da empresa, 437
MMC (Microsoft Management Console), 220-222
MMS (Microsoft MetaDirectory Services), 113-114
Mobile Systems OU, 213-214
Modificação do esquema, estratégia, 131
modificações do esquema, 88, 92, 129-132
modo nativo, 40
modos do domínio, 86-87
MOM (Microsoft Operations Manager), 425, 460
movetree, commando, 145
MSCS (Microsoft Cluster Services), 417
.msi, extensões, 223
MSMQ (Microsoft Message Queuing), serviços, 326
.msp, extensões, 226
MSUAM (Microsoft User Authentication Module), 322
MUI (Multilingual User Interface), 66
Multicast, modo, 412
Multilingual User Interface (MUI), 66
multiprocessamento, servidores, 49
My Documents, pasta, 270

N

Name Conflicts, relatório, 449
NAT (Network Address Translation), 139, 413
National Security Agency (NSA), 364
.NET, iniciativa, 5
NetBIOS sobre TCP/IP (NetBT), 144
NetBIOS, nomes, 100, 144
NetBT (NetBIOS sobre TCP/IP), 144
.NET Framework Configuration Console, 379-380
.NET Framework
  autenticação, 394

  descrição, 5, 326
  segurança, 377-381
.NET Framework, assistentes, 379-380
NetIQ Migration Suite, 453
Network Address Translation (NAT), 139, 413
Network Infrastructure Servers
  configurar, 173-186
  descrição, 26-27
  instalar, 173-174
  papel do servidor RIS, 335-337
Network Infrastructure, 341
Network Load Balancing. *Veja* NLB
NetworkService, conta, 365
New Root Wizard, 305-306
New Zone Wizard, 158-159
NICs (placas de interface da rede), 141-143, 412
NLB (Network Load Balancing), 408-416
NLB, clusters, 408-416, 439
nome do domínio totalmente qualificado, 100
nomes da conta genéricos, 222
nomes de conexão de baixo nível, 250
nomes de conexão, 250
nomes do domínio, 100
nomes principais do usuário. *Veja* UPNs
NOS, diretórios, 103-115
notação do roteamento entre domínios sem classe (CIDR), 139
Notes, campo, 255
NSA (National Security Agency), 363
NT, sistema de arquivos. *Veja* NTFS
NTBackup, utilitário, 432-435
NTDSUTIL, ferramenta, 436
NTFS (sistema de arquivos NT)
  descrição, 375
  partições, 155
  permissões, 290-292, 375
  segurança e, 374-375
NTLM, protocolo, 116, 383
números de seqüência da atualização (USNs), 435

O

objeto, identificadores, 129-130
objetos do domínio, 101-102
objetos
    Active Directory. *Veja* Active Directory
    COM+, 325
    domínio, 101-102
    gerenciar diversos, 253-254
    GPOs. *Veja* GPOs
    informações sobre, 117
    usuário. *Veja* objetos do usuário
OCTAVE (Operationally Critical Threat, Asset and Vulnerability Evaluation), 347
Operation Masters, 88, 115-116, 166-167, 171-173
Operationally Critical Threat, Asset and Vulnerability Evaluation (OCTAVE), 347
organizar florestas, 99
OSI, modelo, 10
OUs (unidades organizacionais)
    criar para domínio de produção, 103-111
    delegação, 232-233
    descrição, 81
    Desktop, 212-214
    estratégia, 110-111
    External, 210-214
    filtragem da estratégia, 205-207
    finalidade, 104-105
    melhores práticas, 108-111
    Mobile Systems, 213-214
    objeto oculto, 339
    para gerenciamento do PC, 212-218
    PC, 106, 195-240
    People, 107, 263-279
    processo de construção, 103-106
    proprietários, 460
    relacionadas com o grupo, 243-244, 264-265
    repetir, 108, 110-111
    serviço, 106-107
    usuário, 241-281
    vantagens de, 103

P

Package Studio, Enterprise Edition, 226
padronização, processo, 7
parceiros de réplica, 181
partições da réplica, 157
partições de inicialização, 52-53
partições
    aplicações, 84, 126, 151, 157, 325
    dados, 49-50
    inicialização dupla, 52-53
    NTFS, 155
    réplica, 157
    sistema operacional, 49
PASS, camadas do modelo, 459-460
PASS, modelo, 10-13, 25-27
Password Export Server (PES), 451
pastas
    aplicação, 42-43
    compartilhar, 287-294
    criação automática de, 292
    criptografar, 376
    disco, 288-289
    estrutura de, 295-296
    gerenciar, 303-310
    migrar, 452-453
    nomes, 288-289
    permissões, 290-292
    pessoais, 252
    redirecionadas, 207-208, 269-275, 451-452
PC GPOs, 233-237
PC, atribuições, 231-232
PCs OUs
    estruturas, 106
    infra-estrutura, 195-240
    melhores práticas, 238
PCs públicos, 212-214
PCs
    administração centralizada, 212-217
    administração descentralizada, 215-218
    Fast Logon Optimization, 207-208
    gerenciamento do PC da empresa, 223-231
    gerenciar com OUs, 212-218
    gerenciar software em, 228-231
    migração, 446-448
    migrar para redes paralelas, 445-454
    públicos, 212-214
    segurança, 360
PDC (Primary Domain Controller), emulador, 116, 160, 166, 171
People OUs, 107-108, 263-279
percurso da pilha, 379
perfis de percurso, 208, 271, 327, 453
permissões de compartilhamento, 301
permissões
    Active Directory, 374
    arquivos, 290-292
    CAS, 380-381
    compartilhamentos, 301
    explícitas, 374
    grupos, 255
    herdadas, 374
    imagens, 71
    Impressoras, 315
    negação, 374
    NTFS, 290-292, 375
    para código, 377-380
    pasta compartilhada, 290-292
    usuários, 252
PES (Password Export Server), 451
pessoal de ajuda, 354
PFRD (Protected Forest Root Domain), 97, 120-121
PKI (Public Key Infrastructure), 252, 395-397
placas da rede, 65, 73-74
placas de interface da rede (NICs), 141-143, 413
planejamento, fase, 7
Plotter, driver, 311
POC (prova do conceito), estágio, 9
Point of Access to Secure Services, modelo. *Veja* PASS modelo
pontes de ligação do site, 125-129
portas da impressora, 319
portas

Impressora, 319
LPR, 317
Pós-instalação, lista de verificação, 55-56
PostScript, 316
PostScript, driver, 311-312
PostScript, impressoras, 322
Power Deploy Suíte, 67
preparação, fase, 7
Previous Versions, cliente, 293, 303
Primal Script, 462
Primary Domain Controller (PDC), emulador, 116, 160, 167, 171
Print Servers, 26, 285-286, 310-311, 317-322, 342
Print Services, 341
Print System Security, 377
Printer Location Tracking, 185, 313-315
procedimentos operacionais padrões. *Veja* SOPs
processadores, 47
processo de aquisição, estágio, 7
processo de arquitetura técnico, estágio, 8
processo de compra, fase, 6
processo de construção arquitetural, 21
processo de migração da rede paralela, 447-449
processo de preparação da instalação pesada, 47-54, 57-65
processo de recuperação, 56-58, 60-61
processo do gerenciamento IT, fase, 5
produção, fase, 7-8
Program Compatibility Wizard, 324
Program Files, pastas, 42-43
propriedades
　gerenciadas pelo usuário, 248-249
　objetos User, 244-245, 247-249
proprietário do domínio, 455
proprietários da floresta, 92-93, 455-456
proteção do hardware, 50

Protected Forest Root Domain (PFRD), 90-97, 119-120
protocolo de resolução do endereço (ARP), 412
prova do conceito (POC), estágio, 7
Public Key Infrastructure (PKI), 252, 395-397
PXE, placas da rede, 65, 73-74

Q

Quest Software, conjunto de migração, 454
quórum, recurso, 420
quotas do disco, 292, 296-297

R

racionalização, processo, 7-8
RAID (array aleatório de discos baratos), 50, 406, 411-412
RAID, sistemas, 50, 288
RAIN (arrays aleatórios de rede barata), placas, 50, 141-143, 406, 412
raiz, CAs, 396
raízes DFS do domínio, 305-307, 309
RAM, 47, 325
RAM, dimensionamento, 49
RAMBUS, tecnologia, 49
rápida recuperação do sistema, 403-441
RBFG.exe (Remote Boot Floppy Generator), 73
RBS (segurança baseada em papéis), 394
RDC (Remote Desktop Connections), 333
RDC, arquivos, 333-334
RDP (Remote Data Protocol), 246
RDP, arquivos, 334
RDWC (Remote Desktop Web Connections), 335
Real Time Collaboration service, 335
Recovery Console, 63, 426
recuperação do sistema, 427-428, 439
recuperação do sistema, lista de verificação, 428
recurso de recarregamento do driver, 426

Índice ▸ **475**

rede local virtual (VLAN), 124-125
rede paralela, abordagem, 38-39
rede paralela, plano, 146-147
redes da área de armazenamento (SAN), 50
redes da empresa. *Veja também* redes
　atividades de organização da floresta, 151-173
　colocar em produção, 443-465
　conexões, 173-186
　implementar, 145-151
　infra-estrutura IP, 137-193
　inventários, 21, 44-45
　laboratório tecnológico, 29-32
　migrações. *Veja* migrações
　modelo de arquitetura para, 9-13, 15
　processo de construção arquitetural, 21
　recuperar, 425-430
　testar, 29-32
　visão geral, 5-9
redes de herança, 446, 454-455
redes de perímetro, 395
redes paralelas
　considerações da migração, 341
　implementar, 145-151
　migrar para, 445-455
　preparar, 146-149
redes remotas (WANs), 98
redes, 283-344. *Veja também* redes da empresa
　Application Servers, 323-327
　Collaboration Servers, 335
　compartilhar itens em. *Veja* compartilhar itens
　empresa. *Veja* redes da empresa
　florestas, 94
　imprimir serviços em, 310-322
　paralelas. *Veja* redes paralelas
　perímetro, 395
　planejar para, 53-54

segurança, 360
TCP/IP. *Veja* TCP/IP
Terminal Servers, 328-335
VLANs, 125
redireção da pasta, 207-208, 270, 272-274, 451-452
redundância do sistema, 405-407
redundância, 360
Reference Servers, 65-68, 72-73
registros de eventos
   configurar, 62
   quotas do disco, 297
registros do nome do domínio, 100
Relative ID (RID) Master service, 115-116
relatórios dos dados do domínio, 449
Relatórios, 449
Remote Administration, 63
Remote Assistance, 252
Remote Boot Floppy Generator (RBFG.exe), 73
Remote Data Protocol (RDP), 246
Remote Desktop Connections (RDC), 333-334
Remote Desktop Web Connections (RDWC), 334-335
Remote Desktop, 228
Remote Installation Preparation Wizard, 70, 72-73
Remote Installation Service. *Veja* RIS
Remote Procedure Call (RPC), 124-125
Reporting Wizard, 449
resolução do cliente, 149-150
resolução do nome, 150-151
Resource Kit, 63, 458-461
resposta, arquivos de, 65
restauração, ferramentas, 427
restauração, melhores práticas, 439-440
RID (Relative ID) Master, serviço, 115
RID Master, 167
RIS (Remote Installation Service), 69-74
RIS Server, 69-74, 335-337
RIS, driver, 69-70

RIS, imagens, 69-70, 73-74
roteadores, 140
RPC (Remote Procedure Call), 124-125

S

SAM, banco de dados, 446
SAN (redes da área de armazenamento), 50
SAP (Service Point of Access), modelo de objeto
   Veja PASS, modelo
Schema Change Policy Holder (SCPH), 131
Schema Master, serviço, 115
Schema Masters, 115, 167
SCPH (Schema Change Policy Holder), 131
SCPH, papel, 131
scripts de desconexão, 274-276
scripts
   bloquear não-autorizados, 372
   conexão, 274-276
   desconexão, 274-276
   DISKPART.EXE, 288
   para atualizações, 65-66
   WHS, 254
SCSI, sistemas, 420
secedit, comando, 369-370, 386
Security Configuration and Analysis, ferramenta, 368-369
Security Operations Guide (SOG), 354-355, 359, 363
Security Policy, filtragem, 205
Security Translation Wizard, 450
segurança baseada em papéis (RBS), 394
segurança, 345-401
   operacional, 351, 360-382, 398-399
   segurança, estratégias, 81, 396-397
   segurança, gabaritos, 324, 362-371
   segurança, plano, 353-354
senhas
   administrador, 59, 251, 360-361
   Directory Service Restore Mode, 156
   em branco, 63

estratégias, 208
normas, 361
pessoal de ajuda e, 354
Remote Assistance, 252
usuários, 249, 389
violar, 363-364
Server Clusters, 408-411, 416-422, 439
Server Consolidator, ferramenta, 454
Server Data Sheet, 46, 54
Server Kernel, 25-26
Server Preparation Worksheets, 153
Service OU, estrutura, 106-107
Service Point of Access (SPA), modelo de objeto. *Veja* PASS, modelo
Services OU, 338-340
serviço 6To4, 144
serviço, atividades de gerenciamento, 459
serviço, ciclo de vida, 5, 7-9
serviços
   categoria de, 408
   cluster, 408-422
   posicionar, 88, 115-124
serviços, ciclo de vida, 455
servidores. *Veja também* WS03 Server
   Application. *Veja* Application Servers
   Bridgehead Servers, 126-129
   capacidade de, 49
   carregamento máximo de, 48
   Collaboration Servers, 26, 285, 335, 338
   colocação de, 27
   colocar no lugar, 74
   configurar, 4, 153-156, 165
   considerações da segurança, 45-46
   consolidação, 23-24, 422-425, 454
   DC, 153-154
   DHCP. *Veja* DHCP, servidores
   diversas finalidades, 286
   DNS, 156-159
   endereçamento dinâmico para, 154

Índice ▸ **477**

Enterprise Network Server, 147-148
Exchange Server, 113, 339
exigências de armazenamento para, 50
expectativa de vida de, 51
Failsafe Server, 27, 407
ferramentas de dimensionamento para, 51
File Servers, 26, 285-286, 294-302, 342
floresta de produção, 119-120
Identity Servers, 39-41, 421-422
IIS, 381-382, 391-393
Infrastructure Servers, 343
instalar. *Veja* instalar servidores
local de, 48-49
local físico de, 50
Member Servers, 37, 42-44
mover, 182-186
multiprocessamento, 49
Network Infrastructure. *Veja* Network Infrastructure Servers
nomear, 71
números de usuários por, 48
papel de, 23
personalizar, 60-65
Print Servers, 26, 285-286, 310-311, 318-322, 342
Reference Servers, 65-68, 72-73
reparos em, 5-6
RIS Servers, 69-74, 335-337
sem licença, 329-330
Systems Management Server, 114, 227-231, 460
Terminal. *Veja* Terminal Servers
testar, 5-6
virtuais, 24, 53, 328
Web, servidores, 26, 285, 341, 384, 392-393
Windows 2000 Server, 28-29
Windows NT Server, 28-29
WINS, servidores, 175, 180-181
Setup Manager Wizard, 65-66
Share a Folder Wizard, 300-301

SharePoint Portal Server (SPS), 335, 339
SharePoint Team Services, 335
Shutdown Event Tracker, 6
SID (identificador da segurança), 261-262, 384, 446, 450-451
SID de herança, 450
Simple Mail Transfer Protocol (SMTP), 125
Simple Network Management Protocol (SNMP), 144
Simple Object Access Protocol (SOAP), 326
Single Instance Store (SIS) service, 69
SIS (Single Instance Store) service, 69
sistemas de arquivos, 374-377
sistemas operacionais
exigências para, 50-51
fortalecer, 351, 360-382, 398-399
imagens do disco, 67-68
migrar de. *Veja* migrações
site, administrador da topologia, 456
sites, descrição, 82
SMS (Systems Management Server), 114, 226-231, 460
SMTP (Simple Mail Transfer Protocol), 124-125
SNMP, service, 162-163, 166
Software Restriction Policies (SRP), 372, 462
software, atribuição, 228-231
software. *Veja também* aplicações
categorias, 226
desinstalar, 207, 224-225, 230
estratégias de restrição, 372
estratégias de teste, 327
fase de correção, 224
instalar. *Veja* instalações do software
reunido, 226
Windows Installer nativo, 226
SOG (Security Operations Guide), 354-355, 359, 363
solucionar problemas, 428-430

Solucionar problemas, lista de verificação, 429
SOP (Simple Object Access Protocol), 326
SOP, modelo, 15
SOPs (procedimentos operacionais padrões)
instalações pesadas do servidor, 55
processo de preparação da instalação remota, 73
redes, 461
usar, 13-15
SPM (Standard Port Monitor), 318
Spool, 316-317, 319
spooler de impressão, 319
SPS (SharePoint Portal Server), 338
SRP (Software Restriction Policies), 372, 461
SSL (camada de soquetes segura), 413
Standard Port Monitor (SPM), 318
Streaming Media Services, 285
subdomínios, 102
superescopos, 176, 178
Support Tool Pack, 461
SUPPORT_388945a0, conta, 252
System Kernel, 11-12
System Monitor, 423-425
System Preparation Tool, 67-68
System Preparation Wizard, 67-68
System State, backups, 430-432
Systems Management Server (SMS), 114, 226-231, 460

T

tarefas administrativas, 459
Taskpad Wizard, 222
TCP/IP, clientes, 153
TCP/IP, protocolo
descrição, 53
IPv4, redes, 140-141, 144
IPv6, redes, 140-141, 144
no WS03, 140-144
novos recursos no WS03, 141-144
TCP/IP, sub-rede, 125
TechNet Script Center, 462

Terminal Servers
 descrição, 26, 285
 instalar aplicações em, 330-331
 melhores práticas, 342-343
 preparar, 327-335
Terminal Services (TS), 328-335
Terminal Services Licensing, servidor, 329-330
testar clusters do servidor, 421
teste de aceitação, 9
teste do sistema, 7
Theme Service, 62
tolerância a falhas, 304-310
topologia do site, construção, 89, 124-129
Tripwire for Servers, 374
TS (Terminal Services), 328-335

U

UBM Caching, 117, 126
UDDI, serviços, 326
UGLP, regra, 257-258
UGM (Universal Group Membership), 117
UNATTEND.TXT, arquivo, 65-66
UNC (Universal Naming Convention), 303
Unicast, modo, 412
unidades comerciais, 264
unidades organizacionais. *Veja* OUs
Unidriver, driver, 311
Universal Group Membership (UGM), 117
Universal Naming Convention (UNC), 303
Universal, grupos, 117, 256, 260
UNIX, sistemas, 323
UPN, conexões, 117, 250-251
UPNs (nomes principais do usuário), 81, 117, 250-251
UPS (fornecimento de energia ininterrupto), sistemas, 406
URLScan, 381
User Creation Wizard, 249-250
User State Migration Tool (USMT), 72, 446, 452
User, classe do objeto, 247
User, folhas de propriedade do objeto, 247-248

User, objetos
 Active Directory, 244-252
 criar, 249-250
 finalidade, 255
 gerenciar, 243-250
 propriedades, 245, 247-249
 vs. objetos InetOrgPerson, 245-246
USMT (User State Migration Tool), 72, 446, 452
USNs (números de seqüência da atualização), 435
usuários
 autenticação, 322, 384, 389
 Default User, 63-64
 descrição, 243-244
 distribuição geográfica de, 264
 gerenciar com OUs, 263-279
 gerenciar dados, 269-270
 gerenciar diversos, 253-254
 GPO, definições, 267-276
 informações sobre, 117
 migrar para redes paralelas, 445-455
 número de, 48
 People OUs, 107-108, 263-279
 perfis de percurso, 208, 271-272, 327, 453
 permissões, 255
 programas de treinamento, 27
 segurança e, 261-262
 senhas, 249, 389

V

VBS (Visual Basic Script), 254
verificação da consistência da floresta, 188
vídeo, modo, 48
vínculo, ordem, 142-143
Visual Basic Script (VBS), 254
VLANs (redes locais virtuais), 124-125
VMware GSX Server, 396
VMware Workstation, 58
VMware, 24, 30
volumes dinâmicos, 61
VPN, conexões, 413

W

WANs (redes remotas), 98
Web, jardins, 422
Web, páginas, 249-250
Web, serviços, 325, 377-380
Web, servidores dedicados, 341
Web, servidores, 26, 285, 341, 384, 392-394
Web, sites
 HCL, 311-312
 Microsoft TechNet, site Web, 219
 Microsoft Windows Server 203, 237
Windows 2000 Professional, sistemas, 29
Windows 2000 Server, 28-29
Windows 2000, domínios nativos, 87
Windows 2000, lista de verificação da atualização, 186-187
Windows 2000, sistemas, 41, 460
Windows 2003. *Veja* WS03
Windows 9x, sistemas, 29, 41
Windows Explorer, opções, 62
Windows Installer, service, 223-226
Windows Internet Naming System (WINS), 140-141
Windows Logo, programa, 113
Windows ME, sistemas, 29
Windows Media 9 Studio, 285
Windows Media Center, 285
Windows NT Server, 28-29
Windows NT, consórcios, 92
Windows NT, domínios misturados, 87
Windows NT, sistemas
 Active Directory e, 41
 domínios WS03 e, 42
 migrar de, 459-460
 vs. florestas WS03, 81
Windows PE, 67-68, 427
Windows Scripting Host (WSH), 254, 462
Windows Time Service, 160-161
Windows XP Power Toolkit, 460-461
Windows XP Professional, cliente, 19
Windows XP, sistemas, 29

Windows, pasta, 42-43
WinInstall Lite, 226
WINNT, pasta, 42-43
WINS (Windows Internet Naming System), 140
WINS, serviço
   configurar, 180-182
   instalar, 175
   migração de, 341
   recursos, 181
   visão geral, 174
WINS, servidores, 175, 180-181
Wise for Windows Installer, 225
wlbs.sys, driver, 411-412
WMI, filtros, 206-207
WS03 (Windows Server 2003)
   atualizações *vs.* instalações completas, 28-29
   atualizar para, 51-52
   consolidar servidores com, 23-24
   exigências do hardware para, 47-48
   instalações pesadas de, 35-76
   melhores práticas, 32-33
   migrar para. *Veja* migrações
   modelos, 4-5
   modos de licença, 46-47
   planejar para, 1-34
   questões da licença, 17-18
   testar, 19
   verificação da compatibilidade, 51-52
   visão do projeto, 19
   visão geral, 3-5
WS03 (Windows Server 2003), família
   ativação do produto, 17-18
   Datacenter Edition (WSD), 4-5
   Enterprise Edition (WSE), 4
   recursos, 16-18
   Standard Edition (WSS), 4
   Web Edition (WSW), 3
WS03, acréscimos, 16
WS03, ajuda, 16-17
WS03, controladores do domínio, 89
WS03, diretório, 86, 113
WS03, domínios nativos, 87
WS03, ferramentas administrativas, 460-461
WS03, florestas, 79, 84-85

X-Z

X.500, esquema de nomenclatura, 100
X.500, estrutura, 129-131
zona desmilitarizada (DMZ), 395
zonas de pesquisa, 157-159

Impressão e acabamento
Gráfica da Editora Ciência Moderna Ltda.
Tel: (21) 2201-6662